서양
근대
종교철학

서양근대종교철학

초판 1쇄 발행 / 2015년 1월 28일
초판 2쇄 발행 / 2022년 7월 25일

엮은이 / 서양근대철학회
펴낸이 / 강일우
책임편집 / 정편집실
펴낸곳 / (주)창비
등록 / 1986년 8월 5일 제85호
주소 / 10881 경기도 파주시 회동길 184
전화 / 031-955-3333
팩시밀리 / 영업 031-955-3399 편집 031-955-3400
홈페이지 / www.changbi.com
전자우편 / human@changbi.com

ⓒ 서양근대철학회 2015
ISBN 978-89-364-7259-7 93200

서양
근대
종교철학

| 서양근대철학회 엮음 |

RENÉ DESCARTES · THOMAS HOBBES · BLAISE PASCAL · NICOLAS MALEBRANCHE
· BARUCH DE SPINOZA · JOHN LOCKE · GOTTFRIED WILHELM LEIBNIZ · GEORGE BERKELEY
· CHRISTIAN WOLFF · VOLTAIRE · DENIS DIDEROT · J. J. ROUSSEAU · DAVID HUME · IMMANUEL KANT
· FRIEDRICH WILHELM JOSEPH VON SCHELLING · JOHANN GOTTLIEB FICHTE
· FRIEDRICH DANIEL ERNST SCHLEIERMACHER · GEORG WILHELM FRIEDRICH HEGEL

창비

왜 21세기에 종교가 필요할까? 정신 나간 물음이라고 생각할지도 모르겠다. 전세계에 약 4,200개의 종교가 있고 약 59%의 인구가 종교를 가지고 있는데 21세기라고 해서 종교가 필요 없을 리가 있을까? 그러나 다시 한번 생각해보자. 종교가 인류의 현재와 미래에 반드시 있어야 하는 이유는 무엇일까?

종교는 좁게는 신, 넓게는 신성한 존재 또는 영적 존재에 대한 믿음과 행위의 체계다. 종교는 삶의 의미, 자연과 우주의 질서, 죽음 이후의 세계 등을 설명해준다. 그러나 이 모든 설명은 이제 종교가 없어도 과학과 철학이 대신할 수 있다. 특별히 죽음 이후의 세계가 있다고 믿는 사람이라면 종교가 필요할 수도 있다. 과학은 몸이 죽어도 영혼이 살아남는 세계는 없다고 주장하니까 내세의 삶에 필요한 처방을 줄 수 없다. 그러나 현세의 삶이 아니라 내세의 삶을 설명하고 처방하는 것이 종교가 있어야 할 유일한 이유라면 21세기에 종교의 위세는 약해질 수밖에 없다. 2012년 윈/갤럽의 국제여론조사에서 드러난 종교인 59%도 2005년에 비하면 9% 감소한 수치다. 21세기에 종교만이 할 수 있는 일이 더 남아 있을까?

이와 관련해, 빠스깔은 회심, 곧 신앙을 통한 마음의 변화가 있을 때 비로소 인간 이성은 신을 이해할 수 있다고 주장한다. 초월 존재에 대한 인간 내면의 신비 체험이 종교가 필요한 이유다. 피히테는 인간이 최고선의 화신인 신을 믿어야 도덕적 행동을 할 수 있다고 주장한다. 현세든 내세든 인간에게 벌을 주는 신이 없다고 생각하면 사람은 뻔뻔하게 도둑질이나 살인을 저지를 수도 있다. 슐라이어마허는 무한자에 대한 이론적 파악이 형이상학이고 그 실천적 접근이 도덕이라면, 종교는 무한자를 직접 느끼며 맛보는 것이라고 주장한다. 무한자에 대한 체험이 종교가 필요한 이유다.

빠스깔, 피히테, 슐라이어마허는 이 책에 등장하는 인물들이다. 루터, 깔뱅, 갈릴레이, 뉴턴, 데까르뜨, 홉스, 말브랑슈, 스피노자, 로크, 라이프니츠, 클라크, 버틀러, 버클리, 볼프, 볼떼르, 디드로, 루쏘, 흄, 칸트, 셸링, 헤겔 등도 신학자 또는 종교철학자로서 이 책에 등장한다. 서양 근대철학 역사의 슈퍼스타들인 이 인물들의 신학과 종교철학을 모으면 우리가 종교와 신에 대해 던질 수 있는 거의 모든 물음에 대한 답, 또는 그 답을 스스로 생각하는 실마리를 얻을 수 있다. 21세기에 종교가 필요한 이유는 종교와 신에 대한 수많은 물음 가운데 하나다.

신은 있을까, 없을까? 이는 종교가 출현한 이래 지금까지도 뜨거운 논쟁거리다. 갈릴레이, 뉴턴, 데까르뜨, 홉스, 스피노자, 디드로, 흄은 모두 무신론자의 혐의를 받는다. 갈릴레이는 종교재판에서 다시는 코페르니쿠스를 지지하지 않겠다고 서약한 뒤 일어나면서 "그래도 지구는 돈다"라고 중얼거렸다지만 그는 독실한 가톨릭교도라는 것이 학계의 정설이다. 뉴턴은 예수도 신으로 인정하는 삼위일체 교리가 유일신 야훼에 대한 믿음을 훼손한다고 비판하는 이단 신학자다. 데까르뜨는 이성을 중시하는 합리주의를 내세우지만 신에 대한 믿음 없이는 결코 성립할 수 없는 철학체계를 제시한다. 홉스는 떠오르는 과학의 세계관을 수용해 세상 모든 일을 물체의 운동으로 설명하는 유물론 철학을 옹호하지만 정치권력과 밀착해 있는 교회와 성직자의 힘을 무시하지 않는 길을 찾는다. 스피노자는 신의 섭리를 거부하고 세상 모든 사물에 신성이 깃들어 있다는 자연주의를 옹호한다. 디드로는 잠시 이성으로 신을 이해하는 이신론자이다가 무신론자로 돌아서 익명으로 글을 발표한다. 흄은 인간의 심리 메커니즘 때문에 종교가 생기고 유지될 수밖에 없지만 신은 경험적 근거가 없는 공상의 산물이라고 주장한다.

그러나 무신론자의 혐의를 받은 근대철학자들 가운데 스스로 커밍아웃한 인물은 이 책이 다루는 범위 안에서는 없다. 오히려 대부분의 근대철학자들은 신의 존재를 인정하고 신앙과 이성을 철학체계 속에서 통합하려는 모습을 보인다. 데까르뜨, 말브랑슈, 버클리, 라이프니츠, 볼프 등은 제각기 신 존재의 증명을 적극 시도한다. 근대철학자들이 신의 존재를 증명하고 철학체계 안에 끌어들이려고 노력하는 중요한 이유는 우주와 자연에 대한 성서의 설명에 의문을 던지는 근대 과학혁명의 성과를 무시할 수 없기 때문이다.

종교와 과학은 충돌할 수밖에 없을까? 현대사회에서는 종교의 영역과 과학의 영역이 배타적이라고 생각하는 경향이 강하지만, 예를 들어 생명의 기원에 관한 진화론 대 창조론의 논쟁처럼 종교와 과학이 같은 문제에 대해 서로 다른 답으로 부딪히는 일은 아직도 일어나고 있다. 일찍이 근대철학자들은 종교와 과학이 어떻게 양립할 수 있는지를 해명하려고 노력했다. 경험주의는 종교와 이성을 별개의 영역으로 여겨 종교와 과학을 포함한 철학이 서로 간섭하지 않아야 한다고 보지만 합리주의는 이성으로 신앙을 해명하면서 종교와 철학의 조화를 모색한다.

종교와 과학의 관계뿐 아니라 종교와 정치의 관계, 나아가 종교 분파들 사이의 관계를 바람직하게 모색하는 일도 온갖 종교분쟁으로 얼룩진 현실이 근대철학자들에게 시급히 요청한 과제다. 로크는 정치와 종교, 국가와 교회의 분리를 주장하고 가톨릭 신자와 무신론자를 제외한 모든 종파의 신앙에 대해 관용을 주장한다. 스피노자는 정의와 자비의 실천을 목적으로 가진 보편적 계시종교를 제시함으로써 종교 분란과 분쟁의 뇌관을 제거하려 한다. 라이프니츠는 프로테스탄트와 가톨릭의 갈등에서 비롯한 30년전쟁의 후유증을 겪으면서 신구교를 재통합한 만국교회를 목표로 세운다. 흄은 신의 존재를 정당화하려는 각종 교리에 대한 맹신과 광신을 근거로 사회 파벌이 형성되므로 종교는 심각한 사회 폐단의 원천일 수 있다고 비판한다.

나 개인에게 종교는 어떤 의미가 있을까? 칸트는 종교가 도덕이면서도 도덕을 넘어서야 한다고 주장한다. 내가 도덕의 요구를 충족하기에 부족한 이성의 무능력을 의식하고 이 한계를 넘어서는 이념들로 나아갈 때 종교의 세계가 열린다. 셸링은 내가 피조물로서 신에게 의존하더라도 창조성이나 자유를 제약받지 않고 발휘할 수 있다고 주장한다. 헤겔은 프랑스혁명이 부르짖은 개인의 인권과 자유를 실현하기 위해 종교에 공동체를 중시하는 인륜성의 이념을 구현해야 한다고 주장한다.

나와 종교의 관계, 정치와 종교의 관계, 서로 다른 종교 분파의 관계, 과학과 종교의 관계, 이성과 종교의 관계, 무신론과 유신론의 관계 등은 신과 종교에 대해 우리가 21세기에도 여전히 던지는 물음들이다. 이 책은 16세기 루터부터 19세기 헤겔까지 종교에 관한 다양하고 풍부한 지혜를 담고 있다. 이 책이 담고 있는 종교에 관한 정보의 양과 질은 신이 있느냐 없느냐 하는 물음부터 나에게 종교의 의미가 무엇인가 하는 물음까지 우리가 평생 한번쯤은 품는 의문들을 푸는 데 부족하지 않을 것이다.

이 책은 4부로 구성되어 있다. 1부는 서양근대종교철학이 탄생한 배경으로 종교개혁, 과학혁명, 사회변동을 다룬다. 2부는 데까르뜨, 홉스, 빠스깔, 말브랑슈, 스피노자, 로크, 라이프니츠의 17세기 종교철학을 해설한다. 3부는 클라크, 버틀러, 버클리, 볼프, 볼떼르, 디드로, 루쏘, 흄, 칸트의 18세기 종교철학을 해설한다. 4부는 셸링, 피히테, 슐라이어마허, 헤겔의 19세기 종교철학을 해설한다. 비록 이 책의 차례는 시대와 인물을 중심으로 구성되어 있지만 서양근대종교철학을 체계적으로 공부해야 하는 독자가 아니라면 각 장마다 실린 요약문을 먼저 보고 흥미로운 시대와 인물부터 읽기 시작해도 좋다.

이 책의 집필진은 신학이나 종교학이 아니라 철학 전공자들이다. 철학은 이제 물리학, 생물학 등 과학과 결별했지만 서양근대철학은 철학이 모든 것의 학문체계라는 전통을 지키고 있었다. 따라서 이 책에 나오는 서양근대철학자들은 대부분 종교도 모든 것의 학문체계인 철학의 일부로 여긴다. 우리 집필진은 서양근대철학을 전공하기 때문에 종교도 철학체계 안에서 보는 눈을 갖추고 있다. 따라서 이 책은 각 철학자의 종교철학을 집중 조명하면서도 그의 전체 철학체계 속에서 종교철학의 위치와 의의를 짚고 해설하는 강점을 지닌다.

우리 집필진은 1998년부터 서양근대철학회라는 학문공동체에 참여해 공동저서 집필 작업을 조금도 쉬지 않았다. 그 결과『서양근대철학』(2001)『서양근대철학의 열가지 쟁점』(2004)『서양근대윤리학』(2010)『서양근대미학』(2012)이 세상에 나와 인류 정신문화의 찬란한 보석인 서양근대철학을 정확하고 깊이있게 우리나라 독자들에게 전할 수 있었다. 우리는『서양근대종교철학』에 이어『서양근대교육철학』도 이미 기획,

집필하는 중이다.

우리의 이 모든 성과는 상업성이 보잘것없는 서양근대철학 씨리즈의 출간을 맡아준 창비 덕분에 가능했다. 철학을 아끼는 흔치 않은 독자와 우리를 이어준 창비의 여러분께 깊은 감사를 드린다. 그리고 이 책의 기획부터 출판까지 전과정을 총괄한 이경희 선생님께도 고마운 마음을 전한다. 혼자 알고 있기엔 너무나 아까운 철학 고수들의 생각을 독자 한 분에게라도 더 알리려는 뜻 하나로 원고료 한푼 받지 않고 집필에 참여한 동료 선생님들이 자랑스럽다. 이 책의 수익금은 우리나라에도 반드시 하나는 살아남아 있어야 할 서양근대철학회에 고스란히 기부된다.

어느 영화의 한 장면이 생각난다. 사우디아라비아의 미국인 거주지에서 폭탄 테러가 일어나고, 우여곡절 끝에 정체가 드러난 이슬람계 할아버지 테러범이 총에 맞아 죽어가며 어린 손녀의 귀에 위로의 말을 속삭인다. "걱정하지 마라. 다 죽여버리면 돼." 폭탄 테러로 절친한 동료를 잃은 FBI 요원이 늙은 테러범을 찾아 죽이기 전에 그 동료와 사랑한 여성 FBI 요원의 귀에 위로의 말을 속삭인다. "걱정 마. 다 쓸어버리면 돼." 종교가 사랑이 아니라 증오, 용서가 아니라 복수, 구명이 아니라 살인을 부추기는 현실을 보여주는 장면이다. 우리는 종교가 증오, 복수, 살인의 배후가 아닌가 하는 심각한 의문을 던지는 현실 속에 살고 있다. 그러니까 다시 진지하게 물어야 한다. 왜 21세기에 종교가 필요할까?

2015년 1월
서양근대철학회를 대표하여
김성환

차례

3부

18세기 종교철학

<u>4부</u>

19세기 종교철학

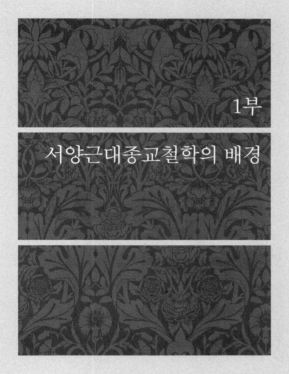

1부

서양근대종교철학의 배경

1장
종교개혁과 종교철학

———

　종교개혁은 성서에 대한 자의적 해석의 길을 열어놓음으로써 종교적 분란을 야기했고, 이러한 분란을 종식시키기 위해 근대 지성인들은 보편종교로서 이신론과 자연종교를 추구하게 되었다. 그러나 이신론(理神論, deism)과 자연종교서에는 고백적 종교의 미토스인 경건이 사라져버렸다. 주의주의(voluntarism)에 기초한 종교개혁은 자연에 대한 사변적 탐구 대신에 실험과 관찰에 근거한 실험적 탐구의 길을 열어놓음으로써 근대 실험철학(경험론)의 탄생을 가져왔으며, 이는 경험의 대상이 되지 않는 신과 영혼을 다루는 사변철학의 종말을 가져왔다. 따라서 종교개혁은 종교를 위한 철학의 시대를 마감하고 이른바 과학을 위한 철학의 시대를 열었다.

16세기 유럽의 종교개혁(Reformation)을 이야기할 때 우리는 적어도 네가지 움직임을 이야기해야 한다. 첫째는 마르틴 루터(Martin Luther, 1483~1546)로 상징되는 독일의 종교개혁운동, 둘째, 일명 깔뱅주의라 불리는 스위스연방 내에서 일어난 교회개혁운동, 셋째 세속 정부와의 유착을 반대하고 오직 성경만을 극단적으로 강조한 재세례파(Anabaptism)의 종교개혁운동, 그리고 끝으로 이러한 개혁에 반대해 일어난 가톨릭의 반종교개혁(Counter Reformation), 즉 가톨릭 종교개혁(Catholic Reformation)이다. 그러나 일반적으로 종교개혁이라 할 때는 프로테스탄트 종교개혁을 의미한다는 점에서 가톨릭 종교개혁은 제외하고, 16세기 루터, 깔뱅(Jean Calvin, 1509~64), 츠빙글리(Ulrich Zwingli, 1484~1531)에 의해 각각 주도된 루터교(Lutheranism), 개혁교회(the Reformed Church), 급진적 종교개혁(the Radical Reformation)운동만을 종교개혁으로 간주한다.

종교개혁이 일어난 16세기 르네상스기는 가톨릭의 부패상이 절정에 다다른 시기였다. 에스빠냐 보르자(Borja) 가문의 일원이던 교황 알렉산더 6세가 수도자의 금혼 규정에도 불구하고 여러명의 첩과 자식을 두었을 뿐 아니라 뇌물을 써서 1492년 교황으로 선출되었다는 사실만 보아도 당시 교회의 타락이 어느 정도로 심했는지 짐작할 수 있다. 당시 지식인들의 눈에 교회는 온갖 부패와 타락의 온상으로 비쳤으며 따라서 그들은 교회개혁을 위해서는 초대 교회 당시의 순수한 신앙과 뜨거운 열정을 회복해야 한다고 생각했다. 마침 16세기 초 교황의 권력은 상공업과 무역을 통해 부를 축적하고 이를 바탕으로 근대적 민족국가로 자리 잡아가던 세속 권력의 힘에 밀려 쇠퇴를 거듭하고 있었다. 종교개혁이 전유럽에 들불처럼 번져나갈 수 있었던 것은 이처럼 교황권이 약화되어 있었기 때문이며, 또한 그들과 이해관계가 부합하는 세속 권력의 힘을 빌릴 수 있었기 때문이다. 그러므로 1517년 아우구스티누스회의 수도사 루터에 의해 촉발된 종교개혁은 처음에는 교회의 타락상에 대한 반성에서 시작되었으나 단번에 반성직주의(anticlericalism)와 반교황주의(antipapalism)를 내세우는 반가톨릭운동으로 변모해버렸던 것이다.

루터는 교회가 구원의 조건으로 제정한 각종 성례를 배격하고 대신에 "의인은 믿음으로 살리라"(하박국 2:4; 로마서 1:17)라는 성경 말씀에 따라 프로테스탄티즘의 핵심 교리인 믿음으로 의로움을 얻는다(이른바 이신득의以信得義 또는 이신칭의以信稱義, justification by faith)는 구원론을 주장하고 나섰다. 이 구원론의 핵심은 나의 의로움이 아닌 하느님의 의로움으로 내가 구원을 받는다는 것이다. 따라서 하느님의 선하심을 믿고 그를 절대적으로 신뢰하는 믿음만 있다면 가톨릭 교회에서 구원의 조건으로 언급되는 성사(聖事) 없이도 누구나 구원을 받을 수 있게 된 것이다. 그런데 이러한 반가톨릭적인 생각이 처음부터 종교개혁자들에 의해 제기된 것은 아니었다. 종교개혁자들은 종교개혁의 정신과 아이디어를 르네상스 인문주의자들로부터 얻었다. 이 점에서 그들은 르네상스 인문주의 정신을 계승하고 실천한 진정한 르네상스 인문주의의 후예였다고 할 수 있다.

르네상스 인문주의를 이야기할 때 연상되는 고대 헬레니즘 고전문학과 철학의 부활 때문에 모든 인문주의자가 반기독교적일 것이라 생각하기 쉽지만 사실상 대부분의 인문주의자는 지극히 경건한 그리스도인들이었다. 인문주의(humanism)란 명칭에는 참으로 다양한 사상의 스펙트럼이 존재한다. 인문주의자 가운데 어떤 사람은 플라톤주의자였고, 어떤 사람은 아리스토텔레스주의자였으며, 어떤 이들은 주지주의자였고, 어떤 이들은 주의주의자였다. 따라서 크리스텔러(P. S. Kristeller)는 인문주의라는 명칭을 특정 사상에 붙은 이름이 아니라 오히려 그런 사상에 접근하는 방식, 즉 당시 인문주의자들이 공통적으로 사용한 사상의 습득 방식에 붙여진 이름으로 이해한다. 이런 관점에서 볼 때 인문주의자들을 하나로 묶을 수 있는 가장 적절한 말은 바로 '아드 폰테스'(ad fontes, 근원으로)였다. 많은 인문주의자들은 종교개혁자들에 앞서 '근원으로'라는 이 인문주의 정신에 따라 신앙의 원천이라 할 수 있는 성서 원전에 대한 연구와 더불어 초대 교회 사도와 교부 들의 정신을 재발견하고자 했다. 이들이 이런 시도를 한 이유는 이미 활력이 사라지고 부패한 중세 후기의 교회가 다시금 활력과 생명력을 찾기 위해서는 초대 교회 당시의 기독교로 돌아가 그 순수한 신앙과 열정을 접해야 한다고 보았기 때문이다. 후일 종교개혁자들이 구약의 위대한 예언자들처럼 당시의 부패한 종교지도자에게 맞서서 그들을 질책하고 통속적인 미신으로 전락한 각종 교회 의례와 형식을 타파하고자 했던 것은 바로 이러한 인문주의자들의 정신을 계승한 것이었다. 또한, 종교개혁자들이 이처럼 강력하게 개혁을 추진해나갈 수 있었던 것은 무엇보다도 르네상스 인문주의자들의 열성적인 히브리어와 희랍어 연구가 성서 원전에 대한 새로운 해석을 가능하게 해주었기 때문이다. 고대어 연구의 발전 덕분에 이들은 중세 시절 정본으로 여겨지던 라틴어 불가타 성경(textus vulgatus)[1] 대신 성서 원문을 직접 번역할 수 있었고, 중세를

---

1 4세기 말~5세기 초 교부 성경학자 히에로니무스(E. S. Hieronymus)가 번역한 성경

거치며 사제와 수도사 들이 덧붙인 수많은 성서 주석들이 오류임을 밝히고 그것을 하나씩 제거해나갔다. 이런 작업을 통해 이들은 성서에 대한 새로운 해석을 시도했으며, 초대 교회 당시 기독교의 참된 음성을 듣고자 했다. 이들은 이로써 그리스도와의 직접적 만남이 가능하다고 생각했던 것이다.

르네상스기 가장 위대한 인문주의자였던 에라스무스(D. Erasmus, 1466~1536)는 헬라어 성경을 번역 출판함으로써 중세 교회가 의존해온 라틴어 불가타 번역본의 오류를 지적했다. 특히 불가타 성서에서 구원과 고해성사의 연관성을 보여준다고 보았던 예수의 사역을 알리는 첫 말씀인 마가복음 4장 17절 "참회하라(penance), 천국이 가까움이라"가 실상은 "회개하라(repent), 천국이 가까움이라"라고 번역되어야 한다고 주장함으로써 구원의 필수 조건으로 고해성사를 주장하는 가톨릭의 성례 제도가 성서에 근거하지 않은 것임을 지적했다. 또한 가톨릭의 성모숭배와 관련해서, 그 근거가 되어온 가브리엘 천사가 마리아에게 건넨 인사말의 불가타 번역 '은혜 가득한 자'(gratia plena)가 사실은 헬라어로는 단순히 '은혜를 받는 자' 혹은 '은혜를 발견한 자'를 의미할 뿐이라는 것을 밝혀냄으로써 당시 미신으로까지 확대된 성모숭배 문제를 비판하고 나섰다. 에라스무스는 르네상스기 최고의 베스트셀러였던 그의 저서 『엔키리디온』(Enchiridion militis christiani, 그리스도인 병사를 위한 소책자, 1504)을 통해 부패한 교회는 교부들의 저술과 성경으로 되돌아감으로써만 개혁될 수 있다고 주장했다. 그는 올바른 성경 읽기만이 평신도들을 경건에 이르게 할 수 있으며, 이를 통해 교회가 갱신되고 개혁될

을 말한다. 이 성경은 여러 판본이 존재하는데 1226년 빠리 신학자들과 출판업자들에 의해 표준판으로서 빠리판이 만들어지기도 했다.

수 있다고 주장함으로써 종교개혁자들에게 깊은 영향을 주었다. 이 책에서 피력한 그의 주장은 다음과 같은 세가지로 요약할 수 있다.

첫째, 기독교의 생명력은 성직자가 아닌 평신도에게 달려 있다. 그는 성직자의 사명은 평신도를 자신과 같은 이해 수준에 올려놓는 것이라 보았으며, 이렇게 평신도가 성직자의 수준에 이르러야 기독교가 생명력을 갖는 종교가 될 수 있음을 강조했다. 둘째, 종교를 개인의 양심과 마음의 문제로 보았다. 하느님께 직접 할 수 있는 죄의 고백을 굳이 사제에게 해야 한다고 규정하는 것은 신앙을 교회의 의례와 의식에 구속하는 것으로서 이는 분명 기독교 신앙에 본질적인 것일 수 없다고 보았다. 신앙이란 내면적인 것으로 하느님의 살아 역사하심과 그의 사랑의 손짓에 신자들이 인격적이며 역동적인 응답을 보이는 것이 신앙의 본질이라는 것이다. 따라서 교회 의식과 각종 의례 그리고 사제들은 신앙에 비본질적인 것이다. 셋째, 수도사의 삶만이 그리스도인의 삶에서 최고의 모습이 아니며 평신도의 삶 역시 수도사의 삶만큼이나 하느님이 인간에게 주신 소명에 충실한 삶이라고 보았다. 프로테스탄티즘의 핵심 주장이라 할 수 있는 평신도주의, 반성직주의, 소명사상 등이 에라스무스의 사상 속에 이미 배태되어 있었던 것이다. 바로 이런 점에서 종교개혁자들은 에라스무스의 개혁정신을 꽃피운 이들이라 할 수 있다.

루터, 깔뱅과 더불어 3대 종교개혁자 중 한 사람인 츠빙글리는 1525년에 『참된 그리고 거짓된 신앙에 관한 주해서』(De vera et falsa religione commentarius)라는 책을 출판했다. 제목에 나오는 'religion'이라는 말은 오늘날 우리가 생각하는 교리와 의식 체계로서의 종교가 아니라 단순히 '신앙' 또는 '경건'을 의미한다. 따라서 이 책은 기독교가 참된 종교임을 주장한 것이 아니라 그리스도인이 어떻게 해야 참된 신앙 또는 경건을 갖게 되는가를 다룬 것이다. 이 책에서 츠빙글리는 참된 신앙이란 사랑의 모습으로 그에게 다가오는 하느님을 신뢰하는 것이고, 거짓 신앙이란 하느님 외에 다른 것(예를 들어 교황이나 공의회, 또는 교회 의식)을 신뢰하는 것이라 말하고 있다. 깔뱅 역시 『기독교 강요』(*institutio christianae religionis*, 1536)에서 기독교적 신앙, 즉 경건성의 본질이 무엇인지 논의하고 있다. 깔뱅은 여기서 교리 체계, 교회의 의식과 관습, 성서 등이 신앙의 본질이 아님을 강조하며, 이들의 효용성은 어디까지나 개인의 인격체적이고 역동적인 하느님과의 만남, 즉 신앙체험을 도와주는 역할에 있을 뿐이라고 주장했다. 이처럼 초대 종교개혁자들은 하나같이 신앙의 본질이 의식이나 의례가 아닌 경건, 즉 전능자를 향한 예배자의 경외의 감정과 태도에 있다고 보았다.

그러나 종교개혁은 점차 개혁자들이 의도했던 것과는 다른 방향으로 나아갔다. 종교개혁자들이 강조한 '오직 믿음으로'(sola fide)는 전승과 계시의 방법으로 수용되던 기독교 방식에 반대하는 '오직 성서만으로'(sola scriptura)를 가져왔고, 이것은 성서에 대한 자유로운 해석의 가능성을 열어놓음으로써 마침내 가톨릭과 프로테스탄티즘, 프로테스탄티즘 내 교파 간 갈등과 대립으로 이어져 전쟁으로 비화되었다. 이제 사람들에게 중요한 질문은 '어떻게 믿는가?'가 아닌 '무엇을 믿는가?'가 되었다. 이 질문은 기묘한 이분법을 가져왔는데, 이 질문이 나를 향할 때는 나 개인의 내적 경건성과 헌신(commitment)을 의미하지만 타인을 향할 때는 그가 믿는 교리나 신조, 의례 등을 의미하게 된 것이다. 따라서 종교개혁 이후 '종교'(religion)라는 말은 원래 의미인 '경건'을 떠나 일종의 교리나 의례 체계를 의미하는 것으로 변질되었고, 결국 종교개혁은 종교적 담론을 진위논쟁으로 몰고가는 계기를 마련했던 것이다. 이제 종교 간의 차이점은 참과 거짓의 문제가 되었고, 이는 단순한 대립을 넘어 사활을 건 분쟁으로 치달았다.

종교개혁으로 인해 유럽 곳곳은 구교와 신교 간에 치열한 싸움이 일어나는 전쟁터가 되었다. 종교 간 갈등으로 발생한 첫번째 전쟁은 프랑스 위그노전쟁이었다. 신교에 강한 반감을 갖고 있던 기즈(F. de Guise) 공작이 1562년 예배를 드리던 위그노(Huguenots)들을 기습 공격함으로써 발발한 전쟁은 이후 여덟 차례에 걸친 길고 지루한 싸움으로 이어졌다. 위그노란 깔뱅주의를 따르던 프랑스 신교도를 일컫는 말로 이들은 수적으로는 당시 프랑스 인구의 10분의 1도 안 되었지만 일부 귀족, 부유한 상공업 시민, 부농들이 주류를 이루어 강력한 세력을 형성하고 있었다. 신구교 간에 3차전이 치러진 후 양측은 평화협상을 통해 위그노의 종교적 자유를 허용하기로 했으나 이 합의가 제대로 이행되지 않았다. 이후 샤를 9세의 어머니인 까뜨린(Catherine de Médicis)과 기즈 공작이 결탁해 1572년 성 바르톨로메오 축일 축제에 참석한 위그노들을 대량 학살함으로써 구교와 신교 간의 전쟁은 전국으로 확산된다. 이후 위그노의 지도자 앙리 드 나바르(Henri de Navarre)가 앙리 4세가 되어 신교도에게 신앙의 자유를 허용하는 낭뜨칙령을 발표함으로써 (1598) 36년간 지속되던 전쟁은 종식되었다. 그러나 1685년 루이 14세는 낭뜨칙령을 취소하고 개신교도를 박해함으로써 40여만명에 이르는 위그노의 해외 망명을 촉발했다.

프랑스 위그노전쟁 다음으로 주목할 유럽 내 종교전쟁은 네덜란드 독립전쟁으로, 에스빠냐의 속령이던 북부 7개주가 1572년부터 1609년까지 본국과의 항쟁을 통해 독립을 쟁취한 전쟁이다. 구교의 수호자를 자처한 펠리뻬 2세가 네덜란드 북부 지역에 신교도가 늘어나는 것을 막기 위해 증세와 상업 제한, 자치권 박탈, 종교재판 등을 통해 가혹하게 탄압하자 이에 저항하는 운동이 나타났다. 이것은 곧 독립전쟁의 양상을 띠게 되었고, 1581년에는 네덜란드연방공화국이 결성된다. 1588년

에스빠냐의 무적함대가 영국에 격파당한 이후 1609년 12년간의 휴전협정을 통해 전쟁은 일단락되었고, 1648년 베스트팔렌 조약을 통해 네덜란드의 독립이 국제적으로 인정됨으로써 전쟁은 종식되었다.

네덜란드 독립전쟁이 휴전 중이던 1618~48년 독일을 무대로 신구교 간에 또다른 전쟁이 벌어졌으니, 이것이 바로 30년전쟁이다. 17세기 초 독일을 비롯해 오스트리아, 보헤미아 지역에서는 신구교 간에 긴장이 고조되었고 신구교는 각각 연맹체를 구성해 전쟁에 들어갔다. 전쟁은 지루하게 이어지다가 1648년 베스트팔렌조약을 통해 총 4차에 걸친 30년간의 종교전쟁이 종지부를 찍었다. 이 전쟁의 결과 신교의 권리가 승인되었으나 전쟁의 참화로 독일 인구는 1,500만명에서 600만명으로 급격하게 감소하고 전국토는 황폐화되었다.

이처럼 16세기 중반에서 17세기 중반에 이르는 80여년간 프랑스, 네덜란드, 독일 등 거의 전유럽에서 전개된 종교전쟁을 통해 인류는 평화와 구원을 이상으로 삼는 종교가 인류를 얼마나 참혹한 상태로 몰고 가는가를 경험했다. 이같은 경험은 지식인들 사이에 자연스럽게 종교적 분란과 전쟁을 종식시킬 수 있는 보편종교에 대한 이념을 불러일으켰다. 30년전쟁에 용병으로 참전했던 데까르뜨(R. Descartes, 1596~1650) 역시 누구보다도 종교 분쟁의 심각성을 절감하고 그 해결 방법을 고심한 사람이었다. 그는 종교적 관용의 화신으로 알려진 앙리 4세가 라플레슈에 세운 대학을 다녔으며 앙리 4세가 라플레슈 성당에 안치될 때 바로 그 자리에 있었다. 그는 앙리 4세처럼 구교도건 신교도건 모두 천국에 갈 수 있다고 생각했으며, 전유럽을 전쟁의 소용돌이로 몰고 간 직접적 원인인 종교적 불관용은 전승과 계시에 기초한 불합리한 신의 개념에서 비롯했다는 점에서 그것을 대체할 합리적인 신 개념을 이성을 통해 발견하고자 했다. 케플러(J. Kepler, 1571~1630)나 갈릴레이(G.

Galilei, 1564~1642) 같은 르네상스 자연과학자들처럼 데까르뜨는 수학을 신의 언어로 생각했고, 수학적 방법을 원용한 방법적 회의를 통해 모든 사람이 보편적으로 동의할 수 있는 이성적인 신(deity)을 찾았다. 데까르뜨는 『성찰』(*Meditationes de prima philosophia*, 1641)의 헌사에서 "나는 언제나 신과 영혼에 관한 두가지 문제가 신학적 논의보다는 철학적(과학적) 논의에 의해 입증되어야 할 가장 중요한 문제라고 생각해왔습니다"라고 이야기하고 있다. 데까르뜨가 『방법서설』(*Discours de la méthode*, 1637) 5부에서 기술하는 신은 물질과 운동, 관성의 법칙을 포함한 자연법칙을 창조하고 그 법칙에 의해 우주를 운행시키는 존재이다. 다시 말해, 데까르뜨에게 있어 신의 존재는 우리가 외부 세계의 존재에 대해 확신을 가질 수 있는 유일한 근거이자 외부 세계의 운행을 설명하는 궁극적 원리였다. 데까르뜨는 이처럼 과학적 합리성을 통해 기성 종교에서 왜곡되었던 불합리한 신성을 배제하고자 했고, 이같은 노력이 결국은 이 땅에 지속 가능한 평화의 상태를 가져오리라 믿었다.

영국 이신론의 아버지인 허버트 경(Edward Herbert, 1583~1648) 역시 데까르뜨처럼 네덜란드 독립전쟁에 종군했다. 그는 데까르뜨처럼 종교 분쟁을 종식할 가능성을 보편종교에서 찾았다. 그는 신이 지닌 최고의 속성은 자비이며 이는 인류의 구원이라는 신의 보편적 섭리로 나타난다고 생각했다. 인간을 사랑하기에 인간을 구원하기로 한 신은 기성 종교에서 이야기하듯 교리나 의례를 구원의 조건으로 내세우지 않으며 단지 자연적 성사라 할 수 있는 죄에 대한 회개만을 요구할 뿐이다. 따라서 그는 인간이 도덕적으로 올바른 삶을 산다면 유일자인 하느님으로부터 구원을 받을 수 있다는 지극히 평범한 믿음이야말로 사악한 사제들에 의해 왜곡되기 이전에 인류가 가졌던 순수한 자연종교의 교리라고 생각했다. 이처럼 종교개혁이 가져온 분쟁은 지식인들 사이에 미신과 광신으로부터 벗어나기 위한 종교적 계몽의 움직임을 낳았고, 이는 이신론과 자연종교 이념의 추구로 나타나게 되었다. 그러나 자연종교에는 신에 대한 경외심이 없었고, 고백적 종교의 미토스라 할 수 있는 경건이 사라져버렸다.

종교개혁자들은 그들 자신이 르네상스 인문주의 정신에 투철한 인문주의자들이었다. 에라스무스에게서 볼 수 있듯이 성서에 대한 고등비평을 통한 새로운 방식의 성서 독해와 또한 고대어의 부활은 종래 전승에 의해 무비판적이고 수동적으로 수용되어오던 종교적 진리 추구 방식에 일대 전환을 가져왔다. 그것은 바로 하향식(up down) 진리 추구로부터 상향식(bottom up) 진리 추구 방식으로의 전환을 의미했다. 종교개혁자들은 자연을 탐구하는 과학자들처럼 성서에 대한 능동적인 탐구를 통해 종교적 진리를 추구하고자 했다. 더이상 종교적 진리는 계시라는 이름으로 일방적으로 강요될 수 없었으며, 어떤 진리도 수동적으로 수용될 수 없었다. 바로 이러한 점에서 16세기 종교개혁은 외형적으로 보면 종교의 문제였으나 실상은 종교적·철학적 권위에 대한 도전을 통해 학문에 대한 일반적인 개혁 모델을 제공한 사건이었다. 학문의 각 분야에서 활동하는 선두 주자들은 종교개혁자들로부터 지적 영감을 받았다. 코페르니쿠스(N. Copernicus, 1473~1543)와 파라셀수스(P. A. Paracelsus, 1493~1541)는 자연철학의 루터와 깔뱅이라 불렸으며, 케플러는 스스로를 천문학의 루터라 불렀다. 베이컨(F. Bacon, 1561~1626)은 종교개혁을 다른 지적 영역에 혁신과 도약이 필요함을 일깨워준 사건으로 이해했다.

종교개혁은 후기 스콜라철학 핵심 사상 중의 하나인 주의주의가 단순히 종교의 구원 문제를 넘어 도덕, 정치, 자연철학의 영역으로까지 확대되는 계기를 마련했다. 종교개혁자들이 토마스 아퀴나스(Thomas

Aquinas, 1225~74)의 신학체계에 바탕을 둔 토미즘(Thomism)의 주지주의를 버리고 둔스 스코투스(J. Duns Scotus, 1266~1308)의 사상을 계승한 스코티즘(Scotism)의 주의주의를 수용한 것은 무엇보다 자연의 이해와 접근에 변화를 가져왔다. 주의주의의 주장처럼 도덕법칙이 전적으로 신의 의지에 의존한다면 물리적 우주를 지배하는 자연법칙 역시 마찬가지일 것이다. 다시 말해 자연법칙은 신의 의지를 제약할 수 없다. 이는 자연에 대한 신의 통치가 자연 그 자체에 내재하는 필연성을 지닌 법칙 또는 인과적인 힘에 의해 간접적으로 이뤄지는 것이 아님을 의미한다. 이같은 견해는 물질이 미세한 입자로 구성되어 있다는 고대 에피쿠로스(Epikuros, BC 342?~271)의 물질이론을 되살려 근대에 미립자철학의 부활을 가져오는 계기를 제공했다. 미립자철학에 따르면, 운동이란 물질의 소립자들을 직접적으로 움직이게 하는 하느님의 의지로부터 오는 것이다. 이처럼 종교개혁자들의 주의주의는 자연의 영역에서 물리적 대상 안에 내재하는 인과적인 힘을 제거하고 대신 그 자리에 신의 의지를 놓았다. 따라서 자연에 담긴 신의 뜻(자연법칙)은 아리스토텔레스(Aristoteles, BC 384~322)의 가르침과 달리 이성에 의한 순수사변만으로 파악될 수 없으며, 자연세계에 대한 조심스러운 관찰과 실험에 근거한 경험적 탐구를 통해서만 점진적으로 밝혀질 수 있는 것이다.

이러한 관찰과 실험에 기초한 근대 실험과학의 등장과 그 성공은 18세기 영국 철학자들에게 강한 영감을 주었다. 그들은 소크라테스(Socrates, BC 469~399) 이래 철학이 과학에 비해 발전이 없이 답보를 거듭해온 까닭을 과거 철학자들이 인간의 능력을 벗어난 형이상학적 탐구에 매달렸기 때문이라고 보았다. 그들이 보기에 모든 학문은 인간 본성, 즉 인간 능력에 대한 철저한 이해가 선행되어야 한다는 점에서 인간 본성에 대한 학문, 즉 인간학(science of human nature)은 모든 학문의 중심일 수밖에 없었다. 그러나 문제는 이 인간학에서 진보가 있으려면 종래와 같은 사변 일변도의 타성적인 탐구방법을 버리고 자연과학에서 그 성공이 입증된 실험적 방법을 사용해야 한다는 것이었다. 로크(J. Locke, 1632~1764), 버클리, 흄(D. Hume, 1711~76)으로 이어지는 영국 경험론자들은 과학에서 이미 유용성이 입증된 실험적 방법을 사용해 인간 본성을 탐구함으로써 인간학에서 뉴턴(I. Newton, 1642~1727)이 되고자 했던 인물들이다. 이제 철학은 자연세계를 다루는 자연철학과 인간 본성을 다루는 도덕철학(moral philosophy)[2]으로 이원화되었고, 신과 영혼을 다루는 전통적인 사변철학은 종적을 감추었다. 그 결과 자연철학과 도덕철학이란 이름으로 불리는 실험과학이 철학을 대신하고, 종교는 행위와 실천을 위한 신앙의 영역으로 남게 되었다.[3]

종교의 관점에서 보면 근대철학은 종교개혁의 부작용에 대한 반작용으로 나온 것으로 이해할 수 있다. 주의주의에 기초한 종교개혁은 불가피하게 종교적 분란을 야기할 수밖에 없었고, 이를 종식하기 위해 근대 지성인들이 취한 방안이 바로 보편종교로서의 이신론적 신관과 그에 기초한 자연종교의 추구였다. 이러한 이신론과 보편종교의 추구는 근대과학에 형이상학적 토대를 제공할 수는 있었지만 사실상 종교의 위기를 가져왔다. 또한 주의주의에 기초해 인간의 구원이 자신의 수행을 통해 쌓은 덕의 결과가 아닌 전적으로 하느님의 은총에 달려 있다고 본

---

2 근대에 사용된 'moral philosophy'란 용어는 의무의 개념, 옳고 그름의 기준, 윤리적 개념의 의미 등을 논하는 오늘날 윤리학(ethics)을 의미하는 것이 아니라 자연철학(natural philosophy)과 대립되는 개념으로서, 인간 본성과 연관된 학문 일반을 가리키는 개념이었다.

3 신의 존재, 영혼의 불멸, 기적과 섭리 같은 형이상학적 논제들은 이성적 사변과 논의의 대상, 즉 학문의 대상이 아닌 신앙의 영역에 속한 믿음의 대상이 되었다. 그로 인해 종교와 과학은 명확하게 영역이 획정되었다.

종교개혁자들의 구원관은 개개인으로 하여금 덕을 쌓는 데 유익한 명상과 수양으로서의 철학의 가치를 상실하게 했다. 그 결과 철학은 삶의 의미와 가치를 논하는 지혜, 즉 종교의 영역으로부터 세계의 질서를 밝히고 해명하는 지식, 즉 과학의 영역으로 자리를 옮기게 되었다. 이렇게 해서 종교개혁은 종교를 위한 철학의 시대를 마감하고 이른바 과학을 위한 철학의 시대를 열었던 것이다.

| 이태하 |

2장
과학혁명과 종교

　중세의 종교, 특히 기독교와 근대과학은 단순히 상충하는 관계가 아니었다. 과학사 연구자 머튼(Robert C. Merton)에 따르면 청교도주의(puritanism)는 17세기 영국에서 직업 관심이 종교에서 과학으로 이동하는 데 영향을 미쳤다. 거꾸로 과학혁명으로 성립된 기계론은 세계가 기계라고 보고 세계 외부의 기계 제작자, 곧 세계창조주를 요구하기 때문에 기독교와 양립할 수 있었다. 근대 자연철학자들은 과학과 종교가 맺을 수 있는 다양한 관계를 보여준다. 갈릴레이는 옛 종교가 새 과학이 옳다고 증명하는 동기로 작용한 모습을 보여준다. 데까르뜨는 옛 종교의 신이 새 과학에 꼭 필요하다는 것을 보여준다. 뉴턴은 이단종교를 새 과학으로 감추는 모습을 보여준다.

1. 중세의 종교와 근대의 과학

문화를 넓은 뜻에서 사람이 생각하고 행동하는 양식이라고 할 때 종교와 과학도 문화에 속한다. 문화의 역사에서 종교는 중세를 대표하고 과학은 근대를 대표한다. 중세를 대표하는 종교문화는 고딕 성당, 마리아 신앙, 기사도 등의 기독교문화로 나타났다. 고딕 성당의 첨탑은 인간의 영역을 넘어 신의 영역으로 높이 솟아오르려 했으며, 약 12세기부터 성모 마리아를 신과 인간의 중재자로 찬양하는 마리아 신앙이 널리 퍼졌다. 유럽, 특히 프랑스에 많이 있는 '노트르 담'(Notre Dame) 성당은 '우리 부인' 곧 마리아에서 이름을 얻은 것이다. 마리아는 단떼(A. Dante, 1265~1321)의 서사시 『신곡』(*La divina commedia*, 1304~21)에서 '우리 부인'을 넘어 '우리 여왕' '천국의 여왕'으로 신격화한다. 또한 중세에는 기사들이 명예와 사랑과 충성을 좇는 기사도가 나타났다. 트루바두르(troubadour) 또는 음유시인이라 불리는 하급 기사들은 자기가 속한 성의 문화를 꽃피우고 성주가 아니라 그 부인의 믿음과 사랑을 얻기 위해 예를 들어 성배나 성스러운 칼 같은 보물을 찾아 모험여행을 떠나는 퀘스트(quest) 전통을 세웠다.

근대를 대표하는 과학문화는 과학혁명에서 비롯했다. 과학을 혼란스러운 지식이 아니라 정리된 지식의 체계라고 한다면 고대와 중세에도 과학은 있었다. 고대·중세 과학은 아리스토텔레스의 철학체계에 의존하기 때문에 아리스토텔레스주의 과학이라 불린다. 과학혁명은 16세기에 천문학에서, 17세기에 역학에서 일어난다. 코페르니쿠스, 케플러가 주도한 천문학 혁명은 지구가 우주의 중심이라는 아리스토텔레스-프톨레마이오스(Ptolemaios, 90?~161?)의 우주체계 대신 태양이 우주의 중심이라는 우주체계를 제시했다. 갈릴레이, 뉴턴이 주도한 역학혁명은 아리스토텔레스주의 역학을 허물고 관성 원리와 중력 원리를 확립했다. 갈릴레이는 운동하는 물체가 일정한 속도를 유지하려면 아리스토텔레스의 주장처럼 외부의 힘을 계속 받아야 하는 것이 아니라 오히려 아무 힘이나 방해도 받지 않아야 한다는 관성 원리를 제시한다. 또 뉴턴은 천상계와 지상계의 운동원리가 다르다는 아리스토텔레스의 견해와는 반대로 천상계에서 달의 운동과 지상계에서 물체의 낙하운동이 똑같은 중력 원리에 따른다고 증명한다.

근대에 종교와 과학은 어떤 관계를 맺었을까? 특히 근대 과학혁명과 기독교는 어떤 영향을 주고받았을까? 종교가 중세문화를 대표하고 과학이 근대문화를 대표한다는 관점은 근대에 옛 문화인 종교와 새 문화인 과학이 충돌했음을 암시하는 듯하다. 그러나 근대의 종교와 과학의 관계는 단순하지 않다. 오히려 종교가 과학의 발달에 긍정적 영향을 미쳤다는 견해도 있다. 과학사 연구자 머튼은 청교도주의가 영국에서 과학이 발달하는 데 도움을 주었다는 명제를 제시한다. 우선 머튼 명제를 설명하고 과학혁명을 이끈 갈릴레이, 데까르뜨, 뉴턴을 중심으로 근대에 과학과 종교가 맺은 복잡한 관계를 살펴보자.

2. 머튼 명제

머튼은 1938년 처음 나온 『17세기 영국의 과학, 기술, 사회』(*Science, Technology and Society in Seventeenth Century England*, 이하 『17세기 영국』)에서 두가지 문제를 던진다. 첫째, 17세기 영국에서 직업에 대한 관심의 변화 또는 이동이 있었을까? 둘째, 직업에 대한 관심의 변화 또는 이동에 어떤 사회학(sociological) 요인이 영향을 미쳤을까? 첫째 물음에 대한 답은 과학에 대한 직업 관심이 커졌다는 것이다. 머튼은 이 답을 얻기 위해 『영국 인명사전』(*Dictionary of National Biography*)에 나오는 17세기의 유명 인사 6,000명의 직업을 분석한다. 이 분석의 중요한 결론은 성직자에 대한 관심이 줄어들고 과학 관련 직업에 대한 관심이 늘어났다는 점이다.

둘째 물음에 대한 답이 머튼 명제다. 17세기 영국에서 과학으로 직업 관심이 이동하는 데 영향을 미친 사회학 요인이 바로 청교도주의라는 것이다(『17세기 영국』 55면). 청교도(puritan)는 16,17세기 영국의 개신교 (protestantism) 집단이고 청교도주의에서 중요한 가치와 목표는 신의 영광과 인류의 복지다. 청교도주의의 눈으로 보면 과학은 신의 영광과 인류의 복지를 실현하는 데 매우 좋은 수단이다. 과학자들이 자연의 진리를 탐구하는 것은 인류의 복지에 실용적으로 기여함으로써 신의 영광에도 이바지하기 때문이다. 나아가 과학자들은 자연탐구에 매진하기 때문에 신이 기뻐할 일을 성실하고 근면하게 수행하라는 청교도주의의 요구 조건도 잘 갖추고 있다. 그래서 머튼에 따르면 청교도주의는 과학을 사회적으로 용인하고 과학자의 사회적 지위를 높이는 데 도움을 주었다.

머튼은 이 명제를 뒷받침하는 증거로 17세기 영국 과학자 중에 특히 청교도가 많았다는 사실을 제시한다. 그는 영국 왕립학회(Royal Society) 회원들의 자료를 분석해 학회의 전신인 1645년 모임의 멤버 중 많은 사람, 예를 들어 자연철학자 윌킨스(J. Wilkins, 1614~72), 보일(R. Boyle, 1627~91), 페티(W. Petty, 1623~87) 등이 청교도였다고 밝힌다. 또 머튼에 따르면 베이컨의 과학 발달과 공동 과학연구 이념을 거듭 주장하고 다방면에 해박했던 듀리(J. Dury, 1596~1680), 하틀리브(S. Hartlib, 1600~62) 등도 청교도였다.

머튼은 청교도주의가 과학 내용의 변화를 낳는 데 기여했다고는 보지 않았다. 그는 학술지 『철학 회보(*Philosophical Transaction*)』에 실린 논문과 서평의 통계자료를 바탕으로 과학 분야들 간의 관심의 이동, 예를 들어 수학에서 역학으로의 관심 이동은 청교도주의 같은 외부 요인이 아니라 과학이론의 문제점과 해결책 등 내부 요인으로 설명해야 한다고 주장했다. 다시 말해, 머튼 명제는 17세기 영국에서 과학이 발달하는 데 청교도주의가 외부 요인, 즉 사회학적 요인으로 이바지했다는 것이다. 머튼이 자신은 자본주의 발달에 개신교가 이바지했다고 주장하는 사회학자 베버(M. Weber)에게서 영향을 받았다고 말한 것으로 봤을 때, 머튼의 주장도 베버의 주장과 같은 맥락, 곧 청교도주의와 개신교가 과학 발달과 자본주의 발달의 내부 요인이 아니라 외부 요인이라는 뜻으로 이해할 수 있다.

머튼 명제는 많은 논쟁을 일으켰다. 가장 큰 비판은 이 명제가 동어반복이라는 주장이다. 그 이유는 머튼이 청교도주의를 '영국인의 성실하고 근면한 기질에 호소하는 종교'라고 정의하고 과학을 '실용성이 결정적 역할을 하는 활동'이라고 정의해 두 정의를 연결하기 때문이다. 또 청교도가 아닌 가톨릭교도, 예를 들어 갈릴레이나 데까르뜨가 새 과학을 옹호하고 과학 발전에 공헌한 것은 머튼 명제로 설명하기 어렵다는 반론도 있다.

청교도주의를 신학 교리로 보지 않고 문화적 가치라고 보아 머튼 명제를 옹호하는 견해도 있다. 17세기 영국 사회에서는 다양한 문화적 가치들이 공유되었고 이는 과학의 성장에 긍정적 영향을 미쳤다. 청교도주의는 과학의 성장에 직접 영향을 미쳤다기보다 영국 사회의 하나의 문화적 가치로서 문화적 분위기를 형성하는 데 이바지했고, 이 문화적 분위기가 과학이 성장할 좋은 조건을 마련해주었다고 볼 수 있다. 청교도주의와 과학에 대한 열의는 거의 같은 시기에 영국에서 나타났고 청교도주의와 과학이 보일, 페티, 하틀리브처럼 같은 사람에게 겹쳐서 나타난 경우도 많았다. 또 갈릴레이, 데까르뜨처럼 가톨릭교도인 과학자도 있었지만 청교도를 비롯한 개신교 과학자가 상대적으로 많았다.

나아가 머튼 명제는 종교개혁과 과학혁명의 연관성도 지적한다. 첫째, 종교개혁이 기독교도에게 신의 책인 성서(sacred scripture)를 직접 읽어서 신과 만나자고 주장했듯이 과학혁명기에 새 과학은 신의 창조물인 자연세계를 직접 연구하자고 주장하고 이런 뜻에서 자연세계를 성서와 비유해 '자연의 책'(book of nature)이라고 불렀다. 둘째, 종교개혁이 신앙을 교회와 교황의 권위에서 해방하려 했듯이 과학혁명기에 새 과학은 과학을 고대의 권위, 주로 아리스토텔레스의 권위에서 해방하려 했다. 머튼 명제는 많은 비판을 받았지만 아직도 그 의미는 살아 있다(『과학혁명』 199~200면).

3. 자연철학자들과 종교

갈릴레이

태양 중심의 우주체계를 담은 코페르니쿠스의 『천구의 회전에 대하여』(*De revolutionibus orbium coelestium*)는 그가 죽은 해인 1543년에 나왔다. 코페르니쿠스는 이 책이 가톨릭 교회와 충돌하고 세상 사람들의 비웃음을 살까봐 크게 염려했다. 갈릴레이도 코페르니쿠스의 견해를 공개적으로 지지하면 처벌을 받을까봐 두려워했으며 1597년 케플러에게 보낸 편지에서 이렇게 말한다. "나는 코페르니쿠스의 견해를 지지하지만 이것을 감히 대중 앞에 내놓을 용기가 없다. 무한히 많은 비웃음을 견뎌야 한 우리 스승 코페르니쿠스와 같은 운명에 처하는 것이 두렵기 때문이다"(『과학 이야기주머니』 156면). 수사이자 철학자 브루노(G. Bruno, 1548~1600)는 지구가 우주의 중심이 아니고 우주에 다른 지적 존재들이 사는 무한히 많은 세계가 있다고 주장하다가 로마 종교재판에서 이단으로 몰려 화형당한다. 이후 갈릴레이는 더욱 신중해진다. 그러나 끝까지 입을 다물지는 못했다.

갈릴레이는 1609년 네덜란드에서 고성능 망원경이 개발되었다는 소식을 들은 뒤 망원경으로 하늘을 관찰하기로 마음먹고 직접 두개의 렌즈를 갈아 대통에 끼워서 30배율 망원경을 만든다. 그리고 1610년 펴낸 『별세계 보고』(*Sidereus nuncius*)에서 코페르니쿠스 우주체계를 뒷받침하는 망원경 관측자료를 제시해 유명해진다. 갈릴레이가 여기서 제시한 증거는 우선 태양의 흑점과 달의 울퉁불퉁한 표면이다. 아리스토텔레스의 견해를 받아들인 그 시절 사람들은 달을 포함한 천상계는 완전하며 이 완전한 세계에 속하는 태양에는 흠이 전혀 없고 달 표면도 거울처럼 매끄럽다고 믿었다. 그러나 갈릴레이는 망원경으로 태양의 표면에 검은 점이 생겼다 사라지고 달의 표면이 지구처럼 울퉁불퉁한 것을 관측했다.

코페르니쿠스의 우주체계를 뒷받침한 결정적 증거는 금성의 크기와 모양의 변화다. 만일 아리스토텔레스-프톨레마이오스의 우주체계대로 지구가 우주의 중심이라면 금성은 지구와 늘 같은 거리만큼 떨어져 있으므로 크기가 똑같아 보여야 한다. 그러나 코페르니쿠스의 체계처럼 행성들이 태양을 중심으로 공전하면 금성은 지구와 공전주기가 달라서 지구와 가까울 때도 있고 멀 때도 있으므로 거리에 따라 크게 보이기도, 작게 보이기도 할 것이다. 또한 금성이 태양빛을 반사해 나타내는 모양도 태양 건너편에 있을 때는 보름달 모양으로 보이고 태양과 지구 사이에 있을 때는 초승달 모양으로 보일 것이다. 그러나 프톨레마이오스의 체계에서는 금성이 언제나 지구와 태양 사이에 있으므로 초승달 모양으로만 보여야 한다. 달에 비해 지구에서 아주 멀리 있는 금성은 눈으로 보면 크기와 모양의 변화를 식별할 수 없기에 프톨레마이오스의 지지자들은 금성을 코페르니쿠스에 반대하는 근거로 제시했다. 그러나 갈릴레이는 망원경으로 금성의 크기와 모양이 변하는 것을 관측해냈다.

갈릴레이는 1611년부터 1615년까지 자주 코페르니쿠스의 우주체계를 강력히 옹호하는 발언을 했다. 이에 가톨릭 교회는 1616년 코페르니쿠스 우주체계에 대한 금지령을 내린다. 코페르니쿠스의 우주체계는 가톨릭 교리와 참된 철학을 위배하며 따라서 가톨릭교도는 이 우주체계를 옳다고 주장해서는 안 된다는 것이었다. 이에 갈릴레이는 1616년 3월에 코페르니쿠스의 견해를 지지하지 않을 것이고 글이나 말로 가르치지 않겠다고 서약한다.

1623년 이해심 많고 과학에도 조예가 깊다고 평가받던 우르바누스 8

세가 새 교황으로 즉위하자 갈릴레이는 그에게 허락을 받고 프톨레마이오스와 코페르니쿠스의 우주체계가 지닌 장단점을 공정하게 밝히는 책을 1624년부터 쓰기 시작한다. 이 책은 『두 주요 우주체계에 관한 대화: 프톨레마이오스와 코페르니쿠스』(*Dialogo sopra i due massimi sistemi del mondo, Tolemaico e Copernicano*)라는 제목으로 1632년에 나와서 베스트셀러가 된다. 그러나 가톨릭 교단 예수회는 이 책이 종교개혁자 루터와 깔뱅의 설교를 합친 것보다 더 나쁘다고 혹평한다. 결국 갈릴레이는 그해 로마 교황청에 소환되는데 죄목은 1616년의 서약을 위반했다는 것이었다. 1633년 종교재판에서 교회는 갈릴레이가 1616년에 코페르니쿠스의 우주체계를 옹호하지 않겠다고 쓴 서약서를 제시했고, 갈릴레이는 유죄 판결과 무기징역형을 선고받는다. 그러나 그는 죄를 인정하여 가택연금으로 감형받고 저택 안에서 평생을 보내며 천문학 대신 역학 연구에 몰두해 관성 원리, 자유낙하 법칙, 운동의 중합 원리 등이 담긴 『두 새로운 과학에 대한 논의와 수학 증명』(*Discorsi e dimostrazioni matematiche intorno a due nuove scienze attinenti alla meccanica*)을 1638년에 펴낸다. 갈릴레이가 유죄 판결을 받고 천문학 대신 역학에 전념한 것은 후세 사람들에게는 전화위복이다.

'그래도 지구는 돈다'(Eppur si muove). 1633년 종교재판소에서 갈릴레이가 무릎을 꿇은 채 코페르니쿠스의 우주체계를 포기하겠다는 서약서를 읽은 뒤 일어나면서 중얼거렸다고 알려진 말이다. 그러나 종교재판소에서 그가 실제로 이 말을 했다는 증거는 없다. 갈릴레이의 말은 가톨릭 교회에 저항하는 듯한 인상을 주지만 과학사 연구자들에게는 그가 독실한 가톨릭교도라는 것이 정설이다. 왜 독실한 가톨릭교도가 교회에 맞서 코페르니쿠스의 우주체계를 지지했을까?

갈릴레이가 살던 시절에는 성서와 자연이라는 두 책이 일치한다는 생각이 널리 퍼져 있었다. 성서에는 지구가 고정되어 있고 태양이 움직인다는 말이 나온다. 성서를 글자 그대로 해석한 사람들은 코페르니쿠스의 태양중심설이 성서와 맞지 않는다고 주장했다. 그러나 갈릴레이는 성서가 보통 사람을 위한 책이 아니라는 로마 가톨릭 교회의 견해를 받아들여 성서 구절의 최종 해석은 계몽된 자연철학자에게 맡겨야 한다고 생각했으며, 지구가 움직이지 않고 태양이 움직인다는 성서의 말은 일반 대중의 일천한 정신이 혼란 상태에 빠지지 않게 하는 말로 이해해야 한다고 주장했다. 『두 주요 우주체계에 관한 대화』 서문에는 철학자와 일반 대중의 차이와 철학자의 성서 해석 능력이 다음과 같이 강조되어 있다.

> 그러나 한 사람이 천 사람의 가치가 있고 천 사람이 단 한 사람보다 가치가 적다는 속담이 있다. 이런 차이는 여러가지 정신능력에 달려 있고 나는 철학자냐 철학자가 아니냐에 달려 있다고 생각한다. (…) 더 높이 보는 사람이 더 뛰어난 사람이고 (철학의 적절한 대상인) 자연의 위대한 책을 살펴보는 것이 눈길을 끌어올리는 방법이다. (…) 그러므로 모든 인류보다 지성이 극도로 뛰어난 사람을 꼽으라면 프톨레마이오스와 코페르니쿠스가 이런 사람이고, 그들의 눈길은 매우 높이 올라가 세계의 구성을 철학화했다. (『두 주요 우주체계에 관한 대화』 3~4면)

갈릴레이는 프톨레마이오스와 코페르니쿠스를 자연의 책을 성서에 맞게 해석하는 능력이 뛰어난 두 사람으로 꼽았지만 프톨레마이오스에 대한 찬사는 입에 발린 말에 그친다. 『두 주요 우주체계에 관한 대화』는 코페르니쿠스의 우주체계를 옹호하는 쌀비아띠, 프톨레마이오스의 우주체계를 옹호하는 씸플리치오, 두 사람을 중재하는 싸그레도 등 세명의 가상 인물이 나누는 대화로 구성되어 있다. 그러나 실제로 쌀비아띠는 싸그레도와 합세해 썸플리치오가 옹호하는 프톨레마이오스의 우주 체계를 철저하게 반박한다. 그러니까 갈릴레이의 눈에는 코페르니쿠스만이 지성이 극도로 뛰어난 사람이고 프톨레마이오스는 코페르니쿠스에 미치지 못한다.

갈릴레이는 자연철학자 코페르니쿠스와 일반 대중의 차이를 주장할 뿐 아니라 신이 쓴 자연의 책에 대한 전문가로서 철학자의 성서 해석 능력도 강조했다. 갈릴레이는 가톨릭교도지만 성서를 글자 그대로 해석하지 않는다. 성서와 자연이라는 두 책이 일치한다는 생각은 성서를 글자 그대로 해석하는 사람들에게 코페르니쿠스의 우주체계를 거부하게 만들었다. 그러나 똑같은 생각이, 독실한 가톨릭교도인 갈릴레이에게는 고민스럽지만 오히려 성서를 올바르게 해석하는 철학자로서 코페르니쿠스의 우주체계를 자연철학으로 증명하게 만들었던 것이다. 갈릴레이는 옛 종교가 새 과학의 옳음을 증명하는 동기로 작용한 모습을 보여준다.

데까르뜨

데까르뜨는 네덜란드에 머무는 동안 수학과 철학을 혁신해 1629년과 1633년 사이에 『세계』(*Le monde*)를 쓰지만 1633년 갈릴레이가 유죄 판결을 받았다는 소식을 듣고 출판 계획을 거둔다. 『세계』에서 데까르뜨는 갈릴레이처럼 태양이 우주의 중심이라는 코페르니쿠스의 견해를 지지한다. 그는 아주 작은 입자들의 움직임으로 태양계의 생성과 태양 주위를 도는 행성의 운동을 설명한다. 『세계』는 천문학뿐 아니라 방법론부터 형이상학, 자연학(physics), 생리학, 생물학까지 데까르뜨의 철학 전체를 담고 있다.

데까르뜨는 친구인 철학자 메르센(M. Mersenne, 1588~1648) 신부와 『세계』의 내용과 출판에 관해 편지로 의견을 나누었고, 이후 『세계』의 내용 중 일부는 수정되어 대학의 아리스토텔레스주의 철학 교과서를 대체하려는 의도로 쓴 『철학 원리』(*Principia philosophiae*)에 실려 1644년에 출판된다. 『철학 원리』에서 데까르뜨는 코페르니쿠스에 대한 지지를 조금 상대적인 것으로 완화한다. 『세계』의 마지막 장은 데까르뜨가 죽은 뒤 1662년에 『인간론』(*De homine*)으로 출판되었으며 『세계』의 나머지 부분은 1664년에 출판되고 전체 텍스트는 1677년에 나온다.

그러나 교황 알렉산더 7세는 이미 1663년에 데까르뜨의 저서들을 금서 목록에 올려놓고 있었다. 그가 코페르니쿠스의 우주체계를 지지할 뿐 아니라 그의 철학에 무신론의 혐의가 있다는 것이 그 이유였다. 데까르뜨 철학이 무신론으로 의심받은 이유들 가운데 하나는 자연에서 신의 역할을 축소했다는 점이었다.

데까르뜨에 따르면 자연에서 신은 물체에 운동의 원인을 부여하고 우주에서 운동량을 보존하는 역할을 한다(『17세기 자연철학』 130~43면). 데까르뜨는 물체가 운동하는 원인을 일반원인과 특수원인으로 나눈다. 운동의 일반원인은 모든 물체의 모든 운동의 일차 원인인 신이며 신은 물체들을 창조할 때 운동과 정지를 부여했다. 그리고 신의 작용은 항상 똑같고 불변이기 때문에 물체들의 운동의 총량은 신이 처음 물체들을 창조한 때와 똑같은 양으로 보존된다.

운동의 특수원인은 특수한 물체의 다양한 운동의 이차 원인인 세가지 운동법칙이다. 그 가운데 제1법칙과 제2법칙은 갈릴레이가 발견한 관성운동 원리를 표현한다. 제1법칙의 내용은 모든 물체가 외부 원인의 작용이 없는 한 같은 상태를 지속하려 한다는 것이다. 제2법칙의 내용은 이 상태 가운데 운동에 주목해 모든 물체는 기울어진 경로가 아니라 직선을 따라 계속 운동하려 한다는 것이다. 갈릴레이는 관성 원리를 발견했지만 원운동을 완전한 운동으로 여기는 아리스토텔레스주의에서 철저하게 벗어나지 못했기 때문에 관성운동의 궤도가 원이라고 생각했다. 제3법칙은 두 물체가 충돌할 때 일어나는 운동의 변화를 규정한 것으로, 여기서 데까르뜨는 운동의 변화를 계산하는 일곱가지 충돌 규칙을 제시한다.

물체의 운동을 다루는 데까르뜨의 자연학에서 신은 물체들을 창조할 때 운동과 정지를 부여하고, 그다음에 물체들의 운동은 세가지 운동법칙에 따른다. 데까르뜨에 따르면 우주는 물질 입자들과 이 입자들로 구성된 물체들로 꽉 차 있고 빈 공간이 없다. 그러므로 우주에서 한 물체가 움직이면 다른 물체들도 움직이는 연쇄반응이 일어난다. 물체의 운동과 정지의 원인은 신이고, 물체 자체는 운동과 정지의 원인을 지니지 않기 때문에 수동적이다. 물체가 움직이기 시작한 뒤 같은 속도를 유지하는 데 아무것도 필요하지 않다는 것이 데까르뜨에게는 관성 원리다. 물체는 다른 물체와 충돌하면 속도가 변하기 때문이다. 또 물체로 꽉 찬 우주 공간에서 한 물체가 움직이면 다른 물체도 움직이기 때문에 신이 물체를 계속 움직일 필요도 없다. 물체들은 제3법칙에 따라 서로 움직인다. 이처럼 데까르뜨에 따르면 신의 역할은 물체들을 창조할 때 처음 움직이는 데서 그친다. 데까르뜨의 자연학은 자연에서 신의 역할을 축소함으로써 신의 전지전능함을 제약하기 때문에 무신론의 혐의를 받는다.

그러나 데까르뜨는 신의 존재를 의심하지 않은 가톨릭 신자라는 것이 정설이고, 물체의 운동과 관련해 신의 역할을 축소한 데는 다른 이유도 있다. 데까르뜨는 『성찰』의 「네번째 성찰」에서 사람의 오류 문제를 다루면서 한가지 의문을 제기한다. "장인의 솜씨가 훌륭할수록 그가 만든 작품이 더욱 완전하다면 어떻게 모든 사물의 최고창조자가 만든 것

이 모든 면에서 완벽하고 완전하지 않을 수 있을까?"(『성찰』 38면). 최고
창조자는 신을 가리키고 최고창조자가 만든 것은 사람을 가리키며 모
든 면에서 완벽하고 완전하지 않다는 것은 오류를 범한다는 뜻이다. 데
까르뜨는 이 의문을 해소하는 두가지 길을 제시하는데 그 가운데 첫번
째 길이 주목할 만하다.

> 무엇보다 먼저 나에게 떠오르는 생각은 비록 내가 신의 몇몇 행위의
> 이유를 이해하지 못하더라도 이런 일은 전혀 놀랍지 않다는 것이다. 그
> 리고 신이 어떤 것을 왜 또는 어떻게 만들었는지를 내가 파악하지 못하
> 는 다른 경우가 있더라도 그의 존재를 의심해서는 안 된다. 왜냐하면 나
> 는 이제 나 자신의 본성이 매우 약하고 제한되어 있는 반면 신의 본성은
> 광활하고 헤아릴 수 없고 무한하다는 것을 알고 있으므로, 나는 그가 내
> 지식으로는 원인을 알 수 없는 많은 일을 할 수 있다는 점도 쉽게 알 수
> 있기 때문이다. (…) 이 이유만으로도 나는 자연학에서 관례적으로 목적
> 인을 탐구하는 것이 전혀 쓸모가 없다고 생각한다. 나 자신이 신이 통찰
> 할 수 없는 목적을 탐구할 수 있다고 생각하는 것은 아주 경솔한 짓이다.
> (같은 책 38~39면)

데까르뜨가 신의 존재를 의심하지 않는 것은 물체를 철저하게 수동
적인 것으로 보는 견해와 엮여 있다. 데까르뜨의 자연학은 물체가 무엇
이고 어떻게 운동하는지를 탐구한다. 이는 아리스토텔레스나 스콜라
철학자의 자연학이 탐구하는 문제와 크게 다르지 않다. 그러나 데까르
뜨의 자연학과 스콜라 자연학은 한가지 중요한 차이가 있는데, 물체가
운동과 정지의 원인을 지니는가에 대한 답이 서로 다르다는 점이다. 스
콜라철학자는 아리스토텔레스와 마찬가지로 자연 사물이 그 자체 안

에 운동과 정지의 원인을 지닌다고 본다. 목적인은 운동의 마지막 지점이라는 뜻도 가진다. 예를 들어 돌을 공중에서 놓으면 지구 중심 쪽으로 떨어지고 그 원인은 돌이 지닌 무거움이라는 본성이다. 아리스토텔레스와 스콜라철학자에 따르면 돌의 운동은 지구의 중심이라는 목적을 향하고, 이 운동은 무거움이라는 돌의 본성 때문에 생긴다. 돌 안에 있는 무거움이 돌의 운동 원인이다.

그러나 데까르뜨에 따르면 돌이 공중에서 떨어지는 것도 공간을 꽉 채운 입자들이 돌을 계속 아래로 밀어내기 때문이다. 돌은 처음에는 신에 의해, 그다음에는 다른 물체에 의해 움직인다. 데까르뜨는 어떤 물체에도 운동과 정지의 원인이 있다고 인정하지 않는다. 물체의 운동과 정지의 원인은 처음에는 신이고 그다음에는 다른 물체이기 때문이다. 그런데 그 다른 물체도 처음에는 신에 의해 움직이고 그다음에는 또다른 물체에 의해 움직이며 이 과정은 계속된다. 그러므로 스스로 움직이는 물체는 없다. 이런 뜻에서 데까르뜨의 물체는 철저하게 수동적이다. 데까르뜨에게 신은 물체를 수동적인 것으로 만들기 위해서도 존재해야 한다. 신이 없으면 데까르뜨의 자연학, 곧 과학도 없다. 데까르뜨는 옛 종교의 신이 새 과학에 꼭 필요하다는 것을 보여준다.

뉴턴

뉴턴은 교수직을 얻기 위해 신학을 연구했다. 1672년 케임브리지대학교 트리니티 칼리지의 4년차 연구원이던 당시 그는 다음 3년 안에 영국 교회의 사제 서품을 받지 못하면 연구원직을 사임해야 하는 상황이었고, 그래서 삼위일체론과 그리스도의 위상 문제에 관심을 기울인다. 그러나 신학 연구의 결과는 그가 교수직을 얻는 것을 위협하는 것이었다. 그 시절 정통 교리였던 삼위일체론이 그리스도를 신격화하는 것은 유일신 관념과 어긋나고 우상숭배라는 결론에 이르렀기 때문이다. 삼위일체론은 신이 성부, 성자, 성령의 세 위격을 가지며 이 세 위격이 동일한 본성을 가지고 유일한 실체로 존재한다는 교리다. 다행히 1675년 뉴턴은 현재 물리학자 호킹(S. Hawking)이 맡고 있는 루카스 석좌 교수(Lucasian Chair)에 임명되어 사제 서품을 면제받는다. 그뒤 뉴턴은 신학 문제에 관해 침묵하지만 신학 공부를 계속했으며 4~5세기 교회의 역사를 집중 연구해 신학 관련 글들을 쓰기도 한다. 특히 1670년대에 쓴 「초기 기독교 신학의 철학 근원」(Theologiae gentilis origines philosophicæ)은 뉴턴이 숨겨두었던 원고로 300년이 지난 후에야 발견되기도 했다(『프린키피아의 천재』279면).

뉴턴의 대표작 『자연철학의 수학적 원리』(*Philosophiae naturalis principia mathematica*) 1판(1687)은 무신론의 혐의를 받는다. 신을 창조주로 한번 말하고 성서도 한번만 거론했던 것이다. 이후 뉴턴은 『자연철학의 수학적 원리』 2판(1713) 끝에 「일반 주해」(Scholium generale)를 붙여 신에 대한 자신의 견해를 밝힌다. 뉴턴이 「일반 주해」를 쓰게끔 자극했던 것은 『자연철학의 수학적 원리』에 대한 버클리와 라이프니츠(G. Leibniz, 1646~1716)의 비판이었다. 버클리는 절대공간, 절대시간, 절대운동에 대한 뉴턴의 설명이 무신론 관념이라고 비판했다. 버클리에 따르면 뉴턴이 절대공간을 인정하는 것은 이 공간이 신이라고 생각하거나 아니면 신 외에 영원하고 무한하며 불변하는 어떤 것이 있다고 생각하는 것이다. 라이프니츠는 뉴턴이 중력의 원인을 설명하지 않기 때문에 원인 설명이 없는 중력은 신비한(occult) 성질을 가진 것이라고 비판했다.

트리니티 칼리지의 천문학과 실험철학 교수이던 코츠(R. Cotes,

1682~1716)는 뉴턴에게 이런 비판을 반박할 필요가 있다고 말한다. 그는 이후 『자연철학의 수학적 원리』 2판에 서문을 쓴 인물이다. 코츠는 뉴턴에게 중력이 신비한 성질이라는 비판을 반박하기 위해 소용돌이 가설을 비판하는 방법을 권한다. 소용돌이 가설은 데까르뜨가 다양한 자연현상을 설명하기 위해 처음 도입한 것으로 라이프니츠도 행성의 운동을 설명하기 위해 사용한 바 있었다. 따라서 코츠의 권유대로 뉴턴이 소용돌이가 신비한 성질이라고 반박하면 뉴턴에 대한 라이프니츠의 비판은 부메랑이 된다.

뉴턴은 이미 『자연철학의 수학적 원리』 1판에서 소용돌이는 관찰로 증명할 수 없기 때문에 신비한 성질이라고 비판했었다. 「일반 주해」의 첫 문단에서도 소용돌이 가설이 자기가 발견한 역학법칙과 양립할 수 없다고 다시 주장한다. 이 주장의 근거는 혜성의 운동이다. "왜냐하면 혜성은 하늘의 모든 부분에 걸쳐 무차별로 중심에서 벗어난 운동을 하고, 이런 자유(freedom)는 소용돌이 관념과 양립할 수 없기 때문이다" (『자연철학의 수학적 원리』 543면).

소용돌이 관념에 따르면 혜성은, 예를 들어 세탁기 속의 물이나 회오리바람 속의 돌멩이처럼 제한된 경로를 그려야 한다. 그러나 실제로 혜성은 '자유'운동이라고 부를 수 있을 만큼 소용돌이들을 가로지르며 폭넓고 다양한 경로를 그린다. 뉴턴에 따르면 혜성의 운동은 소용돌이 운동의 법칙이 아니라 행성의 운동법칙에 따른다. 이 점을 뉴턴은 『자연철학의 수학적 원리』 3부에서 증명한다.

「일반 주해」에서 뉴턴은 신비한 성질이라는 비판의 화살을 데까르뜨와 라이프니츠의 소용돌이 가설로 되돌릴 뿐 아니라 무신론의 혐의를 벗기 위해 신에 대한 견해도 밝힌다. 신에 대한 뉴턴의 견해는 크게 세가지다. 첫째, 뉴턴은 신의 존재를 긍정하는 이유가 역학법칙만으로는 태양, 행성, 혜성, 항성의 배치를 설명할 수 없기 때문이라고 주장한다. 둘째, 뉴턴은 '지배'(dominion)를 신의 본성으로 본다. 셋째, 뉴턴은 신의 실체나 본성에 대한 형이상학 논의를 배제하려 한다. 하나씩 좀더 자세히 살펴보자.

「일반 주해」에서 뉴턴이 신의 존재를 긍정하는 논증은 자연신학 전통에 속하는 설계(design)에 의한 신 논증이다. 자연신학은 신의 계시에 의거하지 않고 사람의 이성으로 신의 존재와 속성을 파악하려는 이신론 가운데 특히 자연을 연구해 신의 존재와 속성을 논증하려는 이론이다. 자연신학의 선구자는 토마스 아퀴나스이고 그의 목적론 신 논증이 설계에 의한 신 논증의 전형이다. 목적론 신 논증에 따르면 예를 들어 행성이 궤도를 돌고 빛이 일곱가지 색으로 분해되듯이 모든 것은 질서있게 진행하며, 이 질서가 무에서 나오지 않고 사람보다 앞서기 때문에 신은 존재한다. 이 논증은 우주 질서의 지적 설계자를 요청하기 때문에 설계에 의한 논증이라고도 불린다.

『자연철학의 수학적 원리』에서 뉴턴은 행성, 혜성의 운동이 자기가 발견한 중력법칙에 따라 궤도를 유지한다고 증명한다. 뉴턴은 그러나 이 천체들이 처음에 그 궤도의 위치를 중력법칙에서 얻은 것은 아니라고 주장한다. 행성, 혜성의 위치는 태초에 신이 설계한다. "태양, 행성, 혜성의 매우 아름다운 이 체계는 지적이며 강력한 존재(an intelligent and powerful Being)의 계획과 지배(counsel and dominion)에 의해서만 생길 수 있다"(544면). 또 뉴턴은 항성들이 중력에 의해 서로 끌리지 않는 것도 그분(the One)이 항성들을 처음에 아주 멀리 떨어트려놓았기 때문이라고 주장한다. 뉴턴에 따르면 모든 별의 처음 위치가 신의 존재를 증명한다.

뉴턴은 '지적이며 강력한 존재' 또는 '그분'의 성질들 가운데 '지배'

를 다른 성질들보다 중시한다. "최고의 신은 영원하고 무한하며 절대 완전한 존재다. 그러나 아무리 완전하더라도 지배하지 않는 존재는 주 하느님(Lord God)이라 말할 수 없다"(같은 곳). 뉴턴이 「일반 주해」에서 '본성'(nature)이라는 형이상학 개념을 사용하지는 않는다. 그러나 실체의 여러 성질을 근원 본성과 파생 속성(attribute)으로 구분하는 형이상학 전통에 따르면 뉴턴은 지배를 신의 본성으로 여긴다고 말할 수 있다. "'신성'(deity)은 (…) 종들에 대한 신의 지배다"(같은 곳).

뉴턴이 신의 본성으로 여긴 지배는 상대적인 것이다. 그에 따르면 "신은 상대적 낱말(relative word)이고 종들(servants)과 관계가 있다"(같은 곳). 신이 상대적 낱말이라는 주장은 두가지 의미를 지닌다. 첫째, 이 주장은 신의 본성인 지배가 언제나 지배자와 피지배자 관계를 포함한다는 뜻에서 상대성을 가진다는 것을 의미한다. 지배는 언제나 대상이 있고 신이 지배하는 대상은 '종들' 또는 '모든 것'(all things)이다. 뉴턴에 따르면 "이 (지적이며 강력한) 존재는 모든 것을 다스린다"(같은 곳).

둘째, 이 주장은 신이 지배자와 피지배자 관계를 배제하는 절대본성을 가질 수 없다는 의미도 갖는다. 영원(eternity), 무한(infinity), 완전(perfection)은 절대본성을 표현하는 말들이다. 영원, 무한, 완전은 피지배자와 무관하고 지배자에만 관계가 있다는 뜻에서 지배자와 피지배자의 상대적 관계를 배제하기 때문이다. 뉴턴은 영원, 무한, 완전이 신의 성질이라는 것을 부정하지 않는다. 오히려 영원, 무한, 완전이 지배자에만 관계가 있다면 신만이 영원하고 무한하며 완전하다고 말할 수 있다. 그러나 영원, 무한, 완전은 신의 본성이 아니라 본성에서 파생한 속성들이다. 지배받는 종들은 영원하고 무한하며 완전하다고 말할 수 없고 지배하는 신만이 영원하고 무한하며 완전하다면 신의 영원, 무한, 완전은 신의 지배를 전제하기 때문이다.

뉴턴은 신의 본성이 상대성을 지닌다는 것을 보여주기 위해 우리가 쓰는 말을 예로 든다. "우리는 내 신, 네 신, 이스라엘의 신, 신들의 신(God of Gods), 주들의 주(Lord of Lords)라고 말한다. 그러나 우리는 내 영원(my Eternal), 네 영원, 이스라엘의 영원, 신들의 영원이라고 말하지 않는다. 또 우리는 내 무한(my Infinite) 또는 내 완전(my Perfect)이라고 말하지 않는다. 이들은 종들과 무관한 명칭이기 때문이다"(같은 곳). 우리가 '내 신' 또는 '이스라엘의 신'이라고 말할 수 있는 이유는 신과 나, 신과 유대 사람이 지배자와 피지배자의 상대적 관계를 가지고 있기 때문이다. 우리가 '네 영원' '신들의 영원' '내 무한' '내 완전'이라고 말할 수 없는 이유는 영원, 무한, 완전이 종들인 너, 신들, 나와 무관하고 지배자인 신에만 관계가 있기 때문이다. 뉴턴에 따르면 신의 본성은 절대적 영원, 무한, 완전이 아니라 상대적 지배다.

지배를 본성으로 가진 '지적이며 강력한 존재' '그분' '주 하느님'은 누구일까? 주 하느님이라는 표현에서도 드러나듯이 "신이라는 낱말은 보통 주를 가리킨다"(같은 곳). 그러나 뉴턴에 따르면 "모든 주가 신은 아니다"(같은 곳). 뉴턴은 신에 관해 붙인 주석에서 라틴어 신(Deus)은 '주'라는 뜻의 아랍어 'du'에서 유래한 것으로 볼 수 있으며, 이런 뜻에서 신은 왕자들, 모세, 파라오의 신을 포함한다고 설명한다. 그러나 뉴턴은 이 신들이 '지배'를 결여하고 있기 때문에 이름이 잘못 붙었다고 주장한다. 그에 따르면 "신을 이루는 것은 정신 존재의 지배다"(같은 곳). 신이 종들을 지배하고 종들이 모든 것이라면 모든 것을 지배하는 신은 여럿일 수 없다. 모든 주가 신이 아니라는 뉴턴의 주장은 모든 것을 지배하는 신이 하나뿐이라는 뜻을 담고 있다. 그에 따르면 신은 "신들의 신, 주들의 주"이며 다른 신들조차 지배의 대상으로 삼는다. 이는 바로 유대교의 유일신론이 가리키는 신, 야훼다. 뉴턴의 신 관념은 그리스도를 신격화하는 삼위일체론과 양립할 수 없다.

뉴턴은 교회의 역사를 연구한 결과 초기 교회의 정신이 4,5세기 교회의 타락으로 오염되었다는 확신을 얻는다. 그는 1670년대 초에 쓴 수고에서 말한다. "성변화(transubstantiation)가 없었다면 로마 가톨릭 교회 같은 이단 우상숭배(Pagan Idolatry)도 없었을 것이다"(『결코 쉬지 않는』 315면). 여기서 '성변화'는 가톨릭 성체성사에서 빵과 포도주가 그리스도의 살과 피로 실체화한다는 것이다. 성변화는 신이 하나뿐이라고 보는 초기 교회의 교리가 그리스도의 신성과 삼위일체론을 주장하는 알렉산드리아 교부 아타나시우스(Athanasius, 295~373)의 교리로 바뀐 것이다. 뉴턴은 아타나시우스파를 저주하기도 한다. "우상숭배자들(Idolaters), 신성모독자들(Blasphemers), 영적 간음자들(spiritual fornicators)…"(같은 책 323면). 뉴턴이 아타나시우스파가 숭배한다고 본 우상은 삼위일체론에서 신격화한 그리스도다. 아타나시우스파에 맞서 알렉산드리아 신학자 아리우스(Arius, 250?~336)가 그리스도의 신격화에 반대하지만 아리우스는 325년 니케아 공의회(Councils of Nicaea)의 투표 결과 이단으로 결정된다. 뉴턴은 아리우스주의자다.

"나는 가설을 만들지 않는다"(『자연철학의 수학적 원리』 547면). 『자연철학의 수학적 원리』의 「일반 주해」에서 신의 존재와 본성에 대한 설명에 곧이어 나오는 뉴턴의 이 유명한 명제는 중력의 원인에 관한 형이상학 가설을 자연철학에 도입하지 않겠다는 선언이다. 그러나 뉴턴이 실제로 형이상학 가설을 세우지 않았다고 보는 연구자는 거의 없다. 그가 중력의 원인에 대해 세운 가설은 에테르 가설과 물질 입자들 사이의 힘 가설인데, 계산과 실험으로 두 가설을 검증할 수 없었기 때문에 중력의 원인에 대해 형이상학 가설을 제시하는 것을 경계했던 것이다. 뉴턴은 자연철학에서 형이상학 논의를 철저하게 배제하지는 못했다.

또한 그는 신학에서도 신의 실체와 본성에 대한 형이상학 논의를 철저하게 배제하지 못했다. 뉴턴은 신의 성질들 가운데 지배를 중시하고 영원, 무한, 완전을 신의 본성인 지배에서 파생하는 속성들로 본다. 게다가 「일반 주해」에는 신의 실체에 대한 논의도 있다. "하물며 신이 생각하는 실체에는 이런 〔시간 면에서 연속되고 공간 면에서 공존하는〕 부분들이 〔사람보다〕 훨씬 더 있을 수 없다"(같은 책 545면).

형이상학 논의를 철저하게 배제하지 못하는 태도는 뉴턴의 자연철학과 신학 연구를 관통한다. 뉴턴은 자연철학을 연구하면서 물질 입자들 사이에서 작용하는 힘을 탐구하지만 이 힘을 계산과 실험으로 검증할 수 없기 때문에 중력의 원인에 대해 애매한 태도를 보인다. 뉴턴은 삼위일체론과 그리스도의 신격화에 반대하는 믿음을 가지고 있지만 이 믿음을 공개할 수 없기 때문에 신의 실체와 본성에 관해 논의하면서도 이 논의를 경계하고 신에 대한 더이상의 논의는 자연철학에 미룬다. "사물들의 모습을 바탕으로 신에 관해 논의하는 것은 틀림없이 자연철학에 속한다"(같은 책 546면). 뉴턴에게는 신학에 비해 자연철학, 곧 과학이 안전지대다. 뉴턴은 이단종교를 새 과학으로 감추는 모습을 보여준다.

4. 기계론과 기독교

이렇듯 근대철학에서 과학과 종교의 관계는 단순하지 않다. 근대 자연철학자들은 과학과 종교가 맺을 수 있는 다양한 관계를 보여준다. 갈릴레이는 옛 종교가 새 과학이 옳다고 증명하는 동기로 작용한 모습을 보여주며, 데까르뜨는 옛 종교의 신이 새 과학에 꼭 필요하다는 것을, 뉴턴은 이단종교를 새 과학으로 감추는 모습을 보여준다.

한편, 근대에 과학과 종교가 맺는 일반적 관계는 자연관의 측면에서 찾아볼 수도 있다. 갈릴레이, 데까르뜨, 뉴턴이 제시하는 자연관에는 공통의 이름이 있는데, 바로 기계론(mechanism, mechanical philosophy)이다. 기계론은 자연의 모든 현상을 물체의 운동으로 남김없이 설명할 수 있다고 주장하는 이론이다. 기계론은 자연현상에 목적이 있다고 보는 아리스토텔레스주의 자연관을 무너뜨린다. 기계론이 기독교와 양립할 수 있을까?

과학사 연구자 호이카스(R. Hooykaas)에 따르면 고대 그리스 자연철학은 자연을 신격화하지만 기독교 성서는 자연을 비신격화한다(『종교와 근대 과학의 성장』 135~49면). 예를 들어 고대 그리스 철학자 헤라클레이토스(Herakleitos, BC 535?~475?)는 만물의 근원이 불이라고 생각하고 부엌 화덕 옆에 서서 '들어오시오! 여기에도 신들이 있소'라며 손님을 맞이했다고 한다. 아리스토텔레스는 자연이 모든 형상의 총체이며 영원불변하고 창조되지 않았고 스스로 재생한다고 생각했다. 또 그는 자연의 형상들이 지고의 형상에 가까울수록 신적이고, 천구, 별, 행성은 신적 존재라고 생각했다.

그러나 기독교 성서는 자연을 신격화하지 않는다. 창세기 1장에 따르면 신 외에는 아무도 신성을 지닐 수 없다. 주변 민족에는 신인 태양과 달조차 동식물과 격이 같고 인류에 봉사한다. 성서는 자연에 대해 말하지 않고 그 기원과 존재가 신에 달린 피조물에 대해서만 말한다. 성서는 자연의 신성을 거부한다.

세계가 물체의 운동으로 성립하는 기계라고 보는 관점은 그 기계와 분리된 제작자, 곧 초월적 신에 대한 신앙과 연결될 수 있다. 기계의 존재 이유는 자기 외부에 있는 제작자의 계획이다. 따라서 기계론은 자연의 신성을 거부하는 성서와 양립할 수 있다. 그러나 기계 제작자는 재료의 성질을 엄격히 제한받지만 창조주는 재료를 스스로 창조한다. 기계는 일단 제작되면 어느정도 독립성이 있지만 성서의 신은 그 작품을 내버려두지 않는다. 내버려두면 그 작품은 무로 되돌아가기 때문이다. 신을 기계공으로 보는 견해는 신을 창조주로 보는 견해에 종속되지만 이 견해와 모순되지는 않는다. 따라서 세계가 기계라는 생각이 성서 속에 있지는 않지만, 자연이 생물이고 신성을 지닌다고 보는 견해보다는 성서의 정신과 더 잘 어울린다고 평가할 수도 있을 것이다.

| 김성환 |

3장
사회변동과 종교

———

중세 기독교 전성시대에 종교는 세속의 정치 영역뿐만 아니라 인간의 사고 영역까지 지배하고 있었다. 정치권력에 대한 교회권력의 우위는 하인리히 3세의 '까노사의 굴욕'으로 상징화되며, 사고의 지배는 철학은 '신학의 시녀'(ancilla theologiae)라는 말로 상징화할 수 있다. 그러나 시간이 지남에 따라 교회 또는 교황의 권력과 황권 또는 왕권의 관계는 서서히 변하여 종교개혁 시대에 이르면 제권이 교권을 능가하게 된다. 이것은 봉건체제의 붕괴와 더불어 농민 세력이 성장하면서 봉건영주의 힘이 약화되고, 봉건영주의 몰락이 왕권을 강화하는 작용을 했기 때문이다. 종교개혁은 교회의 수호자 역할을 해오던 제권과 왕권이 더이상 교회권력에 종속되지 않음으로써 가능해졌으며, 종교개혁으로 교회의 통일이 붕괴하자 가장 큰 이익을 보게 된 것은 각국의 왕들이었다. 근대 초기에 시민들은 강화된 왕권과의 대결을 통해 성장하고, 급기야 시민혁명을 거치며 시민이 왕권을 붕괴시키는 상황이 벌어진다. 이때의 시민들은 자본가계급이 아니라 비교적 소규모의 토지나 자본을 균등하게 소유함으로써 자유롭고 평등해진 사람들이었다. 이들은 힘으로 세상을 지배하던 봉건체제를 붕괴시킨 후 이성을 통해 사회를 지배하고자 했으며,

이는 종교와의 관계에도 영향을 미친다. 즉 근대 시민은 신앙을 이성과 조화시키려 노력하게 되었고, 이러한 노력은 두가지 결과로 나타난다. 경험주의 진영에서는 종교와 이성 또는 철학을 완전히 별개의 영역으로 간주함으로써 종교가 철학에 간섭하거나 이성을 통해 신앙을 해명하려는 노력을 하지 않도록 했고, 합리주의 진영에서는 신앙을 이성화함으로써 신앙과 이성을 조화시키려 했다.

313년 로마제국에 의해 기독교가 공인된 이래 중세 1,000여년은 기독교의 절대주의 시대라 할 수 있다. 교회는 인간의 정신세계뿐만 아니라 정치세계까지 지배하면서 명실상부하게 인간 삶의 전영역을 관장했다. 아우구스티누스(A. Augustinus, 354~430)는 지상의 국가는 황제에게 속하고 천상의 국가인 신국만 교회에 속한다고 주장하며 천상국가와 지상국가의 조화와 균형을 꾀하려 했지만, 중세 교회는 천상의 국가인 신국뿐만 아니라 지상의 국가인 제국까지도 실제적으로 장악하고 있었다. 이러한 교회의 영향력은 정신 영역에서는 철학을 신학의 시녀로 삼고, 정치 영역에서는 왕권신수설을 통한 왕권 또는 제권의 통제로 나타난다. 서로마제국 멸망 이후 로마제국을 형식적으로 계승한 신성로마제국은 교회를 보호하는 것을 주임무로 탄생했으며, 신성로마제국 황제들은 거의 모두 신을 대리한 교황으로부터 황제의 관을 수여받았다. 정치에 대한 교회의 영향력은 신성로마제국의 하인리히 4세가 성직 임명권을 놓고 교황과 대립하다가 1077년 이딸리아 또스까나의 까노사 성에서 교황에게 무릎을 꿇었던 소위 '까노사의 굴욕'에서 정점에 달했고 이후 점차 약화되어, 1309~77년까지 벌어진 교황의 아비뇽 유수를 계기로 거꾸로 교권이 제권에 무릎을 끓게 된다. 그러나 교회권력이 결정적으로 약화된 사건은 1500년대의 종교개혁을 통한 교회의 분열이다.

정신세계에 대한 종교의 지배는 교황 그레고리우스 7세의 고문관이며 추기경이었던 페트루스 다미아니(Petrus Damiani, 1007~71) 시대에 이르러 정점에 달했다. 그의 주장은 철학을 신학의 시녀로 다루는 계기가 되었는데, '철학이 신학의 시녀'라는 말은 철학이 신학을 정당화하는 수단으로 사용된다는 것만을 말하는 것이 아니다. 구약성경 창세기에서 하녀 하갈이 주인인 사라에게 복종하지 않아서 아들 이스마엘과 함께 내쫓겼듯이, 철학은 신학의 정당화를 위해 사용되어야 하며 철학이 신학 또는 신앙과 조화되지 않을 때는 하갈처럼 내쫓겨야 한다는 뜻이다. 이러한 입장은 종교개혁론자인 루터나 깔뱅에게서도 여전히 나타나고 있었다. 루터는, 신이 은총과 자비를 받을 자격이 없는 사람에게 은총과 자비를 베풀고 노여움과 냉혹함을 받을 만한 일을 하지 않은 사람에게 노여움과 냉혹함을 드러냄으로써 정의롭지 않아 보이는 행동을 하는 데 대해, 우리가 이해할 수는 없지만 그것이 신의 정의에 어긋나지 않는다고 믿어야 한다고 주장한다. 깔뱅도 "하느님이 왜 어떤 사람에게는 풍요한 삶을 주고 다른 사람은 왜 그대로 방관하는가 하고 묻는다면, 하느님이 그렇게 하고 싶어서 그렇게 하신다는 말밖에는 아무 대답도 할 수 없다"라고 말했다(『깔뱅』 272~73면). 이것은 알기 위해서는 믿어야 한다는 주의주의적 입장을 대변하는 것이다. 주의주의는 철학의 한 조류이기는 하지만 전형적으로 신학의 시녀 역할을 하는 철학의 모습이라고 할 수 있다. 종교개혁을 통해 가톨릭 교회의 통일이 와해되고, 세속의 정치권력에 대한 교회의 우위가 무너짐으로써 인간 정신에 대한 종교의 영향력도 상당히 감소한 것은 사실이지만, 종교개혁론자들의 사고에서는 여전히 이성보다 신앙이 우위를 점하고 있었다.

그러다가 근대에 오면서 정신에 대한 종교의 영향력이 약화되고 정신의 고유한 힘인 이성의 시대가 시작된다. 근대 종교철학의 특징은 한마디로 신앙과 이성의 조화에 있다고 할 수 있다. 신앙을 이성과 조화시키는 방법은 두가지가 있는데, 한가지는 신앙의 대상은 이성적으로 해명할 수 있는 문제가 아니라고 보고, 신앙과 이성 또는 철학을 두개의 서로 다른 영역으로 분리하여 각각의 영역이 다른 영역의 문제를 간섭하지 않도록 함으로써 두 영역이 공존하도록 하는 방법이다. 다른 한가지는 신앙을 이성화하는 방법이다. 전자는 대체로 경험주의의 입장이고, 후자는 합리주의의 입장이라고 볼 수 있다. 로크의 경우 이신론적인 입장이 나타나기도 하지만 이것은 그가 철저하게 경험주의적 입장을 유지하지 않았기 때문이다. 왜냐하면 이신론은 감각경험의 대상이 아닌 신에 관한 문제를 이성적으로 해명하는 일이므로 이 입장은 경험주의가 아니라 합리주의적 입장에 해당하기 때문이다. 로크의 종교철학에서는 계시종교의 특징을 강조하는 측면이 나타나기도 하는데, 오히려 이 측면이 더 로크의 경험주의적 입장에 조화된다. 철저한 경험주의자인 흄은 신앙이 철학과 별개의 영역이므로 기적이나 은총 같은 신앙의 문제는 이성을 통해서 해명할 수 있는 문제가 아니라 믿음의 문제라고 주장한다. 이것은 신앙의 간섭으로부터 이성의 독자성 또는 철학의 독자성을 확보하기 위한 하나의 방책이다. 이에 반해 합리주의자들은 대체로 신앙을 이성에 종속시키는 방향으로 신앙과 이성을 조화시킨다. 즉 알기 위해서는 믿어야 한다고 주장하던 주의주의 입장에 대해 믿기 위해서는 알아야 한다고 하는 주지주의의 입장이 합리주의의 입장이라고 할 수 있다. 이러한 근대 종교철학의 입장은 최소한 철학을 신학과 대등한 위치에 두거나 또는 오히려 신학의 우위에 둠으로써 철학을 신학의 시녀 자리에서 해방하여 인간의 정신세계에 대한 종교의 지배력을 약화시킨 것임을 알 수 있다.

근대철학에서 이러한 신앙과 이성 관계의 변화에는 시민사회의 등장이 중요한 역할을 했다. 근대사회의 주역으로 등장한 시민들은 중세시대에는 도시 상공업자들로 소규모 생산수단을 소유하면서 지주에게서 독립해 비교적 자유로운 삶을 영위하던 사람들이다. 제3신분이라고 불리는 평민계급이었던 이들은 17세기 말에서 18세기에 이르기까지 세력을 확대하면서 시민혁명을 통해 왕을 비롯한 귀족과 성직자 등 특권계급이 지배하던 사회를 붕괴시키고 새로운 사회의 주역으로 등장한다. 근대철학은 바로 이렇게 새로운 사회의 주인이 된 '시민의, 시민에 의한, 시민을 위한' 철학인 것이다.

근대 철학자들이 먼저 해야 했던 일은 이러한 시민들의 권리를 이성적으로 정당화하는 일이었다. 시민들은 비록 힘으로 구체제를 전복하기는 했지만 새로운 사회를 힘으로 유지하고자 하지는 않았다. 힘으로 사회를 유지하는 것은 그들이 반대한 중세사회의 지배 원리였기 때문이다. 시민들은 힘이 아닌 이성이 지배하는 사회를 구축하고 이를 이성적으로 정당화하기를 원했다. 시민의 권리에 대한 이성적 정당화의 대표적인 사례가 주권재민설(主權在民說)을 정당화하는 근대 사회계약론이다. 홉스(T. Hobbes, 1588~1679)나 로크 같은 근대 철학자들은 왕의 권력이 신으로부터 온다는 주장을 인정하지 않았고, 시민으로부터 온다는 사실을 계약론적으로 정당화했던 것이다. 이것은 왕권에 대한 시민권의 승리를 의미하는 것이며, 동시에 신앙에 대한 이성의 우위를 의미하는 것이다. 따라서 근대 종교철학의 등장 배경에는 종교개혁과 시민혁명이라는 두가지 권력구조의 변동이 존재한다고 볼 수 있다.

종교개혁은 가톨릭 교회의 부패와 이에 대한 일부 양심적 종교지도자들의 반발로 발생했지만 그것의 성공에는 경제적, 정치적 배경이 중요한 역할을 했다. 즉 그동안 종교개혁 지도자들의 반발이 한두번이 아니었음에도 1500년대에 와서 비로소 성공할 수 있었던 것은 이때에 와서야 종교개혁 주체들이 힘을 얻고 교회가 힘을 잃는 정치적, 사회적 배경이 형성되었기 때문이다. 그 배경으로는 무엇보다 분할지 보유 농민

세력의 성장과 제권 또는 왕권의 강화를 들 수 있을 것이다. 만일 중세 전성기처럼 왕권이 여전히 교회의 수호자로서 교황 지배하에 있었더라면 종교개혁은 쉽게 성공할 수 없었을 것이다. 세속 정치권력이 종교개혁론자들을 지지하거나 최소한 묵인했고 농민들이 지지했기 때문에 종교개혁이 성공할 수 있었던 것이다. 중세 전성기에 왕권과 제권은 한편으로는 교회의 지배를 통해, 다른 한편으로는 봉건제도에 의해 근본적으로 허약한 구조를 가질 수밖에 없었다. 왕권이 가장 허약한 상태에서 있었던 사건이 바로 까노사의 굴욕이다. 각국 왕들이 교회의 요구에 따라 예루살렘 성지 탈환을 목적으로 1096년부터 1254년에 이르기까지 일곱 차례에 걸쳐 십자군 원정을 일으켰다가 실패한 것도 교회의 지배에 굴복할 수밖에 없었던 허약한 왕권의 상황을 상징적으로 보여준다. 그러나 이후 제후 및 봉건영주 들의 권력이 점차 약화됨으로써 왕권은 강화되었고, 강화된 왕권은 교회의 권력을 능가하기에 이른다. 이러한 현상은 특히 프랑스에서 두드러졌으며, 1309년에는 교황이 프랑스왕 필리쁘 5세로 인해 아비뇽으로 이주하는 사건이 발생했다. 그러나 왕권이 강화된 것은 영주 권력의 약화를 통해서이고, 영주의 권력이 약화된 것은 도시화와 농민들의 세력 신장을 통해서이기 때문에, 결국 종교개혁은 봉건사회 붕괴를 통해서 이루어졌다고 볼 수 있다.

농촌에서 봉건제가 붕괴한 것은 농업 생산력이 증가하면서 노동지대가 생산물지대로 전환된 데 기인한다. 원래 봉건제는 지주가 자신의 땅을 농노에게 빌려주는 댓가로 농노로 하여금 지주 자신의 직영지 경작을 위한 노동을 제공하도록 하는 제도였는데, 생산력이 발전함에 따라 이 노동지대를 농노 자신이 경작한 농지에서 산출되는 생산물로 대납할 수 있게 되었다. 지대를 노동으로 지불하던 상황에서 농노는 지주의 직영지에서 강제노동을 할 수 밖에 없었으나, 생산물지대로 지대 납부 방식이 변경되면서 농노는 자신의 경작지에서 자유롭게 노동할 수 있게 되었다. 이러한 현상을 농노해방과 장원의 해체라고 부른다. 이러한 생산물지대 제도는 프랑스에서 12세기에 시작되어 16세기에 완전한 전환이 이루어지며, 이에 따라 농노해방과 장원의 해체가 완성된 것도 16세기의 일이다. 그러나 예농으로 신분이 더 자유로워졌다 해도 농노는 여전히 지주에게 지대를 납부해야 한다는 점에서 이러한 생산양식은 근본적으로 봉건제 생산양식에 속한다고 볼 수 있다.

봉건제 붕괴의 또다른 축을 형성한 것은 도시화인데, 도시화는 10세기로 거슬러올라간다(이딸리아는 10세기, 프랑스는 12세기, 독일은 13세기). 이때 도시민들은 영주의 도시지배권에 대항해 자치권을 얻기 위해 영주와 투쟁하거나 영주를 매수해 자치 특허권을 가진 자치도시를 형성했다. 자치도시들은 장원에서 탈출한 농노들을 통해 세력을 키우면서 한편으로 수공업자들의 길드인 춘프트(Zunft)를 조직했는데, 이 조직은 영주에 대해서는 자유로웠다고 할 수 있지만 대외적으로 매우 폐쇄적인 조직이었다. 즉 춘프트는 '춘프트 강제'라는 규칙을 통해 대내적으로는 자유롭고 평등한 관계를 형성하고 있었지만, 대외적으로는 봉쇄적이고 독점적인 조직이었다. 이러한 춘프트는 봉건적 도시경제의 근간을 이루었는데, 이는 농촌의 고전적 장원경제에 대응하는 도시의 경제체제라고 할 수 있는 성격의 것이었다. 14,15세기에 이르러서 상업의 발달에 따른 화폐경제의 등장으로 영주의 재정이 궁핍해져 영주의 세력이 약화되었고, 이에 상업자본가와 고리대금업자들은 몰락하는 영주 대신 왕을 보호자로 맞아들인다. 대체로 16세기까지는 봉건제도의 기본틀이 유지되었다고 볼 수 있지만, 농민의 신분이 더욱 자유로워지고 영주의 권력은 점차 약화되면서 왕권이 강화되는 현상을 낳고 있었다.

그러나 종교개혁이 이러한 사회 경제적, 정치적 배경에서 중세 봉건

사회의 붕괴를 토대로 가능했다고 볼 수 있지만, 그것은 한편으로 봉건 영주와의 관계, 다른 한편으로 교회와의 관계에서 왕권의 승리를 의미하는 것이기도 했다. 종교개혁 이후 강력한 왕권을 기반으로 하는 절대주의 국가가 등장한 것은 바로 이와 같은 이유 때문이다. 근대사회는 절대왕권과 시민의 대립을 통해 형성된다. 근대 초기의 시민은 보통 자본가로 불리는 부르주아와는 다르다. 물론 중세 말기인 16세기부터 인클로저운동(enclosure movement)을 통해 토지에서 쫓겨난 농노들이 도시로 유입되어 임금노동자가 됨으로써 생산수단을 소유한 시민과 생산수단을 소유하지 않은 시민으로 분리되어온 것은 사실이지만, 본격적인 계급분화와 노동자화 과정은 18세기의 인클로저운동을 통해 일어났다. 따라서 대체로 17세기의 시민들은 비교적 소규모의 균등한 생산수단을 소유한 자영업자들이라고 볼 수 있다. 이들은 대규모 자본을 소유한 부르주아와는 다른 계층의 사람들이다. 애덤 스미스(Adam Smith)가 '보이지 않는 손'이 작동하는 자유방임주의를 주장한 경제이론은 바로 이런 시민들이 주축이 된 사회를 전제한 것이었다. 자유방임은 두가지 측면에서 그 영향을 고려할 수 있는데, 하나는 국가와 국가의 관계이고 다른 하나는 국가 내부 시민들 사이의 관계이다. 국가 간 교역에서 자유방임을 하면 국제분업과 자유무역에 의해 모든 관련국이 이익을 보지만, 만일 국내에 노동자계급과 자본가계급이 존재한다면 자유방임은 자본가계급에 유리하게 작용할 수밖에 없다. 이런 상황을 비판한 것이 맑스(K. Marx)의 정치경제학 비판으로서의 『자본』(Das Kapital, 1867/85/94)인데, 애덤 스미스가 국가 내부에서 자본가의 노동자 착취를 고려하지 않은 것은 그의 시대가 아직은 노자 계급분화가 심한 상태가 아니었음을 말해주는 것이다. 맑스는 『자본』 1권 27절에서 17세기 말 무렵 영국인의 4/5가 농민층이고 이 가운데 자영농민층이 차지(借地)농업가보다

많았다고 보고 있다.

소규모 자영업 시대가 형성된 요인과 시기는 국가별로 조금씩 다르지만 대체로 상업경제와 화폐경제의 등장에 따라 화폐지대가 시행된 것에서 기인한다. 전성기 봉건제에서는 원래 노동으로 지대를 납부했으나 생산성이 발전함에 따라 점차 현물, 즉 생산물로 납부하다가 상업과 화폐경제가 발달함에 따라 금납화, 즉 화폐로 납부하게 되었다. 그런데 아메리카 대륙에서 다량의 금과 은이 유입되어 화폐가치가 하락했고, 영주계층은 지대 수입이 감소함에 따라 위기에 처해 보유 토지를 매각하지 않을 수 없게 되었으며, 농민은 이를 매입함으로써 명실상부한 분할지농민, 즉 소규모 자영농민층으로 변화했다. 프랑스에서는 이러한 변화가 15, 16세기에 시작되어 프랑스혁명을 통해 비로소 완성된다.

소규모 자영업 시대는 보편적으로 대자본이 존재하지 않고 전체적으로 소규모 생산수단을 비교적 균등하게 소유하고 있던 시대를 의미한다. 이러한 상태에서는 착취가 발생하지 않으며, 모두가 생산수단을 가지고 있기 때문에 노예나 농노 또는 노동자가 존재하지 않고, 따라서 모두가 자유롭고, 빈부격차가 없거나 작기 때문에 모두가 평등하다. 근대 초기에 민주주의와 사회계약론이 등장할 수 있었던 것은 이와 같은 사회적 배경 때문이다. 원래 민주주의와 사회계약론은 고대 아테네에서 시행되고 주장된 제도와 이론이다. 고대 아테네는 자유로운 시민들 사이에 토지를 균등하게 분할 사유하는 고전고대적 토지소유제로부터 발생하는 생산양식에 근거하는데, 이때는 소규모이기는 하지만 모든 사회 구성원이 토지를 소유하기 때문에 자유롭고 평등한 상태에 있었다. 그러나 소규모 토지사유제는 경쟁에서 패배한 사람들이 점차 토지를 판매하고 빚을 지게 되며, 빚을 갚지 못하면 신체를 판매함으로써 노예가 되면서 점차 대토지 소유제와 노예제 사회로 이행하게 된다. 아테네에서 솔론(Solon, BC 640~560)이 채무 때문에 노예가 된 시민들을 해방하고 인신 담보의 대부를 금지한 것은 이러한 노예제로 이행하기 직전 단계라고 볼 수 있다. 아테네의 민주주의 시대에는 물론 이미 많은 수의 노예가 존재했지만, 일반 시민들은 소규모 토지를 균등하게 사유한 시민들이었고 노예는 주로 전쟁포로나 외국에서 사들인 노예였다. 근대 초기에 민주주의와 사회계약론이 다시 등장한 것은 근대 초기의 생산양식이 고대 그리스와 유사한 소규모 자영업 시대였기 때문이라고 볼 수 있는 것이다.

근대 시민사회에 와서 정치와 사상에 대한 교회와 종교의 영향이 현저하게 감소한 것은 사실이다. 교회는 이미 통일이 와해되었고, 시민혁명 이후의 국가권력은 더이상 신에게서 오는 것으로 간주되지 않았다. 또한 과학의 발전과 계몽을 통해 인간의 정신은 종교를 비판적으로 사유하도록 요구받는다. 그러나 이러한 시민사회라 해서 정치나 사상이 종교로부터 완전하게 자유로워졌다고 볼 수는 없다. 비록 시민혁명 이전 시대이기는 하지만 데까르뜨는 지동설을 옹호하는 『세계와 빛에 관한 논고』(Le monde, ou traite de la lumiere, 1677)를 썼다가 파문당할까 두려워 네덜란드의 암스테르담으로 이주했고, 흄은 신앙의 영역은 철학과는 별개 영역이라고 주장했음에도 불구하고 그의 경험론적 입장이 무신론이라고 낙인찍혔으며, 칸트(I. Kant)의 『단순한 이성의 한계 안에서의 종교』(Die Religion innerhalb der Grenzen der bloßen Vernunft, 1793)도 프러시아 당국의 검열로 출판 금지를 당하기도 했다. 그리고 여전히 많은 사람들은 종교의 비합리적인 내용을 그대로 믿기도 한다. 그렇지만 근대사회에 와서는 정신세계에 대한 교회의 영향뿐만 아니라 기독교 자체도 서서히 변모했다. 즉 영국 국교회는 열정을 강조하는 감정주의와 맹신적인 신앙을 일소하고 온건하고 합리적인 자유주의적 신앙을

포용하게 되었고, 가톨릭과 신교도 개명되고 비교적 세속적인 신앙의
방향으로 나아갔다.

| 윤선구 |

2부

17세기 종교철학

4장

데까르뜨
초월적 신성과 세속적 합리주의의 가교

―――

　서양 철학사상 데까르뜨(René Descartes, 1596~1650)는 근대 이후 세속적 합리주의의 전형으로 평가되며 이런 평가가 그에게 근대철학의 아버지라는 호칭을 부여하는 데 큰 역할을 했음을 부인할 수 없다. 그런데 이런 평가는 그를 오로지 인간 이성에 과도하게 집착하는 이성의 절대적 신봉자라는 극단적 모습으로 그리는 경향이 있다. 그러나 그의 철학체계에 있어서 종교의 통합적 역할을 인식하지 못한다면 이는 데까르뜨 철학에 대한 온전한 이해라고 하기 어렵다. 종교와 (과)학이 종종 인간의 사유에서 서로 배타적인 영역으로 생각되는 오늘날과 달리 신의 현존은 그의 인식론적이고 (과)학적인 기획을 현실적으로 지탱해주는 것이라고 할 수 있다. 데까르뜨는 그의 운동에 관한 법칙들에 근거를 제공하기 위해서 신의 본성과 현존을 이용했을 뿐만 아니라, 무엇보다 더욱 중요하게는 그의 절대적으로 확실한 지식의 토대를 안전하게 보증하기 위해 신의 현존과 동시에 결코 속이지 않는 신의 진실한 본성을 이용하였다. 신의 현존과 진실한 본성이 갖는 이런 인식론적 기능은 그에게서 핵심적이라고 할 수 있는데, 이것 없이는 학문에서 절대적으로 확실한 지식은 결코 얻을 수 없기 때문이다. 데까르뜨의 철학은 자유의지와 신의 은총을 동시에 인정하는 종교적 전통의 내부로부터 한층 더 자유로운 해석을 얻을 수 있다. 또한 데까르뜨의 지식나무에서 최상의 지혜를 얻는 분야인 도덕학의 영역에서도 최고의 행복인 최고선의 소유는 오직 최고선으로서의 신을 받아들일 때 가능해진다. 잠정적 도덕률이 아닌 확정적 도덕률의 가능성은 세속의 덕이 아닌 기독교의 초월적 덕을 통해 실현될 수 있다. 세속적인 학적 프로그램에서도 이성만으로는 그 기초를 제공할 수 없듯이 도덕철학에서도 종교적 경건함은 가장 근본적인 기초가 된다. 데까르뜨는 결코 이성 중심의 인간중심주의 철학만을 극단적으로 밀어붙인 인물이 아니며 초월적 신성과 세속적 합리주의 사이의 균형과 조화를 모색했던 통합적 가치관을 보여주었다고 할 것이다.

1. 신앙과 이성

세부적으로는 다양한 경향이 있지만, 이성에 기초한 철학적 진리와 계시에 기초한 신앙의 진리 사이의 조화 모색이 중세철학의 근본 전제였다. 캔터베리의 안셀무스(Anselmus Cantaberiensis, 1033~1109)가 "나는 이해하기 위해 믿는다"(Credo ut intelligam)라고 한 것은 이러한 중세철학의 주류적 입장을 함축적으로 표현하는 것이다. 그러나 중세의 안정적 질서가 해체되고 종교개혁이 가시화된 근대 초기 데까르뜨 시대의 지식인들 사이에서는 신앙과 이성의 관계가 조화가 아닌 충돌과 긴장을 연출하면서 많은 논쟁을 불러일으켰다. 이 논쟁들은 가톨릭과 프로테스탄트 사이에서 그리고 프로테스탄트 내부의 여러 종파들 사이에서도 첨예하게 다른 관점들을 두고 뜨겁게 가열되었다.

데까르뜨 역시 17세기의 많은 철학자들처럼 한편으로는 이성의 요구와 다른 한편으로는 종교적 믿음 사이의 잠재적 갈등 때문에 곤란을 겪고 있었다. 때때로 그는 쏘르본대학 신학부 교수진에 보낸 『성찰』의 헌사에서처럼 교회의 동맹자로 자처했다. 신의 현존과 영혼의 불멸성을 증명하는 데 있어 그는 기독교 철학자들이 마땅히 모든 이성의 힘을 믿음을 뒷받침하는 데 사용해야 한다는 교황 레오 10세의 칙령을 따랐다 (AT VII 3: CSM II 4).* 그러나 성변화 문제에서와 같이 데까르뜨 자연학의 몇가지 결론들은 성경의 계시진리들과 상충하는 것으로 보였으며 이는 당시 아르노(Antoine Arnauld, 1616~98) 등의 학자들에 의해 격렬한 비판에 직면하기도 했다.

긴장을 일으키는 가장 근본적인 이유는, 이성에 기초한 믿음은 그 믿음을 뒷받침하기 위한 논증과 증거를 갖지만 신앙에 기초한 믿음은 그렇지 않다는 사실로부터 나온다. 이를테면 대표적인 이성적 원리라 할 수 있는 무모순율은 육화(incarnatio), 즉 신이 그리스도인 인간이 되었다는 주장이나 삼위일체(trinitas) 등 모순을 함축한 신앙의 진리들과 정면으로 부딪친다. 어떻게 신 같은 무한한 존재가 동시에 유한한 인간 존재가 될 수 있는가? 같은 존재가 유한한 동시에 무한하다는 것은 무모순율을 어기는 것이다. 나아가 성부와 성자와 성령이 각각 다른 위격이면서 동시에 하나의 실재로서 신이라는 삼위일체의 교리도 이성적으로는 삼신론(三神論)으로 이해될 수 있는 것으로서, 이는 유일신 사상을 기초로 한 신앙의 진리를 심각하게 위협한다. 이러한 역설적 상황은 서방교회에서 삼위일체론의 확립에 결정적인 역할을 한 중세 아우구스티누스가 '삼위일체를 부정하는 사람은 구원을 잃을 위험에 처하지만 삼위일체를 이해하려는 사람은 지성을 잃을 위험에 처한다'라고 한 경고에서 이미 읽을 수 있는 것이다. 이와 같이 기독교 신앙의 근본 교리들은 어떤 경우 이성의 기본 법칙에 위배된다.

신앙과 이성이 갈등을 일으키는 문제에 접근하는 태도를 몇가지로 정리해볼 수 있다. 첫번째 입장은 모든 신조나 교리가 적어도 비이성적

---

* 이하 데까르뜨의 저서는 다음과 같이 약칭하고 면수를 숫자로 밝힌다. AT: *ŒUVRES de DESCARTES*, publiees par Adam Charles & Tannery Paul (Paris: Vrin 1974); CSM: *The Philosophical Writings of Descartes* I, II, Cottingham J., Stoothoff R., Murdoch D. trans. (Cambridge: Cambridge University Press 1984); CSMK: *The Correspondence: The Philosophical Writings of Descartes* III, Kenny Anthony et. al., trans. (Cambridge: Cambridge University Press 1997).

이지는 않으며 심지어 이성에 의해 지지될 수도 있다고 주장함으로써 이들 사이의 긴장을 부정하는 것이다. 이 입장은 육화처럼 일견 모순적인 교리에 대해서도 이성적인 논증을 제공할 수 있을 것이라고 주장하며 이들 사이의 관계를 낙관적으로 설정한다. 두번째는 신앙과 이성 가운데 한 측면만을 선택해 우선권을 부여하는 입장이다. 이성의 원칙을 따르면 이성적 근거에 의해 뒷받침될 수 없는 어떠한 신앙의 교리도 거부할 수밖에 없을 것이다. 반면 신앙을 택한 사람은 신앙 개조와 충돌하는 어떠한 이성의 명령도 거부하게 될 것이다. 이는 최소한도의 이해 가능성만 열어놓는 입장이다. 세번째 입장은 신앙과 이성을 완전히 다른 두 영역으로 분류함으로써 서로의 관계를 배타적으로 설정하는 것이다. 한 영역은 다른 영역을 침해할 수 없다. 이는 이성이 종교적 교리를 정당화하는 데 사용될 수 없을 뿐만 아니라 종교적 교리 역시 이성에 의해 도달한 어떤 결론에도 결코 개입할 수 없다는 것을 의미한다.

이러한 세가지 입장 가운데 데까르뜨가 취한 입장이 무엇인가에 관해서는 약간의 견해 차이가 있다. 데까르뜨는 이성이 육화 같은 모순적인 신조들에까지 확장되는 첫번째 접근 방식에 가담하는 것처럼 보인다. 그럼에도 한편으로 그는 얼마간 세번째 입장을 지지하는 태도를 보이기도 한다. 데까르뜨는 육화나 삼위일체의 신처럼 인간 이성의 한계를 넘어서는 몇가지 교리가 있으며 따라서 그것들은 신앙에 근거해 받아들여야만 한다고 믿는다. 그러나 이성을 통해서 도달할 수 있는 다른 종교적 진리들도 있다. 실제로 무신론자나 이교도까지도 포용하기 위해서는 어떤 진리의 경우 이런 방법이 더 효과적일 수도 있다고 보았다.

　나는 항상 두가지 주제들, 즉 신과 영혼은 논증을 통한 입증이 신학이 아닌 철학의 도움으로 제공되어야 하는 예들 가운데 가장 앞서는 것들이라고 생각해왔다. 신자인 우리에게 있어서 인간의 영혼은 육체와 함께 죽지 않으며 또한 신은 현존한다는 것은 신앙에 의해 받아들이기만 하면 충분하지만, 무신론자들의 경우에는 어떤 종교도 없고 실제로 어떤 도덕적인 덕도 존재하지 않기 때문에 그들은 이러한 두 진리가 자연이성에 의해 그들에게 입증되어야만 비로소 받아들이도록 설득될 수 있을 것 같다. (AT VII 1~2; CSM II 3)

『성찰』의 쏘르본 교수진에 보낸 헌사 가운데서 발췌한 이 인용문에서 데까르뜨는 두가지 중요한 점을 지적하고 있다. 첫째, 신의 현존과 영혼의 불멸에 관한 질문은 이성적인 증명에 의해 답변될 수 있으며 따라서 이러한 교리들이 꼭 신앙을 통해서만 승인되어야 하는 것은 아니다. 둘째, 무신론자의 경우 이러한 진리들은 이성을 통해 설득할 필요가 있다. 이런 방식으로 이성은 개종의 도구로서의 종교적 믿음을 보조한다. 몇구절 뒤에서 데까르뜨는 영혼이 불멸한다는 것을 이성을 통해 증명할 수 있음을 보이면서 믿음을 통해서만 알 수 있다는 사람과 대비시킨다. 나아가 그는 교황 레오 10세가 주재한 라떼라노 공의회의 명령, 즉 '믿음 하나만으로 알 수 있다는 입장을 지지하는 사람을 규탄하고 또한 그들의 논증을 반박하고 자신들의 모든 힘을 신의 현존과 영혼의 불멸이라는 진리를 확증하는 데 사용하는 기독교 철학자들에게 명시적으로 동참한다'는 명령을 상기한다(AT VII 3; CSM II 4). 데까르뜨는 정신과 신체 사이의 실재적 구별과 신의 현존을 증명하려는 자신의 시도 안에서 이러한 도전에 직접 대응할 것이라고 말한다. 당시 데까르뜨가 믿음의 방어자로서 자신의 역할에 관해 진실되지 못하고 불성실하다고 지적하는 사람들도 있었다. 그러나 데까르뜨는 1630년 11월 25일 메르센 신부에게 보낸 편지에서 자신의 신앙심이 깊다는 점을 매우 강하게 주장했다. 거기서 그는 '나는 내가 신과 맞서 싸운다고 할 만큼 그렇게 뻔뻔하고 무례한 사람들이 있는 것을 볼 때마다 몹시 격분한다'고 말하고 있다(AT I 182; CSMK 29).

이렇게 어떤 교리를 증명하는 데 있어서는 이성에 다소 낙관적인 역할을 기대하는 것과 반대로 데까르뜨는 또다른 경우에는 『철학의 원리』(*Principia philosophiæ*, 1644)에서 말한 것처럼 이성의 한계에 대해 분명하게 지적하기도 한다.

따라서 만일 신이 자신에 관해서나 또는 우리 정신의 자연적 영역을 넘어서는 다른 것들—육화나 삼위일체의 신비와 같은 것들—에 관해 드러내는 일이 생긴다면, 우리는 우리가 그것을 명확하게 이해하지는 못한다는 사실에도 불구하고 그것을 받아들이기를 거부할 수는 없을 것이다. 그리고 우리는 측정할 수 없는 신의 본성과 그에 의해 창조된 것들 모두에 있어 우리의 정신적 역량을 넘어서는 많은 것들이 있다는 데 대해 그리 놀라지는 않을 것이다. (AT VIIIA 14; CSM I 201)

이 구절에 따르면 기독교 신앙의 신비, 이를테면 육화나 삼위일체 같은 것은 이성의 명령과의 충돌에서 이해할 수 있는 이성의 역량을 넘어서는 것으로 분류된다. 이러한 신비들은 이성의 경계 너머에 놓여 있기 때문에 충돌은 사실상 벌어지지 않을 것이다. 그럼에도 불구하고 데까르뜨는 『철학의 원리』의 1부 마지막 절에서 두 입장이 충돌하는 경우에 대해서도 말하고 있다. 여기서는 신의 계시를 통한 신앙에 기초한 믿음이 일부 상황에서는 이성을 능가할 것이라고 확신한다.

그러나 무엇보다도 먼저 우리는 신이 우리에게 무엇을 드러내었든 다른 어떤 것보다 더 확실한 것으로 받아들여야 한다는 최우선 규칙을 우리 기억에 각인해야만 한다. 그리고 비록 이성의 빛이 최고의 확실성과 명백함을 가지고 다른 어떤 것을 암시하는 것처럼 보여도 우리는 여전히 우리 고유의 판단보다 훨씬 더 신적 권위에 우리의 전민음을 바쳐야 한다. (AT VIIIA 39; CSM I 221)

이러한 점들로 미루어 볼 때 비록 데까르뜨가 어떤 종교적 논제들에 대해서만큼은 이성을 위한 자리를 마련하고 있지만 믿음의 신비와 관련해서는 여전히 이성의 범위를 제한하고 있다고 보아야 할 것이다. 데까르뜨에게 있어 종교철학의 문제는 결국 여러 종교적인 문제들에 관해 이성의 역할을 어떻게 설정하느냐를 통해 해명될 수 있을 것이다.

2. 신

신은 데까르뜨의 철학체계에서 중심 역할을 담당한다. 데까르뜨의 지식의 정당화에서 완벽한 창조자의 현존은 성찰자로 하여금 자신만의 현존에 대한 고립된 주관적 인식으로부터 다른 사물들에 대한 지식으로 이행하기 위해 반드시 입증되어야만 한다. 자아로부터(「두번째 성찰」) 외부의 세계로(「여섯번째 성찰」) 나가는 운동은 매개적 성찰에 대한 논증 없이는 완수될 수 없고, 그 가운데 많은 부분은 신의 현존과 본성에 관한 탐구에 할애되고 있다. "나는 명백하게 모든 지식의 확실성과 진리가 오직 참된 신에 대한 내 인식에, 내가 그를 인식하게 되고 나서야 비로소 여타의 것들에 관한 완전한 지식을 얻을 수 있게 될 만큼 의존하고 있다는 것을 안다"(AT VII 71; CSM II 49). 데까르뜨는 이런 이행을 위해 신의 현존에 관해 여러 증명을 시도한다.

데까르뜨의 지식체계는 한편으로는 '명석하고 판명한 지각들'에 의해 진리를 식별하는 지성의 능력에, 또 한편으로는 스스로를 그런 지각들에 가두려는 '의지'에 의존한다(「네번째 성찰」). 그 과정은 "나는 무엇이건 내가 명석하고 판명하게 지각하는 것은 참이라는 것을 일반적 규칙으로 정초할 수 있을 것 같다"라는 선언을 전제한다(「세번째 성찰」, AT VII 35; CSM II 24). 이러한 진리 규칙에 동의하는 데 있어 신성은 핵심적 역할을 하게 된다. "만일 우리 속에 있는 실재적이고 참된 모든 것이 완벽하고 무한한 존재로부터 유래한다는 사실을 모른다면 우리의 지각들이 아무리 명석하고 판명하다 할지라도 그것들이 참이 될 완벽함을 지니고 있다는 것을 확신할 만한 이유를 지닐 수 없게 될 것이다"(『방법서설』 Part IV, AT VI 39; CSM I 130). 다시 말해서 인간의 지성은 신의 창조적 작품들 중 하나며 또한 신은 최상으로 완벽하기 때문에 지성이 진리를 식별해내는 데 있어 신뢰할 수 없는 도구가 되는 것은 본래적으로 불가능하다. 이것은 물론 인간 지성이 그 자체로 완벽하다는 뜻은 아니다. 지성이 모르는 많은 것이 존재한다는 것은 자명한 진리다. 그리고 실제로 많은 것이 지성의 이해를 완전히 넘어선다(AT VII 47; CSM II 32).

그러나 데까르뜨는 그런 결함이 단지 결여나 부정에 불과하다고 주장한다. 지성이 정말로 소유하고 있는, 한계가 있기는 하지만 본질적으로 긍정적인 능력들은 완벽한 창조주로부터 이끌려 나오며, 따라서 신뢰할 수 있다. "모든 명석 판명한 지각은 의심할 바 없이 실재적이고 긍정적인 것이며 따라서 무(無)에서는 결코 나오지 않으며 반드시 그것을 만든 제작자로서 신이 있어야만 한다. 그 제작자는 곧 신이며 그는 최상으로 완벽하며 모순의 고통 위에 있는 기만자일 수가 없다. 따라서 그 지각은 의심할 바 없이 참된 것이다"(「네번째 성찰」, AT VII 62; CSM II 43).

신을 우리의 명석하고 판명한 지각들의 보증자로 분명하게 불러올림으로써 이는 어떻게 성찰자가 우선 신의 현존을 증명하기 위해 요구되는 전제들의 진리를 확신할 수 있는가 하는 질문을 불러일으키게 된다.

데까르뜨의 신 중심 형이상학의 핵심에는 근본적인 역설이 놓여 있다. 즉 지성의 지각들이 갖는 진리와 신뢰성의 보증자로 소환되는 바로 그 존재가 동시에 데까르뜨에 의해 자주 우리 인간의 파악을 넘어서는 것으로 선언되고 있다는 점이다. "우리는 신의 위대함을 '파악할' (comprendre) 수 없다. 비록 우리가 그것을 안다고(connaissons) 해도" (1630년 4월 15일 메르센에게 보낸 편지, AT I 145; CSMK 23). "신은 그의 능력이 인간 이해의 한계를 초과하는 원인이기 때문에, 또한 이러한 진리들(영원한 진리들)의 필연성은 우리 지식을 초과하지 않으므로, 이런 진리들은 불가해한 신의 능력보다 낮은 단계이며, 또 거기에 종속되는 것이다"(1630년 5월 6일 메르센에게 보낸 편지, AT I 150; CSMK 25). "나는 그것을 구상하거나(conçois) 이해하는(comprends) 것이 아니라 안다고 말할 텐데 왜냐하면 비록 우리의 영혼이 유한하기 때문에 신을 구상하거나 이해할 수는 없다고 할지라도 그가 무한하며 전지전능하다는 것을 알 수는 있기 때문이다"(1630년 5월 27일 메르센에게 보낸 편지, AT I 152; CSMK 25). 이렇게 말하는 데 있어 데까르뜨는 무언가를 아는 것과 그것을 충분히 파악하는 것 사이의 결정적인 구분에 의존한다. "마치 우리가 산을 만져볼 수는 있어도 우리의 팔로 완전히 껴안을 수는 없는 것과 마찬가지로 어떤 것을 파악하는 일은 한 사람의 생각으로 그것을 완전히 껴안는 것이며 반면 어떤 것을 아는 것은 그의 생각으로 그것을 건드리는 것만으로 충분하다"(AT I 152; CSMK 25). 그렇다면 무한한 신의 완벽성은 인간 정신으로는 완전히 포섭하거나 파악할 수 없을 것이다. 실상 어떤 의미에서 불가해성은 바로 그 무한의 특성이다(AT VII 368; CSM II 253).

그럼에도 불구하고 우리는 신적 본성 가운데 적어도 지식을 정당화하기 위해 입증될 필요가 있는 국면들만이라도 우리가 확신할 수 있게 해주는 신의 속성들에 대한 충분한 지식을 얻을 수 있다. 우리는 신이 현존한다는 것 그리고 그가 결코 기만자가 아니라는 것을 증명할 수 있다(AT VII 70; CSM 48). 데까르뜨의 형이상학 안에서 우리는 이성의 빛으로 세상의 비밀을 투명하게 밝힐 이성주의자의 면모와 창조주의 지고한 권위 앞에서 겸허하게 신성의 위대함과 인간 정신의 왜소함을 숙고하는 경배자의 태도를 발견하게 된다. 데까르뜨는 「세번째 성찰」 마지막 구절에서 '경이와 숭배'를 언급하며 나아가 「첫번째 답변들」에서는 "신의 완벽함들을 붙잡으려고 하기보다는 그것들에 복종하려고 애써야만 한다"라 말하고 있다(AT VII 144; CSM II 82).

형이상학과 달리 데까르뜨의 자연학에서는 신의 역할이 상당히 다르게 그려진다. 신의 창조적 능력이 우주에서의 운동량의 궁극적 원인으로 소환되고는 있지만 운동의 법칙이 일단 한번 정해지면 더이상 신이 간여할 일은 거의 없다. 이런 의미에서 데까르뜨는 자연학에 관한 한 그에 앞선 세대가 자연현상의 구조와 작용에 관한 셀 수 없이 많은 세목을 설명하기 위해 신의 목적을 끌어들였던 체계로부터 어느정도 해방되었다고 할 수 있을 것이다. 자연세계에 대한 데까르뜨의 시각은 기계론적이라고 말할 수 있다. 현상들은 오직 크기, 형태 그리고 물질 분자의 운동에 의해서만 설명되며, 신의 목적에 관한 언급은 자연학의 범위를 넘어서는 것으로서 배제된다고 할 것이다.

3. 신 존재 증명

신의 현존은 데까르뜨의 전체 철학적 기획에서 특별히 중요하다. 이 문제는 지식에 대해 그가 절대적으로 확실한 토대를 제공하려는 두가지 형이상학적 논제들 가운데 하나이며, 따라서 철학 나무의 나머지 부분을 안전하게 지켜주는 것이다. 데까르뜨가 신의 현존을 증명하기 위해 사용하는 대표적인 논증 두가지를 살펴보기로 한다.

우주론적 논증

칸트는 신의 현존에 관한 논증이 경험으로부터 도출될 때 우주론적이라고 말한다. 데까르뜨는 이런 논증들을 후험적(a posteriori)이라고 부르며 「세번째 성찰」에서 두가지 종류를 선보인다. 이는 같은 논증의 두가지 변용으로 생각할 수 있다. 첫번째 논증은 내가 소유하는 것으로서의 어떤 무한한 실체의 관념은 그 자체로 무한한 것이어야만 하는 하나의 원인을 요청한다는 것이다. 두번째로 이 관념을 소유하고 있는 자로서의 나는 하나의 무한한 실체 또는 신에 의해 창조되었음이 틀림없다는 것이다. 데까르뜨의 후험적 논증은 신의 현존에 관한 토마스 아퀴나스의 증명들과 비슷한 측면이 있다. 그러나 데까르뜨의 경우 과장된 회의 때문에 세계의 현존을 활용할 수 없으며 단지 자아, 신의 관념을 가지고 있는 그 자신의 현존에 의존한다는 점에서 아퀴나스와는 차이를 보인다.

이 논증들은 모든 결과는 하나의 원인을 가지고 있으며 그 원인은 적어도 그것의 결과만큼은 완벽하기를 요청한다는 인과율의 원리를 활용한다. "작용인(causas efficientes, causae efficientes)과 총체적 원인에는 적어도 같은 원인의 결과에 들어 있는 만큼의 실재가 있어야만 한다. 하나의 결과는 그것의 실재를 그것의 원인으로부터가 아니라면 어디서 얻을 수 있을 것인가라고 나는 묻는다. 그리고 그 원인은 그것이 또한 그러한 실재를 소유하고 있지 않다면 어떻게 그 결과에 그러한 실재를 줄 수 있을 것인가? 따라서 어떤 것도 무(無)로부터는 생겨날 수 없다는 것과 또한 더 완벽한 것(즉 그 자체 본질적으로 더 많은 실재를 포함하고 있는 것)은 덜 완벽한 것으로부터 생겨날 수는 없다는 것이 따라 나온다"(AT VII 40~41).

데까르뜨의 인과 원리는 다음 단계에서 관념들(ideas)로 확장된다. "그러나 이것은 단지 그것의 실재성이 현실적이거나 형상적인(realitas actualis sive formalis) 결과들에만이 아니라 오직 객관적(표상적) 실재성(realitatis objectivae)〔이 용어는 역자에 따라 표상적, 대상적 등으로 다르게 옮기는데, 이 글에서는 이에 관한 의미를 적었기 때문에 최대한 데까르뜨가 썼던 용어를 살리려는 취지에서 '객관적'이라는 직역투 표현을 쓰겠다〕만이 고려되는 관념들에 있어서도 명백하게 참이다"(AT VII 41). 하나의 관념은 그것의 형상적 실재성, 즉 그것이 내 정신의 한 양태가 됨으로써 이끌어낸 현실적 실존의 관점에서 고려될 수 있고 또한 그것의 객관적 실재성, 즉 그것의 재현적(표상적) 내용 또는 데까르뜨가 정의하듯 "이것이 그 관념 속에 실제로 존재하는 한, 한 관념에 의해 재현된 한 사물의 있음"의 관점에서 고려될 수 있다(AT VII 161). 우리는 우리 관념의 형상적 실재성의 원인일 수 있을 것이다. 문제는 우리가 그 관념의 객관적 실재성, 즉 그것들의 재현적 내용에 대한 원인이 될 만큼 충분한 완벽함을 가지고 있는지 여부다. "한 관념의 바로 그 본성은 저절로 그것이 내 생각으로부터 빌려온 것과는 다른 어떤 형상적 실재성도 필요로 하지 않는 것으로서, 즉 생각에 대해 그것은 하나의 양태다. 그러나 어떤 하나의 관념이 객관적 실재성을 갖고 있다면 최소한 이 객관적 실재성이 들어 있는 것만큼의 형상적 실재성이 들어 있는 어떤 원인 때문에 가능한 것이다. 왜냐하면 만일 우리가 어떤 것이 그것의 원인 속에 없었던 관념 속에서 발견되었다고 가정한다면 그 관념은 그 어떤 것을 무로부터 얻는 것이 되기 때문이다"(AT VII 41).

『철학의 원리』에서 데까르뜨는 관념들에 적용된 자신의 인과 원리를 복합기계의 예를 통해 방어한다. "17. 우리가 가지고 있는 관념들에 있어서 어떤 관념이 다른 관념보다 더 커다란 대상적 완전성을 지니고 있다면 그 관념의 원인은 다른 관념의 원인보다 그만큼 더 완전해야 한다." 그런데 우리가 가지고 있는 관념들을 더 자세히 고찰해보면 데까르뜨는 다음의 사실을 확실하게 알게 될 것으로 보았다. 관념들은 사고의 양태(modi cogitandi)인 한 서로 별로 다르지 않다. 그러나 어떤 관념은 어떤 것을 그리고 다른 관념은 다른 어떤 것을 표상(repraesentat, repraesentare)하는 한에 있어서 그 관념들은 서로 매우 다르다. 그리고 그 관념들이 대상적 완전성을 더 많이 담고 있을수록 그것들의 원인들은 그만큼 더 완전해야만 한다. 그렇지 않다면 어떤 사람이 매우 정교한 기계의 관념을 가지고 있는 경우에 그에게 다음과 같은 질문들을 던지는 것이 어떻게 정당화될 수 있는가? 즉 그가 어떤 원인으로부터 그 관념을 취득하게 된 것인지, 다른 누군가가 만든 그런 기계를 어디서 보았는지 혹은 기계학을 그토록 정확하게 배웠는지, 또는 타고난 그의 능력(ingenium)이 너무 뛰어나 세상 어디서도 본 적 없는 기계를 스스로 창안해낼 수 있었는지 같은 질문들을 말이다. 이른바 상(像)에 담겨 있듯이 그 관념 속에 오로지 대상적으로 담겨 있는 작품은 그 관념의 원인 속에 담겨 있어야 하며, 적어도 최초의 고유한 원인 속에는 대상적으로나 표상적으로만이 아니라 형상적으로, 그러니까 정신 밖에서도 실제로(reipsa formaliter) 혹은 그보다 뛰어난 방식(eminenter)으로 담겨 있어야 한다. 인과 원리를 통한 데까르뜨의 첫번째 후험적 논증은 단지 그가 무한하게 완벽한 실체에 대한 그의 관념의 무한한 객관적 실재성을 설명할 만큼 충분한 형상적 실재성을 갖고 있지 않다는 것을 자각하는 데 상응하는 것이다. "왜냐하면 비록 내가 하나의 실체라는 사실 덕분에 실체 관념이 내 안에 있기는 하지만, 나는 유한하기 때문에 이 관념이 실제로 무한한 어떤 실체로부터 나오지 않는다면, 그 사실은 하나의 무한한 실체에 대한 관념을 내가 가지고 있다는 것을 설명할 만큼 충분하지 않기 때문이다"(AT VII 45).

존재론적 증명

데까르뜨는 또한 신의 현존을 증명하는 존재론적 논증도 구사한다. 「다섯번째 성찰」에서 데까르뜨는 다음과 같이 논증한다. "존재가 신의 본성으로부터 분리될 수 없음은 세 각[의 합]은 두 직각[의 합]과 같다는 사실이 삼각형의 본질과 분리될 수 없는 것과 마찬가지다. (…) 존재를 결여한(즉 완벽함을 결여한) 신(최고로 완벽한 존재)을 생각하는 것은 모순이다"(AT VII 66; CSM II 46). 오늘날 '존재론적 증명'이라는 용어는 칸트에 기인하는데, 그에 따르면 "추상은 모든 경험으로부터 만들어진다." 그리고 최고존재의 존재(함)는 "개념들만으로 선험적으로(a priori) 추론된다"라고 말하는 곳에서 신의 존재에 대한 특별한 종류의 증명을 분리했다(『순수이성비판』 A 591/B 619). '존재론적'이라는 명칭을 따로 쓰지는 않았지만 데까르뜨는 「다섯번째 성찰」에서의 그의 독자적인 선험적 증명을 「세번째 성찰」에서의 후험적 또는 인과적 논증과 분명하게 구별한다(AT V 153; CSMK 337).

데까르뜨가 신의 현존을 증명하기 위해 사용한 이런 유형의 존재론적 논증은 데까르뜨에게서 처음 등장한 것은 아니다. 11세기의 신학자이자 철학자였던 안셀무스가 처음 정식화한 것으로, 그는 '그보다 더 큰 것을 생각할 수 없는' 존재는 우리의 생각 속에만 있는 것이 아니라 실재로도 필연적으로 존재해야만 한다고 논증했다(『프로슬로기온』 Part III). 그러나 토마스 아퀴나스는 이 추론이 부당하다며 단호하게 거부했고(『신학대전』 Part I, Qu. 2, art. 1), 데까르뜨의 비판자들은 「다섯번째 성찰」에서 보인 그의 접근법에 대해 권위있는 아퀴나스의 반박들을 내세워 데까르뜨를 공격했다. 데까르뜨는 신의 바로 그 본성이 그의 현존을 함축한다고 논증한다. "나는 내 마음대로 자유롭게 날개 없는 말을 생각할 수는 있지만, 존재가 결여된 신, 즉 최고의 완벽함을 결여한 최고로 완벽한 존재는 내 마음대로 자유롭게 생각할 수 없다"(AT VII 67; CSM II 46). 아퀴나스주의자들은 데까르뜨를 다음과 같이 비판했다. "설사 최고로 완벽한 하나의 존재가 바로 그 타이틀 때문에 존재의 함축을 포함한다는 것이 당연하다 할지라도 여전히 문제의 존재가 실재 세계의 현실적인 무엇이라는 것은 따라나오지 않는다. 거기서 따라나오는 것은 다만 존재의 개념이 최고로 완전한 존재라는 개념에 분리될 수 없게 연결되어 있다는 것뿐이다"(「첫번째 반박들」, AT VII 99; CSM II 72). 다시 말해서 그 논증은 기껏해야 만일 '최고로 완벽한 존재'의 정의를 만족시키는 무엇인가가 세상에 존재한다면, 그것은 존재해야만 할 것이라는 가언적 결론을 낳을 뿐이다. 그러나 이 조건문의 전제를 만족시키는 증거로서의 현실적 존재는 실제로 없다. 이런 비판에 대한 데까르뜨의 유일한 대답은 다음과 같은 주장이었다. "최고로 완벽한 존재의 관념 안에서 정신은 단지 그것이 판명하게 지각하는 모든 다른 사물의 관념들에 속하는 가능하며 우연적인 존재(existentia contingens)뿐만 아니라 완전히 영원하고 필연적인 존재(existentia necessaria)를 인식한다"(『철학의 원리』Part I, art. 14).

4. 영혼의 불멸

데까르뜨가 이성적인 증명을 꼭 해야만 한다고 생각했던 기독교 교리는 신의 현존 외에 영혼의 불멸이다. 『성찰』 1판의 부제 '여기서 신의 현존과 영혼의 불멸이 증명됨'(in qua Dei existentia et animae immortalitas demonstratur)은 신의 현존과 영혼의 불멸이 증명되었다고 주장한다. 그럼에도 불구하고 데까르뜨는 영혼의 불멸이 이 작품에서 증명되지 않았다는 것을 잘 알고 있었으며, 따라서 후속판들은 신의 현존과 오직 '인간의 영혼과 신체 사이의 구별'만이 증명되었다는 것을 보여주는 수정된 부제를 달고 있다. 분명 데까르뜨는 『성찰』의 헌사에서 영혼의 불멸성이 (신앙을 통한) 신학보다는 이성을 통한 철학에 의해 더 잘 증명된다고 말했다. 그러나 실제로는 이에 대한 논증을 명시적으로 제공하지 않았다. 그는 자신이 정신 또는 영혼이 실재하며 신체와 구별된다는 결론에서 멈추어 있다고 진술한 『성찰』의 개요에서 이 논증의 부재에 관해 솔직하게 표현한다.

첫째, 왜냐하면 이러한 논증은 신체의 소멸이 정신의 파괴를 함축하지 않는다는 것을 보이는 데 충분하기 때문이며, 따라서 내세에 관한 소망을 사람들에게 주기에 충분하기 때문이며, 또한 둘째로 영혼이 불멸한다는 결론으로 이끄는 전제들이 전체 자연학에 대한 설명에 의존하고 있기 때문이다. (AT VII 13~14; CSM II 10)

이 구절은 비록 영혼의 불멸성에 관한 논증이 인간 이성의 영역 내에 있다고 할지라도 우선은 그러한 증명이 '자연학 전체의 설명에 의존'한다고 함으로써 여기서 당장 증명하지 않는 이유를 보여준다. 흥미로운 것은 첫번째 이유다. 즉 신체 없이 존재하는 정신 또는 영혼의 가능성이 사람들에게 '내세에 대한 희망'을 제공한다는 것이다.

오직 내세에 대한 '희망'일 뿐 '지식'을 제공하는 것은 아니다. 이것은 데까르뜨가 영혼의 불멸성에 대한 절대적으로 확실한 증명을 제공하지 않았기 때문에 이해할 만하다. 그런데 내세에 관한 이러한 희망은 어디에 기초하는가? 데까르뜨는 오직 정신만이 정말로 실재적으로 신체와는 구별된다고 주장하고 있다. 이것은 단지 그것들이 신의 능력에 의해 서로 독립적으로 존재할 수 있음을 의미할 뿐이다. 즉 실재적 구별 논증은 오직 정신이 신체 없이 존재할 가능성이 있다는 것일 뿐 실제로 그것들이 그러하다는 것을 보여주는 것이 아니다. 어떻든 이 독립적인 존재의 가능성은 내세에 대한 희망의 기초가 된다. 왜냐하면 영혼이 신체와 구별되지 않는다면 영혼이 신체 없이 존재할 수는 없을 것이기 때문이다. 데까르뜨는 헌사에서 어떤 사람들은 이성적인 논증에 기초해 이 결론에 도달하게 되지만 반면 영혼의 불멸을 신앙을 통해서만 믿는 사람들도 있다고 말한다(AT VII 3: CSM II 4). 후자의 사람들은 결국 모순적인 주장들을 하는 셈이다. 따라서 정신과 신체 사이의 실재적 구분을 증명하는 데 있어 데까르뜨는 이 기독교의 교설을 이성과 일치하도록 하며, 그렇게 함으로써 육체적 죽음 이후 내세에 대한 이성적인 희망을 재확립한다고 볼 수 있다.

그럼에도 불구하고, 즉 데까르뜨가 영혼의 불멸성 논증을 명시적으로 내놓지는 않았다 할지라도, 그는 1641년 8월에 '히페라스피테스'

(Hiperaspites, '챔피언'의 뜻을 지닌 그리스어)라는 필명을 쓰는 익명의 서신 교환자에게 보낸 한 편지에서 이와 관련된 언질을 주었다. 이 편지에서 데까르뜨는 "사람은 복합적 존재로서 자연적으로는 부패하는 존재지만 반면 정신은 부패하지 않으며 불멸한다"라고 주장한다(AT III 422; CSM K 189). 이와 같이 인간은 정신과 신체의 복합체이다. 따라서 정신과 신체의 복합체로서 전체 인간의 측면에서 인간은 두 부분이 분리됨으로써 부패할(파괴될) 수 있다. 이 학설은 또한 신체에도 적용된다. 인간의 신체는 물질적인 부분들의 배치와 운동으로부터 결과한다(AT VII 14; CSM II 10). 이러한 부분들 가운데 일부가 쇠퇴하거나 적절한 기능을 멈출 때 신체는 죽는다. 그런데 여기서 부패할(파괴될) 수 있다는 것은 어떤 존재가 분할될 수 있는 부분들로 복합되어 있다는 의미를 갖는데, 따라서 분할될 수 없는 것으로서의 영혼은 결국 파괴될 수 없는 것이다. 이런 간단한 추론을 통해 데까르뜨는 "신체가 아주 쉽게 소멸할 수 있는 반면 정신은 바로 그 본성에 의해 불멸한다"라고 결론짓는다(AT VII 14; CSM II 10).

이것은 그럼에도 불구하고 영혼이 자연의 정상적인 과정에서는 존재하기를 그만두지 않을 것이라는 점에서 그것이 본성적으로 부패할 수 없다는 것만을 의미할 뿐이다. 이것만으로는 여전히 영혼의 불멸성이 절대적 확실함을 가지는 하나의 증명을 구성하는 것은 아니다. 어떠한 실체라도, 생각하는 실체, 정신 또는 영혼을 포함하는 어떤 것이라도 "신이 그들에 대한 자신의 협력을 거부함으로써 무로 환원될" 수도 있기 때문이다(AT VII 14; CSM II 10). 이것은 인간의 영혼은 만일 신이 그렇게 선택했다면 존재하기를 그만두는 일이 언제나 가능하다는 것을 의미한다. 한편 데까르뜨는 1640년 12월 24일 메르센에게 보낸 편지에서 발췌한 다음의 간결한 인용문에서 자신의 증명의 이러한 한계를 언급하고 있다.

나는 신이 영혼을 소멸시킬 수 없다는 것을 증명할 수 없을 것이다. 그
러나 오직 육체와는 본질적으로 전적으로 구별되는… (AT III 266; CSM K
163)

결국 데까르뜨는 영혼이 불멸한다는 것을 증명한 것은 결코 아니라
고 할 수 있다. 단지 신이 그것을 소멸시키지 않기를 선택하는 한 영혼
이 본성적으로 부패할 수 없으며 또한 신체의 부패 이후에도 계속해서
존재할 것이라는 점만은 보여주려 했다고 할 것이다.

5. 성변화와 성체성사

앞에서 말한 것처럼 데까르뜨 자연학의 몇몇 결론은 성경의 계시
진리들과 상충하는 것으로 보였는데, 이 가운데 가장 쟁점이 된 것
이 성변화 문제였다. 데까르뜨가 개진한 물질에 대한 정의는 화체설
(transsubstantio, 실체전환)에 대한 가톨릭 교리와 충돌을 일으킨다고 많
은 사람들은 생각했다. 이 성변화 문제에 대해서는 특히 앙뚜안 아르노
의 비판이 가장 강력했다. 그는 물질과 연장(extension)을 동일시하는,
또 형태나 운동 같은 성질들이 양태로만 취급되는 존재론은 '우리가 신
앙 위에서 믿는 것, 즉 빵(Euchariscico pane, Eucharisticus panis)의 실
체는 성체성사(Eucharist, 성찬식, 성만찬, 주의 만찬, 미사예배 등 다양한 표현이
있음)의 빵에서 제거되어버리고 오직 우유성(偶有性, accidents)만 남아
있다는 것'(「네번째 답변」, AT VII 217; CSM II 153)을 인정할 수 없을 것이라

고 지적했다.

성변화(화체설)는 12세기에 만들어진 용어로 1551년 뜨리엔뜨 공의회 칙령에서 성찬식의 성체(sacrament, 빵)가 그리스도의 현신(Real Presence)을 포함한다는 가톨릭 교리를 나타내기 위해 사용되었다. 뜨리엔뜨 공의회의 견해에 따르면 축성의 말씀은 빵과 포도주라는 물질(substance)을 그리스도의 몸과 피라는 물질로 변성을 일으킨다. 토마스주의자(Thomists)와 스코투스학파(Scotists) 사이에서 이 치환의 본성에 관한 논쟁들이 있었는데, 토마스주의자들은 성체성사에서 빵과 포도주의 성분 물질이 그리스도의 몸과 피로 전환된다고 주장했으며 스코투스주의자들은 전자의 물질은 완전히 소멸하여 후자의 물질로 대체되는 것이라고 주장했다. 그럼에도 불구하고 가톨릭 신자들은 성변화를 전면적으로 부정하는 신교도에 반대한다는 점에서는 모두 일치한다. 신교도는 아리스토텔레스의 본질과 우유성이라는 구별에 기초한 가톨릭의 화체설, 즉 성찬식에서 사제 축성 시 빵과 포도주의 '본질'이 변화하지만 겉모양인 '우유성'은 변하지 않는다는 주장을 비판하지만, 루터의 경우 성찬식의 빵과 그리스도의 몸, 그리스도의 피와 성찬식의 포도주가 동질이라는, 따라서 그리스도가 임재한다는 공체설(consubstantiation)을 인정한다. 토마스주의자와 스코투스주의자 사이의 이 논쟁은 이후 16세기 후반 17세기 초 프랑스에서 주류 다수인 가톨릭과 소수 깔뱅주의자들 사이의 종교전쟁에 얼마간의 배경을 제공하게 된다.

『성찰』에 대한 반론에서 아르노는 데까르뜨의 체계에 대한 잠재적인 신학적 반론으로서 성변화 문제를 제기했다. 그는 성변화 문제 자체가 아니라 성변화의 성분들이 '종'(species, 본질)의 성변화 이후에도 남아 있다는 뜨리엔뜨 공의회의 교리를 강조했다. 데까르뜨의 원래 답변은 이러한 종을 실재적 성질들과 동일시하는 스콜라철학의 입장은 이단에 가깝다는 비난을 포함하고 있었다. 그러나 데까르뜨 저서의 편집자인 메르센은 이 구절이 쏘르본의 승인을 얻어내려는 시도를 위태롭게 할까 두려워 1641년『성찰』의 빠리 판본에서 이 구절을 삭제했다. 그럼에도 불구하고 데까르뜨는 1642년 판본에 삭제된 부분을 다시 집어넣었으며 이 책은 암스테르담에서 출판되었다.

가톨릭 교회는 성찬식에서 나누어주는 빵과 포도주는 현실적으로 여전히 빵과 포도주의 모습을 유지하고 있어도 실제로는 그리스도의 몸과 피로 변화된다고 가르친다. 마지막 만찬에서의 예수의 말씀에 대한 이 글자 그대로의 이해는 가톨릭 신자들에게 있어 기적이 매번 성찬식 때마다 일어난다는 것을 의미한다. 기적이 일어나는 방법은 신앙의 미스터리들 가운데 하나로 간주되었으며, 따라서 그것은 데까르뜨가 설정했던 이성의 영역 외부에 위치하는 것이다. 그럼에도 불구하고 아르노는 「네번째 반박」에서 신이 어떻게 이 기적을 행사하는가에 관한 전통적인 설명과 이에 대한 데까르뜨 철학 사이에 긴장관계가 흐르고 있음을 알아차렸다.

그러나 내가 신학자들에게 가장 최대의 모욕을 줄 것이라고 보는 것은 저자의 학설들에 따르면 성체의 신성한 미스터리들에 관한 교회의 가르침이 전혀 손대지 않은 채 온전하게 남아 있을 수는 없는 것처럼 보인다는 것이다. 우리는 빵의 실체가 성체의 빵으로부터 빠져나가버릴 것이며 오직 그 우유성만이 남는다는 신앙을 믿는다. 이런 것들은 연장, 형태, 색깔, 맛 그리고 감각에 의해 지각된 다른 성질들이다. (AT VII 217; CSM II 152~53)

여기서 아르노는 데까르뜨의 두가지 주장의 결과 나타난 갈등의 지점을 정확하게 지적하고 있다. 즉 이는 사물들 그 자체에는 색깔, 냄새, 맛 같은 감각적 성질이 전혀 들어 있지 않다는 주장과, 형태, 운동 등은 실체로부터 분리되면 존재할 수 없는 양태(mode)들이라는 주장 사이의 충돌이다.

이 두번째 구절의 아르노의 입장은 당시 신학자들 사이에서 널리 인정되던 일반적인 견해였다. 그리고 이 견해는 근본적으로 토마스 아퀴나스에게로 거슬러올라가는 것이다. 넓은 의미에서 성직자들은 빵과 포도주가 성변화에서 정말로 그리스도의 몸과 피가 되는 것으로 생각했지만 그럼에도 불구하고 빵과 포도주의 냄새, 맛, 색깔, 형태, 크기 등은 남아 있다고 생각했다. 그러나 성찬식에서 빵은 그리스도의 몸이 아니라 제병(wafer, 얇고 둥근 모양이다)의 형태를 가지고 있다. 그것은 또한 제병의 냄새와 맛을 가지고 있다. 이것은 어떻게 빵의 실체 또는 본질이 제병의 냄새와 맛과 모양을 가지는 한편 그리스도의 몸일 수 있는지의 질문을 불러일으킨다. 아퀴나스와 후기 스콜라철학자들, 이를테면 프란시스꼬 쑤아레스(Francisco Suárez) 등이 제시한 답변은 빵의 속성 또는 좀더 구체적으로 우유성은 그 빵의 실체 또는 본질이 글자 그대로 그리스도의 몸으로 변화되었다 할지라도 남아 있다는 것이다. 그렇기 때문에 그 빵은 그것이 그 본질에서 그리스도의 몸일 때에도 빵처럼 보이고 냄새가 나고 또한 맛이 나는 것이다.

이것은 성체의 기적이 동시에 두가지 일을 하는 신 안에 놓여 있음을 의미한다. 첫째는 빵의 본질을 예수의 몸의 본질로 변화시키는 일이다. 둘째는 그 빵의 본질은 현재 사라지고 없음에도 불구하고 그 제병의 형태, 크기, 냄새, 맛의 현존을 유지시키는 일이다. 실체 없이는 존재할 수 없는 이러한 종류의 우유성들은 적어도 신의 힘에 의해서는 가능한 '실재적 우유성'으로 알려지게 되었다. 이 실재적 우유성은 말하자면 본질적으로 또는 실체적으로는 그리스도의 몸이던 어떤 것에 빵의 외관을 제공하는 일종의 '옷'이었다. 결과적으로 성변화 이전에는 성직자가 그것의 본질(즉 그것이 실제로는 하나의 제병이라는 것)에 있어서나 그것의 우유성(그것은 제병의 크기, 형태, 맛 그리고 냄새를 갖는다)에 있어서나 하나의 제병인 어떤 것을 가지고 있었다. 그러나 성변화 이후에 성직자는 이제 본질적으로 완전히 다른, 그리스도의 몸인 어떤 것, 그렇지만 여전히 제병으로 보이고 제병처럼 맛이 날 수 있도록 제병의 우유성을 계속 지니는 무엇인가를 가지고 있는 것이다.

아르노는 데까르뜨의 철학과 이러한 전통적인 설명 사이에서 충돌을 일으키는 문제에 있어 두가지 점을 지적한다. 그 충돌은 색, 냄새, 맛 같은 감각 가능한 성질을 데까르뜨가 부정한다는 사실과 양태들은 실체 없이는 존재할 수 없다는 그의 주장 간의 충돌이다. 데까르뜨에게 있어 색깔, 냄새, 맛 같은 감각 가능한 성질은 사물 그 자체 안에서 발견되는 것이 아니라 특수한 개별 사물 안에서 발견되는 물질의 미시적인 부분들의 배열과 운동에 의해 야기된 정신의 단순한 관념이다. 예를 들어 하나의 레몬은 스콜라-아리스토텔레스주의적 전통이 견지했던 것으로 여긴, 맛의 감각기관을 통해 정신에 전달되는 '신맛임'의 성질을 포함하고 있지 않다. 대신 하나의 레몬이 맛이 느껴질 때 발생하는 '시다'는 감각적 관념은 레몬의 미시적 입자들의 형태, 크기, 운동과 배열, 또한 혀 위에 싹을 틔우는 맛을 만들어내는 미시적 입자들과의 기계적인 상호작용에 의해 야기된다. 따라서 데까르뜨에 따르면 이와 같은 모든 감각 가능한 성질들은 미립자들의 형태, 크기, 운동 그리고 그것들 사이의 배치와 같은 연장의 양화 가능한 속성들로 환원될 수 있다.

그러나 연장의 이러한 양태들은 연장된 실체와 분리되어서는 실제로 존재할 수 없다. 적어도 인간이 신의 능력을 파악할 수 있다는 한에서는 그렇다. 왜냐하면 한 양태의 지성적 지각은 그 기저의 실체로부터 완전히 배제될 수 없기 때문이다. 하나의 관념을 또다른 관념으로부터 완전히 분리하지 못하는 이 불가능성은 그것의 현존에 있어서 전자가 후자에 의존한다는 것을 지시하는 것이다. 이러한 양태에 관한 학설은 그러므로 성체의 기적을 설명하기 위해 신학자들이 전통적으로 사용해온 '실재적 우유성들'의 가능성을 차단하게 된다. 이것은 데까르뜨의 「여섯번째 답변」에서 분명하게 밝혀진다.

> 우유성의 실재성(accidentium realitatem, accidentium realitas) 학설을 제거하기 위해 [우리는] 내가 이미 효과적으로 사용했던 적이 있는 것들 이상의 어떤 논증도 찾을 필요가 없다. (…) 실재적 우유성들이 있어야만 한다는 것은 완전히 모순적인데 왜냐하면 무엇이든 실재적인 것은 어떤 다른 주체로부터 분리되어도 존재할 수 있기 때문이다. 그러나 이런 방식으로 분리되어 존재할 수 있는 어떤 것이든 그것은 실체이지 우유성이 아니다. (AT VII 434; CSM II 293)

여기서 데까르뜨는 '실재적 우유성' 개념을 자기모순적인 것이라고 공격한다. 하나의 우유성은 정의상 궁극적으로 어떤 실체에 속한 것으로, 실체에 의해 야기되는 것이다. 그런데 이러한 우유성들이 '실재적'이라는 주장은 그것들이 적어도 신의 능력에 의해서, 기저의 실체에 속하지 않고도 존재할 수 있음을 함축한다. 즉 그것은 실제로 그것의 기저에 놓인 실체로부터 구별되며 따라서 결국 그것 역시 그것 고유의 권리로 하나의 실체가 될 것이다. 따라서 하나의 실재적 우유성은 동시에 실체에 속함을 요구하기도 하고 요구하지 않기도 하는 어떤 것이 되는데,

이는 모순적이다. 결과적으로 데까르뜨는 그의 스콜라-아리스토텔레스주의적 상대자들이 전통적으로 했던 것처럼 실재적 우유성에 의존해서 성체성사를 설명할 수는 없었다.

데까르뜨는 성변화에 관한 훨씬 더 미묘한 문제를 1645년 드니 메슬랑(Denis Mesland)에게 보낸 편지에서 사적으로 이야기하기도 했다. 거기서 그는 현신이 그리스도의 영혼과 성체성사 성분들의 질료와의 통합을 포함한다는 안을 제시했다. 데까르뜨의 죽음 이후 그의 유저(遺著) 관리자인 끌레르슬리에(C. Clerselier)는 데까르뜨 철학의 비판자들이 이 제안이 현신에 대한 깔뱅주의자들의 거부를 지지하는 것으로 해석될까 두려워 이 편지의 출판을 포기했다. 그럼에도 불구하고 1671년 데가베(R. Desgabets)는 이 제안을 이해 가능한 형식으로 토마스주의적으로 개조된 이론으로 만들어 일종의 방어책을 제공하기 위한 소책자로 출판했다. 왕실 고해신부 페리에(J. Ferrier) 같은 비판자들은 그 책자를 오히려 이단적인 깔뱅주의적 입장을 뒷받침하는 것으로 취급했으며, 이에 뒤따른 논쟁은 프랑스의 대학과 종교단체 들에서 데까르뜨 철학에 대한 교육을 억압하도록 국가 지원 캠페인을 일으키는 데 일조했다.

6. 데까르뜨 종교철학의 역사적 배경

여기서 우리는 이러한 데까르뜨의 종교 문제와 관련된 이론이 등장한 당시의 역사적 상황들을 들여다볼 필요가 있을 것이다. 우리가 살펴본 데까르뜨의 종교 관련 논의들은 당시의 종교적 배경과 결코 무관할 수 없는 문제들이며 나아가 그러한 시대적 상황이야말로 그가 자신의 종교적 입장을 확립하는 데 결정적인 역할을 했다고 볼 수 있다. 따라서 당시의 종교적 상황에 대한 이해는 그의 철학을 더 깊이 이해하는 데 큰 도움이 될 것이다.

데까르뜨가 살았던 시대는 종교의 관점으로 보았을 때 한마디로 격변의 시기였다고 할 수 있다. 데까르뜨는 앙리 7세가 재위 7년째 되는 해(1596)에 태어났다. 그전 앙리 11세는 종교전쟁을 통해 영국을 물리치고 이딸리아도 침략했던 인물이다. 앙리 7세에 뒤이어 즉위한 앙리 4세는 1610년 극단적인 가톨릭교도에 의해 피살되었는데 이때 데까르뜨의 나이 14세였다. 데까르뜨가 『방법서설』에서도 언급했던 것처럼 그가 교육받은 라플레슈의 학교는 예수회 교단에서 세운 교육기관이었다. 불만을 토로하기도 했지만 데까르뜨의 학문과 정신적 성장의 밑거름이 된 이 학교를 설립한 예수회는 가톨릭의 개혁단체 가운데 하나였다. 16세기의 종교개혁은 근본적으로 가톨릭과 개신교 사이의 갈등이었고 이 과정에서 근본적인 비판에 직면한 가톨릭은 어떻게든 변화하지 않으면 안 되었다. 따라서 가톨릭 내부에서 일어난 성직자의 자격과 계율, 교리 등에 대한 수정과 개혁의 요구는 어쩌면 당연한 것이었다고 하겠다. 이런 개혁의 바람 속에서 예수회, 얀센주의(장세니즘jansénisme), 갈리깐 교회주의(gallicanisme), 나아가 신비주의 신앙 등이 등장했다. 신비주의 신앙은 에스빠냐의 까르멜 수녀회와 이딸리아의 오라또리오 수도회를 프랑스에 도입하면서 구축된 것으로 중세 아우구스티누스의 사상과 유사하며, 따라서 당시 신플라톤주의 사상의 부활과도 연계해 성립된 기독교라 할 수 있다. 갈리깐 교회주의는 로마 교회에 맞서 프랑스의 독립적인 교회세력을 구축하려는 시도에서 발흥했다. 이와 달리 예수회는 로마의 교황주의를 신봉했다. 데까르뜨가 다닌 라플레슈의 학교를 설립한 것처럼 이 단체는 여러 학교를 세워 교육에 앞장섰다. 이들 여러 교파는 모두 가톨릭의 반경 안에서 개혁의 주체로 자처하며 서로 대립하는 양상을 보였다. 이런 대립은 왕실이 예수회의 편을 들면서 균형관계가 무너졌다. 마침내 1540년 예수회는 왕권의 비호 아래 정식으로 공인되기에 이르고, 종교개혁의 주역으로 자리잡았다. 절대왕권과 절대교황권이라는 양립하기 어려운 두 세력인 왕실과 예수회의 결합은 어찌 보면 대단히 아이러니한 일로, 이는 중세 이후 지속된 이성과 신앙의 갈등이 독특한 방식으로 해소된 것으로 볼 수 있다.

한동안 계속된 예수회의 득세에 제동을 건 새로운 가톨릭 개혁단체가 등장한 것은 이로부터 거의 70년을 훌쩍 넘겨서다. 벨기에의 루뱅대학 교수이던 얀세니우스(C. Janseniu, 1585~1638)의 사상에서 유래한 얀센주의가 나타난 것인데, 이 단체의 대표적 인물로는 빠스깔(B. Pascal, 1623~62)과 아르노가 있다. 얀센주의는 예수회에 정면으로 도전하며 끈질긴 논쟁을 펼쳤지만 결국 예수회의 강력한 힘에 이기지 못하고 이단으로 치부되기에 이르러 쇠퇴의 길을 걸었다. 예수회와 얀센주의의 첨예한 대립은 원죄와 구원에 대한 해석을 두고 각기 다른 입장 때문에 벌어진 일이었다. 종교개혁의 주역인 루터와 깔뱅은 이신득의를 내세우며 인간의 자유의지를 철저히 부정하는 이른바 노예의지론을 주장했다. 이들은 구원을 위해 오직 신의 은총만이 필요하다고 했다. 신과의 직접적인 만남을 위해 그 매개자인 교회의 권위를 배격했던 프로테스탄트는 사실상 인간의 자유의지는 철저히 부정하며 인간을 신에 더욱 수동적인 존재로 인식하는 태도를 보였다.

이와 달리 가톨릭의 경우는 인간의 자유의지와 신의 은총을 모두 인정했다. 그런데 이렇게 두가지를 모두 인정하는 가톨릭 가운데서도 예수회와 얀센주의는 각기 다른 입장을 취했다. 예수회는 인간이 원죄로 인해 은총은 잃었지만 선과 악 어느 것이든 선택할 수 있는 자유의지는 상실하지 않았다고 주장했다. 그런데 신앙의 세계로 들어가기 위해서는 신의 은총이 필요하다. 이때 은총은 신앙으로 이끄는 계기가 되지만 결국 이 은총을 받아들이고 선택해 자기 것으로 만드는 것은 자유의지의 몫이라고 보았다. 예수회는 인간 이성이 선악 판단의 능력뿐 아니라 선악 선택의 자유를 가지고 있는 것으로 보았고, 이것은 인간 이성을 신뢰하는 낙관적 이성관을 보여주는 것이다. 따라서 인간은 자신의 판단에 따라 선을 알고 행동하면 신의 선한 세계로 들어갈 수 있다. 신의 절대적 관점에서의 회심이나 기적을 꼭 필요로 하지 않으며 순간의 회개나 성체배수 등 최소한의 것만 요구된다고 보았다. 결국 은총에 반드시 수반되어야 하는 것이 자유의지의 동의이다. 사실상 데까르뜨가 진리 인식과 자유의지의 동의를 동시에 추구한 점도 예수회의 영향과 무관하지 않다고 할 것이다. 이는 인간 이성과 신의 은총 어느 한쪽도 배제하지 않는 균형적 조화를 추구하는 태도로, 당시 세속적 이성주의의 세계관을 가톨릭 입장에서 전폭 수용한 결과로 읽을 수 있다.

양센주의는 예수회와 달리 인간 이성에 대해 부정적인 입장을 취했다. 원죄로 인한 은총의 상실은 말할 것도 없고 이들이 보기에는 인간의 자연성 역시 훼손되었기 때문에 자유의지가 선을 행사할 것이라고 신뢰할 수 없다. 은총에는 자유의지의 동의가 필요 없다. 구원은 오로지 신의 은총에만 의존한다. 따라서 신의 예정에 의해 선택된 경우에만 구원이 이루어진다. 그러나 양센주의 역시 가톨릭으로서 프로테스탄트의 예정설과는 차이가 있다. 프로테스탄티즘에서는 루터나 깔뱅의 경우 인간의 자유의지를 완전히 무력한 것으로 설정하는 극단적인 노예의지론을 펼쳤지만, 양센주의는 예정이나 선택에서 끝나는 것이 아니라 스스로 끊임없는 노력을 통해 구원을 완성해야 한다고 보았다. 그럼에도 불구하고 예수회파와 비교해보면 예정설과 자유의지에 대한 폄하 등 인간에 대한 부정적 시각을 유지하고 있다고 할 것이다. 데까르뜨는 이성과 신앙 사이의 조화를 추구한 예수회의 영향 아래 이성에 대한 신뢰를 바탕으로 인간 지식의 가능성을 추구했지만, 신에 대한 인간의 비참을 강조했던 빠스깔의 경우는 얀센주의의 영향으로 설명될 수 있다.

7. 데까르뜨 종교철학의 의미

데까르뜨에게 근대철학의 아버지라는 칭호가 부여된 것은 많은 부분 그가 근대 이후 세속적 합리주의의 전형이라는 평가와 무관하지 않다. 그러나 데까르뜨의 철학체계에 있어서 종교의 통합적 역할을 인식하지 못한다면 데까르뜨 철학을 온전히 이해했다고 하기 어렵다. 종교와 (과)학이 종종 인간의 사유에서 서로 배타적인 영역으로 생각되는 오늘날과 달리 신의 현존은 데까르뜨의 인식론적이고 (과)학적인 기획을 현실적으로 지탱해주는 것이었다고 할 수 있다. 데까르뜨는 그의 철학의 토대가 되는 운동에 관한 법칙들에 근거를 제공하기 위해서 신의 본성과 현존을 이용할 뿐만 아니라 무엇보다 더욱 중요하게는 그의 절대적으로 확실한 지식의 토대를 안전하게 보증하기 위해 신의 현존과 동시에 결코 속이지 않는 신의 진실한 본성을 이용하였다. 이 인식론적 기능은 데까르뜨에게 있어 핵심적이라고 할 수 있는데, 이것 없이는 학문에서 절대적으로 확실한 지식은 결코 얻을 수 없을 것이기 때문이다. 데까르뜨의 이런 입장을 받아들일 경우 우리는 신이 현존한다는 것을 모르는 사람들은 과학적 지식을 가질 수 없을 것이라는 흥미로운 결론을 만날 수도 있는 것이다.

더욱이 데까르뜨의 통합적 지식체계를 상징하는 지식의 나무에서 도덕학은 최상의 지혜를 얻는 분야로 은유된다. 그는 '좋은 삶'을 도덕철학의 궁극목표로 설정하고 좋은 삶에서 최고의 행복은 최고선을 소유하는 데 있다고 말한다. 이때 그가 말하는 최고의 선은 신이다. 따라서 그는 도덕의 진정한 기초는 이성에서만 구할 수 없으며 신앙에 의존할 수밖에 없음을 보여준다고 할 것이다. 결국 그는 진리의 영역에서뿐만 아니라 선의 영역에서도 그 척도를 신에게서 가져옴으로써 오직 이성만으로는 학적 기초를 충분히 세울 수 없음을 보여준다. 자연과 인간 신체에 대한 통제와 정복을 목표로 하는 세속적인 자연학 프로그램에 있어서도, 신성을 바탕으로 한 확정적 도덕률의 가능성을 모색한 도덕적 입장에 있어서도, 데까르뜨는 무한한 신으로부터 그 척도를 구하고 있다. 신의 섭리와 자유의지도 서로 배타적인 것이 아니라 양립 가능하다고 말한다. 데까르뜨에게 있어 세속화 개념은 그의 근대성을 이해하는 데 큰 역할을 한다. 중세철학에서의 신성의 역할을 폐기하고 이성과 자율적 의지의 역할을 통해 자연에 대한 학적 프로그램을 성공적으로 추진한 세속화 기획의 전형으로 평가되는 것이다. 그러나 데까르뜨는 신앙과 계시만을 고집했던 구시대의 잔재로 머무르지 않았을 뿐만 아니라 이성중심주의의 독단적 프로그램을 통해 도덕적 허무주의로 귀결될 수밖에 없는 극단적 입장 역시 배격하였다. 데까르뜨는 결코 이성 중심의 인간중심주의 철학만을 극단적으로 밀어붙인 인물이 아니며 초월적 신성과 세속적 합리주의 사이의 균형과 조화를 모색했던 통합적 가치관의 소유자라고 할 것이다.

| 이경희 |

5장
홉스
교회는 국가에 복종하라*

———

    17세기 철학자들에게 종교 문제는 아마도 두가지 점에서 다루기 까다로운 주제로 인식되었을 것이다. 우선, 근대과학이 제시하는 새로운 패러다임을 수용하면서 동시에 교회가 오랫동안 교육해온 낡은 종교적 세계관을 거부하기는 상당히 어려웠을 것이다. 또한 정치권력과 밀착된 교회와 성직자들의 힘을 무시하고 공적 교리에 반하는 개인의 신념을 공개적으로 발표하는 일도 쉽지 않았을 것이다.

    홉스(Thomas Hobbes, 1588~1679)의 종교철학은 17세기라는 시대적 상황이 만들어낸 이 두가지 장애를 염두에 두고 살펴보아야만 한다. 홉스 당시까지 대학을 지배하던 세계관은 낡은 스콜라철학이었다. 지식보다는 신앙을, 이성보다는 계시를 더 우위에 두려 했던 스콜라철학을 비판함으로써 홉스는 이성의 복권과 철학의 해방을 선언한 근대철학의 선두 주자가 되었다. 근대 과학의 새로운 방법론을 철학에 성공적으로 접목할 수 있었기에 이런 일이 가능했다.

    인간의 본성을 이기적인 관점에서 보고 세계의 본질을 유물론의 입장에서 해석하는 홉스를 두고 무신론자라고 단정짓는 일은 홉스 당시에도 있었고, 홉스 자신도 여러곳에서 이런 혐의에 대해 반론을 제시하고 있다. 유물론과 유명론의 관점에서 홉스가 신을 자신만의 독특한 방식으로 이해하고 있는 것은 사실이다. 그러나 그렇다고 해서 그를 무신론자라고 말하는 것은 옳지 않다. 그는 신의 존재를 어디에서도 부정하지 않으며, 『리바이어던』(Leviathan, 1651)의 절반 이상을 성서 해석에 할애한 것은 종교, 신학, 신의 문제에 그가 얼마나 지속적으로 관심을 가졌는가를 웅변해준다.

홉스는 종교의 씨앗을 눈에 보이지 않는 것에 대한 공포와 두려움, 길흉화복을 결정한다고 믿는 궁극적 원인을 알고 싶어하는 호기심 등에서 찾았다. 그리고 이런 두려움을 공적으로 인정하면 종교라 하고, 인정하지 않으면 미신이라고 규정하였다. 이처럼 홉스가 종교와 미신의 차이를 최대한 좁게 규정하는 이유는 사소한 성서 해석의 차이 때문에 발생하는 종교적 갈등과 분파주의를 극복하고자 했기 때문이다. 또 종교와 미신, 정통과 이단을 구분하는 최종적인 권한을 국가, 즉 통치자에게 두려는 홉스의 기획은 자신을 이단으로 몰고 가려는 당대 교회와 타락한 성직자들에 대항하는 전략적 차원에서 의도된 것으로 볼 수 있다. 홉스는 영국 교회사 연구를 통해 이단을 결정하고 처벌하는 최종적 권한이 통치자에게 있어왔음을 증명한다. 갈등이 일어나는 교회나 신학적 문제를 궁극적으로 해결할 수 있는 실질적 힘은 최고 통치자에게 있어야만 한다는 것이 홉스의 생각이었다. 이는 종교적 평화가 사회 통합과 평화에 결정적 요소가 될 수 있다는 것을 영국 시민전쟁의 아픈 경험을 통해 배웠기 때문이다. 홉스 종교철학의 정점에는 교회가 국가의 최고권위에 복종해야 한다는 소위 '교회에 대한 국가 우위론'(에라스투스주의 Erastianism)이 있다.

* 이 글은 『근대철학』 제8집(2013)에 실린 논문 「홉스 종교철학을 위한 변명」을 이 책에 맞도록 부분 수정하고 1절을 추가한 것이다.

1. 아버지에 대한 어두운 기억

1588년 4월 대서양의 해상권을 장악하고 있던 에스빠냐의 무적함대 아르마다(Armada)가 영국 브리스톨을 향해 침공해 온다는 소문이 그 일대에 나돌았다. 브리스톨에서 가까운 웨스트포트 교구 목사 토머스 홉스 씨의 부인을 포함해 주민들은 공포에 휩싸였고, 이 공포는 임신 중이던 홉스 부인이 철학자 토머스 홉스를 칠삭둥이로 낳게 만들었다. 뒷날 홉스는 84세에 쓴 간략한 자서전에서 자신의 출생과 관련해 다음과 같이 말하고 있다. "나의 어머니는 나와 공포를 쌍둥이로 낳았으며, 이 때문에 나는 차분한 평화와 명상을 보장해주는 내 조국에 반대하는 적들을 항상 미워해왔다." 이 한 문장 안에는 홉스 철학을 관통하는 세개의 열쇳말이 들어 있는데, 공포, 평화 그리고 적(敵)이 그것이다. 이 단어들은 사실상 홉스 철학의 세계로 들어가는 데 필요한 열쇠가 되며, 그의 철학 전체를 읽어낼 중요한 기호를 그 안에 품고 있다고 할 수 있다.

홉스의 아버지는 교구 목사로서 거의 무능력한 성직자였고, 홉스가 옥스퍼드에 진학했을 무렵 동료 성직자의 명예를 훼손하고 그를 폭행한 혐의로 소송을 당한다. 홉스의 아버지는 런던으로 도망갔고 끝내 그곳에서 죽었다고 알려져 있다. 아버지의 도망 이후 홉스는 두번 다시 아버지를 만날 수 없었다. 아버지의 무능력과 부재는 어린시절과 청소년기 홉스의 마음에 공포의 감정을 또 한번 강하게 각인시켰을 것이다.

그를 평생 따라다닌 공포의 대상에는 왕당파 귀족과 의회주의자와 더불어 스콜라철학에 물든 교회와 편협하고 타락한 성직자와 신학자들이 있었다. 아버지에 대한 어두운 기억이 홉스에게 성직자와 교회에 대한 비판적 시각의 단초를 제공했을지도 모른다. 무능력했지만 교활하지는 않았던 자신의 아버지를 공격한, 선동적이고 말 잘하고 성서를 자기 마음대로 견강부회하는 '정치목사'들에게 그가 강한 반감을 가졌을 수도 있다. 이들과의 싸움은 거의 일생 동안 지속되었다. 공포 또는 폭력적인 죽음에 대한 공포(fear of violent death)는 개인적인 트라우마일 뿐만 아니라 7년 동안 시민전쟁(1642~48)을 겪은 당시 영국인들에게는 집단적 상처이기도 했을 것이다. 이 공포의 감정은 홉스 철학 전체를 관통하는 하나의 기본 정조(情調, mood)라고 할 수 있으며 공포를 어떻게 극복할 것인가 하는 문제는 개인적인 문제이자 동시에 사회정치적 물음이기도 했다.

공포, 특히 폭력적인 죽음에 대한 공포가 깊을수록 반대로 평화에 대한 욕구 또한 커질 수밖에 없다. 자기보존, 즉 생존을 위해 공포의 대상이 무엇이고 생명과 평화를 위협하는 적이 누구인지를 명확하게 구분하는 일이 난세에는 특히 필요한 방어 전략이며, 위험 대상을 제거할 수 있는 방법만이 가장 효과적이고 성공적인 공격 전략이 될 것이다. 1640년 전후로 일기 시작한 영국 정치의 불안한 기류는 결국 시민전쟁이라는 정점을 향해 달려갔다. 왕과 귀족과 시민 모두는 폭력적인 죽음의 공포에서 벗어나기 위해 '자기보호'(self preservation)라는 존재의 목적에 충실해야 했고, 새로운 정치질서와 평화를 갈망했다. 홉스는 자신의 적이 누구며 그 적들과 어떻게 싸워야 하는지에 대해서 잘 알고 있었다. 그에게 국가는 자기보호를 가능하게 해주는 피난처이자 평화의 집이었다.

홉스가 세운 철학의 집이자 평화의 집은 네개의 토대 위에 세워져 있는데, 유물론과 유명론, 개인주의와 더불어 평화애호주의(pacificism)가 그것이다. 특히 그의 정치철학을 해석하는 하나의 중심 개념이 바로 평화 개념이다. "여가는 철학의 어머니이며, 국가는 바로 평화와 여가의 어머니"이기 때문이다(『리바이어던』 46장). 갈등과 분쟁의 시대에 홉스가 가장 갈망한 것은 바로 평화였다. 홉스에게 '국민의 안전은 최고의 법'(salus populi suprema lex)이었다. 자연법, 사회계약론, 절대군주론 등 홉스 정치철학의 주요 개념이 모두 정치적 평화를 확보하기 위한 장치이듯 종교적 평화 역시 국민의 안전을 위해 충족되어야 할 필수조건이었다. 홉스는 이런 평화를 가로막는 방해꾼이자 전쟁을 부추기는 구체적인 적들을 적시하고 있다. 장로교인, 가톨릭교도, 분리독립교파, 재세례파, 교육받은 지식인들, 잘못된 이념에 경도된 런던 사람들 그리고 기회주의자들이 그들이다. 대부분 종교적 분파와 관련된 사람들이었다.

따라서 종교 문제에 대한 홉스의 관심은 정치적인 맥락과 함께 이해되어야 한다. 인간론과 정치론을 다룬 『리바이어던』 1, 2부에 이어 『리바이어던』의 절반 이상을 차지하는 3부와 4부에서 그는 성서 해석과 신학적인 논쟁점들에 대한 자신의 견해를 밝히고 있다. 이는 그가 얼마나 종교 문제에 깊은 이해와 관심을 갖고 있는지와 함께 그의 철학에서 정치와 종교의 밀접한 연관성을 엿볼 수 있게 해준다. 그의 주요 저작 가운데 종교와 신학 문제를 다룬 것을 열거해보면 『리바이어던』 3, 4부, 『시민론』(De Cive, 1641) 『법의 기초』(The Elements of Law, 1640) 『이단과 처벌에 관한 역사적 서술』(Historical Narration concerning Heresy, and the Punishment thereof, 1680) 『일곱가지 철학적 문제들』(Seven Philosophical Problems, 1662) 『자유와 필연에 관하여』(Of Liberty and Necessity, 1654) 등이다.

자연을 네가지 원리(형상, 질료, 동력, 목적)로 설명하는 아리스토텔레스의 형이상학적 개념을 빌려 홉스의 철학을 이야기한다면 다음과 같을 것이다. 정치와 종교 또는 이성과 신앙의 조화는 홉스가 지은 철학의 집을 구성하는 두 형상인이라 할 수 있고, 앞에서 말한 홉스 철학의 네가지 토대는 질료인이 될 것이다. 사회계약론을 통한 절대왕권의 확립은 홉스 철학이 작동하는 동력인이라 할 수 있으며, 새로운 정치질서를 확립해 국민의 항구적인 안전과 평화를 확보하려는 것이 목적인이 될 것이다. 홉스가 지은 철학의 집에서 가장 큰 공간을 차지하는 방은 당연히 사회·정치철학이라는 이름의 방이 될 것이다. 그러나 두번째로 큰 방은 분명 종교철학의 방일 것이다. 이만큼 홉스의 종교철학은 다양한 정치신학의 내용을 담고 있는 풍부한 담론 공간이 되기에 충분하다.

2. 스콜라철학 비판

15세가 되던 1603년 지금은 옥스퍼드 하트퍼드 칼리지가 된 맥덜린 홀에 입학한 홉스는 옥스퍼드의 교육에 별로 흥미를 느끼지 못했다. 문법, 논리학, 수사학 그리고 아리스토텔레스의 형이상학과 물리학 등을 배웠지만 이런 교육이 그렇게 인상적이었던 것 같지는 않다. 홉스는 교실에 들어가는 대신에 갈까마귀를 잡거나 서점에서 세계지도를 들여다보는 데 더 흥미를 느꼈다고 진술하고 있다. 당시 옥스퍼드대학을 지배하던 교육 풍토는 아리스토텔레스 철학에 경도된 스콜라철학이었는데, 세계에 대한 스콜라철학의 설명은 근대과학에 눈뜬 홉스가 볼 때 낡은 이론에 불과한 것이었다.

스콜라철학에 대한 홉스의 반감은 곧바로 아리스토텔레스 철학에 대한 공격으로 이어졌고 스콜라철학의 영향권 아래 있던 교회와 성직자,

신학자 들과 대립각을 세울 수밖에 없도록 만들었다. 이 양자 간의 대립을 좀더 쉽게 설명하기 위해 아래 표를 활용하고자 한다.

중세 스콜라철학의 패러다임

상층부	신학, 종교, 신앙, 계시, 은총	교회
하층부	철학, 정치, 지식, 이성, 자연법	국가

이 표에서 일단 상층부에 속한 것들은 하층부에 있는 것들보다 그 중요성에서 더 우위에 있거나 우선하는 것으로 이해할 수 있다. 철학은 신학의 시녀라는 말도 그래서 나왔고, 신앙과 계시는 지식이나 이성에 우선하며, 교황의 권위가 왕의 권위보다 더 우위에 있어야 한다는 주장도 이런 도식 안에서 가능했다. 그러나 모두 아는 바와 같이 이 양자의 관계는 단순 비교우위를 의미하지는 않는다. 중세 후반기에 전개된 보편논쟁에서 유명론이 승리하고 르네상스와 근대과학, 그리고 종교개혁운동은 이런 중세적 패러다임을 근본적으로 변화시켰다. 상층부와 하층부는 더이상 상하관계가 아니라 상호 보완적 관계 또는 독립적 관계이거나 오히려 상하 역전된 관계로 변했다. 양자의 관계를 어떻게 정립할 것인가의 문제는 근대 철학자들의 종교관을 이해하는 한가지 실마리를 제공할 수 있다.

홉스는 세가지 관점에서 앞의 표를 상하관계에서 상호 보완, 분리 또는 역전된 상하관계로 재편하고자 했다. 첫째, 유명론의 관점에서 홉스는 신앙과 지식, 계시와 이성의 관계를 상호 보완적 관계로 본다. 홉스가 유명론자라는 것은 잘 알려진 사실이다. 그의 유명론은 가깝게는 베이컨으로부터 멀게는 아시시의 프란체스꼬(Francesco d'Assi, 1182~1226)와 보나벤뚜라(Bonaventura, 1221~74)의 주의주의 전통을 이어받았다고 할 수 있다. 공교롭게도 둔스 스코투스, 윌리엄 오컴 (William of Occam, 1285~1349), 프랜시스 베이컨이 모두 프란체스꼬파이고 유명론자였다. 스코투스와 오컴은 이중진리설을 근거로 이 양자를 상호 적대적인 관계로 이해하지만 홉스는 상호 보완적 관계로 보고 있다. 홉스에 따르면 신은 세가지 종류의 언어로 인간에게 말을 하는데, 이성과 계시 그리고 과학이 그것이다. 따라서 이성과 계시는 상호 배타적이거나 우열의 관계가 아니라 각기 독립되어 있으면서도 상호 보완적인 관계로 보아야 한다는 것이 홉스의 생각이었다. 삼위일체설을 연상해보면 더 쉽게 이해할 수 있을 것이다. 이성(성부), 과학(성자) 그리고 계시(성령) 셋의 기능은 하나이면서도 세가지 다른 역할을 하는 것과 유사하다.

둘째, 근대과학의 관점에서 홉스는 철학(과학)과 신학(종교)의 관계를 조정한다. 『리바이어던』 9장에서 그린 학문의 나무를 보면 홉스는 신학을 학문의 나무에서 잘라냄으로써 신학으로부터 과학과 철학의 독립을 말한다. 철학을 원인과 결과의 관계를 통해 추론 가능한 학문으로 규정하면서 신학은 이런 추론이 불가능한 분야기 때문에 학문이 될 수 없음을 명백하게 보여주는 것이다. 점성술, 교의학, 천사에 관한 이론 등은 모두 학문의 나무에서 잘라내야 할 이단사설에 속한다. 철학에 대해서는 아리스토텔레스 철학을 차용한 스콜라철학처럼 형이상학적 암호가 새겨진 마법사의 돌과 같다고 생각하지 말 것을 독자들에게 권하고 있다. 철학을 교회와 스콜라철학자들의 소유에서 독립시키려는 것이 홉스의 의도였다.

셋째, 사회계약론의 관점에서 홉스는 교회를 국가 아래 종속시키는 교회에 대한 국가 우위론을 분명하게 천명한다. 기독교 공인 이후 황제(국가)와 교황(교회)의 권력 사이에서 끊임없이 지속된 힘겨루기는 홉스 시대에까지 이어졌으며, 정치에 종교가, 국가의 통치에 교회가 직·간접적으로 간섭해왔다. 이 두 권력 사이에서 벌어진 갈등은 많은 종교전쟁의 배후 원인이 되기도 했다. 홉스는 사회계약론, 평화 보장, 교황과 황제라는 두 왕을 섬길 수 없다는 불사이군(不事二君)의 논리를 가지고 교회가 국가권력에 최종적으로는 종속되어야 한다는 입장을 말하고 있다. 『리바이어던』 4부 '어둠의 왕국론'에서 홉스는 스콜라철학자들, 특히 아리스토텔레스주의를 신학과 결부시킨 이들을 어둠의 왕국을 지배하는 세력으로 지목하였다.

홉스는 플라톤(Platon, BC 427~347)과 마찬가지로 기하학을 철학의 중요한 방법론으로 활용하고 있다는 점에서 아리스토텔레스보다는 플라톤에 더 우호적이었다. 홉스가 아리스토텔레스 철학을 강하게 비판한 이유는 근대과학적 세계관과 일치하지 않는 아리스토텔레스의 형이상학이나 근대국가 형성기에는 맞지 않는 아리스토텔레스의 정치철학이 시대착오적이어서뿐만 아니라, 중세 이후 교회와 대학에 막강한 영향력을 행사해온 스콜라철학의 배후에 아리스토텔레스의 철학이 놓여 있었기 때문이다. 『리바이어던』 전편에 걸쳐 나오는 'school men'은 바로 스콜라철학자 또는 스콜라철학에 물든 대학교수들을 에둘러 표현한 것으로 이해해야 한다.

3. 나는 무신론자가 아니다

홉스 철학에 대한 해석 가운데 호비즘(Hobbism)이라는 전통적 해석이 있는데, 17세기 당시부터 18세기까지 지속적으로 계승된 그의 철학에 대한 가장 일반적인 해석이라 할 수 있다. 이 해석에서 홉스는 유물론자이고, 쾌락주의자이며, 인간의 본성을 이기적이라 보았고, 무신론자이다. 이 가운데 앞의 세가지는 여전히 유효하고 누구나 동의할 만한 해석이지만 그가 무신론자라는 오해는 홉스 당시부터 지속적으로 채워진 족쇄와 같은 것으로 이제는 더이상 유효하지 않은 해석이다.

그를 평생 따라다닌 무신론자라는 혐의와 사회적 낙인은 홉스에게 공포의 감정을 갖게 만들었다. 특히 1666년 런던 대화재 이후 나빠진 민심을 돌리기 위한 정치적 음모의 일환으로 무신론자들을 신성모독죄로 처벌하자는 법안이 의회에 여러차례 상정되면서 『리바이어던』은 그 대표적인 조사 대상으로 지목되기도 했다. 홉스 자신도 신변의 위협을 느껴 자신의 작품 몇가지를 스스로 소각할 정도였다. 그러나 한편으로는 역설적이게도 외부로부터의 이런 공격과 위협은 오히려 홉스로 하여금 자신의 종교적 견해를 옹호하거나 변론하는 글을 더 많이 쓰게 만든 촉매제 역할을 했다. 이 무렵의 대표적인 두 저작은 1662년에 저술된 『토머스 홉스의 충성심, 종교, 명예 그리고 태도에 관한 고찰』(*Mr. Hobbes Considered in His Loyalty, Religion, Reputation, and Manners*)과 1668년경에 저술된 『이단과 처벌에 관한 역사적 서술』이다. 앞의 책에서 홉스는 당대 최고의 장로교인이자 옥스퍼드대학 수학교수였던 존 월리스(John Wallis)의 무신론 비판에 대해 반박하고 있다. 홉스 전기를 쓴 마티니치(A. P. Martinich)에 의하면 홉스의 반박 이후 월리스는 홉스를 무신론자라고 더이상 공격하지 않았다고 한다.

결론부터 말한다면 홉스는 독특한 방식으로 신을 이해하고는 있지만 결코 무신론자는 아니다. 그가 무신론자가 될 수 없는 이유들을 살펴보자. 먼저, 홉스는 1647년에 망명지 빠리에서 중병에 걸려 사경을 헤맨 적이 있다. 그의 친구 메르센 신부가 찾아와 가톨릭으로 개종할 것을 권하지만 홉스는 가톨릭과 개신교, 특히 영국 성공회와의 차이점에 대해 신중하게 검토해본 결과 자신은 성공회가 훨씬 편안하다며 메르센의 청을 정중히 거절했다. 그리고 영국 성공회의 의식에 따라 영성체(communion) 전례에 참여하기도 했다. 마티니치는 이런 일화를 통해 홉스가 종교적인 사람이었다고 추론하는 것은 잘못이라며, 사람들이 곤경에 빠지면 신을 찾게 되어 있고 홉스도 그런 경우라고 주장했다. 물론 홉스가 병에서 회복되고 난 후 통상적인 의미에서 더 종교에 헌신적인 사람이 되었다고는 할 수 없지만, 그러나 이런 개인사적 사실은 홉스가 자신을 무신론자가 아니라고 항변하기에 충분한 근거라고 할 수 있다.

둘째, 그는 그의 저작 어디에서도 신의 존재를 부정하는 언급을 하지 않았다. 오히려 『리바이어던』의 절반 이상을 할애하여 성서를 분석하면서 '기독교 왕국'에 대한 자신의 비전을 제시하고 있다. 당시의 보수적 경향을 지닌 신학자나 성직자 들이 신과 종교에 대한 홉스의 설명을 그대로 수용하기란 어려웠을 것이다. 특히 그의 유물론, 에피쿠로스 전통의 쾌락주의와 관련지어 볼 때는 더더욱 그가 무신론자에 가깝다는 생각이 들 수도 있다. 유물론과 유신론이 양립 가능하다는 것을 설득하기도 쉽지 않아 보인다. 그러나 홉스는 오히려 유물론과 신의 존재 증명이 더 쉽게 양립할 수 있다고 보았다. 홉스의 논증을 삼단논법으로 구성해보면 다음과 같다.

대전제: 이 세상에 존재하는 것은 오직 물체뿐이며, 물체만이 실체이다(유물론).
소전제: 신은 (자기원인자로서) 실체이다(실체론).
결론: 따라서 신은 물체로서 존재한다(유신론).

홉스의 사전에 정신적 실체로서의 신 개념은 존재조차 할 수 없다. 경험주의자 홉스가 볼 때 정신적 실체(incorporeal substance)라는 말은 자기모순이다. 왜냐하면 실체란 오직 물체뿐이기 때문이다. 그렇다면 소위 영(spirit)이라는 것은 어떤 존재인가? 이 영은 비물질적(incorporeal)인 것이 아니란 말인가? 홉스는 영도 그것이 너무나 미세하고 물질성이 거의 없기 때문에 우리 인간의 감각으로 포착이 되지 않을 뿐 본질은 물체라고 본다. 감각에 포착되지 않는다고 해서 영이라 부르고 물체와 다른 실체로 인정하는 이원론을 철저하게 배격하고 있다. 이 점에서 홉스는 데까르뜨의 이원론과 대척점에 서 있다. 데까르뜨의 『성찰』 부록에 붙은 「세번째 반박」과 이에 대한 데까르뜨의 답변은 이 두 철학자의 사상적 간극을 포착하는 데 가장 적절한 일차 자료가 될 것이다.

홉스가 볼 때 신을 영이라고 말할 수는 있어도 그것은 어디까지나 신에 대한 존경의 의미로 사용할 수 있을 뿐이다. 신 개념에서 물체적 요소를 모두 추상해낸 후 사용할 수 있는 개념일 뿐 물질, 물체와 독립적인 실체로서의 영을 따로 상정할 수는 없다는 것이 홉스의 신 이해이다. 데까르뜨의 이원론이 오히려 신 존재 증명의 부담이 훨씬 클 수밖에 없다. 홉스는 이 점을 보고 증명의 부담이 없는 물체일원론의 관점에서 신의 존재 문제를 이해한 것이다.

셋째, 홉스는 자신을 무신론자라고 비판하는 사람들이 오히려 더 무신론자라고 지적하고 있다. 이 역설적인 표현은 앞의 두번째 근거에서 나온다. 신의 존재를 증명하려는 시도는 대부분 실재론자이면서 이원론자에게서 나온다. 이들은 증명의 부담을 안고 있으면서도 지속적으로 신의 존재를 증명하려는 시도를 해왔다. 데까르뜨가 말하는 본유관념이든 흄이나 로크가 말하는 복합관념이든 간에 신에 대한 관념을 가질 수 있으며, 설령 관념이 아니라 해도 우리는 상상력을 동원해 신의 이미지를 만들어낼 수 있다. 그러나 아무리 관념이라 하더라도 경험적으로 검증되지 않은 관념을 사용해 다른 관념을 추론, 증명하려는 것은 선결문제 요구의 오류를 범한다. 신에 대해 우리가 갖고 있는 이미지나 관념은 결코 실제와 일치하지 않는다. 또 '신은 비물질적 실체이며 존재한다'라고 말하는 것은 논리적으로 '존재하지 않는 것이 존재한다'라고 말하는 자기모순과 같다. 비물질적 실체란 존재하지 않기 때문에 신을 비물질적이며 영적인 실체라고 말하는 것은 신이 존재하지 않는다고 말하거나 자기모순을 범하는 것과 마찬가지이기 때문이다. 결국 신을 비물질적 실체라고 말하는 것은 신은 존재하지 않는다고 말하는 무신론자들의 말과 논리적으로 값이 같다는 것이 홉스의 생각이었다.

그렇다면 홉스는 신을 어떻게 이해하고 있는가? 경험주의자 홉스가 신에 대해 말할 수 있는 것은 비교적 간단하고 명료하다. 비트겐슈타인(L. Wittgenstein)의 말을 패러디해서 말한다면, '말할 수 없는 것(신)에 대해서는 침묵할 것이 아니라 경배와 찬양을 올려라'이다. 신은 경험적 지각의 대상이 될 수 없다. 따라서 논리적 증명의 대상도, 앎의 대상도 결코 될 수 없다. 그렇다고 해서 맹목적으로 믿어야 한다는 말도 아니다. 신의 존재를 논리적으로 증명할 수는 없지만 그런 완전한 존재자가 존재할 수밖에 없다는 주장은 무한자나 제1원인자를 추적하는 최종 단계에서 신앙고백의 대상으로 만나게 된다는 것이 홉스의 생각이었다. "호기심, 또는 원인에 대해 알고자 하는 지적 사랑은 사람들로 하여금 결과에 대한 고찰로부터 원인에 대한 탐구로 나아가게 하며 다시 그 원인의 원인을 탐색하게 만든다. 마지막에는 필연적으로 다음과 같은 생각에 이르게 한다. 어떤 앞선 원인도 없고 영원한 원인이 되는 그런 원인이 존재한다는 것이다. 그것을 인간은 신이라 부른다. 유일하고 영원한 신이 존재한다는 것을 믿지 않고서는 자연적 원인에 대한 심오한 탐구도 할 수 없다. 그러나 인간의 마음속에 신의 본성과 일치하는 신의 관념을 가질 수는 없다"(『리바이어던』11장).

데까르뜨가 신을 본유관념이라고 하는 것에 대해 홉스가 동의할 수 없다는 것은 분명하다. 신의 존재는 믿음의 대상일 뿐이다. 따라서 신에게 붙일 수 있는 이름은 '이해 불가능'(incomprehensible), '지각 불가능'(unconceivable) 그리고 '정의 불가능'(undefinable)하다는 것뿐이다. 정의하고 규정할 수 없는 존재인 신에게는 오직 경배와 찬양과 숭배의 언표만이 유의미한 진술이 될 뿐이다. 증명(proof)과 논증(demonstration)이 실제로는 거의 동일한 의미로 사용되고 있지만 큰 차이점에 주목해본다면 홉스의 신 이해가 좀더 선명하게 파악될 수 있다. 홉스는 신의 존재에 대해 논증의 차원에서 진술하고 있을 뿐 증명은 불가능하다고 말하고 있는 것이다. 증명이 되려면 과학적, 경험적 증거가 강하게 요청되지만 논증은 반드시 그렇지는 않다. 논증은 증거 제시보다는 논리적 일관성이 더 강하게 요청된다.

홉스가 이해하는 유신론과 그의 물체일원론은 양립할 수 있는가? 홉스가 신의 존재를 부인하는 무신론자는 분명 아니다. 그러나 물체만을 유일한 실체로 인정하는 그의 형이상학과 최고존재자인 신 사이에는 분명 어떤 연결고리가 있어야만 한다. 홉스는 신의 영을 물체의 일종으로 이해하는 듯하다. "하느님의 영이 물 위로 운행하시다"라는 창세기 1장 2절의 말을 언급하면서 영이 물체로서 운동하며, 이런 운동을 통해 창조활동을 할 수 있다는 해석을 내놓는다. 세상은 물체뿐이기에 신도 물체이며, 신의 영은 단지 물체의 변종으로 '부수 현상론적 신 이해'(God understood based upon epi-phenomenalism)에 가깝다고 할 수 있을 것이다.

4. 종교와 미신은 종이 한장 차이뿐이다

홉스는 자신의 저작 여러곳에서 종교 문제를 다루고 있다.『리바이어던』6장과 11장, 그리고 '종교에 관하여'라는 제목을 붙이고 장 전체를 할애한 12장,『인간론』(*De Homine*, 1658) 14장과『시민론』15~18장 등에서 그는 종교적 주제를 다룬다. 우선 이 세 저작에서 종교와 미신을 각각 어떻게 정의하고 있는지 살펴보자. 여러가지 정념들을 정의하는 『리바이어던』6장에서 홉스는 미신과 함께 종교를 다음과 같이 정의한다. "정신이 꾸며내거나 이야기를 듣고 상상해낸 보이지 않는 힘에 대한 공포가 공식적으로 허용되면 종교이고, 허용되지 않으면 미신이다"(『리바이어던』6장). "종교란 하느님을 진실로 경배하는 사람들의 외적인 예배(worship, cultus)다. 전지전능한 창조주이자 만물의 통치자인 그분의 존재를 믿는 것이다. (…) 따라서 종교란 두가지로 이루어지는데, 하나는 신앙(faith)이고 다른 하나는 예배다"(『인간론』14장). "보이지 않는 것들에 대한 공포가 이성으로부터 단절되었을 때 그것은 미신이다"(『시민론』16장).

여기서 흥미로운 점은『리바이어던』에서 홉스가 종교를 정의하면서 그 바로 앞서 호기심에 대해 정의하고 있다는 사실이다. "왜 그리고 어떻게의 문제를 알고자 하는 욕망을 호기심이라 한다. 이것은 인간 외의 다른 동물에는 없다. 따라서 인간은 이성을 가지고 있다는 점 외에도 바로 이 정념을 가지고 있다는 점에서 다른 동물들과 다르다"(6장). 호기심은 이성과 더불어 인간을 다른 동물과 구별하는 종차(種差, difference)이다. 즉 다른 동물에는 없는 지적 욕망이 호기심이고 이것이 학문을 가능하게 할 뿐만 아니라 종교성의 뿌리이기도 하다는 것이 홉스의 생각이다. 호기심이 인간에게 유일한 감정이라면 종교 역시 인간에게만 존재하는 것이다.

『리바이어던』 12장에서도 홉스는 이 호기심이 인간 특유의 성질이라 하고, 이 성질로부터 세가지 대상에 대한 호기심이 생긴다 말하고 있다. 자신의 행복과 불행의 원인을 알고 싶어하는 호기심, 눈앞에 보이는 사물의 원인이 같은 사물에 대해서도 같은 원인이 될 것이라는 생각, 그리고 사건들의 인과관계에 대한 호기심이 그것들인데, 이 중 앞의 두가지 호기심은 불안을 만들어낸다. 자신의 행복과 불행은 과거의 일이 아니라 미래에 올 사건에 대한 평가인데, 그것의 원인을 알고 싶어하는 호기심은 바로 두려움과 불안을 낳는다. 행복과 불행을 결정하는 원인들은 대부분 눈에 보이지 않기 때문에 더욱 불안하며, 이 감정은 항상 사람들을 따라다닌다. 그래서 "이 영원한 공포는 어떤 대상을 필요로" 하며, "고대의 시인들이 말하듯이 신은 인간의 공포심에서 생겨난 것"이라 할 수 있다(12장). 여기서 홉스가 말하는 고대의 시인들이란 로마의 시인 루크레티우스(Titus Lucretius Carus, BC 96?~55?)를 염두에 두고 한 말이다. 그는 『우주의 본질에 관하여』(De rerum natura)라는 책에서 다음과 같이 말하였다. "마음에 있는 이 두려움과 어둠은 태양 빛으로도 흩어지게 할 수 없다. 모든 유한한 생명이 이 두려움에 붙들려 있는 이유는 온 세상에서 일어나는 일들의 원인을 알 수 없고, 그 일들을 모두 신의 의지 탓으로 돌리기 때문이다"(31면).

보이지 않는 것이 보이는 세계를 지배하는 일이 비단 물리적인 세계에서만 일어나는 것은 아니다. 신이나 유령 또한 보이지 않는 것들이다. 이런 것들이 힘을 가지고 있고 그 힘이 초자연적이라고 믿을 때 사람들은 두려움에 사로잡히게 되고 정신적인 세계도 지배당한다. 홉스는 '유령이 있다는 생각, 일차적 원인인 신 이외에 다른 이차적 원인들에 대한 무지, 두려운 대상에 대한 숭배, 그리고 우연히 생긴 일을 예언으로 간주하는 태도' 등 네가지를 종교의 씨앗으로 보았다. 이 씨앗은 미래에 대한 두려움과 불안이라는 영양분을 먹고 자란다. 여기서 주목해야 할 것은 네가지 종교의 씨앗들에는 '무지'라는 공통의 형질이 들어 있다는 사실이다. 홉스는 이교도들이 숭배하는 여러 신들에 대해 분석하면서 그런 신앙들이 모두 무지에서 비롯한다는 것을 지적한다. 유령이 있다는 생각도 무지의 산물이며, 이차적 원인들에 대한 무지도 과학적 지식의 결여에서 오는 결과다. 이방 종교의 창시자, 입법자 들이 사람들을 쉽게 복종시키고 지배하기 위해 흔히 사용하는 방법인 우상숭배와 거짓 계시 등이 모두 인간의 무지를 악용하는 사례들이라는 것이 홉스의 지적이다.

『리바이어던』에서 내리고 있는 정의가 종교사회학적 관점에서 일반적으로 할 수 있는 주장이라면, 『인간론』에서 내리는 정의는 『리바이어던』 출판 이후 홉스에게 가해진 여러 차원의 공격에 대해 보수 신학의 관점을 반영한 방어적 답변의 성격이 강한 정의라 할 수 있다. 또 전자가 정통 종교와 미신을 어떤 기준으로 구분할 것인가를 보여준다면, 후자는 정통 종교가 갖추어야 할 두가지 요소, 즉 신앙과 예배를 강조하고 있다. 그렇다면 종교와 미신은 어떤 차이가 있으며, 신앙과 예배를 강조하는 이유는 무엇일까? '보이지 않는 힘에 대한 두려움이 공적으로 인정되면 종교가 되고 인정되지 않으면 미신이 된다'거나 '자신이 두려워하는 것을 경배하는 것은 종교가 되고 다른 사람이 두려워 경배하는 것은 미신이라 부른다'는 홉스의 진술은 당시 신학자들과 교회로부터 비난받기 쉬운 너무 느슨한 기준처럼 보인다. 이렇게 종교와 미신의 차이점을 단지 믿는 사람 숫자의 많고 적음에 둔 이유와 내적 신앙과 외적 예배 형식만을 종교의 기본 요소로 본 이유는 무엇일까? 여기에는 종교적 갈등을 해소하려는 홉스의 전략이 숨어 있다.

종파 분열(schism)로 인해 발생하는 종교전쟁 같은 갈등을 해소하고 마녀사냥 같은 이단논쟁의 소모전을 피하기 위한 홉스의 전략은 종교와 미신을 구별짓는 결정권이 국가의 공적 인정 여부에 달려 있음을 보여주는 것이었다. 기독교도 313년 로마 황제 콘스탄티누스 1세에 의해 공인되기 전까지는 이방 종교의 하나이자 미신으로 간주되었다는 사실을 홉스는 환기하고 있다. 또 신앙의 조건을 진실성과 경건함에 두고 예배 형식의 정당성을 국가의 법 테두리 안에 둠으로써 종교의 토대를 개인이나 소수집단의 의견(이는 미신으로 흐르기 쉽다)에 머물지 않고 국가의 법 위에 두게 하려는 것이었다. 그는 '종교는 철학이 아니라 모든 국가에서 법이 될 수 있다' '예수는 하느님의 아들이자 메시아'라고 고백하는 한 그가 어떤 종파에 속하건 모두 기독교인이라 볼 수 있다고 말함으로써 사소한 성서 해석의 차이와 예배 형식의 차이 때문에 생길 수 있는 종교적 분파주의를 극복하고자 했다.

홉스는 국가가 인공적인 물체(artificial bodies)인 것처럼 종교도 인간만이 유일하게 갖고 있는 문화현상이자 무지와 공포의 감정이 만들어낸 일종의 인공물(artifact)이라고 보았다. 정치와 종교는 사람들을 기존 질서(법, 평화, 자선 그리고 시민사회 등)에 잘 복종하도록 만들기 위한 장치라는 점에서 공동의 목적을 지향한다. 이런 점에서 홉스의 종교관은 고대 그리스와 로마 시대부터 있어왔고 가까이는 마끼아벨리(N. Machiavelli)가 주장했던 시민종교의 전통을 잇는다고 할 수 있다. 공식적으로 시민종교라는 개념을 사용한 것은 홉스 이후 반세기가 지나서 루쏘의 제안에 의해서였다.

5. 나를 이단으로 처벌할 수 없다

영국 왕 찰스 2세는 종종 홉스를 '곰'이라고 불렀고, "저기 우리가 놀릴 곰이 온다"라고 놀렸다고 한다. 마티니치는 홉스의 전기에서 1660년대에 '곰 놀리기'라는 제목을 붙였는데, 이 제목이 암시하듯이 이 시기 홉스는 거의 전방위적으로 많은 적대자들과 동시다발적으로 논쟁을 주고받아야 했다. 영국 왕립협회, 화학자 로버트 보일, 물리학자 하위헌스(C. Huygens)를 포함해서 여러명의 과학자들과는 과학적 주제를 가지고, 런던데리 주교였던 브럼홀(J. Bramhall)과는 자유의지 문제를 가지고 갑론을박을 거듭해야 했다. 그럼에도 70세가 넘은 홉스는 '기죽지 않고 당당하게 자기 역할을 잘했다'고 동시대의 전기작가 존 오브리(John Aubrey)는 기록하고 있다. 홉스를 이단으로 몰고 『리바이어던』을 금서로 지목하려는 사람들에 대해 적극적으로 자기변호를 한 것도 이 시기다. 홉스는 이단 문제를 자신의 신변에 직접적으로 위협을 가할 수도 있는 예민한 문제로 인식하고 있었다. 그래서 『토머스 홉스의 충성심, 종교, 명예 그리고 태도에 관한 고찰』과 『이단과 처벌에 관한 역사적 서술』이라는 두 저술을 통해 적극적으로 자기를 옹호했으며, 영국 시민전쟁 과정을 다룬 역사서 『비히모스』(*Behemoth*, 1668)를 통해 전쟁의 배경에 교회와 타락한 성직자들이 있음을 지적하였다.

홉스는 이밖에도 여러곳에서 이단 개념을 정의했다. "어떤 개인의 의견(private opinion)에 관해, 이에 찬성하는 사람은 의견이라 하지만 이를 달가워하지 않는 사람은 이단(heresy)이라고 한다. 여기서 이단이라는 말은 결국 개인적 의견이라는 말과 같은 의미이지만 분노의 색채를 띠고 있다는 점이 다를 뿐이다"(『리바이어던』 11장). "이단이란 그것이 참인지 거짓인지에 관계 없이 한 개인의 의견을 취하는 것을 의미할 뿐이다"(『이단과 처벌에 관한 역사적 서술』). "그리스도 교회 안에서 이단이란 (…) 사람의 영혼을 구원하기 위한 교설을 결정하는 최고의 사람에게 사악한 반대를 하는 것으로 이해된다"(『비히모스』).

넓은 의미에서 이단을 '사적인 견해'로 규정하는 것은 앞에서 인용한 세 책들에서 공통적이지만 뒤의 두 책은 이단 문제를 더 심충적으로 다루고 있다. 이는 이 두 책이 무신론자, 신성모독죄, 이단교설을 처벌하자는 1660년대 영국 사회의 정치적 분위기를 반영한 저작들이기 때문이다. 그의 논의에 의하면, 원래 이단이란 용어는 오늘날 우리가 생각하는 것처럼 경멸적인 의미나 본질적으로 나쁘다는 의미가 포함되어 있지 않았다. 플라톤과 아리스토텔레스의 사상도 고대 그리스 시대에는 하나의 사적인 의견들이었기에 이단이라 불렸다는 것이다.

그러나 종교적 의미에서 이단이란 용어는 기독교 신학과 그리스, 로마 철학이 결합되어 생겨났다. 기독교 교리 안에 이들 철학이 들어오고 이를 근거로 사적인 차원에서 성서를 해석하기 시작하면서 이단이 발생하게 되었다는 것이 홉스가 보는 이단의 역사다. 초대 교회 시기에 영지주의자(gnostics)들이나 호교론자(apologist)들 사이에서 전개된 이단 논쟁은 주로 고대철학과 새로운 기독교 신학 사이에서 일어난 사적 의견들 간의 충돌이었다. 이 시기에는 이단에 대해 규정하고 처벌할 수 있는 주체가 없었다. 그러나 313년 기독교 공인 이후 이단에 대한 규정은 달라지기 시작했다. 홉스가 세계 공의회 중 제1차에서 4차 공의회(제1차 니케아, 제1차 콘스탄티노폴리스, 에페소스, 칼케돈 공의회)에 특별히 주목하는 이유는 이들 공의회가 모두 황제의 요청으로 소집되었으며, 교회 문제를 해결하는 데 황제의 힘이 개입되는 선례를 만들었기 때문이다. 예를 들어 제1차 니케아 공의회는 삼위일체론에서 성부 하느님과 성자 예수 그리스도가 본질적으로 다르다고 주장하는 아리우스파와 성부와 성자가 본질적으로 같다고 주장하는 반아리우스파 사이의 교리 논쟁을 해결하기 위해 로마 황제 콘스탄티누스 1세가 소집한 회의였다. 황제는 아리우스파의 주장을 이단으로 규정한 공의회 결정을 선포하고 이후 이단교설로 확정된 아리우스파의 주장을 성직자들이 가르치지 못하도록 금지하고 처벌하는 권한을 가졌다. 그 처벌도 신체적인 처벌이 아니라 사목 금지나 추방 정도에 그쳤다. 실제로 가톨릭 교회가 이단에 대해 화형을 집행한 것은 1184년 종교재판제도가 성립된 전후의 시기였으며, 신성로마제국 황제 프리드리히 2세는 제4차 라떼라노 공의회 (1215)에서 만들어진 종교법을 (신성로마) 제국법에 편입해 법제화함으로써 종교를 국가의 틀 안에 두는 데 성공한다.

홉스는 『이단과 처벌에 관한 역사적 서술』에서 사도신경 해석을 둘러싼 네스토리우스(Nestorius, 386?~450)와 그 추종자들에 대한 이단 시비를 자세하게 설명한 후 영국 교회에서 처음으로 이단을 금지하는 법령이 제정된 배경과 이후의 전개 과정을 소개하고 있다. 리처드 2세 때 처음으로 존 위클리프(John Wycliffe, 1320?~84)와 그 추종자들을 처벌하기 위한 반이교도법이 만들어져 헨리 8세까지 강화되어왔으나 그의 아들 에드워드 6세 때는 반이단법이 폐지되었다. 이는 이단을 처벌할 수 있는 법적 근거가 없다는 것을 의미한다. 엘리자베스 1세 때는 고위 성직자들로 구성된 최고위원회(the High Commission)를 설치해 이단 문제를 처리하도록 허용했으나 실제로 이단을 처형한 사례는 거의 없었다. 그리고 홉스 자신의 시대인 찰스 1세에 이르러 1641년 이 최고위원회는 폐지되었고, 1668년 찰스 2세의 '왕정복고'가 이루어질 때까지는 이단에 대해 처벌할 수 있는 법적 근거가 전혀 없었다는 점을 강조한다. 1666년과 이후에도 여러차례 의회에 제출된 이단과 신성모독죄에 대한 조사 의견에 맞서 홉스는 자신의 혐의를 벗기 위해 적어도 이 시기에는 이단을 처벌할 수 있는 법적 근거가 없다는 증거를 제시한 것이다. 그의 주장에 따르면 설령 누군가가 무신론자이고 이단이라는 심증이 있더라도 결코 그런 혐의로 처벌할 수는 없다.

홉스가 이토록 기독교 내에서 이단의 역사가 어떻게 전개되어왔고 영국 교회에서 반이단법이 어떤 변천 과정을 거쳐왔는가를 설명했던 이유에 대해 주목할 필요가 있다. 홉스는 단순히 자신의 이단 혐의를 벗고자 하는 방어적 차원에서만 그런 것이 아니다. 여기에는 자신의 정치철학인 절대왕권론을 보강하기 위한 두가지 공격적 의도가 있는데, 하나는 기독교 내에서 이단은 황제(왕)에 의해 결정되고 처벌 주체도 황제나 왕이 되어야 한다는 점이다. 즉 이단 문제를 포함해서 교회 문제 해결의 결정권이 세속 통치자의 통제권 아래 있어왔음을 보여주려는 것이다. 두번째 의도는 이단 문제를 정치적 고려의 대상으로 보아야 한다는 점이다. 즉 종교적 교리의 통일이 국가의 통합과 평화 유지에 더 적합하다는 사실을 보여주려는 것이다. 홉스는 성서 해석이나 교리 이해의 사소한 차이가 교회의 분열만이 아니라 국가 사회의 분열을 초래할 수 있다는 사실을 고려할 때 이단 문제는 곧 정치적 문제라는 것을 지적하고자 했다. 이 두가지 의도는 결국 국가와 교회의 관계 문제를 다루면서 한층 구체적으로 드러난다.

6. 교회는 국가에 복종하라

유럽 기독교회의 역사는 한마디로 분열의 역사라고 할 수 있다. 초대 교회의 성장기에 유럽의 여러 민족교회들은 다섯 지역으로 구분되어 관리되었다. 로마, 콘스탄티노플, 안티오크(성서명 안디옥. 터키 안타키아의 고대명), 알렉산드리아, 그리고 예루살렘이 교회 관할권을 나누어 갖고 있었다. 1054년 결정적으로 로마를 중심으로 하는 서방교회와 콘스탄티노플을 중심으로 하는 동방교회가 분열되었다. 서방교회는 다시 1517년 루터에 의해 시작된 개혁운동으로 세포분열 하듯 많은 개신교 교회를 낳았다. 종교개혁은 가톨릭 교회와 개신교 교회 사이에 갈등을 낳았으며, 유럽의 정치지형을 바꾸어놓을 정도로 심각한 분열의 원인이 되기도 했다. 오래고 격렬한 대립 끝에 독일의 경우 신성로마제국 황제 카를 5세는 1555년에 아우크스부르크 종교화의(Augsburg Settlement)를 통해 가톨릭 교회와 루터교 사이에 화해를 이루며, 프랑스의 경우 시민전쟁 성격이 강한 위그노전쟁을 겪은 후 1598년 낭뜨칙령을 통해 위그노가 종교의 자유를 얻게 된다.

종교개혁 이후 교회의 분열은 정치와 종교, 교회와 국가 사이의 역학관계에 많은 지각변동을 일으킨다. 교회(황제)와 국가(국왕) 사이의 주도권 싸움은 중세에도 항상 있어왔지만 교황권이 더 우세했던 것에 비해 근대 초기에는 역전현상이 유럽 여러 나라에서 발생한다. 영국의 경우 헨리 8세의 수장령(首長令) 발표는 로마 가톨릭 교회로부터의 독립선언이며 영국 성공회의 성립을 알리는 사건이었다. 그의 문장에 새겨진 '신과 나의 권리'(Dieu et mon droit)는 국왕이 곧 교회의 우두머리이기도 하다는 수장령의 정신을 드러낸 것이다. 이후 영국 교회는 가톨릭 교회와 국교인 성공회, 그리고 개신교지만 국교를 따르지 않는 비국교도로 분열된다. 이들 사이의 갈등은 영국 시민전쟁의 배후가 되었으며, 영국 사회 분열의 뿌리가 되기도 했다.

이런 교회사적 갈등과 분열의 역사를 직접 목격하면서 홉스는 교회에 대한 자신의 견해를 밝히고 있다. 홉스는 교회를 다음과 같이 정의한다.

"한 통치자의 인격체 안에 통합되어 있는 기독교의 신앙을 고백하는 사람들의 집단이며, 통치자의 명령이 있으면 모이고 그의 권위가 없으면 모여서는 안 되는 집단이다"(『리바이어던』 39장). "교회는 인격적 권리와 그 권리에 속한 정당한 행위를 소유하고 있으며, (…) 다양한 견해들이 있는 만큼 많은 교회가 있으며…"(『시민론』 17장 20절). "교회가 한 인격체라면 그것은 그리스도인들의 국가와 같다. 통치자 한 사람으로 결합되어 있는 사람들의 집합체를 국가라 하듯이 그리스도인 통치자 한 사람으로 결합되어 있는 그리스도인들의 집합체는 교회라 불린다"(『리바이어던』 33장).

이들 정의에서 우리는 홉스가 이해하는 교회의 특징을 몇가지 추론해낼 수 있다. 첫째, 통치자의 허용 없이 교회는 합법적이 될 수 없다. 교회와 국가는 권력을 나누어 가진 두 집단이고 그것이 정치적 갈등의 원인이었음을 잘 알고 있던 홉스는 이 둘 사이의 역학관계를 재조정할 필요가 있었다. 그리스어 에클레시아(ecclesia)는 교회 또는 회중을 의미하는데, 합법적 권위에 의해 소집된 회중을 '에클레시아 레기티마(ecclesia legitima)'라 불렀다. 그렇지 않을 경우 그 회중은 단순한 사람들의 집합 또는 오합지졸과도 같은 '혼란스런 집회'에 불과하다. 따라서 하나의 의지, 여기서는 한가지 신앙고백을 하기 위해 모인 사람들의 집합체만이 합법적 교회가 될 수 있다. 통치적 권위에 교회를 종속시킴으로써 위계질서를 재편하고 갈등구조를 해소하고자 하는 홉스의 의도는 분명하다.

둘째, 보편교회란 없다. 이는 보편논쟁에서 보편자의 실재성을 부인하는 유명론의 전통에서 보면 당연한 귀결이다. 보편자, 보편교회는 개념으로만 존재할 뿐, 그 실재성은 결코 개별성(개별자, 개별 교회)에 우선할 수 없다. 이런 관점에서 홉스는 『리바이어던』에서 가장 긴 42장

'교회권력에 관하여'의 후반부에서 추기경 벨라르미노(R. Bellarmino)의 저서『교황론』(De summo pontifice)을 조목조목 반박한다. 여기서 그는 세속 국가와 영적인 하느님의 왕국을 구분하고 교황이 하느님 나라를 지상에서 대표하는 교회의 통치권자가 되어야 한다는 추기경의 주장을 비판하면서 가톨릭 교회에서 오랫동안 주장해온 보편교회론을 거부하고 있다. 개별 국가나 통치자를 파문할 수 있다는 교황의 권위는 보편교회론에 기초하는데, 보편교회가 없는 한 교황의 파문권은 존재할 수 없다는 것이 홉스의 생각이었다. 이는 영국 왕과 영국 성공회를 로마 교황과 가톨릭 교회로부터 독립시키려는 영국사의 전통에 서 있는 것이다.

셋째, 교회와 국가는 그 구성원이 같다는 의미에서 동일하다. 따라서 국가의 수장이 교회의 수장이 되어야 한다. 연방국가(commonwealth)라는 용어는 17세기 중반 영국사에서 독특한 의미를 갖고 있다는 점을 상기해야 한다. 이 당시에는 잉글랜드, 웨일스, 그리고 스코틀랜드로 이루어진 연방국가를 코먼웰스라고 불렀는데, 그럼에도 통치권자는 한 명이었다. 마찬가지로 개별 교회들이 연합된 그리스도 코먼웰스도 하나의 통치권력 아래에 있어야 한다는 것이 홉스의 해석이다. '만약 그렇지 않으면 코먼웰스 내에 교회와 국가 사이에, 영성주의자와 세속주의자 사이에, 정의의 칼과 신앙의 방패 사이에 분파와 시민전쟁이 발생한다'(『리바이어던』 39장). 홉스의 입장에서 보면 '그의 왕국에 그의 종교'(cuius regio, eius religio)의 원칙에 동의하지 않는 청교도들이나 왕에게 부여된 하느님의 대리권을 인정하지 않는 교황주의자들과 장로교인들은 영국 시민전쟁의 배후세력이 될 수밖에 없었다.

왕을 대신해서 세속 국가를 관리하는 대리인을 각료(minister)라고 부르듯 교회에서 교황을 대신해서 사목하는 성직자 역시 대리인

(minister)이라고 부르는 것은 이 둘 모두 하나의 통치권자 아래에서 동일한 기능을 하기 때문이다. '내 나라는 이 세상에 속하지 않는다'라는 예수의 말은 현세의 교회는 결코 하느님의 왕국이 아니라는 증거이자 미래에 제2의 하느님 왕국이 올 때까지 교회는 세속 통치자에게 종속되어야 한다는 것을 의미한다.

그렇다면 교회는 어떤 기능을 하는가? 교회는 앞서 정의한 대로 같은 신앙을 고백하는 사람들의 집합체이며 하느님이 직접 통치하던 첫번째 하느님 왕국(천지창조부터 사무엘의 시대까지)이 소멸한 이후 아직 오지 않은 제2의 하느님 왕국 사이에서 그리스도인들의 갱생(구원)을 위해 가르치고 설득하는 기능을 담당할 뿐이다. 홉스는 『리바이어던』 3부 33장부터 성서에 나타난 여러가지 신학적 문제들을 분석, 해석하고 있는데, 그를 성서 해석학자라 평가해도 손색이 없을 만큼 당시 최고의 신학 지식을 소유하고 있었다. 그는 정경(canon)으로 선택된 이유들, 성서 해석의 권위가 누구에게 있어야 하는가, 예언자론, 기적론, 구원론, 하느님 왕국론 그리고 그리스도의 직무론 등 여러가지 교리적 문답을 해박한 성서 지식을 동원해서 설명한다. 그의 모든 논의는 『리바이어던』 42장에서 정점에 이른다. 가장 핵심적인 내용 가운데 하나는 하느님 왕국과 세속 왕국 사이의 관계 설정에 있다. 제사장 사무엘 시대까지 유대인들의 왕국은 하느님이 대리자를 세워 직접 통치하던 명실상부한 하느님의 왕국이었다. 그러나 사울을 세워 정치와 종교가 분리되면서 하느님의 왕국은 종말을 고하고 명실상부한 고대국가가 출발하게 되었다는 것이 홉스의 생각이다. 이후 다시 제2의 하느님 왕국이 올 때까지는 하느님 통치 중단 사태의 지속이며, 세속 통치자가 대리통치를 하는 과도기(interregnum)일 뿐이다. 이 과도기에 통치자가 갖는 권한 중의 하나가 바로 성서 해석권과 성직자 임명권이다.

홉스는 70인역 성서 번역작업의 배경에 이집트 왕 프톨레마이오스 2세의 명령이 있었다는 사실을 적시하며, 성서 해석의 최종 권위가 왕에게 있어야 한다는 점을 강조했다. 종교 갈등의 한 원인으로 성서 해석상의 차이점과 성직자 임명권을 둘러싼 분쟁이 있음을 홉스는 역사적 사건들로부터 배웠다. 따라서 사회적 갈등을 막고 교회의 일치와 평화를 이루기 위해서는 갈등 조정자의 역할을 할 수 있는 누군가가 있어야 하고, 그는 실질적인 물리적 힘을 소유해야 하기 때문에 정치적 통치자 이외에는 있을 수 없다. 하위직 성직자 임명이나 사소한 교리 해석의 권한은 교회에 위임하더라도 최고위직 성직 임명권과 종교분쟁을 조정하는 최종 심판관의 권한은 통치자에게 있어야 한다는 것이 홉스가 따른 소위 '교회에 대한 국가 우위론'이라 불리는 견해다.

7. 맺음말

데까르뜨는 이원론자이다. 물질의 세계를 설명하는 데는 물체라는 실체만으로도 충분하지만 마음과 몸을 동시에 갖고 있는 인간을 설명하는 데는 정신이라는 또다른 실체의 존재를 요청하지 않을 수 없었다. 이를 단지 데까르뜨가 설명을 위한 장치로서 이원론을 불가피하게 선택한 것이라고 볼 것인가? 신실한 가톨릭 신자였던 데까르뜨는 교회와의 충돌을 최대한 피하고 싶었을 것이다. 물리적인 법칙의 세계를 이성으로 설명하는 일과 가톨릭 신자로서 신앙을 유지하고 교회의 전통을 존중하는 일을 양립시키기 위해서 데까르뜨가 선택한 전략은 이원론이었다. 이원론은 신앙을 위한 최소한의 자리를 마련할 수 있게 했으며, 과학도로서 데까르뜨가 교회의 공격을 피할 수 있는 참호이기도 했다.

흄이 인식론에서 회의주의자의 입장을 견지하면서도 극단적 회의주의를 경계하고 일상적인 삶에서 제기되는 문제의 해결은 종종 상식에 맡기라고 충고했던 이유는 무엇일까? 철학자로서의 흄과 일상인으로서의 흄은 자기모순을 내포한 이중인격자인가? 종교적 독단주의를 치료할 최고의 해독제가 회의주의지만 동시에 극단적 회의주의의 최선의 해독제는 경건한 신앙주의라고 말하는 흄의 의도는 무엇일까? 그 역시 철학적 진술과 평범한 일상인으로서의 태도가 같을 필요가 없다는 것을 말하려는 것이 아닐까?

홉스는 데까르뜨와 흄이 취한 양립적 태도의 전형을 잘 보여준다. 물체일원론은 근대과학의 성취에 부응하는 것이고, 무신론자라는 끊임없는 비판에도 불구하고 자신은 세례를 받은 성실한 영국 국교도(Conformist)라는 진술을 여러곳에서 하고 있다. 공적 영역에서 홉스는 과학적 방법론만을 신뢰하고 정치철학을 최대한 보편과학(universal science)으로 만들려 한 철학자지만 사적 영역에서 그는 신앙의 자리를 위해 최소주의(minimalist) 종교론의 입장을 취한 그리스도인이었다.

| 김용환 |

6장
빠스깔
변증론적 종교철학

___

    빠스깔(Blaise Pascal, 1623~62)의 종교철학은 종교와 거리를 두고 중립적 관점에서 종교에 대해 이론적으로 반성하는 종교철학과는 다르다. 그의 종교철학은 기독교의 변증, 즉 기독교적 진리의 정당성을 체계적으로 반성하려는 시도라고 할 수 있다.

    이러한 반성은 빠스깔이 논의한 신 존재 증명, 신앙과 이성의 관계, 계시와 기적 등의 주제와 관련이 있다. 여기서 그는 아우구스티누스처럼 신앙을 전제한 기독교철학의 관점을 보여준다. 그것은 철학이 반드시 중립적이어야 할 필요도 없고, 또 그렇게 될 수도 없다는 판단 때문이다.

    우선 형이상학적 신 존재 증명의 문제에서 빠스깔의 입장은 매우 비판적이다. 물론 그가 신 존재 증명의 논리성 자체를 부정하는 것은 아니다. 그러나 그는 논증의 효용성에 문제가 있다고 판단한다. 신 존재 증명이 '구원을 위해서 무익하기' 때문이다. 다시 말해 신 존재 증명이 아무리 논리적이라고 하더라도 사람의 마음을 움직이지는 못하며 마음의 변화는 신적 은총을 통해서만 가능하다는 것이다. 빠스깔은 또한 신앙과 이성의 문제에서는 아우구스티누스와 안셀무스의 입장을 수용해 이성에 대한 신앙의 우위성을 주장한다. 이는 '나는 알기 위해 믿는다'(Credo ut intelligam)라는 명제로 요약될 수 있다. 빠스깔 철학이 핵심적으로 다루는 '마음'(cœur)의 개념이 그것을 대변한다. 회심(conversion), 곧 신앙을 통한 마음의 변화가 있을 때 이성은 신적 진리를 이해할 수 있다는 것이다. 그리고 무엇보다도 종교적 담론이 계시를 전제한다고 볼 때, 신적 진리의 이해는 하느님이 스스로 자신을 드러내는 계시, 곧 하느님의 의지가 선행되어야 하고, 그 계시를 수용하는 인간의 의지가 결합할 때 가능하다. 여기서 절대적인 신의 의지와 인간의 자유의지 사이의 관계는 논리적 이성의 한계를 초월한다고 빠스깔은 판단한다.

---

* 이 글의 용어 '하느님'과 관련하여, 빠스깔의 경우에는 '하나님'으로 번역 표기함이 맞겠으나 창비의 학술서 편집방침에 따라 '하느님'으로 통일하였다.

일반적으로 종교는 신앙에 근거한다. 그리고 종교에 따라 차이가 있겠지만 그 신앙은 일정한 내용을 담고 있고, 그 내용의 정당성을 객관적으로 입증하려는 이론적 장치를 어느정도는 갖고 있다고 할 수 있다. 이러한 이론적 반성이 거의 드러나지 않는 종교도 있을 수 있지만 그것은 보편적인 것은 아니다. 기독교에서는 이러한 종교적 정당성을 체계적으로 반성하려는 시도를 변증론(apologétique) 또는 변증학이라고 부른다. 쉽게 말해서 이것은 기독교에 대한 논리적 반성이라고 할 수 있다. 빠스깔이 염두에 두고 논의하고자 했던 작업이 바로 이 부분이다. 물론 이것은 오늘날의 종교철학적 논의, 즉 종교와 거리를 두고 중립적 관점에서 종교에 대해 이론적으로 반성하려는 시도와는 확연히 구별된다. 실제로 종교에 대해 논리적이고 객관적인 접근을 어느정도 시도할 수는 있지만, 엄정하게 중립적 태도를 견지할 수 있는 것은 아니라는 것이 빠스깔의 입장이다. 종교의 핵심이 주관적 신앙에 근거한다고 하면 신앙적 경험을 배제한 채 종교를 객관적으로만 논한다는 것 자체가 사실상 불가능하다고 보기 때문이다.

이런 맥락에서 빠스깔이 논하는 종교철학의 주제를 몇가지로 구분하여 살펴보자. 먼저 빠스깔의 개인적 종교 경험을 짚어보는 것으로 논의를 시작하는 것이 좋겠다.

1. 빠스깔의 종교적 경험

빠스깔은 철학자로서만이 아니라 종교사상가, 물리학자, 수학자, 문필가, 발명가, 사회사업가 등 다양한 직함을 갖고 39년의 짧은 생을 열정적으로 살아간 인물로 알려져 있다. 이런 그의 삶과 철학에 가장 크게 영향을 미친 것은 바로 그의 종교적 경험이었다. 무엇보다도 빠스깔은 회심 이후 그가 열정을 쏟아부었던 학문적 탐구보다는 기독교 변증가로서의 생을 살았다. 그의 대표적 저작 『빵세』(Pensées, 1670)는 그런 의도로 쓰였다. 그렇다면 그의 삶과 철학을 형성한 회심은 어떤 것이었는가를 살펴볼 필요가 있다. 회심을 포함한 빠스깔의 생애 전반에 관한 이야기는 그의 누이 질베르뜨(Gilberte Périer)가 쓴 「빠스깔의 생애」(La Vie de Monsieur Pascal, 1673)에 잘 나타나 있다(『전집』 17~33면).

빠스깔의 회심은 크게 최초의 회심과 결정적 회심으로 나눈다. 전자는 1646년에 있었던 회심으로, 그의 아버지가 부상을 당했을 때 그를 치료하기 위해서 3개월간 집에 머문 두 젊은 의사들과의 만남이 계기가 되었다. 그것은 우연한 사건이었지만 후에 질베르뜨는 이를 신적 섭리라고 본다. 신앙심 깊은 두 의사들의 사랑과 정성은 빠스깔의 가족에게 큰 감동을 주었다. 빠스깔은 그들의 신앙과 사상을 접하면서 자연스럽게 마음을 열었고, 이때 있었던 내적 변화를 최초의 회심이라고 부른다.

빠스깔의 집에 머물던 의사들과 나눈 대화의 핵심 주제는 얀세니우스의 책 『아우구스티누스』(Augustinus, 1640)에 나오는 은총의 교리다. 그 교리는 얀세니우스와 친분을 맺고 있던 쌩시랑(Saint-Cyran)이 쓴 『새 마음』(Le Cœur nouveau, 1679)과도 깊은 관련이 있다. 죄로 말미암아 타락한 인간의 마음이 새롭게 변화되는 것은 오직 예수 그리스도의 은총을 통해서 가능하다는 것이 이 책의 핵심 내용이다. 여기서 은총이란,

인간은 스스로 그 어떤 선한 행위로도 구원에 이를 수 없고 구원은 오직 값없이 주어지는 조건 없는 신적 사랑을 통해서만 가능하다는 것을 뜻한다. 빠스깔의 회심은 이러한 아우구스티누스의 은총론에 근거한 것이다.

그러나 이때의 회심이 전인격적이었다고 보기는 어렵다. 첫번째 회심 이후 그는 신앙인보다는 교양인으로 살았다. 그가 1651년 아버지의 죽음 이후 사교계에 발을 들여놓은 것이 그것을 말해준다. 누이 자끌린(Jacqueline Pascal)의 편지에서도 보면, 빠스깔은 세속적 삶에 대한 혐오와 양심의 가책을 느끼며 영혼의 불안과 혼란을 겪은 것으로 보인다.

그러던 1654년 11월 23일, 이날은 빠스깔의 생애에 있어 최대 전환점이 된 날이다. 빠스깔은 '불의 밤'이라고 부르는 그날 밤의 체험을 기록하여 평생 몸에 지니고 다녔다고 한다. 그것이 바로 유명한 「메모리알」(Mémorial)이라고 알려진 문건이다. 빠스깔은 앞부분에 이렇게 적고 있다.

> 불.
> 철학자와 학자의 신이 아닌,
> 아브라함의 하느님, 이삭의 하느님, 야곱의 하느님.
> 확신. 확신. 느낌. 기쁨. 평화.
> 예수 그리스도의 하느님.
> 나의 하느님과 너의 하느님.
> 너의 하느님은 나의 하느님이 되리라. (『빵세』단장 913)

「메모리알」에서 빠스깔은 기독교의 본질, 곧 신앙의 중심은 예수 그리스도임을 명백히 선언한다. 예수 그리스도를 통해 알게 된 하느님 안에서 그는 철학자들이 주지 못한 기쁨과 평화를 얻었다고 고백한다. 빠스깔에게 이것은 인간과 세계의 모든 문제를 풀어주는 확실성이었다고 할 수 있다. 이후로 빠스깔은 수학이나 과학보다는 기독교 진리를 변증하는 일에 관심을 갖는다.

2. 신 존재 증명의 문제

종교철학에서 흔히 거론되는 것이 신 존재 증명의 문제다. 신의 존재를 이론적으로 증명하는 것이 가능한가? 일반적으로 종교철학자들이나 전형적인 종교변증가들은 신의 존재를 이성적으로 증명해 보일 수 있다고 주장한다. 그들은 자연계의 사실들로부터 성경 같은 특별한 신적 계시가 없이도 독자적인 이성만을 통해서 신의 존재를 증명하는 것이 가능하다고 생각한다. 특히 이러한 증명은 자연신학에서 종교적 신념들을 합리적으로 정당화할 수 있음을 입증하는 시도로서 기획되기도 한다.

그러나 결론적으로 말하면, 빠스깔은 형이상학적 신 존재 증명에 대해서 매우 부정적이다. 빠스깔은 이렇게 말한다. "신에 대한 형이상학적 증명은 인간의 논리에서 너무나 떨어져 있고 또 너무나 얽혀 있어서 마음을 움직이지 못한다. 간혹 어떤 사람들에게는 그것이 도움이 될 수 있다고 해도 이 증명을 보고 있는 동안뿐이며, 그들은 한시간만 지나면 혹시 속지 않았을까 두려워한다"(『빵세』 단장 190). 여기서 말하는 신 존재 증명이 어떤 것인지 빠스깔이 구체적으로 밝히지는 않았지만, 이전에 있어온 전통적인 형이상학적 신 존재 증명을 모두 포함한다고 볼 수 있다. 좀더 직접적으로는 데까르뜨를 염두에 두었을 가능성이 크다. 데까르뜨와 동시대인인 빠스깔은 신관(神觀)과 관련하여 그를 직접 언급했기 때문이다. 데까르뜨가 『성찰』에서 상세히 다루고 있는 신 존재 증명은 안셀무스의 존재론적 증명과 크게 다르지 않다는 것이 일반적인 견해다. 한마디로 요약하면 그것은 완전한 자에 대한 관념으로부터 완전한 존재를 연역적으로 끌어낼 수 있다는 주장이다. 즉 신의 존재와 나의 관념이 서로 일치할 수 있는 것은 그것이 신으로부터 정신 속에 주어진 것이기 때문이다. 따라서 내 안에 발견되는 무한의 관념, 완전의 관념은 불완전한 자아 밖에서부터 무한한 존재, 완전한 존재, 즉 신에게서 올 수밖에 없다는 논리다(「세번째 성찰」; 「다섯번째 성찰」).

그러면 빠스깔이 이러한 데까르뜨를 '무용하고 불확실한 데까르뜨' (Descartes, inutile et incertain)로 규정하며 문제 삼는 이유는 무엇인가? 데까르뜨 논증의 논리성 자체를 문제 삼는 것은 물론 아니다. 빠스깔이 그를 비판하는 이유는 무엇보다도 이러한 신 존재 증명보다는 이성이 신의 존재뿐만 아니라 신의 본성 또는 본질까지도 파악하는 단계에 이를 수 있다는 데까르뜨의 주장 때문이다. 데까르뜨는 『성찰』 서두에서 밝힌 것처럼 자신은 신앙에 충실하다고 말하면서도, 신학과 철학, 신앙과 이성을 완전히 분리하여 철학적 작업을 할 수 있다고 판단한다. 다시 말해 신학이나 신앙을 괄호 속에 넣고 얼마든지 자유롭게 사유가 가능하다는 것이다. 이것이 빠스깔과 근본적으로 대립되는 부분이다. 빠스깔에 의하면 이성은 결코 자율적일 수 없고, 이성과 신앙은 서로 독립적일 수 없다. 요컨대 데까르뜨가 논하는 신은 오직 이성에 충실한 것으로, 빠스깔이 「메모리알」에서 제시하는 "아브라함의 하느님, 이삭의 하느님, 야곱의 하느님"과는 거리가 멀다. 그것은 어디까지나 철학자의 신으로 성경이나 신학에서 말하는 하느님과는 본질적으로 다른 것이다.

물론 빠스깔이 신 존재 증명 자체가 논리적 타당성이 없다고 주장한 것은 아니다. 문제는 실효성에 있다. 즉 형이상학적 증명은 사람들을 회심으로 이끄는 데 효력이 없다는 것이다. 빠스깔은 이렇게 말한다. "나는 자연적 이성에 의해서 하느님의 존재나 삼위일체, 영혼의 불멸 그리고 이런 종류의 어떤 것도 증명하려고 시도하지 않을 것이다. 완고한 무신론자들을 설득할 만한 것을 자연 속에서 발견할 만큼 내게 힘이 있다고 생각되지 않기 때문이 아니다. 예수 그리스도 없이 이런 지식은 무익하고 헛되기 때문이다"(『빵세』 단장 449). 빠스깔은 자연적 이성의 기능을 인정하면서도 종교적 차원에서 그 효용성을 고려할 때 그러한 시도가 불필요하다는 것을 지적한다. 그 이유는 무엇인가? 신 존재 인식의 문제는 지적 설득의 문제라기보다는 신앙의 문제라고 판단하기 때문이다. 실제로 신앙은 다분히 직관적이고 의지적인 요소를 안고 있다. 좀더 구체적으로 말하면 하느님에 대한 인식과 신앙은 빠스깔 자신의 회심이 그렇듯이 전인격적인 체험에서 이루어진다. 이 점에서 빠스깔은 단순히 하느님을 아는 것과 하느님을 사랑하는 것은 근본적으로 다르다고 보았다. 신앙적 체험은 거룩함과 인격 전체에 걸친 변화에서 비롯되고 또 완성된다. 이것이 성경이 말하는 '거듭남'의 체험이다.

그러면 신앙적 체험의 주체는 누구인가? 물론 철학자 대부분은 나 자신이라고 말하고 싶어할 것이다. 그러나 빠스깔은 내가 아니라 전적 타자, 곧 전능한 실재로서의 하느님이라고 말한다. 외적으로는 내 의지가 하느님을 선택한 것이지만 그전에 내적으로는 나는 하느님으로부터 선택받은 존재가 된다. 이런 사실을 가장 잘 표현한 것이 사도 바울에서부터 아우구스티누스의 전통을 따라 내려온 '은총의 선택' 교리이다. 물론 그 은총의 중심에는 중보자(仲保者, mesites) 예수 그리스도가 있다. 요컨대 「메모리알」에도 나와 있듯이 빠스깔의 신 인식은 기독교의 본질, 곧 예수 그리스도와 분리되지 않는다. 하느님을 아는 길은 인간의 경험도, 윤리적 훈련도, 이성적 해석도 아니다. 예수 그리스도를 통해서만이 참 하느님을 인식할 수 있다.

빠스깔은 신 존재의 문제와 관련하여 '내기'(pari) 이론을 제시한다. 이것은 그의 변증 목적, 즉 믿음이 없는 사람들로 하여금 신앙을 갖도록 설득하려는 노력의 하나로 시도한 것이다. 빠스깔에 의하면 이성의 차원에서 볼 때 우리는 "신이 존재한다" 또는 "신은 존재하지 않는다"라는 말을 할 수 없다. 둘 다 불가해한 것이기 때문이다(같은 책 단장 809). 따라서 "무한한 혼돈만이 있을 뿐이다"(같은 책 단장 418). 그러면 이 둘 중에 어떤 것도 선택하지 않으면 된다고 말할 수 있다. 그러나 선택은 모든 인간의 삶에서 필연적이므로 이를 회피하기는 어렵다. 하여간 신 존재의 문제는 초월적이므로 이성으로 풀 수 있는 것이 아니다. 그럼에도 이성에 호소할 수 있는 마지막 카드가 있다면 그것은 이해득실(利害得失)의 기준에 따라 선택하도록 설득하는 것이다. 좀더 정확히 말해서 직접적으로는 수학적 이성에, 그리고 인간의 의지적 기능에 호소하는 것이다.

이를 위해 빠스깔은 신 존재 여부를 수학의 확률론에 따라 선택하도록 유도한다. 본래 내기는 가능성, 거는 것, 이득 또는 기대가치 등으로 성립한다. 만약 신이 존재한다는 데 내기를 건다면 두가지 경우가 발생할 것이다. 신이 존재했을 때 나는 영원한 행복을 얻는다. 신이 존재하는 쪽에 건다면 나의 생존 동안 나는 일시적인 쾌락을 포기할 뿐이다. 그러한 가정 속에서 이득은 무한하고 손실은 최소화된다. 반대로 신이 존재하지 않는 쪽에 건다면, 또 결과적으로 내 삶을 내가 결정하면서 모든 쾌락에 내 삶을 던진다면 두 경우가 발생할 수 있다. 신이 존재할 때는 영원한 형벌을 받을 것이다. 신이 존재하지 않을 때는 나의 생존 동안 일시적인 쾌락을 즐길 것이고, 또 죽음의 순간에 다시 발견하지 못할

무 속으로 들어갈 것이다. 따라서 당연히 신이 존재하는 편에 내기를 거는 것이 합리적이다.

한편, 내기에 거는 것과 이득 또는 손해 사이에는 무한한 불균형이 존재한다. 지상의 삶과 그 즐거움을 내기에 거는 것은 커다란 유한이며, 이득과 손실은 무한한 천상의 행복 또는 심판이다. 그것은 전혀 다른 차원의 무한이다. 하늘의 영원성, 곧 동질적인 행복의 무한성은 출생과 죽음이라는 끝이 없는 일련의 세속적 삶의 불멸성과는 근본적으로 다르기 때문이다. 따라서 설령 얻는 것의 가능성이 매우 희박하여 세속적 삶을 잃어버릴 위험성은 무한대이고 영원한 행복을 얻을 기회는 단 한번뿐이라 하더라도, 유신론에 내기를 거는 것이 더 유리할 것이다. 왜냐하면 내게 주어지는 보상 또는 이득은 내기에 거는 것과 동일한 차원이 아닌 더 높은 차원에 속하기 때문이다. 말하자면 두 세계의 행복의 질적인 차이는 비교 자체가 불가능하다는 것이다.

또한, 우리가 기대하는 무한이 존재하지 않는다고 가정해보자. 희생되었을 유한한 재산은 순수한 상실이 아니다. "당신은 그렇게 해서 무엇을 손해 보았는가? 당신은 신실하고 정직하고 겸손하고 은혜를 알고 자비롭고 성실하고 참된 친구가 될 것이다"(같은 곳). 이것은 도덕적 진보이며 양심의 평화와 같은 것이다. 따라서 내기는 분명히 이득이 될 것이다.

이러한 내기의 추론은 적어도 두가지의 반박을 받을 수 있다. 첫째는 빠스깔이 세속적 삶과 쾌락을 유한한 재산으로 생각한 것과는 반대로 무신론자에게는 무한한 가치로 판단될 수 있다는 반론이다. 하지만 그것은 누구도 이 세상에서 절대적 행복을 발견했다고 주장하는 사람이 없다는 사실에 근거한 것이다. 둘째는 무신론자 입장에서 신을 선택하면 자기가 좋아하는 쾌락을 포기하게 되고, 그래서 확실하게 지상의 삶을 잃어버리며, 반면에 불확실하게 천상의 무한한 삶을 얻는다고 할 때 "거는 확실성과 얻는 불확실성 사이의 무한한 거리는 확실하게 거는 유한의 행복과 불확실한 무한의 행복을 동등하게 만든다"라는 것이다(같은 곳). 다시 말해 거는 확실성과 얻는 불확실성은 무한 앞에서 유한처럼 소멸하고, 따라서 내기를 거는 것은 별로 이득이 없다는 반론이다. 그러나 빠스깔은 이렇게 말한다. "도박하는 사람은 모두 불확실하게 얻기 위해 확실하게 건다. 그런데 불확실하게 유한한 것을 얻기 위해서 확실하게 유한한 것을 걸어도 이성에 별로 어긋나지 않는다"(같은 곳). 그리고 같은 선상에서 유한과 무한의 대립은 득과 실의 확실성이지 득과 실의 불확실성이 아니다. 천상의 것을 얻을 가능성과 지상의 것을 잃을 가능성은 둘 다 2분의 1로 확률이 같기 때문이다.

그러면 빠스깔이 내기 이론을 제시하는 이유는 무엇인가? 흔히 거론되는 신의 존재를 증명하고자 하는 또 하나의 시도인가? 그것은 물론 아니다. 앞서 언급했듯이 그러한 논증은 회심을 위해 실효성이 없기 때문이다. 실패 가능성을 제거하려는 사변적 노력은 신앙을 사랑 없는 계산으로 환원할 수 있다. 그러므로 빠스깔의 내기는 은총을 얻기 위해 무릎을 꿇고 기도하는 신앙인의 모습으로 돌아오도록 초청하는 예비교육 단계와 같다고 할 수 있다. 요컨대 빠스깔은 반대자들, 곧 무신론자들 편에 서서, 실리적이며 게임에 열광하고 수학에 푹 빠진 당시의 자유사상가들(libertins)에게 하느님을 믿는다는 것이 결코 어리석은 태도가 아니라 가장 합리적인 판단이라는 것을 보여주고자 했던 것이다(『빵세, 빠스깔』 48~50면).

3. 신앙과 이성의 관계

철학사에서 신앙과 이성의 관계 문제는 오랜 전통을 갖는다. 빠스깔의 입장도 이 전통의 흐름 속에 있다. 간략히 요약하면 고대 알렉산드리아의 클레멘스(Clemens Alexandrinus, 150?~215?)와 오리게네스(Origenes, 185~254)는 철학 또는 이성을 신앙과 거의 같은 수준으로 보고 이들을 통일하고자 한바, 기독교를 그리스철학의 연장으로 보았다. 반면 테르툴리아누스(Tertullianus, 160~220)는 이성의 기능 자체를 무조건 부정한 것은 아니지만 '아테네와 예루살렘이 무슨 상관이 있느냐?' 하는 대립적 관계를 표명하며, 모든 사변적 철학을 배제하고 '나는 불합리하므로 믿는다'라고 선언한다. 이런 두 극단적 입장을 벗어나서 아우구스티누스는 이 둘의 관계를 새롭게 종합하고자 한다. 신앙의 우선성을 인정하면서도 이성의 역할 또한 배제하지 않았다. 신적 진리 인식은 자율적 이성에 의해서가 아니라 계시에 대한 믿음으로 가능하다. 그럼에도 계시는 이성 없이는 파악될 수 없다. 다시 말해 신앙은 복음의 가르침과 성령으로 말미암아 주어지지만 동시에 복음의 진리는 이성을 통해 이해되어야 한다. 이런 점에서 아우구스티누스는 철학이 성경의 교리를 설명하는 데 어느정도 필요하다는 것을 인정한다. 이런 아우구스티누스의 입장은 그를 계승한 안셀무스의 '나는 알기 위해서 믿는다'라는 명제에서 더욱 분명해진다. 이러한 관점은 토마스 아퀴나스와 비슷하지만 구별되는 지점이 있다. 즉 아퀴나스는 아우구스티누스보다 이성의 역할에 더 무게를 둔다. 전자에 의하면 이성은 계시가 없이도 독립적으로 진리에 이를 수 있는 능력을 어느정도 확보하고 있다. 예컨대 하느님의 존재는 계시, 신앙, 은총이 없이 자연이성만으로도 알 수 있다. 또한 상대적으로 초자연적 지식은 자연적 지식을 완성한다. 즉 은총은 자연을 파괴하지 않고 오히려 승화시킨다.

빠스깔은 아퀴나스보다는 아우구스티누스의 입장을 따른다. 아우구스티누스처럼 이성적 인식은 신앙에 앞서지 못한다고 본다(같은 책 단장 7;『아우구스티누스 연구』46면). 계시와 신앙 없이 이성은 독자적으로 신적, 초자연적 진리를 파악할 수 없다. 이것은 빠스깔 철학의 핵심 주제인 '마음'의 개념에서 더욱 분명하게 드러난다. 마음의 변화, 곧 회심은 은총을 통해서 신적 계시를 믿음으로 받아들일 때 가능하다. 따라서 신앙은 이성에 우선한다. 빠스깔은 "하느님은 진리가 마음에서 정신으로 들어가게 되기를 바랐으며 정신에서 마음으로 들어가는 것을 원하지 않았다"라고 말한다(「설득의 기술에 관하여」,『전집』355면). 신앙은 논리의 선물이 아니라 하느님의 선물이기 때문이다(『빵세』단장 588). 다시 말해 우리가 초자연적 진리에 이르는 것은 은총과 믿음에 의해서만 가능하다는 것이다.

17세기 프랑스에서는 이성과 신앙 또는 철학과 종교의 문제에 대해 빠스깔과는 전혀 다른 관점을 보인 철학자들이 있었다. 대표적으로 데까르뜨는 종교적 문제, 즉 신 존재의 문제, 영혼의 문제 등을 철학이 어떻게 해결할 수 있는가 하는 데 관심을 두고 전통 철학과는 다른 입장에서 새로운 철학체계를 세우고자 했다. 하지만 그것은 신앙과는 완전히 분리된 철학적, 이성적 시도에 불과하다. 또한 데까르뜨의 형이상학을 플라톤 및 아우구스티누스와 결합해 나름대로 철학을 발전시킨 말브랑슈에 의하면, 종교적 진리와 철학적 진리는 서로 일치한다. 데까르뜨의 철학을 놓고 두 종교철학자 빠스깔과 말브랑슈는 서로 다른 입장을 취한다. 전자가 데까르뜨 철학에 비판적이었다면, 후자는 종교철학을 시도함에 있어서 데까르뜨를 그대로 수용한 것이다.

신앙의 우위성에 대한 빠스깔의 이해는 아우구스티누스가 강조한 원죄(原罪) 교리와도 무관하지 않다. 원죄 교리란 무엇인가? 그것은 최초의 인간 아담의 타락이 가져온 죄의 유전(遺傳)을 뜻한다. 빠스깔은 어떻게 아담의 죄가 모든 인류에 전가되는가 하는 문제는 이성 또는 논리로 풀 수 있는 성질의 것이 아니라고 본다. 그것은 믿음으로 받아들일 뿐이다. 원죄 문제를 논리적으로 설명할 수는 없지만 실제로 인간의 타락상을 보면 그것을 부정할 수 없다. 그것은 인간의 실존이기 때문이다. 빠스깔은 이러한 타락한 인간의 마음 상태를 "공허하고 오물로 가득 찬" 마음으로 규정한다(같은 책 단장 139). 그런데 원죄 교리에서 제기되는 또다른 문제는 타락의 본질이다. 즉 인간의 마음이 타락했다는 것은 전인적인 타락, 즉 인간의 의지와 지성까지도 타락했다는 것을 뜻한다. 그렇다면 인간 스스로 초자연적, 신적 진리에 도달하는 길은 사실상 차단될 수밖에 없다는 것이 빠스깔의 판단이다. 빠스깔은 "이성의 부정, 이것보다 더 이성에 합당한 것은 없다"라고 말한다(같은 책 단장 182). 여기서 중요한 것은 이성의 한계에 대한 인식이다. 즉 "이성의 마지막 시도는 그것을 초월하는 무한한 것들이 있다는 것을 인정하는 것이다"(같은 책 단장 188).

그럼에도 이성의 역할은 여전히 중요하고 유효하다고 빠스깔은 생각한다. 신앙의 내용을 이해하고 해석해야 하기 때문이다. 그는 "이성의 복종과 사용, 거기에 참 기독교의 본질이 있다"라고 말한다(같은 책 단장 167). 여기에 이성의 합리적 가치에 대한 빠스깔의 확신이 담겨 있다. 무엇보다도 진리를 변증해야 하는 상황에서 합리성은 필수적이기 때문이다. 다시 말해 종교적 진리를 변증하기 위해서는 이성적, 논리적 설득이 반드시 필요하다. 빠스깔이 변증론은 "종교가 이성에 어긋나는 것이 아님을 보여주는 것으로부터 시작해야 한다"라고 역설하는 것도 이 때문이다(같은 책 단장 12).

빠스깔에 의하면 신앙과 이성의 통합은 이성에 대한 새로운 규정으로 가능해진다. 즉 '나는 알기 위해서 믿는다'라는 명제는 '내가 믿으면 이해된다'로 해석할 수 있다. 신앙의 단계를 통과한 이성은 신적 진리를 이해할 수 있는 새로운 이성이 된다. 이성은 "자신이 복종해야 할 경우가 있다는 것을 인정하지 않으면 절대로 복종하지 않는" 성질을 갖고 있기 때문이다(같은 책 단장 174). 이것은 이성이 초자연적 진리를 인식하려면 이성의 변화가 필수적이라는 뜻이다. 그러므로 빠스깔은 "모든 것을 온유하게 처리하는 하느님의 인도하심은 종교를 이성에 의해 정신 속에, 은총에 의해 마음속에 두는 데에 있다"라고 말한다(같은 책 단장 172).

4. 계시와 기적

빠스깔은 계시와 기적에 대한 철학적 논의를 시도하기보다는 성경적 개념을 논리적으로 제시하려는 변증적 태도를 보여준다. 앞서 언급한 것처럼 빠스깔의 담론은 종교에 대해 이론적으로 반성하려는 종교 외적 종교철학과는 분명히 구별되기 때문이다. 그럼에도 그는 성경적 개념을 무조건적으로 제시하는 것이 아니라 그 의미와 이유를 설명하고자 했다.

계시(révélation)란 신 쪽에서 자신을 드러내는 행동이다(『종교철학』 114면). 만일 초월적 진리가 사람들에게 완전히 감추어져 있다면 그것을 어떻게 알 수 있겠는가? 빠스깔에 의하면 하느님은 '숨은 신'(le Dieu caché)이지만 동시에 계시적 신이다. 인간이 신의 존재나 신적 진리를 이해할 수 있는 것은 먼저 하느님 자신이 스스로 나타내 보여주는 그때로부터 가능하다(『빠스깔』 45면). 이것은 신이 단지 초월적 실재라는 수준에만 머물지 않고 동시에 인격적 존재라는 것을 의미한다.

신적 계시는 두가지 의미를 지닌다. 하나는 하느님이 인간에게 전달하는 자신에 대한 지식의 총체 곧 신적 메시지 또는 교리를 뜻하고, 다른 하나는 표적을 통해서 자신의 현존에 대한 관념을 갖게 하는 것이다. 전자는 신 자신을 스스로 규정하고 후자는 신을 드러낸다. 빠스깔은 항상 이러한 구분을 시도하지만, 그럼에도 이 둘은 서로 분리될 수 없다. 계시는 항상 신적 보증의 표시로 사람들에게 제공된다. 하느님이 스스로 자신을 드러낼 때 그것은 가르침을 주기 위한 것이며 진리를 입증하기 위한 것이다. 증거는 신앙을 위한 것이기 때문이다(같은 책 46면).

계시의 목적은 사람들로 하여금 단순히 하느님의 존재를 인정하도록 하기 위한 것이 아니라 종교를 선택하도록 하기 위한 것이다. 신앙은 하느님의 존재에 대한 단순한 지적 동의가 아니다. 그것은 초월적 진리, 즉 교리 전반에 대한 승인이다. 하느님의 존재를 인식한다는 것은 이러한 승인을 전제한다. 그런데 종교적 진리는 자연신학에서 말하는 것처럼 이성을 통해 입증될 수 있는 것이 아니다. 그것은 인간 이성의 범위를 넘어서 있다. 그럼에도 신성의 표시를 주는 것은 초월적 하느님의 가르침, 곧 계시이지만 그 계시를 설명할 수 있는 것은 이성의 기능이다. 신앙과 미신이 구별되는 것은 이 때문이다(『빵세』 단장 181). 만약 이성의 판단 없이 무조건 따른다면 그것은 미신이지 신앙이 아니다. 빠스깔은 이렇게 말한다. "나는 너희가 이유 없이 나에 대해 믿음을 갖게 할 생각이 없고 또 강압으로 너희를 굴복시키려고도 하지 않는다. 나는 또 모든 것을 다 설명하려고도 하지 않는다. 다만 이 상반된 것들을 조화시키기 위해 이해시킬 만한 확실한 증거로써 내가 누구인지를 너희에게 명확하게 보이기를 원하고, 또 너희가 거부할 수 없는 경이와 증거로써 권위를 얻게 되기를 원한다. 그후에, 내가 가르치는 것이 진실인지 아닌지 너희 자신으로서는 알 수 없다는 것 외에 이것을 거부할 아무런 이유가 없을 때, 너희가 이것을 믿게 되기를 바란다"(같은 책 단장 149).

그러면 계시는 우리에게 어떻게 작용하는가? 그것은 두가지 요소로 구성된다. 하나는 하느님으로부터 인간을 향한 사랑의 행위로서 신적 의지를 뜻한다. 종교적 회심은 그 동기가 인간에게 있는 것이 아니라 하느님에 있다. "사람들이 믿도록 마음을 기울인 것은 하느님 자신이다"(같은 책 단장 382; 『빠스깔: 회심과 변증』 54~59면). 다른 하나는 하느님의 사랑에 대한 응답으로서의 인간 의지이다. 이것은 빠스깔이 말하는 은총 개념과 더불어 그 본질에서 신비적이다. 왜냐하면 우리는 하느님의 절대적 의지가 인간의 자유의지와 어떻게 일치할 수 있는지 이해할 수 없기 때문이다. 간혹 우리는 이 둘 가운데 하나를 제거하여 논리적 모순을 피하려 하지만 그것은 진실이 아니다. 초월적 진리 안에는 인간의 논리를 넘어서는 '역설'이 분명히 존재한다는 것을 인정해야 한다. 분명한 것은, "하느님은 진정으로 하느님을 찾는 자들에게는 자기를 알아볼 수 있도록 교회 안에 명백한 표적을 만들어놓았다는 것"이다(『빵세』 단장 427). 따라서 참된 종교는 "그들의 마음을 밝혀주는 은혜를 받을 수 있음을 항상 주시하라고 명하고 있다"(같은 곳).

하느님의 계시 가운데 특별히 빠스깔의 관심을 끈 것은 '기적'(miracles)이다. 불치의 병을 앓고 있던 그의 조카 마르게리뜨(Marguerite Périer)의 치유가 그 계기가 되었을 것이다. 빠스깔은 이런 기적을 분명한 사실이며 초자연적 실재로 규정한다. 질베르뜨는 이 기적의 사건 때문에 "그(빠스깔)의 정신은 온통 이 기적에 대한 반성으로 채워져 있었다"라고 말한다(「빠스깔의 생애」, 『전집』 24면). 그런데 빠스깔은 기적을 단순히 개인의 주관적 경험으로 한정하지 않고 기적의 객관성을 확보하기 위해 성경 계시에서 그 근거를 찾는다. 무엇보다도 그 자신이 목적으로 삼는 변증론을 위해서다. "기적과 진리는 필요하다. 인간 전체를 육체적으로 그리고 영적으로 설득해야 하기 때문이다"(『빵세』 단장 848).

그러면 기적의 의미는 무엇인가? 기적은 단순히 초자연적인 시현(示現)이 아니다. "기적은 인간의 마음에 미치는 하느님의 능력을 인간의 육체에 행사하는 능력으로 증명한다"(같은 책 단장 903). 또한 빠스깔은 "종교의 버팀목인 기적은 유대인을 구별했고, 그리스도인과 성경과 죄 없는 자와 참 신자를 구별했다"라고 말한다(같은 곳). 말하자면 기적은 거짓으로부터 참을 분별하고, 진리 안에 있는 자들을 확신케 하며, 오류 속에 있는 자를 거기서 빠져나오도록 한다. 참된 기적은 완전한 신적 간섭이기 때문이다.

기적은 "하느님이 우리에게 말씀하는 언어"다(『빠스깔』 48~49면). 언어는 해석을 필요로 한다. 빠스깔은 무엇보다도 진리 그 자체인 예수 그리스도를 통해서 기적을 해석하고자 한다. "이런 기적들은 그 원리가 하느님인 표지를 지닌다. 특히 신약의 표지들, 거기서 작용하는 것이 사람들이 기다리던 메시아이다. 그러므로 수많은 신구약의 기적들은 하느님이 존재한다는 것을, 특히 신약은 예수 그리스도가 참 메시아라는 것을 증명하는 것이다"(「빠스깔의 생애」, 『전집』 24면). 빠스깔은 "그(예수 그리스도)는 자신이 죄를 용서할 수 있음을 기적으로 입증했다"라고 말한다(『빵세』 단장 846).

빠스깔은 기적의 다른 표현으로 '표적'(signe)이란 말을 사용한다. 기적이 표적이 되는 것은 기적이 단순한 사건이 아니라 그 안에 의미를 담고 있기 때문이다. 빠스깔은 "만약 진리가 눈에 보이는 표지를 갖고 있지 않았다면 너무 불명료했을 것"이라고 말한다(같은 책 단장 758). 표적은 하느님이 사람들에게 자신을 드러내는 하나의 방식이다. 예수 그리스도의 공적 생애 동안 있었던 기적의 사건들은 표적이요, 계시다. 예컨대 예수 그리스도의 길을 예비하기 위해 등장한 세례 요한은 감옥에 갇히게 되었을 때 자신이 전파한 그리스도가 구약에서 예언되고 기다리던 바로 그 메시아인지를 묻는다. 그때 예수 그리스도는 "너희가 가서 보고 들은 것을 요한에게 알리되 맹인이 보며 못 걷는 사람이 걸으며 나병환자가 깨끗함을 받으며 귀먹은 사람이 들으며 죽은 자가 살아나며 가난한 자에게 복음이 전파된다 하라"(누가복음 7장 22절)라고 말함으로써 기적이 예수 그리스도를 드러내는 가시적 계시, 곧 표적임을 보여주었다.

그런데 문제는 사람들이 기적을 표적으로 보지 못하는 데 있다. 사람들은 기적 자체만을 보며 표적의 참 의미를 보지 못함으로써 표적은 효력을 잃어버린다. 빠스깔은 "그[예수 그리스도]는 그들이 기적 없이는 믿지 않는 것을 비난한 것이 아니라, 그들 자신이 목격자가 되지 않고는 믿지 않는 것을 비난한 것이다"라고 말한다(『빵세』 단장 851). 기적 자체만을 추구하는 사람들의 태도를 지적한 것이다. 그러고 나서 그는 표적의 의미를 밝힌다. "그리스도는 요나의 표적, 위대하고도 비할 데 없는 부활의 표적을 약속한다"(같은 곳). 요나의 표적은 예수 그리스도의 십자가와 부활을 상징한다. 표적의 핵은 예언되고 그대로 성취된 실제적인 역사적 사실, 곧 예수 그리스도다. "예수 그리스도의 증거들 가운데 가장 위대한 것은 예언이다. 하느님이 가장 많이 준비한 것도 이것이다. 이 예언을 성취한 사건은 교회의 탄생부터 종말에 이르기까지 계속되는 하나의 기적이기 때문이다"(같은 책 단장 335). 따라서 신앙이란 기적을 표적으로 보는 눈이다. 빠스깔이 그의 변증론을 통해서 설득하고자 하는 목표는 사람들로 하여금 이러한 새로운 시각을 갖도록 하는 데 있는 것이다.　　　　　　　　　　　　　　　　　　　　　　| 장성민 |

7장

말브랑슈
변신론과 지양 불가능한 악

아우구스티누스와 토마스 아퀴나스는 모두 악을 '좋음의 결여'로 규정했으며, 존재론적으로는 무에 불과한 것으로 간주했다. 그리고 이 세상에 존재하는 악의 원인을 인간 의지의 도착성에서 찾았다. 반면 말브랑슈(Nicolas Malebranche, 1638~1715)는 악의 존재론적 실재성을 긍정한 가운데 이를 신의 완전성 및 지혜와 조화시킬 수 있는 길을 모색했다. 이는 다음과 같은 질문을 낳는다. 완전하고 전능한 존재인 신은 그가 하려고 하면 이 세상을 지금보다 더 완전하게 창조할 수 있었을 텐데, 왜 그는 이처럼 수많은 결함을 지닌 불완전한 세상을 창조했을까?

말브랑슈는 이 질문에 대해 다음과 같이 답변한다. 만약 신이 기형아가 태어나는 것을 막고 수많은 범죄와 죄악을 예방하고 가뭄이나 홍수, 태풍 같은 자연재해를 방지하기 위해서는, 수많은 특수한 상황들에 특수한 방식으로, 곧 다수의 특수한 의지를 통해 개입해야만 한다. 곧 신은 수많은 특수한 상황에서 수많은 기적들을 행해야 한다. 하지만 이는 신의 지혜에 걸맞지 않은 일이다. 따라서 우리는 신에게 지속적인 기적을 요구하거나 매순간 신에게 기적들을 귀속시키지 않도록 주의해야 한다.

하지만 여기서 또다른 반론이 제기될 수 있다. 선과 악을 포함한 모든 것을 창조한 존재는 신이다. 그렇다면 우연히 지붕에서 떨어진 기와에 누군가 죽었을 때 신은 그가 선량한 사람을 죽이려던 악당이든 불쌍한 사람을 도우려던 의인이든 그에 책임을 지게 된다. 그러면 신은 자신이 확립한 일반법칙, 곧 자신의 일반의지에 걸맞게 행위하기 때문에 결과적으로 선과 악에 무관심하게 되는 것인가?

말브랑슈는 선과 악에 대한 신의 태도 차이를 구별함으로써 이 반론에 답한다. 신은 실정적이고 직접적으로 선을 원하며, 악에 있어서는 그것을 원하지는 않지만 허용한다. 악을 원하지 않음에도 허용하는 이유는 신이 제정한 자연법칙이 아주 단순해서 그로부터 의도하지 않은 결과가 불가피하게 생겨나기 때문이다. 이러한 자연법칙은 선한 사람만이 아니라 악한 사람에게도 똑같이 적용되고, 그리하여 선한 사람이 우연히 지붕에서 떨어진 기와에 맞는 일이 발생하고 가뭄과 홍수가 일어나기도 하는 것이다.

앙뚜안 아르노는 말브랑슈의 신은 특수한 사건이나 대상에 무관심한 일반원인이라고 말하면서, 그러나 신은 항상 특수한 의지에 따라 행위한다고 반박했다. 하지만 말브랑슈에게 신이 특수의지에 따라 행위한다는 것은 일반법칙에서 벗어나는 것, 따라서 기적을 행한다는 것을 의미했다. 이처럼 말브랑슈가 일반의지와 특수의지를 구분하고 특수의지를 기적과 같은 예외적인 경우로 한정하는 것은 세계 안에 존재하는 불완전성과 악, 불의 등이 소멸 불가능하다고 생각했기 때문이다.

당대의 다른 신학자, 철학자 들이 신의 전능함과 완전성이라는 이름으로 현실세계에 존재하는 불완전성과 악, 불의 등을 부정하거나 무시하려고 했던 데 비추어 볼 때 말브랑슈 변신론의 독창성은 신 자신의 속성에 의거해, 그리고 그가 제정한 일반법칙에 의거해 이 세상의 불완전성과 악은 지양 불가능한 것임을 천명했다는 데서 찾을 수 있다.

1. 서론

우리나라에는 주로 기회원인론(occasionalism)이라는 학설의 대변자로 알려진 니꼴라 말브랑슈는 데까르뜨 이후 프랑스 철학계의 중심에 있던 철학자로, 당대의 저명한 학자들과의 치열한 논쟁을 통해 자신의 철학체계를 가다듬고 데까르뜨주의가 분화하는 데 핵심적인 역할을 수행한 인물이다. 말브랑슈의 사상에서 기회원인론과 더불어 또 하나의 중심축을 이루는 것은 변신론(辯神論, theodicy)의 문제다.

잘 알려져 있다시피 변신론이라는 용어는 라이프니츠가 처음 고안해냈다. 그는 1710년 출간한 『변신론』(*Essais de Théodicée*)에서 악이라는 문제에 대한 형이상학적, 신학적 답변을 제출함으로써 근대 철학적 신학의 범형을 제시한 바 있다. 라이프니츠의 『변신론』과 그 저작에 제시된 체계적인 이론이 워낙 압도적인 영향력을 발휘한 까닭에 동시대에 제시된 다른 이론들은 제대로 주목받지 못했다. 이는 특히 말브랑슈의 경우에서 살펴볼 수 있다. 말브랑슈는 『진리 탐구에 대하여』(*De la recherche de la vérité*, 1674~75)를 출간한 이후 『자연과 은총에 관한 논고』(*Traité de la nature et de la grâce*, 1680)를 비롯한 여러 저작에서 변신론 문제를 다루고 있으며, 아르노 및 라이프니츠와의 논쟁을 통해 자신의 관점을 다듬어나갔다. 그리고 이러한 탐구를 통해 그는 이전까지 서양 신학에서 변신론의 주요 패러다임으로 존재해오던 아우구스티누스 및 토마스 아퀴나스의 이론과 단절하는 새로운 변신론을 제시하게 되었다.

말브랑슈의 이론은 라이프니츠나 헤겔의 이론과도 구별되고, 어떤 의미에서는 그들의 이론보다 좀더 현대사상에 부합하는 상당히 급진적인 관점을 담고 있다. 그것은 라이프니츠에서 헤겔에 이르는(또는 이후 다른 사상가들까지 포함하여) 기독교적인 관점을 고수하는 사상가들과 달리, 말브랑슈가 이 세상에 악은 존재할 수밖에 없으며, 그것은 지양 불가능하다는 것, 더욱이 그러한 악의 지양 불가능성은 신의 전능함이나 완전성 또는 선함과 모순되지 않는다는 것을 주장하기 때문이다. 말브랑슈의 변신론이 오늘날 기독교 신학의 전제를 공유하지 않는 사람들에게까지 무언가 의미있는 사유 과제들을 제시해준다면 그중 하나는 이러한 악의 지양 불가능성에 관한 독특한 입장에서 찾을 수 있다.

따라서 이 글에서는 변신론에 초점을 맞춰 말브랑슈 종교철학의 주요 논점과 특징을 살펴보기로 하겠다. 우선 2절에서는 말브랑슈 이전의 서양 기독교 신학에서 변신론의 요체를 제시해준 아우구스티누스와 토마스 아퀴나스의 사상을 간략히 살펴본 뒤, 3절에서는 말브랑슈의 변신론이 어떤 의미에서 이들의 사상과 단절하고 있는지 검토해보겠다. 그리고 4절에서는 말브랑슈에 대한 앙뚜안 아르노의 비판과 말브랑슈 자신의 답변을 살펴볼 것이며, 5절에서는 변신론이라는 용어를 만들어낸 라이프니츠와의 논쟁을 검토할 것이다. 4절과 5절의 논의를 통해 근대 변신론의 흐름 속에서 말브랑슈가 차지하는 사상적 입장이 어떤 것인지 좀더 정확히 드러날 것이다. 마지막 6절에서는 말브랑슈 변신론의 현대적 의의에 관해 간략히 정리할 것이다.

2. 서양 기독교 신학의 변신론: 아우구스티누스와 토마스 아퀴나스

아우구스티누스와 토마스 아퀴나스는 서양 기독교사상 전분야에 걸쳐 후대에 큰 영향을 미쳤으며, 이는 변신론 문제에서도 마찬가지였다. 변신론 문제에 관한 두 사람의 관점은 크게 세가지로 집약될 수 있다.

첫째, 두 사람은 모두 악을 결여(privatio)로 정의한다. 아우구스티누스는 『신국론』(De civitate dei contra paganos, 413~26)을 비롯한 여러 저작에서 악을 '좋음의 결여'(privatio boni)로 정의하고 있으며, 토마스 아퀴나스 역시 악을 좋음의 결여로, 또는 좀더 정확히 말하면 '마땅히 존재해야 하는 좋음의 결여'(privatio boni debiti)로 정의하는데, 이는 창조된 모든 것은 그 자체로 보면 좋은 것이라는 명제를 함축하고 있다. 이는 곧 악은 사실 어떤 존재자가 아니라 존재자(좋음)가 없는 것, 따라서 존재론적 실재성을 결여한 것이라는 뜻이다. 따라서 두 사람에게 악이란 사실상 무를 뜻한다.

그런데 만약 악이 좋음의 결여를 뜻하며 더욱이 존재론적으로는 무에 불과한 것이라면, 세상에 존재하는 악의 현상들은 어떻게 설명할 수 있는가? 그 악들은 무엇이며, 어디에서 기원하는가? 아우구스티누스는 세계를 미술이나 음악 작품과 비교함으로써 이를 설명하려고 한다. 곧 미술이나 음악 작품에서 중요한 것은 개개 부분들 자체의 최고 아름다움이나 탁월함이 아니라 그 부분들이 이루는 전체의 조화의 아름다움이나 탁월함인 것처럼, 신이 창조한 세계에서 중요한 것은 세계를 이루는 **최선의 부분들**이 아니라 부분들 사이에서 이루어지는 **최선의 질서**이며, 이 경우 그 질서를 이루는 부분들 각각은 반드시 최선의 것이 아닐 수도 있다. 따라서 세계를 이루는 부분들 중 열등하거나 덜 완전한 부분 역시 세계의 최선의 질서를 이루는 한 구성 요소로 간주된다.

따라서 자연적인 악의 기원에 관한 물음은 성립하지 않는 물음이 된다. 신은 그 자체로는 아무것도 아닌 악의 창조주, 따라서 악의 기원이 아닐뿐더러, 세상에 존재하는 악과 범죄, 불완전성에 대해 책임이 있는 것도 아니다. 아우구스티누스는 오히려 인간 사회에 존재하는 악의 기원을 의지의 도착에서 찾는다. 곧 악은 "우리 주 하느님으로부터 의지가 등을 돌리는 것"에서 생겨나며(『자유의지론』 2권 20장), "의지의 도착 이외의 다른 악은 존재하지 않는다"(『신국론』 11권 17절).

아우구스티누스와 토마스 아퀴나스 모두 이 세상이 완전한 세상이라고, 가능한 세계 중에서 최선의 세계라고 생각하지 않았다. 그들은 이 세상에 악과 범죄, 불완전성이 존재한다는 것을 분명히 인식하고 있었다. 하지만 이러한 경험적인 자각에도 불구하고 그들의 신학적 설명에서 악은 결국 존재론적으로 무에 불과한 것으로 귀착되고, 세계 안에 존재하는 악과 불완전성은 세계의 최선의 질서의 한 부분으로 간주된다. 따라서 악의 원인은 의지의 그릇된 사용에서, 곧 윤리적 관점에서만 설명될 뿐, 아무런 존재론적 실재성을 지니지 못하게 된다.

3. 말브랑슈의 변신론: 세계의 불완전성, 일반의지, 단순성

말브랑슈에게 변신론 문제는 그의 기회원인론 때문에 매우 첨예한 쟁점이 된다. 기회원인론에 따르면 유한한 사물들 또는 피조물들 사이에는 진정한 인과작용이 성립하지 않으며, 오직 무한한 역량을 지닌 신만이 진정한 원인이 될 수 있다. 변신론의 문제는 신은 본성상 선하고 자비롭고 완전한데도 불구하고 어떻게 신이 창조한 이 세상에는 수많은 악과 결함, 불의가 존재할 수 있는가, 어떻게 이러한 괴리를 설명할 수 있는가의 문제다. 여기에 기회원인론의 관점을 받아들이면 변신론 문제는 좀더 첨예하게 제기될 수밖에 없는 것으로 보인다. 왜냐하면 기회원인론에서는 오직 신만이 진정한 원인이고, 따라서 세상에서 일어나는 모든 일의 원인 역시 신일 수밖에 없으며, 신은 이 세상의 악과 결함, 불의에 대해 책임 당사자가 되기 때문이다.

말브랑슈는 이 세상에는 불완전성과 악, 불의가 존재한다는 점을 깊이 자각하고 있었으며, 더 나아가 아우구스티누스나 토마스 아퀴나스처럼 악의 존재론적 실재성이나 우주론적 불가피성을 부정하지 않았다. 그는 오히려 악의 존재론적 실재성을 긍정한 가운데 이를 신의 완전성 및 지혜와 조화시킬 수 있는 길을 모색했다. 바로 이 점이 그의 변신론의 독창성을 이룬다.

말브랑슈 변신론의 쟁점은 『형이상학과 종교에 관한 대화』(*Entretiens sur la métaphysique, sur la religion et sur la mort*, 1688)의 한 대목에서 분명하게 제시된다.

떼오도르: 그렇다면 우주는 신이 만들 수 있는 가장 완전한 것인가? 하지만 현실을 보게! 그토록 많은 기형아들과 그토록 많은 무질서, 수많은 불경한 사람들, 이 모든 것이 우주의 완전성에 기여하는 것인가?

아리스뜨: 신은 가능한 가장 완전한 작품을 만들기를 원하네. 왜냐하면 그 작품이 더 완전할수록 그것은 신의 영예를 더 드높일 것이기 때문일세. 이 점은 내게는 명백해 보이네. 하지만 나는 만약 이 작품이 그것을 왜곡시키는 수많은 결함에서 자유로웠다면 더 완성도가 높았을 것이라는 점을 이해하고 있네. 바로 이 점이 나를 곧바로 멈추게 만드는 모순일세. 신은 당신의 계획을 완수하지 못했거나 아니면 그의 속성들에 가장 걸맞은

계획을 택하지 않은 것으로 보이네. (9장 9절)

　이 대화에 나타나듯이 말브랑슈가 풀고자 하는 변신론의 문제는, 완전하고 전능한 존재인 신은 그가 하려고 하면 이 세상을 지금보다 더 완전하게 창조할 수 있었을 텐데 왜 이처럼 수많은 결함을 지닌 불완전한 세상을 창조했을까 하는 점이다. 따라서 아우구스티누스와 달리 말브랑슈에게 세계의 불완전성과 세계 안에 존재하는 악, 무질서, 결함의 실재성은 처음부터 주어진 전제로 간주된다. 악, 불완전성, 무질서는 아무 것도 아닌 것, 따라서 무에 불과한 것이 아니라, 오히려 세계의 완전성을 해치는 것, 따라서 무보다 더 나쁜 것들이다.

　그렇다면 말브랑슈는 이 문제에 어떤 해법을 제시할까? 그것은 신의 의도의 완전성과 더불어 신이 행위하는 방식의 **단순성**과 **일반성**을 함께 고려하는 것이다. 말브랑슈는 이전의 다른 기독교 신학자들과 마찬가지로 신은 이 세계를 가능한 한 가장 완전하게 창조하려는 의도를 지니고 있었다는 점을 긍정한다. 이 세계의 완전성은 신의 무한한 완전성에 걸맞은 일일 뿐만 아니라 신의 지고한 선함을 입증하는 것이기도 하기 때문이다. 그런데 문제는 이렇게 완전한 세계를 창조하려는 신의 의도에도 불구하고 실제로 존재하는 이 세계는 가능한 최선의 세계, 가장 완전한 세계와는 거리가 있는, 수많은 악과 무질서, 불완전성이 존재하는 세계라는 점이다. 그렇다면 신은 자신의 의도를 제대로 이행할 수 없을 만큼 무능력한 존재인가? 이것은 무한하게 완전한 신의 속성 중 하나로 전능함을 들고 있는 말브랑슈로서는 받아들일 수 없는 주장이다. 그렇다면 이 세계 안에 존재하는 악과 무질서, 불완전성은 그보다 상위에 있는 어떤 완전한 질서를 구성하는 부분들인가? 따라서 이 세계는 부분적인 악과 불완전성에도 불구하고 그 질서에서 보면 완전하다고 말할 수 있는 것인가? 이것은 우리가 본 것처럼 이 세상의 악과 불완전성의 존재에 대한 아우구스티누스와 아퀴나스 변신론의 요점이며, 또한 라이프니츠와 심지어 헤겔의 답변("이성의 간지")의 요체라고 할 수 있다.

이들과 달리 말브랑슈는 완전한 세계를 창조하려는 신의 의도와, 실제로 신이 그러한 창조작업을 수행하는 방식 및 창조된 세계를 보존하는 방식 사이에 괴리가 존재한다는 점을 긍정한다. 다음 대목은 이 점을 잘 보여준다.

> 어떤 의미에서는 다음과 같이 말할 수 있다. 곧 신은 그의 모든 피조물이 완전하게 되기를 원하며, 아이들이 엄마의 자궁 속에서 죽게 되기를 원치 않고, 기형아들을 좋아하지 않으며, 그런 존재자들이 산출되게 하는 자연법칙들을 만들지 않았다. 그리고 만약 그가 동등하게 단순한 방식으로 좀더 완전한 세계를 창조하고 보존할 수 있었다면, 그는 그처럼 많은 기형아들이 필연적으로 귀결될 수 있는 법칙들을 제정하지 않았을 것이다. 하지만 어떤 특수한 무질서를 방지하기 위해 그의 의지를 다수화하는 것은 그의 지혜에 걸맞지 않은 일이었을 것이다. (『자연과 은총에 관한 논고』제1논고 1부 22절)

신은 그가 원했다면 기형아가 태어나는 것을 막을 수 있었고, 의인이 강도에게 살해당하는 것을 중단시키고, 가뭄에 시달리는 곳에 비를 뿌리고 홍수가 난 곳에 비를 멈추게 할 수도 있었다. 하지만 신은 그렇게 하지 않는다. 왜 그럴까? 신이 기형아가 태어나는 것을 막고 수많은 범죄와 죄악을 방지하고 가뭄이나 홍수 또는 태풍 같은 자연재해를 방지하기 위해서는, 수많은 특수한 상황들에 특수한 방식으로, 곧 다수의 특수한 의지(volonté particulière)를 통해 개입해야만 한다. 곧 신은 수많은 특수한 상황에서 수많은 기적들을 행해야 한다. 하지만 말브랑슈에 따르면 이는 신의 "지혜에 걸맞지 않은 일"이다. 따라서 "우리는 신에게 지속적인 기적을 요구하거나 매순간 신에게 기적들을 귀속시키지 않도록 주의해야 한다"(같은 책 제1논고 1부 21절). 여기서 말브랑슈가 말하는 신의 지혜란 가장 복잡하고 가장 완전한 일을 가장 단순한 법칙에 따라 가장 단순한 방식으로 수행하는 것을 뜻한다(같은 책 제1논고 1부 13절). 따라서 신의 세계 창조 및 보존이 신의 지혜에 걸맞은 일이 되기 위해서는 신은 자신이 확립한 가장 단순한 법칙들, 곧 자연세계를 지배하는 법칙들을 위반하지 않는 가운데 가장 단순한 방식으로 행위해야 한다.

그렇다면 신이 창조한 세계는 단순히 이 세계를 가능한 한 가장 완전한 세계로 만들려는 신의 의도만이 아니라, 신이 세계를 창조하고 보존하기 위해 사용하는 수단들이 지닌 **단순성과 일반성이 반영되어 있는 세계**라고 할 수 있다. 그런데 그 결과 다음과 같은 일이 일어나게 된다. "선과 악을 포함한 모든 것을 창조한 이는 신이다. 신은 선량한 사람을 죽이려고 하던 악당만이 아니라 불쌍한 사람을 도우려고 하던 의인에게도 집 지붕 위의 기와를 떨어뜨린다"(『기독교적·형이상학적 성찰』, 일곱번째 성찰 19절). 그러면 신은 자신이 확립한 일반법칙, 곧 자신의 일반의지에 걸맞게 행위하기 때문에 결과적으로 선과 악에 무관심하게 되는 것인가? 말브랑슈는 여기에서 선과 악에 대한 신의 태도의 차이점을 다음과 같이 제시한다.

하지만 신은 선을 **행하고**(fait) 악은 **허용하는데**(permet), 이는 신이 직접적이고 실정적으로는(positivement) 선을 원하며 악은 전혀 원하지 않는다는 뜻에서 그렇다. 나는 신이 악은 전혀 원하지 않는다고 말했다. 왜냐하면 신은 결코 기형아들을 산출하도록 자연법칙들을 제정한 것은 아니지만, 이러한 법칙들이 아주 단순한 까닭에 깜짝 놀랄 만한(admirable) 산물이 생겨날 수밖에 없기 때문이다. (…) 이처럼 신은 실정적으로는 그의 산물의 완전성을 원하며, 오직 간접적으로만 불완전한 것과 맞닥뜨리기를 원한다. (…) 신이 선을 행하는 것은 그의 산물이 완전하기를 원하기 때문이다. 신이 악을 행하는 것은 신이 실정적이고 직접적으로 그렇게 하기를 원하기 때문이 아니라, 당신의 행위 방식이 단순하고 규칙적이고 일양적(一樣的)이며 견고하기를 원하기 때문이며, 그의 행동이 그 자신에게 걸맞은 것이 되고 그의 속성들의 특징을 가시적으로 지니게 되기를 원하기 때문이다. (같은 곳)

즉 신은 실정적이고 직접적으로 선을 원하며, 반대로 악을 원하지는 않지만 그것을 허용한다. 악을 원하지 않음에도 허용하는 이유는 신이 제정한 자연법칙, 곧 신이 행위하는 방식이 아주 단순해서 그로부터 의도하지 않은 결과가 불가피하게 생겨나기 때문이다. 신의 행위 방식의 단순성은 다른 말로 하면 신이 제정한 자연법칙이 우주에서 "단순하고 규칙적이고 일양적이며 견고하"게 작동한다는 것을 뜻한다. 이러한 자연법칙은 선한 사람만이 아니라 악한 사람에게도 똑같이 적용되고(그리하여 선한 사람이 우연히 지붕에서 떨어진 기와에 맞는 일이 발생한다), 메마른 땅이나 비옥한 땅에도 규칙적으로 작용한다(그리하여 가뭄과 홍수가 일어나기도 한다).

그렇다면 말브랑슈는 그가 무한하게 완전한 신의 속성들로 제시한 역량(puissance)과 지혜(sagesse) 중에서 후자에 좀더 강조점을 두는 것으로 보인다. 왜냐하면 신의 전능함에 따르면 신은 그가 의도한 모든 것을 실현할 수 있고 또한 바꿀 수 있음에도, 그가 지닌 무한한 지혜에 따라 항상 가장 단순하고 일반적인 방식으로 행위하기 때문이다.

4. 말브랑슈와 아르노의 논쟁: 일반의지와 특수의지

이처럼 말브랑슈의 변신론은 그의 동시대인들에게 신의 역량보다 신의 지혜를 좀더 강조하고, 그리하여 신의 역량을 제한하는 것으로 비쳤다. 신의 역량을 신의 지혜에 종속시키는 듯한 말브랑슈의 관점에 대한 가장 엄격하고 단호한 비판자는 앙뚜안 아르노였다. 아르노의 비판의 핵심은 두가지로 집약된다.

첫째, 아르노는 '일반법칙에 일치하게 행위하는 것'과 '일반의지에 의해 행위하는 것'은 분명 서로 다른 것임에도 말브랑슈는 양자를 같은 것으로 이해한다고 비판한다.

아르노는 일반의지를 특수하지 않은 일반적 내용을 지니고 있고, 특수한 것들에 대해 직접 작용하지 않는 의지로 이해한다. 그에 따르면 신은 분명히 일반법칙에 일치하게 행위한다. 하지만 신이 법칙에 따라 어떤 것을 실제로 산출하기 위해 사용하는 수단은 일반적일 수 없다. 신은 자신이 하는 모든 것을 특수하게 하지, 일반적으로 하지 않는다. 신이 하나의 영혼을 창조할 때 신은 특수한 작용을 통해서 그것을 창조한다. 그리고 신에게는 '행위하기'와 '의지하기'가 동일한 것인 만큼, 신이 어떤 것을 특수하게 한다면 그것은 특수한 의지를 수단으로 삼아 하는 것이다(『자연과 은총의 새로운 체계에 대한 철학적·신학적 성찰』 1권 1장 175면). 분명 이 특수의지들은 일반법칙에 일치하도록 행사된다. 하지만 이는 의지들 자체가 본성상 일반적이거나 범위상 보편적임을 의미하지 않는다. 신은 일반법칙에 일치하게 작용하기는 하지만, 특수한 것 안에서 발생하는 모든 결과를 항상 실정적이고 직접적으로 의지한다(같은 책 1권 2장 198면). 그의 창조의 모든 측면에 직접적이고 지속적인 관심을 기울여야 하는 신에게 다른 행위 양식은 걸맞지 않다. 아르노가 볼 때 말브랑슈는 이 점을 이해하지 못하고 있다.

둘째, 아르노는 일반법칙 내지 일반의지 또는 일반원인(신에게 이 세 가지는 모두 같은 것을 의미한다)을 두 종류로 구별한다. 첫번째 종류의 일반원인은 그의 관심 내지 활동이 모든 사물에 미치되 각각의 모든 특수한 사물에 대해 특수한 이해나 관심을 기울이는 것(따라서 특수의지를 갖는 것)을 수단으로 그렇게 한다는 의미에서 일반원인일 수 있다. 반면 두번째 종류의 일반원인은 신민들의 일상생활과 멀리 떨어진 곳에서 초연하게 존재하는 왕이 오직 일반 법령("거리에 거지가 없게 하라")을 수단으로 하여, 하지만 이 법령들이 신민들 개인과 어떤 관련이 있거나 그들에게 영향을 미치는지 아무 관심도 없이, 또는 법령들이 실행되는 세부 방식이나 그 법령들의 질에 관해 아무런 이해도 없이 왕국을 통치하는 방식이라는 의미에서 일반원인일 수 있다(같은 책 1권 14장 291~92면). 아르노가 보기에 말브랑슈의 신은 두번째 종류의 일반원인에 해당하는 것으로, 특수한 사건이나 대상에 대해서는 무관심하며 오직 일반적인 법령을 통해서만 작동한다.

하지만 여러 현대 연구자들이 지적하듯이 아르노의 비판은 말브랑슈의 기회원인론 및 변신론의 실제 논점을 정확히 파악하지 못한 가운데 이루어진 비판이다. 아르노는 말브랑슈의 신이 특수한 사건이나 대상에 무관심한 일반원인이라고 말하면서 신은 항상 특수한 의지에 따라 행위한다고 반박하지만, 아르노 자신이 사용하는 일반의지와 특수의지라는 개념은 말브랑슈가 사용하는 의미와는 상당히 차이가 있다. 아르노가 말하는 특수의지에 따라 행위하는 신은 오히려 말브랑슈가 말하는 일반의지에 따라 행위하는 신에 더 부합한다. 가령 다음과 같은 대목은 말브랑슈가 말하는 일반의지 또는 일반원인으로서의 신이 어떤 것을 뜻하는지 잘 보여준다.

> 아리스뜨: 운동하는 물체란 무엇이겠나? 그것은 신의 행위에 의해 운반되는 물체일세. (…) 이러한 행위, 이러한 운동력은 결코 물체에 속하지 않네. 그것은 물체들을 창조하는, 또는 상이한 장소에서 연속적으로 물체들을 보존하는 이의 의지의 작용력일세. 〔물질은〕 능동적인 능력을 갖고 있지 않으며, 그것은 사실은 창조주의 지속적인 행위에 의해서만 움직이지. (…) 그것들〔물체들〕 사이의 마주침은 기회원인에 불과한 것으로, 이러한 원인은 물체들의 침투 불가능성 때문에 원동자(原動者) 또는 창조주가 자신의 행위를 분배하도록 강제하는 것이네. (『형이상학과 종교에 관한 대화』 7장 12절)

또한 다음과 같은 대목에서도 이 점이 잘 드러난다.

> 바늘이 나를 찌를 때 신은 영혼과 신체의 연합과 관련된 일반법칙(신은 이러한 법칙에 일치하여 지속적으로 내 안에서 작용한다)의 결과로 내가 고통을 느끼게 만든다. (『아르노의 철학적·신학적 고찰에 대한 반론』, 『전집』 8권 651면)

말브랑슈에게서 신이 특수의지에 따라 행위한다는 것은 일반법칙에서 벗어나서 행위한다는 것, 따라서 기적을 행한다는 것을 의미한다. "신은 그의 의지의 작용이 어떤 일반법칙에 의해 어떤 결과를 산출하도록 전혀 규정되지 않는 경우에 특수의지에 따라 행위한다"(『자연과 은총에 관한 논고』 2절 「첫번째 해명」). 가령 말브랑슈 자신이 든 사례를 보면, 신이 자연법칙에 따라 나의 신체에 아무런 변화도 일으키지 않은 가운데 나에게 찔린 듯한 통증을 불러일으킬 때, 신은 특수의지에 따라 행위하는 것이다. 또는 신이 드넓은 바다로 가로막혀 있던 두 기슭 사이에서 갑자기 바다를 가로질러 길을 만들어냈을 때, 신은 일반의지가 아니라 특수의지에 따라 행위하는 것이다.

말브랑슈가 일반의지와 특수의지를 구분하고 특수의지를 기적 같은 예외적인 경우로 한정하는 것은 세계에 존재하는 불완전성과 악, 불의 등이 소멸 불가능하고 지양 불가능하다고 생각했기 때문이다. 이는 신학적인 용법을 빌려 말하면 완전한 세계를 창조하려는 신의 의도(따라서 악의 지양 가능성)는 신의 무한한 지혜에서 비롯된 신의 의지의 일반성과 그의 행위 방식의 단순성 때문에 결코 온전하게 실현되지 못하며, 항상 불완전성과 악의 여지를 남겨둔다는 것을 뜻한다. 말브랑슈는 아르노의 비판에 대한 답변에서도 계속 이 점을 고수한다.

확실히 신은 그가 영혼과 신체의 일반법칙들을 통해 살인자에게 부여한 힘을 살인자가 사악하게 사용하는 것을 중지시키기 위해 자신의 방식들의 단순성과 일양성(uniformity)을 흐트러뜨리면 안 된다. 따라서 신은 살인자의 팔을 움직이는데, 왜냐하면 신은 이러한 팔의 운동이 따르는 법칙들을 확립했기 때문이다. 하지만 신은 이러한 범죄적인 행동을 실정적이고 직접적으로 의지하는 것은 아니다. 왜냐하면 그가 영혼과 신체의 법칙들을 확립한 것은 이러한 행동을 위한 것이 아니라 그의 지혜와 선함을 더 가치있고 더 잘 표현할 수 있는 효과들을 위한 것이기 때문이다. 따라서 그는 이러한 종류의 행동을 허용하지만, 정확히 말하면 그가 이러한 종류의 행동을 목표로 삼은 것은 아니다. 비록 그가 진실로 이 행동이 그의 영광을 위해 사용될 것을 목표로 삼는다 해도 그렇다. (『아르노의 철학적·신학적 고찰에 대한 반론』, 『전집』 8권 652~53면)

5. 라이프니츠와의 논쟁: 최선의 세계 대 행위 방식의 단순성

아르노와 말브랑슈가 서로 명백히 대립하는 관점에 입각해서 논쟁을 벌였다면, 라이프니츠와 말브랑슈 사이의 관계에는 뚜렷한 일치점들이 지배적인 것처럼 보인다. 라이프니츠는 『변신론』에서 말브랑슈 변신론의 주요 논점들에 공감을 표시하고 있다. 그는 말브랑슈가 일반의지와 특수의지를 구별하고 "보편법칙들의 실행에서 생겨나는 사건들은 신의 특수의지의 대상이 아니"라고 밝힌 점, 신의 행위로부터 "몇몇 무익한 (⋯) 사건들이 생겨난다 할지라도, 신에게는 그 방식이 더 복합적이고 규칙적인 다른 방식보다 선호할 만한"(『변신론』 206항) 것일 수 있다는 점 등에 대해 동의한다.

하지만 이러한 공감을 전제하면서도 그는 몇가지 측면에서 말브랑슈와 자신의 차이점을 밝히고 있다. 그것은 크게 두가지 논점으로 귀결된다. 첫째, 라이프니츠는 일반의지와 특수의지에 관한 말브랑슈의 구별이 미흡하다고 비판한다. 왜냐하면 말브랑슈는 기적을 행하는 신의 의지는 특수의지라고 규정한 반면, 라이프니츠에게 있어서는 기적을 행하는 신의 의지 역시 어떤 근거에 기초를 두고 있으며 따라서 그것 역시 일반의지의 결과라고 할 수 있기 때문이다.

나는 신이 자신에게 가장 걸맞은 방식으로 사물들을 만들었다는 점에서 말브랑슈 신부에게 동의한다. 그러나 나는 일반의지와 특수의지에 대해서는 그보다 더 멀리 간다. 신은 기적적으로 행동할 때조차도 근거 없이 행위할 수 없는바, 개별 사건들에 대한 신의 의지는 진리나 일반의지의 귀결일 수밖에 없다는 사실이 도출된다. 따라서 나는 신은 결코 말브랑슈가 이해하는 그대로의 특수의지, 곧 원초적으로 특수한 의지를 갖지 않는다고 말하겠다. (같은 곳)

라이프니츠가 여기서 시사하는 신의 기적적인 행위의 근거는 "자연의 질서보다 상위 질서에 속한 이유들"(같은 책 207항), 곧 우리 유한한 인간들로서는 알 수 없지만 신의 무한한 지혜의 관점에서 볼 때에는 명백한 어떤 근거들이다. 따라서 라이프니츠의 입장에서 보면 신이 기적적인 행위를 수행한다는 이유로 "신의 보편법칙들을 위반한다고" 말할 수는 없다. "신은 더 적절한 다른 법칙을 통해서만 어떤 법칙을 위반하며, 질서가 요구하는 것은 보편적 법칙에 속하는 질서의 규칙과 일치하지 않을 수 없을 것이다"(같은 곳).

라이프니츠는 또한 신이 행위하는 방식이 가장 단순하고 가장 일양적인 것이라고 해도, 그로 인해 신이 최선의 세계를 창조한다는 사실이 부정되는 것은 아니라고 주장한다.

신의 방식은 가장 단순하고 가장 일양적이다. 왜냐하면 신은 서로 가장 덜 제한하는 규칙들을 선택하기 때문이다. 또한 이 길들은, 길들의 단순성과 관련해 볼 때 가장 풍요로운 것들이다. 이는 같은 예산을 가지고 만들 수 있는 것 가운데 최선의 집이었다고 말하는 것과 같다. 게다가 단순성과 풍요성이라는 두 조건은 가능한 최대의 완전성을 산출한다는 한가지 장점으로 환원될 수 있다. 이렇게 하여 말브랑슈 신부의 체계는 이러한 점에서 나의 체계로 귀착된다. (같은 책 208항)

라이프니츠에게 신은 가능한 최대의 선함을 생산하는 것을 목표로 하며, 이러한 선함은 세계 그 자체가 지닌 본래적 특징이다. 따라서 신에게 걸맞은 유일하게 가능한 세계는 그 자체로 최대의 완전성 또는 실재성을 포함하는 세계다. 그렇다면 라이프니츠에게 신의 지혜는 선에 대한 지혜이며, 신이 세계를 창조할 때 최선의 세계를 선택할 수 있도록 이끄는 것이 바로 이러한 신의 지혜라는 것은 자연스러운 귀결이다. 이러한 이유로 인해 그는 말브랑슈의 체계는 결국 자신의 변신론 체계로 귀결될 것이라고 당당하게 말하고 있다.

말브랑슈의 어떤 구절을 보면 실제로 말브랑슈 스스로 라이프니츠와 자신의 입장이 동일하다고 말하는 것처럼 보인다. 가령 그는 다음과 같이 말한다. "신은 그의 지혜의 무한한 보고 가운데서 무한하게 가능한 세계를 발견하면서 (…) 이 세계를 창조하기로 결정을 내린다. (…) 이 세계는 이것을 생산하거나 보존하는 데 필요한 방식들의 단순성과 관련해 볼 때 가장 완전한 것임에 틀림없다"(『자연과 은총에 관한 논고』 제1논고 1부 13절). 또한 그는 라이프니츠에게 보낸 편지에서 다음과 같이 밝힌 바 있다. "선생께서는 (…) 신이 그의 지혜 속에서 발견한 모든 가능한 작업계획 가운데 최선의 것을 선택해야 한다는 점을 선험적으로 아주 잘 증명하셨습니다"(라이프니츠에게 보내는 1711년 12월 14일자 편지).

하지만 말브랑슈가 "이 세계가 (…) 가장 완전한 것"이라거나 신이 "모든 가능한 작업계획 가운데 최선의 것을 선택해야 한다"라고 말할 때 염두에 둔 것은 라이프니츠의 생각과는 꽤 차이가 있는 것이었다. 실제로 그는 라이프니츠에게 보내는 같은 편지에서 또한 다음과 같이 지적한다. "신의 작품은 존재할 수 있는 가장 완전한 작품이지만, 이는 절대적으로 그런 것이 아니라 그의 작업이 실행되는 방식들과 비교해볼 때 그러한 것입니다. 왜냐하면 신은 그의 작품의 탁월함에 의해서만이 아니라 또한 단순성과 풍요성에 의해, 방식들의 지혜에 의해서도 자신의 영광을 드러내기 때문입니다"(같은 글).

이는 『변신론』 208항에 대한 직접적인 반론이라고 할 수 있다. 왜냐하면 라이프니츠는 "단순성과 풍요성"이 "가능한 최대의 완전성을 산출한다는 한가지 장점으로 환원될 수 있다"라고 보는 반면, 말브랑슈는 세계의 완전성은 "절대적으로 그런 것이 아니라 그의 작업이 실행되는 방식들과 비교해볼 때 그러한 것"이라고 지적하기 때문이다. 라이프니츠가 신의 완전성은 무엇보다 그가 창조한 세계의 완전성을 통해 표현된다고 보는 반면, 말브랑슈는 그것은 오직 신이 세계를 창조하는 방식, 더 나아가 신이 행위하는 방식의 '단순성'에 대해 상대적이라고 보는 셈이다.

이러한 차이가 드러내는 것은 무엇일까? 현대 미국 철학자 찰스 라모어(Charles Larmore)는 『근대성과 도덕』(*Modernité et morale*, 1993)에서 두 사람의 차이를 '결과론 대 의무론'의 차이로 표현한 바 있다. 라이프니츠가 신이 창조해낸 결과의 최선의 완전성을 강조하는 입장이라면, 말브랑슈는 결과의 완전성 여부보다 신이 자신의 필수적인 원칙을 준수하느냐 여부를 더 강조한다는 것이다. 이에 따르면 두 사람은 서로 양립 불가능한 도덕적 관점을 지니고 있는 셈이다.

하지만 두 사람의 여러 저술을 감안하면 두 사람의 입장에 이처럼 확연한 대립이 존재한다고 보기는 어렵다. 아마도 두 사람의 입장 차이는 이상주의 대 현실주의의 차이로 보는 것이 조금 더 적절할 것이다. 그 차이는 곧 라이프니츠가 신의 도덕적 완전성과 전능성을 강조하는 신학적 교리와 자연세계의 불완전성 사이의 괴리에 대해 이상적 조화의 가능성을 주장했다면, 말브랑슈는 그러한 괴리가 지양 불가능하다는 것을 고수했다는 데서 찾을 수 있다. 말브랑슈에게 신은 오직 자기 자신의 영광을 위해 행위할 뿐 이 세계의 완전성 여부에 대해서는 원칙적으로 무관심하다. 아르노 같은 교조적 신학자들이 보기에 이는 신의 도덕적 완전성을 침해할 수 있는 위험한 발언처럼 보였지만, 말브랑슈가 보기에는 오히려 이것이야말로 세계의 불완전함에 대한 책임으로부터 신의 자유와 완전성을 구하는 길이었다. 그리고 오늘날 세속적인 세계의 관점에서 보면 이러한 말브랑슈의 입장이 좀더 현실주의적이라고 말할 수 있다.

6. 맺음말

어떤 측면에서 보면 17세기 후반 서양 철학에서 가장 중요한 문제는 심신 문제도 실체에 관한 형이상학적 질문도 아니었고, 오히려 변신론 또는 창조된 세계의 명백한 불완전성과 불의에 직면하여 신의 방식을 변호하고 정당화하는 것이었다. 그리고 이 변신론이라는 주제에 초점을 맞춰 보면 말브랑슈의 저작은 새로운 중요성을 얻게 된다.

우선 그것은 말브랑슈의 기회원인론을 좀더 정확히 이해할 수 있게 해준다. 라이프니츠는 말브랑슈의 기회원인론을 비판하면서 말브랑슈의 신은 자연 중에 개입하여 물체와 사유의 법칙을 중단시킨다고 말한 적이 있지만, 우리가 본 것처럼 이것은 사실이 아니다. 말브랑슈의 신은 오히려 항상 자신이 제정한 일반법칙에 일치하게 행위하며, 그의 기회원인론이 의미하는 것은 신은 그가 제정한 일반법칙, 곧 자연법칙에 따라 자연적인 사물 내에서 행위한다는 것이다. 따라서 신이 진정한 원인으로 간주될수록, 자연적인 법칙은 더욱 철저하게 작동하고 일양적으로 준수된다고 할 수 있다. 이는 기회원인론과 종종 결부되곤 하는 인격적이고 자의적인 신에 관한 인상이 상당히 그릇된 것임을 말해준다.

나아가 말브랑슈의 변신론은 악의 문제에 관해 매우 현실주의적인 관점을 보여준다. 그와 논쟁했던 다른 철학자, 신학자 들이 신의 완전성이라는 이름으로 현실세계 속에 존재하는 불완전성과 악, 불의 등을 부정하거나 완화하려고, 또는 헤겔식으로 말하면 지양하려고 했지만, 말브랑슈는 신 자신의 속성에 의거하여, 그리고 그가 제정한 일반법칙에 의거하여 이 세상의 불완전성과 악은 지양 불가능한 것임을 천명하고 있다. 이는 현대 도덕철학이나 정치철학에도 상당한 통찰력을 제공해줄 수 있는 관점이다.

| 진태원 |

8장

스피노자

스피노자의 종교비판

___

    스피노자(Baruch de Spinoza, 1632~77)는 의인론적 신관과 전통적인 제도 종교에 대한 신랄한 비판 때문에 무신론자나 반종교적인 인물로 흔히 해석된다. 그러나 이러한 해석은 스피노자 철학 안에서 종교가 규약적 종교, 보편적 계시종교, 철학적 종교로 구분되며, 각각에 대한 스피노자의 입장이 다르다는 점을 간과하는 문제점을 안고 있다. 규약적 종교에 대해 스피노자는 네 가지 측면에서 비판적인 입장을 분명히 한다. 먼저, 스피노자는 규약적 종교에서 신의 본성이나 특성으로 간주되는 전능함, 전지함, 지고지선함이 의인론적 신관이나 자유의지를 가정하고 있다는 점에서 신에 대해 알려주는 바가 없다고 비판한다. 둘째, 스피노자는 신의 세계창조 개념을 거부하는데, 선을 목적으로 하는 세계창조설은 신을 목적에 종속시키고, 무차별적 의지에 의한 세계창조설은 신의 불변성에 어긋난다고 보았기 때문이다. 셋째, 스피노자는 예배 및 의례와 관련된 규약적 종교의 교리들이 미신으로 이끌 위험이 있다고 비판한다. 마지막으로, 스피노자는 금욕주의적 윤리설과 영혼불멸 교리 등이 인간의 본성에 대한 비현실적 관점을 유포하며 윤리를 타율화할 수 있다는 이유로 비판한다. 전통 신관에 대한 스피노자의 대안은 신의 자연화다. 이를 통해 신과 양태의 관계는 법칙에 입각한 인과적 의존관계로 이해된다. 규약적 종교에 대한 스피노자의 비판이 종교에 대한 거부를 함축하지 않는다는 것은 보편적 계시종교에 대한 그의 입장을 통해 드러난다. 보편적 계시종교는 새로운 성서 해석 방법을 통해 정의와 자비의 실천이라는 목적을 가지는 종교다. 이처럼 실천적 목적으로 종교의 기능을 제한함으로써 스피노자는 종교에서 분란과 분쟁의 뇌관을 제거하려 했다. 신, 세계, 세계와 신의 관계에 대한 적합한 인식에 근거한 철학적 종교에서는 이론적 앎에 다시 초점이 맞추어진다. 그러나 이러한 앎은 신과 세계 및 타인에 대한 태도를 변화시킴으로써 삶의 방식에 근본적인 변화를 가져온다는 점에서 종교적 효과를 갖는다. 규약적 종교를 믿는 이도 사랑과 구원에 대한 확신이라는 동기에 의해 현인과 유사한 정의와 자비를 실천할 수 있다는 점에서 스피노자 철학에서 비철학적 구원의 가능성이 열리게 된다. 과학과 종교의 관계와 관련해 스피노자는 양자가 목적과 방법을 달리하는 별개의 영역이기에 갈등할 필요가 없음을 역설한다. 또 이성을 도덕적 계율의 파악과 준수를 담당하는 능력이라는 약한 의미로 규정하고, 초자연적 지식의 원천으로서의 계시 개념을 거부함으로써 이성과 계시의 대립을 약화시킨다. 이처럼 스피노자에게 종교란 신의 관념을 동반하는 사유와 실천이기 때문에 신의 관념이 다른 만큼 다양한 양상으로 종교가 나타날 수 있으며, 각각에 대한 평가도 달라진다. 따라서 스피노자에게 종교비판은 종교 일반의 제거를 의미하지 않는다. 스피노자 종교관의 의의는 이처럼 무신론과 유신론, 종교와 비종교의 경계를 새롭게 사고하도록 했다는 데 있다.

1. 스피노자 철학에서 종교의 문제

스피노자 철학에서 종교는 민감하면서도 난해한 주제라고 할 수 있다. 기성 종교에 대한 스피노자의 격렬한 비판으로 인해 그의 철학은 반종교적인 색채를 띠지만, 스피노자 자신은 끊임없이 종교적인 용어와 표현들로 자신의 철학을 채색하고 있기 때문이다.

스피노자의 동시대인들뿐만 아니라 현대의 스피노자 연구자들 대다수는 종교에 대한 스피노자의 이러한 양면적인 태도 속에서 그의 은폐된 무신론적 성향을 읽어내고, 이를 통해 스피노자 철학을 철저하게 반종교적인 철학으로 재구성하려고 했다. 많은 연구자들은 특히 의인론적 신관에 대한 비판과 종교적 믿음에 대한 평가절하를 반종교적 스피노자 해석의 근거로 제시했다. 하지만 반종교적인 스피노자 해석은 다음과 같은 세가지 이유로 그의 종교관을 오해하게 만들 위험이 있다.

먼저, 스피노자 철학에서 종교가 적어도 세가지 형태로 나타나고 이중 일부에 대해 스피노자가 우호적인 태도를 보이고 있다는 점에서, 반종교적인 스피노자 해석은 스피노자의 종교관을 지나치게 단순화하는 문제점을 안고 있다. 스피노자는 종교를 철학적 종교, 보편적 계시종교, 규약적 종교로 구분하며, 상이한 원천과 특징 및 효과를 가지는 이 세 형태의 종교에 대해 상반된 평가를 내린다. 기성의 제도종교라고 할 수 있는 규약적 종교에 대해서는 매우 부정적인 평가를 내리는 반면, 보편적 계시종교와 철학적 종교에 대해서는 매우 우호적인 평가를 내린다. 특히 철학적 종교는 신에 대한 적합한 인식에 기초하기 때문에, 그의 종교적 믿음 일반이 낮은 수준의 인식에 원천을 두고 있다는 해석을 반증하는 사례라고 할 수 있다.

둘째로 반종교적 해석은 스피노자 철학에서 '철학적 구원'이 종교적 구원이기도 하다는 점을 간과한다. 스피노자는 '철학적' 구원을 주창했다는 점에서 '구원'을 위한 자리를 종교에 남겨둔 다른 근대 철학자들과 큰 차이를 보인다. 하지만 그의 철학 자체가 종교적 성격을 갖고 있다는 점에서 철학적 구원은 또한 철학적 종교를 통한 구원이라고 말할 수 있다. 따라서 철학적 구원을 종교적 구원과의 단절로만 보려는 반종교적 해석은 스피노자 철학관과 종교관을 곡해할 위험이 크다.

마지막으로, 스피노자가 주장하는 신관의 대안적 성격을 은폐한다는 점에서 반종교적 스피노자 해석은 문제가 있다. 스피노자는 신과 자연을 동일시한다는 이유로 동시대인들뿐 아니라 현대인들에 의해 무신론자라는 비난을 받아왔고, 이러한 비난은 그의 철학을 반종교적으로 해석하는 데 자양분이 되었다. 하지만 신이 자연이라는 논제에 근거해 스피노자 철학을 무신론적으로 해석하는 것은 매우 편향된 해석이다. 그러한 해석은 인격신 개념에 바탕을 둔 유대-기독교적 신관을 유일하게 가능한 신관으로 가정한 것이기 때문이다. 신이 곧 자연이라는 스피노자 주장의 의미를 올바로 이해하고 그 의의를 온전히 평가하기 위해서는 전통적 신관의 눈으로 스피노자의 신관을 예단하는 시각에서 벗어날 필요가 있다.

이처럼 스피노자 철학에 대한 반종교적 해석은 여러가지 문제점을 안고 있기 때문에, 스피노자의 종교관에 대한 한층 체계적이면서도 다면적인 성격의 논의가 필요하다. 이를 위해 다음과 같은 점들을 고려할 필요가 있다.

첫째, 스피노자가 종교를 세가지 형태로 구분했기 때문에 스피노자의 종교관을 논할 때에도 이 세 형태의 종교에 대한 별도의 논의가 필요하다.

둘째, 스피노자 철학 자체가 종교적 성격을 갖는다면 그가 말하는 철학적 구원은 종교적 구원과 완전히 이질적인 것이라고 말할 수 없다. 오히려 철학적 종교 외에 다른 형태의 종교와 관련된 구원이란 과연 존재하는지, 그리고 그것이 철학적 종교를 통한 구원과 어떤 관계에 있는지 검토할 필요가 있다.

이하에서는 스피노자의 『에티카』(*Ethica, ordine geometrico demonstrata*, 1675)와 『신학정치론』(*Tractatus theologico-politicus*, 1673)을 중심으로 스피노자의 종교관을 규약적 종교에 대한 비판과 철학적 종교 및 보편적 종교에 대한 옹호로 나누어 고찰한 다음, 종교와 과학의 관계, 이성과 신앙의 관계 같은 종교철학적 주제들에 대해 스피노자가 어떤 입장을 견지하고 있는지를 보여줄 것이다.

2. 규약적 종교의 비판자이자 철학적 종교 및 보편종교의 옹호자로서의 스피노자

종교 비판자로서의 스피노자

1) 규약적 종교에 대한 비판

'규약적 종교'(『스피노자론』)는 신의 속성 및 특성, 세계와 신의 관계, 예배 및 의례와 관련된 교리, 도덕적 가르침에 관한 교리 등을 포함하며, 규약적 종교에 대한 비판은 이런 교리적 내용들 대부분에 대한 비판을 담고 있다.

i) 규약적 종교의 신관에 대한 비판

규약적 종교는 제도화된 유대교, 기독교, 이슬람교를 포함한다. 이 종교들은 구체적인 교리 면에서는 차이가 있지만 인격신관을 공유하는 점에서는 다를 바가 없다고 할 수 있다. 그래서 규약적 종교의 교리들은 신을 인간처럼 지성과 의지를 갖고 있을 뿐만 아니라 감정과 욕망을 갖는 존재로 묘사하곤 한다. 특히, 이 종교들은 공통적으로 신을 전지전능하며 최고로 선한 비물질적 존재로 간주한다.

스피노자는 『에티카』에서 전능함, 전지함, 지고지선함이 신의 본성이나 특성이 될 수 없다는 점을 분명히 한다. 전능함에 대한 비판은 『에티카』의 근본 주장들 가운데 하나라고 할 수 있을 정도로 스피노자 철학에서 대단히 중요한 의미를 갖는다(EIIP3S*). 왜냐하면 모든 것을 마음대로 할 수 있다는 의미로 이해되는 전능함 개념은 스피노자가 거부하고자 하는 자유의지 개념을 전제하기 때문이다. 즉 전능한 신은, 스피노자에 따를 때, 무엇이든 마음대로 선택하고 결정할 수 있을 뿐만 아니라 결정한 바를 집행할 수 있는 절대군주와 유사하다. 물론 규약적 종교

---

* 앞으로 인용할 『에티카』의 약어는 다음과 같다: A(공리) C(따름정리) D(정의) Dem(증명) P(정리) Pref(서문) S(주석) C의 S(따름정리의 주석) App(1부 부록). 이하에서 『에티카』 인용은 E 다음에 로마자로 장을 표기하고 정의나 공리 및 따름정리의 번호를 붙인다. 스피노자 저작은 컬리(E. Curley)가 번역하고 편집한 *The Collected Works of Spinoza* (Princeton University Press 1985)와 뽀트라(B. Pautrat)의 라틴어·프랑스어 대역본 *Éthique* (Édition du Seuil 1988)를 저본으로 했다. 이외 스피노자 저작에서 『신, 인간, 인간의 행복에 관한 소론』은 KV로, 『지성개선론』은 TdIE로, 『신학정치론』은 TTP로 약칭할 것이다.

에서 말하는 신은 자기 마음대로 통치하는 폭군이 아니라 전선함과 전지함이라는 또다른 특성에 의해 결정하고 행동하는 '도덕적 군주' 혹은 '계몽적 군주'라고 말할 수 있다. 하지만 스피노자에 따르면 세계 안에 실제로 존재하는 모든 것은 본성에 따라 필연적으로 존재하기 때문에 신의 전능함과 자연의 필연성은 동일한 것이다. 우리가 이따금씩 우리 이해력의 범위를 넘어서서 일어나는 사건이나 행위와 관련해 가능성 혹은 우연성과 필연성의 양상을 구분하긴 하지만, 신의 관점에서 봤을 때 "신의 권능하에 존재하는 것으로 파악되는 모든 것은 필연적"(EIP35)이라고 말할 수 있으며 또한 필연적이라고 말해야 한다. 따라서 자유의지에 바탕을 둔 전능함은 신의 본질이나 특성에서 제외된다.

　신이 모든 것을 안다는 의미의 전지함 역시 신의 본성이나 특성이 아니라 신의 명목적 성질(propria)로 그 존재론적, 인식론적 지위가 격하된다. 스피노자는 신의 본질(essentia) 혹은 속성(attributum)과 본질로부터 유래하는 신의 특성(proprietas), 그리고 신의 명목적 성질을 구분한다. 이러한 명목적 성질들은 본질이나 속성처럼 어떤 존재를 존재하게끔 하거나 인식하게 해주는 것도 아니고, 특성처럼 본질로부터 직접적으로 추론되거나 귀결되는 것도 아니지만, 본질과 분리 불가능하게 연관되어 있는 하나의 양태(modus)라는 점에서 명목적 성질이라고 부를 수 있다(KV 1부 2~7장). 이는 신의 모든 속성이나 어떤 특정한 속성과 관련지어 다시 구분될 수 있다. 즉 자기원인, 무한성, 영원성, 필연성 등이 전자에 해당하는 명목적 성질이라면, 전지함, 편재성 등은 후자에 해당한다고 할 수 있다. 이렇게 볼 때 신의 전지함은 사유라는 신의 속성과 분리 불가능하지만 그 속성으로부터 직접 추론되거나 귀결되지는 않는 신에 관한 명목적 규정에 불과하다.

　지고지선함 역시 신의 명목적 성질에 해당하지만, 이는 정의로움이나 자비로움처럼 신의 본성을 이해하지 못한 상태에서 신이 어떤 다른 존재보다 더 선하다고 상상하는 데서 생겨난 명목적 성질에 불과하다 (KV 1부 7, 10장). 다시 말해 이는 신을 인간화하여 생각하는 의인론적 신관이 투영된 것이다. 따라서 지고지선함은 전지함보다 인식론적으로 낮은 지위를 갖는다.

전통적 신관과 스피노자의 신관의 차이를 뚜렷이 드러내는 또다른 점은 신의 비물질성에 대한 스피노자의 거부다. 전통 신학에서는 신의 절대적 정신성을 강조한다. 이는 연장되어 있음이라는 물질의 성질이 분할 가능성과 가변성을 함축하기 때문에 신의 단순성이나 불변성과 양립 불가능하다고 보았기 때문이다. 하지만 스피노자는 서로 공통된 것을 갖고 있지 않으면 어떤 것들이 서로 인식될 수 없으며 한 개념이 다른 개념을 포함할 수도 없다는 공리(EIA5)에 기반해 물질성을 신에게 귀속시킨다. 예를 들어, 신이 물질적 사물들의 원인이라거나 물질적 사물들이 신의 변용이라는 주장을 인식할 수 있으려면 신과 물질적 사물들 모두 어떤 것을 공통적으로 갖고 있어야 하는데, 이것이 바로 연장이다. 또한 연장 속성이 분할 가능성과 가변성을 함축하기 때문에 신의 속성에 포함될 수 없다는 비판에 대해 스피노자는 그러한 비판은 물질적 실체가 부분으로 이루어져 있다고 잘못 가정하고 있다고 대답한다 (EIP15S). 하지만 신의 모든 속성의 불변성을 가장 근본적인 자연법칙들의 불변성이라는 의미로 이해한다면(EIP20S; EID4; TdIE §101), 앞서 제기된 분할 가능성이나 가변성 같은 문제에 봉착하지 않게 된다(『기하학적 방법의 배후』 43면). 이처럼 스피노자의 신관은 신의 절대적 정신성을 거부하고 신에게 물질성을 귀속시킨다는 점에서 전통적인 신관과 근본적인 차이를 보인다고 할 수 있다.

그렇다면 스피노자가 주장하는 신의 본성과 특성은 무엇인가? 「올덴

부르크에게 보내는 서한 35」(이하 「서한」과 번호로 줄임)와 『에티카』 1부 부록이 이 물음에 부분적인 답을 준다. 먼저, 「서한 35」에서는 영원성, 단순성, 무한성, 분할 불가능성, 순수한 완전성, 신의 자기충족적 완전성, 유일성 등을 신의 특성으로 제시한다. 이는 대부분 전통적인 신의 특성으로 간주되는 것들이다. 반면, 후기 저작인 『에티카』에서는 신이 오직 자기 본성의 필연성에 의해서만 존재하고 작용하는 유일한 존재라는 것과 만물의 자유원인이라는 점을 강조하고 있다(EIApp). 여기서 '자유원인'(causa libera)은 '의지의 자유나 절대적 재량에 의해서가 아니라 신의 절대성 본성이나 무한한 힘에 의해' 존재하고 작용하는 원인이라는 의미를 가진다. 이러한 정의는 무엇이든 마음대로 선택할 수 있다는 자유의지 개념에 바탕을 둔 기존의 자유원인 개념을 '본성의 필연성'이라는 개념에 초점을 맞추어 재정의한 것이다. 이를 통해 스피노자는 인과적 결정론과 양립 가능한 신관을 제시하고 있다고 하겠다.

ii) 세계와 신의 관계와 관련된 교리 비판

도덕적 군주 혹은 계몽적 군주로서 신의 권력이 세계에 행사됐을 때, 우연의 관념을 함축하는 세계창조 개념과 자연에 대한 초법칙적 개입이라는 관점이 등장하게 된다. 신이 세계를 창조할 수도 있었고 그러지 않을 수도 있었다는 점에서 신의 세계창조는 우연적인 사건이 되고, 신이 자연법칙을 벗어나 자연적인 사건에 개입할 수 있다는 점에서 세계에 대한 신의 개입은 초법칙적 성격을 갖는다. 하지만 스피노자는 이러한 우연적인 세계창조뿐만 아니라 신의 초법칙적 세계 개입 모두에 반대한다.

세계창조와 관련한 전통적인 신학 학설은 선을 목적으로 삼는 세계창조설과 무차별적인 신의 의지에 의한 세계창조설로 크게 나누어지는

데(EIP33S2), 스피노자는 이들 각각을 다음처럼 비판한다.

먼저, 신이 선을 목적으로 세계를 창조했다고 주장하는 것은, 스피노자에 따르면 "신에 의존하지 않는 어떤 것, 신이 자신의 행동에서 모범으로 삼거나 일정한 목적으로 그것을 향해 노력해야 하는 어떤 것을 신의 밖에 설정하는"것이기 때문에 "신을 운명에 종속시킬 뿐이다"(EIP33S2). 또한 신의 무차별적 의지, 곧 모든 것을 신의 임의의 의지에 종속시키는 창조설 역시 신이 자신의 의지를 통해 사물을 인식하는 것과는 다른 방식으로 그것을 인식할 수 있다고 공공연히 주장하는 것이기 때문에 신의 불변성이라는 특성과 상충한다(같은 곳). 이처럼 무차별적인 신의 의지에 의한 세계창조설은 세계창조를 신의 임의적 의지에 의존하는 우연적인 사건으로 만들기 때문에 스피노자에게 논박의 대상이 된다.

iii) 예배 및 의례 관련 교리에 대한 비판

규약적 종교에 대한 스피노자의 비판은 이론적인 차원을 넘어 실천적 차원으로 확장된다. 특히 스피노자는 예배 및 의례와 관련된 교리들을 비판의 표적으로 삼는데, 그러한 예식들이 미신이나 광신으로 이끌 위험성이 크다고 보았기 때문이다. 『에티카』1부 부록에서는 이와 같은 예배 및 의식 관련 교리들이 미신으로 이어지는 과정을 다음처럼 설명하고 있다(『스피노자 철학에서 개인과 공동체』5장).

우리 각자는 자신의 천성에 따라 자기 이미지를 본떠 어떤 신을 주조해낸 다음, 이렇게 주조된 신의 관념에 따라 특수한 예배의 필연성을 연역하려 한다. 이때 우리는 두가지 목적론을 가정하는데, 신이 인간을 위해서 세계를 창조했다고 보는 목적론과 신이 인간을 만든 것은 바로 인간에게 숭배받기 위해서라고 보는 목적론이 그것이다. 따라서 인간 본성의 외적인 목적은 신의 영광이 된다. 그러나 이런 이중의 목적론이 자신에게 좋아 보이는 일을 하면 신도 자신을 흡족하게 여길 것이라는 발상과 결합될 때 온갖 기복적인 신앙과 미신으로 이어질 수 있다고 스피노자는 진단한다.

이처럼 스피노자에게 인간중심주의는 신중심주의로 완성되며, 이런 주장의 밑바탕에는 목적론이라는 가상이 자리잡고 있다고 할 수 있다.

iv) 도덕적 가르침에 관한 교리 비판

스피노자는 규약적 종교의 핵심이 되는 도덕적 가르침 자체를 비판하지는 않는다. 그는 기독교나 유대교는 물론 이슬람교 역시 정의와 자비의 실천이라는 실천적 목표를 제시한다는 점에서는 다를 바가 없다고 보았다. 문제는 그런 내용을 실현하는 과정이나 동기에 있는데, 구체적으로 금욕주의적 윤리설과 영혼불멸성의 적극적인 윤리적 기능이 스피노자가 문제 삼는 교리에 해당한다고 볼 수 있다.

스피노자에 따르면 규약적 종교가 주장하는 금욕주의적 윤리설은 인간에 대한 부정적 관점에 기초한 것이다. 즉 인간의 욕망이나 기쁨 내지 쾌락을 부정적인 것으로 보고, 이를 이성이나 의지를 통해 억제해야 할 대상으로 간주하는 것이다. 그러나 스피노자는 "즐거워하는 것을 금지하는 것은 음울하고 슬픈 미신뿐"이며(EIVP45C2의 S), "어떤 신도 (…) 나의 무능력과 고통을 즐거워하지 않으며 또한 눈물 흘리고 흐느끼고 공포를 느끼는 그러한 정신의 무능력의 표지를 우리의 덕으로 여기지 않는다"라고 힐난한다(같은 곳). 금욕주의적 인간관에 대한 스피노자의 이런 비난은 욕망을 인간의 본질로 규정할 뿐만 아니라(EIIIDA1) 기쁨의 극대화를 윤리적 목표로 설정하는 스피노자의 인간관에 바탕을 둔 것이라 할 수 있다.

스피노자는 영혼불멸성의 적극적인 윤리적 기능 역시 문제 삼는다. 스피노자는 육신의 부활 이후에 불멸하는 영혼이 존재해야 선한 자에 대한 신의 보상과 악한 자에 대한 처벌이 가능하다는 주장을 다음과 같은 세가지 이유로 비판한다. 첫째, 이런 의미의 불멸은, 정신과 신체가 함께 간다는 병행론이 맞다면, 가능할 수 없을 뿐만 아니라 정신의 완전성이 육체의 완전성과 나란히 간다는 스피노자의 윤리설과도 맞지 않는다(EVP39). 둘째, 이처럼 보상에 대한 희망과 처벌에 대한 공포에 의해 윤리적 행위의 당위성을 강조하는 입장은 윤리적 행위를 철저하게 타율적인 것으로 전락시킨다(EVP41S). 셋째, 이처럼 사후세계에서 진정한 행복을 추구하는 입장은 현세의 행복과 기쁨을 과소평가하는 경향으로 이끈다.

이처럼 스피노자는 규약적 종교를 순수하게 이론적인 면에서뿐만 아니라 실천적인 면에서도 비판하였다. 그러나 규약적 종교에 대한 비판은 신의 자연화라는 대안적 신관을 또다른 한 축으로 갖고 있다.

2) 신의 자연화: 스피노자와 범신론의 문제

스피노자는 의인론적 신관에 대한 비판에 머무르지 않고 신의 자연화 논제를 그 대안으로 제시한다. 가장 넓은 의미에서 '신의 자연화'란 신을 초자연적인 존재가 아니라 생산하는 자연(natura naturans)과 동일한 것으로 보는 입장을 말한다. 잘 알려진 '신 즉 자연'(Deus sive natura)이라는 문구는 신의 자연화 논제가 말하고자 하는 바를 압축적으로 표현해준다.

하지만 『에티카』 4부 「서문」과 '정리 4'의 증명에서 짤막하게 언급되는 것을 제외하면 스피노자의 저서 어디서도 이 문구에 대한 체계적인 논의를 발견할 수 없기 때문에, 이는 스피노자 철학을 둘러싼 무수한 오해와 왜곡의 원천이 되기도 했다. 특히 '신 즉 자연'이라는 문구는 신과 자연사물을 동일시하는 범신론적 해석을 지지하는 대표적인 논거처럼 여러 저자들에 의해 인용되기도 했다. 하지만 신이 곧 자연이라는 스피노자의 주장을 모든 것이 다 신이라고 주장하는 범신론과 동일시하는 것은 다음과 같은 문제점을 안고 있다.

먼저, 범신론적 해석은 스피노자가 생산하는 자연과 생산된 자연(natura naturata)을 구분할 뿐 아니라 그 둘을 동일시하지 않는다는 사실을 간과하고 있다. 스피노자는 "생산하는 자연을 그 자체 안에 존재하며 그 자신에 의해 파악되는 것 (…) 혹은 자유원인으로 고찰되는 신으로 이해하지 않으면 안 된다"라고 주장한다(EIP29S). 반면 "생산된 자연을 신의 본성이나 신의 각 속성의 필연성에서 생기는 모든 것, 즉 신 안에 존재하며 신 없이는 존재할 수도 없고 파악될 수도 없는 그러한 것으로 고찰되는 한에서 신의 (…) 모든 양태"로 정의하고 있다(같은 곳). 요컨대 생산하는 자연은 실체로서의 신을 가리키고, 생산된 자연은 모든 양태를 가리킨다. 만약 범신론적 해석이 맞다면 생산하는 자연으로서의 신은 생산된 결과인 양태들과 완전히 일치해야 할 것이다. 하지만 신 없이 양태들은 존재할 수도 없고 파악될 수도 없다는 점에서 이런 일치관계는 성립되지 않는다.

두번째로 범신론적 해석은 신과 양태의 관계가 비대칭적 의존관계라는 점을 은폐한다. 『에티카』 1부 '정리 1'에서 스피노자는 실체가 본성상 그 변용들에 앞선다고 주장하며, 실체(EID3)와 양태의 정의(EID5)를 이런 주장에 대한 근거로 제시하고 있다. 이로부터 여러가지 논점을 이끌어낼 수 있다. 우선, 스피노자는 실체와 양태의 정의를 기초로 양태가 실체의 변용들(suis modificationes)임을 입증하고 있기에, 양태와 실체의 변용들을 동일한 것으로 전제함을 알 수 있다. 다음으로, 실체가 존재론적으로나 개념적으로 자립적인 반면 양태는 그렇지 못하다는 점이 양태에 대한 실체의 우선성의 근거로 제시되고 있기에, 여기서의 우선성은 비자립적인 양태가 자립적인 실체에 의존한다는 의미로 해석될 수 있다. 마지막으로, 양태는 존재론적, 개념적 비자립성 때문에 실체에 의존하지만 실체는 양태에 의존하지 않는다는 의미에서 양자의 의존관계는 비대칭적(asymmetric)이라고 할 수 있다. 이러한 논거를 통해 양태는 실체에 의존하지만 실체는 양태에 의존하지 않는다는 점에서 양자가 비대칭적 의존관계에 있다는 결론을 낼 수 있다. 따라서 실체와 양태의 관계는 이런 비대칭적 의존관계에 입각해 이해되고 해석되어야 한다. 컬리와 게루(M. Gueroult)에 따르면 실체와 양태의 이런 비대칭적 의존관계를 인과적 의존관계로 이해할 수 있는데(『기하학적 방법의 배후』 38면; 『스피노자』 xii, II), 이러한 해석을 통해 실체와 양태 간의 비대칭적 의존관계가 명확히 해명될 수 있기 때문이다. 이러한 해석에 따를 때 'x가 신의 양태다'라는 주장은 '신이 x의 원인이다'라는 주장과 다른 것이 아니다.

이처럼 신과 양태의 관계를 인과적인 비대칭적 의존관계로 파악함으로써 신의 자연화 논제의 의미도 좀더 명확히 이해할 수 있다. 즉 양태들이 신에 비대칭적으로 인과적으로 의존한다는 주장을 통해, 신이 무한히 많은 것들을 자연법칙에 따라 생산할 수 있는 힘을 가진 존재라는 의미로 신의 자연화 논제를 이해하게 된다. 신과 양태의 관계는 법칙에 입각한 인과적 의존관계로 이해할 수 있다.

이렇듯 스피노자는 규약적 종교 밑바탕에 깔려 있는 의인론적 신관과 목적론적 세계관에 대한 비판을 통해 규약적 종교의 이론적 기반을 해체하는 작업을 전개했다. 하지만 스피노자는 규약적 종교가 여러가지 긍정적인 윤리적 기능을 할 수 있다는 점에서 규약적 종교 자체를 미신과 동일한 것으로 보지는 않았다. 규약적 종교의 문제를 극복하기 위한 대안으로 스피노자가 제시하는 보편적인 계시종교를 통해 이 점을 분명히 확인할 수 있다. 보편적 계시종교란 어떤 의미에서 미신으로 전환될 가능성이 거의 없는 규약적 종교라고 말할 수 있다.

3) 규약적 종교의 문제를 극복하기 위한 대안으로서의 보편적 계시종교

i) 보편적 계시종교의 의미

보편적 계시종교란 새로운 성서 해석 방법을 통해 스피노자가 성서 자체로부터 그 필요성을 도출한 종교를 말한다(TTP 14장). 이것은 성서를 '신의 말씀'이라고 부르는 다음 주장들에 근거하고 있다.

(1) 신은 존재하며 최고로 정의롭고 자비로운 삶의 전형이다.

(2) 신은 유일하다.

(3) 신은 편재하며 그래서 모든 것은 신에게 열려 있다.

(4) 신은 만물에 대해 최고의 권리와 통치권을 갖고 있다. 그는 강제 하에 있지 않고 그의 절대적인 명령과 단일한 은총에 의해 활동한다.

(5) 신에 대한 경배와 신에 대한 복종은 정의와 자비 혹은 이웃에 대한 사랑에서만 성립한다.

(6) 이러한 삶의 방식을 따라 신에게 복종하는 이들만이 구원받는다.

(7) 신은 회개하는 죄인을 용서한다. 죄를 짓지 않는 사람은 없으며, 따라서 이 믿음 없이 모두는 구원의 희망을 가질 수 없으며 신이 자비롭다고 믿을 근거가 없을 것이다.

(1)에서 (4)까지의 주장은 유대-기독교 전통의 규약적 종교의 교리와 크게 다를 바가 없다. 하지만 (5)부터 (7)까지의 주장은 규약적 종교와의 차이를 명확히 보여준다. 정의와 자비의 실천과 타인에 대한 관용이라는 삶의 방식 속에서만 종교적 구원이 존재할 수 있다는 주장은 종교예식과 교리의 준수를 강조하는 규약적 종교의 가르침과는 분명 차별성을 갖고 있기 때문이다.

　보편적 계시종교는 '보편적' 종교라고 할 수 있는데, 왜냐하면 신의 말씀은 일반적인 이성을 통해 지각할 수 있는 경험적 진리들과 일치하며 모든 계시종교를 묶어주는 내용을 채택하고 있기 때문이다. 따라서 보편적 계시종교를 비합리적이라거나 반합리적이라고 비난할 수는 없으며, 스피노자가 철학적 종교를 보편적 계시종교보다 선호했다고 하더라도 보편적 계시종교 역시 진정한 종교로 간주될 수 있다. 서로의 정치적 관심과 경제적 이해의 다양성에도 불구하고 사람들로 하여금 합의점을 모색하고 결속하게 해주는 역할을 하는 것이 종교의 본질이라고 할 때, 보편적 계시종교는 이런 본질에 잘 부합한다고 평가할 수 있기 때문이다.

4) 보편적 계시종교와 규약적 종교의 관계

　『에티카』 1부 부록에서 스피노자는 의인론적 신관과 목적론이라는 편견이 미신의 가능성을 함축한다고 주장하지만, 어떤 조건에서 미신이 되는지를 말하지는 않았다. 반면 『신학정치론』 서문에서 스피노자는 편견을 미신으로 변형시키는 두가지 원인을 제시하는데, 희망과 공포 사이의 항구적인 동요와 우리를 두렵게 하는 위험 앞에서 사로잡히게 되는 심리적 공황이 그것이다. 전자가 모든 인간에게 공통된 일반적인 조건이라면 후자는 좀더 특수한 조건이라고 말할 수 있다. 하지만 이 두 원인 모두 공포라는 감정을 불러일으킨다는 점에서는 공통적이다. 지배자들에 대한 믿음이 공포로 변형될 때 미신이 생겨난다. 이렇게 볼 때 미신은 자신에게 자비로운 줄 알았던 신이 언제나 그리고 무조건적으로 헌신적이지는 않다고 상상하게 될 때 출현한다. 미신은 이런 경험에 대한 방어반응이자 신을 조종해 이 경험을 치유하려는 노력이라고 규정할 수 있다.

보편적 계시종교는 종교의 목적을 철저하게 실천적이고 도덕적인 역할로 한정함으로써 규약적 종교가 미신으로 전환되기 위한 두 원인의 역할을 축소한다. 이런 점에서 보편적 계시종교는 규약적 종교의 위험한 뇌관이 상당 부분 제거된 종교라고 할 수 있다.

철학적 종교의 옹호자로서의 스피노자

1) 철학적 종교의 의미와 역할

철학적 종교는 사물에 대한 적합한 인식에 근거한 종교로, 신의 관념을 원인으로 동반하며, 이를 통해 우리는 자기 자신과 신의 관계에 대한 올바른 이해에 이를 수 있다(EIVP37S1). 이 종교는 모든 인간이 접근할 수 있는 자연의 빛을 통한 신의 인식과 관련되어 있다는 점에서 자연종교라고 할 수 있다. 이것은 모든 초자연적 원리와 초자연적 존재를 거부한다.

하지만 철학적 종교는 순수하게 이론적인 종교가 아니다. 스피노자에게 종교란 "우리가 신의 관념을 갖거나 혹은 우리가 신을 인식하는 한에서 우리가 그 원인이 되어 욕구하고 행동하는 모든 것"과 관련된 것으로 정의되기 때문이다(같은 곳). 따라서 철학적 종교는 이론적인 동시에 실천적인 종교라고 할 수 있다. 이론적인 것은 우리의 정신이 그 안에서 신의 관념을 포함하고 그것에 참여하는 한에서 사물의 본성을 설명하는 개념을 형성할 수 있기 때문이고, 실천적인 것은 우리의 존재 양식을 변모시키는 참된 인식은 갈등과 폭력의 관계가 아니라 관대함과 친교에 근거한 삶을 가르치기 때문이다(EIVP73S).

2) 비철학적 구원의 문제

세 형태의 종교의 구분은 스피노자 철학에서 비철학적 구원의 가능성과 조건의 문제를 제기한다. 스피노자는 두가지 다른 원천을 가진 종교와 그들 각각을 통한 구원의 방식을 구분한다. 한편으로 종교는 완전하게 적합한 인식과 사랑, 다시 말해 참되고 내재적인 인식과 사랑으로부터 나올 수 있다. 이것은 '철학적 종교'라고 부를 수 있는 것과 관련되며, 철학적 구원을 구성한다. 다른 한편 종교는 또한 '계시'에 기인한 것일 수 있다. 스피노자가 초자연적 계시의 실재성을 인정하는 것은 아니지만 비합리적인 우리의 본성에서 비롯한 지식과 가르침의 원천을 가리킬 만한 적절한 용어가 없기 때문에 스피노자는 이 말을 그대로 사용한다(TTP 2장). 계시종교의 구원은 정의와 자비의 실천이라는 가르침에 대한 복종 안에서만 완성될 수 있다(TTP 14장).

그렇지만 복종을 통한 비철학적 구원이라는 주장이 과연 스피노자의 합리주의 철학과 일관된 것인가라는 문제를 제기할 수 있다. 스피노자는 "영원한 지혜 (⋯) 없이는 어느 누구도 지복의 상태에 도달할 수 없으며"(「서한 73」) 그렇기 때문에 신법에 대한 예언자들의 복종은 "덕과 참된 지복의 탁월함을 경시했다"라고 평가하기 때문이다(TTP 2장). 스피노자는 지복을 구원과 동일시하기 때문에(EVP36S), 이런 주장은 구원이나 지복이 이성적 인식에 의해서만 가능하다는 주장처럼 보인다. 따라서 스피노자가 주장하는 비철학적 구원과 철학적 구원이 어떤 의미에서 양립 가능하며 둘은 어떤 관계에 있는가라는 물음을 제기할 수 있다. 스피노자는 형식적 관점과 질료적 관점에서 비철학적 구원과 철학적 구원의 유사성을 강조함으로써 이 문제에 답한다(『〈에티카〉의 최종 관점』).

먼저, 형식적 관점에서 철학적 구원과 비철학적 구원은 관념과 정서에 기초한다. 비철학적 구원은 이성적 지식과 사랑에 원천을 두고 있지는 않지만, 여전히 인식이자 신에 대한 사랑이다. 그뿐 아니라 질료적 관점에서 철학적 구원과 비철학적 구원은 같은 행동을 산출한다. 즉 한편으로 비철학적 구원은 자유인에 의해 수행되는 것과 같은 행동, 다시 말해 정의, 자비, 진실한 행동을 규정한다. 이러한 행동의 결과적 동일성은 개인적 수준에서뿐만 아니라 집단적 수준에서도 드러난다. 다른 한편, 신앙과 복종 안에서 현인과 같은 정서들을 발견할 수 있다. 현인처럼 신실한 신앙인은 신과 신법에 대한 사랑을 체험하고 구원에 대한 확신을 가진다.

정의와 자비, 이웃에 대한 사랑과 자기만족이라는 행동 면에서 봤을 때 신실한 신앙인은 자기 자신과 타인을 파괴하는 부정적인 존재자가 아니다. 그는 적극적이고 능동적인 존재자이다. 스피노자 철학에서 적극성과 실천적인 활동성은 존재론적인 적극성과 활동성이라고도 할 수 있기 때문에, 신실한 신앙인은 존재의 완전성을 생산하고 무한한 실체의 실현에 참여한다고 볼 수 있다. 따라서 능동적이고 적극적인 존재라는 점에서 신실한 신앙인과 현인은 같은 존재론적 기반 위에 있다.

이런 이유로 비철학적 구원은 스피노자 철학체계와 모순되는 것이 아니다. 오히려 비철학적 구원은 다음과 같은 세가지 이유로 스피노자 철학에서 중요한 의미를 가진다. 먼저, 계시에 대한 믿음이 이성에 부합하는 도덕성을 통해 그리고 그러한 도덕성 안에서만 구원에 도움을 줄 수 있다는 점을 긍정하는 한에서, 비철학적 구원은 비판적 의의를 지닌다. 그뿐 아니라 비철학적 구원은 무지자의 도덕성에 필수적인 교리라는 점에서 실천적 의의를 가진다. 마지막으로 비철학적 구원은 내재적 활동과 기쁨의 소유라는 특징을 철학적 구원과 공유한다는 점에서 철학적 의의를 가진다.

3. 과학과 종교의 관계

제도종교와 과학 간의 갈등과 그 대안으로서의 분리론

스피노자는 갈릴레이에 의해 촉발된 과학혁명의 의의를 잘 알고 있었다. 전통적인 과학의 기초를 흔드는 '새로운 과학'의 출현으로 인해 종교나 신학이 자연의 해석에 개입할 여지가 없어졌다는 점을 알고 있었던 것이다. 과학과 종교가 대상과 목적, 방법을 달리한다는 발상에 근거한 분리 논제는 이러한 변화된 상황에 대한 스피노자의 인식을 반영한 것이라고 할 수 있다. 이러한 이론적 이유 외에, 광신적인 신학자들과 종교인들로부터 '철학할 자유'를 보호한다는 것도 스피노자가 분리론을 제시한 이유였다.

1) 성서와 과학의 목적의 차이에 근거한 논증

스피노자는 먼저 성서와 과학의 목적이 다르다는 점에 근거해 종교와 과학이 분리된다는 결론을 이끌어낸다. 스피노자에 따르면 과학의 목적은 자연을 해석하고 설명하는 것인 데 반해, 성서의 목적은 신의 계율에 대한 복종을 이끌어내는 것이다. "신에 대한 복종은 오로지 이웃을 사랑하는 것에서만 성립하고 (…) 다른 어떤 종류의 지식도 명령하지 않"기 때문에(TTP 13장) 과학의 목적은 이론적인 것인 데 반해, 성서의 목적은 철저하게 실천적인 것이라고 할 수 있다. 심지어 성서는 신에 대한 적합한 지식도 제공하지 못한다. 여러 예언과 그리스도조차도 대중의 눈높이에 맞추기 위해 의인론적 신관에 따라 신을 묘사하고 서술했기 때문이다(같은 곳).

이처럼 성서는 신에 대한 복종이라는 실천적 목적을 가지며 과학은 자연에 대한 이해와 해석이라는 이론적 목적을 가진다. 성서가 철학지식을 말한다고 해도 이는 실천적 목적에 도움을 주기 위한 것일 뿐이다.

2) 종교와 과학의 목적의 차이에 근거한 분리 논증

스피노자는 이어서 종교와 과학의 목적의 차이에 근거한 분리 논증을 제시한다. 스피노자에 따르면 계시종교의 목적은 복종이며 자연지식과는 무관하다. 자연지식의 획득은 과학의 영역에 속한다. 서로 다른 영역의 것들이므로 과학과 계시종교는 분리되어야 한다(TTP 서문). 스피노자의 논지는 계시종교뿐만 아니라 보편종교로 확장될 수 있다. 앞서 언급했듯이 보편종교란 성서를 그 자체로 해석하는 방법을 통해 성서로부터 이끌어낸 종교를 말하며, 이는 도덕적이고 실천적인 가르침을 종교의 본질과 핵심으로 간주하기 때문이다.

3) 자연법칙에 근거한 분리 논증

스피노자는 인간의 이해력을 넘어서는 것처럼 보이는 비범한 자연현상, 이를테면 기적 같은 것들은 신의 섭리나 의지로 설명될 수 있으며 이때 신학은 자연에 대한 지식을 제공할 수 있다는 주장에 반대한다. 스피노자는 이러한 주장이 신의 역량과 자연의 역량이 분리될 수 있다는 가정하에 신이 마치 왕국의 군주처럼 자연질서에 자신의 권력을 강제함으로써 자신의 힘을 드러내려고 한다는 생각을 깔고 있다고 본다.

이에 반대해 스피노자는 다음과 같이 자연법칙에 근거한 분리 논증을 제시한다. 자연이 신학의 대상이라면, 자연의 질서에서 벗어나는 기이한 현상을 신의 권능으로 설명할 수 있어야 하지만, 자연의 질서에서 벗어나는 기이한 현상을 신의 권능으로 설명할 수 없기 때문에 자연현상은 신학의 대상이 될 수 없다(TTP 6, 7장 참조).

철학적 종교와 과학의 공존

규약적 종교가 미신으로 전환될 가능성이 크기 때문에 과학과의 공존 문제가 중요한 문제로 제기됐다면, 철학적 종교의 경우는 그런 문제가 제기될 위험이 없다. 철학적 종교는 초자연적 원리를 거부하며 사물과 신에 대한 적합한 인식에 기반한 종교이기 때문이다. 따라서 철학적 종교는 과학과 무리 없이 공존할 수 있다.

철학적 종교와 과학의 이러한 공존은 우리가 가진 기존의 종교관을 변형하는 효과를 가져온다. 즉 이 단계에서 종교는 더이상 교리들의 체계나 종교예식 혹은 제도화된 종교전통과 동일시될 수 없다. 신의 본성, 신과 인간의 관계, 인간 본성에 대한 새로운 인식을 통해 우리는 신을 의인화하지 않고, 자연에서 은밀한 목적을 상정하지도 않게 된다. 또한 철학적 종교는 인간의 정념과 욕망을 근원적으로 타락한 것으로 보아 억제하려는 부정적 인간관에서 벗어나게 한다. 인간의 정념과 욕망을 한탄하거나 저주하지 않고 이해하는 것이 그의 윤리학의 출발점이자 목표이기 때문이다(EⅢPref).

4. 이성과 신앙의 관계

과학과 규약적 종교의 분리 논제는 이성과 신앙의 관계 문제를 제기한다. 과학이나 철학이 이성적 인식과 관련되는 반면 규약적 종교는 도덕적 실천과 관련된다면, 이성과 신앙은 연관된다기보다는 서로 분리된 것처럼 보이기 때문이다. 게다가 스피노자는 계시의 신비를 강조하며 이성을 초월한 능력을 뽐내는 사람들에게 "그러한 능력은 단순한 허구이고 이성보다 훨씬 더 열등하다"라는 점을 환기시킨다(TTP 5장). 더욱이 스피노자는 규약적 종교에서 가르치는 상당수의 교리들, 이를테면 예수의 육화나 부활에 매우 비판적인 태도를 취한다. 신이 하나의 인간이 되었다는 육화 교리의 경우 "원이 사각형 모양을 갖는다고 제안하는 것만큼이나 불합리"하다고 보았으며(「서한 73」), 부활 교리 역시 제자들이 그리스도의 가르침을 따른다는 의미로 해석할 뿐 문자적 의미로 그 교리를 받아들이지 않았다(「서한 75」). 이런 점들을 고려할 때 이성과 신앙은 서로 연관된다기보다는 분리된 것처럼 보인다. 그러면 스피노자에게 신앙이란 비이성적이고 맹목적인 믿음에 기반을 둔 삶의 방식에 불과한 것인가? 이 문제에 답하기 위해서는 '이성'이 스피노자에게서 두가지 의미로 사용되고 있다는 점에 유의해야 한다. 적합 관념을 생산하는 능력으로 '이성'을 정의한다면, 적합하지 않은 인식에 기반을 둔 신앙은 이성과 대립할 수밖에 없기 때문이다.

'이성'의 두 의미

스피노자가 두가지로 구분하는 '이성'의 용법은 『신학정치론』에서 두드러지게 나타난다. 우선, 엄밀한 의미의 이성은 적합 관념들을 연결하는 정신의 힘을 가리킨다. 이는 2종지(宗旨, 이성지)와 3종지(직관지) 같은 높은 수준의 인식을 가능하게 하는 인식의 원천이며, 이성과 신앙이 분리된다고 말하거나 과학과 규약적 종교가 분리된다고 말할 때 신앙과 대비되는 고차적인 인식능력을 가리킨다고 말할 수 있다. 이에 반해 느슨한 의미의 이성은 인간 보존을 위한 신중함의 원리 혹은 양식과 동일한 의미를 가진다. 이런 의미의 이성은 무지자들이 통치자와 계약을 맺거나 성서의 도덕적 가르침을 파악하는 것을 가능하게 하는 정신의 능력이라고 말할 수 있다(TTP 7장). 이런 의미의 이성은 일반 대중 역시 소유하고 있으며, 신앙과 대립하기는커녕 오히려 정의와 자비의 실천이라는 규약적 종교의 핵심 가르침을 파악하고 준수하게 하는 동력이 된다.

느슨한 의미의 이성의 기능을 잘 보여주는 예들 중 하나가 성서 해석이다. 스피노자는 『신학정치론』에서 이성의 역할을 배제하고 초자연적 계시의 역할만을 강조하는 알파카의 성서 해석 원리를 비판한다. 왜냐하면 성서로부터 참된 의미를 이끌어내고 그에 동의할 수 있기 위해서는 반드시 판단력과 이성에 의지해야 한다고 보았기 때문이다(TTP 15장). 여기서 이성이란 물론 도덕적 계율을 파악하고 준수하는 의미의 이성이라고 할 수 있다. 이를 통해 엄격한 의미의 이성과 느슨한 의미의 이성을 그가 구분하고 있음이 분명히 드러난다.

'계시'의 두 의미

이성의 두 의미 구분은 '계시'의 두 의미 구분으로 이어진다. 스피노자는 이성을 초월한 인식의 원천인 계시를 인정하지 않지만 그래도 여전히 그 용어를 사용한다. 이는 "겉으로는 동일해 보이는 표현에 상이한 의미를 부여하는 (…) 언어의 이중의 용법"(『스피노자와 그리스도교 사상』 388면)이라는 스피노자의 전략에서 기인한다. 스피노자에게 계시는 이성을 초월한 인식의 원천이라는 지위를 박탈당하고 '자연의 빛에 따르는 인식'으로 그 지위가 격하된다(TTP 7장). 또한 "'사물의 본성을 설명하는 개념을 형성하는 정신의 법칙과 부합'한다는"(『스피노자와 성경의 해석』 488면) 엄밀한 의미가 아니라 '양식에 부합하고 인간 정신을 통해 파악될 수 있'다는 느슨한 의미를 갖는다. 이런 의미로 계시에 바탕을 둔 인식을 이해했을 때, 신에 관한 예언자들의 진술은 신의 참된 본성에 관해 말해주지는 않지만 사람들이 따라야 할 도덕적 가르침에 관해서는 말해주는 인식이라고 할 수 있다.

이처럼 계시 개념이 두가지 의미로 달리 파악될 경우, 계시종교로 알려진 규약적 종교의 지위와 성격 역시 다르게 파악될 수 있다. 가령 개신교와 가톨릭을 포함한 기독교는, 스피노자에 따르면 자연적이고 지성적인 종교이다. 여기서 '자연적이고 지성적인'이라는 말에는 비록 증명되지는 않지만 모든 인간의 정신을 통해 쉽게 파악될 수 있는 도덕적 가르침이라는 의미가 포함된다고 할 수 있다.

5. 스피노자 종교비판의 성격과 의의

이처럼 스피노자에게 종교란 신의 관념을 동반하는 사유와 실천이라고 할 수 있으며, 따라서 그가 어떤 신관을 가지느냐에 따라 규약적 종교, 보편적 계시종교, 철학적 종교 등으로 그 성격이 나뉜다. 규약적 종교와 보편적 계시종교의 경우 의인론적 신관에서 완전히 벗어나지 못하는 측면이 있지만, 정의와 자비의 실천으로 그 기능을 제한함으로써 미신과 광신의 위험에서 벗어날 수 있다. 철학적 인식은 신과 세계 및 자신에 대한 적합한 인식을 통해 삶의 방식을 근본적으로 변모시킨다는 점에서 종교적 성격을 갖는다.

따라서 스피노자가 말하는 종교비판은 결코 종교의 제거나 종교현상의 과학적 설명으로의 환원을 의미하지 않는다. 신의 관념이 다양한 만큼 다양한 방식의 실천과 사유가 가능하기 때문이다. 종교의 제거 불가능성은 다른 한편 희망과 공포 심리의 제거 불가능성과도 연관되어 있다. 우리 인식의 한계와 그로 인한 불확실성은 미래에 대한 불확실한 기쁨과 슬픔을 항상 동반할 수밖에 없기 때문이다.

그러나 내들러(Steven Nadler)가 지적하듯이 신이 곧 자연이라면 결국 신은 자연적인 것으로 격하되고 환원될 뿐 그 실질적 의미를 상실하지 않는가?(『에티카를 읽는다』4장) 다시 말해, 스피노자의 유신론은 사실상 무신론과 다를 바 없지 않은가? 분명한 것은 전통적 신관, 즉 기도하고 예배할 수 있는 신 개념이나 결과의 행위자를 상정하는 존재론을 견지하는 한 이런 식의 비판은 불가피하다는 점이다. 그러나 법칙론적 해석에 따라 신을 법칙들의 체계로 보고 양태들을 그 법칙들을 예화하는 사건들로 본다면, 결과(양태)의 행위자 내지 법칙의 제정자(신)를 생각하는 발상 자체를 문제 삼을 수 있지 않을까? 법칙론적 해석의 타당성 여부와 무관하게, 스피노자의 종교비판의 의의가 있다면 이처럼 전통적 신관을 대체하는 대안적 신관과 새로운 존재론의 가능성을 우리에게 끊임없이 환기해주는 데서 찾을 수 있을 것이다.

| 조현진 |

9장

로크

이성과 신앙의 조화

———

　로크(John Locke, 1632~1704)의 철학은 오랜 세월 동안 주로 인식론과 정치철학의 주제들을 중심으로 별다른 연관성 없이 연구되어왔는데, 최근 그의 철학을 전체적으로 통합할 수 있는 측면을 그의 종교철학에서 찾게 되었다. 그 결과, 그동안 출판되지 않았던 글까지 포함해 보면 종교적 관심은 평생토록 그의 지적 추구의 주된 결정 요소였으며, 사실상 그의 모든 저작이 종교에 대한 논의를 담고 있음이 알려졌다. 내전에 이은 공화국 수립과 왕정복고, 그리고 명예혁명으로 이어지는 정치적, 종교적 소용돌이의 한복판에서 살았던 로크는 종교 문제에 대해서 자신의 산 경험에서 우러난 실질적인 처방을 했다. 정치와 종교, 국가와 교회의 분리를 주장하고 가톨릭 신자와 무신론자를 제외한 모든 종파의 신앙에 대한 관용을 주장한 것은 그가 종교개혁 이후 분열된 틈을 메우려는 에라스무스 같은 기독교 휴머니즘의 전통에 속해 있음을 알려준다. 그는 한편으로 열광과 권위주의의 극단적 신앙에 반대해서 이성의 역할을 강조하고, 다른 한편으로 자신의 주장을 극단적 이신론자들이 이용하는 것을 막기 위해서 계시를 옹호하며, 기독교의 본질은 복잡한 신학 체계가 아니라 예수가 메시아라는 근본 신조에 대한 믿음에 있다고 주장했다. 그가 이성의 영역과 신앙의 영역, 자연신학과 계시신학을 모두 인정하고 신앙은 이성을 넘어서지만 이성에 반대되지 않는 계시 명제에 동의하는 것이라고 정의한 것은 이성과 신앙의 상충하는 주장들을 조화시키고 세속적이고 과학적인 새로운 문화 속에서 종교의 토대를 확보하려는 노력이었다. 종교적 주제에 대한 이성의 비판적 검토라는 근대적 의미의 종교철학은 로크에서 시작되었다고 볼 수 있다.

이제까지 우리는 대체로 로크 철학의 주요 분야인 인식론과 정치론, 교육과 경제에 관한 이론들, 종교적 관용론을 별다른 연관성이 없이 각각 분리된 주제로 고찰해왔다. 그러나 최근에는 이 모든 주제를 통합하는 측면이 그의 종교론에 있다고 보고 그의 철학을 심층적으로 이해하기 위해서 종교에 관한 저서들에 주목하기 시작했다. 종교에 관한 로크의 저서로 우리에게 잘 알려진 것은 『관용에 관한 편지』(*Epistola de Tolerantia*, 1689)와 『기독교의 합당성』(*The Reasonableness of Christianity, as Delivered in the Scriptures*, 1695)으로 그의 생애 후반기에 출판된 것들이다. 로크는 젊었을 때부터 주변에서 벌어지던 종교적 논의들에 공공연하게 참여하기를 피해서 자신의 견해를 담은 글을 출판하지 않거나 또는 익명으로 출판했다. 1967년에야 비로소 출판된 『통치론 소고』(*Two Tracts on Government*, 1660, 62)와 1954년에 출판된 『자연법론』(*Essays on the Law of Nature*, 1663~64), 그리고 『관용에 관한 편지』의 초고라고 할 수 있는 「관용론」(An Essay concerning Toleration, 1667)이 대표적인 것들이다.

　인식론 분야의 대표적인 저서로 인정되는 『인간지성론』(*An Essay concerning Human Understanding*, 1689)을 집필한 동기는 도덕과 계시종교 문제였으며, 이 책 4부에서 이성과 신앙, 열광(enthusiasm) 같은 종교적인 문제를 집중적으로 논하고 있다. 그의 정치론이 담긴 『통치론』(*Two Treatises of Government*, 1689)은 곳곳에서 신학적으로 관련있는 주제들을 다루고 있으며, 특히 『교육론』(*Some Thoughts concerning Education*, 1693)에서는 부모가 덕의 토대로서 참된 신 개념을 어린아이의 마음에 심어주어야 한다고 역설하고 있다(136절). 1697~99년 우스터의 주교 스틸링플릿(Edward Stillingfleet, 1635~99)과 벌인 공개적인 논쟁, 만년에 시작했으나 끝내 유작이 되고 만 『바울 서신 주석』(*Paraphrases and Notes on the Epistles of St. Paul*, 1707)을 보면 제목과 관계없이 사실상 모든 저작이 종교에 관한 논의를 담고 있으며, 출판되지 않았던 원고들까지 포함해서 말한다면 평생토록 종교적 관심이 그의 지적 추구의 주된 결정 요소였음을 알 수 있다.

이는 로크의 종교철학이 크게 보면 종교개혁 이후의 영국 역사와 깊은 관련이 있고, 그가 단순히 종교에 관심이 많은 학자에 그쳤던 것이 아니라 17세기 후반 상당 기간 동안 영국 정치의 한복판에서 정열적으로 활동한 인물이었다는 점과도 무관하지 않다. 이 글은 이런 관점에서 로크의 생애 가운데 종교적으로 중요한 사건들과 주요 저서의 내용을 연대순으로 살펴봄으로써 그의 종교철학을 드러내 보이고자 한다.

1. 『통치론 소고』

사상적 배경

로크는 1632년 영국 남서부 써머싯의 청교도 집안에서 태어났다. 그의 아버지는 1642년 영국 국왕파와 의회파 사이에 일어난 내전(청교도혁명)에서 의회파의 기병대장으로 복무했다. 어머니 집안과 그의 친척 친지들도 대개 청교도 신앙을 갖고 있었다. 이런 배경에서 자라났으므로 로크 자신이 청교도였거나 적어도 청교도주의에 우호적이었으리라고 추측할 수 있다. 그러나 그의 종교론이 모두 청교도주의를 옹호한 것은 아니었으며, 그는 성인 시절 내내 광교회파(latitudinarian)[1] 국교도였다. 그는 1652년 웨스트민스터 스쿨을 졸업하고 옥스퍼드의 크라이스트처치 칼리지에 입학했다. 당시 학장은 1650년에 취임한 오언(J. Owen)이었다. 오언은 자신이 속한 독립파(Independents)[2] 이외의 교파에 관용적이어서 옥스퍼드에서 국교도가 집에서 예배 드리는 것을 묵인했다.

1660년 공화국이 무너지자 귀국한 찰스 2세는 국민에게 신앙의 자유를 존중할 것을 약속했다. 크라이스트처치 칼리지에서도 학장을 비롯해 독립파에 속한 간부들은 사직했지만 로크를 비롯한 젊은 연구원들은 계속 머물러 있었다. 새 학장은 1646년 폐지된 국교회 공동기도서에 의한 예배 방식을 부활시키고자 했고, 독립파에 공감하는 젊은 연구원들은 거기에 반대했다. 이 기도서에 의하면 예배 의식을 진행하는 사람들(칼리지에서는 연구원들)은 흰옷을 입지 않으면 안 되는데, 반대파는 이를 거부하고 창고에서 흰옷을 내다버리기까지 했다. 그들은 예배 진행자가 흰옷을 입는 것은 신 앞에서 성직자와 평신도 간에 신분의 차이가 있음을 인정하는 가톨릭의 오류를 받아들이는 것이며, 개신교에서는 신 앞에서 성속의 차이를 드러내서는 안 된다고 여겼다.

나아가 그들은 성찬식에서 무릎을 꿇고 성찬을 받아야 한다는 기도서 규정 등도 실행하지 않았다. 청교도는 세례 때 사용하는 십자가, 성

---

1 처음에는 케임브리지 플라톤주의자들에게 적용된 용어이나 점차 종교적 합리성과 급진적 견해를 가진 대부분의 비정통적 사상가들을 가리키게 되었다.
2 의회파 가운데 장로제를 전국적으로 실시하려는 장로파에 반대해서 각 교파의 자유와 독립을 인정하고 다른 종파에 대해서 관용을 베풀 것을 주장한 사람들을 가리킨다.

화, 제단보, 촛대, 성물, 성직자의 요란한 정복 착용, 오르간 사용 같은 가톨릭적 의식이 근절되기를 원했기 때문이다. 성찬식을 가톨릭과 같이 해석해서 성별(聖別)된 빵과 포도주의 실체가 문자 그대로 예수의 살과 피로 된 것이라고 믿는다면 그것을 받는 사람이 꿇어앉는 것은 당연하다. 그런데 국교회는 개신교로서 츠빙글리를 따라서 성찬식을 예수에 대한 속죄행위가 아니라 예수를 기념하고 그에게 감사하는 의식이라고 해석했다. 따라서 청교도는 상징에 지나지 않는 빵과 포도주 앞에서 무릎을 꿇는 것은 일종의 우상숭배로 부자연스러운 것이라고 항의했다.

반대파의 대표는 로크의 선배 연구원이던 배그쇼(E. Bagshaw)였는데 그는 『종교 예배에서 중립적 사안에 관한 커다란 문제』(*Great Question concerning Things Indifferent in Religious Worship*, 1660)라는 책자를 출판해서 반대론을 펼쳤다. 로크는 1660년 11월과 12월 사이에 배그쇼의 논의를 논박하는 영문으로 된 소논문을, 1662년에는 자신의 논거를 밝힌 라틴어 소논문을 썼다. 로크는 종교적 예배 형태가 중립적인 한에서 통치자의 결정에 찬성하는 입장을 옹호했다. 크롬웰(O. Cromwell)이 통치하던 영국은 종교적으로 청교도주의가 우세했지만, 청교도주의는 국교회에 맞서기보다는 국교회 안에서 활동했다. 또한 로크는 대다수 영국인들과 함께 왕정복고를 환영하고 청교도의 열광을 혐오했으며 광교회파 국교도가 되었다. 로크는 대체로 성직자 양성 과정이던 당시 대학의 전통적인 스콜라적 교육에 큰 흥미를 느끼지 못했지만 의학, 물리학, 화학 등을 공부하면서 한편으로 성공적인 엘리뜨 코스를 밟아나가는 안정적이고 유복한 생활을 누렸다. 로크가 종교적 관용에 있어 보수적인 국가우위론의 입장에 선 것은 이러한 상황과 무관하지 않았을 것이다.

이 소논문들은 인쇄되지 않은 채 유고로 전해지다가 1967년에 비로소 출판되었다. 그 이유는 1661년에 의회가 국교회 공동기도서가 정한 방식대로 예배를 보게 하는 법령을 제정해서 청교도 등 반대파의 주장을 일축함으로써 로크가 자신의 글을 굳이 공개적으로 출판할 필요가 없었기 때문일 것이라고 추측된다.

내용

모든 인간에게는 신의 법이 부여되는데, 인간이 이성으로 알 수 있는 신의 법은 자연법이고, 신의 특별한 계시에 의해서 부여된 신의 법은 신의 실정법이다. 후자의 예로는 예수는 신의 아들이고 구원에 관여한다는 신의 명령을 들 수 있다. 그런데 우리가 신의 법에 따라서 행위하는 경우 신의 법 자체가 규정하지 않은 시간이나 장소라는 비본질적이고 임의적인 조건이 수반되기 마련이다. 또 우리가 모든 행위를 신의 법에 따라서 하는 것은 아니다. 우리의 행위 중에는 자연법에 규정되지 않았으므로 선도 아니고 악도 아닌 비본질적인 임의적 행위, 예를 들어 먹는 것과 자는 것, 또는 사람들과 자유롭게 약속하는 것 같은 행위가 있다. 성찬식 때의 자세처럼 성서에 규정되지 않은 예배 규정은 신의 실정법에 규정되지 않은 비본질적 사항이다.

당면한 문제는 정부가 예배 방법처럼 종교의 비본질적인 사항에 대해서도 일정한 방식을 정할 권한을 가지고 있느냐는 것이었다. 배그쇼 등의 청교도는 국왕도 신 앞에서는 한 인간에 불과하므로 다른 사람들에게 일정한 예배 방식을 부과하는 것은 월권이라고 주장했다. 그들은 종교의 비본질적인 사항에 대해서는 각 개인과 교회가 자유롭게 양심에 따라서 일정한 방식을 선택해야 한다고 보았다. 기독교인의 자유는 예배 행위의 자유까지 의미한다고 생각했던 것이다.

그러나 로크 등의 국교파는 반대로 기도서에 의한 예배 방식의 통일이 정당하다고 보았다. 내전과 공화정 시대의 다양한 예배 방식은 각 종파 간에 불화를 낳았고 특정 종파를 박해하게도 했으므로 사회의 평화와 복지를 위해서 통치자가 하나의 예배 방식을 부과하는 것은 당연한 조치라는 것이다. 그럴 경우 기독교인의 자유와 양심이 부당하게 억눌린다는 문제에 대해서, 국교파는 그것은 오직 마음 내부의 문제로 외적 예배 형식의 정치적 통제는 자유와 양심을 억압하는 것이 아니라고 주장했다. 강제는 외적 일치를 위해서만 사용될 수 있다는 이 견해는 나중에 로크의 생각이 바뀌게 되는 단서라고 볼 수 있다.

『통치론 소고』는 전체적으로 특별한 독창성을 가진 것이 아니라 왕정복고 직후 국교파의 일반적인 의견을 대변하고 있지만 로크가 이후 더 심도있게 다룬 문제들이 모두 들어 있다.

첫째, 종교적 관용의 문제를 다루고 있는데 나중에 그의 생각은 정부는 예배의 자유를 무조건 인정해야 한다는 쪽으로 바뀐다.

둘째, 자연법에 의해 정치가 조건지어지는가의 문제다. 로크는 통치자를 주어진 것으로 전제하고 논의함으로써 통치자의 권위가 직접 신한테서 부여된 것인지 인민의 합의에 의해 부여된 것인지를 아직 문제삼지 않고 있다. 로크는 나중에 이 문제를 『통치론』에서 다룬다.

셋째, 자연신학과 계시신학의 관계에 대한 문제다. 이것은 자연법과 신의 실정법의 관계를 어떻게 생각하는가 하는 문제로, 만년의 성서 연구로 이어진다.

이 문제들은 이성의 영역과 계시의 영역을 구분하고, 제도적으로 국가와 교회를 구분함으로써 당시 이성과 신앙의 상충하는 주장들을 조화시키고 새로운 문화 속에 종교의 토대를 확보하려는 로크의 시도를 반영한다.

2. 『자연법론』

1663~64년에 쓴 그의 유고 『자연법론』은 1954년에 비로소 공개적으로 간행된 라틴어 소논문집으로, 두번째와 세번째 문제에 대한 로크의 최초의 견해를 담고 있다. 자연법은 신의 법이므로 우리보다 상위에 있는 이 법의 입법자인 신의 존재를 전제로 하며, 그 입법자의 의지가 자연법으로서 우리에게 알려진다. 자연법은 계시에 의하지 않고 광의의 이성(주어진 재료를 전제로 해야만 작용할 수 있는 추론능력인 협의의 이성과 감각의 상호작용)에 의해서 알려진다. 그러므로 자연법을 논리적으로 인식하기 위해서는 신의 존재를 탐구하는 자연신학을 거쳐야만 한다.

로크는 감각적 세계가 존재한다는 것을 전제로 그러한 세계의 원인으로서 신이 존재한다고 결론짓는다. 이 세계는 우연히 생겨난 것이라고 생각할 수는 없기 때문에 그 원인이 되는 절대적인 힘과 최고의 지혜를 가진 신의 존재를 인정하지 않을 수 없다. 신의 힘이 사물 운동의 제1원인이고, 신의 지혜가 사물 질서의 원인이다. 신은 모든 것의 창조자로서 모든 것에 대해 절대적인 지배권을 갖는 반면 인간은 신의 절대적 명령인 자연법을 인식하고 그에 복종할 의무를 지닌다. 인간 사회의 실정법에 항상 권리와 의무 관계가 수반되듯이 신과 인간 사이에 성립하는 자연법에도 이러한 관계가 수반된다. 적극적으로 신의 의지에 따라야 하는 의무는 능동적 의무이고, 불복종으로 인해 신으로부터 벌을 받아야 하는 것은 수동적 의무라는 것이 자연법의 구속력에 관한 로크의 견해다.

의무는 인간이 이성적으로 인식할 수 있는 것이어야 한다. 즉 자연법은 신의 지혜이면서도 인간성에 적합한 규정이어야 한다. 따라서 실질적인 자연법은 인간이 당연히 해야 할 올바른 역할에 대한 규정이다. 그것은 첫째로 신이 펼친 세계질서를 인식해서 신을 숭배하는 것이고, 둘째는 신이 각자에게 부여한 자기보존의 본능에 따르는 것이며, 셋째는 사회에서 질서있게 생활하는 것이다. 따라서 이성에 의한 자연법 인식은 감각적 세계를 인식하는 것부터 시작해 세계의 원인인 신을 인식하고, 나아가 그 신이 세계의 창조자일 뿐만 아니라 도덕적 입법자이기도 하다는 것, 즉 우리가 신에게 의무를 지는 존재라는 점까지를 인식하는 것을 의미한다.

3. 「관용론」

1667년 무렵에 쓴 「관용론」은 1689년에 간행된 『관용에 관한 편지』의 초고라고 할 수 있다. 「관용론」은 간행되지 않았으나 고심하여 네번이나 고쳐 쓴 논문으로 로크 관용론의 구체적인 귀결, 정책상의 제안에 관한 모든 것을 서술한 것이다. 여기에 따르면 관용이라는 말은 넓은 의미로는 자신의 생각과 다른 생각을 배척하지 않고 그 의의를 인정하고자 하는 태도를 의미한다. 로크는 관용의 주체가 정부(통치자)인 경우만을 생각해서 정부가 사람들의 생각이나 행위에 간섭을 가하지 않는 것을 관용이라고 한다. 특히 종교적 신앙과 예배의 자유를 정부가 인정하는 것을 가장 한정된 본래 의미의 관용으로 생각하고 있다.

로크는 우선 인간 생활을 세 영역으로 나눈다. 첫번째는 종교로서 신의 삼위일체성, 연옥, 그리스도의 지상 지배 등에 대한 이론적 의견과 그것에 기초를 둔 실천인 예배다. 두번째는 인간이 행하는 것 중에서 그 자체가 선도 아니고 악도 아닌 중립적인 사항에 관한 그 자신의 의견과 행위 및 사회적 의견과 행위다. 자식을 가르치는 방법, 소유물의 처리, 노동과 휴식 등 각자 하고 싶은 대로 할 수 있는 행위, 이혼이나 일부다처제에 대한 각자의 의견 등이 여기에 속한다. 세번째는 그 자체가 선 또는 악인 행위, 즉 도덕적 행위다. 모세의 십계명 중 제5계명 '네 부모를 공경하라' 이하에 규정되어 있는 것과 같은 행위 또는 철학자들이 논하는 덕과 부덕 등이 그것이다. 종교는 신의 실정법(성서에 계시된 신의 법)의 지배 영역이고, 도덕은 자연법(이성적 도덕법)의 지배 영역이며, 신의 실정법이나 자연법에 규정되지 않은 중립적이고 임의적인 것의 영역이 정치 본래의 영역이다.

『관용론』의 중심 문제인 종교를 정부가 어떻게 다루어야 할 것인가에 대해서 로크는 분명하게 비국교도의 자유를 인정해야 한다고 주장한다. 신앙은 개인의 문제이고 예배 행위도 개인의 양심에 따라서 신과 개인 사이에 행해지므로 정부가 간섭해서는 안 된다. 로크는 각 종파의 예배 양식이 그 종파 사람들에게 단순히 중립적인 임의적 사항이 아니라 양심에 의해 필연화된 것임을 인정한다. 그러나 각 종파의 신자 자신이 어떤 예배 양식을 양심에 따라 받아들이는 것과 정부가 그것을 관용하는 것 사이에는 차이가 있다. 로크가 여기서 채택한 정부의 입장은 한편으로는 각 종파의 예배 양식이 그 종파 사람들에게 갖는 필연성을 인정하면서도 다른 한편으로는 서로 다른 양식을 임의적이고 우연적인 것으로 보는 것이다. 그래서 로크는 청교도가 중요시하는 성찬식 때의 자세라든가 재세례파가 채택한 세례의 방법을 일상생활에서의 그러한 자세나 목욕과 동일시하여 개인적으로는 의미가 있지만 사회적으로는 문제 삼을 필요가 없는 행위라고 인정한다.

로크는 각 종파에 대한 정부의 관용에 단서를 붙인다. 우선 퀘이커교도가 윗사람 앞에서도 모자를 벗지 않을 경우 그것이 종교적 신념을 기초로 한 행위인 한 관용되지 않으면 안 된다. 그러나 정부가 그것을 하나의 세속적인 당파적 행태라고 인식하거나 사회질서를 위협한다고 느끼는 경우에는 정부의 간섭을 받아야 한다. 비국교도에 대한 정부의 불관용이 이러한 경우에는 시인된다.

두번째 단서는 가톨릭교도에 대한 것이다. 가톨릭 신앙 가운데서는 로마 교황에 대한 충성이 경우에 따라 그 신자가 속한 정부에 대한 충성을 부정하게 되므로 가톨릭교도에 대한 관용은 불가능하다. 나아가 가톨릭교의 가르침에 의하면 이단자에 대해서는 약속을 지킬 필요가 없다. 개신교도에 대해 가톨릭교도는 자연법적 도덕을 지킬 필요가 없다고 생각하는 것이다. 이러한 이유에 의해서도 가톨릭교도에 대한 관용은 있을 수 없다.

마지막으로 무신론자에 대한 관용도 있을 수 없다. 신의 존재의 부정이 하나의 이론적 의견이라면 당연히 관용되어야 하지만, 신의 존재는 도덕의 존재의 불가결한 전제가 되므로 그것의 부정은 도덕의 존재 부정이라는 실천적 귀결을 낳기 때문이다. 가톨릭교도와 무신론자에 대한 관용은 제한되어야 한다는 로크의 주장은 종교적이라기보다는 정치적이고 실제적인 이유에서 나온 것 같다.

로크는 마지막 부분에 관용은 정부에 이익이 된다는 점을 덧붙인다. 관용은 근엄한 개신교도를 국내에 머물게 해 국부를 증대할 수 있으므로 영국은 관용으로 부강해지고 프랑스는 불관용에 의해 그렇지 못하게 된다. 국내 정치에서도 각 종파를 관용하면 각 종파는 충성하지만, 정부가 불관용 정책을 채택하면 각 종파는 한결같이 정부에 대항하게 되어 정부의 힘을 약화시킬 것이다.

4. 『관용에 관한 편지』

사상적 배경

1668년 이후 직접 정치의 전면에 나선 찰스 2세는 다섯 사람의 고문을 두었다. 그 가운데 한 사람이 국교도 자유주의자 애슐리(Anthony Ashley Cooper, 1621~83)였다. 재무를 담당하던 애슐리는 1672년 3월 섀프츠베리 백작(first earl of Shaftesbury)으로 서훈되고 11월에는 대법관이 되었다. 1672년 국왕이 비국교도와 가톨릭교도에게 예배의 자유를 인정한 신앙자유선언을 하자 의회는 1673년 가톨릭교도가 공직에 취임하지 못하도록 하는 심사법(Test Act)을 제정해 국왕의 정책에 반대했다. 이때 애슐리는 심사법에 찬성했고 1673년 11월 대법관직에서 물러난다. 1667년부터 주치의로서 애슐리의 집에서 살던 로크는 1668년 6월 12일 애슐리의 간 염증을 수술로 치료한 것을 계기로 그의 절대적인 후원으로 정치의 한복판에 서게 되었다.

국왕은 애슐리가 물러난 후 의회 안에 왕당파를 조직했고 애슐리는 여기에 대항해 '초록 리본회'를 결성했는데, 이것이 토리당과 휘그당의 원형이다. 그런데 국왕이 영국의 가톨릭화를 일단 단념했다고는 해도 왕위 계승자인 동생 제임스는 열렬한 가톨릭교도였기 때문에 야당은 심사법 정신에 따라 왕위 계승을 반대하고자 했다. 로크가 프랑스 여행 중이던 1678년에는 교황주의 음모 사건(Popish Plot)이 일어나 영국에 거주하는 가톨릭교도가 국왕을 암살하고 제임스를 국왕에 추대하려한 계획이 밀고에 의해 발각되었다. 밀고를 받은 판사가 암살되었고, 애슐리는 이 사건을 반가톨릭 운동에 이용했다. 이때 많은 가톨릭 신자가 무고하게 처형되었다.

야당은 1679년 제임스의 왕위 계승 배척 법안을 제출했지만 제임스를 폐한 뒤에 누구를 왕위 계승자로 정할 것인지에 대해서 의견이 엇갈렸다. 애슐리는 찰스 2세의 서자이며 개신교도인 몬머스(Monmouth) 후작을 천거했으나 오라네 공의 비 메리(Mary)가 왕위 서열상 앞섰기에 당의 절반은 그쪽을 주장했다. 야당은 애슐리를 지지하는 급진파와 중도파로 분열되었고, 급진파는 찰스 2세와 제임스를 암살하려는 라이하우스 음모를 꾸미다 발각되어 야당 지도자들이 처형됨으로써 애슐리가 만든 야당은 궤멸했다. 애슐리는 1681년 반역죄로 재판을 받을 때 런던시 배심원들에 의해 구제되었지만 1682년에 다시 반역죄로 재판을 받게 되자 11월에 네덜란드로 망명했다가 이듬해 초 암스테르담에서 병으로 죽었다. 로크는 1683년 2월 말 애슐리의 장례식에 참석한 뒤 라이하우스 음모 사건의 경과를 보고 신변의 위협을 느껴 체포가 시작되기 일주일 전에 런던을 빠져나와 8월 말 네덜란드로 망명했다.

　로크가 애슐리와 함께한 정치적 경험을 통해서 굳힌 생각은 두가지로 볼 수 있다. 하나는 비국교도에게 신앙과 예배의 자유를 인정해야 한다는 관용의 주장이고, 다른 하나는 정치적 권위의 기초가 인민의 합의에 있다는 생각이다. 로크는 왕정복고 직후에는 청교도 독립파의 생각에 반대해서 정부는 질서 유지를 위해 교회 의식에 간섭해도 좋다고 주장했다. 그러나 1668년까지 재상이던 클래런던(E. H. Clarendon)이 만든 세가지 종교단속법에 의해 로크의 의견이 실행되어 국교회 보수파가 비국교도에 대한 박해를 제도화하기에 이르자 여론은 비국교도 쪽에 동정을 보내게 되었다. 클래런던 법을 비판하는 문서가 속속 발표되고 애슐리도 비판하는 쪽에 동조하자 로크는 생각을 바꾸어 비국교도에게 적어도 공동예배의 자유를 인정해야 한다고 주장하면서 관용의 필요성을 말하게 되었다. 이는 애슐리 때문에 갑자기 견해를 바꾼 것이라기보다는 이미 1665년 11월부터 1666년 2월까지 독일과 네덜란드의 국경도시 클레베에 첫 해외여행을 갔을 때 가톨릭교도와 루터파 및 재세례파가 평화롭게 공존하면서 하늘로 가는 자신의 길을 선택하도록 허용하는 것을 보고 강한 인상을 받은 것이 계기가 되었을 것이다.

로크가 망명한 기간에 네덜란드에서는 이신론, 쏘찌니주의 (Socinianism), 유일신격론(Unitarianism) 같은 새로운 비정통주의 운동들이 일어났다. 삼위일체설을 공공연하게 거부하기도 했던 이 집단들은 다양한 견해에 대해 관용의 태도를 보이는 것이 특징이었다. 이신론은 계몽된 평신도의 종교로서 책과 소책자들을 도구로 삼았기 때문에 관용, 사고와 표현의 자유를 주장했다. 종교는 개인적 양심의 문제로 양심의 최고판단은 불편부당한 이성의 사용을 포함하며, 계시종교는 모순되는 교리들을 가르치므로 어느 것이 참인지 결정해야 하는 이성이 권위를 가진다는 것이 이신론의 대체적인 주장이다.

이딸리아의 급진적 종교개혁자 렐리오 쏘찌니(Lelio Sozzini, 1525~62)와 그의 조카 파우스또 쏘찌니(Fausto Sozzini, 1539~1604)에게서 유래한 쏘찌니주의는 그들이 망명생활을 했던 폴란드에서 인기를 끌다가 네덜란드를 거쳐 영국으로 전파되었다. 이것은 공식 교리를 표방하지 않는 비독단주의적 종교운동으로 성서의 개인적 탐구를 강조했다. 성서의 권위를 엄격히 준수하며, 성서 해석에서 전통보다 이성에 의존하고, 교리 형식에 느슨한 태도를 보이며, 삼위일체설은 다신교와 성자 숭배를 거부하는 교회 원칙에 논리적으로 위배된다고 보아 반삼위일체설을 주장하는 것으로 특징지을 수 있다. 이 운동은 17세기 후반에는 대체로 예수의 영원성을 믿지 않는 아리우스주의(Arianism)와 예수의 죽음은 예정되고 선택받은 사람들만을 위한 것이 아니라 만민을 구원하기 위한 것이라고 주장하는 아르미니우스(Jacobus Arminius, 1560~1609)의

견해를 따르는 아르미니우스주의(Arminianism) 같은 사상들과 혼합된 형태를 띠었다.

유일신격론은 아르미니우스의 속죄설과 예수의 본성에 대한 아리우스주의 견해를 인정하면서도 쏘찌니주의로 불리기를 거부하고 원시 기독교와 성서 자체의 말씀을 추종한다고 자처하는 운동이었다. 이신론과 쏘찌니주의는 당시 전통주의자들이 무신론을 함축하는 용어로 사용했다. 로크는 이 새로운 운동들이 합리성을 강조하고 성서를 비판적으로 읽을 것을 주장하는 데 매력을 느꼈다.

로크에게 영향을 준 인물 중에 림보르흐(Philip van Limborch, 1633~1712)가 있다. 그는 아르미니우스주의를 믿으며, 기독교에 대해 합리적이고, 열광적이지 않으며, 비전제군주적인 길을 선호하는 항명파(Remonstrant) 신학자였다. 항명파는 깔뱅주의에서 분리된 일파로, 예정설에 이의를 제기하고 성서의 자유로운 해석과 신조에 대한 성서의 우위를 주장했다. 쏘찌니주의자, 프랑스 신교도인 위그노, 광교회파는 항명파 신학의 이러한 태도를 공유했다. 림보르흐의 관용 개념은 합리적 동의와 누구나 접근할 수 있는 최소 교리를 토대로 하고 있었다. 그래야만 서로 다른 신앙 고백들이 평화롭게 공존할 수 있다는 것이다. 림보르흐는 영혼 구원을 목표로 하는 근본 교리들과 기독교 신앙을 촉진하기 위한 비근본적 교리들을 구분하고, 비근본적 교리들에 대한 이의만 허용해야 한다고 주장했다. 재판관은 종교적 교리에 관해서 사법권을 가져서는 안 되며 시민사회에만 초점을 맞추어야 한다. 그는 두 권력의 분리가 이성에 따른 정의의 형태를 보장할 수 있다고 보았다.

로크가 암스테르담에서 로테르담으로 거처를 옮겼을 때 집주인이던 펄리(Benjamin Furly)는 급진적인 퀘이커교도였다. 비록 미완에 그치기는 했지만 로크는 1688년에 평화로운 기독교인 사회(society of pacific christians)를 세우려고 계획했다. 이 사회는 성서의 진리를 받아들이고 모든 사람을 밝히는 빛에 순응하는 사람들에게 열려 있고, 그 사회를 유지하는 소수의 명백한 규칙들은 구성원들 자신과 연장자들이 정하며, 어떤 사람도 외적인 의식에 따라 판단되어서는 안 되며, 상호 간 관용의 의무를 진다는 특징을 갖고 있었다. 로크는 1671년 초에 집필을 시작했다가 바빠서 중단했던 『인간지성론』을 1686년 말쯤 완성했다. 그 사이에 그는 1685년 하반기 클레베에서 『관용에 관한 편지』를 완성했다. 이미 오래전부터 영국 정치의 맥락에서 관용의 문제에 관심을 가져왔던 그가 『관용에 관한 편지』를 쓰게 된 계기는 아마도 1685년 10월 루이 14세의 낭뜨칙령 폐지였던 것 같다. 개신교도에게 종교의 자유를 허용하기 위해서 앙리 4세가 1598년 4월에 공포한 낭뜨칙령 폐지와 함께 박해가 뒤따르자 40만명 이상의 위그노들이 신앙의 자유를 찾아 프랑스를 떠났다. 『관용에 관한 편지』는 1685년 전후로 유럽 지식인들 사이에서 벌어진 종교적 관용에 관한 논쟁의 맥락에서 로크가 자신의 입장을 표명한 것이라고 할 수 있다.

귀국한 뒤 영국에 남아 있던 원고를 부분적으로 수정해서 8월에 익명으로 『통치론』을, 12월에 실명으로 『인간지성론』을 출간하는 등의 일로 바빴던 로크에게 관용은 더이상 주된 관심사가 아니어서 라틴어로 쓴 『관용에 관한 편지』를 굳이 영어로 번역해서 출판할 필요를 느끼지 않았다. 그러나 모든 종류의 종파에 대한 완전한 자유를 원했던 포플(William Popple)은 『관용에 관한 편지』를 번역하여 선전용 책자로 이용하려고 했다. 유일신격론자였던 포플은 서문을 직접 쓰고 로크의 허락 없이 『관용에 관한 편지』의 영역본(*A Letter concerning Toleration*)을 10월에 출판했다. 로크는 자신이 저자임을 밝히고 싶지 않았기 때문에 번역에 관여하지는 않았지만 번역 작업에 반대하지는 않았다. 그는

1689년 6월 6일 림보르흐에게 『관용에 관한 편지』가 번역되었다는 사실을 알리면서 5월에 통과된 관용법(Toleration Act)에 의해 관용이 정착되었다고 말했다. 그러나 포플은 관용법의 혜택에서 가톨릭교도와 유일신격론자, 유대인과 무신론자가 배제된 것에 만족할 수 없었기 때문에 『관용에 관한 편지』의 영역본을 출판했던 것이다.

『관용에 관한 편지』는 림보르흐를 수신자로 하고 있다. 그러나 그다지 관용적이지 못한 수신인으로 상정된 '당신'이 꼭 림보르흐라고 생각할 필요는 없다. 당시 지식인들 사이에서 회람되는 학술지 성격을 띤 편지의 형식을 위해 편의상 림보르흐를 유럽 지식인을 대표하는 수신자로 선택한 것으로 볼 수 있다. 『관용에 관한 편지』를 라틴어로 쓴 것은 명목상 수신자인 림보르흐가 영어에 능통하지 않은 네덜란드 사람이라는 사실을 떠나서도 지극히 자연스러운 일이다. 로크는 1689년 2월 네덜란드를 떠나기 전에 『관용에 관한 편지』의 수고를 림보르흐에게 맡겼고, 그는 이것을 5월에 익명으로 출판했다. 이것은 로크 생전에 출판된 저작 중 유일하게 라틴어로 쓴 것으로, 전유럽에 걸쳐서 읽혔다.

내용

이 책의 내용은 대체로 『관용론』을 되풀이한 것이라고 할 수 있다. 가톨릭교도와 무신론자에 대한 불관용은 『관용론』에도 서술되어 있다. 그렇지만 로크의 시야는 분명히 달랐다. 『관용론』에서는 정부가 교회에 부여하는 자유만을 관용이라고 하여 비국교도에 대한 영국 정부와 국교회의 태도만을 논했으나, 『관용에 관한 편지』는 관용은 교회가 먼저 지켜야 할 기독교적 사랑의 의무라고 하는 데서부터 시작된다. 이때 그는 영국 안의 정치적, 종교적 사정을 기초로 관용을 주장하는 것이 아니라 유럽 전체를 고려 대상으로 하고 있다. 루이 14세는 가톨릭을 국교로 하는 종교정책을 강화하여 개신교도를 박해하고 정치적으로는 개신교 국인 네덜란드와 영국을 수중에 넣고자 했다. 유럽 개신교도 전체가 영국의 비국교도와 비슷한 상황에 놓이게 된 것이다.

이 책은 이전의 『관용론』과 달리 로크의 정치론이 『통치론』으로 구체화되고 있을 때 구상한 교회론으로서 원리 면에서 『관용론』을 능가한다. 그의 정치론은 왕권신수설을 부정하고 국가권력에 대한 종교의 참여를 배제하여 국가를 오로지 세속의 기관, 인민의 의사에 의한 구성물로 간주한다. 그는 정치를 철저히 비종교화했던 것처럼 종교로부터 정치적 요소를 제거하여 교회를 순수하게 종교적인 것으로 생각하고자 했다. 참된 교회는 국교회처럼 그 자체가 정치적 체제와 특권을 가진 교회가 아니라 공동의 예배를 위한 자유로운 모임, 바로 비국교도들의 집회와 같은 것이 되지 않으면 안 된다는 것이다. 이 책은 서론, 국가와 교회의 분리, 관용의 의무, 교회의 권리, 결론, 부록으로 구성되어 있다.

1) 서론

로크가 참된 교회를 구별하는 가장 분명한 기준을 관용이라고 주장하는 데서 우리는 성직자들이 편지의 독자로 상정되어 있음을 알 수 있다. 그가 주목하는 현상은 통치자가 교회를 핍박하는 것이 아니라, 교회가 통치자의 힘을 이용해 다른 교회를 핍박하는 것이다. 통치를 신의 은총으로 정당화하는 것은 정치에 대한 종교의 지배, 그것도 특정 종파의 지배며, 그 결과는 종교 자체의 파괴요 구원의 실종이다. 이 지배 현상은 국가와 교회를 구분하지 못한 데서 비롯했으므로 무엇보다도 이 구분 작업이 우선되어야 한다. 두 영역이 구분되면 각 영역은 자율성을 보장받을 것이고, 그때에 영혼의 구원을 위해서 노력하는 참된 교회라면 다른 교회를 관용하게 될 것이다. 국가와 교회가 구분되면 종교적 다수가 정치적 다수가 되어 종교적 소수를 억압하지 못하게, 궁극적으로 종교적인 것이 정치적인 것을 지배하지 못하게 될 것이다.

2) 국가와 교회의 분리

국가는 세속적 재산, 즉 생명, 자유, 신체의 건강과 안녕 그리고 토지, 돈, 가구 등과 같은 외적인 것들의 소유를 지키고 증식하기 위해 세워진 사람들의 사회다. 세속적 재산의 정당한 소유를 모든 사람에게 공평하게 제정된 법에 따라 국가 구성원 각자에게 보장해주는 것이 통치자의 의무다. 또 국가는 법을 위반하는 사람을 처벌하는 힘을 가지고 있다. 그런데 통치자의 권력은 그러한 세속적 이익의 확보에만 미치고 사람들의 영혼의 구원에는 미치지 않는다. 어떤 외적인 힘으로도 강제될 수 없는 것이 인간 지성의 본성이며, 영혼의 판단이 변하기 위해서는 이성의 빛이 필요하다. 신조나 교리, 신을 섬기는 방식을 세속법으로 규정해서는 안 된다. 참된 종교는 하나며 천국으로 이끄는 길도 하나인데 통치자가 믿는 교리를 수용해야 한다면, 영원한 행복이나 멸망이 오로지 태어난 장소에 달린 일이 될 것이다.

교회는 영혼의 구원을 목적으로 사람들이 신이 받는다고 믿는 방식에 따라 신을 공적으로 섬기기 위해 자발적으로 모인 자유로운 사회다. 교회도 사회인 이상 일정한 법적 질서를 가지지 않으면 안 되며 그 법을 만들 권한은 사회 자체에 있고 그 권한은 모든 구성원이 동의해서 부여된다. 교회에서는 전통에 따라 정해진 지배권을 주교라든가 장로가 가져왔는데, 성서에는 주교 등의 권한이 규정되어 있지 않고, 예수는 "두세 사람이 내 이름으로 모이는 자리에는 내가 그들과 함께 있다"(마태복음 18장 20절)라고 한다. 예수가 한가운데 있는 모임이라면 참된 교회가 되기에 부족함이 없다는 말에서 우리는 성직 제도가 변경할 수 없는 본질적인 것이 아니라는 로크의 견해를 엿볼 수 있다. 그리고 교회의 법은 세속 국가의 법과 달리 그것을 위반한 자를 힘으로 벌하지 않는다. 설득과 권고만이 행해지며, 아무리 해도 되지 않는 사람은 교회에서 나가면 그뿐이다. 그 이상으로 처벌을 가할 권한이 교회에는 없다. 서로 다른 의견의 존재는 필연적으로 선택의 자유를 허락하며, 각자는 자신이 선호하는 교회를 마음대로 선택해 갈 수 있다.

3) 관용의 의무

교회와 국가라는 서로 다른 두 영역을 침범하지 않는 것이 관용이며, 관용의 주체에 따라 그 의무를 네가지로 나눌 수 있다

교회의 의무: 교회도 법질서를 가지며 그것을 따르지 않는 사람을 배제하지 않을 수 없지만, 출교 결정은 그 사람의 신체나 재산 같은 시민적 이익을 해쳐서는 안 되며, 교제의 단절과 영적 나눔의 단절만을 의미해야 한다.

개인의 의무: 종교와 예배 방식을 달리하는 어떤 사람도 시민으로서의 권리뿐만 아니라 인간으로서의 모든 권리가 보존되어야 한다. 이 권리들은 종교에 속한 것이 아니므로 이교도들도 모든 무력과 불의로부터 보호되어야 한다. 공정함이라는 잣대에 선의와 의무가 더해져야 한다는 것을 복음이 명령하고 이성이 권유한다. 이성과 논증이라는 저울추가 인간애와 선의라는 저울추와 균형을 이루는 것이 진리를 전파하는 참되고 유일한 방법이다.

성직자의 의무: 성직자, 장로 등 교회 안에서 권위를 가진 사람은 그 권위를 엄밀히 교회 안에 한정시켜야 하고 그것을 넘어서 시민적 사안에까지 미치게 해서는 안 된다. 성직자뿐만 아니라 신자들도 자기와 같은

생각을 하는 사람과 마찬가지로 다른 신앙이나 예배 방식을 가진 사람에게도 평화와 선의의 의무를 다할 것을 권면할 의무가 있다.

통치자의 의무: 구원의 길은 단 하나며 무엇이 올바른 길인지는 아무도 모른다. 통치자는 권력에 관해서는 우월한 존재로 태어나지만 본성에 관해서는 동등한 존재로 태어난다. 설령 종교에 대한 통치자의 생각이 더 낫고 그가 가도록 명령하는 길이 참으로 복음적이라고 할지라도, 그것이 영혼에서부터 설득되지 않는다면 그에게 구원을 가져다주지 못할 것이다. 시민은 양심에 따라 자유롭게 자신의 종교를 가질 수 있으므로 통치자의 간섭은 무용하다. 그러나 무용하고 오히려 유해하기까지 한 간섭을 통치자가 종교에 대해 행해왔다. 통치자의 종교가 그 나라 사람들의 종교로 되는 것이 통례였다. 영국 역사를 보아도 성직자는 국왕과 여왕의 의지에 따라서 교회의 신앙 조항과 예배 방식을 바꾸어왔다. 로크는 국교회 제도에 의해서 종교에 대한 통치자의 부당한 간섭이 행해지고 있다고 여긴다.

4) 교회의 권리

모든 교회에는 예배와 교리라는 두가지 중요한 사항이 있다.

예배의 자유: 보통의 생활에서 허락되고 신에 대한 예배 이외의 일상생활에서 허락된 것들은 신에 대한 예배에서나 성스러운 장소에서 결코 시민적 법에 의해 금지될 수 없다. 그 자체로 국가에 해로운 것들, 공동의 선을 위해 제정된 법률로 공동생활에서 금지되는 것들은 교회에서의 거룩한 사용에도 허용될 수 없으며 처벌로부터 면책될 수 없다. 어린아이를 제물로 바치는 것은 집에서도 시민적 생활에서도 허락되지 않으므로 예배에서도 허락되지 않는다.

모세법에 따라 우상숭배자들을 제거해야 한다는 주장에 대해서 로크는 모세법이 어떤 방식으로도 기독교인들을 구속하지 않는다고 말한다. 완전한 신정(神政)체제였던 유대 민족에게 종교법은 바로 정치법이었다. 그러나 예수는 자신의 백성에게 특수한 새로운 국가 형태를 도입하지 않았으며, 신약 시대 이후 이러한 신정체제 국가는 존재하지 않는다. 또한 외국인과 이스라엘 국가와 무관한 사람들은 무력으로 모세의 의례로 전향하도록 강제되지 않았다. 우상숭배자를 가나안 땅의 경계에서 내쫓는 것은 허용되었지만 모든 우상숭배자를 처벌하는 것은 허용되지 않았다. 그 많은 노예와 포로 들 가운데 어느 누구도 우상숭배 때문에 징벌받지 않았다. 여기서 로크가 생각하는 것은 기독교가 이교(아메리카 원주민 종교를 비롯한 인도, 그리스 등지의 각 종교)와의 관계에서 우상숭배를 관용할 것인가 하는 문제다. 로크는 이 경우에도 정부가 권력으로 금지하는 것은 월권이라고 한다.

신앙의 자유: 교리는 사변적인 것과 실천적인 것으로 나뉜다. 사변적인 교리는 의견과 생각에서 끝나고 시민적 권리와 전혀 관계가 없으므로 통치자는 어떤 교리도 금지해서는 안 된다. 가톨릭교도가 빵을 그리스도의 몸이라고 믿어도, 유대인이 신약성서가 신의 말씀임을 믿지 않는다고 해도, 이교도가 구약과 신약 모두에 의문을 가져도 처벌해서는 안 된다.

실천적 교리는 영혼의 구원과 동시에 국가의 안녕에 관련되어 있으므로 영혼의 수호자와 평화의 수호자 간에 다툼이 생겨나지 않도록 조심해야 한다. 통치자가 양심에 어긋나는 것을 법으로 명령할 때 사람들은 그 명령을 거부할 수 있지만 거부 행위에 대한 처벌을 감수해야 한다. 로크는 종교적 문제에 대해서 사람들이 양심에 호소해 정치적으로 불복종하는 것을 옹호하지 않으며, 수동적 복종을 역설하면서 유일한 심판자인 신이 지상에서의 불의한 일을 다 갚아줄 것이라고 말한다. 반사회적이거나 사회해체적인 교리, 다른 종교에 대해 자기 종교가 시민적 특권을 지니고 있다고 주장하는 교리, 즉 다른 교회를 관용하지 않는 교리, 국가권력을 전복하려는 의도를 숨기고 있는 비교(秘敎)는 통치자의 관용을 받을 수 없다. 또한 특정 교회에 속하는 것 자체가 다른 군주와 보호와 복종의 관계를 맺는 것을 의미하는 교회는 통치자로부터 관용될 권리를 가질 수 없다. 무신론자는 사회를 묶는 끈인 신뢰, 약속, 맹세를 무너뜨리므로 어떤 방식으로도 관용될 수 없다.

5) 결론: 종파들과 국가의 안전

다른 사람들에게 허락된 권리들을 소수 종파들에도 허락해야 한다. 교회가 밖에 있는 사람들을 심판하지 않는다는 말씀(고린도전서 5장 12~13절)에 따르면 이교도는 물론 이슬람교도나 유대교도 역시 종교적인 이유로 국가에서 배제되어서는 안 된다. 이교도들이 상업을 하는 것은 허락하면서 신에게 기도하거나 예배하는 것을 금지할 수는 없다. 이 당시 내전을 경험한 귀족들은 비국교도에게 자유로운 집회를 허용하면 반란의 기회를 주게 된다고 주장했는데, 이에 대해 로크는 비국교도에 대한 차별대우를 그치면 정부에 대한 반항 따위는 없어진다고 주장했다. 로크는 사실상 국교 제도 폐지를 고려했지만 찰스 2세와 제임스 2세의 가톨릭교도에 대한 관용정책에 비국교도가 국교도와 함께 반대했다는 사실을 상기하고 국교회 폐지라는 말을 사용하지 않았다. 이것은 입법권을 최고권력으로 인식하여 행정부의 장은 의회가 임명한다는 생각을 세습적 국왕을 행정부의 장으로 하는 전통적 생각과 배치되지 않게 한 그의 정치론과 대체로 같다.

탐욕, 야심, 불화, 소송, 세속적 욕망 등에 가장 반대되며 이제껏 존재한 종교들 가운데 가장 온화하고 평화로운 종교인 기독교세계에서 생겨난 대부분의 종교 관련 소송과 전쟁은 의견의 다양함이 아니라 다양한 의견을 가진 사람들에 대한 관용의 부정에서 비롯했다. 탐욕과 지배에 대한 욕망으로 움직이는 교회 지도자들이 복음의 법률과 사랑의 명령에 반해 분리주의자들과 이단자들을 약탈하고 추방할 것을 공언했으며, 교회와 국가를 섞었다. 그러나 신은 본디 정치적인 일에는 무관심한 성직자들이 평화롭고 겸손하게 영혼의 구원에만 전념하도록 만들었다.

6) 부록: 이단과 종파 분리

하나의 동일한 신앙 규칙과 신에 대한 예배 규칙을 가진 사람들은 동일한 종교를 가진 것이고, 그렇지 않은 사람들은 서로 다른 종교를 가진 것이다. 이슬람교도와 기독교도는 서로 다른 종교에 속해 있다. 가톨릭, 루터교, 성 요한 기독교, 깔뱅파 등은 기독교라는 이름 아래 존재하는 서로 다른 종교들이다. 서로 다른 종교를 가진 사람은 다른 사람에게 이단자나 종파분리주의자가 될 수 없다.

신앙의 규칙으로서 성서만을 인정하는 사람들에게 이단은 기독교 공동체 안에서 성서의 분명한 구절들에 포함되어 있지 않은, 근본적이지 않은 교리에 반대해서 생겨난 분리다. 이단은 신앙의 오류에, 종파 분리는 예배나 교회 규율에 관한 오류에 해당하는 말이다. 곧 종파 분리는 교회공동체에서 신에 대한 예배나 교회의 치리에 필수적이지 않은 것 때문에 만들어진 분리다. 그러므로 성서에 분명하게 나타나 있는 구절들을 부정하지 않으며 성서에 명확하게 포함되지 않은 것 때문에 분리를 만들지 않는 사람들은 결코 이단자나 종파분리주의자가 될 수 없다.

로크가 이론적으로 다룬 교회와 국가를 구체적으로 그려보려면 로크가 죽은 뒤 영국에서 독립한 북아메리카를 생각해보는 것이 적당할 것같다. 1670년 로크는 애슐리 외 7인의 귀족이 영유하던 캐롤라이나 주의 통치안을 만들었는데, 이 헌법 초안에 종교에 대한 관용 규정이 보인다. 이 초안에는 주민은 신을 믿고 예배에 참가할 의무를 가지지만 그이상의 신조나 예배 방식의 규정에 대해서는 완전한 자유가 허락되어있다. 북아메리카에 있던 유럽 각국의 식민지 가운데 이처럼 처음부터신앙의 자유를 인정한 식민지는 캐롤라이나 외에는 없었다. 엄격한 장로파가 지배하던 매사추세츠 등 북부의 영국 식민지는 물론이고 퀘이커교도가 개척한 펜실베이니아도 캐롤라이나처럼 자유롭게 이단자를받아들이지는 않았다.

비판

초판이 나온 뒤 몇달 지나지 않아 2판을 찍을 정도로 잘 팔린 『관용에 관한 편지』는 곧바로 논쟁을 불러일으켰다. 옥스퍼드의 성직자 프로스트(J. Proast, 1642~1710)는 1690년 4월에 『관용에 관한 편지』를 비판하는 글을 발표했다. 이에 로크는 1690년 여름 짧게 『관용에 관한 두번째 편지』(A Second Letter concerning Toleration)로 응답했다. 계속해서 익명으로 남기 위해 로크는 필란트로푸스(Philanthropus, 사람을 사랑하는 사람)라는 가명을 사용하여 마치 제3자가 논쟁에 끼어드는 것처럼 했다. 1691년 2월 프로스트는 다시 로크를 비판했고, 로크는 6월에 완성해서 11월에 공개한 장문의 『관용에 관한 세번째 편지』로 다시 반론을 제기했다. 프로스트가 더이상 반론을 제기하지 않아서 논쟁은 중지되었다. 로크가 죽은 1704년 프로스트의 세번째 비판서와 미완성의 『관용에 관한 네번째 편지』가 출판되었다.

프로스트의 반관용론은 종교는 국가에 종속되어야 한다는 스위스 신학자 에라스투스(T. Erastus)의 견해를 소개하고 있으나 이를 단순히 천명한 것은 아니었다. 국가가 사람에게 최고로 중요한 정신적 관심을 간접적으로 진전시킬 수 있고 힘을 사용해야만 그런 진전을 할 수 있다면, 통치자가 시민의 정신적 관심을 진전시킬 권한을 가질 수 있다고 주장한 것이다. 이에 대해 로크는 통치자는 어느 종교가 참된 것인지 알 수 있는 특권적 지위에 있지 않으며 그에게 적절한 관심사는 도덕이라고 주장했다. 관용을 허락한 로크 주장의 밑바닥에는 많은 견해들 가운데 어느 것이 정통인가를 구별하는 객관적인 방법은 없다는 회의주의가 깔려 있다고 볼 수 있다.

로크의 관용론은 교회와 국가의 분리, 정치의 세속화에 이르는 길을 열었다. 종교는 사적인 영역에 계속 살아남을지 몰라도 공적 역할은 끝난 셈이었다. 한편 그의 관용론은 정치적 간섭에서 완전히 자유로운 종교의 영역을 삼위일체설 등의 이론에 대한 믿음 여부 같은 사변적인 측면에 국한시켰다는 비판을 받는다. 그의 관용론에 따르면 잘못된 믿음이 아니라 잘못된 행동에 의해서만 벌을 받으며, 사변적 이론에 대한 믿음은 직접 행동과 연결되지 않기 때문이다. 이론적인 종교적 믿음의 목표는 영생의 달성이며 그것은 동료 시민의 권리를 해칠 수 없으므로, 로크는 일종의 관용의 시민종교가 확립되어야 한다고 역설한 셈이다.

5. 『인간지성론』

본유주의 비판

『인간지성론』은 로크와 친구들이 도덕과 계시종교 문제를 논의할 때 부딪힌 난점을 해소하기 위한 인식 비판서로 의도되었다. 그는 이 책의 목적을 "의견과 지식의 경계를 탐구하고, 신앙 또는 의견의 본성과 토대를 확인하는 것"이라고 주장했다(『인간지성론』 1권 1장 3절). 이것은 당시에 지식의 지름길로 통용되던 본유주의(innatism)를 부정하는 것으로 이어졌다. 본유주의자들은 도덕과 종교의 안정을 위해 자명한 진리가 절대로 필요하다고 주장했는데, 이에 대해 로크는 정당하게 요구되는 것보다 더 많이 지성에 허용하는 것은 오히려 도덕과 계시종교에 해롭다고 비판했다. 로크가 보기에 무엇보다도 본유적 원리라고 주장한 사람의 판단에 대해 암묵적인 신앙이 요구되었는데, 예를 들어 홉스주의자는 자기보존의 원리를 주장하면서 다수의 명백한 도덕적 의무를 인정하지 않았다. 교황 무오류주의에 대한 가톨릭의 암묵적 신앙 요구는 성서 왜곡과 이성에 대한 거부라는 결과를 가져왔다. 퀘이커교도와 열광자들의 내부의 빛과 직접적 영감이라는 원리는 마음속의 괴물을 신의 이미지로 여기는 우상숭배로 이끌었다. 본유적인 이론을 맹목적으로 신뢰하라는 요구는 정치적인 힘으로 작용해서 기존의 지배계층이 더 쉽게 사회를 지배하도록 허용했다. 자유와 종교적 관용에 대한 로크의 관심은 자신의 도덕적이고 종교적인 견해를 다른 사람에게 일종의 신적 제재를 부과하는 정치적 잠재력을 가진 본유주의를 거부하게 했다.

이성과 신앙

로크는 진리에 대한 확실한 지식에 도달할 수 없다고 주장하는 회의주의자와 개연성만 가능한 곳에서 증거와 확실성을 요구하는 사람들 사이에서 길을 모색했다. 그의 새로운 인식론은 진리의 원천으로 이성과 계시의 관계를 재평가했다. 열광자들이 직접적인 계시를 주장하는 것과 당시의 성직자들이 신앙을 옹호하기 위해서 사용하는 변호할 여지가 없는 논증들이 그의 골칫거리였다. 그는 이성과 신앙의 영역을 뚜렷하게 묘사하고, 계시를 입증하는 문제와 씨름했다. 그는 이성을 "마음의 자연적 능력인 감각이나 반성에 의해서 얻은 관념들로부터 연역에 의해 도달한 명제나 진리 들의 확실성이나 개연성을 발견하는 것"으로 정의한다. 반면에 신앙은 "특별한 의사소통의 방식으로 신으로부터 오는 것이라고 제시한 사람의 신뢰에 근거한 명제에 대한 동의"다. 사람들이 진리를 발견하는 이러한 방식을 우리는 계시라고 부른다(같은 책 4권 18장 2절). 신앙의 원천인 계시에는 원초적(original) 계시와 전승된(traditional) 계시가 있다. 전자는 신에 의해 직접 어떤 사람의 마음에 만들어진 최초의 인상이며, 후자는 그 인상이 말이나 일상적인 의사소통 방식에 의해 다른 사람에게 전달된 것이다.

이에 앞서 그는 지식의 등급과 진리에 도달하는 데 이성이 하는 역할에 관해 논한다. 지식은 동일성이나 다양성, 관계, 공존이나 필연적인 연결, 또는 실재적 존재에 관한 관념들의 일치나 불일치에 대한 마음의 지각에서 발생하며, 직관적이거나 증명적일 수 있다(같은 책 4권 1장 1~7절; 2장 1~2절). 어떤 확신에 의해 받아들이든지 간에 이것들 중 하나가 부족한 것은 적어도 모든 일반적인 진리에서 지식이 아니라 신앙이나 의견일 뿐이다(같은 책 4권 2장 14절). 우리는 개별적인 유한한 외부 대상의 존재에 관해 감각적인 지식을 갖는다. 이것은 단순한 개연성을 넘어서지만 직관적이거나 증명적이라는 확실성의 어떤 등급에도 완전히 도달하지 못하는데 지식이라는 이름으로 통용된다. 사물의 실재적 존재에 관한 지식은 직관에 의해 우리 자신의 존재까지, 증명에 의해 신의 존재까지 확장되며, 감각에 의해서만 다른 사물의 존재까지 확장된다.

신은 우리에게 그의 존재를 확실히 알 수 있는 능력을 주었고, 우리 존재의 목적과 행복이라는 커다란 관심사에 필요한 한에서 그를 발견하고 아는 방법을 풍부하게 제공했다(같은 책 4권 10장 1절). 신에 관한 지식은 우리 자신의 존재에 관한 직관적 지식으로부터 연역에 의해 확실히 얻어진다. 로크는 내가 비물질적 영혼임을 직관적으로 확실히 안다는 뜻으로 말하지 않고 내가 생각하는 자아임을 분명하게 지각한다고 말한다. 자신의 존재에 관한 지식 이외에 신에 관한 지식을 얻으려면 직관적으로 알려진 다른 진리들이 필요한데 이를테면 "무가 어떤 실재적인 존재를 산출할 수 없다는 것은 무가 두 직각과 같을 수 없다는 것과 같다"라는 명제를 들 수 있다(같은 책 4권 10장 3절). 나 자신의 존재에 관한 직관적 지식은 적어도 하나의 사물이 존재한다는 것을 내게 보여준다. 그것은 영원토록 존재해온 것이 아니라 존재의 출발점을 갖고 있다. 존재하기 시작한 것은 스스로 그 존재를 산출했을 리 없으므로 영원한 존재가 있어야 한다. 다른 것에서 존재의 출발점을 가진 것은 자기에게 속하는 모든 것을 다른 것에서 가져와야 한다. 나는 명백하게 힘과 지각과 지식을 가지므로 나의 원인도 그것들을 가져야 한다. 이처럼 나 자신, 그리고 자신의 내적 구조에서 절대로 오류 없이 발견하는 것을 고찰함으로써 이성은 나를 이 확실하고 명백한 진리, 영원하고 전지전능한 존재가 있다는 진리에 대한 지식으로 이끈다. 이 존재를 기꺼이 신이라고 부를지 그러지 않을지는 문제가 되지 않지만, 신의 관념에서 우리가 이 존재에 돌려야 하는 모든 속성을 쉽게 연역할 수 있다. 신이 존재한다는 것을 인정하면 신이 규정한 자연법에 따라 살아야 한다는 그의 명령을 수행할 의무를 갖는다는 것은 자명하다.

　신의 관념이 우리 자신의 존재에 관한 직관으로부터 나아가듯이 도덕 원리들의 증명은 신의 관념으로부터 나아가야 한다. 로크는 어디서도 도덕의 보편적 원리들을 발전시키고 있지 않지만, 그는 발전이 가능하다고 주장하고 논증의 모델을 시사한다. "우리가 그의 작품이며 우리가 그 존재에 의존하는, 힘과 선함과 지혜가 무한한 지고의 존재라는 관념과, 우리 안에서 뚜렷한 지성적이고 합리적인 피조물로서 우리의 관념을 만약 정당하게 고찰하고 탐구한다면, 그 관념들은 도덕을 증명 가능한 학문으로 자리매김할 수도 있을 우리 의무의 토대와 행동의 규칙을 제공할 것이라고 나는 상상한다. 나는 거기서 자명한 명제들로부터의 필연적인 결과에 의해서 옳고 그름의 척도가 입증될 수도 있음을 의심하지 않는다"(같은 책 4권 3장 18절).

로크는 종교에 대한 합리적 토대를 확립하려 했지만 종교가 합리적 영역에 국한되어야 한다는 것에 만족할 수 없었다. 그는 이성의 영역 외에 그 진리가 색다른 방법 또는 계시에 의해 신으로부터 전달되는 신앙의 영역을 인정했다(같은 책 4권 7장 11절; 18장 2절). 계시는 이성을 사용해서 우리가 얻을 수 있는 지식을 전달해줄 수 있고, 이성의 영역을 넘어서는 진리를 전달하는 데에서도 핵심적인 역할을 한다. 그런데 우리가 어떤 종류의 지식도 얻을 수 없을 때 그 결핍을 보충하기 위해서 신이 사람에게 준 능력이 판단이며, 우리는 개연성만 있는 곳에서도 판단에 의해 믿음, 동의 또는 의견을 갖게 된다(같은 책 4권 15장 3절). 자연과학의 명제나 역사적 명제는 개연성만 갖고 있지만 우리는 자신의 경험과 다른 사람들의 증언을 바탕으로 그에 동의한다. 계시의 명제들은 최고의 확실성을 전달하고, 제시된 것이 일상 경험, 그리고 사물의 일반적인 경로와 혹은 일치하거나 불일치하는 것이 아닌지에 대해 단순한 증언을 기초로 가장 높은 정도의 동의를 요구한다. 그것은 그 증언이 속일 수도 없고 속임을 당할 수도 없는 존재인 신 자신에 관한 것이기 때문이다(같은 책 4권 16장 14절).

로크는 계시의 주장이 수용되고 믿어지기 전에 이성의 테스트를 거쳐야 한다고 제한을 가한다. 계시의 주장은 그것이 신으로부터 왔는지 그렇지 않은지 알기 위해서 이성과 성서에 의해 판단되어야만 한다. 이성은 모든 일에서 우리의 최후 심판관이며 안내자다. 그렇지 않으면 혼란만 있기 때문이다. 계시의 타당성 확립이라는 이성의 과제는 개연성 판단의 하나며, 로크는 계시 판단의 특별한 기준을 규정하지 않았으므로 지식이나 관찰이나 경험에 대한 일치, 증언의 타당성이라는 개연성 판단의 일반 원리를 계시 판단에 적용해야 한다. 계시에 주어진 동의 정도는 그것이 신적 계시일 개연성보다 더 높을 수 없다. 로크는 무엇이 신적인 것인지 어떻게 이성이 판단할 수 있는지 정확하게 말하지 않으며, 성서가 신의 계시일 개연성에 대한 체계적인 분석을 제공하지 않는다. 하지만 그런 판단이 가능하며 성서는 사실상 신적인 기원에서 온 것이라고 믿고 있다. 이성의 능력을 초월하는 확실성 문제에서 로크는 명백한 계시에 동의가 주어질 수 있다고 주장한다.

로크는 이성의 정의를 만족시키는 유일한 종교적 진리는 신의 존재며 다른 모든 것은 계시되어야 한다고 주장한다. 그는 명제를 이성에 따르는 것, 이성에 반대되는 것, 이성을 넘어서는 것으로 나누고, 하나의 신의 존재는 이성에 따르고, 하나 이상의 신의 존재는 이성에 반대되며, 죽은 사람의 부활은 이성을 넘어선다고 말한다(같은 책 4권 17장 23절). 로크에 따르면 모든 종파는 이성이 자신을 도우려고 하는 한 이성을 기꺼이 사용하지만, 이성이 도움이 되지 않는 경우에는 "그것은 신앙의 문제이며 이성을 넘어선다"(같은 책 4권 18장 2절)라고 부르짖는다. 각 종파들이 신앙과 이성의 엄밀한 경계를 정하지 않고 다른 종파와 논의한다거나 동일한 구실을 대는 반대자를 설득할 방법이 없는 것이다. 신앙과 이성의 경계에 대한 로크의 주장은 세가지로 요약할 수 있다.

첫째, 신의 영감을 받은 사람이라 하더라도 다른 사람들에게 그들이 과거에 감각이나 반성을 통해 갖지 않았던 새로운 단순 관념을 계시를 통해서 전달할 수는 없다. 우리는 모든 개념과 지식의 토대며 유일한 재료인 단순 관념을 전적으로 이성에 의존해야 한다.

둘째, 이성을 통해서 우리에게 발견될 수 있는 것과 동일한 진리가 계시를 통해서도 발견되어 전달될 수 있지만 그 명제의 확실성은 이성에 주어지는 확실성과 같지는 않다. 뚜렷하고 명백한 이성의 판결이 있는 경우 반대의견이 신앙의 문제라는 미명으로 이성의 판결을 포기하게 해서는 안 된다. 신앙의 문제는 이성의 명백하고 뚜렷한 명령에 반하는 권위를 결코 가질 수 없다.

셋째, 이성을 넘어서는 것이나 이성과 반대되지 않는 것이 계시된다면 그것은 신앙의 문제다. 신이 기꺼이 계시의 빛을 제공한 문제의 경우 이성의 개연적 추측에 반하여 계시가 그 문제를 관장해야 한다. 그러나 그 증언이 계시라는 것이 참인지, 그 증언을 전하는 낱말의 의미가 참인지 판단하는 것은 여전히 이성의 몫이다. 이성이 판단할 수 없거나 개연적으로만 판단할 수 있는 문제, 이성이 확실한 지식을 줄 수 없는 문제의 경우 계시에 귀를 기울여야 한다. 만약 이성과 신앙의 영역이 그 경계에 따라 구별되어 유지되지 않는다면 종교 문제에서 이성의 자리는 없을 것이며, 어떤 열광이나 방종도 모순일 수 없다(같은 책 4권 18장 11절).

열광

이성이 계시와 관련되는 방식을 시사할 때 로크는 종교에서 본유관념, 무오류의 권위, 또는 영감에 호소하는 것에 반대되는 효과적인 논증이라고 여긴 것을 제공했다. 열광에 관한 논의(같은 책 4권 19장)는 1700년의 4판에 추가되었다. 열광이란 그 자체로 명백해서 이성이나 증거가 필요 없이 신의 영감에 의해 직접 확립되었다는 비합리적인 신념, 또는 진정한 신적 영감과 달리 전적으로 정념에 의해 유발되어 이성에 의존하지 않는 종교적 믿음에 마음을 고정하는 일종의 광기를 말한다. 열광자들은 신이 선택한 특별한 사람들에게만 직접적인 도움을 주며, 이성이 아니라 초자연적 계시에 의해 도움을 준다고 주장한다. 이성의 보편성을 믿는 로크에게 반이성주의적이고 반보편주의적인 열광자들의 주장이 받아들여질 리 없었다. 인간에게는 참된 영감과 그릇된 영감을 구별할 방법이 없기 때문에 신의 영감을 받았다고 자처하는 사람은 속았을 가능성이 높다. 그는 빛과 어둠, 신과 악마를 지식과 무지에 연관시키는 강력한 비유를 사용한다. "악마는 빛의 천사로 표현할 수 있는 어둠의 왕자이므로 악마의 속임수와 신성한 영감을 어떻게 구별할 수 있겠는가?"(같은 책 4권 19장 13절). 그는 종교에 관한 추리를 배제하고 규제되지 않는 열광에 양보하며 직접적인 계시를 주장함으로써 자기가 신봉하는 교리에 더 높은 권위를 요구하는 것이 사회질서와 도덕과 종교를 파괴한다고 보았다.

6. 『기독교의 합당성』

내용

로크는 영국으로 귀국한 뒤에 집필한 이 책을 1695년 8월 익명으로 출간했다. 복음서와 사도행전에 기록된 것으로서 예수가 그의 추종자들에게 믿으라고 요구한 것이 무엇인지 정하고 예수의 삶과 가르침을 연대기로 기록하려는 시도가 이 책의 가장 큰 부분을 이룬다. 예수의 가르침에 의존하는 이 책의 서술 방식은 부활한 예수의 가르침에서 유래했다고 주장하는 가톨릭의 구전(口傳)을 반박하려는 개신교의 시도를 근거로 한 것이다. 예수와 제자들의 초기 가르침으로 돌아가려는 관심에서 그는 신약성서의 교리적인 서신들보다 역사적인 부분에 초점을 맞추었다. 이 책은 두개의 주요 부분과 부록으로 이루어져 있다. 1~10장은 복음서의 역사와 전파에 대한 설명이며, 11~14장은 기독교의 유익함, 호교론과 연관된 문제들을 다루고 있다. 부록인 15장에서는 신약성서의 서신들을 일차 자료로 사용하지 않은 이유를 설명하고 있다.

그가 만년에 직접 성서신학에 관계한 이유는 젊은 시절 『자연법론』에서 이미 전제한 계시(성서)신학과 이성(자연)신학의 관계를 자기 식으로 생각해보고 자신의 철학 전체의 추이를 스스로 확인해보고자 한데 있었다. 그 계기가 된 것은 네덜란드 망명 중에 림보르흐와 제네바 출신의 성서신학자 르끌레르(J. LeClerc, 1657~1728)의 저서를 통해 깨달은 성서 본문 비판의 중요성이었다. 스피노자의 구약성서 비판도 언급한 르끌레르의 구약성서에 대한 비판적 검토로부터 성서 읽는 법을 배운 로크는 신약성서를 텍스트로 해서 신학자들의 논의와 독립적으로 읽어보고자 했던 것 같다. 이때 로크는 성서를 인간적, 역사적으로 읽는 것이 아니라, 성서 전체는 아니라 하더라도 일부에는 신의 계시 그 자체가 서술되어 있다고 인정하지 않고서는 기독교 자체가 성립하지 않는다는 전제에서 읽었다. 그는 기독교 해석에서 예수를 통한 신의 계시를 그대로 받아들이고 『바울 서신 주석』에서도 바울을 통한 신의 계시가 있었던 점을 의심하지 않는 것으로 전제하고 해석하고 있다.

로크는 자신이 성서를 어떻게 읽는가, 그가 생각하는 기독교는 어떤 것인가를 매우 솔직하게 서술한다. 아담은 처음에 신에 대한 완전한 복종 상태에 있어서 행복과 영생을 부여받았으나 신의 명령을 배반한 결과 불행해지고 죽게 되었다. 이 경우 죽는다는 것은 단순히 무로 돌아가는 것, 흙으로 돌아가는 것으로서, 지옥에 떨어지는 것이 아니다. 인간은 자신의 행위에 대해서만 벌을 받으며, 아담의 원죄 때문에 그의 후손들이 벌을 받는다는 것은 신의 선함과 정의에 어긋난다. 아담의 이름을 들어보지도 못한 무수한 후손들이 그를 자신들의 대표자로 여기는 경우에만 아담의 원죄의 책임을 후손에게 전가하는 신이 정당화될 수 있다. 후손들에게 정당하게 옮겨갈 수 있는 아담의 원죄의 유일한 결과는 죽음이다. 죽음이 끝이므로 악한 행위를 한 사람이라도 지옥에서 영원히 벌을 받을 수는 없다. 도덕적인 죄가 자연적인 유산이라는 주장은 신의 명예를 훼손한다. 그후 신은 예수를 메시아로서 세상에 보냈다. 인간이 예수를 메시아로 믿는 것은 예수가 왕으로서 이 세상의 모든 인간을 종말의 날에 심판할 권력을 가진다는 점을 믿으며, 심판에 의해서 의인으로 인정된 사람만 영생을 부여받을 수 있다고 믿는 것이다. 예수는 자연법의 의무를 수행할 수 없는 사람들에게 신앙의 법(law of faith)을 주었으며, 신이 예수를 메시아로 보냈다는 것을 믿는 사람은 의인으로서 영생을 부여받는다. 하지만 예수를 메시아로 믿는 신앙은 그가 인류의 죄를 속죄하기 위해 몸을 바쳤는지, 어떻게 인간이면서 동시에 신일 수 있는지에 대한 믿음을 필요로 하지 않는다. 로크는 기독교는 통상적인 원죄에 대한 교의를 부정하고 종말의 날에 재림하는 것과 심판을 믿음으로써 종말론을 갖고 있다는 점에서 쏘찌니주의와 유일신격론과는 다르다고 주장한다. 인간으로서는 종말의 날에 모든 죽은 사람이 부활함을 믿는 것으로 족하고, 영생하는가 그렇지 않은가는 메시아의 심판에 의해 결정된다는 것이다.

복음서와 사도행전을 분석한 로크는 예수와 제자들이 그들의 추종자들이 믿기를 원한 것은 예수가 메시아라는 근본적인 신조라고 주장한다. 메시아의 의미는 예수의 기적, 부활, 승천, 그리고 예수가 세계의 통치자와 미래의 심판관으로 임명되는 것을 포함한다. 기독교인은 일단 알게 되면 모든 신의 계시를 믿고, 뉘우치고, 모든 신의 법에 복종하도록 요구된다. 그는 기독교는 단순해서 누구나 이해하기 쉬우며 몇개의 명제에 대한 믿음을 근거로 한다고 결론내린다. 오랜 세월 당시의 기독교인들을 분열시킨 신학의 모든 체계는 결코 이 단순한 신앙의 중심이 아니다. 신학체계의 신비스럽고 이해되지 않는 이론들은 기독교인에게 불필요하고, 성서의 일부도 아니다. 그는 자신이 공격한 이론들 중 많은 것이 성서를 기초로 한다고 주장해왔지만 성서에 근거가 없음을 보여줌으로써 그 이론들을 무효화하고자 한다.

비판

이 책은 자신의 신학체계를 옹호하려는 사람들에 의해 즉시 맹렬한 공격을 받았다. 최초이자 가장 신랄한 비판자는 케임브리지의 성직자 에드워즈(J. Edwards)였다. 그는 이 책이 출판된 지 5주 만에 첫번째 비판서 『무신론의 원인과 계기에 관한 단상』(*Some Thoughts concerning the Several Causes and Occasions of Atheism*)을 출간했다. 그는 로크가 원죄설, 예수의 신성과 속죄를 부정하고 삼위일체의 성서적 증거와 신약성서의 서신들을 의도적으로 언급하지 않았다고 비난하면서 기독교인에게는 오직 하나의 신조가 요구된다는 주장에 공격을 집중했다. 또한 로크가 기독교를 대중적 이해에 맞게 변형했다고 비난했는데, 깔뱅주의에 따르면 원죄에 의해 타락하고 은총에 의해 감화받지 않으며 복음적 교리의 정식 교육을 받지 않은 대중의 이해는 필연적으로 무신론으로 기운다. 에드워즈는 로크의 결론이 기독교의 모든 것을 이성의 시험에 종속시킨 결과이며, 이것은 로크가 비밀 쏘찌니주의자이며 이 책이 결국 무신론으로 이끌 것임을 증명한다고 주장했다.

에드워즈의 비판에 대해 로크는 신속하게 응답했다. 1695년 11월 다시 익명으로 출판한 『에드워즈 선생의 성찰에 대한 기독교의 합당성 변호』(A Vindication of the Reasonableness of the Christianity from Mr. Edwards's Reflections)에서 자신은 그 책을 아직 철저하거나 확고한 기독교인이 아닌 사람들과 전적으로 기독교의 진리를 불신하거나 의심하는 사람들에게 썼으며, 기독교인이 동의한 교리들에 초점을 맞추었다고 주장했다.

1696년 4월 에드워즈는 두번째 비판서 『가면을 벗은 쏘찌니주의』(Socinianism Unmasked)를 출판했고, 1697년 세번째 비판서 『쏘찌니주의 강령』(The Socinian Creed)에서도 『기독교의 합당성』을 비난했으며, 처음에는 로크가 저자라고 암시하다가 나중에는 공개적으로 진술했다. 세번째 비판서는 당시에 로크와 논쟁을 벌이고 있던 스틸링플릿에게 헌정했다. 에드워즈는 1697년 『인간지성론』이 쏘찌니주의와 유일신격론에 이론적 근거를 제공했고 톨런드(J. Toland, 1670~1722)가 익명으로 출판한 이신론의 고전적 해설서 『신비롭지 않은 기독교』(Christianity Not Mysterious, 1696)의 토대가 되었다고 주장했다. 또한 로크가 쏘찌니주의자로서 백지설을 주장했고 『인간지성론』 1권이 『기독교의 합당성』에 펼쳐진 이교들의 서론이며, 『기독교의 합당성』이 지난 1500년 동안 출판된 책들 중에서 가장 나쁜 책이라고 비난했다.

비슷한 시기에 윌리스(R. Willis)는 로크가 하나의 신조라는 주제를 『리바이어던』에서 빌려왔다고 비난했고, 에드워즈도 네번째 비판서 『기독교 신앙의 근본 신조들에 대한 간략한 변호』(A Brief Vindication of the Fundamental Articles of the Christian Faith, 1697)에서 동일한 비난을 반복했다. 기독교를 이성의 범주에 맞게 주조했다는 비난은 로크를 영국 이신론을 발생시킨 주요 인물로 보는 역사가들에 의해 확산된다. 논거가 부족한 경우도 많고 사실을 의도적으로 왜곡하기도 했지만 에드워즈의 비난은 오늘날까지도 『기독교의 합당성』 해석의 기초를 이루어 왔다.

물론 『기독교의 합당성』을 옹호한 경우도 없지 않았는데, 볼드(S. Bold)처럼 지속적으로 로크를 옹호한 경우를 제외하면 에드워즈의 공격에 대해 톨런드가 익명으로 로크보다는 자기를 방어하기 위해 나선 것, 삼위일체설을 반박하기 위해 에드워즈를 공격한 것, 『기독교의 합당성』을 오히려 이신론과 더 연결시킨 것들이어서 대체로 로크가 원치 않은 변론들이었다. 어쨌든 『기독교의 합당성』은 출판 이후 1년 남짓한 기간에 이신론, 쏘찌니주의 또는 유일신격론, 홉스주의와 연결되었는데, 이것들은 국교회파가 가장 광범위하게 비난한 전통에 속한 것들이었다.

로크는 세가지 비난에 대해 강하게 자신을 방어하고 나섰다. 그는 "계시가 전혀 필요 없다고 생각하거나 또는 구세주의 계시는 구원을 위한 신조들에 대한 믿음(어떤 사람들은 고정관념이나 추리 방식 때문에 또 어떤 사람들은 지성이 모자라서 그런 믿음을 가질 수 없다)을 필요로 한다고 생각하는" 이신론자들에 반대하기 위해서 『기독교의 합당성에 대한 두번째 변호』(*A Second Vindication of the Reasonableness of the Christianity*, 1697)를 썼다고 주장했다. 또한 『기독교의 합당성』은 자연종교만으로 충분하고 계시가 필요없다고 주장하는 사람들과 이성이 어떤 진리도 알거나 확증할 수 있다고 주장하는 사람들을 반박하려는 것이었다고 밝혔다. 그는 단순하고 합리적인 기독교는 스스로 진리를 결정할 수 없거나 어떤 진리들은 이성 너머에 있음을 발견하는 사람들 모두에게 합당하다고 주장했다.

쏘찌니주의자와 홉스주의자라는 비난에 대해서 로크는 홉스와 쏘찌니주의자들의 저작을 잘 읽지 않았으며, 하나의 신조라는 주제는 복음서와 사도행전에서 가져왔다고 주장했다. 그의 주장은 그가 그 책들을 갖고 있었고 그 책들에 각주를 달았다는 증거에 의해 반박된 것처럼 보였다. 하지만 한편으로 그가 홉스와 쏘찌니주의자들이나 유일신격론자들 외에 기독교를 통합하는 수단으로 소수의 단순한 신조들을 제안한 많은 저자들의 책을 소유하고 읽었으며 거기에 동의했다는 강력한 증거가 있었다. 로크의 얼버무림이 진실성을 의심하게 하는 근거일 수는 있지만, 그가 신학의 많은 미세한 사항들에 대한 자신의 견해를 별로 기록해놓지 않았기 때문에 그의 종교적 사고가 쏘찌니주의자와 유일신격론자, 또는 심지어 홉스의 영향을 직접 받았다고 판단하기는 매우 어렵다. 하지만 기독교인이 되기 위해 요구되는 것에 관한 주장, 성직자는 사회에서 할 뚜렷한 역할이 없다는 주장 등은『리바이어던』3, 4부의 주장과 거의 일치한다.

그는『인간지성론』에서 권위와 열광에 대한 호소가 이성에 대한 호소에 의해 제한되어야 한다는 것을 보여주려고 신앙이나 의견과 구별된 것으로서 이성을 강조했지만,『기독교의 합당성』에서는 계시 개념을 더 뚜렷하게 옹호함으로써 자신의 주장이 지나치게 이성적인 경향으로 받아들여지는 것을 경계했다. 이 책에서 그는 그 본질적 믿음이 이성 너머에 있지만 기적과 성취된 예언이라는 인증 표지를 가지며 도덕적 가르침의 영역에서 가장 위대한 스승들의 지혜에 앞서는 하나의 종교로서 기독교의 합당성에 호소하고 있다. 이 책의 주제가 합당하지만(reasonable) 이성적이지는(rational) 않은 종교라는 점이 그의 의도를 잘 보여준다. 기독교의 합당성은 그것이 이성에 일치한다는 데 있다기보다는 단순성, 이해 가능성, 효력에 있다는 것이다.

7. 스틸링플릿과 벌인 논쟁

로크가 도덕과 종교에 관한 일관된 견해를 제공하지 않았기 때문에 로크를 옹호한 학자들은 『인간지성론』은 기껏해야 우리를 잘못된 인식에 이르게 하거나 아무리 나쁘게 보아도 서투르게 위장한 무신론 훈계에 지나지 않는다고 평가했다. 그러나 『인간지성론』에 대한 의심은 톨런드의 『신비롭지 않은 기독교』에 의해 증폭되었다. 톨런드는 종교가 반이성적 명제를 포함하지 않고 초이성적 명제도 포함하지 않는다는 이신론을 주장했다. 로크 자신은 초이성적인 것을 분명히 인정하기 때문에 이신론자가 아니었다. 로크는 만약 계시가 확실한 지식과 모순되지 않는다면 신앙은 명백한 계시에 의해 전달된 명제를 받아들여야 한다고 주장한 반면, 톨런드는 이성에 의해 확증될 수 없는 것은 절대로 받아들여서는 안 된다고 주장했다. 그 결과 로크는 계시된 명제들의 광범위한 영역을 받아들였지만, 톨런드는 신비롭다고 생각하는 것은 무엇이나 거부했다. 하지만 계시는 감각과 마찬가지로 그 자체로는 지식을 부여하지 않으나 그것에 이성적 반성이 가해져서 비로소 지식이 된다는 톨런드의 주장은 로크의 주장을 답습한 것이었다. 신학에 대한 그의 이성적 접근은 로크가 옹호하고 실제로 믿은 정도를 넘어선 것이었지만, 스틸링플릿에게 그의 지식이론은 『인간지성론』 제4권을 별다른 변형 없이 수용한 것처럼 보였다. 그래서 스틸링플릿은 로크와 톨런드를 새로운 관념이론가들(the new men of ideas)로 한데 묶었다.

스틸링플릿의 책 『로크의 인간지성론에 대한 비판적 주석을 덧붙인 삼위일체설 변호』(*A Discourse in Vindication of the Doctrine of the Trinity with Critical Comments on Locke's Essay*, 1697)는 『인간지성론』과 그것이

함축하는 바에 관한 두 사람의 공개서신 논쟁의 출발점이었고, 18개월 동안 두 사람이 합쳐서 다섯 차례의 서신을 주고받은 논쟁은 1699년 그가 죽음으로써 겨우 끝을 맺었다. 로크는 스틸링플릿의 지위로 보아서 즉각적인 대답이 필요하다고 판단했다. 더구나 이때의 논쟁은 『관용에 관한 편지』에 대해서 벌어진 논쟁과는 달리 로크의 종교론을 그의 철학 전체와 관련해서 문제 삼은 것이었다. 1690년대에는 영국 쏘찌니주의 자와 그들에 대한 정통파 비판자들 간의 지적 전쟁이 최고조에 달했는데, 스틸링플릿도 이 논쟁에 가담하고 있었다.

스틸링플릿에게는 로크가 『인간지성론』에서 본유주의를 비판하고 자연법을 피상적으로 논하며 쾌락주의를 수용한 것은 기독교 도덕을 손상시키는 것처럼 보였다. 로크가 지식을 관념들의 일치나 불일치에 대한 지각에 국한한 것은 외부 세계에 대한 회의주의를 초래하여 신앙의 신비에 위험스럽다고 여겨졌다. 로크가 실재적 본질과 명목적 본질을 나누고 우리는 실재적 본질을 알 수 없다고 주장한 것은 실체의 실재를 의심하는 것으로 보였다. 인간의 본성이나 인격이 추상 관념이라는 그의 주장은 의식에 의해 실체를 추방하는 것으로 여겨졌다. 로크의 이러한 주장들은 삼위일체설에 의문을 제기함으로써 근본적인 존재론적 개념을 퇴출시키지는 않는다 하더라도 그 골자를 빼버리는 것과 같다. 스틸링플릿에 따르면 개인은 동일한 실체이거나 아니면 실재적 본질을 가졌다고 해야 원죄로 인한 타락이 동일한 본성을 가진 각 개인에게 전파될 수 있으며, 예수의 신성은 신과 한 실체이기 때문에 가능하고, 영혼과 육체 사이에 허용된 위격 연합에 의해 육화가 가능하다. 또한 국가와 교회는 동일한 실체의 두가지 양태로서 이 두 권력이 동일한 지배권을 놓고 경쟁할 가능성은 배제된다. 이러한 생각은 당연히 그가 신봉하던 아리스토텔레스의 실체론으로부터 나온 것이었다.

로크가 제한된 지성을 전제하고, 우리가 아는 모든 것에도 불구하고 신이 물질에 생각하는 힘을 부여했을지도 모르며, 영혼의 비물질성에 대한 철학적 증거가 없다고 해도 도덕과 종교의 모든 목적은 충분히 확보될 수 있다고 말한 것(『인간지성론』4권 3장 6절)은 유물론의 길을 열어주는 것처럼 보였다. 동일한 육체의 부활을 부정하고 의식의 동일성만을 중요시하는 그의 특수한 인격 개념은 부활 교리에 난제를 가져오는 것이었다. 스틸링플릿은 로크가 삼위일체를 인정하는지 그렇지 않은지 말하게 하려고 계속 노력했지만, 로크는 삼위일체 교리를 전혀 언급하지 않았다. 그는 자신의 실체와 인격 개념을 통해 삼위일체설을 지지하는 강한 증거를 발견할 수 있다고 생각하지 않았던 것 같다.

그러나 로크의 주장은 존재가 물질만으로 이루어진다는 의미의 유물론이 아니다. 그는 우선 신의 존재를 증명하여 신이 순수한 정신이라고 보았다. 또한 인간 정신은 순수한 정신적 실체라고 단정할 수 없으며 어쩌면 물질적 실체에 생각하는 능력이 가해진 것인지도 모른다고 설명했다. 이런 생각은 인간 정신이 불멸하는 실체라는 점을 인정하지 않는 것이다. 따라서 로크의 주장은 철학에 의해 신의 존재는 알려질 수 있어도 영혼의 불멸은 알려질 수 없다는 것이다. 로크는 영혼 불멸의 철학적 증명을 배척하고 그 대신 성서에서 말하는 죽은 사람의 부활에 대한 신앙을 주장한다. 이것은 그 가능성을 예수의 부활에서 볼 수 있는데, 종말의 날에 죽은 사람이 모두 부활하여 심판을 받는다는 것이다. 그리고 철학자가 추구하는 불멸을 참으로 대신할 수 있는 것은 우리 중의 어떤 사람이 의인으로 인정되어 불멸의 삶을 얻는 것밖에 없다는 것이다. 이렇게 로크는 철학적 불멸을 기독교적인 죽은 사람의 부활로 대치했다.

1700년에 나온 밀너(J. Milner)의 책『로크 선생의 종교에 관한 설명』(*An Account of Mr. Locke's Religion*)은 로크의 종교론에 대한 최초의 광범위한 주석이다. 그는 로크의 견해를 31개의 신학적 주제로 나누고 사상의 일관성을 역사적으로 검토해서 비판하고 있다. 그는 쏘찌니주의가 부정했던 속죄설과 삼위일체설에 대한 로크의 견해가 명확하지 않으며, 죽음은 끝을 의미한다고 주장한 것은 악한 행위자에 대한 영원한 벌을 믿지 않는 것으로 보임으로써 쏘찌니주의자로 비난받을 만하다고 주장했다. 또한 그는 정신이 물질적일 수도 있다는 로크의 주장을 문제 삼았고, 특히 로크가 만약 예수가 메시아라는 신조가 기독교인에게 요구되는 모든 것의 간단한 요약이라고 말했다면 대중들이 비난하지 않았을 것이라고 지적했다. 1709년에는 라이프니츠가 로크가 생각하는 물질의 가능성을 허용함으로써 쏘찌니주의자들처럼 영혼의 필멸성을 인정하게 된 것이라고 순전히 철학적인 관점에서 비판했다.

8.『바울 서신 주석』

1672년에 시작한 로크의 공직 생활은 1700년 무역위원회 위원을 끝으로 마감되었다. 그후 그는 마지막 대기획인 바울 서신에 대한 주석 작업에 매진했다. 노년에 그렇게 큰 과제를 수행하게 된 이유는 불분명한데, 심각한 외적 요구가 있었던 것 같지는 않다. 성서 연구에 바친 한 인생의 절정으로서 바울 서신을 연구하게 된 것이 아닌가 한다.『기독교의 합당성』에서는 신약성서의 복음서와 사도행전을 주로 다루었으나, 이번에는 정전으로 인정된 모든 바울 서신뿐만 아니라, 당시에도 여전히 논란 중이기는 했지만 전통적으로 바울이 쓴 것으로 여겨온 히브리서에 대한 주석도 시도할 예정이었다. 그는 오래도록 성서 비평에 관심을 가져서 1660년대 초부터 바울 서신의 개별 구절들에 꾸준히 주석을 달아왔다. 그가 바울 서신을 선택한 중요한 이유는 바울 서신이 전체의 맥락에서 해석되지 않고 구절구절 고립적으로 해석되어서 오랜 세월에 걸쳐 오해되고 있다고 믿었기 때문이다. 1702년에 쓴 이 책에서 드러나는 그의 신학적 입장은 반삼위일체주의로서 아리우스주의에 가까운 것으로 보이며, 이 책은 그가 마음속 깊이 종교적이었음을 보여준다. 바울 서신에 관한 주석들을 3개월 간격으로 출간하려던 그의 계획은 무산되었고, 책 전체는 그가 죽은 뒤인 1705년과 1707년 사이에 유언집행자에 의해 출판되었다. 『기적론』(*Discourse of Miracles*, 1702)과 미완성의 『관용에 관한 네번째 편지』도 유고로 출판되었다.

『바울 서신 주석』의 머리글에는 로크의 해석학과 독서법 이론이 잘 나타나 있다. 그는 바울 서신뿐만 아니라 성서의 어떤 부분에도 우리가 고대문헌 연구에서 마주치는 것과 비슷한 장애물이 있다고 인정한다. 시간적, 공간적으로 격리되고 텍스트의 언어와 상황에 친숙하지 않은 독자는 텍스트의 역사적 맥락, 계기, 저자의 의도를 발견할 때까지는 그 의미를 다 이해하지 못할 것이다. 신약성서의 독자는 신약이 그 자체의 고유한 언어로 서술되었고, 히브리어와 아람어(고대 시리아와 팔레스타인의 셈족Semites계 언어)를 관용적으로 사용하던 저자들이 그리스어 구어체로 썼다는 것을 알아야 한다. 서신이 다양한 문화와 환경, 기질을 가진 특정한 청중을 향한 것이라는 사실, 특별히 개별 서신의 기획과 목적, 주제 선택, 논증에 나타난 저자의 마음에 주목해야 한다. 독자의 상상력으로 재구성된 저자의 전체 취지는 독자에게 선언하는 객관적 규칙이다. 독자는 바울 자신과 상의함으로써 서신을 해석한다. 바울의 의미는 신조와 고백 같은 신앙의 모든 규칙을 대신한다.

독자들은 친숙하고 권위적인 안내자, 그중에서도 인쇄된 성서의 텍스트를 피해야 한다. 성서 텍스트에 추가된 장과 절 구분은 저자가 의도하지 않은 경구적인 성질을 특정한 절에 부여한다. 텍스트는 조각나고 그 조각들은 다양한 신학체계에 증거 텍스트로 사용된다. 바울 서신은 지속적 담론이므로 통독하는 것이 가장 좋다. 어떠한 문장의 의미도 맥락, 그 문장의 앞과 뒤에 무엇이 오는가에 의해 결정되어야 한다. 텍스트를 예배 용도로 쓰기 위해 낭독 성구로 나누는 것도 그릇된 방향으로 우리를 이끈다. 어떤 합리적 담론보다도 발췌된 인용구들이 기억에 더 쉽게 남기 때문이다. 독자는 우리가 아주 어릴 때부터 교육에 의해 이 인용구들의 영향을 크게 받아왔다는 사실을 명심해야 한다.

그렇다고 해서 로크가 전통적인 신앙심을 세속적이고 역사적이며 비판적인 태도로 대체하자고 제안하고 있다고 생각해서는 안 된다. 그는 이러한 방법으로 성서를 읽음으로써 신의 진리에 접근하려고 한다. 전통적인 신앙심과는 별도로 신의 진리를 파악하기 위해서는 바울 서신의 의미로 표현된 진리 자체 이외의 어떤 다른 권위도 인정하지 않아야 한다. 성서는 성서에 의해, 정신적인 것은 정신적인 것에 의해, 따라서 바울은 바울에 의해 해석되어야 한다는 것이다.

『바울 서신 주석』에서 다루는 주제들 가운데 가장 두드러진 것은 바울의 정치신학이다. 바울은 이방인들의 사도로서 전통적인 성서적 종교를 보편적인 신앙으로 변환했다. 바울의 사도적 사명은 종말에는 모든 정치적 지배를 대신할 보편적 사회로서 이스라엘 국가를 재건하는 것을 포함했다. 그는 세계정치사를 모든 국가와 시민사회에 대한 신의 지배의 표현으로 여긴다. 국가의 발생과 멸망, 행운과 불운은 국가의 종교적이고 도덕적인 실천을 반영하며, 거기에 대한 신의 동의나 불찬성의 표시다. 하지만 로크는 바울과 달리 역사의 변화에 대한 신의 책략에 제한을 둔다. 국민들 개인의 운명은 전적으로 그들의 신앙과 복종의 문제이므로 신의 자의성은 한 국가의 일시적 행운에만 영향을 미친다는 것이다. 로크는 바울이 그린 보편적 구원의 범위에 제한을 가한다.

한편, 계시에 대한 입증이며 신앙과 도덕의 토대로서 기적과 예언 성취에 대한 논의는 『인간지성론』과 『기독교의 합당성』에도 있었다. 유작인 『기적론』에서 로크는 기적을 "관찰자의 이해를 넘어서며 그가 보기에 이미 확립된 자연의 과정과 모순이지만 신적인 것으로 여겨지는 감각작용"(256면)이라고 정의하고 명백한 반대의견들에 대해 이 정의를 옹호한다. 이 정의에 따르면 명백한 반대의견이란 한 사람이 기적이라고 인정하면 다른 사람은 부정할 수 없다는 것, 자연법칙에 어긋난다는 의미에서 정말 특이하거나 초자연적이지 않은 사건도 기적이라고 여길 수 있다는 것이다. 로크는 이 두 반대의견을 인정하면 기적이 증거력을 상실할 것이며, 자신이 정의한 기적이 틀림없이 신의 계시를 지시하는 것이라고 주장한다. 기적은 신이 예언자에게 좋은 신앙을 제공하는 방식이며 예언자가 계시라고 주장하는 모든 명제는 예언자의 기적에 의해 지지된다. 기적은 예언자의 증언을 지지함으로써 예언자의 지위를 보장한다는 것이다. 그는 예수가 신적 능력의 강력한 표지로 기적을 수행했다고 주장한다.

9. 영향

16세기와 17세기 내내 가톨릭과 개신교의 평화를 원하는 신학자들은 덜 중요한 문제들, 즉 그것에 관해 다양한 의견이나 실행이 합법적으로 주장될 수 있는 비본질적인 것들에 대해서 근본적인 신조들을 강조하는 고대 기독교 전통을 다시 일으켰다. 에라스무스, 까스띠용(S. Castellion), 아꼰치오(J. Aconcio), 흐로티위스(H. Grotius) 같은 사상가들은 이와 같은 근본적인 신조들에 대한 합의와 지엽적인 주제에 대한 사생결단의 대립의 종식을 호소하는 방법을 사용해서 종교개혁의 분열로 생긴 틈을 메꾸려고 노력했다. 17세기 중반 칠링워스(W. Chillingworth)를 포함한 영국의 추종자들 또한 국교회 분파들을 통합하는 데 이러한 접근 방법을 사용했다. 광교회파로 불리게 된 테일러(J. Taylor), 백스터(R. Baxter), 위치코트(B. Whichcote), 스미스(J. Smith), 패트릭(S. Patrick) 같은 사람들은 통일성을 추구하기 위해 이 방법을 사용했다.

내전과 종교를 둘러싼 소요 속에서 살았던 로크는 옥스퍼드 시절에는 어떤 사람도 종교에서 절대 확실한 지식을 갖지 못한다고 결론내렸다.『관용에 관한 편지』에서는 기독교인들은 동의할 수 있는 것에서 통일성을 발견해서 서로의 차이점을 너그럽게 봐주어야 한다고 주장했다.『기독교의 합당성』에서 그는, 예수가 추종자들이 무엇을 믿기를 원했는지 발견하려 할 때 기독교인들이 비본질적인 문제에 관해 아무리 서로 나뉠지라도, 기독교인이 되기 위해 믿도록 요구되는 것에 관해서 모두가 동의하고 연합하는 수단을 신이 명백하게 했다고 기대하면서 그 문제에 접근했다.『기독교의 합당성』에서 로크는 두 측면에서 선구자들을 넘어섰다. 그는 오직 성서에서 유래한 근본 신조들의 목록을 제시하려고 했고, 그 신조들이 너무 단순하고 명백해서 지적 능력에 관계없이 누구나 그것들을 발견하고 이해할 수 있다고 주장했다. 그는 자신의 책이 기독교인들의 평화와 연합에 이바지하리라고 생각했다. 이런 점에서 그는 아우구스티누스주의와 깔뱅주의의 그늘에 가려온 계몽적이고 보편주의적인 기독교의 전통, 알렉산드리아의 클레멘스, 오리게네스, 펠라기우스(Pelagius, 360~420)로 거슬러올라갈 수 있는 기독교 휴머니즘의 전통을 이어받았다고 할 수 있다.

18세기 전반 영국에서는 기독교를 공격하는 사람이든 옹호하는 사람이든 모두 그들의 무기를 로크한테서 빌렸다. 비국교도는 자기들의 교회로 국교회를 대체하려는 은밀한 야망을 버리고 로크의 다원주의를 포용했고, 국교도는 교회와 관용에 대한 로크의 설명을 국교회를 옹호하는 데 적극적으로 사용했다. 로크의 종교철학이 이신론에 미친 영향은 콜린스(J. A. Collins)의 『이성의 사용에 관한 에세이』(*An Essay concerning the Use of Reason*, 1707)와 『자유사상론』(*A Discourse of Free-Thinking*, 1713)에 반영되었다. 이것은 로크의 종교철학에 대한 반응이 그만큼 이질적이었다는 것을 보여준다. 로크가 워낙 광범위한 주제들에 관해서 논의했기 때문에 그 영향을 일목요연하게 그려낸다는 것은 불가능하다. 하지만 스틸링플릿과의 논쟁이 근대철학이 아리스토텔레스의 실체관으로부터 벗어나는 계기가 되었고, 그의 백지설이 아담의 원죄에 의한 인류의 타락이라는 전통적인 기독교 개념에 강력하게 반작용했으며, 그의 성서 해석의 방법이 영국에 대중화되었다는 점은 어렵지 않게 지적할 수 있다.

세상 모든 것에 종교가 침투해 있던 마지막 시대를 산 로크가 고민했던 문제들은 오늘날 더이상 종교적인 것들이 아니다. 가톨릭교도와 무신론자를 배제하긴 했지만 이교에 대한 정부의 간섭을 월권으로 본 그의 관용정신은 오늘날 비기독교에 대한 관용을 비롯한 세속적 다원주의의 이론적 토대가 되었다고 할 수 있다. 다양성 속에서 통일성을 찾고, 자유와 관용이라는 미덕을 인류에게 선사했으며, 초월의 세계에 대한 신앙을 잃지 않으면서도 확실한 지식에 대한 이성의 추구를 멈추지 않은 로크를 흄은 "감히 신앙이란 이성의 일종에 지나지 않고, 종교는 철학의 한 분파일 뿐이며, 도덕, 정치 또는 역학에서 진리를 확증하는 일련의 논증은 자연신학이든 계시신학이든 모든 신학의 원리를 발견하는 데도 항상 사용된다고 공개적으로 말한 최초의 기독교인이었던 것 같다"라고 평가했다(『자연종교에 관한 대화』 28면). 근대적 의미의 종교철학 은 로크에서 시작되었다고 해도 지나친 말은 아닐 것이다.

| 이재영 |

10장

라이프니츠

철학적 신학과 형이상학적 창조론

———

종교개혁 이래 프로테스탄트와 가톨릭의 갈등으로 30년전쟁을 치른 후 사회적, 정치적 불안이 계속되던 시대에 라이프니츠(Gottfried Wilhelm Leibniz, 1646~1716)는 신구교의 통합을 위해 적극적이었다. 신학과 종교의 가르침이 이성과 대립하지 않는다고 생각한 라이프니츠는 신앙과 이성의 조화 혹은 일치를 주장하며 '이성신학' 혹은 '철학적 신학'이라고 부를 수 있는 신학적 견해를 가지고 있었다.

라이프니츠의 신앙과 이성의 조화에 대한 생각은 청년기 저작인 일련의 「가톨릭 논증」으로 시작된다. 여기서 그는 신의 현존과 영혼의 불멸성을 증명하고 가톨릭 교회의 주요 교리인 성변화와 성만찬을 증명한다. 논증 과정에서 라이프니츠는 근대 기계론 철학의 주요 개념과 아리스토텔레스의 자연학의 원리가 조화 가능하다는 견해를 피력한다. 청년기 저작에서 나타나는 실체, 정신, 물체 개념은 데카르트의 실체 이원론을 넘어선 것으로, 중기와 후기 라이프니츠의 물체적 실체 개념으로 이어지면서 그의 물체 형이상학을 구성하게 된다. 더불어 라이프니츠는 삼위일체나 육화 같은 교리들이 신의 계시를 통해서 주어지는 계시적 지식이며 이 계시적 지식은 이성적 지식과는 다른 인식의 한 형식이라고 본다. 즉 계시적 지식은 이성에 의해 증명 가능한 지식이 아니라 그 내용이 거짓임이 증명되기 전까지는 참으로 받아들여도 무방한 추정적 지식이라는 사실을 주장하면서 종교의 가르침과 신학적 지식에 인식론적 지위를 해명한다.

신에 관한 라이프니츠의 견해는 형이상학의 관점에서 창조에 대한 견해로 이해할 수 있다. 신이 전지, 전능, 전선의 속성을 가지고 창조 이전의 세계와 창조 이후의 세계를 어떻게 설명하는지 살펴본다. 여기서 그는 우연과 필연 개념의 구별로 가능세계 개념을 도입하고 성숙기 형이상학을 구성하는 완전 개체 개념과 모나드 개념, 예정조화의 가설을 소개한다.

1. 시대적 배경

라이프니츠는 데까르뜨와 스피노자에 비해서 당시 유럽의 기독교와 신학에 더 가까웠던 인물이다. 데까르뜨의 기계론 철학이 무신론이라는 비난을 받고, 스피노자의 범신론과 비인격적 신 개념이 위험한 사상으로 평가되어 이단으로 추방되기에 이르렀던 반면, 라이프니츠는 기독교 교회를 옹호하고 기독교 신학의 주요 교리를 철학적으로 정당화하려고 노력했다. 신학과 기독교 신앙에 적극적이었던 이런 라이프니츠의 태도는 상대적으로 중세 스콜라철학과 유사한 면도 있었지만, 사실상 근본적으로는 근대라는 새로운 시대의 바람을 탄 것이었다. 라이프니츠가 보기에 신학과 종교의 가르침은 이성과 대립하는 것이 아니었다. 성서의 가르침과 기독교의 주요 교리는 이성과 조화될 수 있을 뿐만 아니라 이성의 인도에 의해 기초되어야 한다고 보았다. 17세기 서양 근대의 주체인 이성이 학문의 영역뿐만 아니라 종교의 영역에서도 진리를 논할 수 있게 하는 토대 역할을 한다고 생각한 것이다. 이런 틀 안에서 라이프니츠는 전생애에 걸쳐 학문과 종교의 조화 혹은 일치를 주장했다. 이런 라이프니츠의 입장은 그가 『변신론』 서문에서 주장했던 '신앙과 이성의 조화 혹은 일치'라는 테제로 대표될 수 있고, 그의 신학적 견해는 자연신학의 전통을 이은 '이성신학' 혹은 '철학적 신학'이라고 할 수 있다.

라이프니츠가 종교와 신학에 적극적인 관심을 가지게 된 것은 당시 독일의 시대적 상황과도 관련이 있다. 당시 독일은 프로테스탄트(신교)와 가톨릭(구교)의 갈등에서 비롯된 30년전쟁의 여파로 큰 후유증을 앓고 있었다. 사회적 불안과 정치적, 종교적 갈등을 경험한 청년 라이프니츠는 그런 시대에 보편적 평화와 조화를 증진할 수 있는 방법을 모색했고, 그 스스로 모든 기독교인들이 자비로운 결속에 의해 하나의 통일체로 통합될 수 있고 지상 최대의 권력으로 성스러운 존경을 받을 수 있는 만국교회를 확립하려는 목표를 세운다. 라이프니츠가 이 목표를 수행할 구체적인 방법으로 계획한 것은 분리된 프로테스탄트 교회와 가톨릭 교회를 재통합하는 일이었다. 그리고 이 신구교 재통합이라는 의제는 초기부터 후기에 이르기까지 그의 철학 연구의 중요한 동기 중 하나가 된다.

17세기 유럽 이성주의 철학자들의 철학체계에서 신 개념은 매우 중요한 자리를 차지한다. 이것은 주로 각 철학자들의 형이상학에서 확인할 수 있는데, 데까르뜨, 스피노자, 라이프니츠의 형이상학이 각각 다른 체계를 갖는 것은 그들의 신에 대한 이해가 서로 달랐기 때문이다. 각각 다른 신 개념은 특히 신의 창조, 피조물의 기원과 현존 그리고 신과 피조물의 관계를 설명하면서 서로 다른 실체 개념을 형성하는 데 그대로 반영되었다.

2. 기독교와 기계론 철학: 가톨릭 증명

개혁이라는 이름으로 일어난 기독교의 분리, 그리고 그로 인한 30년간의 종교전쟁은 청년 철학자에게 교회 재통합을 위한 이론적 토대를 구축할 필요성을 느끼게 했다. 이로 인해 1668년 22세의 라이프니츠는 미완성이지만 가톨릭의 주요 교리를 옹호하는 「가톨릭 논증 (Demonstrationes Catholicae)」이라는 일련의 논문들을 집필한다. 라이 프니츠의 초기 신학적 작업은 가톨릭 도시 마인츠에서 만난 그의 후원 자 보이네부르크(J. Ch. von Boineburg)의 요청으로 시작되었다. 가톨 릭으로 개종한 보이네부르크는 청년 철학자에게 가톨릭 교리가 프로테 스탄트 교리 못지않다는 것을 철학적으로 정당화해줄 것을 요청했다. 그들에게는 교회 재통합이라는 공통된 목적이 있었다. 따라서 라이프 니츠가 「가톨릭 논증」을 통해 목표로 한 것은 기독교의 주요 교리를 철 학적으로 정당화함으로써 가톨릭 교회뿐만 아니라 프로테스탄트 교회 도 받아들일 수 있게 하려는 것이었다.

라이프니츠가 「가톨릭 논증」에서 증명하려고 한 것은 세가지로, 첫 째는 신의 현존이고, 둘째는 영혼의 불멸성, 그리고 셋째는 기독교의 주 요 교리이다. 특히 셋째는 가톨릭 교리인 성변화, 그 당시 기독교 교회 통합에 매우 중요한 이슈였던 성만찬(성체성사) 그리고 쏘찌니주의자 들이 부정했던 교리인 삼위일체와 육화를 정당화하는 것이었다. 라이 프니츠는 이 교리들 중에서도 주로 성변화와 육화의 문제를 다루었는 데, 다른 문제들은 성변화와 육화 논증을 통해서 해결될 것이라고 판단 했기 때문이다. 젊은 법학박사였던 라이프니츠가 이런 신학의 주요 문 제들을 철학적으로 정당화할 수 있었던 것은 그가 법학과 신학에 박식 했을 뿐 아니라 고대철학과 스콜라철학 그리고 홉스, 데까르뜨 등 근대 철학자들의 새로운 철학인 기계론에도 정통했기 때문이다.

「가톨릭 논증」은 신학 논증이라기보다는 형이상학에 가깝다. 달리 보면, 라이프니츠의 청년기 형이상학은 이 신학 논증을 통해 전개되었 다고도 할 수 있다. 왜냐하면 그는 근대 형이상학의 주요 개념인 실체, 정신, 물체 개념을 통해서 이 신학 문제들을 논하고, 그러면서도 다른 한편 실체, 정신, 물체에 대한 참된 개념을 개진하려고 애쓰기 때문이다. 이 신학 논증은 청년 라이프니츠의 고대철학에 대한 해석과 근대 기계론 철학에 대한 여러 입장이 드러난다는 점에서도 중요하다.

기계론 철학 비판

「가톨릭 논증」은 1668년 봄에 집필된 것으로 알려진 「무신론자들에 반하는 자연의 고백」(Confessio Naturae contra Atheistas)으로 시작한다. 이 글에서 라이프니츠가 무신론자로 지칭하는 대상은 기계론 철학자들이다. 근대과학의 놀랄 만한 진보 덕에 17세기 유럽에서 자연에 대한 기계론적 설명은 이미 확고한 지위를 차지하고 있었다. 라이프니츠도 자연의 물리적 현상을 물체의 크기, 형태, 운동만을 통해서 설명할 수 있다는 기계론적 설명 원리에는 동의한다. 하지만 이런 기계론적 설명은 자연현상을 설명하는 데 더이상 신과 같은 비물체적 형상에 의존할 필요가 없다는 결론으로 이어져 결국 무신론이라고 비난받는다. 라이프니츠가 기계론 철학의 탁월한 설명능력을 인정하면서도 한편으로 비판하는 점은 바로 기계론 철학의 물체 개념이다. 기계론의 자연 설명은 크기, 형태, 운동 같은 물체의 일차 성질의 기원과 원인을 설명할 수 없다는 것이다. 데까르뜨의 정의에 따르면 물체는 '공간 안에 있는 것'이다. 하지만 물체의 일차 성질의 원인은 이런 물체 정의에 나타나는 본성에서 발견될 수 없다. 즉 어떤 물체가 왜 이런 크기, 이런 형태, 이런 운동을 하는지는 '공간 안에 있는 것'이라는 물체의 본성에서 발견될 수 없다. 라이프니츠는 기계론 철학에 따르면 물체는 자기충족적이지 않다고 말한다. 그렇다면 물체의 일차 성질의 원인은 물체 외에, 즉 물체가 아닌 다른 것에 있어야 한다. 즉 비물체적 존재에 있어야 한다. 이

비물체적 존재는 사물의 조화를 위해서 지혜롭고 현명해야 하며 강한 힘을 가지고 있어야 한다. 라이프니츠는 그런 비물체적 존재를 전세계를 통제하는 정신, 즉 신이라고 주장한다.

라이프니츠는 운동의 원인이 물체 내에 없다는 개념이 운동의 원인은 외부로부터 주어진다는 아리스토텔레스의 견해와 일맥상통한다고 보았다. 아리스토텔레스가 말하는 운동의 궁극적 원인인 부동의 원동자(原動子) 역할을 신이 맡아서 그를 모든 물체운동의 보편적 원인으로 이해한 것이다. 이렇게 라이프니츠는 물체 현상의 궁극적 원인을 설명하는 문제에서 기계론이 결여하고 있는 바를 데까르뜨가 버렸던 아리스토텔레스 철학과 조우해서 채우고 이 화해 가능성을 통해서 상호 보완하는 논증으로 신의 현존을 증명할 수 있었다. 그외에도 「가톨릭 증명 개요」(Demonstrationum Catholicarum Conspectus)에서 라이프니츠는 이후 성숙기에 자기 철학의 주요 원리로 삼게 되는 충족이유율, 즉 이유 없이는 어떤 것도 일어날 수 없다는 원리를 근거로, 또 신의 연속 창조 없이는 운동이 일어날 수 없다는 주장을 근거로 신의 현존을 증명한다.

신의 현존을 증명하는 것과 더불어 이 논증에서 중요한 것은 기계론 철학과 아리스토텔레스의 자연학 원리가 조화 가능하다는 생각이다. 청년 라이프니츠는 근대 기계론 시대에 결별했던 두 철학이 조화 가능하다는 생각을 1669년 4월 20일과 30일 자신의 스승 토마시우스(J. Thomasius, 1622~84)에게 보낸 서신에서 더 자세히 언급하는데, 이 생각은 이후 성숙기에 이르기까지 그의 형이상학 체계를 구축하는 주요 요소가 된다.

「무신론자들에 반하는 자연의 고백」 2부에서는 기계론 철학과 아리스토텔레스 철학의 정신, 물체, 운동 개념을 통해서 인간 정신의 불멸성을 증명한다. 논증의 핵심은, 인간 정신의 활동은 사유이고 사유는 부분의 인지 없이 직접적으로 지각 가능한 것인 데 반해, 물체의 활동은 운동이고 운동은 아리스토텔레스의 연속성 논증에 의해서 부분을 가지고 있으며 따라서 소멸 가능하다는 것이다. 즉 정신은 소멸 가능한 물체와 다르기 때문에 물체에 반해서 정신은 불멸한다는 결론이다.

성변화 논증

가톨릭 교회의 교리인 성변화의 가능성을 증명하는 데 있어 라이프니츠의 기계론 철학과 고대 철학의 접목은 계속해서 진행된다. 성변화는 예수의 살과 피가 성찬식에서 사용되는 빵과 포도주로 변한다는 교리다. 따라서 문제는 예수의 육체가 어떻게 빵과 포도주로 변할 수 있는가를 설명하는 것이다. 라이프니츠가 증명하고자 하는 것은 네가지다. 첫째는 빵과 포도주가 그 실체를 잃고 예수 육체의 실체를 얻는다는 것이고, 둘째는 빵과 포도주가 어느 곳에서든 수적으로 동일하다는 것이다. 셋째는 그것들의 종(species)과 우연적 성질(accidentia, 우유성)은 유지된다고 것이고 넷째는 예수 육체의 실체는 빵과 포도주의 성변화된 종이 있는 곳이면 어디든 현존한다는 것이다. 논증은 실체, 정신, 물체 개념을 이용해 기계론 철학과 스콜라철학 그리고 아리스토텔레스 철학을 적절하게 접목하고 있다. 먼저 라이프니츠는 '자기 스스로 존속하는 것'이라는 스콜라철학의 실체 개념을 자기 내부에 활동 원리를 포함하고 있는 것과 동일시한다. 하지만 '공간 안에 있는 것'이라는 기계론의 물체 개념은 '동시에 나타나는 정신'(mens concurrens) 없이는 물체의 활동인 운동의 원리를 포함하지 않는다. 따라서 물체는 실체가 아니라 우연적 성질이다. 왜냐하면 라이프니츠는 이 논증에서 실체는 정신과의 합일이며 물체의 실체는 물체를 지탱하는 정신과의 합일이라고 정의하기 때문이다. 이런 전제하에 성변화는 '동시에 나타나는 정신'과의 합일이 변화할 때 일어난다.

성변화 논증에서 실체 정의는 아리스토텔레스의 질료와 형상의 합일로서의 실체 개념을 수용한 것이다. 물체와 합일해 실체를 이루는 정신을 동시에 나타나는 것이라고 표현한 것도 아리스토텔레스의 실체 개념을 염두에 두었기 때문일 것이다. 라이프니츠는 운동 원리를 포함하지 않는 기계론의 물체를 정지해 있는 물질, 즉 근본을 이루는 수동적 개념인 일차 물질과 같은 것으로 보고 질료형상론(hylemorphism)의 질료에 해당한다고 생각했다. 이 물체에 운동 원리를 부여하는 것은 실체적 형상이라고 이해한 것이다. 그리고 그 자체로 운동 원리를 가지고 있지 않은 물체에 운동의 원리를 제공하는 실체적 형상이, 합일된 실체의 수적 동일성을 보존해줄 뿐만 아니라 실체의 개체성의 원리라고 주장한다. 이렇게 라이프니츠는 아리스토텔레스-스콜라의 개념인 실체적 형상을 도입함으로서 성변화란 곧 실체적 형상의 변화라고 규정한다. 즉 성변화 때 '공간 안에 있는 것'이라는 물체의 본질은 변하지 않는다. 이 물체에서 저 물체로 이동하는 것은 실체적 형상이다. 성변화에서 물체의 모든 우연적 성질, 즉 연장, 밀도, 색 등은 그대로 있고, 동시에 나타나는 정신이 물체에 더하거나 그로부터 제거하는 것은 오직 활동, 즉 운동이다. 따라서 라이프니츠는 실체적 형상은 그 자체로 활동의 원리이며, 물체에서 이것은 정신이라고 말한다. 이 논증에서 주목해야 할 것은 성변화가 본질의 변화가 아니라 정신과의 합일이 변화하는 실체의 변화라는 것이다. 이런 의미에서 그는 빵과 포도주는 본질이 변하는 것이 아니라 실체가 변하는 것이라고 강조한다.

성변화 논증에서 나타난 「가톨릭 논증」의 특징은 기계론 철학의 주요 개념들을 부정하거나 훼손하지 않은 채 스콜라철학과 아리스토텔레스의 철학을 융합해 기독교 교리를 정당화한다는 것이다. 그래서 근대 기계론 철학과 아리스토텔레스 철학이 서로 상충하지 않는다는 것, 그리고 종교의 가르침과 철학이 서로 상충하지 않는다는 것을 보여주려 한 것이다. 기계론 철학의 주장을 견지한 채 라이프니츠는 네번째 증명도 자신의 성변화 논증에서 가능하다고 말한다. 그의 논증은 다음과 같다. 물체는 그것의 비투과성에 따라 동시에 여러 장소에 있을 수 없다. 하지만 물체의 실체, 즉 물체와 합일하는 활동의 원리는 비물체적이고 비물질적이기 때문에 동시에 여러 장소에 있을 수 있다. 말하자면 사유를 활동으로 하는 정신은 동시에 여러가지를 생각할 수 있기 때문에 동시에 여러 장소에 있을 수 있다는 것이다. 따라서 성찬식에서 예수의 정신, 즉 예수의 실체적 형상은 동일한 시간에 여러 장소에 있을 수 있다는 결론이 나온다.

육화 논증

동시에 나타나는 정신과의 합일이라는 실체 개념은 육화 논증에서도 중심적인 역할을 한다. 육화는 신이 인간의 육체로 들어와 인간을 구원한다는 기독교의 기본 교리다. 이딸리아 종교개혁자 파우스또 쏘찌니로부터 유래한 쏘찌니주의는 육화와 더불어 삼위일체설이 비합리적이라는 이유로 불가능하다고 부정하지만, 라이프니츠는 신의 육화를 옹호하기 위해서 신과 물체의 실체적 합일(unio hypostatica)에 관해서 논한다. 그에 따르면 실체적 합일은 능동적 존재와 수동적 존재 간의 하나의 활동을 통해서 일어난다. 신과 물체의 관계는 창조자와 피조물의 관계이지 신이 직접 물체에 작용을 가하는 관계가 아니다. 따라서 신과 물체의 실체적 합일은 능동적 활동 원리를 가지고 있는 정신을 매개로 일어난다. 그리고 이것은 물체의 활동인 운동이 신의 연속 창조라는 라이프니츠의 주장과도 일치한다. 즉 신은 활동 원리를 포함하는 정신을 통해 물체에 운동을 부여함으로써 물체와 실체적으로 합일할 수 있다는 것이다. 이 논증에 따르면 물체 운동의 실재성이 신과 물체가 실체적으로 합일하고 있다는 증거가 된다.

성변화와 실체적 합일 논증에 나타난 실체적 형상 개념의 도입과 실체 개념은 이후 라이프니츠의 성숙기 형이상학과 물체적 실체 개념 형성에 큰 영향을 미쳤다. 「가톨릭 논증」은 단지 신구교를 재통합하고 신학과 종교를 옹호하기 위한 노력에 그치는 것이 아니라 그의 형이상학을 구축해낸 초기 저작이라고 할 수 있다. 기계론의 물체 개념을 이용해 신학 논증을 펼쳤던 라이프니츠는 다른 한편 연장이 물체의 실체를 구성한다는 기계론 철학의 견해를 거부한다. 왜냐하면 연장적인 것으로 파악한 물체는 공간과 구별되지 않는, 스콜라철학에서 말하는 일차 물질과 다를 바 없기 때문이다. 이 신학 논증 이후 라이프니츠는 물체의 실체에는 물질과 연장 외에 능동적 활동 원리가 필요하다는 견해를 기반으로 물체적 실체 개념을 구성하게 된다.

라이프니츠가 삼위일체설을 옹호하는 이유는 아마도 이것이 그의 보편조화 사상과 연결되기 때문일 것이다. 신이 성부, 성자, 성령의 세가지 위격으로 나타나고 이 세 위격이 동일한 본질을 가지고 일체를 이룬다는 설은 계시신학의 주장이다. 하지만 라이프니츠는 이 계시 내용이 신은 만물이 조화를 이루도록 세계를 창조했다는 것과 같은 맥락이라고 이해한다. 그래서 그는 신을 우주의 정신이라고 이해하고, 이런 신이 사물의 조화와 다르지 않다고 표현한다. 왜냐하면 라이프니츠에 따르면 조화는 '다수성에서 일체성'을 의미하고 '다양성이 동일성으로 보상된다'는 것으로 정식화되기 때문이다.

3. 이성과 계시적 지식

라이프니츠의 초기 가톨릭 논증은 근대 기계론과 고대 아리스토텔레스 철학 그리고 스콜라철학을 절충해서 구성되었다. 목적은 이 철학들의 주요 개념을 훼손하지 않고 기독교 교회의 주요 교리를 증명해서 신구교 모두 받아들일 수 있도록 하는 것이었다. 그렇게 되면 종교 분파나 신학 학파마다 다르게 이해해서 인정하거나 부정하던 철학들을 통합적으로 수용할 수 있을 것이라고 생각했기 때문이다. 라이프니츠는 이런 논증이 신학을 이성에 기초해 이해할 수 있도록 하는 것이라 생각했고, 종교와 학문이 서로 반대되는 주장을 하는 것이 아님을 보여주는 것이라고 생각했다. 그러나 다른 한편 라이프니츠는 이 기독교 교리들이 이성적 논증을 통해 이해될 수 없는 측면이 있다는 것을 인정한다. 즉 사람들은 보통 삼위일체와 육화 같은 교리를 계시를 통해서 알게 된다는 계시신학의 주장을 고려하는 것이다. 그래서 그는 종교와 철학을 연결하는 문제에서 이성과 계시의 관계, 지식과 신앙의 관계, 인간 이성의 한계, 그리고 믿음의 인식론적 지위에 관해서 해명한다.

라이프니츠에 따르면 계시적 진리는 이성적 진리와 다르다. 이 둘의 구분에는 이성이 기준이 된다. 전자는 인간 이성의 한계를 넘어서는 것이고 후자는 이성으로 이해 가능한 것이다. 또 이성적 지식은 논리학과 수학에서처럼 모순율에 근거해 참 또는 거짓이 판단되지만, 삼위일체나 육화같이 이성의 한계를 넘어서는 지식은 오직 신의 계시를 통해서만 확실성을 보증받을 수 있다. 계시신학자들은 삼위일체나 육화 같은 교리가 이성의 영역이 아닌 신앙의 영역에 속한다고 주장할 것이다. 그러나 라이프니츠는 계시 내용이 신앙의 영역에 속하긴 하지만 이성은 신앙의 영역에서도 역할을 한다고 생각한다. 그의 생각에 따르면 신앙은 전혀 납득할 수 없는데도 공허한 소리를 기계적으로 반복하는 것이 아니라 어떤 인지적 가치를 가지고 있는 인식의 한 방식이다. 왜냐하면 신앙의 대상은 말이 아니라 말의 의미이고, 믿기 위해서는 어느 정도는 무엇을 말하는 것인지 이해해야 하기 때문이다. 그래서 라이프니츠는 신앙은 믿는다는 것이고 믿는다는 것은 참으로 받아들이는 것이다. 참은 말에 대한 것이 아니라 사물에 대한 것이라고 말한다. 결국 계시적 지식도 참으로 받아들이기 위해서는 어느정도의 이해 가능성은 있어야 한다는 주장이다. 그렇다면 인간 이성의 한계를 넘어섬에도 불구하고 우리는 어떻게 불가사의한 계시에 대해서 이해할 수 있는가?

라이프니츠가 말하는 계시적 지식의 이해 가능성 정도는 이성적 지식이 갖는 정도를 말하는 것은 아니다. 그에 따르면 계시적 지식은 인식의 종류로 보면 사각의 원과 같은 혼란스러운 지식일 뿐이다. 우리는 그런 지식에 대해서 명확하고 판명한 지식을 갖지 못하고 또 그럴 필요도 없다. 그렇지만 그런 지식이 실제로 거짓이라고 거부할 필요 또한 없다. 왜냐하면 우리가 신앙의 영역에서 계시적 지식을 이해하는 방식은 이성의 증명을 통해서 그것의 확실성을 인식하는 식이 아니라 그것을 믿는 이유에 기초해서 참으로 받아들이고 믿는 것이기 때문이다. 그래서 라이프니츠는 삼위일체와 육화 같은 계시적 지식은 증명 가능한 지식이 아니라 '추정적 지식'(scientia præsumpta)이라고 말한다. 여기서 그가 사용한 '추정'이라는 말은 법률 용어 '무죄 추정의 원칙'에서 쓰이는 것과 같은 의미다. 법에서 이것이 피고인의 유죄가 입증되기 전에는 무죄로 추정한다는 원칙인 것처럼, 계시적 지식도 그것이 거짓이라는 사실이 증명되기 전에는 참으로 인정해야 한다는 것이다. 라이프니츠는 우리가 어떤 것을 추정한다는 것은 그것의 반대가 입증되기 전에는 단순한 추측이라기보다는 잠정적 참에 가까운 것이라고 한다. 따라서 삼위일체가 불가능하다고 증명되기 전까지는 이 불가사의한 교리들은 참이라고 인정된다는 것이다. 그래서 라이프니츠는 신앙의 영역에서 계시적 지식은 반드시 참이라고 알아야 할 필요도 없지만 그렇다고 그것을 적극적으로 거부할 필요도 없으며, 결국 그것이 무엇으로 판명되든 우리는 처음에는 그런 말이 의미하는 바를 참이라고, 또 실생활을 변화시키지 않는다고 믿는 것으로 충분하다고 말한다. 추정적 지식은 그것이 참일 가능성도 있지만 거짓일 가능성도 있는 것이다. 우리 인간은 신의 계시로 주어진 지식을 경험을 통해서 입증할 수 없다. 추정적 지식의 최종 결과를 볼 수 없기 때문이다. 따라서 미스터리 같은 계시 내용이 불가능하다는 것은 오직 논리적으로 그것이 자기모순임을 증명하는 것으로만 가능하다.

4. 창조설

신의 속성

전통적인 기독교 교리에 따라 라이프니츠도 신이 전지하고 전능하며 지극히 선하다고 생각한다. 그리고 전지, 전능, 전선이라는 이 세가지 속성을 바탕으로 신이 이 세계를 어떻게 창조했는지를 설명한다. 우선 신은 전지하다. 다시 말해, 신은 모든 것을 미리 알고 있다. 신은 우리의 역사가 어떻게 진행될지 알고 있다. 그러나 그뿐만이 아니다. 신은 다른 가능성에 대해서도 알고 있다. 다시 말해 다른 씨나리오하에서라면 우리의 역사가 어떻게 진행될지도 신은 미리 알고 있다. 다음으로, 신은 전능하다. 신은 여러 가능한 씨나리오를 검토해 그중 하나의 세계를 골라 그것을 창조할 능력을 가진다. 마지막으로 신은 전선하다. 신은 지극히 선하기 때문에 여러 가능한 씨나리오 중 가장 좋은 씨나리오를 선택해 그것을 창조한다.

이것이 창조에 대한 라이프니츠의 기본 생각이다. 그리고 이러한 생각에는 신이 가지는 세가지 속성, 즉 전지, 전능, 전선이라는 속성이 바탕에 깔려 있다. 그런데 이 세가지 속성은 아무 문제도 갖지 않는 속성은 아니다. 각 속성은 라이프니츠의 형이상학 체계에서 몇가지 문제점을 드러내고 있으며, 라이프니츠가 이 문제들을 잘 풀어냈는지에 대해서는 많은 논란이 있다. 이 글에서는 이 세가지 속성이 어떤 문제를 제기하는지 검토하면서, 창조에 대한 라이프니츠의 기본 사상들을 살펴보고자 한다.

창조 이전: 가능세계들

창조 이전에 신은 모든 것을 알고 있었다. 만약 자신이 소크라테스를 창조하면 그가 어떻게 행동할지, 혹은 피터팬을 창조하면 그가 어떻게 행동할지를 안다는 것이다. 소크라테스나 피터팬은 아직 창조된 존재가 아니다. 이것들은 가능한 존재들로서, 신의 선택에 의해 창조될 것들이다. 창조 이전에 신은 이런 가능한 존재들로 구성된 여러 가능한 씨나리오들을 가지고 있었다. 예를 들면 아담과 이브 그리고 그 후손들이 이런저런 행위를 하는 씨나리오, 혹은 단군과 그의 자손들이 이런저런 행위를 하는 씨나리오 등등이다. 신은 이 각각의 씨나리오 중 하나를 선택해 창조를 한다.

라이프니츠는 이 각각의 씨나리오들을 가능세계라고 부른다. 그래서 아담, 이브 그리고 그 후손들이 존재하는 가능세계가 있고, 또 단군, 웅녀 그리고 그 후손들이 존재하는 가능세계가 있다. 이러한 가능세계들은 신의 사유 방식일 뿐, 실재하는 것은 아니다. 이것은 마치 목수가 책상을 제작하기 전에 여러 가능한 책상들을 머리에 떠올려보는 것과 마찬가지다. 다양한 색, 다양한 모양, 다양한 크기, 다양한 서랍을 가진 책상들을 목수가 머리에 떠올려본 다음 그중 가장 마음에 드는(가장 좋은) 책상을 제작하는 것처럼, 신도 여러 가능세계들을 머리에 떠올려본 다음 그중 가장 마음에 드는(가장 좋은) 가능세계를 창조한다. 라이프니츠에 따르면, 이 가장 좋은 가능세계가 바로 현실세계(우리 세계)다.

라이프니츠가 가능세계 개념을 도입한 이유는 우연을 살리기 위해서이다. 스피노자에 따르면, 이 세상 모든 일은 필연에 의해 지배된다. 스피노자에 따르면 신에게는 하나의 씨나리오가 주어져 있는데, 그 씨나리오가 현실화된 것이 이 세계다. 그래서 유다가 죄를 짓는 것도, 필자가 지금 이 글을 쓰고 있는 것도 모두 필연적인 일이다. 라이프니츠는 이러한 스피노자주의에 반대해 우연을 살리고자 한다. 우연과 필연의 문제는 선택지가 존재하는가의 문제다. 유다에게 예수에 대한 배신이라는 하나의 선택지만 있다면, 유다가 예수를 배신하는 일은 필연적인 일이다. 반면 유다에게 예수에 대한 배신 말고 다른 선택지가 있다면, 유다가 예수를 배신하는 일은 우연적인 일이다. 라이프니츠에 따르면 가능세계 개념이 바로 이러한 여러 선택지들을 제공한다. 창조 이전에 신에게는 여러 가능한 씨나리오가 있었으며 이것이 바로 선택지들이다. 이렇게 선택지들이 있는 한 세상 모든 일은 우연에 의해 일어난다는 것이 라이프니츠의 생각이다.

전지의 문제

라이프니츠에 따르면 신은 창조 이전에 모든 것을 알고 있었다. 이러한 생각은 다음과 같은 곤란한 문제를 제기한다. '유다가 예수를 배신할 것을 신이 미리 알고 있었으며 그럼에도 불구하고 신이 이러한 죄 지을 유다를 창조했다면, 유다에게 죄가 있다기보다는 신에게 죄가 있는 것 아닌가?'

이것은 '필연'과 '우연'의 문제다. 유다가 죄 짓는 것이 필연적인가, 아니면 우연적인가의 문제인 것이다. 신이 앞날을 미리 보고 유다를 창조했다면 유다가 죄를 짓는 것은 필연적인 일일 것이다. 그런데 라이프니츠는 유다가 죄 짓는 일이 우연적인 일이라고 주장한다. 따라서 라이프니츠는 신의 전지성을 인정하면서도 우연적인 일이 가능하다는 양립하기 어려운 두 주장을 일관적으로 설명해야 할 필요가 있다. 라이프니츠는 그에 대한 길고도 어려운 설명을 제시하는데, 여기서는 아주 짧게 설명하고 넘어가고자 한다.

신의 전지성과 유다의 행위의 우연성을 양립시키기 위해 라이프니츠는 필연을 절대적 필연과 가설적 필연이라는 두 종류로 구분한다. 절대적 필연은 '1+1=2'처럼 그 어떤 상황에서도 참인 명제가 가지는 필연성이다. 우리는 이 명제를 부정할 수 없다. 만약 부정한다면 우리는 모순에 빠지게 된다. 반면 가설적 필연은 '유다는 죄를 짓는다'처럼 어떤 상황에서는 참이지만 다른 상황에서는 거짓인 명제가 가지는 필연성이다. 라이프니츠에 따르면 이 명제는 부정될 수 있다. 부정한다 하더라도 우리는 모순에 빠지지 않는다. 그런데 왜 이 명제를 그냥 우연 명제라고 하지 않고 가설적으로 필연적인 명제라고 할까? 라이프니츠에 따르면 이 명제는 그 자체로 우연 명제다. 그러나 만약 우리가 '신이 유다가 죄를 지음을 미리 본다'라는 조건을 상정하면, 이 명제는 필연적인 명제가 된다. 즉 '신이 유다가 죄를 지음을 미리 본다'라는 명제를 참이라고 가정하면, '유다는 죄를 짓는다'라는 명제는 필연적 명제가 되는 것이다.

이렇게 라이프니츠는 '절대적 필연'과 대비되는 개념인 '가설적 필연'이라는 개념을 도입함으로써 신의 전지성과 유다의 행위의 우연성을 양립시키고자 한다. 이것이 성공적인가에 대해서는 라이프니츠 해석자들 사이에 많은 논쟁이 있다. 이 글에서는 필자의 입장을 간략히 소개하면서 이 문제를 맺도록 한다.

필자는 라이프니츠의 전략이 실패로 돌아갔다고 생각한다. 앞에서 말한 것처럼 우연의 문제는 선택지의 문제다. 유다 앞에 여러 가능한 선택지가 있다면 유다의 행위는 우연적인 행위일 것이다. 그런데 우연을 살리기 위해 라이프니츠가 취한 전략은 신에게 선택지를 주자는 것이었다. 가능세계 개념을 통해 라이프니츠는 신에게 여러 선택지가 있으며, 이로 인해 우연이 구제된다고 주장한다. 여기서 문제가 발생한다. 선택지는 누구에게 부여되는가? 라이프니츠의 주장에 따르면 선택지는 신에게 부여된다. 유다에게도 이러한 선택지가 부여될까? 그렇지 않다. 신이 어떤 씨나리오를 선택하면 유다는 그 씨나리오에 맞춰 행위하게 된다. 즉 유다에게는 선택지가 없는 것이다. 만약 유다가 예수를 배신하지 않는다면 유다는 신이 부여한 씨나리오를 거부하는 것이며, 그렇다면 신은 전지하지 못하거나(유다가 어떻게 행위할지 예측하지 못했으므로), 전능하지 못한 존재가 된다(자신이 미리 본 대로 유다를 창조하지 못했으므로). 따라서 신의 전지성과 전능성 모두를 살리려면 유다는 예수를 배신해야만 한다. 다른 선택지는 없다. 결국 유다의 배신 행위는 필연적인 일이다.

전선의 문제 1: 신이 다른 가능성을 현실화할 수 있었을까?

신은 전지하다. 앞서 본 것처럼 라이프니츠는 신의 전지성을 가능세계와 관련지어 설명한다. 수없이 많은 가능한 씨나리오(가능세계)들이 있다. 신은 이 씨나리오들을 완전히 파악하고 있으며, 그중 가장 좋은 씨나리오를 선택해 창조했다. 이러한 주장은 문제점을 갖는데, 바로 '가장 좋은'이라는 단어가 문제를 불러일으킨다. 우연을 확립하기 위해 라이프니츠는 가능세계라는 개념을 동원한다. 여러 가능한 상황이 존재한다. 따라서 신에게는 선택지들이 있다. 바로 이 선택지들이 우연의 가능성을 확보해준다. 그런데, 신은 전선하다. 그래서 이 선택지들 중 '가장 좋은' 세계를 선택해 창조한다. 그렇다면 신은 다른 세계를 선택해 창조할 수 있었을까? 라이프니츠는 그럴 수 있다고 생각한다. 그러나 만약 신이 '덜 좋은' 세계를 선택해 창조한다면 신은 지극히 선한 존재가 아닐 것이다. 여기에 긴장이 놓여 있다. 신이 전선하다면 신은 '가장 좋은' 세계를 선택해 창조했을 테고, 그렇다면 다른 가능한 씨나리오들은 그 의미를 잃는다. 반대로, 다른 가능한 씨나리오들이 의미를 가지려면 신이 '덜 좋은' 세계를 선택해 창조할 수도 있어야 하는데, 만약 그렇다면 신은 전선하지 않은 존재가 되어버린다. 이 긴장 역시 라이프니츠 해석자들 사이에서 많은 논쟁을 불러왔으며, 라이프니츠가 이 문제를 잘 풀어냈는지는 여전히 논쟁의 여지가 남아 있다.

전선의 문제 2: 신이 선하다면 악은 어떻게 설명할 수 있을까?

우리 세계는 악을 포함하고 있다. 이로 인해 라이프니츠에게 반론이 제기된다. 이 세계는 가장 좋은 세계가 아니지 않은가? 악이 없는 세계가 있을 수 있지 않은가? 이 반론은 신의 전선에 대한 의문에 기반한다. 신은 더 좋은 세계를 만들 수 있지 않았을까? 라이프니츠의 대답은 다음과 같다. 전체로 봤을 때 가장 좋은 것이라 하더라도 그 부분에 있어 모두가 가장 좋을 필요는 없다. 좋은 그림이 있을 때 그 그림의 모든 부분이 좋다고 할 수는 없다. 어두운 부분들의 조화로운 협력으로 인해 그림 전체가 좋아질 수 있는 것이다. 우리 세계도 마찬가지다. 유다가 저지른 악행은 기독교 역사상 가장 훌륭한 사건을 결과시킴으로써, 우리 세계를 가장 훌륭한 세계로 만들어준다. 예수의 대속 말이다. 유다의 악행은 전체에 봉사함으로써 그 전체를 가장 좋은 것으로 만든다.

완전개체 개념

각 가능세계는 가능한 개체들을 포함하고 있다. 예컨대 아담, 이브, 단군 등이다. 가능세계가 단지 가능한 존재인 것처럼, 가능한 개체들도 단지 가능한 존재다. 이 가능한 개체들을 라이프니츠는 완전개체 개념(notion individuelle complete)이라고 부른다. 예를 들어 가능한 존재로서의 아담은 일종의 개념이다. 이것은 창조된 실체가 아니라 단지 신의 정신 속에 있는 어떤 개념 같은 것이다. 한편 아담이라는 개념은 인간이라든지 남자라든지 하는 보편적 개념과는 다르다. 여러 인간이 창조될 수 있고 여러 남자가 창조될 수 있지만, 여러 아담이 창조될 수는 없다. 그래서 이 개념은 보편적 개념이 아니라 개체적 개념이다. 또한 이 개념은 완전하다. 인간이라는 보편적 개념 안에는 이브의 남편이라든지 사과를 먹음 등등의 개념이 들어 있지 않지만, 아담이라는 개체적 개념 안에는 이 모든 개념이 포함되어 있다. 그래서 아담이라는 개체적 개념은 완전하다. 신은 아담이라는 개체 개념을 보고, 아담이 행할 모든 것을 안다.

각 가능세계는 완전개체 개념들의 총체이다. 그래서 아담, 이브 등의 완전개체 개념으로 이루어진 가능세계가 있고, 또 단군, 웅녀 등의 완전개체 개념으로 이루어진 가능세계가 있다. 신이 이 중 하나의 가능세계를 선택해 창조한다는 것은 그 세계를 이루는 완전개체 개념들을 현실화한다는 말이다. 라이프니츠에 따르면 신이 선택한 세계는 아담, 이브 등의 완전개체 개념으로 이루어진 가능세계, 즉 우리 세계이다. 창조 이전 신의 정신 속에 들어 있던 여러 설계도 중 하나가 선택되어 창조되었다. 이제 이 창조된 세계가 어떤 모습을 가지는지에 대한 라이프니츠의 생각을 살펴보도록 하자.

창조된 세계: 모나드들

완전개체 개념을 모델로 해 창조된 사물들을 개체적 실체(후에 모나드monad라는 이름을 얻음)라고 부른다. 라이프니츠의 존재론을 보면, 존재하는 것은 오직 개체적 실체들뿐이다. 이러한 존재론에서 부정되는 것이 무엇인지 아는 것이 중요하다. 시간, 공간, 보편자, 물질 등은 존재하는 것들이 아니다. 이것들은 관념적인 것들로서, 우리 정신이 만들어낸 것들이다.

모나드는 단일한 것으로 이해된다. 다시 말해 모나드는 부분을 갖지 않는 것으로, 분할되지 않는다. 라이프니츠에 따르면 모든 물질은 무한 분할 가능하다. 그래서 원자도 더 작은 물질로 분할된다. 그렇다면 부분을 갖지 않음으로써 더이상 분할되지 않는 모나드는 물질적인 것이 아니다. 물질이 아니라면 다른 범주의 사물일 텐데, 자연스럽게도 모나드는 정신적인 그 무엇으로서 마치 우리 영혼과 같다.

부분이 없다는 것과 속성을 갖지 않는다는 것은 다른 말이다. 원자론자들도 원자가 부분을 갖지 않는다고 주장하지만, 원자들은 속성만큼은 가진다. 크기, 모양, 운동 등의 단순 속성 말이다. 마찬가지로 라이프니츠도 더이상 분할되지 않는 모나드가 속성을 가진다고 주장한다. 모나드가 우리 영혼과 같은 것이라면 그 영혼이 갖는 속성이 어떤 것일지는 대략 짐작 가능하다. 데까르뜨의 사유의 실체가 자신의 속성으로서 '생각함'을 갖듯이, 라이프니츠의 모나드도 자신의 속성으로서 '지각함'을 갖는다. 그래서 모나드가 하는 일이란 세계를 지각하는 것이다.

지각이란 외부 세계가 우리 영혼에 새겨지는 것이다. 내가 파도소리를 들을 때, 내 정신에 뭔가가 새겨진다. 내 정신에 새겨지는 그 무언가를 분석해보면 라이프니츠가 말하는 지각이 무엇인지 알 수 있다. 내 정신을 집중해 파도소리를 들을 때, 나는 파도소리를 듣는다고 생각한다. 그러나 파도소리 자체는 내 의식이 동반되어 나타난 그 무엇이다. 누군가와 얘기하고 있을 때, 그래서 내가 내 의식을 오직 그와의 얘기에만 집중할 때도, 바다로부터 나에게 뭔가가 분명 주어진다. 바로 이것, 즉 의식을 동반하지 않고도 나에게 주어지는 것, 그것을 라이프니츠는 지각이라고 부른다. 내 정신을 집중했을 때 파도소리가 들리지만, 그렇지 않고도 내게 주어지는 것, 어쩌면 각각의 물방울이 나에게 보내는 신호, 그것을 지각이라고 부르는 것이다. 이러한 것들은 분명 내게 주어진다. 만약 이것들이 내게 주어지지 않는다면 내가 내 정신을 집중한다 하더라도 파도소리를 들을 수 없을 것이다.

통상적으로 지각이라는 것은 2항관계로 여겨진다. 지각주체가 있고, 지각대상이 있고, 이 둘은 지각이라는 관계를 통해 서로 연결된다. 반면 라이프니츠는 지각을 이렇게 보지 않는다. 모나드가 갖는 지각이란 모나드 안에서 자발적으로 발생하는 것이다. 하나의 모나드는 다른 대상 없이도 지각을 한다. 다시 말해 이 세상에 오직 하나의 모나드만 있더라도 그 모나드는 우리가 통상적으로 '지각한다'고 말할 때의 그 상태에 놓여 있게 된다. 지각이라는 것은 지각대상으로부터 우리에게 주어지는 것이 아니라 지각주체 내부에서 자발적으로 발생하는 것이다(이것이 '모나드는 창이 없다'라는 말의 의미다).

우리 영혼을 들여다보면, 우리는 우리 영혼이 특정 상태에 놓여 있음을 발견하게 된다. 우리 영혼의 특정 상태를 라이프니츠는 지각이라고 부른다. 그런데 또한 우리는 우리 영혼이 한 상태에서 다른 상태로 연속적으로 이행해감을 관찰하게 된다. 이렇게 하나의 지각 상태에서 다른 지각 상태로 이행하게 해주는 우리 내부의 힘을 라이프니츠는 욕구(appetition)라고 부른다. 우리 영혼이 하는 일이란 하나의 지각 상태에서 다른 지각 상태로 이행하는 것이며, 그러한 일을 가능케 해주는 우리 내부의 힘이 바로 욕구다. 그래서 하나의 모나드는 지각 상태의 연속적 계열을 통과한다.

한 모나드의 지각은 그 모나드 내에서 자발적으로 발생한다. 그럼에도 불구하고 그 지각은 외부 세계를 표현한다. '표현'(expression)이라는 단어를 사용함으로써 라이프니츠는 지각주체와 지각대상 사이의 인과적 관계를 배제하면서, 동시에 이 둘 사이의 대응관계를 확립한다. A가 B를 표현한다는 말은 A가 가지는 속성과 B가 가지는 속성이 대응한다는 것이다. 예를 들어, 한 도시와 그 도시에 대한 정밀한 지도 사이에는 표현관계가 성립한다. 그 도시가 갖는 속성(예를 들어 시청과 어떤 집 사이의 거리는 1km이다)과 정밀한 지도가 갖는 속성(시청 그림과 어떤 집 그림 사이의 거리는 1cm이다)이 대응한다. 이러한 표현관계는 인과적이지 않다. 도시가 갖는 속성이 정밀지도의 속성을 인과적으로 결정하지 않는다. 다른 예를 들면 이것이 분명해질 것이다. 한 도시와 그 도시의 지하철 노선도를 비교해보자. 여기서는 거리의 중요성이 사라진다. 오직 그 도시 지하철역들의 순서적 관계와 지하철 노선도 각 점들의 순서적 관계, 이 둘이 대응하기만 하면 된다. 표현관계가 이렇게 이해된다면 한 모나드의 지각이 외부 세계를 표현한다는 말의 의미가 좀더 분명해진다. 한 모나드의 지각은 그 모나드 내에서 자발적으로 발생하는 것이다. 다시 말해서 그 지각은 외부 대상에 의해 인과적으로 결정되는 것이 아니다. 그럼에도 불구하고 그 지각은 외부 대상을 표현한다. 다시 말해서 그 지각은 외부 대상이 갖는 속성들에 대응하는 그러한 속성을 갖는다. 그래서 신은 한 모나드의 지각 상태를 읽고서 그에 대응하는 다른 모든 대상(다른 모나드)들의 지각 상태를 알 수 있다. '모든 것은 다른 모든 것과 연관되어 있다.'

물질

각각의 모나드는 우주에 있는 다른 모든 것을 지각한다. 그러나 대부분의 우리 지각은 의식적이지 않다. 그리고 우리의 의식적 지각조차도(이를 라이프니츠는 통각apperception이라 한다) 다소간 혼동되어 있다. 또한 상대적으로 명확하고 분명한 통각조차도 대상의 구조만을 그린다(표현한다).

우리가 물질적 대상 혹은 물체를 지각하는 경우 실제로 이루어지고 있는 사건은, 요소들을 혼란스럽게 지각하고 모나드들의 집적체의 요소들을 지각하고 있는 것이다. 무의식적으로 우리는 각각의 모나드를 구분해서 지각한다. 이러한 많은 지각들이 똑같이 강하고 또 똑같이 영혼의 관심을 끌기 때문에, 그것들은 한꺼번에 영혼에 주어지고, 또 혼동된 방식으로만 지각된다. 물리적 대상을 지각하는 것은 파도소리를 듣는 것과 같다. 혹은 무지개를 보는 것과 같다. 무의식적으로 우리는 각각의 물방울을 본다. 그러나 의식적 수준으로 가면 우리는 색깔의 띠만을 알아차린다.

우리가 물체(body)라고 말하는 것은 단지 현상들(phenomena)일 뿐이다. 라이프니츠는 물체를 덩어리(masse) 혹은 유기적 기계라고 부른다. 물체는 수없이 많은 모나드들의 집적체이다. 실제의 모습은 모나드들의 집적체지만 우리 정신은 이 모든 모나드를 구분해 파악할 수 없다. 그래서 우리에게 드러나는 모습, 즉 현상적 모습은 물체다. 물체는 현상이기는 하지만 잘 정초된 현상이다. 꿈이나 환상과는 다르다. 혼동되어 지각되긴 해도 모나드들의 집적의 실제적 모습을 상대적으로 명확하게 드러내기 때문이다.

물체적 실체

이 세상을 구성하고 있는 것은 영혼 같은 단순실체들 혹은 모나드들이다. 물질은 모나드들로 환원된다. 다시 말해 물질은 모나드들의 집적체다. 물질의 실제 모습은 모나드들의 집적체지만 우리에게는 물질의 모습으로 드러난다.

영혼과 물질 이외에, 이 둘의 결합체가 있다. 이것은 생명체로서, 라이프니츠는 이를 물체적 실체(substantia corporea, substance corporelle)라고 부른다. 소크라테스 같은 생명체가 물체적 실체다. 그래서 소크라테스는 단순실체인 소크라테스의 영혼, 그리고 단순실체들의 집적체인 신체, 이 둘의 결합체이다. 만약 소크라테스가 죽으면, 그래서 소크라테스의 영혼이 소크라테스의 몸을 떠나면, 남는 것은 물체적 실체가 아니라 그냥 시체다. 이것은 모나드들의 집적체일 뿐이다.

몸을 가진 소크라테스는 물체적 실체이며, 그의 영혼은 그 몸을 지배하는 지배 모나드다. 영혼이 몸을 지배함으로써 소크라테스의 몸은 영혼의 목적에 봉사하며, 그런 의미에서 전체 소크라테스는 실체가 된다.

몸과 영혼의 관계

라이프니츠 시대에 가장 첨예한 철학적 논쟁이라고 한다면 그것은 몸과 영혼의 관계에 대한 것이었다. 데까르뜨는 몸과 영혼이 인과적으로 작용한다고 믿었다. 내 팔이 바늘에 찔리면, 몸의 그 찔림 상태가 직접적 원인이 되어 내 영혼에 고통감각이 주어진다고 믿었다. 몸과 영혼에 대한 이러한 입장을 직접인과론이라고 하자. 말브랑슈는 또다른 이론을 냈다. 그에 따르면 모든 사건들의 원인은 신이다. 내 팔이 바늘에 찔리는 사건, 이것은 신이 발생시킨 사건이다. 내 영혼에 고통감각이 주어지는 사건, 이것도 신이 발생시킨 사건이다. 말브랑슈가 이런 이론을 낸 이유는 몸과 영혼이라는 완전히 서로 다른 실체들 사이에 직접적인 인과관계가 성립할 수 없다고 보았기 때문이다. 이런 입장, 즉 모든 사건의 원인은 신이라는 철학적 입장을 기회원인론이라고 부른다. 신이 내 영혼에 고통감각을 주는데, 하필 바로 그때 내 팔이 찔리는 사건이 발생한 것이다(이것도 신이 발생시킨 것이다). 그래서 고통의 실제 원인은 신이지만, 고통이 일어나는 그 기회를 타 팔이 찔리는 사건이 원인으로(기회원인) 나타난다는 이론이 바로 기회원인론이다.

라이프니츠는 데까르뜨도 말브랑슈도 받아들일 수 없었다. 직접인과론은 완전히 서로 다른 두 실체 사이에 인과관계를 설정한다는 문제점이 있다. 말브랑슈의 기회원인론은 매순간 신이 세계에 개입하게 되는 문제점이 있다. 이 두 이론의 문제를 해결하고자 라이프니츠가 개발한 이론이 바로 예정조화설(harmonie préétablie)이다. 이 이론에 따르면 몸과 영혼은 직접적인 인과관계에 놓이지 않는다. 몸은 몸 나름의 인과계열을 따라가고, 영혼은 영혼 나름의 인과계열을 따라간다. 내 팔이 찔리는 사건은 이전 몸 사건이 원인이 되어 결과된 것이다. 내 영혼의 고통 사건은 이전 영혼 사건이 원인이 되어 결과된 것이다. 그런데 신이 이 세계를 창조할 때 신은 이 둘이 나란히 가도록 설계했다. 그래서 내 팔이 찔리는 사건은 몸의 인과계열 내의 한 사건일 뿐이지만 이 사건이 발생할 때, 미리 계획된 바에 따라 내 영혼에 고통 사건이 발생하는 것이다.

세계

라이프니츠에 따르면 이 세계는 단순실체, 모나드들로만 이루어져 있다(신도 하나의 모나드다. 그러나 신은 우리 같은 모나드와 달리 완전한 모나드다). 이것들이 이런저런 방식으로 결합함으로써 물질, 생명체 등등이 생겨나는 것이다. 이런 단순한 존재론은 이제 많은 것을 설명해야 한다. 우리가 보편자라고 생각하는 것, 우리가 개념/관념이라고 생각하는 것은 이러한 단순한 존재론적 틀 내에서 어떻게 처리될 수 있을까? 또한 단순실체만을 상정했을 때 그 실체의 구조는 어떻게 분석될 수 있을까? 소크라테스만 존재한다면, 가능한 대상들, 예를 들어 피터 팬 같은 존재는 어떻게 설명할 수 있을까? 우리에게 너무나 익숙한 물질, 시간, 공간 등은 어떻게 설명될 수 있을까? 소크라테스는 멈춰 있는 존재가 아니라 변화하는 존재인데, 그러한 변화가 이런 단순한 존재론적 틀 내에서 적절히 설명될 수 있는가? 우리를 둘러싼 세계의 모습은 너무나도 다양하고, 너무나도 많은 문제를 던지고 있다. 그래서 라이프니츠 식의 단순한 존재론적 틀이 이 모든 물음에 적절한 답을 내줄지 의문이다. 이런 주제를 다루려면 많은 논의가 필요하다. 그러나 다음과 같은 점은 분명하다. 즉 라이프니츠는 신, 모나드 이 둘만 가지고서도 우리를 둘러싼 세계의 많은 것들을 잘 설명해내고 있다. 아마 이래서 라이프니츠의 철학을 자연신학이라고 하는지 모르겠다. 신, 신의 창조, 신의 창조물에 대한 이성적 해석 말이다.

| 이상명 · 박제철 |

3부

18세기 종교철학

18세기 전반 영국 이신론의 출현은 하루아침에 이루어진 것이 아니다. 이미 16세기에 베이컨은 그의 우상론에서 종교의 불합리를 비판하고 나섰으며, 데까르뜨처럼 네덜란드 독립전쟁과 프랑스 위그노전쟁을 직접 체험한 허버트 경은 종교적 분쟁을 종식할 수 있는 방안으로 보편종교를 추구하여 이신론에 근거한 자연종교를 인류의 이상적 종교로 주장했다. 이성을 모든 것의 최후 심판자요 안내자로 인식하는 로크의 후예임을 자처한 18세기 영국 이신론자들은 신비적인 계시에 토대를 둔 온갖 종교적 교의와 제례를 이성에 어긋나는 것으로 물리치고 오직 도덕적 실천만을 유일한 종교적 실천으로 강조하는 이성의 종교를 인류의 원초적이며 보편적인 자연종교로 보았다. 그러나 그들은 종교적 신조와 의례가 종교의 본질인 경건을 담아내는 도구임을 깨닫지 못했다. 게다가 18세기 중엽 영국에서 일어난 대대적인 종교부흥운동은 이신론과 자연종교에 대한 요구를 잠식하는 요인이 되었다.

영국에서 이신론은 허버트 경이 『진리론』(*De Veritate*)을 출간한 1624년에 처음 출현한 이래 서서히 발전하다가 18세기 초에 들어서면서 갑자기 꽃을 피우기 시작했다. 그러나 채 50년도 못되어 헨리 도드윌(Henry Dodwell, 1705~84)의 『논증에 기초하지 않은 기독교』(*Christianity Not Founded on Argument*)가 출간된 1742년을 기점으로 급속도로 쇠퇴했으며 1760년경에는 영국에서 거의 자취를 감추었다. 이신론은 이후 18세기 후반 신대륙과 프랑스, 독일로 넘어가 그곳에서 전성기를 구가했으나 더이상 영국에서는 찾아보기 어려웠다.

이신론이란 용어는 1563년 스위스의 깔뱅주의 신학자 비레(P. Viret, 1511~71)가 그의 저서 『기독교 교육』(*Instruction Chretienne*)에서 처음 사용했는데, 그의 눈에 비친 이신론은 우상숭배와 미신을 비판하기 위해 허용된 이성의 자유를 남용한 결과 생겨난 신종 이교(異教)에 불과했다. 그가 이신론을 이교로 본 것은 무엇보다도 이신론의 신관이 전통 기독교의 입장에서 수용될 수 없다는 점 때문이었다. 유신론처럼 이신론 역시 내용상 다양한 스펙트럼이 있지만 신에 관한 다음 세가지 믿음에 있어서는 대체적으로 의견의 일치를 보인다.

첫째, 무신론과 달리 최고의 존재로서 창조주의 존재를 믿는다.

둘째, 범신론과 달리 신은 인격적 존재며 그는 자신이 창조한 세계와 분리되어 존재한다고 믿는다.

셋째, 신이 세계를 창조할 때 세계에 자기보존력(self-sustaining)과 자기운동력(self-acting)을 부여했다고 믿는다.

이들 세가지 이신론의 믿음 중에서 세번째 믿음에 의거하여 이신론자들은 특별계시(special revelation), 기적(miracle), 초자연적 예언(supernatural prophecy), 섭리(providence), 육화 같은 신의 직접적인 개입을 거부했으며, 또한 인간의 기도와 간구에 응답할 길을 열어놓고 있는 기성 종교의 의례, 성찬, 성직제 같은 각종 의례와 제도를 거부했다.
　여기서 이신론은 두가지로 다시 구분되는데, 하나는 이 세계를 창조한 이후 더이상 이 세계에 관여하지 않는 부재하는 신(absentee God)을 믿는 이신론과, 신이 창조한 이후에도 계속 관여하나 초자연적인 방식이 아닌 자연적인 방식으로만 관여한다고 믿는 역사적 이신론(historical deism)이다. 이 중에서 영국 이신론은 후자에 속한다고 볼 수 있다. 영국 이신론자들은 창조 이후 자연법칙의 작용을 방해하지 않는 창조주의 존재를 믿었으며 따라서 특별계시나 초자연적 예언, 섭리를 거부했다. 그 결과 종교를 부패하고 타락하게 만드는 주된 요인이라고 생각한 종교의 신비적이고 의례적인 측면들을 배제하고 도덕적 실천만을 유일한 종교적 실천으로 강조하는 자연종교(natural religion)를 이상적인 종교, 참된 종교로 주장했다. 계시종교(revealed religion, sacred religion)인 기독교를 배척하고 이신론적 신념에 기초한 자연종교를 이상종교로 주장했던 것이다.
　영국 이신론이 17세기에 출현해 18세기에 꽃을 피우게 된 데는 두가지 역사적 요인이 있었다. 하나는 종교개혁이고, 다른 하나는 과학혁명이다. 16세기 초에 시작된 종교개혁은 로마 가톨릭의 형식주의(formalism), 의례주의(ritualism), 신비주의(mysticism), 성직주의

(clericalism)를 거부하고 신앙에 있어 개인의 자율성과 도덕성을 강조함으로써 종교계에 비판과 개혁이라는 근대의 시대정신을 불어넣었다. 그러나 종교개혁은 신앙의 토대를 전승이 아닌 다양한 해석이 가능한 성서에 둠으로써 종파 간의 대립과 분쟁을 야기했고, 이는 근대를 인류 역사상 그 어느 때보다도 극심한 종교적 분쟁의 시기로 만들어버렸다. 이신론은 바로 이러한 종교적 분쟁을 종식시키고자 하는 지식인들의 소망 속에서 배태되었고, 종교개혁자들이 심어준 전통에 대한 비판과 개혁의 정신을 통해 무르익으면서 자연종교와 종교적 관용의 정신을 키워갔던 것이다.

한편 천문학과 역학의 눈부신 발전을 가져온 근대 과학혁명은 기술적으로는 항해술과 인쇄술의 발전을, 그리고 정신적으로는 새로운 인간 이해, 즉 자율적이며 이성적인 인간관을 가져왔다. 항해술의 발달로 인한 신대륙 발견, 그리고 성서에 대해 전혀 아는 바 없는 새로운 종족과 문명의 발견은 성서와 교회의 권위를 추락시키는 계기가 되었으며, 인쇄술의 발달은 이신론이 빠른 시간 내에 지식인사회에 확산되는 데 결정적인 기여를 했다. 그러나 과학혁명과 관련해 주목해야 할 좀더 중요한 사실은 이런 기술적인 면이 아니다. 사실상 이신론의 출현과 유행에 결정적인 영향을 준 요인은 과학혁명의 전제가 되는 근대 과학자들의 기계적 자연관이었다. 자연의 일양성은 과학의 전제조건이었으며, 과학의 진보와 발전은 자연이 일양성을 띤다는 이 전제가 사실임을 보여주는 증거이기도 했다. 따라서 자연의 일양성을 훼손하는 신의 직접적 개입인 특별계시와 섭리를 거부하는 이신론은 과학자들의 강력한 지지를 받을 수 있었다. 게다가 근대 과학혁명은 종래 신앙의 조명 없이는 진리를 발견할 수 없다고 생각되던 인간의 자연적 인식능력인 이성이 신앙과 계시의 도움 없이도 독자적으로 진리를 발견할 수 있다는 믿

음을 갖게 해주었다. 이는 이신론자들이 계시종교 대신 자연종교, 즉
이성의 종교(religion of reason)를 주장하는 결정적인 계기를 마련해주
었다.

1. 초기(1624~95): 영국 이신론의 출현

1608년에서 1617년까지 9년간 북부 신교파가 구교를 신봉하던 에스
빠냐를 대상으로 벌인 네덜란드 독립전쟁에 종군했던 허버트 경은 종
교적 신념의 차이로 인한 전쟁이 인류에 얼마나 참혹한 고통을 주는지
를 직접 자신의 눈으로 목격한 지식인으로서 종교전쟁을 종식시킬 수
있는 해결책을 고심했고, 그 고심의 결과로 나온 것이 바로 누구나 동
의할 수 있는 보편적인 종교를 세우는 것이었다. 그는 이를 위해 자신처
럼 30년전쟁을 통해 같은 고민을 했고 같은 식으로 해결책을 추구한 데
까르뜨의 방법을 따랐다. 데까르뜨처럼 인간의 생득관념(innate idea)
을 기초로 이로부터 이성적 추론을 거쳐 기독교의 기원이라 할 수 있는
인류의 원초적 종교이자 보편적 종교로서의 자연종교를 주장했던 것이
다. 허버트 경이 인간의 이성에 주목한 이유는 기독교에서 말하는 인류
의 구원이라는 보편적 섭리가 이 땅에서 실현되기 위해서는 학식이 있
건 없건 인간이라면 누구나 구원의 교리를 알아들을 능력이 있어야 한
다고 생각했고, 바로 이 능력이 인간의 자연적 본능이라 할 수 있는 이
성이라 생각했기 때문이다. 허버트 경에 따르면, 인간은 이성을 통해 자
신의 마음에 창조 때부터 각인되어 있는 신에 대한 생득관념을 통해 신
이 존재한다는 사실과 그가 어떤 존재인가를 이해할 수 있다.
　그의 『진리론』은 본래 '계시, 개연성, 가능성 그리고 실수와는 다른

진리에 관하여'(De Veritate, prout distinguitur a revelatione, a verismili, a possibili et a falso)라는 긴 제목을 갖고 있는데, 여기서 인류의 보편적 종교의 원형이라 할 자연종교의 이념을 전개했다. 그는 모든 사람의 정신에는 일종의 생득관념인 공통개념이 있는데, 이 개념을 통해 사람은 참과 거짓을 구분한다고 말한다. 바로 이런 공통개념의 실례로 그는 자연종교에 관한 5개 신조(article)를 언급하고 있다.

유일자인 최고신이 존재한다.
신은 당연히 숭배되어야 한다.
덕과 경건이 가장 중요한 종교적 실천이다.
마음의 죄악은 회개를 통해 속죄되어야 한다.
내세에 상벌이 있다.

이들 신조를 살펴보면 종교적 믿음으로는 신의 존재에 대한 믿음만을, 그리고 종교적 실천으로는 오직 회개와 그에 따른 덕과 경건이 충만한 삶만을 요구한다는 점에서 기성 종교와 달리 자연종교는 반계시적이며, 반기적적이고, 반교권적인 특색을 지니고 있다. 허버트 경에 따르면 이들 5개 신조는 인류가 탐욕스럽고 교활한 사제들의 꼬임에 빠지기전에 지녔던 순수한 자연종교의 교리라 할 수 있다. 이들 신조는 올바른 이성을 지닌 사람이라면 어느 누구도 부인할 수 없는 것이기에 만약 어떤 종교가 이와 어긋나는 신조를 갖고 있다면 이는 사제들에 의해 날조된 것으로 보아야 한다. 이처럼 허버트 경이 이성에 의해 생득적으로 파악되는 공통 개념들을 근거로 참된 종교와 사이비 종교를 구분한 것은 현실세계에서 벌어지고 있던 반인륜적 종교분쟁이 사실상 사이비 종교들에 의해 촉발된 것임을 밝히는 한편 기독교의 원초적 모습이라 할 수 있는 자연종교의 이념을 전파하기 위해서였다.

로크는 허버트 경이 주장한 자연종교의 신조들에는 동의했지만 그것이 생득적이라는 사실은 반대했다. 로크는 신은 모든 인간이 자신을 알기 원하지만 굳이 자신에 대한 지식을 생득적 관념으로 각인해주어야 할 필요성은 없었다고 말한다. 왜냐하면 인간은 경험과 이성이라는 자연적 인식기능만으로도 얼마든지 신에 대해 만족할 만한 지식을 가질 수 있기 때문이다. 로크는 이성의 빛이 닿지 않는 곳에서는 신앙이 우리를 도울 수 있지만 우리의 지식이 닿는 곳에서는 신앙이 지식에 간섭하거나 그것과 충돌할 수 없다고 주장한다. 그는 이성을 초월하는 것 (beyond reason)과 이성에 어긋나는 것(against reason)을 구분하여 이성에 어긋나는 것은 신이 우리에게 직접 부여한 인식의 모든 원칙과 토대를 파괴한다는 점에서 그것을 거부해야 한다고 말한다. 그러나 이성에 어긋나는 것이 아닌 이성을 초월하는 참된 계시는 수용해야 하며 따라서 이성과 계시는 서로 모순될 수 없다고 말한다. 이런 관점에서 로크는 삼위일체, 육화, 원죄 같은 기독교의 핵심 교리를 이성에 어긋나는 것으로 보아 받아들이지 않았다. 그리고 바로 이 점에서 그는 허버트 경과 입장을 같이하는 것처럼 보인다. 그러나 사실 로크는 허버트 경과는 달리 자연종교를 계시종교를 대체할 이상적인 종교, 즉 참된 종교로 보지 않았다.

로크가 자연종교를 수용하지 않은 데는 몇가지 이유가 있다. 첫째는 신의 존재에 대한 믿음과 유일한 종교적 실천으로 도덕적인 실천만을 주장하는 이성의 종교로서의 자연종교는 대중들의 나약한 감각과 욕망, 부조리와 태만함 그리고 불안을 파고들어 악덕과 미신을 조장하는 기성 종교의 적수가 되지 못한다고 생각했기 때문이다. 둘째, 자연종교는 고난과 역경 속에서도 힘겹게 선한 삶을 살고 있는 사람들에게 마음의 위로를 주고 그들에게 삶에 대한 의지를 복돋울 수 있는 신비적 요소가 없다는 점이다. 물론 허버트 경은 내세의 상벌을 이야기하고 있으나 그가 내세의 상벌을 주장하는 이유는 우리의 양심이 내세에 상벌이 있을 것임을 암묵적으로 가르쳐주고 있으며, 또한 내세에서의 상벌의 전제조건이 되는 인간의 불사성 역시 전능한 신이 원하기만 하면 그렇게 만들어줄 수 있기 때문이라는 이성적 판단에 따른 것이다. 한마디로 허버트 경이 내세에서의 상벌을 주장하는 까닭은 칸트가 그랬던 것처럼 이성의 요청에 의한 것이었다. 그러나 인간이 삶의 고난과 질고를 이겨내고 삶에 대한 의욕을 불태울 수 있는 힘은 이같이 냉철한 이성적 추론이 아닌 종교의 신비적 요소에서 나오는 것임을 로크는 분명히 알고 있었다. 그러기에 로크는 예수가 구세주 메시아라고 선포하는 기독교의 계시적 교리를 끝까지 붙잡고 있었다(『기독교의 합당성』 162~64면).[1] 셋째, 자연종교가 요구하는 유일한 종교적 실천인 도덕적 실천이란 대중들에게 결코 쉬운 일이 아니었다. 이들을 도덕적으로 살게 하는 가장 효과적인 방법은 신으로부터 보냄을 받았다고 여겨지는 사람이 가시적인 권위를 갖고 그들의 의무를 이야기하고 그들에게 복종을 요구하는 것이다. 따라서 종교가 대중들을 도덕적으로 살게 하기 위한 가장 효과적인 방법은 기성 종교가 사용하는 방법, 즉 계시와 교권에 의존하는 것이다. 바로 이 점을 잘 알고 있었기에 로크는 자연종교보다는 기성 종교를 수용했다. 그러나 계시와 교권의 지나친 강조가 종교의 타락을 가져온다는 점 역시 잘 알고 있었던 로크는 한편으로 복음의 단순성을 강조하고 성만찬과 세례 두가지를 제외한 모든 성사를 거부했다. 바로 이 점에서

---

1 로크는 예수의 십자가에서의 죽음을 모든 인간의 죄를 대속한 구속의 사건이 아니라 아담이 죄를 지은 이후 인간이 구원을 받을 수 있다는 가능성을 보여준 사건으로 이해한다. 즉 예수는 죽음으로 인해 자신의 구원과 영생을 얻었다는 것이다.

로크는 기성 종교와 자연종교 어느 편에서도 환영받지 못했다. 그렇지만 그는 양심의 자유가 주는 고통보다는 노예적 환희를 추구하는 대중들의 종교적 성향을 고려하여 기성 종교와 자연종교 양극단에서 나름대로 합리적인 중용을 모색한 가장 영국적인 철학자였다고 할 수 있다.

2. 중기(1696~1741): 이신론의 전성기

1658년 크롬웰이 죽고 1660년 찰스 2세가 왕위에 앉으면서 스튜어트 왕정의 복귀가 시작되었다. 찰스 2세는 국교회를 복원했고, 1672년에는 신교자유령(Declaration of Indulgence)을 선포해 가톨릭과 비국교회 신교에 종교적 관용을 보였으며, 1695년에 이르러서는 사전검열제를 폐지함으로써 언론출판의 완벽한 자유를 실현하기에 이르렀다. 이와 같은 정치사회적 상황으로 인해 이신론에 관한 다양한 책자들이 엄청나게 출판되기에 이르렀고, 이에 대항하기 위한 기독교계의 반이신론 저작들 또한 넘쳐나게 되었다. 그 결과 18세기 초반 영국에서는 기독교 역사상 유례가 없을 정도로 많은 반기독교적 문헌과 더불어 이를 반박하는 호교론적 문헌이 쏟아져나왔다. 한마디로 영국은 양측 논객들 간에 치열한 논쟁이 벌어지는 하나의 거대한 토론장이 되었다.

이 시대에 등장한 주요 이신론자들로는 톨런드, 섀프츠베리, 콜린스, 울러스턴(W. Wollaston, 1659~1724), 울스턴(T. Woolston, 1669~1731), 틴들(M. Tindal, 1656~1733), 처브(T. Chubb, 1679~1747), 볼링브로크(Lord Bolingbroke, 1672~1751) 등이 있었다.

톨런드는 로크의 영향을 받은 첫번째 이신론자로서, 처음에는 가톨릭 신자였으나 이후에 자유주의 프로테스탄트가 되었고 나중에는 특정 교의에 사로잡히지 않는 자유주의 광교회파를 거쳐 이신론자가 되었다. 그는 다수의 이신론 저작을 남겼는데 대표적인 저작은 『신비롭지 않은 기독교』로서 여기서 그는 로크의 인식론을 토대로 신비적 계시를 거부했다. 로크의 인식론에 따르면, 관념은 정신의 직접적인 대상이자 모든 추론의 유일한 재료이며 토대다. 지식이란 당연히 이런 관념들 간의 일치와 불일치에 대한 지각이다. 따라서 관념들이 의식에 명료하게 파악되지 않는 한 인식은 이루어질 수 없다고 말한다. 다시 말해서 대상이 의식에 어떠한 형태로든 나타나지 않는 한 의식은 대상을 인식할 수 없는 것이다. 종교의 경우도 예외가 아니어서, 인식할 수 없는 것에 대해 그것이 존재한다고 말하는 것은 불합리하다.

톨런드는 기독교의 신비성을 새롭게 이해한다. 그에 따르면, 만약 우리가 어떤 것을 놓고 그것에 대해 모든 것을 알 수 없기에 신비하다고 말한다면 우리는 이 세상의 모든 것에 대해 신비하다고 말해야 한다. 왜냐하면 우리가 이 세상의 사물에 대해 아는 것은 극히 일부에 지나지 않기 때문이다. 따라서 신비란 우리가 알 수 없거나 이해할 수 없는 것을 의미하는 것이 아니라, 어떤 이유에서인지는 모르지만 특정한 사람들에게만 계시를 통해 알려지는 것이다. 계시가 이처럼 특별한 사람들에게만 주어지는 것은 그것이 그들에게 유용하고 필요한 것이기 때문이며, 그렇기에 계시는 상식적인 차원에서 쉽게 이해하고 납득할 수 있는 것이어야 한다. 한마디로 톨런드의 주장은 신앙이란 우리가 이성적으로 이해할 수 있는 교설을 대상으로 하기에 이성에 반하는 성서의 구절들은 당연히 비유적으로 해석되어야 한다는 것이다. 그는 허버트 경이 주장한 자연종교의 신조들을 그대로 받아들여 신의 존재에 대한 믿음, 영혼의 불멸성, 미래의 상벌을 주장하면서 계시와 성직제에 기초한 역사적 기독교에 대해 강력한 비판을 쏟아냈다. 톨런드의 이같은 기독

교 비판에 대해 영국 계몽주의 역사가 레슬리 스티븐(Lesilie Stephen)
은 이신론의 행동개시를 알리는 신호탄이었다고 평했다(『18세기 영국사상
사』105면). 더럼의 주교 조지프 버틀러(Joseph Butler, 1692~1752)는 톨런
드처럼 이성에 반하거나 또는 이성을 초월하는 신비에 반대하는 이신
론자들에 대해, 그들은 자연의 문제를 다룰 때와 종교의 문제를 다룰 때
다른 입장을 취한다고 비판했다. 이신론자들은 자연을 다룰 때 이성적
으로 이해할 수 없는 자연현상이 있다고 해서 그것을 근거로 자연이 신
의 피조물이 아니라고 주장하지는 않는다. 그런데 자연의 경우와 달리
종교적인 문제에 있어서는, 이성적으로 이해할 수 없는 계시의 말씀을
접할 경우 그것을 근거로 계시가 신의 말씀이 아니라고 단정짓는다. 따
라서 이신론자들이 이처럼 형평성을 잃지 않으려면 자연에 관한 사안
의 경우처럼 종교적인 사안에 있어서도 단지 그것이 이성적으로 설명
될 수 없다는 사실만을 근거로 특정한 종교적 계시나 예언의 진실성을
부인해서는 안 된다는 것이다.

　톨런드 다음으로 등장한 새프츠베리는 로크의 후원자의 손자로, 로
크에게서 교육을 받으며 자랐다. 그런 까닭에 그는 로크를 존경했지만
로크와는 달리 철저한 이신론자가 되었다. 그는 종교적 탄압을 피하기
위해 글을 쓸 때 두명의 허구적 인물이 종교에 관해 대화를 나누는 방식
을 사용하거나 조소, 풍자, 반어법 등을 많이 사용했다. 그는 인간은 이
성을 통해 최고존재인 신이 존재함과 그 신이 당연히 숭배되어야 한다
는 사실, 도덕이 종교에 우선한다는 판단을 내릴 수 있기에 윤리학을 종
교의 핵심적인 부분이라고 주장했다. 그가 이처럼 주장한 것은 허버트
경이 주장한 자연종교 이념을 그대로 수용했기 때문이다. 그러나 그는
허버트 경이나 그의 스승 로크와 달리 기독교의 핵심 교리라 할 수 있는
죄인으로서의 회개나 천국에서의 보상과 징벌 등에 대해서는 매우 부

정적인 생각을 갖고 있었다. 다만, 그 자신은 비록 천국에 대한 믿음이 없었지만 천국에 대한 믿음이 사람들을 도덕적으로 살게 하는 데 어느 정도 도움이 될 것이라고는 생각했다. 이처럼 종교나 도덕에 대한 접근 방식이 철저히 자연주의적이었기에 그는 모든 초자연적 계시와 예언을 거부했다. 1711년에 출간된 그의 대표적 저작 『인간의 성격과 태도, 의견 그리고 시대』(*Characteristics of Men, Manners, Opinions, Times*)에서 그는 기적을 이야기하는 기독교를 다음과 같이 조롱하고 있다.

> 우리는 사물의 질서있는 과정을 지켜워하네. [지구의] 주기와 일정한 법칙, 그리고 정확하고 균형 잡힌 [달의] 공전은 우리에게 별로 영향을 주지 않을 뿐 아니라 우리의 감탄을 끌어내지도 못하네. 그래서 우리에게는 수수께끼나 불가사의한 것, 경악스럽고 공포스러운 것이 있어야 하네. 조화, 질서, 일치를 통해 우리가 무신론자가 된다면, 불규칙함과 불일치를 통해 우리는 신의 존재를 확신하게 되지. 이 세계가 질서정연하게 돌아가면 그것은 우연이고, 미쳐 돌아가면 그것은 지혜의 산물이란 말일세. (87~89면)

계시와 초자연적 신비나 기적에 대한 섀프츠베리의 태도는 로크보다 훨씬 적대적이었다. 또한 그는 무신론이 사회와 도덕의 기초를 훼손한다고 보아 무신론에 대한 관용을 반대한 로크와는 달리 무신론자에 대해서까지 관용을 베풀 것을 주장했다. 그가 무신론에 대해 관용을 주장한 것은 무신론이 도덕에 심각한 영향을 준다고 생각지 않았으며 또한 무신론이 신에 대한 잘못된 개념을 갖는 것보다 해악을 덜 끼친다고 보았기 때문이다. 그러나 섀프츠베리 자신은 무신론자가 아니었으며 윤리적 성격을 띤 자연종교의 열렬한 옹호자였다.

18세기 영국 이신론자들 중에서 가장 저명한 인물인 콜린스는 로크의 말년에 그와 아주 친밀한 관계를 가졌다. 그는 1707년 로크 철학에 기초해 영혼의 물질성을 주장하고 그것의 불사성을 비판하는 글로 처음 사람들에게 알려졌다. 그가 이신론자로서 명성을 떨치게 된 것은 그의 두 주저 『자유사상에 대한 논의』(*A Discourse of Free Thinking*)와 『기독교의 근거와 이유에 대한 논의』(*A Discourse on the Ground and Reason of the Christian Religion*)가 1713년과 1724년에 각각 출간되면서부터다. 첫 번째 저술에서 그는 성서와 기독교를 비판하는데, 성서가 신에게서 온 책이라면 인간이 쓴 책보다 더 정확하고 더 잘 쓰여 있어야 함에도 불구하고 실상은 사람마다 상이하게 해석한다는 사실을 지적하면서 이로 인해 성서는 삶의 안내서로서 제 역할을 다할 수 없다고 주장한다. 또한 그는 기독교를 비판함에 있어 기독교의 이적(異蹟)을 이교도의 설화와 비교함으로써 그 신뢰성을 약화하는 고전적 방법을 사용했다. 예를 들어, 그리스도의 처녀잉태설을 우주에 의해 처녀의 몸에 잉태되어 태어난 신에 대해 이야기하는 샴족(Siamese)의 설화와 비교함으로써 기독교를 한낱 미신으로 격하하고 있다. 그는 또한 반성직주의를 표방했고, 성서에 나오는 모든 기적과 계시 그리고 예언을 오리게네스 같은 초대 기독교 사상가들처럼 비유적으로 해석할 것을 주장했다. 그의 이신론은 섀프츠베리와 달리 이신론의 구성주의적 측면은 거의 없고 주로 기성 종교에 대한 비판으로 이루어졌다. 그 결과 그의 이신론은 섀프츠베리의 경우보다 더 내용이 빈약한 것이 되어버렸다.

　울러스턴은 목사로서 은퇴한 후인 1722년에 출간한 『자연종교의 묘사』(*Religion of Nature Delineated*)로 인해 이신론자로 알려졌다. 그는 은퇴한 목사답게 종교에 대한 누구보다도 사려깊은 성찰을 통해, 주로 기독교 비판에 주력한 다른 이신론자들과 달리 이신론의 구성주의적 측면에 관심을 기울였다. 울러스턴이 관심을 기울인 것은 자연종교의 윤리적 측면으로 허버트 경의 자연종교와 대동소이한 내용이었다. 그는 최초의 원인으로서 신에 대한 믿음과 더불어 영혼의 비물질성과 불멸성을 주장했다. 그는 칸트가 『실천이성비판』(*Kritik der praktischen Vernunft*, 1788)에서 주장한 것처럼 정의롭고 선한 사람은 항상 이승에서 충분한 보상을 받지 못하며 악한 사람 역시 그에 합당한 징계를 받지 못하기에, 이승에서의 부정의와 불평등을 시정하기 위해서 내세가 필요하다고 주장했다.

울러스턴이 기독교적 이신론자였다면 울스턴은 이신론자 가운데 가장 독설가이자 극단적인 반기독교적 인물이었다. 그는 콜린스처럼 주로 성서의 기적을 비판했는데, 콜린스가 그랬던 것처럼 초대 교부들이 기적을 우화로 이해했다는 점을 상기시키면서 성서의 기적들을 문자적으로 해석할 경우 그것은 매우 불합리하고 비개연적이며 우스꽝스러운 사건이 되어버린다는 점을 강조했다. 또한 성서의 기적을 이방 설화에 나오는 기적과 비교하는 방식으로 비판했는데, 예수가 물을 포도주로 바꾼 기적을 1세기경 소아시아를 떠돌던 현자 티아나의 아폴로니우스(Apollonius Tyaneus)가 행했다고 전해지는 기적 이야기와 비교함으로써 성서의 기적 이야기가 사실은 이방 설화에서 도입된 조작된 이야기임을 암시했다.[2] 그는 누구보다도 강력한 기독교의 적대자였는데 다

---

2 아폴론 신전에서 지식을 받았다고 전해지는 로마의 현자 아폴로니우스는 로마시대에 예수에 버금가는 신성을 가진 인물로서 생전에 많은 기적을 행했다고 전해진다. 예수가 회당장 야이로의 딸을 살려낸 것처럼 그 역시 로마 집정관의 딸을 찾아가지도 않고 살려냈다고 한다. 게다가 예수가 떡 다섯개와 물고기 두마리로 5천명을 먹인 것과 비슷한 기적을 일으켰으며, 선지자는 고향에서 배척당한다고 말한 예수처럼 자신이 고향에서 배척받고 있음을 한탄했다고 한다. 브르케르트에 따르면, 예수의 기적은 이교의 기적과 다를 바 없으며 따라서 기적과 이적은 예수의 신성을 보여준 증

른 이신론자들이 예수의 신성을 부인하면서도 그에 대한 존경을 표한 것과 달리 인간으로서의 예수조차 좋은 사람이라고 보지 않았다. 이러한 극단적인 반기독교적 견해로 인해 그는 여전히 기독교의 영향력 아래 살고 있던 당시 사람들로부터 반발을 샀다.

영국 이신론자들 중 가장 매끄러운 필체로 이신론적 견해를 전개한 인물은 오랫동안 옥스퍼드대학 변호사로 재직했던 틴들이다. 그에 따르면 신은 불변하는 완벽한 존재이기에 그가 인간에게 최초로 허락한 종교 역시 개선의 여지가 없는 완벽한 것일 수밖에 없다. 이같은 사실은 신은 어떤 특정 민족을 선택하거나 편애하지 않는 공정한 존재라는 사실을 통해 더욱 분명해진다. 따라서 그는 신의 공정성에 비추어볼 때 일종의 편애라고 할 수 있는 특별계시나 특별은총이란 있을 수 없으며, 신은 모든 인간이 알 수 있는 방도(보편계시)를 마련해놓았다고 보았다. 이런 맥락에서 창조 시 인간에게 허락된 자연종교는 그 자체로 완벽한 것임을 알 수 있다는 것이다. 틴들의 이같은 주장은 그의 대표 저작『창조만큼 오래된 기독교』(Christianity as Old as the Creation, 1730)에 그대로 나타나 있다. 후일 이신론의 바이블로 불린 이 책의 제목은 계시종교로서 기독교가 창조만큼 오래되었다는 뜻이 아니라, 창조 때 신이 허락한 자연종교의 원리가 바로 기독교의 참된 원리라는 것이다. 그러나 창조 이후 인간의 물상화, 의인화 성향 같은 나약함으로 인해 자연종교에 섞여들어온 미신적 요소를 제거하기 위해 신은 인간에게 성서라는 계시를 주었는데 이것을 성직자들이 그들의 탐욕으로 인해 왜곡함으로써 인간을 미혹하는 미신과 광신의 원천이 되었다고 주장했다.

토머스 처브는 주로 귀족이나 신사계급에 속한 다른 이신론자들과는

거라고 볼 수 없다.

달리 거의 교육을 받지 못한 양초 제조업자였는데 타고난 명민함으로 대중들에게 급진적인 이신론 사상을 전달했다. 그는 허버트 경보다 내용적으로는 빈약한 자연종교를 내세웠으며 성서와 성서에 기초한 기독교를 공격했다. 신의 존재에 대한 믿음과 우리가 인생을 살아가면서 마땅히 따라야 할 도덕법칙이 있다는 믿음, 그리고 이같은 자연적인 도덕법칙을 따라 사는 삶만이 신의 심판을 통과할 수 있으며 회개와 개혁만이 죄인이 신으로부터 구원을 받는 길이라는 것이 바로 처브가 주장한 자연종교의 내용이었다. 그의 자연종교는 매우 단순한 것으로서 그는 계시와 성서에 기초해 온갖 교리를 늘어놓는 기독교에 대해 신랄한 비판을 가했다. 속죄와 성찬에 대한 교리의 불합리를 지적하고 신의 삼위일체를 놓고 삼각관계의 신이라 조롱했으며, 예수의 부활을 믿을 수 없다고 말했다. 특히 그는 계시가 불필요하다는 점에서 모세율법이 신으로부터 왔다는 주장을 받아들이지 않았다. 사도들을 위선자로 비난했고 그리스도와 그가 행한 기적들을 경멸하고 기적과 계시의 증거로서의 예언 모두를 거부했다. 요컨대 그는 성서를 초기 기독교 사제들의 사욕으로 훼손된 책이라 보았으며 인류를 구원으로 인도하는 책이라 생각지 않았다. 그럼에도 불구하고 그는 자신을 끝까지 기독교인이라 생각해 스스로를 기독교 이신론자로 규정했으며, 예수 또한 그처럼 이신론자였다고 주장했다. 그리고 그 증거로 예수가 성서에서 형식적인 종교 의례를 거부하고 윤리적인 측면을 강조했다는 사실을 지적했다.

비교적 이신론 후기에 활동한 볼링브로크 경은 초기 이신론자들의 견해를 집대성한 저작을 출간함으로써 프랑스와 독일에 이신론을 전파하는 데 막대한 영향력을 행사했는데, 이는 그의 명민함과 높은 사회적 신분, 탁월한 학문적 재능이 함께 작용한 결과라 할 수 있을 것이다.

볼링브로크의 이신론적 견해는 주로 계시종교로서의 기독교를 공격하는 부정적 측면에 초점이 맞춰져 있었다. 그는 신의 존재에 대한 믿음을 계시가 아닌 이성에 근거해서 받아들였으며 허버트 경처럼 자연종교의 신조에 대해서는 어떤 것도 언급하지 않았다. 그러나 그는 허버트 경이 주장한 것과 달리 미래의 삶에 의구심을 가졌고, 내세의 상벌에 대해서는 강한 반감을 가졌다. 볼링브로크가 관심을 가진 것들은 주로 성서, 교부들, 그리고 성직자 비판이었다. 그는 프로테스탄트를 반박할 때는 계시 외에 전승의 필요성을 강조하는 로마 가톨릭의 논증을 사용했고, 가톨릭을 반박할 때는 신뢰할 수 없는 전승에 반대하는 프로테스탄트의 논증을 사용하는 이중 전략을 구사했는데, 이는 기독교의 구교와 신교 분리를 이용해 기독교를 비판하고자 한 것이다. 볼링브로크는 하느님의 지혜와 권능을 생각할 때 케플러, 코페르니쿠스, 갈릴레이, 뉴턴 같은 과학자들이 제공한 우주 개념이 모세가 제공한 우주 개념보다 훨씬 더 개연적이라고 보았다. 그는 기독교의 핵심 교리인 성령의 교리를 이집트에서 도입한 불합리적인 것이라 비판하고, 성령을 받았다고 주장하는 사람들은 그저 미친 사람들일 뿐이며 성령을 불어넣어준다는 사람 역시 사기꾼에 지나지 않는다고 생각했다.

뉴턴의 철학적 대변인이라 할 수 있는 쌔뮤얼 클라크(Samuel Clark, 1675~1729)는 1705년에 행한 그의 두번째 보일 강연에서[3] 이신론자들을 다음과 같이 네가지 부류로 분류했다. 첫째는 신을 세상을 창조했지만 더이상 이 세상에 관여하지 않는 최고존재로 보는 이신론자, 둘째는 신이 세상을 창조했을 뿐 아니라 세상 모든 것에 관여하는 최고존재지

---

3 기독교와 자연과학 간의 관계를 논의하기 위해 만든 공개 포럼으로서 17세기의 탁월한 자연철학자 로버트 보일의 이름을 따서 보일 강연(Boyle Lecutres)이라 이름 붙였다. 클라크는 1704년 처음으로 '신의 존재와 속성에 대한 논증'이란 제목의 강연을 했고, 1705년에 다시 '자연종교와 계시종교의 증거들'이란 제목으로 강연하였다.

만 도덕적 존재는 아니라고 보는 이신론자, 셋째는 신이 세상을 창조하고 모든 것에 관여하는 최고존재일 뿐 아니라 도덕적 존재라고 보지만 내세에서 인간의 행적에 대해 보상과 징벌을 한다고 보지 않는 이신론자, 넷째는 세계를 창조하고 지배할 뿐 아니라 내세에서 상벌을 주는 신을 믿지만 그 신이 이성에 반하는 방식으로 세상을 지배한다고는 보지 않는 이신론자이다(『신의 속성과 존재의 입증』 xxiii면). 클라크가 분류한 이 네 종류의 이신론 중에서 영국 이신론자들은 첫번째를 제외한 세 종류의 이신론자로 분류될 수 있을 만큼 그 스펙트럼이 넓다. 그러나 이들에게도 공통점은 있었는데, 그것은 다음과 같이 네가지로 정리할 수 있다. 첫째, 기적과 계시에 대한 거부, 둘째, 각종 종교 의식과 의례 그리고 성직주의에 대한 거부, 셋째, 자연종교에 대한 지향, 넷째, 종교적 관용의 정신이다. 켄트웰 스미스(Wilfred Cantwell Smith)에 따르면 이들 네가지의 공통점은 종교를 내적이고 개인적으로 은밀한 체험이 아닌 신조와 교리의 체계로 바라보는 주지주의적 성향의 산물이라는 점이다(『종교의 의미와 목적』 42~43면). 그리고 이러한 이신론의 주지주의적 성향은 바로 이신론자들의 자연종교가 급속도로 쇠퇴하게 된 근본 원인이었다.

3. 말기(1742~60): 이신론의 쇠퇴

도드웰이 1742년 발간한 『논증에 기초하지 않은 기독교』는 영국 이신론 역사에 한 획을 그은 중요한 저서다. 이 책에서 그는 이전의 이신론자들과는 전혀 다른 독특한 주장을 하고 있다. 일반적으로 이신론자들은 참된 종교란 이성적이며 합리적인 옹호가 가능한 종교라는 전제하에 이같은 합리적 옹호가 불가능한 기성 종교를 거짓 종교로 몰아붙이고, 이에 대해 기성 종교를 옹호하는 측은 기성 종교가 합리적으로 옹호 가능함을 보여주고자 했다. 그런데 도드월은 이런 식의 공방에 근본적으로 문제를 제기하고 나섰다. 그는 종교 문제가 과연 이성의 영역에 속하는지에 대해 의문을 제기했던 것이다. 도드월은 세가지 점에서 이신론자들과 전통적 유신론자 모두를 비판하고 나선다.

첫째, 이성과 종교의 본성을 고려할 때 신이 인간의 이성을 참된 신앙으로 인도하는 안내자로 생각했다고 볼 수 없다. 왜냐하면 이성적인 신앙은 더 많은 증거를 요구하나 종교는 더 많은 신앙을 위해 기도를 가르치며, 이성이 계발되기 전의 유아세례는 참된 신앙에 이르는 길이라 할 수 있는 이성에 배치되기 때문이다. 다시 말해 이성의 능력이 계발되기 전에 종교가 교육된다는 것이다. 또한 이성은 중립을 요구하고 완벽한 증거가 나올 때까지 결정을 유보하나, 종교는 모든 중립을 혐오하고 경멸한다. 따라서 신은 우리가 이성적 토대에서 신앙을 가질 것을 요구했다고 볼 수 없다는 것이다. 실상 이성적인 신앙이란 인간의 정념을 지배할 힘이 없으며 따라서 실천력을 결하고 있다.

둘째, 성서를 보면 이성이 신앙, 즉 올바른 종교에 이르는 길이라고 가르치지 않는다. 오히려 성서는 지성적 이해보다는 가슴의 이해를 말한다. 그리스도는 이성에 호소하지 않았고 오히려 권위에 근거해 이야기했다. 그리스도가 제자로 삼은 사도들은 이성적 추론을 통해 신앙에 도달하기에는 지적 능력이 부족한 사람들이었다.

셋째, 성서에 따르면 신앙은 건전한 추리의 결과로 얻어지는 것이 아니라 오직 성령에 의해서만 생겨나는 것으로서 신의 선물이다. 예수는 증거를 찾는 도마를 꾸짖었고, 보지 않고 믿는 자를 칭찬했다.

요컨대 도드월이 주장하고자 한 것은 신앙과 이성은 그 본성에 있어서나 실제에 있어서나 상충한다는 것이다. 철학의 토대가 의문과 의심이라면 종교의 토대는 말 없는 순종과 믿음이다. 도드월이 볼 때 기독교를 옹호하기 위한 쌔뮤얼 클라크의 변신론은 의심을 떨쳐버리게 하기보다는 오히려 더 많은 의심을 부추기는 역효과를 가져왔다. 논증과 추론을 통해 기독교를 옹호하고자 했던 그의 시도는 결국 그릇된 무기를 사용함으로써 오히려 종교를 팔아먹는 결과를 가져왔다는 것이다.

도드월은 다른 이신론자들과 달리 자연종교 또는 이성의 종교를 주장하지 않았으며, 또한 성직자를 비난하거나 성서를 공격하지도 않았고, 기적이나 계시 그리고 예언을 부인하고자 하지도 않았다. 이처럼 신비적인 관점에서 기독교를 옹호하는 듯한 그의 모습으로 인해 유신론자들은 도드월을 아군으로 보았을 수 있다. 그러나 실상 도드월은 유신론자의 편에 서 있었던 것이 아니다. 오히려 그는 기독교가 전적으로 불합리한 신앙에 기초하고 있으며 무지하고 비이성적인 사람들에게만 어울리는 종교라고 조롱하고 있었던 것이다. 바로 이 점에서 그는 이신론자의 편에 서 있었다. 그럼에도 불구하고 그의 이 저작이 나온 시기를 이신론의 쇠퇴가 시작된 시점으로 삼는 것은, 이 책이 이신론과 유신론이 더이상 공방을 벌일 이유가 없다는 사실을 보여주었기 때문이다.

대부분의 이신론자는 기독교의 개혁자들로서, 사리사욕에 눈이 어두워진 사제들이 도입한 불합리한 교리들을 거부하고 그것의 원초적인 모습인 자연종교로의 복귀를 주장했다. 따라서 그들은 참된 기독교란 전적으로 합리적인 종교라고 보았다. 그러나 도드월은 바로 이런 믿음을 뒤흔들어놓았다. 기독교란 오직 신앙에만 기초한 종교이기에 이성의 법정에 세울 수 없다는 것이다. 흄은 도드월의 이런 주장을 받아들여서 '가장 성스러운 종교는 이성이 아닌 신앙에 기초한다'고 보았고, 이성으로 기독교를 옹호하려는 시도를 기독교의 위험스러운 친구 또는 위장된 적으로 간주했다. 그러나 실상 도드월처럼 흄 역시 기독교를 불합리한 종교로서 조롱했는지는 알 수 없다. 왜냐하면 그는 한편으로는 이신론에 대한 믿음을 자연적 신념으로 간주할 수 있는 여지를 열어놓았으며 다른 한편으로는 영국 국교회를 양극단에 있는 기성 종교와 자연종교의 중용으로 보아 현실적으로 가장 이상적인 종교, 즉 참된 종교로 간주했기 때문이다.

그러나 18세기 중반 갑작스런 영국 이신론의 쇠퇴의 원인을 이 두 철학자의 영향만으로 설명하는 데는 문제가 있다. 당시 점차 심해지던 사회적 타락과 방종을 놓고 반기독교 입장에 서 있던 이신론자를 포함한 지식인들은 세속화된 성직자들이 이런 현상을 방조하거나 부추긴다고 비판했지만, 기독교계는 오히려 기성 종교의 도덕적 제재를 약화시킨 이신론자들이야말로 이런 현상을 초래한 장본인이라고 비난했고, 한걸음 더 나아가 그들의 부도덕하고 나태한 삶을 비판했다. 게다가 1736년에 화이트필드(G. Whitefield, 1714~70)와 웨슬리(J. Wesley, 1703~70)가 주도한 대대적인 종교부흥운동은 부패한 성직사회에 대한 종교계 내의 자정노력으로서 이신론의 급속한 쇠퇴를 가져오는 결정적인 계기가 되었다. 역사적인 관점을 떠나 철학적으로 볼 때도 주지주의에 기초한 이신론이 감성에 기초한 종교의 맞수가 될 수는 없었다. 그러나 영국 이신론은 루쏘나 볼떼르(Voltaire) 같은 프랑스 이신론자들에게 강한 영향을 주었으며 이는 프랑스에서 유물론과 극단적 무신론으로 이어졌다.

| 이태하 |

12장

버클리

―

일찍이 영국 성공회에서 사제 서품을 받은 버클리에게 종교철학적 주제들은 그의 철학 전반에 걸쳐 주요 관심사였다. 초기 습작 노트들부터 후기 저술 및 설교집에 이르기까지 신과 종교에 대한 그의 관심은 지속적으로 그리고 풍부하게 드러난다. 이러한 관심을 크게 두가지 분야로 나누어볼 수 있는데, 하나는 '철학적 신학'에 해당되는 분야로 기독교 전통 내에서 등장하는 신에 대한 철학적 탐구가 핵심이다. 이 분야에서 버클리가 기울인 노력은 그의 독특한 관념론과 불가분의 관계에 있다. 관념의 다발에 불과한 자연세계의 객관성과 법칙성을 보장해주는 주체로 등장하는 신은 그의 관념론 체계에서 필수적인 역할을 한다. 이 글에서는 버클리의 관념론에서 신의 역할이 무엇인지 그리고 왜 이러한 역할이 신에게 부여되는지를 중점적으로 살펴보고자 한다. 다른 하나는 종교 현상 전반에 대한 철학적 고찰이라 할 수 있다. 다양한 주제들이 등장하기 때문에 선택이 불가피한 상황에서, 여기서는 이성적으로 잘 이해가 되지 않는 계시에 근거한 종교적 믿음에 대한 버클리의 생각을 간략하게 살피고자 한다. 종교적 믿음의 의의를 그 믿음들이 갖는 긍정적이고 실질적인 역할에 기초지은 버클리의 입장을 소개하고자 한다.

'종교철학'이라고 할 때 우리는 두가지 철학적 작업을 생각해볼 수 있다. 하나는 종교에서 독특하게 등장하는 대상으로서의 신에 대한 철학적 고찰로, 이른바 '철학적 신학'(philosophical theology)에 해당하는 탐구이다. 또 하나는 좀더 폭넓게 종교라는 현상 전반에 대한 철학적 고찰 혹은 이해라 할 수 있을 것이다. 예컨대 신앙 혹은 신념의 본질, 종교적 체험의 성격, 또한 종교적 언어와 의식의 의미와 사회적 함축 등에 대한 철학적 고찰은 후자에 속하는 작업일 것이다.

이 두가지 작업은 조지 버클리의 삶과 철학을 관통하고 있다. 그의 삶과 철학을 조금만 접하면 그가 이 두가지 종교철학 작업 모두에 많은 정성을 쏟았다는 사실을 알게 될 것이다. 이 글에서는 그의 노력이 어떤 결실을 맺었으며 그의 철학이 어떤 특징을 가졌는지를 개괄적으로 살펴보고자 한다.

1685년 아일랜드의 킬케니에서 태어나 1753년에 세상을 뜬 버클리는 1710년 26세에 영국 성공회의 사제 서품을 받는다. 그의 철학체계가 처음으로 명시적으로 제시된 『인간 지식의 원리』(*Principles of Human Knowledge*)가 같은 해에 출판된다. 이 사실에 비추어 볼 때 종교와 신학에 대한 버클리의 관심이 그의 철학체계의 형성과 발맞추어 초기부터 그의 사유에 뿌리 깊게 자리하고 있었다는 사실을 짐작할 수 있다. 이러한 관심은 또한 1707~8년 사이에 작성된 것으로 보이는 그의 초기 습작노트 「철학논평」(Philosophical Commentaries, 이하 PC)[1]의 여러 항목에서도 잘 드러난다.

> 특이한 인간의 무기력함. 신 없는 인간. 힘이 하나도 없는, 성사되지 않는 의지로 인해 불행할 수 있는 힘밖에 없는 인간, 그는 돌이나 나무보다 비참하다. (PC 107)

> 신의 본질은 단순하고 복잡하지 않은데, 신에 대한 우리의 관념은 어찌하여 복잡하거나 복합적인가? 로크 2권 35절 볼 것. (PC 177)

> 내 이론에서는 신과 자연 혹은 이차원인 간의 공유(sharing)는 없다. (PC 485)

이렇게 일찍 시작된 종교철학적 관심은 그의 저술 전반에 걸쳐 지속된다. 『알키프론』(*Alciphron*, 1732) 『치안판사에의 담화』(*Discourse to Magistrates*, 1738) 『존 제임스 경과의 서신』(1741) 『씨리스』(*Siris*, 1744) 『신의 의지에 대한 설교』(1751) 등 다양한 저서에서 그는 여러가지 흥미로운 입장을 개진하고 있다. 이러한 학문적 노력은 그가 1734년 아일랜드 클로인의 주교로 임명되는 실천적 성과와도 잘 들어맞는다. 그는 이론과 실천 어느 한쪽도 등한시하지 않은 이른바 '문무를 겸비한' 기독

---

1 PC는 버클리 해석의 대가 루스(A. A. Luce)가 붙인 명칭으로 그의 생각이 어떻게 변화, 발전했는지를 잘 보여준다. 버클리 저작은 보통 다음의 전집에 의거해 인용한다. *The Works of George Berkeley, Bishop of Cloyne*, A. A. Luce and T. E. Jessop, eds. 9 vols. (London: Thomas Nelson and Sons 1948~57, 이하 Works). PC는 Works 1권 9~104면에 해당한다. 숫자는 이 책의 면수이다.

교 철학자-신자로서 살았던 것이다.

그렇다면 이렇게 오랜 관심의 대상이자 그의 철학에서 큰 비중을 차지해온 버클리의 종교철학을 우리는 어떻게 접근할 것인가? 이 글에서는 앞서 언급한 종교철학 작업의 두가지 형태, '철학적 신학'과 '종교현상에 대한 철학적 고찰'이라는 두 하위 분야에 대한 버클리의 생각을 소개하고자 한다. 다만, 버클리의 '종교현상에 대한 철학적 고찰'에 대한 학계의 연구는 전반적으로 부족하다는 점을 미리 밝힌다. 버클리의 형이상학, 특히 그의 관념론이 받아온 관심, 그리고 그의 관념론과 형이상학적 체계 내에서 신의 역할에 대한 주목에 비하면 버클리가 종교현상에 대해 제시한 철학적 고찰에 대한 이차 문헌은 상대적으로 적다. 이러한 현실은 국내 학계만이 아니라 해외 학계에도 해당하는 것으로, 종교철학적 주제들이 최근 반세기간 영미 철학계에서 큰 주목을 받지 못한 상황과도 관련되어 있다. 필자의 관심 역시 '철학적 신학'에 집중되어 후자 곧 '종교현상에 대한 철학적 고찰'에 대한 연구가 미진하다는 사실을 고백하며 이 글에서는 '철학적 신학'을 중심으로 논의를 전개하고자 한다.

1. 버클리의 특이한 이원론

버클리의 '철학적 신학'을 이해하기 위해서는 그의 철학체계 전반에 대한 이해가 필요하다. 먼저 버클리 철학의 핵심 주장인 관념론을 간략하게 살펴보자. 버클리의 관념론에 따르면 이 세상은 두가지 유형의 존재자로 이루어져 있다. 하나는 관념들(ideas)이며 다른 하나는 그 관념을 갖는 영혼(spirit) 혹은 정신(soul) 들이다. 이렇게 존재하는 것들의 부류를 두가지로 상정하기에 버클리의 관념론은 일종의 이원론(二元論)으로도 이해할 수 있는데, 데까르뜨의 이원론과는 사뭇 다르다. 데까르뜨는 사유를 본질로 갖는 정신과 연장을 본질로 갖는 물체가 이원론을 이루는 두 축이라 생각했다. 즉 데까르뜨가 정신과 독립적으로 존재하는 물질적 영역을 인정했다면, 버클리에게는 특이하게도 정신과 관념이 이원론의 두 축을 이루고 있다.

이원론의 두 축에 대해 좀더 자세히 알아보자(「버클리 정신과 관념의 이원론」 2012). 버클리에 따르면 영혼(정신)은 지각하고, 의지하고, 욕구하는 일종의 주체이다. 여러가지 생각을 떠올리며 다양한 관념을 가지고 또한 여러가지를 욕구하고 추구하는 의식, 의지 활동의 주체인 것이다. 그렇다면 이원론의 다른 한 축인 관념은 어떠한가? 버클리의 관념을 어떻게 이해하는 것이 바람직할까?

앞서 밝혔듯이 버클리에 따르면 영혼을 제외하고 이 세상에 존재하는 것은 관념밖에 없다. 곧 정신들을 빼고 나면 이 세계를 이루고 있는 다른 존재자들은 모두 관념이다. 그렇다면 자연스러운 의문이 든다. 우리는 매일같이 물체와 접촉하며 산다. 나는 지금 컴퓨터 자판을 치고 있으며 모니터 화면을 바라보고 있다. 창밖으로 단풍나무가 보인다. 그런데 세상에 정신과 관념밖에 없다면 내가 지금 바라보는 자판, 모니터, 단풍나무 같은 물체들은 버클리의 이원론 구도에서 어떻게 이해되며 어떤 위상을 가질까? 버클리에 따르면 물체는 관념 혹은 관념의 다발(bundle)이다. 상식을 깨는 이러한 버클리의 주장을 좀더 자세히 살펴보자.

물체는 관념 혹은 관념의 다발이라는 파격적인 주장을 한 버클리는 스스로의 관념론을 '반물질주의'(immaterialism)로도 부른다. 반물질주의를 이해하기 위해서는 버클리가 생각한 물질주의가 무엇인지 알아야 한다. 버클리에 따르면, 물질주의(materialism)는 마음이나 정신에 의존하지 않는 물질의 존재를 인정하는 철학적인 입장이다. 즉 버클리가 생각하는 물질주의는 오직 물질적 대상만이 존재한다는 입장[2]이 아니다. 사유로부터 독립적으로 존재하는 연장적인(extensional) 사물을 인정한 데까르뜨 역시 버클리에 의하면 물질주의자인 것이다.

사유로부터 독립적이라는 것은 무엇을 뜻하는가? 데까르뜨에 따르면 연장이라는 속성은 그 자체로 어떤 것이 실체임을 보장하기 때문에, 연장이라는 속성을 가지면 그 사물은 특정 정신에 의해 의식, 지각되느냐 여부와 상관없이 존재한다. 즉 모양과 크기를 가지고 운동하는 물체가 있다면 이 물체는 누가 의식하건 하지 않건 간에 그 자체로 존재한다는 입장이다. 이렇게 의식과 독립적으로 존재하는 물질을 인정하는 입장이 버클리에 따르면 물질주의인 것이다. 물질만의 존재를 인정해서가 아니라, 의식 독립적인 물질을 인정하기 때문에 데까르뜨는 물질주의자인 것이다.

그렇다면 물질주의를 부정하는 입장에서는 내가 지금 바라보는 모니터 화면이나 저 밖에 보이는 단풍나무를 어떻게 이해하는가? 모니터나 단풍나무는 우리의 의식과 상관없이 그 자체로 존재하는 것이 아니라, 우리 의식에 본질적으로 의존적인 관념 혹은 관념의 다발에 불과하다는 것이 버클리 관념론의 핵심주장이다. 이 주장에 대해 흔히 제기되는 비판이 있는데, 『원리론』에서 버클리는 이 비판을 다음과 같이 묘사하고 있다.

---

2 일반적으로 materialism은 이러한 의미로 이해되며, 버클리의 이해는 예외적인 것이다. 이러한 차이 때문에 통상 materialism은 '유물론'으로 번역되는데, 버클리 철학에서는 '물질주의'라는 번역어를 사용하고 있다.

존재하는 모든 것은 마음속에만 존재한다. 즉 그것들은 순전히 관념적이다. 그렇다면 태양, 달, 그리고 별은 어떤가? 우리는 집, 강, 산, 나무, 돌, 아니 심지어는 우리의 몸을 어떻게 이해해야 하는가? (『원리론』34절)

이 질문의 배후에는 물체들이 관념에 불과하다면 그것들의 객관적 실재성을 어떻게 담보하느냐는 비판의 날이 서 있다. 관념이 마음에 의존적인 것이라면 외부 물체들 역시 내 마음에 의존적이며, 이런 의미에서 내 마음에 좌지우지될 수 있다는 함의를 가지지 않느냐, 그러나 이렇게 되면 자연세계는 우리의 의지나 사유와는 상관없이 객관적으로 존재한다는 직관이 위협받는다는 비판이다. 이러한 비판에 대해 버클리는 다음과 같은 대응책을 내놓는다.

나 자신의 생각들을 내가 어떤 힘으로 지배하건 간에, 감각을 통해 실제로 지각된 관념들은 내 의지에 이러한 방식으로 의존적이지 않다는 사실을 나는 발견한다. 내가 대낮에 눈을 뜨면, 내가 어떤 것을 볼지 보지 않을지 선택할 힘이 없고, 또 내 시야에 어떤 구체적인 물체들이 등장할지를 결정할 힘이 없다. 청각이나 다른 감각도 마찬가지이며, 이들 감각에 각인되는 관념들은 내 의지의 산물이 아니다. 그러므로 어떤 다른 의지나 영혼이 있어 그것들을 산출해낸다. (같은 책 29절)

버클리는 여기서 중요한 지적을 하고 있다. 관념이 정신에 의존한다는 사실——곧 정신이 의식하는 한에서만 관념은 관념일 수 있다는 사실——이 우리가 관념을 자유자재로 만들어낼 수 있음을 함축하지는 않는다는 것이다. 고개를 돌려 창밖을 볼 때 단풍나무가 보인다고 하자. 단풍나무에 해당하는 관념은 분명 내가 의식하기에 관념이지만, 단풍나무가 보이는 이상 내가 아무리 다른 종류의 나무, 예컨대 은행나무를 보고 싶어도 은행나무를 볼 수는 없다. 감각관념이 내게 주어지기 위해서 내가 그 감각관념을 지각, 곧 의식해야 하는 것은 사실이지만, 내게 어떤 감각관념이 일어나는지에 대한 결정권은 없다. 실재하는 자연의 물체에 해당하는 관념들에 대해서 나는 전적으로 수동적인 것이다. 그렇다면 어떤 관념이 일어나는지에 대한 결정권은 어디에, 누구에게 있는 것인가?

2. 자연의 객관성과 신의 역할

앞의 『원리론』 29절에서 버클리는 "어떤 다른 의지나 영혼"이 있다고 할 뿐 명시적으로 언급하고 있지 않지만, 그의 저술 전반을 살펴보면 그 결정권이 신에게 있음은 분명하다. 외부 세계에 객관적으로 존재하는 사물들에 해당하는 관념들을 산출하는 다른 영혼은 바로 신이다. 관념은 의식된다는 점에서 나의 정신에 의존적이라 해도, 그 생성에 있어서는 나의 의지와 독립적으로 산출되기 때문에 외부 세계를 이루는 관념들은 객관적 실재성을 갖는다. 신이 적절하게 우리 마음에 관념들을 유발하는 것이다. 외부 세계는 우리와 상관없이 객관적으로 존재한다는 이 생각의 배후에 핵심적으로 자리잡고 있는 직관은 우리가 아무리 어떻게 해보려고 해도 자연세계는 우리 마음대로 할 수 없다는 것이 아닐까? 버클리는 이 직관을 만족시킬 수 있다. 버클리의 체계에서 자연세계는 우리의 의지와는 무관하게 나름대로 펼쳐진다.

물론 이때 '나름대로 펼쳐진다'는 말의 의미를 조심스럽게 이해할 필요가 있다. '물질세계가 나름대로 펼쳐진다'고 할 때 우리는 흔히 물질이 어떤 인과적인 힘을 가지고 이 힘들이 일정한 법칙에 따라 발휘된다고 생각한다. 예컨대, 불에는 물을 수증기로 만들 수 있는 힘이 있는데, 이 힘은 통상 100℃에서 물이 끓는 방식으로 발휘된다고 생각할 수 있다. 그러나 버클리에 따르면 자연세계는 관념에 불과하다. 그리고 그에게 있어 관념들은 전적으로 수동적(passive)이다.

> 우리의 모든 관념, 감각, 또는 우리가 지각하는 것들은, 이것들이 어떤 이름에 의해 구별되건 간에 명백하게 수동적이며, 이들 안에는 어떠한 힘이나 활동성(agency)도 없다. 따라서 관념이나 사유의 대상은 다른 관념을 산출할 수 없으며 그것에 변화를 줄 수도 없다. (같은 책 25절)

관념이 전적으로 수동적이라면 관념에는 힘이 있을 수 없다. 그렇다면 규칙적으로 일어나는 자연의 변화는 관념들이 산출하는 것이 아니다. 불이라는 관념이 물이라는 관념을 끓게 할 수 없는 것이다. 그럼에도 불구하고 불이라는 관념이 있을 때 항상 물이 끓는 관념이 일어나는 상황은 설명되어야 한다. 이렇게 관념들이 나름대로 규칙적으로 일어나는 사실은 관념을 규칙적으로 산출하는 주체에 의해 설명된다. 관념들을 시의적절하게 산출해내는 주체는 바로 신이다. 이 대목에서 버클리의 말을 살펴보자.

> 감각의 관념들은 상상의 관념들보다 더 강렬하고 생생하며 뚜렷하게 구별된다. 이 (감각의) 관념들은 또한 일종의 항상성, 질서, 정합성을 가지며, 인간 의지의 결과들인 관념들처럼 무작위로 촉발되지 않고, 규칙적인 계열 속에서 등장한다. 이 규칙적인 계열에서 드러나는 탁월한 연결은 그 조물주의 지혜와 선함을 드러낸다. 이때 우리가 기대고 있는 이

정신이 우리 안에서 감각의 관념을 불러일으키는 일정한 규칙 혹은 확정된 방식을 우리는 자연의 법칙이라 부르며, 우리는 이것들을 경험을 통해 알게 된다. 경험은 통상적인 경우에 이러이러한 관념들은 저러저러한 관념들을 동반한다는 것을 가르쳐주는 것이다. (같은 책 30절)

이 논의를 주목하면 재미있는 점이 발견된다. 29절에서 내가 가진 관념들이 수동적으로 일어난다는 사실, 그리고 여기 30절에서 이 관념들의 계열이 탁월하게 연결되어 있다는 사실로부터 버클리는 신의 존재를 이끌어낸다. 신을 전제하고 있다기보다는 왜 신이 있어야 하는지를 그 나름대로 추론하고 있는 것이다. 유한하고 제약 많은 주체의 산물이라고 보기 어려운 탁월한 관념들의 체계를 만들어낼 주체는 신밖에 없다는 것이다.

물론 이 자체로 논의가 완결성을 갖는 것은 아니다. 의식과 독립적으로 존재하는 물체 자체가 우리 관념을 산출하는 원인이라는 대안 역시 고려되어야 논증은 더 탄탄할 것이다. 수동적으로 등장하는 관념을 야기하는 원인이 있어야 한다는 점에는 동의한다 해도 그것이 꼭 정신 혹은 영혼일 필요는 없지 않느냐고 혹자는 반문할 수 있기 때문이다. 여기에 대해 버클리는 추가 전제를 제시하여 반박한다. 『세 대화』(*Three Dialogues between Hylas and Philonous*, 1713, 이하 3D, 숫자는 면수)에서 버클리의 대변자 필로누스의 언급에서 볼 수 있듯이, 버클리는 "지식이나 의지의 능력이 없는 존재가 관념을 산출한다거나 어떤 영혼을 어떤 방식으로건 자극한다는 것은, 나는 이해할 수 없다"라고 주장한다(3D 242). 이러한 주장의 배후에는 관념을 가지고 의지작용을 하는 주체만이 관념 같은 것을 야기할 수 있다는 직관이 자리잡고 있는 듯이 보인다.[3]

지금까지의 논의를 간추려보자. 버클리는 두마리의 토끼를 쫓고 있다. 하나는 그의 관념론의 본령으로, 존재하는 모든 것은 의식의 대상이며 정신에 의존적이라는 테제다. 정신이 의식하는 것만이 존재한다는 이른바 '존재하는 것은 지각되는 것이다'(esse est percipi)의 주장이다. 다른 하나는 자연세계의 객관적 실재성이다. 우리가 경험하는 자연세계는 객관적으로 실재하며 우리의 의지에 좌지우지되지 않는다는 주장이다. 얼핏 보기에 이 두 주장은 양립하기 어려운 듯이 보인다. 세계가 내 정신에 의존적인 것이라면 내가 좌지우지할 수 있음을 함축하는 듯하고 그렇다면 나의 의지와 상관없이 객관적으로 존재하는 자연세계는 가능하지 않은 것 같기 때문이다.

이에 대한 버클리의 대응은 정신의존성의 의미를 분명하게 한정짓는 것이다. 의식되지 않고서는 관념일 수 없다는 점에서 모든 관념의 정신의존성을 인정한다. 그러나 의식한다는 것과 내 임의로 관념을 만들어낸다는 것은 다르다고 밝힌다. 우리가 흔히 실재한다고 여기는 감각관념들은 우리 마음대로 만들거나 없앨 수 없다. 내가 지금 아무리 목이 마르다고 해도 시원한 냉수가 목을 넘어가는 감각을 내 마음대로 만들어낼 수 없다는 것이다. 자연세계를 이루는 감각관념들은 나의 의지와 독립적으로 일정한 항상성과 질서 속에서 일어난다. 일어나기 귀찮지만 냉장고가 있는 부엌으로 걸어가야 하고, 냉장고 문을 열었을 때 냉수가 담긴 물병이 있어야 한다. 그리고 물을 잔에 따라 입에 대고 마셔야 갈증이 해소되는 경험을 할 수 있다. 이러한 일련의 관념—발밑으로 느껴지는 마룻바닥의 촉감, 시야에 들어오는 부엌과 냉장고의 모습, 손

---

3 또다른 신 존재 증명으로 여겨지는 논의는 3D 212, 230~31면에 펼쳐지는데, 이는 우리에 의해 지각되지 않는 사물들의 연속성을 보장하기 위해 이들을 지각하는 신의 존재가 필요하다는 내용을 골자로 한다. 케네스 피어스(Kenneth Pearce)의 논의 참조.

에 닿는 손잡이의 촉감과 냉장고 안 음식냄새, 냉장고 안의 물병의 모습과 물병의 촉감, 물이 입에 들어오는 촉감——들을 거쳐야 비로소 특정한 감각——목을 축이는 시원한 감각——을 느낄 수 있는 것이다. 이렇게 실재 사물에 해당하는 관념들은 일련의 규칙에 따라 일어나는데, 이 규칙들을 정리했을 때 그것이 우리가 현재 알고 있는 자연법칙에 해당한다는 것이 버클리의 생각이다. 이때 규칙적으로 감각관념을 불러일으키는 주체는 바로 신이다. 따라서 버클리에게 자연법칙이란 결국 신의 관념 유발 방식과 다르지 않다. 자연법칙은 규칙적으로 관념들을 유발해 우리가 자연세계를 일정하고 정합적으로 경험할 수 있게끔 하는 신의 관념 유발 방식인 것이다. 이 점에서 알 수 있듯이 외부 세계의 객관적 실재성은 신에 근거한다.

이렇듯 버클리의 신은 그의 형이상학적 체계에서 무척 중요한 역할을 하고 있다. 어찌 보면 버클리의 신은 신학적 측면에 버금가는 형이상학적 역할을 맡고 있는 듯하다. 시의적절하게 우리 관념을 유발하는 신의 역할이 없다면 우리 관념들이 왜 질서정연하게 일어나는지 설명하기 어려워지고, 그렇게 되면 객관적으로 존재하는 자연세계 역시 인정하기 어렵다. 신은 자연세계의 객관성을 담보해주는 것이다.

3. 신과 자연세계 피조물의 관계

이로써 버클리의 형이상학에서 신의 역할이 한층 분명해졌다. 그러나 이러한 역할을 알게 된 우리는 다른 의문을 가지게 된다. 신의 역할이 너무 큰 것이 아닌가 하는 의문이다. 이를 조금 더 파고들어보자. 기독교적 전통 밖에 서 있어 신의 존재 자체를 문제시하는 경우, 형이상학 체계 내에 신이 등장한다는 것 자체를 받아들이기 어려울 것이다. 그리고 이렇게 신의 존재 여부 자체가 문제시되는 상황에서 신의 형이상학적 역할을 극대화하는 버클리의 이론은 애당초 부적절하다고 생각될 것이다. 그러나 버클리 철학이 등장한 시대 배경을 이해하면 이런 식의 '외부적' 비판은 그 강도가 조금 약해지지 않을까 싶다. 서양 근대철학사를 바라보는 시각이 여러가지 있을 수 있겠지만 다음과 같은 관점도 가능할 듯싶기 때문이다.

17세기 중반부터 18세기 후반에 이르기까지 유럽 대륙에는 두 갈래의 큰 사상적 조류가 있었다. 하나는 뉴턴으로 대변되는 새로운 과학과 그 성과에 힘입어 등장한 과학적 세계관이다. 양화(量化) 가능하고 간단명료한 수리법칙을 근거로 자연세계를 예외 없이 설명할 수 있게 되었고, 이로 인해 이전과는 비교할 수 없을 정도로 자연세계에 대한 이해가 증폭되었다. 그런데 이러한 획기적인 이해 증진은 또한 인간의 위상과 자연과의 관계에 관한 기존의 생각과 믿음에 대한 반성 역시 불러왔다. 예컨대 거대한 기계처럼 돌아가는 자연 속에 인간은 작은 톱니바퀴에 불과한 것이 아닌가라는 의문이 일었고, 전통적으로 당연한 것으로 여겼던 자유의지나 자연과 구별되는 인간 존재의 특별함에 대한 여러가지 회의가 일어났다. 그런데 주목해야 할 사실은 이러한 회의와 성찰이 기존 사고틀을 당장에 폐기하도록 하지는 않았다는 점이다. 오히려 새로운 과학적 세계관과 기존의 전통적인 형이상학적, 신학적 사고틀을 화해시키고자 하는 노력들이 먼저 등장했다. 이 두 조류를 어떻게 화해시키느냐가 철학자들에게 화두로 다가왔다. 새로운 과학적 세계관과 더불어 서양 근대철학의 배후에 흐르던 또다른 사상적 축인 전통적 형이상학적, 신학적 세계관이 근대철학에서 상당 기간 여러 형태로 그 영향력을 발휘했던 것이다(『서양고전을 읽다』 데까르뜨 편).

그렇다면 전통적인 형이상학적, 신학적 틀이란 어떤 내용을 담고 있는가? 대부분의 철학자들은 먼저 세계는 실체와 그 속성으로 이루어져 있다는 아리스토텔레스주의의 핵심 구도를 받아들이고 있었다. 물론 실체에 어떤 것이 있느냐에 대해서는 철학자 간에 이견이 있었고 흄 같은 철학자는 실체 개념 자체에 대해 의구심을 표하기도 했지만 말이다.[4]

기독교 신을 받아들이는 태도 역시 전통적인 형이상학적, 신학적 틀의 일부였다. 일부 철학자들에 의해 배제되기는 했지만 서양 근대철학 시기 절대 다수의 철학자들에게 신은 각자의 철학체계 내에서 나름 중요한 자리를 차지한 대상이었다. 앞서 언급했듯이 이러한 시대적, 종교적 전통 밖에 서서 완전히 다른 관점으로 신의 존재 자체를 문제 삼을 수도 있다. 그러나 어떤 이유에서건 신의 존재를 받아들이고 있던 당시의 많은 철학자들에게 이 비판은 큰 설득력을 지니지 못했다. 신의 존재를 어떤 방식으로든 스스로의 체계 내에서 소화해내려 했고, 여기서 어려운 문제는 각각의 체계 내에서 신의 역할을 어떻게 규정짓느냐였다. 따라서 신의 역할에 대한 논의가 무척 활발했으며 버클리의 경우도 이에 적극 참여했다.

이렇듯 과학과 신학을 동시에 끌어안으려 했던 시대정신 속에서 당시 철학적 신학에 중요하게 등장한 문제가 신의 활동과 자연세계의 활동은 서로 어떤 관계에 있느냐 하는 문제였다. 이를테면 자연현상이 일어날 때 신과 피조물의 인과적 역할을 어떻게 이해할 것인지의 문제다. 물리적 변화에 대한 새로운 과학의 설명력이 나날이 강력해지는 가운데 신의 역할에 대한 궁금증이 새롭게 등장한 것은 자연스러운 일이었

---

4 실체에 대한 의구심을 바탕으로 사건(event)을 인과관계의 기본 단위로 삼은 흄은 주지하다시피 현대 영미 분석철학에도 많은 영향을 끼쳤다.

다. 자연세계가 중력 같은 힘에 의해 법칙적으로 완벽하게 돌아간다면 신의 역할이 과연 필요할까 하는 의구심이 그 배경에 자리잡고 있었다. 그런데 사실상 피조물과 신의 인과적 역할, 이 둘의 관계에 대한 다양한 견해는 새로운 것이 아니다. 중세에 이미 등장했던 여러 입장들이 새로운 과학의 등장과 더불어 새로이 주목받게 된 것이다.

그렇다면 중세에는 어떤 입장들이 등장했는가? 크게 보면 세가지 입장으로 정리할 수 있으니 '단순보존론'(mere conservationism), '공동작용론'(divine concurrentism), '기회원인론'이 그것이다. 입장 설정의 핵심에는 이를테면 신의 인과력과 피조물의 인과력을 어떻게 배분할지의 문제가 자리잡고 있다. 단순보존론에 따르면 신이 애초에 피조물을 창조하고 피조물이 계속 존재할 수 있게끔 그 존재와 인과력을 보존하지만, 피조물이 주어진 힘을 발휘하여 특정 결과를 불러일으킬 때 신은 간접적으로 그 결과 산출에 관여한다. 결과를 직접 불러일으키는 인과력의 주체는 피조물일 뿐이고 신은 피조물의 존재와 힘을 부여, 보존한다는 점에서 간접적으로 결과에 관여한다고 보는 것이다. 단순보존론은 신의 인과력을 최소화하려는 입장으로 이해할 수 있다.[5]

---

5 '최소화한다'는 표현에 의문이 들 수 있다. 신이 피조물과 그 힘을 계속 보존해야만 피조물이 인과력을 발휘할 수 있다면 신은 상당한 수준으로 관여하고 있는 것이 아닌가? 우리에게는 이러한 의문이 들 수 있지만, 신이 피조물을 창조한 이후에 인과적으로 관여하지 않는다는 입장은 전통적으로 이신론으로 간주되어 신학적으로 용인될 수 없다고 여겨졌다. 창조 이후에는 피조물들이 신에게 의존적이지 않고 나름 독립적이라고 여겨졌기 때문이다. 재미있는 사실은 단순보존론을 주창한 철학자가 극소수에 불과했으며——문헌에는 뒤랑(Durand de Saint Pourçain) 추기경만 거명될 뿐이다——단순보존론자조차도 이 이론이 신학적으로 받아들이기에는 신의 역할을 지나치게 축소하고 피조물의 지위를 지나치게 격상시켰다고 생각했다는 점이다. 이 세 입장에 대한 좀더 자세한 논의는 A. Freddoso, "God's General Concurrence with Secondary Causes: Pitfalls and Prospects" 참조.

공동작용론은 신의 관여를 한층 직접적으로 만들고자 하는 동기에서 출발한다. 자연현상이 일어날 때 피조물과 신이 모두 직접적으로 인과력을 발휘한다는 취지에서 자연현상은 '공동작용'의 결과라는 것이다. 피조물도 직접적으로 기여하고 신 역시 직접적으로 기여하여 이를테면 협동의 결과로 자연현상이 일어난다는 입장인데, 중세 당시 대다수 철학자들은 이 공동작용론을 취했다. 물론 이 공동작용이 어떤 방식으로 일어나는지에 대해서는 의견이 분분했고 과연 설득력있는 협동의 모델을 제시할 수 있는가 하는 질문은 단순보존론자, 기회원인론자 모두가 제기한 것이다.

마지막으로 기회원인론은 단순보존론과 반대의 극단에 서 있다. 기회원인론은 피조물의 인과력을 최소화하고 신의 인과력을 극대화하려 한다. 기회원인론에 따르면 자연 속에서 실질적으로 인과력을 행사하는 유일한 주체는 신이다. 피조물은 인과력을 가진 듯이 보일 뿐 실제로는 신이 인과력을 발휘할 기회를 제공하는 역할에 그친다는 것이다. 예를 들어보자. 흰 당구공이 빨간 당구공과 충돌하여 빨간 당구공이 움직인다고 하자. 기회원인론에 따르면 흰 당구공이 빨간 당구공을 움직이게 한 것이 아니다. 흰 당구공과 빨간 당구공이 접촉했을 때 신이 빨간 당구공을 움직인 것이다. 사실 흰 당구공을 움직인 주체 역시 신이다. 내가 팔을 들고 싶어 오른팔을 올린다고 하자. 기회원인론에 따르면 이때 팔을 올린 주체 역시 신이다. 내 의지는 신이 인과력을 발휘할 기회를 제공해주었을 뿐이라는 것이다. 그렇다면 오른팔을 올리겠다는 의지 자체는 어떤가? 내가 그 의지를 산출한 것인가? 기회원인론에 따르면 그 의지조차 나의 인과력의 소산으로 볼 수 없다. 왜냐하면 피조물 가운데 진정한 힘을 갖는 주체는 없기 때문이다. 기회원인론은 이러한 방식으로 피조물의 인과력을 부정함으로써 신의 인과력을 극대화한 입장이다.[6]

4. 기회원인론, 단순보존론, 그리고 버클리

　신과 피조물의 인과력에 대한 세가지 입장이 드러난 상황에서 버클리의 경우를 다시 생각해보자. 버클리는 어디에 속할까? 얼핏 보기에 답은 자명한 듯이 보인다. 자연세계는 관념들로 이루어져 있고 관념들은 그 자체로 전적으로 수동적이다. 곧 관념에는 무엇을 불러일으킬 인과적인 힘이 없다. 또 실재하는 세계는 나의 의지에 의존하지 않고 신이 규칙적으로 관념을 유발해준다는 점에서 객관적 타당성을 가진다. 그렇다면 버클리는 기회원인론자가 아닌가?

　객관적으로 실재하는 자연세계에 관한 한 버클리는 기회원인론자로 보아야 할 것이다. 그리고 『원리론』 30절에서 보았듯이 버클리는 전형적으로 기회원인론자들이 사용하는 표현을 쓰고 있다. 그렇다면 버클리는 말브랑슈와 마찬가지로 피조물들의 인과력을 전적으로 부정하는가? 『원리론』 2절을 보면 그렇지 않다는 것을 알 수 있다.

　　무한히 많은 관념이나 앎의 대상 외에 또한 그것들을 알고 지각하는 것이 있는데, 이것은 의욕하고(willing), 상상하고(imagining), 기억하는 (remembering) 다양한 활동을 벌인다. 지각하고 활동하는 이 존재를 나는 마음, 정신, 영혼 혹은 나 자신이라고 부르는 것이다. (『원리론』 2절)

---

6 역시 재미있는 사실은 서양 중세철학자들 가운데 명시적으로 기회원인론을 주창한 철학자도 단순보존론자만큼 찾기 힘들다는 점이다. 가브리엘 빌(Gabriel Biel) 정도가 가끔 거론될 뿐이다. 근대에 이르면 기회원인론자들은 좀더 뚜렷하게 등장한다. 대표적으로 니꼴라 말브랑슈를 들 수 있다.

여기서 버클리는 우리 영혼에 상상과 기억의 관념을 만들어낼 힘이 있다는 주장을 분명히 하고 있다. 이 때문에 우리 영혼의 힘에 관한 한 버클리는 기회원인론자가 아니라 단순보존론자 혹은 공동작용론자로 생각해야 한다는 해석이 주류다(맥도너 「버클리, 인간의 활동성, 그리고 공동작용론」). 즉 신과 피조물의 인과력에 대한 버클리의 입장은 의외로 복잡하다는 결론이 좀더 정확한 해석이다.[7]

지금까지의 논의를 정리해보자. 버클리의 철학적 신학에서 신의 역할은 부인할 수 없다. 아니, 그의 형이상학 전반에서 신의 역할은 막대하다고 할 수 있다. 이에 대해 우리는 어떤 입장을 취해야 할까? 신의 역할을 극대화하는 입장은 이른바 데우스 엑스 마키나(deus ex machina)[8]라고 묘사될 정도로 얼핏 봐서는 문제가 많아 보인다. 그러나 달리 보면 나름대로 효과적인 전략이다. 앞서 간략하게 살펴보았듯이 버클리는 왜 신의 존재를 받아들여야 하는지에 대한 이유 역시 제시하고 있다. 우리의 의지와 상관없이 일어나는 찬란한 다양성과 질서를 가진 관념들의 산출자로서 신이 요청된다는 것이다. 자연현상을 설명하기 위해 상정할 수밖에 없는 존재가 신이라는 것이 그의 신 존재 증명의 핵심이다. 무턱대고 신을 믿으라고 주장하고 있는 것이 아니다.

이렇게 신의 존재가 확보되었다고 생각하면 신을 철학체계 내에서 십분 활용하지 않을 이유가 없다. 많은 형이상학적 역할을 할 수 있는 존재로 등장시킨 이상 자연세계의 생성과 변화에 대한 기회원인론 입

---

[7] 그렇다면 버클리가 이러한 방식으로 좀더 복잡한 입장을 취하게 된 이유가 있는가? 철학적 신학에서 또다른 문제로 항시 등장하는 '악의 문제' 특히 '죄의 저자' 문제를 생각해보면 그 동기를 짐작할 수 있다. 이 점에 대해서는 「버클리 정신과 관념의 이원론」 참조.

[8] 고대 그리스 연극의 무대장치에서 기인한 용어로, 위급한 문제 상황에서 갑자기 기중기 등의 장치를 타고 내려온 신이 문제를 해결해주는 설정에서 유래했다.

장을 견지하는 것은 자연스러운 태도다. 이러한 생각이 버클리의 철학적 신학의 기저에 자리잡고 있다.

그러나 이렇게 신의 형이상학적 역할을 극대화하고 전면에 내세우는 버클리의 전략은 그가 받아들인 다른 인식론적 주장으로 인해 어려움에 봉착한다. 버클리에 따르면 관념은 전적으로 수동적이고 활동성을 갖지 않는다. 곧 관념을 통해서는 활동적이며 능동적인 정신을 표상할 수 없다. 그러나 버클리의 세계에는 정신과 관념밖에 없다. 관념을 통해 신을 표상할 수 없다면 과연 신에 대한 이해가 버클리 체계 내에서 가능한가라는 심각한 의문이 등장한다. 이 문제를 해결하기 위해 버클리가 고민한 흔적을 『원리론』 2판에 덧붙인 내용을 통해서 볼 수 있다. 버클리는 1734년에 『원리론』 2판을 내는데, 27절 끝에 다음의 핵심적인 문장을 덧붙인다.

우리는 정신과 영혼에 대한, 그리고 의지작용(willing), 사랑, 증오 같은 마음의 작용에 대한 나름의 상념(notion)을 가지고 있는데, 이는 이 말들의 의미를 아는, 혹은 이해하는 한에서이다.

여기 등장하는 '상념'은 버클리가 '관념'(idea)의 수동성과 명시적으로 구별하기 위해 제시한 용어로, 의지의 활동성을 파악, 표상할 수 있는 또다른 인식경로로 이해할 수 있다(애덤스 「버클리의 영혼의 이해」). 그러나 이 상념이라는 인식경로의 성격이 과연 무엇인지, 그리고 어찌하여 상념이 우리 의지의 활동성을 파악할 수 있게 하는지에 대한 버클리의 추가 설명이 없는 상황에서 우리는 어려움을 겪는다. 일부 해석자들은 이 개념이 버클리 체계 내에 정합적으로 유지될 수 있는지에 대한 의문마저 표명한다. 만약 상념이라는 인식경로의 정당성이 위협을 받는다면, 이러한 유의 지성적 이해 대신 신에 대한 종교적 이해나 믿음을 통해 신에 대한 앎의 가능성을 타진해볼 필요가 부각된다. 상념과 관념 모두 신의 이해를 가능하게 해줄 인식경로로서 역할을 하지 못한다면 지성적이지 않은 방식, 곧 신념 혹은 믿음 같은 다른 인식경로의 가능성을 눈여겨볼 수밖에 없기 때문이다. 이러한 면에서 버클리가 종교적 믿음 혹은 신념을 어떻게 이해했으며 그것에 어떤 인식적 지위를 부여했는지가 중요한 논제로 등장한다. 이 논의를 다음 절의 첫 논제로 삼기로 하자.

5. 종교적 믿음의 이해와 위상[9]

초기의 습작 노트에서부터 버클리는 종교적 계시(revelation)에 대한 스스로의 태도를 담담히 드러내고 있다.

그것을 통해 의미하고자 하는 바를 완전히, 충분히, 그리고 분명히 이해할 수 없는 모든 명제를 내가 거부하겠다고 할 때, 성서의 명제들까지 포함했던 것은 아니다. 이성과 철학의 사실들을 두고 했던 말이지, 계시의 사실들을 두고 한 말이 아니다. 계시의 경우 겸손하고 암묵적인 믿음

---

9 버클리가 이 주제에 관한 여러가지 생각과 주장을 펴고 있다는 사실은 그가 이 주제들과 관련해 집필한 글의 양을 보면 알 수 있다. 그러나 이제까지 버클리 철학 연구는 주로 그의 형이상학과 인식론적 입장들에 집중되어 이 주제에 대한 연구가 많지 않으며 필자 또한 이 주제에 대한 연구를 시작하는 단계임을 인정하지 않을 수 없다. 이에 따라 이 절의 논의는 앞선 절에 비해서 간략할 것이다. 종교적 믿음과 현상에 대한 철학적 고찰 부분에서 다음 두 논문이 많은 도움을 주었다는 사실을 밝힌다. Stephen R. L. Clark, "Berkeley on religion,"; Kenneth Pearce, "Berkeley's Philosophy of Religion."

이 지당할 것 같은데(이 경우 우리는 명제를 이해하거나 파악할 수 없는데), 이는 마치 가톨릭 소작농이 라틴어 미사에서 듣는 명제들을 대하는 태도와 유사하다. 이를 두고 잘난 체하는 이들은 맹목적이다, 가톨릭적이다,[10] 암묵적이다, 비합리적이다라고 할지 모르겠다. 내 생각에는 신성한 신비들, 즉 우리의 능력을 넘어서고 우리의 앎을 뛰어넘는 것들에 대한 명제들에 대해 왈가왈부하는 것, 이를 조롱하고 쓸데없이 따지는 것이 오히려 더 비합리적이다. 그 글이 어떤 것이라도 그에 대한 완전한 지식에 도달할 때, 나는 명시적인 믿음을 가지게 될 것이다. (PC 720)

여기서 버클리는 라틴어를 알지 못하는 농부가 미사를 들을 때 그 내용을 명시적으로 이해하지는 못하더라도 암묵적으로 신뢰하는 태도를 비유삼아, 명시적으로 이해되거나 정당화되지 못하는 종교적 계시의 위상을 인정하고 있다.

이러한 믿음이 '암묵적'(implicit)이라 묘사되는 이유는 무엇인가? '명시적 믿음'은 타인에게 전달하고 정당화할 수 있는 분명한 내용을 가진 믿음이다. 계시를 통해 드러나 이해의 지평을 넘어선 종교적 신비(mystery)의 경우에는 남에게 내용을 전달하고 왜 그 내용을 받아들여야 하는지를 설명하기 어렵다. 그래도 그 신비를 표현하는 명제를 어떤 형태로든 믿고 받아들일 때 이러한 믿음을 두고 버클리가 암묵적 믿음이라 지칭하는 것이 아닌가 싶다. 마침 이 당시 종교적 신비에 대한 논쟁이 아일랜드를 뜨겁고 달구고 있었고,[11] 버클리 역시 일찍이 습작 노

---

10 원어는 'popish'로 나쁜 의미로 구태의연하게 가톨릭 전통을 따르는 태도를 의미하는 것으로 보인다.

11 피어스가 잘 지적하듯이, 1696년 존 톨런드가 『신비롭지 않은 기독교』를 출판함으로써 종교적 신비에 대한 믿음이 과연 가능한지에 대한 논쟁이 가열되고 있었다. 톨

트에서 이에 대한 스스로의 생각을 표명한 것으로 보인다. 물론 이때 과연 믿음의 대상 혹은 내용이 있느냐 하는 의문이 들 수 있고, 내용이 없을 때 과연 믿음이 생겨날 수 있느냐 하는 의문도 이어질 수 있다. 이러한 문제에 대한 버클리의 좀더 정리된 입장은 1732년 출판된 후기 저서 『알키프론』에서 등장한다. 이를 간략하게 살펴보기로 하자.

『알키프론』 제7대화 1절에서 버클리의 논적 알키프론은 다음과 같은 발언으로 종교적 신비에 대한 비판을 개시한다.

> 일반인들의 얕은 마음은 사물의 겉과 표면에 머물러 있고 그것을 또한 거칠게 살피기에, 외부로부터 쉽게 영향을 받을 수 있다는 사실을 상기하시오. 그래서 종교적 신앙과 신비에 대한 맹목적인 존경이 〔그들에게〕 있는 것이오. 그러나 면밀한 철학자가 이러한 사안을 살피고 분석하게 되면 그 기만이 쉽게 드러납니다. 그리고 철학자는 눈이 멀지 않았기 때문에 비어 있는 생각들, 아니 보다 정확히 말하면 단지 말의 껍데기에 불과해 아무런 의미가 없고 인류에게 전혀 도움이 안 되는 것들에 경외감을 가지지 않습니다.

계시에 근거한 종교적 신비에 대한 믿음이 사실은 아무런 의미도 없고 아무런 도움도 되지 않는 빈말에 대한 맹신에 불과하다는 비판을 버클리는 어떻게 다룰까? 그의 전반적인 전략은 종교적 신비에 대한 믿음은 물리학에서 등장하는 힘(force) 개념에 대한 우리의 이해와 별반 다르지 않다는 점에 기반을 두고 있는 것으로 보인다.

런드는 종교적 신비에 상응하는 관념이 없기에 이는 내용 없는 빈 말에 불과하며, 따라서 의미 없는 말들에 대해 믿음을 갖는 것 역시 불가능하다고 주장했다. 피어스의 「버클리의 종교철학」 참조.

버클리에 따르면 엄밀히 말해 물체의 움직임을 불러일으키는 힘은 지각되지 않는다. 물체란 곧 관념의 다발에 불과하고 관념은 전적으로 수동적인 것이다. 관념에는 특정 사태를 불러일으키는 힘과 같은 활동성은 포함되어 있지 않다. 이후 흄의 분석 ─ 힘이라는 우리의 관념에 직접적으로 상응하는 인상(impression)은 없다 ─ 에서 이러한 입장은 좀더 명시적으로 드러났지만, 버클리 역시 적어도 외부 세계의 지각에 있어서는 이러한 분석에 동의할 것이다. 버클리의 용어를 빌리자면 힘이라는 단어에 상응하는 뚜렷한 관념은 지각되지 않는다.

그럼에도 불구하고 버클리에 따르면 우리는 "힘과 관련된 아주 명료한 명제나 정리"(같은 책 7.7)를 허용하며 이 명제와 정리들은 여러 "유용한 사실"들을 포함하고 있어 "사람들은 힘에 대한 갖가지 이론을 통해 기계론에서의 여러 발명들"을 하고 "엔진 설계 교육을 통해 이제껏 힘 들었거나 불가능했던 작업을 수행"하게 되었다고 지적하고 있다. 말하자면 구체적이고 뚜렷한 의미를 갖지 않더라도 여러가지 형태로 유용하기 때문에 이러한 개념이나 용어들이 포함된 명제들이 나름 역할을 하고 실질적 영향을 끼친다는 것이다. 좀더 구체적으로 논의를 살펴본다면, 『알키프론』 제7대화에서는 특히 논란의 대상이 된 계시적 신비로 신의 '은총'(grace)을 다루고 있는데, 여기서 버클리는 은총을 "인간의 마음에 영향을 끼치고 작용하는, 활동적이며 살아 있는 지배 원리"로 일단 정의하고(7.4) 논의를 진행한다. 버클리를 대변하는 유프라노르는 비록 은총에 직접 상응하는 관념이 없다 해도 은총은 "믿음의 대상이 될 수 있으며, 나쁜 습관을 없애고 좋은 습관을 양성하는 형태로 우리의 삶과 행동에 영향을 끼칠 수 있다"라고 설파한다(같은 책 7.10).

'힘'에 비유하여 우리 삶에 긍정적이고 좋은 영향을 끼친다는 점에서 구체적인 관념이나 내용이 없이도 계시를 통해 드러나는 종교적 신비들이 실질적 의미가 있다는 입장을 버클리는 나름대로 설득력이 있다고 여겼는지, 다른 계시적 신비의 경우, 예컨대 삼위일체 등에도 적용했다. 그러나 버클리의 이러한 일반적인 전략은 몇가지 의문을 낳는다. 먼저, 힘에 대한 버클리의 이해 자체가 복잡한 해석의 문제를 야기하기 때문에 힘에 대한 비유를 통해 계시적 신비를 이해하려는 시도 역시 어려움을 지닐 수밖에 없다. 지각에서 힘에 상응하는 관념을 찾을 수 없다는 점은 버클리가 분명히 하고 있지만, 과연 활동성이나 힘 같은 상념에 전혀 내용이 없는지는 분명치 않다. 앞서 언급했지만 우리 영혼의 활동성에 근거해 버클리는 우리가 나름 활동성과 인과적 힘에 대한 인식경로를 지닌다는 주장을 하고 있기 때문이다. 우리가 자유자재로 기억의 관념과 상상의 관념을 만들어내고 여러가지를 욕구, 의욕, 의지하는 사실로부터 우리의 활동성에 대한 상념을 갖게 된다는 주장을 버클리는 분명히 하고 있는 것이다. 또한 활동성이나 인과적인 힘에 대한 이해가 전혀 없다면 신 자체에 대한 이해 역시 불가능한 것이 아닌가 하는 의문에 직면하기에, 비록 물리적인 형태는 아닐지라도 인과적인 힘에 대한 나름의 이해는 버클리의 형이상학 체계에서 필수적이다.

그렇다면 이러한 영혼의 활동성에 근거해 물리적 힘이라는 우리의 생각에도 비유적 의미를 부여할 수 있는 것이 아닌가 하는 생각이 들 수 있다. 힘이 어떤 것인지를 알기에 만유인력과 같은 힘을 비록 허구지만 상정할 수 있는 것이 아닐까? 더 나아가 신의 은총 같은 신비에 대해서도, 우리 영혼의 활동성에 근거해 신이 우리에게 행사하는 은총의 힘에 대해 우리가 막연하게나마 어떤 이해를 가지고 있는 것으로 보는 것이 오히려 합당하지 않을까 하는 생각이 들 수 있다. 라틴어 미사를 전혀 알아듣지 못하는 촌부가 가지는 좋은 말씀일 것이라는 막연한 믿음과는 사뭇 구별되는, 진정한 힘에 근거하고 나름의 내용을 가진 이해도 가능하지 않을까 하는 것이다. 그렇다면 이렇게 나름의 내용을 가지고 이해 가능한 신비들이 있는 반면 우리가 진정 이해하기 어려운 예컨대 삼위일체 같은 신비도 있으므로 계시적 신비들 간에도 구분을 지어야 버클리의 의미론과 더 정합적이라는 지적 역시 가능할 것으로 보인다.

계시적 신비에 대해 일괄적인 태도보다는 조심스러운 구도를 견지해야 한다는 지적은 다음과 같은 버클리의 입장과도 연관이 있다. 계시를 통해 드러난 종교적 사실 가운데 암묵적 믿음의 대상들이 있음을 인정하면서도 버클리는 또한 다른 종교적 명제들에 대해서는 명시적인 이해를 가질 수 있다고 주장한다. 예컨대 신에게 전지함, 곧 무한한 앎이라는 완전성이 있다고 할 때, 이는 우리가 가지고 있는 앎과 **동일한 의미**에서의 앎을 신이 무한히 많이 가지고 있다는 주장으로 이해해야 한다는 것이다(같은 책 4.21). 버클리 당시 신이 가진 완전성은 우리의 완전성과는 유비적인 의미에서만 같다고 할 수 있고 엄밀하게 같은 의미에서 동일하다고 볼 수 없다는 주장이 제기되었는데, 버클리는 이러한 입장에 명시적으로 반대하고 있다. 피조물로서 우리가 가진 지혜가 신이 가진 지혜와 질적으로 동일한 것이되 단지 양적으로만 다르다는 주장을 펴고 있는 것이다(피어스 「버클리의 종교철학」). 그렇다면 계시적 신비라 해서 혹은 종교적 믿음의 대상이 된다고 해서 버클리에게 있어 그 내용이 반드시 암묵적이어야 하는 것은 아니라는 점이 부각된다.

계시적 신비의 유의미함과 그 정도에 관한 논의와 별개로 버클리의 종교철학적 사유 전반에 걸친 핵심적 직관이 있다면, 유용성에 근거해 종교적 믿음의 의의를 찾아야 한다는 생각일 것이다. 그가 자신의 첫 주요 철학 저작인 『원리론』의 마지막 부분에서 스스로의 작업을 다음과 같이 정리한다.

전지전능한 영혼의 편재함, 신성함, 그리고 정의로움에 대한 완전한 이해로 각인되고 개화된 영혼이 신의 계율을 반성 없이 어기는 일은 전적으로 불가능하다. 그러므로 우리는 이 중요한 사실들에 충실히 침잠, 골몰해야 할 것이다. 그리하여 어떠한 망설임도 없이 주의 눈이 모든 곳에서 선과 악을 바라보고 있으며, 주께서 우리가 가는 모든 곳에 같이 계시며, 먹는 빵과 입는 옷을 주시며, 또한 그가 우리의 가장 깊은 내면의 생각들에 임재하며 이를 의식하고 계시다는 것을, 그리고 우리가 그에게 너무나 절대적이고 직접적으로 의존하고 있다는 믿음을 가져야 할 것이다. 이러한 위대한 진실들에 대한 명확한 이해는 우리 마음을 경외에 찬 신중함과 신성한 두려움으로 채우지 않을 수 없으며, 이러한 신중함과 두려움은 덕을 키우는 가장 강한 동인이며, 부덕함을 막는 가장 훌륭한 방패막이다. (155절)

여기서 드러나듯이 버클리는 종교적 진실에 대한 이해와 믿음이 우리가 도덕적으로 올바르게 행할 수 있도록 인도하는 효과를 누차 강조하고 있다. 종교적 믿음과 이해가 실제 생활에서의 실천과 결코 분리되어 고려될 수 없다는 사실은 『원리론』 마지막 절에서도 잘 드러난다.

결국 우리의 공부에 있어 가장 중요한 자리를 차지해야 하는 것은 신과 우리의 의무에 대한 사유인데, 바로 이렇게 하는 것이 나의 노력의 주요 취지이자 목적이었다. 그런데 만약 내가 지금껏 한 이야기가 나의 독자들로 하여금 신이 현존한다는 경건한 이해를 도모하지 못하고, 소위 배웠다는 자들의 주요 소일거리인 한갓된 사변들의 거짓됨과 허영을 드러내어 그들로 하여금 복음의 유익한 진리들을 받아들이고 추앙하도록 하지 못한다면, 이러한 나의 노력들은 허사였음을 인정하지 않을 수 없

다. 왜냐하면 이러한 진리들을 알고 실천하는 것이 인간 본성의 최고의 완성이기 때문에. (156절)

"나는 늘 대중과 함께한다"라는 습작 노트의 발언이 일깨워주듯(PC 405), 비록 상식적으로 받아들이기 어려운 관념론을 주창하고 또 스스로의 형이상학적 체계 내에 신의 위치와 역할을 극대화했음에도 불구하고, 버클리의 실질적이자 핵심적인 관심은 고상하거나 세련된 철학이 아니었다. 비록 특이하면서도 세련된 형이상학을 주창했다 하더라도 그 근본적인 목적은 우리 모두가 인류 구성원으로서 성공적이면서도 도덕적으로 살아갈 수 있는 길을 모색하는 데 있었다고 보는 것이 정확할 것이며, 그의 종교철학적 논의 역시 이러한 실천적 관심에 뿌리박고 있었다는 짐작을 끝으로 글을 맺는다.

| 이석재 |

13장

볼프

인식, 윤리 그리고 종교의 통합

———

볼프(Christian Wolff, 1679~1754)는 흔히 라이프니츠와 칸트 사이에 등장한 이성주의 형이상학자 정도로 알려져 있지만, 사실상 그는 새로운 독일어 어휘를 만들어 당시 학계를 지배하던 라틴어를 독일어로 대체하려고 노력한 최초의 독일 학자였으며, 또한 철학의 모든 분야를 아우르는 방대한 체계를 구성하려고 노력한 당대의 대표적 철학자이기도 하다.

그는 당시 상당한 영향을 미쳤던 경건주의(pietism)와 대립하여 할레대학 교수직에서 물러났다가 복귀하는 우여곡절을 겪는데, 이 과정에서 잘 드러나듯이 경건주의자들은 종교의 핵심으로 실존적인 체험, 이성을 넘어서는 초자연적이고 신비적인 요소 등을 강조한 반면, 볼프는 이성을 통한 객관적 인식과 합리적인 세계에서 통용될 수 있는 신앙을 옹호함으로써 이성신앙의 가능성을 제시했다.

이런 볼프의 종교관은 그의 자연신학적인 신 존재 증명을 통해서 가장 적극적으로 표현된다. 그는 신의 존재를 '경험에 의존하는 방식'과 '경험에 의존하지 않는 방식'으로 증명하는데, 전자는 우주론적 증명, 후자는 존재론적 증명을 다소 변형한 형태를 취한다. 둘 모두에서 그는 신의 존재를 인식하는 이성의 역할을 강조함으로써 자연신학을 옹호하는 입장을 취한다.

그의 이런 태도는 특히 윤리학으로 이어진다. 그는 우리가 신의 완전성을 사랑함으로써 곧 신의 법칙이기도 한 자연법칙이 우리에게 요구하는 모든 의무를 수행하고 이를 통해 신을 경배하게 된다고 주장한다. 즉 우리는 신을 명석하게 인식할수록 신을 더욱 사랑하며, 신을 사랑할수록 신을 더욱 경배한다. 그리고 신을 경배할수록 우리는 더 큰 축복을 받는다. 따라서 축복받기를 원하는 사람은 항상 신을 염두에 두고 행위해야 한다고 주장함으로써 그는 자연신학에 기초한 윤리학을 완성한다.

볼프는 우리에게 그리 잘 알려진 철학자는 아니다. 그의 이름은 주로 칸트 이전 독일 철학계를 지배했던, 이성주의를 대변하는 라이프니츠-볼프 체계와 더불어 언급된다. 따라서 그를 시기적으로나 사상적으로 라이프니츠와 칸트 사이에서 활동한 독일 철학자 중 한 사람 정도로 여기는 것이 일반적이다. 이런 평가가 잘못은 아닐지라도 단지 우리가 그를 잘 모른다는 이유만으로 그를 과소평가한 측면을 지닌다는 점은 분명하다. 그는 완전히 새로운 독일어 어휘를 만들어내어 당시 여전히 대학을 지배하던 라틴어를 독일어로 대체하려고 노력한 최초의 독일 학자였으며, 또한 논리학과 방법론에서 출발해 존재론과 철학적 심리학, 실천철학, 정치학, 종교철학, 우주론, 자연의 목적론에 이르는 철학의 전체 체계를 구성하려고 노력한 당대의 대표적 철학자이기도 하다. 특히 '…에 관한 이성적 고찰'(vernünftige Gedanken von …)이라는 제목이 붙은 일련의 저술, 예를 들면 『인간 지성의 능력에 관한(von den Kräften des menschlichen Verstandes) 이성적 고찰』(1712) 『인간 행위에 관한(von der Menschen Thun und Lassen) 이성적 고찰』(1720) 『신, 세계 그리고 인간의 영혼에 관한(von Gott, der Welt und der Seele des Menschen, auch allen Dingen überhaupt) 이성적 고찰』(1719) 등은 그의 이런 노력을 잘 보여준다.

볼프는 주로 대학 교수로 활동하면서 연구와 저술에 전념한 전형적인 학자의 삶을 살았는데, 이런 그의 삶에서 가장 큰 사건을 꼽으라면

1723년 프로이센 국왕 프리드리히 빌헬름 1세의 명령으로 당시 재직 중이던 할레대학에서 추방당했다가 1740년 대표적인 계몽군주로 손꼽히는 프리드리히 대제의 등극과 더불어 할레대학에 복귀한 일을 들 수 있다. 이 사건은 당시 독일 종교계에 큰 영향을 미치고 있었던 경건주의와 볼프 사이의 종교적 대립 때문에 일어난 것이기 때문에 볼프의 종교철학에 접근할 수 있는 중요한 계기를 제공한다. 따라서 우선 이 사건을 소개하면서 그의 종교철학에 접근하려 한다.

1. 경건주의와 볼프 사이의 대립

경건주의는 17세기 이후 독일 종교계를 지배한 개신교의 루터파 정통주의에 대한 반동으로 등장한 교파로, 정통주의가 내세운 교리 중심의 사변신학을 거부하고 성서 해석과 현실적 체험에 기초한 실질적 삶의 변화를 지향했다. 이들은 정통주의의 교리 자체를 거부하지는 않았지만 이런 교리가 각 개인의 마음을 통해서 체험되어 현실적 삶의 변화로 이어지지 않는다면 공허할 뿐이라고 보았다. 이런 경건주의는 프랑케(A. H. Franke, 1646~1727)라는 인물에 이르러 절정에 달하는데, 이 프랑케가 할레대학 교수가 되면서 그와 볼프 사이에 직접적인 대립이 발생하게 되었다.

프랑케는 대학 시절 신학보다는 철학과 문헌학에 더 큰 관심을 보였고 특히 히브리어를 비롯한 고대 근동지역의 언어에 뛰어났다. 그는 1685년 라이프치히대학에서 히브리어 연구로 석사학위를 받은 후 여러 곳을 여행하던 중 1687년 뤼네부르크에서 신과 직접 교통하는 일종의 내면적 체험을 하게 되어 이를 계기로 경건주의로 전향했고, 그후 경건주의운동에 헌신했다. 1692년 할레 근교 글라우하의 목사 겸 할레대학 철학부 고대언어 교수로 취임한 프랑케는 경건주의운동 확산을 위해 프랑케 재단을 설립하고 이를 중심으로 활발한 활동을 펼친다. 프랑케를 추종하는 여러 인물들이 할레대학에 자리를 잡았고, 특히 1713년 당시 프로이센의 국왕 프리드리히 빌헬름 1세가 프랑케 재단을 직접 방문해 이 기관의 활동을 높이 평가, 치하하고 세금 감면과 건축상의 특혜를 베풀면서 프랑케 재단과 할레대학은 독일뿐만 아니라 전유럽에 영향을 미치는 경건주의운동의 중심지가 되었다.

볼프는 1707년 할레대학의 철학과 수학 정교수로 초빙됨으로써 할레에서의 생활을 시작했다. 취임 초기 그는 경건주의와 전혀 대립하지 않았다. 오히려 루터파 정통주의자들이 경건주의를 이단으로 의심하고 박해하려는 데 대해 경건주의에 동정을 표하면서 옹호했고 프랑케와도 우호적인 관계를 유지했다. 하지만 볼프가 라이프니츠의 이성주의에 기반을 둔 사상을 전개하고 이를 적극적으로 표현한 여러 저술을 출판하면서 경건주의와 볼프의 사이는 점차 멀어진다. 볼프가 '인간의 지성능력을 통한 이성적 사고와 진리 인식에서 지성의 올바른 사용'(이는 볼프가 쓴 논리학 교과서의 부제이기도 하다)을 주장하고 이를 종교적인 관점에까지 확장하면서 프랑케는 볼프를 더욱 의심스러운 인물로 여기게 된다.

특히 볼프가 『신, 세계 그리고 인간의 영혼에 관한 이성적 고찰』을 출판하고 그의 강의가 큰 인기를 얻자 프랑케는 신학부 학생들이 그의 강의를 듣는 것을 금지하고 이를 어길 때는 프랑케 재단의 지원을 중단하기로 결정한다. 이에 볼프는 경건주의자들을 '무지의 근원인 동시에 확산자들'이라고 비난했다. 볼프와 경건주의자들 사이의 결정적인 대립은 1721년 볼프가 할레대학 총장직을 물러나면서 행한 '중국인들의 실천철학에 관하여'라는 강연을 계기로 발생했다. 여기서 볼프는 무신론이 곧 부도덕한 것은 아니며, 어떤 무신론자가 부도덕하다면 그것은 무신론 때문이 아니라 선과 악에 대한 이성적 인식의 부족 때문으로, 설령 기독교인도 이런 인식이 부족하다면 얼마든지 부도덕해질 수 있다고 주장한다. 달리 표현하면 선과 악에 대한 인간의 인식은 신이나 초자연적인 계시로부터 나오는 것이 아니라 선과 악을 인식할 수 있는 능력인 이성으로부터 온다는 것이다. 따라서 계시종교를 지니지 않는 지역에 사는 사람들도 얼마든지 이성의 능력을 통해 올바른 도덕적, 정치적 규범을 지닐 수 있다. 강연의 한 대목에서 그는 중국의 공자는 비록 신에 관한 적절한 지식이 없었고 그리스도를 전혀 몰랐지만 도덕과 관련된 모든 중요한 진리를 발견했으며, 따라서 볼프 자신도 공자에게 동의한다고까지 주장했다.

이에 격분한 경건주의자들은 볼프를 무신론자로 여기면서 그의 주장이 신의 특별한 섭리와 이에 기초한 계시를 부정한다고 비난했다. 결국 이들은 1723년 프리드리히 빌헬름 1세에게 할레대학에서 볼프를 추방할 것을 건의했고, 같은해 11월 국왕은 볼프의 추방을 결정했다. 프랑케는 자신이 볼프의 추방까지 원하지는 않았으며 단지 철학 강의만을 맡지 못하도록 요구했을 뿐인데 추방이라는 강경한 조치를 취한 것은 순전히 국왕의 결정이었다고 변명했다. 하지만 경건주의자들은 이성적 인식이 우리를 구원하는 신앙에 이르는 데 효과적이라는 사실 전반을 회의하기 때문에 볼프의 철학적 방법을 공격하고 그를 가능한 한 배제하지 않을 수 없었다. 이들은 검소함과 자제가 기독교도의 삶에서 핵심적인 위치를 차지한다고 믿었기 때문에 현세의 삶을 즐기는 것이 중요함을 강조하고 춤, 오페라, 화려한 옷과 훌륭한 음식 등을 즐기는 쾌적한 삶을 찬양하는 볼프의 태도에 격노했다. 이들은 볼프가 신의 섭리를 부정함으로써 무신론에 버금가는 주장을 편다는 이유로 볼프를 고발했다. 또한 예정조화설이 인간을 단순한 기계로 만들어버린다고 생각했다. 이들은 이런 여러 문제에 대한 볼프의 견해가 스피노자의 숙명론보다 조금도 나을 것이 없다고 주장했는데, 스피노자 철학은 이들이 결코 할레에서 가르쳐서는 안 되며 절대 세상이 알아서도 안 된다고 생각한 이론이었다. 국왕 프리드리히 빌헬름 1세가 볼프를 추방하게 만든 결정적인 이유는, 볼프의 이론에 따르면 반역을 꾀하는 신하나 신앙심 없는 군인이 자신들의 행위가 이미 그렇게 운명지어졌으므로 비난의 대상이 되지 않는다고 항변할지도 모른다는 경건주의자들의 지적이었다.

볼프는 할레대학에서 추방된 후에도 여러 저술과 편지 등을 통해 철학과 종교 및 기독교의 관계에 대한 자신의 견해를 해명하려는 노력을 계속했다. 그는 자신의 철학이 이성의 보편적 능력에 기초하여 종교적 신앙을 설명하므로, 무조건적인 믿음을 받아들이지 않으려 하는 지적인 회의주의자들을 설득해 기독교 신앙에 머무르도록 하기에 가장 적합한 것이라고 주장했다. 또한 자신의 철학은 기독교의 진리를 개념적으로 명료하게 증명하여 사람들이 이를 더욱 확신하면서 받아들이도록 만든다고도 말했다. 하지만 경건주의자들은 볼프를 지지하는 성직자들이 쾨니히스베르크의 교회에서 설교했다는 사실을 알게 되자 그곳에서 다시 볼프주의자들에 대한 공격을 퍼부었으며, 이전과 유사한 성공을 거두었다.

그러나 1727년 프랑케가 사망하면서 경건주의가 다소 영향력을 상실하자 국왕은 경건주의자와 그들의 고발에 대한 태도를 바꾸게 된다. 무엇보다도 볼프는 프랑스학술원 회원이 되었는데, 그는 라이프니츠 이후 독일인으로는 처음으로 이런 명예를 얻은 것이었다. 이를 계기로 볼프의 지지자들은 지식인사회와 프로이센 궁정에서 점차 세력을 넓혀갔으며 국왕은 볼프를 할레대학으로 복귀시키는 일을 추진했다. 국왕은 1736년 할레대학에 남아 있던 경건주의자들에게 강제 은퇴를 명령하고 그곳에서 볼프 사상에 대한 강의를 허용했다. 프리드리히 빌헬름 1세가 사망하고 황태자였던 프리드리히 대제가 즉위한 1740년, 마침내 볼프 는 할레대학으로 복귀했으며 이로써 적어도 할레대학에서 볼프와 경건 주의자들 사이의 대립은 볼프의 승리로 막을 내리게 된다.

이런 대립에서 드러나듯이 경건주의자들은 종교의 핵심으로 실존적 체험, 이성을 넘어서는 초자연적이고 신비적인 요소 등을 강조한 반면, 볼프는 이성을 통한 객관적 인식과 합리적 세계에서 통용될 수 있는 신 앙을 옹호했다. 이런 볼프의 종교관은 그의 자연신학적인 신 존재 증명 을 통해서 가장 적극적으로 표현되므로 이제 그가 제시한 신 존재 증명 방식을 간략히 검토하려 한다.

2. 볼프의 신 존재 증명

신에 관한 볼프의 논의는 앞서 언급한 『신, 세계 그리고 인간의 영혼 에 관한 이성적 고찰』에서 본격적으로 시작된다. 이 저술 중 '신에 관하 여'라는 장에서 볼프는 상당히 길게 신에 관한 전반적인 논의를 전개한 다. 여기서 볼프는 신은 지혜롭고 전능하고 선한 창조주인데, 무조건적 인 신앙이 아니라 그의 속성과 작용을 통해 우리에게 인식된다고 주장 한다. 이는 자연신학적 접근을 통해 신을 파악하는 것이 가능하다는 주 장으로 이어진다. 왜냐하면 자연신학은 '자연'이라는 단어가 암시하듯 이, 성서와 신의 계시에 대한 아무 의심 없는 믿음을 전제로 삼는 초자 연적인 계시신학과 대비되는, 오직 자연의 빛인 이성을 통해서 전개되고 성립하는 신학을 의미하기 때문이다. 그리고 이런 자연신학적 접근을 가장 직접적으로 드러내는 것이 바로 신 존재 증명이므로 우리는 볼프도 어떤 방식으로든 신 존재 증명을 제시하리라고 기대하게 된다.

이런 기대대로 볼프는 『신, 세계 그리고 인간의 영혼에 관한 이성적 고찰』을 출판한 지 거의 20년이 지난 후, 사상적 완숙기에 속하는 1736년과 1737년에 라틴어로 쓴 『과학적 방법으로 검토한 자연신학』(*Theologia naturalis methodo scientifica pertractata*, 이하 『자연신학』) 1부와 2부를 연이어 출판함으로써 자신의 신 존재 증명 방식을 명확히 제시한다. 이 저술의 1부에는 '경험에 의존하는(a posteriori) 증명', 2부에는 '경험과 무관한(a priori) 증명'이라는 부제가 붙어 있으므로 이 순서에 따라 그의 증명 방식을 검토해보자.

경험에 의존하는 신 존재 증명 방식

볼프가 제시한 경험에 의존하는 신 존재 증명은 다음과 같다.

인간의 영혼 또는 우리 자신은 현존한다. 왜 무언가가 존재하지 않기보다는 존재하는가에 대한 충족이유가 없이는 아무것도 존재할 수 없으므로 왜 우리의 영혼이 또는 우리 자신이 현존하는지에 대한 충족이유가 반드시 주어져야만 한다. 그렇다면 이 이유는 우리 자신 안에 포함되거나 아니면 우리가 아닌 다른 어떤 것 안에 포함되어야 한다. 그런데 어떤 것이 존재한다는 데 대한 충족이유는 자기 자신 안에 자신의 현존에 대한 충족이유를 지니는 필연적인 존재에 도달할 경우에만 발견된다. 따라서 우리 자신이 필연적 존재이거나 아니면 우리가 아닌 다른 어떤 필연적 존재가 현존해야만 한다. 그런데 우리 자신은 필연적 존재가 아니므

로 어떤 필연적 존재가 반드시 현존한다. (『자연신학』 1부 24절)

이 증명은 인간의 영혼 또는 우리 자신을 출발점으로 삼는다는 점에서 경험에 의존함이 분명하며, 경험을 근거로 삼는 대표적인 신 존재 증명 방식인 우주론적인 증명을 다소 변형하여 제시한 것으로 보인다. 이 증명에서 드러나는 볼프의 고유한 특징은 다음 두가지로 요약된다. 우선 볼프의 증명은 라이프니츠의 충족이유율을 당연한 전제로 받아들여 이에 크게 의존한다. 이는 철학사에서 라이프니츠-볼프 체계라는 용어가 일반적으로 통용되는 사실에서 알 수 있듯이 라이프니츠의 많은 개념과 이론 들을 볼프가 그대로 이어받음을 보여주는 대표적인 경우다. 이는 또한 볼프의 자연신학이 존재론적 원리에 기초한다는 사실도 드러낸다. 그는 충족이유율이 존재론과 우주론을 비롯한 형이상학 전반에 적용될 수 있다고 생각했는데, 이 신 존재 증명은 그런 적용을 가장 명백하게 드러내는 사례다.

이 증명이 지닌 두번째 특징은 볼프가 결론에서 '신은 반드시 현존한다'는 표현 대신 '어떤 필연적 존재가 반드시 현존한다'는 표현을 사용한다는 점에서 드러난다. 이는 어쩌면 볼프의 증명이 불충분하다는 비판의 근거를 제공할지도 모른다. 어떤 필연적 존재가 신이라는 점을 다시 증명할 필요성이 제기되기 때문이다. 하지만 볼프는 나름대로 이런 비판에 대답할 준비를 갖추고 있으며, 오히려 이를 통해 적극적으로 자신의 특징을 드러낸다. 그에 따르면 필연적 존재는 현존의 측면에서 자기충족적인데, 그 까닭은 자신이 현존하기 위해 다른 어떤 존재의 도움도 필요로 하지 않기 때문이다. 따라서 필연적인 존재는 오직 자신의 능력만으로 현존하는 '그 자체로서의 존재'(ens a se)이다. 이런 존재는 그 자체로서 항상 존재하므로 생성과 소멸, 변화 등을 겪지 않으며 오직 가능하기만 하면 현존하는 존재이다. 이런 측면에서 볼프는 그 자체로서의 존재는 오직 신밖에 있을 수 없으며 따라서 그 자체로서의 존재와 신은 곧 동의어라고 생각한다. 신을 제외한 다른 모든 것, 예를 들면 우리가 볼 수 있는 세계와 그 구성요소들, 우리 자신 등은 모두 그 자체로서의 존재가 아니기 때문이다. 이를 통해 볼프는 자신이 필연적이며 그 자체로서의 존재인 신의 현존을 확보했다고 생각한다.

경험과 무관한 신 존재 증명 방식

앞서 언급한 대로 경험과 무관한 신 존재 증명은 『자연신학』 2부 21절에서 다음과 같이 제시된다.

신은 공존 가능한 실재성을 절대적으로 가장 높은 수준에서 포함하는 가장 완전한 존재다. 그리고 신은 가능적 존재다. 가장 완전한 가능적 존재는 현존할 수 있으므로 현존은 가장 완전한 가능적 존재에 속할 수 있다. 더욱이 필연적인 현존은 절대적으로 가장 높은 수준에 속한다. 따라서 필연적인 현존은 신에 속하며, 달리 표현하면 신은 필연적으로 현존한다.

이 증명에서 핵심을 차지하는 요소는 신이 가장 완전한 존재라는 사실이다. 이 점을 받아들이면 증명의 전개 과정을 그리 어렵지 않게 따라갈 수 있다. 이 증명을 더욱 분명하게 재구성하면 다음과 같이 진행된다. 신은 가장 완전한 존재이므로 가능적 존재다. 현존은 가장 완전한 존재가 소유하는 공존 가능한 실재성이다. 또한 필연적 현존은 가장 완전한 존재에 합당한 가장 높은 수준의 현존이다. 그러므로 신은 필연적 현존을 소유하며 따라서 필연적으로 현존한다. 이를 통해 볼프는 가장 완전하다는 자신의 본질을 통해 현존하며 현존을 자신의 본질로 포함하는 신의 존재를 확보한다.

이런 볼프의 신 존재 증명이 얼마나 성공적인지, 또는 이전에 등장한 여러 신 존재 증명 방식과 비교하여 얼마나 독창적인지는 논외로 하더라도, 이를 통해 그는 이성에 근거해 종교적 신앙에 이르려는 자연신학적 태도를 여실히 드러낸다. 또한 그는 신 존재 증명 방식에 자신의 형이상학적, 방법론적 특징을 포함시킴으로써 자연신학을 단지 철학의 한 분과로만이 아니라 자신의 전체 체계가 지닌 통일성을 드러내는 것으로 여겼다.

3. 볼프 종교철학의 윤리적 응용

앞의 두 증명 방식 중 특히 경험과 무관한 신 존재 증명에서 결정적인 역할을 하는 것은 '완전성' 개념인데, 볼프는 이 완전성 개념을 응용하여 윤리이론을 전개한다. 따라서 그의 윤리학은 넓은 의미에서 종교철학을 확장한 것이라 할 수 있다. 이제 종교철학에 뿌리를 둔 그의 윤리학을 간략히 살펴보기로 하자.

볼프는 라이프니츠와 마찬가지로 세계와 그 안에 있는 모든 것을 완전성과 불완전성의 관점에서 파악한다. 볼프는 사물들의 완전성을 다양한 것들의 조화로 정의하면서, 복합적 실재는 하나의 목적에 이르기 위해 서로 조화롭게 작용하는 수많은 부분들로 형성된다고 말한다. 어떤 실재가 더 많은 부분들을 포함할수록 그들이 하나의 목적을 향하도록 조직하는 원리는 더욱 단순하며 따라서 그 실재는 더욱 완전하다. 볼프는 이 세계가 모든 가능세계들 중 가장 완전한 것이라고 주장하는데, 그 까닭은 이 세계의 모든 부분들이 무한한 완전성이라는 신의 속성을 여실히 드러내기 위해 가능한 한 가장 완전하고 단순하게 함께 작용하기 때문이다.

이런 완전성은 정념과 욕구를 이해하는 데도 중요하다. 완전성을 인식할 때 또는 완전성을 인식한다고 스스로 생각할 때 우리는 쾌락을 느낀다. 진정으로 쾌락을 느끼는 것은 곧 완전성을 직관하는 것이다. 볼프는 직관이라는 용어를 통해 추론되지 않은 표상을 표현한다. 따라서 우리가 느끼는 쾌락의 총량은 우리가 직관하는 완전성의 총량과 절대적으로 비례함에 틀림없다. 쾌락과 고통은 우리 자신과 우리의 상태를 더욱 완전하게 만드는 것은 선이라는, 선에 대한 핵심적인 정의를 통해 선악과 연결된다. 따라서 선에 대한 직관적 인식이 바로 쾌락을 낳는다고, 더욱 정확하게는 구성한다고 말할 수 있다. 이런 방식으로 이해할 경우 쾌락과 고통은 정념을 형성하는 기본 요소가 된다. 그렇다면 완전성 또는 선 일반을 향한 우리의 본질적 노력은 의지를 구성한다. 완전한 무언가에 대한 관념은 곧 우리로 하여금 그것을 향한 성향을 지니게 하는 표상이기도 하다. 의지가 욕구와 구별되는 까닭은 오직 우리가 의지작용을 통해 서로 다른 관념들이 드러내는 완전성의 총량을 비교한 후 가장 큰 완전성을 향해 나아가기 때문이다. 우리의 의지를 움직이는 최후의 요소는 바로 우리의 행위 근거가 된다.

우리의 정신은 동기가 아닌 다른 무언가에 따라 행위하려는 성향을 조금도 지니지 않는다. 따라서 우리는 항상 필연적으로 우리가 얻을 수 있는 최대한의 선 또는 완전성으로 드러나는 바에 따라 행위한다. 더욱이 라이프니츠와 볼프는 모두 신이 최선의 세계를 창조했다고 생각한다. 따라서 우리는 선악에 대한 표상에 따라 행위하도록 결정되어 있을 뿐만 아니라 이런 표상도 현재와는 다른 형태로 존재할 수 없는 듯이 보이기 때문에, 우리는 결코 현재 행위하는 것과는 다른 방식으로 행위할 수 없는 듯하다. 이런 체계에서 과연 우리는 어떻게 자유로울 수 있는가? 이에 대해 볼프는 본질상 라이프니츠에게서 발견되는 것과 동일한 대답을 제시한다.

볼프에 따르면 자유란 동일하게 가능한 두가지 것 중에 우리를 가장 만족시키는 것을 선택하는 선택능력(Willkühr)으로 드러나는 영혼의 능력이다. 일반적인 선입견과는 달리 자유는 두가지 대안을 놓고 어떤 쪽을 선호한다는 근거가 전혀 없이 마음대로 어느 하나를 선택하는 능력을 필요로 하지 않는다. 볼프는 이런 식의 견해는 모든 도덕적 진리를 파괴하고 말 것이라고 말한다. 도덕은 선과 악의 표상이 인간 행위에 상당한 영향을 미친다는 점을 전제로 한다. 따라서 우리가 우리를 가장 강력하게 움직이는 근거에 따른 행위를 하도록 규정된다는 사실은 도덕을 파괴하는 것이 아니라 오히려 도덕에 필수적인 요소가 된다.

볼프는 의무에 대한 설명을 통해 윤리학을 앞서 설명한 완전성에 관한 형이상학적 심리학과 더욱 밀접하게 연결한다. 그는 누군가에게 무엇을 하라는 의무를 부과하거나 면제하는 일은 오직 그것을 원하거나 원하지 않는 동기와 관련된다고 여긴다. 예컨대 재판관은 도둑질을 하면 교수형에 처하겠다고 위협함으로써 교수형을 두려워하는 사람들에게 도둑질하지 말라는 의무를 부과한다. 따라서 우리에게 의무로 부과되는 바는 우리가 반드시 해야만 하는 바이다. 우리는 본성상 완전성을 증대할 가능성에 따라 필연적으로 움직이므로 항상 완전성을 추구할 의무를 지닌다. 이로부터 우리의 행위를 인도하는 기본 법칙이 등장한다. '우리와 우리의 상태를 또는 다른 사람의 상태를 더욱 완전하게 만드는 바를 행하고, 덜 완전하게 만드는 바를 행하지 말라.' 이 법칙은 사물들의 본성으로부터 등장한 것이므로 이는 곧 자연법칙이기도 하다. 우리는 자신의 이성을 통해 이를 배운다. 따라서 이성적인 사람에게는 더이상의 어떤 법칙도 필요하지 않다. 그의 이성이 곧 그 자신에게 법칙이기 때문이다.

그런데 완전한 신이 세계를 창조했으므로 신이 우리에게 의무로 부과한 바를 알려주는, 우리의 행위와 완전성 사이의 특별한 연결점이 발견된다. 그리고 이를 통해 우리를 인도하는 자연법칙을 곧 신의 법칙으로 여기게 된다. 이성적인 사람은 자신이 해야 한다고 여기는 바를 행하면서 어떤 외부의 보상이나 처벌도 필요로 하지 않는다. 그는 오직 그것이 선하기 때문에 그것을 행할 뿐이며, 따라서 그는 선을 행하라는 의무를 부과하는 더욱 상위의 존재를 허용하지 않는 마치 신과 같은 존재인데, 오직 자신의 본성이 완전하기 때문에 그렇게 될 뿐이다. 어떤 한 개인의 진정한 완전성은 다른 모든 사람의 완전성과 결부된다. 즉 자신을 가능한 한 완전하게 만들려는 사람은 누구나 또한 다른 사람들이 추구하는 바를 추구하며, 이를 댓가로 아무것도 원하지 않는다. 볼프는 신이 최고의 완전성이며 우리가 이런 수준에 도달할 수는 없다고 생각한다. 하지만 그는 좋은 삶을 우리 자신의 완전성을 향해 나아가는 과정으로 본다. 신을 경배하고 다른 사람을 돕는 일은 우리 자신의 완전성에 이르는 데 반드시 필요한 것들이다. 더욱이 덕(德)은 완전성에 이르기 위해 우리에게 필요한 자연법칙에 따라 행위하려는 성향을 의미한다. 볼프는 심리학을 통해 우리가 더욱 큰 완전성에 이를수록 더욱 큰 쾌락을 느낀다는 점을 배웠으므로 우리의 행복이 바로 덕에 놓여 있음을 스스로 증명했다고 생각한다.

그러나 이를 통해 신, 완전성, 의무, 행복 등을 모두 통합했다 할지라도, 우리가 행해야만 할 바를 어떻게 인식할 수 있는지, 특히 우리에게 어떤 의무가 부과되는지에 관한 질문은 여전히 남는다. 여기서 볼프는 행위의 선악이 무엇이며 우리가 무엇을 행해야만 하고 행해서는 안 되는지를 인식하는 일반적 능력을 지칭하는 것으로 양심이라는 용어를 도입한다. 만일 감각적인 쾌락과 고통으로 이루어진 판명하지 않은 지각들이 양심을 규정하도록 허용한다면 우리는 노예 상태에 빠질 것이며, 명석하고 판명한 지각이 우리를 인도한다면 자유로울 것이다. 그리고 양심은 특별히 도덕적이라고 여겨지는 행위만이 아니라 우리의 모든 행위를 판단한다. 따라서 양심이 판단을 내리는 방법을 정확하게 기술하는 것이 결코 쉬운 일은 아니지만 우리의 모든 행위는 양심에 따라 완전성을, 즉 우리 자신과 다른 사람들의 행복을 증대함으로써 신에게 다가가는 것을 목표로 삼아야 한다.

우리는 신에게 직접 이익이 되는 어떤 것도 할 수 없다. 우리는 단지 신을 경배할 수 있을 뿐이다. 우리는 신의 완전성을 사랑함으로써, 곧 신의 법칙이기도 한 자연법칙이 우리에게 요구하는 모든 의무들을 수행함으로써 신을 경배한다. 신을 명석하게 인식할수록 우리는 신을 더욱 사랑하며, 신을 사랑할수록 신을 더욱 경배한다. 그리고 신을 경배할수록 우리는 더 큰 축복을 받는다. 따라서 축복받기를 원하는 사람은 항상 신을 염두에 두고 행위해야 한다.

| 김성호 |

14장

볼떼르, 디드로, 루쏘
프랑스 계몽주의의 종교철학

———

18세기 프랑스 계몽사상가들의 종교관은 데까르뜨의 합리주의, 벨(P. Bayle, 1647~1706)의 자유사상, 영국 경험론을 비판적으로 수용하면서 이신론과 무신론 사이를 왕래했다. 주된 내용은 탈기독교적 경향과 종교적 관용의 사상이다. 영국과 달리 프랑스에는 절대왕정이 오래 존속하여 계몽주의자들의 이신론 내지 무신론적 종교관은 현실에 대한 적극적 투쟁을 내포하게 되었다. 이런 과정에서 계몽적 자유사상의 물결은 지식인들에 그치지 않고 보편적으로 외연을 확대하여 자유, 평등, 박애를 근본 정신으로 하는 프랑스혁명 사상의 기초가 된다. 볼떼르(Voltaire, 1694~1778)는 인간의 모순에 기초한 빠스깔의 비관적 인간관을 비판하면서 인간을 다양성의 관점에서 적극적으로 해석한다. 하지만 볼떼르는 무신론자가 아니며 뉴턴의 영향으로 합리적 창조주로서의 개념을 인정한다. 또한 벨과 같이 신을 도덕의 기초로 봄으로써 기성 종교에 대한 도덕의 우위를 주장한다. 디드로(Denis Diderot, 1713~84)는 초기에 잠시 이신론에 동조하다가 곧 무신론자가 되어 이 입장을 끝까지 확고하게 지지한다. 과학과 기독교에 대한 데까르뜨의 불완전한 타협을 비판하면서 합리적 창조주의 이념조차 배제하고, 기독교의 금욕주의를 비판하면서 인간의 자연종교를 옹호한다. 또한 보편적 감성의 개념을 주장하여 물질로부터 생명으로의 자연적인 이행을 주장한다. 루쏘(Jean-Jacques Rousseau, 1712~78)는 이신론적 바탕 위에 있으면서도 이성보다는 감성에 기초하는 독특한 자연종교의 이념을 제시한다. 감성은 무엇보다 양심, 정의에 대한 기본적 감정으로서 공화주의 정치의 토대를 이루는 박애정신으로 나타난다. 이런 이유로 루쏘는 제도권의 교회권력만이 아니라 계몽철학의 합리주의적 이신론도 비판하면서 감성에 기초한 시민종교의 확립을 주장한다. 시민종교는 주권자 인민의 일반의지에 의해 확립된 법과 제도의 신성화를 목표로 한다.

프랑스 18세기 계몽사상가들의 종교관은 이신론과 무신론 사이를 왕래하고 있었다. 이는 직접적으로는 영국 사상의 영향이었는데, 볼떼르가 로크와 뉴턴의 사상을 소개하면서 가속화되었다. 또한 프랑스 내부에서는 데까르뜨의 합리주의와 벨의 자유사상을 프랑스 계몽주의 종교관의 선구자로 지적할 수 있다. 사실 이들 17세기 사상가에게 나타나는 탈기독교적 경향과 종교적 관용에 대한 사유가 영국의 로크에게 영향을 주었다는 것을 생각하면, 18세기 계몽사상가들은 자신들의 선배들에게서 나온 씨앗이 영국에서 개화한 형태를 다시 받아들인 측면도 있다. 우선 데까르뜨는 심신이원론에 의해 신의 역할을 영혼의 영역에 한정하고, 물질세계에 대해서는 세계를 창조하기만 하고 그후에는 개입하지 않는 신의 이념을 제시했다. 비록 데까르뜨가 시대적 상황으로 인해 교회의 권위를 적극 인정했고 신은 여전히 그의 인식론을 받쳐주는 확실성의 기초지만, 신앙이나 계시, 목적인 같은 기독교에 고유한 내용은 탈각되었다. 데까르뜨 철학에서 자연은 그 자체의 인과적 운동법칙에 의해 진행하며 거기에 어떤 예정된 질서나 목적은 존재하지 않는다. 한편 벨은 데까르뜨적 비판정신을 종교와 도덕의 영역에 적용하여 종교를 종파들로부터 분리하고 참된 종교를 가리는 기준으로 도덕을 내세웠다. 그 결과 종교에 대한 도덕의 우위를 확립하고 여러 종파들 사이에 관용의 필요성을 도출했다.

영국의 이신론은 17세기에 시작되어 18세기 전반부에 매우 활발하게 논의되었다. 근본적으로는 자연과학의 발달을 통한 이성의 개화를 그 이유로 들어야겠지만 정치적으로는 1688년의 명예혁명으로 어느정도 종교적 자유를 누릴 수 있게 된 것도 중요한 배경을 이룬다. 프랑스와 비교해볼 때 영국의 이신론 논쟁은 사회적 상황과 조화를 이루며 비교적 온건하게 진행되었다고 할 수 있다. 반대로 볼떼르와 디드로, 루쏘가 활동하던 18세기의 프랑스는 절대왕정의 권력과 성직자들의 영향력이 여전히 지배적이었고 이에 반대하는 사상을 피력하기 위해서는 강력한 힘에 맞서 싸우지 않으면 안 되었다. 그러므로 프랑스 계몽주의자들의 이신론 내지 무신론적 종교관은 현실과의 투쟁을 위한 무기로 사용되었으며 또한 투쟁을 통해 공고해졌다. 이들은 모두 기존 종교에 대한 비판으로 인해 금서 조치와 투옥, 추방이나 망명 같은 고초를 겪었으나 이러한 상황 때문에 자신들의 이론을 수정하거나 타협하기는커녕 더욱더 세차게 밀고 나갔다. 이렇게 해서 계몽적 자유사상의 물결은 지식인들에 그치지 않고 민중들에게까지 걷잡을 수 없이 퍼져나가게 되었다.

1. 볼떼르의 이신론

용감하고 낙천적인 부르주아 출신의 볼떼르는 이미 20대 초반부터 작가로 활동하며 24세에 연극 「오이디푸스」(Œdipe)로 성공을 거둔다. 볼떼르는 이 작품을 바스띠유 감옥에서 집필했는데, 루이 14세 서거 후에 섭정을 맡은 오를레앙 공을 풍자하는 글을 썼다가 투옥된 11개월 동안 쓴 것이다. 볼떼르는 32세가 되던 1726년 한 귀족으로부터 부당한 폭력을 당한 후 결투를 신청했다가 다시 한번 바스띠유 감옥에 갇히는 고초를 겪는다. 그는 보름간 투옥되었다가 영국으로 가겠다는 약속을 하고서 풀려나는데, 이러한 경험으로부터 볼떼르는 프랑스 사회에 만연한 불평등과 부정의를 뼈저리게 자각하게 된다. 이후 그는 영국에서 2년 7개월간 머물면서 지적으로나 정치적으로나 자유로운 그곳의 분위기를 만끽한다. 당대의 지식인들과 접촉하고 영국의 사상과 문화에 심취하면서 방대한 독서와 자료수집을 통해 미래의 집필계획을 세운다. 프랑스에 돌아온 후 영국 체류 당시의 견문을 토대로 출판한 『철학서신』(Lettres philosophiques, 1734)은 어마어마한 반향을 불러일으켰다. 기성 제도와 종교를 신랄하게 비판한 이 책은 구체제에 대한 정면도전으로 간주되어 불태워졌고 볼떼르는 체포의 위험에 처하자 애인 샤틀레(Châtelet) 부인의 저택이 있는 씨레로 도피해 10년간 그곳에 머문다. 그후 몇년간 빠리로 돌아와 활동하기도 했으나 다시 프랑스 당국과의 갈등으로 1754년 이후에는 계속 스위스에 머물게 된다. 이 시기에 디드로가 편집을 맡은 『백과전서』(Encyclopédie, 1751~65)의 출간에 참여해 '역사' 및 '이신론'을 비롯한 여러 항목을 집필한다. 루이 15세 사망 후인 1778년이 되어서야 노학자는 빠리로 돌아오는데, 바로 이 해가 곧 그의 생의 마지막 해가 된다. 그의 사상은 대부분 소설과 극작품 형태로 표현되고 있으며 철학적 내용을 담은 에세이 형태의 저서로는 『철학서신』외에 『뉴턴 철학 원리』(Eléments de Newton, 1737) 『풍속론』(Essai sur les moeurs et l'esprit des nations, 1756) 『관용론』(Traité sur la tolérance, 1763)이 있다.

여기에서는 볼떼르의 종교철학을 빠스깔 비판과 뉴턴에 대한 해석 그리고 관용의 도덕이라는 세가지 측면에서 살펴보고자 한다. 우선 볼떼르는 『철학서신』에서 빠스깔의 『빵세』에 나타나는 중요한 단편들을 때로는 풍자를 섞어 비판적으로 분석, 검토하고 있다. 그는 인간의 비참함을 강조하는 빠스깔의 심오한 염세주의에 건전한 이성과 상식의 이름으로 맞선다. 빠스깔은 아퀴나스의 이성주의 전통을 따르는 예수회에 맞서서 아우구스티누스 전통을 이어받은 얀센주의의 입장에 기초하고 있다. 얀센주의자들은 인간을 악하고 불행한 존재로 묘사하는데, 볼떼르는 빠스깔의 인간 혐오가 한편으로는 예수회의 입장에 대한 얀센주의의 비판과 일치한다고 주장하고 다른 한편으로는 그들의 견해는 일부에 국한된 사실을 인류 전체로 확대하여 인간의 본성으로 만드는 것이라고 비판한다. 볼떼르에 의하면 인간은 악하거나 불행하기만 한 존재가 아니다. 인간이 가진 위대함과 비참함이라는 상반된 특성은 근본적 모순이 아니라 인간의 다양성을 증명한다. 인간은 육체적으로 볼 때 무수한 기관들로 이루어진 복합적 개체이고 이 기관들은 언제나 변질될 수 있기 때문에, 거기서 나오는 정신적 요소들, 인상과 관념, 의지 등도 부단히 변화하기 마련이다. 따라서 그것들이 갖가지 상황에서 모순으로 보이는 것은 오히려 당연한 것이다.

다음으로 빠스깔의 내기의 논리와 관련해 볼떼르는 이와 같이 그 논리를 해체한다. 빠스깔은 "신이 존재한다는 편에 내기를 걸지 않는다는 것은 신이 존재하지 않는다는 편에 내기를 거는 것과 같다"라고 말하는데, 볼떼르는 이는 옳지 않다고 하면서 그 이유를 "의심하는 사람, 명확히 밝히고자 하는 사람은 이쪽이든 저쪽이든 내기를 걸지 않을 것이기 때문이다"라고 말한다(『철학서신』 제25신). 또 빠스깔은 신이 존재하는 쪽에 내기를 거는 것이 더 유리하다고 하는데 그 이유는, 잘 알려져 있다시피 거기서 이기면 모든 것을 얻게 되고 진다 해도 잃을 것이 없기 때문이다. 이에 대해 볼떼르는 이와 같이 엄중한 주제에 '이득'이니 '손해'니 '도박'이니 하는 말들은 적합하지 않을 뿐 아니라 무례하기까지 하다고 풍자적으로 대응하고 있다. 어떤 사람은 이 맥락에서 빠스깔의 진지함에 대비되는 볼떼르의 경박함을 말하기도 한다. 하지만 빠스깔 자신이 데까르뜨의 영향으로 신의 존재처럼 까다로운 주제를 이성의 논리를 이용해 이성의 힘을 무화하는 방법을 사용하고 있기 때문에 볼떼르의 공격은 바로 이 지점을 노린 것이다. 즉 신의 존재를 이성으로 설득하고자 하면 내기 같은 허약한 논리를 제시하기보다는 먼저 그것을 증명하라는 것이다.

이런 논리로 볼떼르는 원죄와 구원, 섭리, 삼위일체와 메시아 등 기독교의 주요 교리들 전부를 배격한다. 하지만 볼떼르는 무신론자가 아니다. 그가 배척한 것은 신에 관한 독단적인 교리다. 볼떼르는 적어도 두 가지 면에서 신의 존재를 인정한다. 하나는 합리적인 창조주로서의 신이고 다른 하나는 도덕의 기초로서의 신이다. 먼저 합리적 창조주 개념은 뉴턴 이신론의 영향으로 볼 수 있다. 뉴턴이 『자연철학의 수학적 원리』에서 다음과 같이 말할 때 우리는 오늘날 '지적 설계론'이라고 부르는 사상을 보는 듯하다. "태양과 행성들과 혜성들의 이 가장 아름다운 체계는 지적이고 능력있는 존재의 계획과 지배를 통해서만 나올 수 있었다"(544~46면). 그런데 뉴턴이 단순히 과학자로서 세계의 합리적 질서에 대한 경탄만으로 신의 존재를 인정하게 된 것은 아니다. 그는 실제로 기독교에 대한 심층적인 탐구를 통해 삼위일체론과 육화가 기독교의 핵심 교리가 아니라고 믿게 된다. 사실 예수가 신성화된 것은 4세기경 니케아 공의회에서 알렉산더와 그의 제자 아타나시우스가 주창한 삼위일체론이 채택된 이후로, 이때부터 삼위일체를 부정하고 예수를 인간으로 주장한 아리우스와 그의 추종자들은 이단으로 단죄된다. 뉴턴은 스스로 아리우스파를 표방했을 뿐 아니라 점차 이를 넘어서서 자연을 초월하는 계시종교를 거부하는 이신론적 입장을 분명히 한다. 그에게 계시가 있다면 그것은 자연 그 자체이며 신에 대한 지식에 이르는 길은 피타고라스(Pythagoras, BC 582?~497?)처럼 오직 자연의 구조를 탐구함으로써 가능하다.

볼떼르는 이러한 뉴턴의 자연종교 이념을 공유했다.『철학서신』에서 그는 아리우스파가 영국에서 되살아나는 것을 환영하면서 "위대한 뉴턴이 영광스럽게도 이 견해를 권장하고 있다"라고 말한다(제7신). 그는 운동 원인에 대한 논의에서 데까르뜨와 뉴턴을 비교하면서 신에 대한 함축을 이끌어낸다. 데까르뜨 물리학에서 운동은 기본적으로 충돌법칙에 의해 일어나는, 공간에 충만한 입자들의 소용돌이 운동이다. 뉴턴 물리학에서 그것은 물체들의 무게와 거리에 관련된 중력으로 설명된다. 데까르뜨주의자들은 중력의 원인을 신비하다고 비판했지만 볼떼르는 신비한 것은 중력과 소용돌이 운동의 존재 자체라고 비판한다. 왜냐하면 그것은 증명되지 않은 가설이지만, 뉴턴에게 있어 인력에 기초한 운동은 계산 가능하기 때문에 사실적이라는 것이다. 볼떼르는 중력의 원인에 대해 "나는 가설을 만들지 않는다"라고 말한 뉴턴과 마찬가지로 그것을 "신의 마음 속에만 존재할 뿐"이라고 함으로써 어떤 여지를 인정하고 있다(같은 책 제15신). 데까르뜨와 뉴턴 이신론의 차이는 바로 여기에 있다. 사실 데까르뜨의 신은 창조에만 관여할 뿐이어서 완벽하게 기계화된 자연계 속에 신이 기거할 자리는 없다. 반면 뉴턴의 체계에는 일정 부분 불가지의 영역이 남아 있고 이것이 바로 자연 자체의 신성을 나타내는 자연종교의 이념으로 되는 것이다.

바로 이 자연종교의 이념으로부터 볼떼르는 자연스럽게 도덕의 기초로서의 자연법 사상으로 옮겨간다. 볼떼르는『백과전서』20권의 '이신론' 항목에서 다음과 같이 쓴다. "창조주로서의 신만을 인정하는 사람, 신 안에서 무한한 힘을 가진 존재만을 인정하는 사람, 그리고 피조물들 속에서 경탄할 만한 기계만을 보는 사람 들은 신에 대해 종교적이지 못하며, 이것은 유럽 사람이 중국 황제를 동경한다고 해서 그가 황제의 신하가 아닌 것과 마찬가지다." 즉 창조만 하고 관여하지 않는 신은 현실에 아무런 효력이 없기 때문에 종교라고 할 수 없다는 것이다. 볼떼르의 신은 자연법의 형식으로 인간의 도덕세계에 관여한다. 신은 인간들에게 선한 심성과 자유를 부여하고 선악을 판별할 능력을 주었다. 즉 신은 인간을 도덕적 존재로 창조했다는 것이다. 그에 의하면 "자연법은 의심할 바 없이 하나의 종교이며 그것도 우리의 교회 밖에서 세워진 모든 종파들보다 훨씬 훌륭한 종교"이다(같은 곳). 여기서 벨에게서 그러했던 것과 마찬가지로 기성 종교에 대한 도덕의 우위가 성립된다. "모든 종파들은 거짓이며 자연법은 진실하다. 모든 종파들이 서로 다른 것은 그것들이 인간으로부터 유래하기 때문이며, 도덕이 어디서나 같은 것은 그것이 신으로부터 오기 때문이다"(같은 곳).

볼떼르는 1751년의 『잡문집』(*Mélanges*)에서부터 이신론이 아니라 유신론(théisme)이라는 용어를 쓰기 시작한다. 유신론은 신성에 대해 이신론보다 더 충실한 내용을 담고 있는데, 예를 들면 신에 대한 예배를 받아들인다. 그러나 신은 어디까지나 정의의 수호자로서 인간들의 미덕을 보상해주고 악을 벌하는 책임을 갖는 도덕적 조정자로서 숭배된다. 보편적 도덕의 이념으로부터 자연스럽게 종교적 관용의 가치가 도출된다. 사실 관용의 문제는 벨과 로크에게서 등장한 주제였고 영국 이신론에서도 이미 논의되고 있던 가치다. 볼떼르는 벨의 영향으로 폭넓은 역사적 관점을 통해 논의를 확대한다. 『풍속론』에서 그는 다양한 사회들의 공통성과 차이를 관찰과 경험에 의거해 비교사적 방법으로 분석하면서 보편적 인간성의 영역과 관습의 영역을 구분하고 보편적 본성보다는 관습의 다양성이 인간사회에서 훨씬 더 넓은 영역을 차지한다고 결론짓는다. 불관용과 광신의 처참한 희생의 대명사인 '깔라스(Calas) 사건'의 진상을 폭로한 『관용론』에서도 볼떼르는 고대부터 근대까지 존재한 다양한 사회들의 종교적 관습을 역사적 비교를 통해 보여준다. 관습이 다양한 것만큼 종교의 형태도 다양하다. 볼떼르는 이러한 비교사적 방법으로 프랑스의 종교적 현실에 역사적 거리두기를 할 수 있었던 것이다. 또한 각 종교에 대한 가치 평가는 도덕의 기준으로 이루어진다. 도덕은 이성에 토대를 두고, 이성은 인간의 본성(자연)에 속하기 때문에 관습의 다양성에도 불구하고 한결같이 작용한다. 다만 그 작용의 양상은 이성의 계몽 정도에 따라 다르게 나타날 수 있다. 결국 볼떼르는 역사와 문화의 상대성 그리고 자연(또는 본성)에 내재하는 이성의 보편성에 의거해 관용이라는 가치를 역설하고, 철저하게 이성에 종속된 종교를 주장한다. 이후 1775년에 일어난 리스본 대지진 이후 볼떼르는 악의 문제에 대해 심사숙고하면서 라이프니츠의 낙관적 세계관을 비판하고 자신의 이신론적 입장에서도 다소 후퇴하여 불가지론의 겸손한 태도로 전향하게 된다.

2. 디드로의 무신론

자유분방하고 사교적인 정신의 소유자 드니 디드로는 칼 제조업자인 부친의 뜻에 따라 성직자가 되기 위해 예수회 중등학교를 졸업하고 19세에 빠리대학에서 문학사 자격증을 받지만 신앙을 잃어 신학공부를 포기한다. 약 10년간 가정교사, 번역 등의 일을 하며 방랑생활을 하다가 결혼하고 나서는 빠리의 한 까페에서 루쏘, 달랑베르(Jean Le Rond d'Alembert), 꽁디야끄(E. B. de Condillac) 등과 만나 철학토론을 즐기게 된다. 33세가 되던 1746년에는 당대의 과학과 철학 지식을 집대성하여 교회의 비합리적 권위에 대항하는 무기고가 될『백과전서』를 기획하고,

최초의 철학서인 『철학단상』(Pensées philosophiques)을 출판한다. 그러나 이 책이 기독교를 공격했다는 이유로 출판이 금지되자 디드로는 익명 으로 출판을 하기 시작했다. 1749년 『볼 수 있는 사람들을 위한 시각장 애인에 관한 편지』(Lettres sur les aveugles à l'usage de ceux qui voient)의 출 판 이후 무신론과 유물론 사상으로 인해 3개월간 뱅센 감옥에 투옥되었 고 예수회로부터 지속적으로 비판과 방해를 받았지만, 그의 책들은 꾸 준히 여론의 호응을 얻었다. 1751년 『백과전서』 1권이 간행되었고 이 무 렵부터 돌바끄(d'Holbach) 남작이 자신의 쌀롱을 개방해 지식인들의 철학토론을 계속할 수 있게 해주었다. 1753년에는 『자연의 해석에 관하 여』(De l'interprétation de la nature)를 간행하여 인간에 대한 과학적 지식 을 통해 실증적 도덕을 세우고자 했다. 1756년에 칩거에 들어간 루쏘와 의 불화가 시작되어 논쟁을 벌이기 시작한다. 루쏘는 사교계를 비난하 고, 디드로는 혼자 칩거하는 자연인을 악인이라고 비난한다. 1759년에 는 고등법원에 의해 『백과전서』가 금서로 지정되어 출판 허가가 취소 된다. 그러나 디드로는 굴하지 않고 마지막까지 외로운 싸움을 계속하 여 1765년까지 17권(도판 포함 28권)의 『백과전서』를 완간하고 그외에 도 다수의 문학작품을 출간한다. 상당수 저작은 출판 금지를 두려워해 사후에 출간되기도 했다. 1769년에는 유물론의 걸작 『달랑베르의 꿈』 (Le rêve de d'Alembert)을 출간한다. 1784년 건강 악화로 세상을 떠날 때 까지 디드로는 집필을 멈추지 않았다.

디드로의 종교적 사유의 여정을 보면 초기의 짧은 기간 이신론에 동 조하다가 무신론으로 옮겨간다. 그의 이신론적 사유는 1745년에 섀프 츠베리의 『공적과 미덕에 관한 시론』(Essai sur le mérite et la vertu)의 번역 과정에서 영향을 받았으며 이듬해 출간한 『철학단상』에서 주로 나타난 다. 거기서 그는 여전히 프랑스 사회를 지배하고 있던 데까르뜨주의를 비판하는 것으로 시작한다. 비판의 과녁은 특히 데까르뜨가 심신이원론으로써 시도한 과학과 기독교의 불완전한 타협을 향한다. 데까르뜨주의로 무장한 기독교 이론가들은 한편으로 자연 속의 기계론적 질서를, 다른 한편으로는 인간 정신의 이성적 질서를 신의 섭리의 구현으로 설명했다. 자연이 하나의 기계라면 그것은 스스로를 창조하거나 조직화하는 기능을 결핍할 수밖에 없으므로 신은 자연의 창조주이자 거기에 끊임없이 조화와 통일성을 부여하는 존재로 제시된다. 또 인간 영혼은 순수한 정신적 기능인 이성과 육체적 원인을 갖는 정념 사이의 갈등으로 고통받을 수밖에 없는데, 정념(passions)은 관능적 쾌락을 추구하면서 이성적 질서를 혼란시키기 때문에 신적 섭리를 해치는 악으로 간주되고 따라서 기독교는 자연스럽게 금욕주의를 정당화한다. 디드로는 이러한 두가지를 차례로 반박한다.

디드로는 정념의 열렬한 옹호자이다. 그는 우선 자연종교가 이성을 저해하는 요소라는 생각을 반박한다. 그가 보기에 기독교는 정념을 증오하면서 인간에 대한 혐오를 부추긴다. 즉 광신자들은 "아무것도 욕망하지 않고 누구도 사랑하지 않으며 아무것도 느끼지 않으려고 하면서 스스로를 고문하고 있는데, 여기에 성공한다고 해도 결국 진정한 괴물 이외에 다른 것이 될 수 없으리라"라는 것이다. 중요한 것은 "정념을 계발하고(cultiver) 그것들 사이에 적절한 조화를 세우는 것"이다(『철학단상』 4~5절). 사실 정념이 육체적인 것에서 기인한다고 해도 그것은 인간의 본성(자연)에 해당하는 것이다. 자연 속의 물질이 신의 섭리에 의해 조화롭게 운동한다면 육체를 통해 물질의 영향을 받은 정념이 왜 악으로 간주되어야 하는가? 디드로는 정념 역시 자연의 일부이기 때문에 옹호할 만한 가치가 있다고 생각하면서 자연주의자의 면모를 드러낸다. 이러한 면모는 그의 정념 이념으로 이어진다. 사실 당시 기독교 이론가들이 데까르뜨의 기계론적 우주를 그대로 받아들인 것은 아니다. 그들은 이 우주의 수학적 질서를 인정하면서도 목적 개념을 재도입했다. 라이프니츠 철학에서도 그러하듯이 목적론과 수학적 우주가 반드시 모순되는 것은 아니다. 디드로는 이러한 기독교의 목적론을 비판하는 것은 물론 데까르뜨의 기계론적 물질관도 의심한다. 물질이 완벽한 기계적 수동성에 지나지 않는다면 거기에 도대체 경탄할 무엇이 있겠는가? 이 점에서 디드로는 볼떼르와 마찬가지로 뉴턴을 더 높이 평가한다. 그는 뉴턴이나 섀프츠베리같이 자연의 모든 풍요롭고 아름다운 광경들 앞에서 우리가 느끼는 경이로움을 강조한다. 그런데 무신론을 따른다면 세계가 원자들의 우연적 분출에서 나온다고밖에 설명할 수 없다는 이유로 디드로는 그것을 거부한다. 특히 「자연종교의 충족성에 관하여」(De la suffisance de la religion naturelle, 1747)라는 짧은 글에서는 무신론이 도덕적 규범의 기초를 위태롭게 할 수 있다는 이유로 여전히 자연종교를 지지하고 있다.

사실 『철학단상』에는 양립하기 어려운 몇가지 생각들이 공존한다. 우선 기독교를 비판하면서도 그것을 완전히 버리지 못하는 구절들이 눈에 띈다. 물론 전반적으로는 신이 세상에 자연적인 방식으로 개입한다는 뉴턴적 이신론에 입각해 있다고 할 수 있다. 하지만 다른 한편으로 자연은 단순한 수동적 물질로 환원될 수 없다는 확고한 생각이 드러나 있는데, 사실 이것은 이신론과 조화되기 어려운 생각이다. 중력에 기초한 뉴턴적 물질 개념이 데까르뜨의 물질과 다르다는 것은 분명하지만 그 역시 수동적이고 타성적인 본성을 벗어나는 것은 아니다. 이 문제는 생명의 문제에서 분명해진다. 생명은 데까르뜨에게서는 물질과 마찬가지로 기계론적 관점으로 설명된다. 하지만 뉴턴에게서 이와 다른 대답이 가능한 것일까? 신이 자연적인 방식으로 개입한다고 해도 물질에서는 중력의 법칙에 맡겨놓으면 되지만, 생명에는 그것만으로 설명하기 어려운 복잡성이 존재하기 때문에 신에게 너무 많은 것을 요구하게 될 것이다. 생물학에 관심이 있던 디드로는 이미 초기부터 생명이 '분자들의 내적 동요'에 의해 스스로를 만들 가능성에 대해 언급하고 있는데, 이것은 무신론적 유물론을 향한 나중의 행보를 예고해준다.

유물론으로의 이행은 상당히 급격히 이루어진다.『철학단상』이 출간된 지 1년 후에 디드로는『회의론자의 산책』(*La Promenade du sceptique*, 1747)에서 이신론보다 유물론을 옹호한다. 하지만 여전히 도덕에 대해서는 이신론을 견지하고 있다. 2년 후『볼 수 있는 사람들을 위한 시각장애인에 관한 편지』에서 그는 모든 면에서 본격적으로 무신론적 유물론을 선보인다. 이 책에서 그는 감각작용으로부터 인간 인식의 형성을 설명하는 경험론의 입장을 재정리하기 위해 영국의 시각장애인 기하학자 쏜더슨(N. Saunderson)의 경우를 탐구한다. 그에 의하면 선천적 시각장애인은 시각적 상을 만들지 못하기 때문에 볼 수 있는 사람들과 같은 상상력을 가질 수 없다. 그의 지각기능은 손가락 끝에 집중되어 있다. 설사 그가 상상한다 하더라도 그것은 손가락으로 만질 수 있는 점들의 감각을 떠올려 조합하는 능력에 지나지 않을 것이다. 그러므로 이신론자들이 흔히 그렇게 하듯이, 그리고『철학단상』에서 디드로 자신의 입장도 그러하듯이 자연의 경이로움을 통해 신의 존재를 추론하는 것은 그에게는 설득력이 약하다는 것이다. 디드로는 쏜더슨의 임종 순간에 입회한 목사와 그의 대화를 재치있게 그려준다. 목사가 자연의 경이로움을 이야기하며 신의 존재를 주장하자 쏜더슨은 대답한다. 자연의 아름다운 광경은 "결코 나를 위해 만들어지지 않았습니다. (…) 그것은 당신과 당신처럼 볼 수 있는 사람들에게만 증거가 됩니다. 내가 신을 믿기를 원하신다면 당신은 내가 신을 만지도록 해주셔야 합니다"(『볼 수 있는 사람들을 위한 시각장애인에 관한 편지』 83면).

이러한 인식론적 반박 외에도 디드로는 쏜더슨의 입을 빌려 자연질
서의 완벽함을 부정한다. 자연은 아름답거나 질서가 있을지 모르지만
시각장애인에게 그 질서는 완벽한 것은 아니다. 그에게는 오히려 결함
을 가진 존재들, 기형들, 괴물들이 존재한다는 것이 더 현실적이다. 완
벽한 신이 있다면 왜 그러한 것들을 만들었겠는가? 디드로는 자연에 존
재한 많은 것들이 결함있는 존재자들이며 그것들은 차례로 전멸되는
운명을 맞이했고, 존속하는 데 구조적으로 모순이 없는 것들만이 현재
존재하는 것이라고 주장한다. 이것은 일종의 자연선택적 진화설의 선
구가 되는 생각으로 평가된다. 더 나아가 우주의 태초의 상태 역시 이와
마찬가지여서 물질의 요소들을 결합하는 운동은 숱한 세계를 만들어내
지만 존속에 실패한 것들은 머나먼 공간으로 사라져버렸으며, 그럼에
도 불구하고 물질의 운동은 존속 가능한 결합이 이루어질 때까지 계속
되는데, 설사 적절한 안정 상태가 된다고 해도 그러한 질서조차 일시적
인 것이어서 세계는 언제나 다시 만들어지고 사라짐을 반복한다는 것
이다(같은 책 86~89면).

무한히 변전하는 우주의 관념과 더불어 디드로 유물론의 또 하나의
대담한 특징을 이루는 것은 생명의 기원에 대한 설명이다. 이것은 『자
연의 해석에 관하여』를 거쳐 『달랑베르의 꿈』에서 최종적 형태를 갖춘
다. 디드로는 데까르뜨의 인과론적이고 수동적인 물질관에 전면적인
수정을 가하는데, 그것은 우선 물질에 일종의 감성(sensibilité)을 부여
하는 것으로 이루어진다. 이 시대는 라부아지에(A. L. de Lavoisier)를
통해 이미 화학의 발전을 목도한 시대로, 디드로의 물질 개념은 원자들
의 역학적 운동만이 아니라 원소들 간의 친화성을 토대로 하는 분자적
결합을 주요한 특성으로 한다. 물질의 보편적 감성은 물체에서는 비활

성 상태로 남아 있고 생명체들에서는 활성 상태가 된다. 비활성 감성은 잠재적 상태의 감성으로서 어떤 의미에서는 생명으로 될 가능성을 내포하고 있다. 그러므로 무기체에서 유기체로의 이행은 창조주의 개입 없이 물질의 활동력 자체에 의해 이루어진다. 또한 디드로는 생물의 개체 발생에서도 전통적 신학의 입장인 전성설(前成說)을 부정하고 후성설을 지지함으로써 생명현상에 일체의 초자연적 계획이나 힘을 부정한다. 인간의 사유나 의식 역시 생명체의 단일성에 근거를 둔다. 꽁디야끄 같은 감각론자가 설명하듯이 감각들과 그것의 기억을 연장해 판단능력과 자의식에 도달할 수 있다고 본다. 이러한 자연주의적 입장에서 인간이 자연적 욕망을 따라 쾌락과 행복을 추구하는 것은 악이 아니다. 도덕은 자기보존의 자연법으로 대체된다. 그러나 디드로는 인간 이성을 신뢰하여 자연법은 곧 이성의 법이라고 생각한다. 악은 단지 환경에 있다고 보기 때문에 도덕의 까다로운 문제들은 정치적 영역으로 이전하게 된다.

3. 루쏘의 자연종교

타고난 감성과 내면적 자기성찰의 사상가 루쏘는 1712년 제네바에서 태어난 지 수일 만에 모친을 잃고 10세에는 아버지도 그를 떠나 외삼촌에게 맡겨진다. 불우했던 어린 시절의 기억은 루쏘의 일생에 직간접으로 중요한 자원이 된다. 16세에 제네바를 떠나 프랑스에서 방랑생활을 하다가 샹베리에서 바랑(F.-L. de Warens) 부인의 애정과 후원으로 수년간 공부에 몰두한다. 28세부터 가정교사, 음악교사 등으로 생계를 이어가면서 빠리에 정착해 디드로를 만나고 『백과전서』 집필에 참여하여 '음악'과 '정치경제학' 등의 항목을 쓴다. 38세가 되던 1750년에 디종 아까데미 현상공모에 그의 『학문예술론』(*Discours sur les sciences et les arts*)이 당선된다. 그러나 루쏘는 당대 계몽주의 지식인 그룹의 무대인 사교계 생활에 적응하지 못하고 고뇌하다가 '자기개혁'을 명분으로 사교계와 거리를 두기 시작한다. 문예보호 제도가 지식인들을 권력과 공모하게 만든다고 생각하여 국왕이 하사한 연금도 거부하고 악보 필경사로 근근이 생활을 이어감으로써 디드로, 볼떼르 등 동료 지식인들과의 관계에서 심각한 불화를 자초한다. 1754년 『인간 불평등 기원론』(*Discours sur l'origine et les fondements de l'inégalité parmi les hommes*)을, 1760년부터 1762년 사이에 『에밀』(*Émile ou de l'éducation*)과 『사회계약론』(*Du contrat social*) 『신엘로이즈』(*Julie ou la Nouvelle Héloïse*)를 출간하여 찬반 양론으로 엄청난 이목을 집중시킨다. 하지만 『에밀』과 『사회계약론』은 금서 처분을 받고, 특히 『에밀』은 기성 종교의 눈에 과격하게 비친 자연종교 사상으로 인해 분서령이 내려진다. 체포의 위험에 처한 루쏘는 제네바로 피신하지만 거기서도 상황은 마찬가지여서 이때부터 가명을 쓰며 고난의 도피생활을 시작한다. 피해망상으로 지속적으로 고통받으면서 1765년부터 1770년 사이에 『고백록』(*Les Confessions*)을 집필하고 1776년에는 『고독한 산책자의 몽상』(*Les Rêveries du promeneur solitaire*) 집필을 시작하지만 1778년 사망으로 인해 미완으로 남는다.

자연종교: 신성의 자연화

루쏘의 종교철학과 관련해 가장 중요한 개념은 『에밀』에 등장하는 자연의 개념이다. 자연의 개념은 이미 『인간 불평등 기원론』에서도 나타나지만, '싸부아(프랑스 중동부의 한 지방) 보좌신부의 신앙고백'이라는 제목이 붙은 두꺼운 분량의 『에밀』 4장에서 성숙, 심화되어 자연종교 (religion naturelle)의 이념으로 나아가고 있다. 루쏘의 자연종교는 당대 이신론 논의의 연장선상에서 볼 수 있음에도 불구하고 근본적인 점에서 다른 이신론과 그 성격을 달리한다. 그것은 자연의 합리적 질서에서 도출되는 원인으로서 알려지는 것이기보다는 내적이고 감성적인 인간 본성(자연)으로부터 직접적으로 감지되며, 양심이나 정의 같은 도덕적 가치들에서 빛을 발하고, 공화주의 정치의 토대를 이루는 박애정신으로서 이중의 역할을 하고 있다. 영국 이신론자와 프랑스 계몽주의자 들에게 신 존재의 긍정은 기본적으로 이성을 통하는 것이며 도덕의 기초로서의 신 역시 이성을 통해 알려지는 반면, 루쏘에서 신은 감성적 자연을 통해 알려진다는 점에서 그의 독특성을 말할 수 있다.

루쏘의 문제 설정은 역시 신학과 계몽주의의 투쟁으로 대표되는 당대의 지적 상황에 대한 반응이라 할 수 있는데, 우선 그는 제도권 교회 권력에 대항하고 기성 종교를 비판하는 점에서는 이신론자들과 입장을 같이한다. 하지만 그는 계몽철학자들의 이신론에도 비판적 태도를 견지하고, 무엇보다 백과전서파의 무신론에 반대한다. 그의 의도는 종교와 철학 양자를 비판하는 데 그치는 것이 아니라 그것들을 동시에 가로지르며 인간의 진실에 다가가는 것이다. 그래서 그는 때로는 이성의 이름으로 종교를 비판하고 때로는 종교의 이름으로 이성을 비판한다. 그러므로 기독교와 계몽주의를 대하는 루쏘의 태도는 일면적이지 않다고 하겠다. 여기에 더해 사상사적으로 볼 때는 그 두 조류 사이에 일정한 연속성도 발견된다는 점을 지적해야 한다. 예를 들면 원죄설에 기초해 순수 신앙에 의한 구원을 강조하는 얀센주의에 대해, 인간의 이성과 자유의지를 강조하는 예수회는 미신을 경멸하고 자아의 각성 등을 주장했다는 점에서 계몽철학과 상통하는 면이 있다. 당대의 계몽주의를 성찰적으로 바라볼 수 있었던 루쏘에게 이성만능주의를 비판하는 것은 동시에 예수회의 입장에 대한 비판이기도 했다. 그러므로 루쏘가 기적과 원죄설에 기초한 기독교 교리를 거부하지만 이성주의를 비판하면서 감성에 기초한 자연주의에 호소할 때는 일면 얀센주의가 의탁하는 아우구스티누스적인 내적 성찰로 돌아가는 듯한 느낌을 주는 것도 사실이다.

그렇다고 해서 루쏘가 비합리주의적 감성만을 주장하는 것은 아니다. 오히려 이성은 자연적 감성의 지고한 경지에 도달하기 위해 필수적이다. 어떻게 그런가? 어떠한 편견에도 물들지 않고 권위의 압박도 없이 자연적 발달 과정을 거치는 어린아이로 상정된 에밀은 신에 관심이 없다. 이 아이에게 신앙을 가르치는 일은 무익함을 넘어서서 유해하다. 왜냐하면 "신을 믿는 어린아이는 누구나 필연적으로 우상숭배자거나 적어도 신인동형론자"이기 때문이다(『에밀 또는 교육론』 2권 105면). 어린아이만이 아니라 이성이 계발되지 않은 사람에게 신앙을 가지라는 독단적 설교는 진리 대신 오류를 심어주며 신에 대한 부당한 관념을 가지게 한다. 루쏘는 신의 관념은 민족마다 다를 수밖에 없고 그런 점에서 신앙은 "지리상의 문제"라고 못박는다(같은 책 108면). 성령, 삼위일체, 위격이라는 기독교 교리도 신인동형론에서 자유롭지 않다. 그러나 루쏘는 자신이 가르치는 에밀이 종교를 선택할 수 있음을 부인하지 않는다. 에밀은 종교의 여러 종파들을 강요당하지 않고 이성의 기능이 충분히 성숙한 다음에 그것을 활용해서 하나의 종교를 선택할 수 있다. 어떤 종교든 문제되지 않는다. 하지만 그것은 자신이 선택한 종교에서 있는 그대로의 자연에 도달할 수 있다는 조건에서 그러하다. 이 자연종교는 무엇보다도 인간의 도덕적 의무를 다하게 하는 기초 이외에 다른 것이 아니다. 종교에 대한 루쏘의 태도는 싸부아 보좌신부의 다음 말에서 잘 알 수 있다. "종교의 참된 의무는 인간의 제도에 종속되지 않으며 올바른 심성이야말로 신의 참된 신전이며 어느 나라 어느 종파에서도 무엇보다 신을 사랑하고 자기 이웃을 자신처럼 사랑하는 것이 율법의 골자다. 또 도덕의 의무가 면제되는 종교는 하나도 없으며 그런 의무 외에 진짜 본질적인 의무는 없다"(같은 책 210면).

신 존재의 이성적 근거에 관해서 루쏘는 계몽적 이신론자들의 입장에 동조한다. "스스로 능동적인 이러한 존재, 그것이 무엇이든 결국 우주를 움직이고 만물에 질서를 부여하는 이러한 존재를 나는 신이라 부른다. 나는 이 이름에 지성이니 힘이니 의지니 하는 관념들을 한데 묶어 결부시키고, 또 그것의 필연적 귀결인 선함의 관념을 결부시킨다"(같은 책 142면). 이는 뉴턴적이고 볼떼르적인 근거와 일치한다. 이런 점에서 루쏘는 우연의 조합으로 세계를 설명하는 것이 불합리하기 때문에 신을 인정할 수밖에 없었던 초기의 디드로가 무신론자로 된 것을 비판하면서, 물질적 원소들의 조합에서는 결코 생명이 나올 수 없다고 주장한다. 그러나 이러한 논증은 루쏘에게 그리 중요한 것은 아니다. 가장 루쏘적인 것은 인간 내부의 본성, 즉 내적 자연을 정의하는 방식이다. 그는 당대의 경험론이 인간의 선천적 본성을 부정하고 모든 것을 경험과 습관으로부터 설명하는 방식을 비판하면서 인간의 영혼 안에는 "정의와 덕의 생득적 원리가 있으며 (…) 그것에 따라 자신과 타인의 행동의 선악을 판단할 수 있다"라고 하였다(같은 책 165면). 바로 이것이 '양심'(conscience)이다. 그리고 이 양심은 이성에 속한 것이 아니라 '감정'(sentiment)이다. 이렇게 해서 루쏘는 이성에 대한 감성(sensibilité)의 우위를 주장하게 된다. 그는 "우리에게서 존재한다는 것은 느끼는 것이다. 우리의 감성은 의심할 여지없이 지성에 선행하며, 우리는 관념보다 먼저 감정을 갖는다"라고 말한다(같은 책 167면). 이성의 선천성을 주장한

합리론자와 외부로부터 유래하는 감각경험만을 인정하는 경험론자들에 맞서 감성이라는 내적 본성을 주장한 점에 루쏘의 고유성이 있다.

『에밀』보다 12년이나 앞서 쓰인『인간 불평등 기원론』에서 루쏘는 이미 이러한 감성의 우위에 대해 말하고 있다. 그는 인간 내부에서 이성을 앞서는 두가지 원리를 제시한다. 하나는 자기보존이며 다른 하나는 타인에 대한 동정심(pitié)인데, 이것들은 루쏘 식의 자연법의 기초가 된다. 그것들은 감성적 존재인 한에서 동물과도 어느정도 공유하는 인간 영혼의 최초의 상태라 할 수 있다. 다만 인간은 동물과 달리 자유의지를 가지고 있어서 자신을 변형하고 개선하거나 반대로 타락시킬 수도 있다. 이러한 가능성을 루쏘는 '완성 가능성'(perfectibilité)이라고 부른다 (『인간 불평등 기원론』 62면). 문명의 역사는 바로 이 완성 가능성으로부터 이루어졌다. 루쏘가 보는 문명사회의 광경은 욕망의 갈등과 불평등으로 점철되어 있다. 우선 자연 상태에서 자기보존과 연결되는 인간의 자연종교는 '자기애'(amour de soi)인데, 이것은 사회 속에서는 타인과의 비교에서 우위에 서고 싶다는 욕망으로 인해 자기에 대한 배타적 애착인 '자기편애'(amour propre)로 변형된다. 자기편애는 비교하고 판단하는 이성의 발달과 더불어 생겨나 반성에 의해 강화된다. 그리하여 인간들은 이익에 눈뜨고 욕망은 더욱 배가되어 불평등한 사회를 향해 줄달음친다.

일단 문명사회로 진입한 인류가 초기의 자연 상태로 되돌아간다는 것은 불가능하다. 그런 이유로 자연 상태에 대한 고찰은 하나의 이상으로 남는다. 하지만 이 이상은 적어도 우리 내부에서 자연적 감성에 의해 느껴질 수 있는 것이다. 『에밀』의 교육론은 바로 이를 육성하는 것으로 이루어진다. 에밀은 초기에는 자연적 감성을 해치지 않도록 편견과 권위에 종속되지 않는 소극적 교육을 받는다. 이성의 발달이 이루어진 후에는 사회적 관계와 도덕에 관한 적극적 교육을 받는다. 싸부아 보좌신부의 신앙고백으로 대변되는 종교교육은 도덕교육의 연장선상에 있다. 여기서 감성과 이성의 밀접한 상호관계가 양심의 발생학이라 부를 만한 과정을 통해 드러난다. 우선 도덕의 바탕이 되는 자연적 감정들은 자기애와 동정심이다. 동정심은 자기애를 타인으로 확대할 때 생겨나는 감정이다. 하지만 이것들은 아직 의식적인 사회적 관계를 전제하는 것이 아니어서 도덕 자체는 아니다. 진정한 도덕은 양심의 발로인데, 양심은 자기애와 동정심을 토대로 하는 자연적 감정이면서도 사회관계 속에서 이성에 의해 일깨워진다. 이성은 선에 대한 앎을 깨우쳐주고 의식적 반성의 영역을 열어준다. 하지만 선에 대한 앎이 우리를 선으로 곧장 이끌지는 않는다. 사회관계는 각종 이기심들이 충돌하는 장소여서 자기편애를 극복하지 못하면 이성이 있다 해도 선한 행위로 곧 이끌리지 않는다. 즉 이성과 행동 사이에는 넘을 수 없는 거리가 있다. 선을 느끼고 우리에게 그것을 사랑하도록 인도하는 것은 바로 양심이다. 루쏘에게 선악의 심판자인 양심은 인간을 인간 이상으로 만드는 유일한 본성, '천상의 목소리'다. 자연종교의 목표는 인간을 오로지 이러한 양심의 목소리에 충실하게 하는 것이다. 이성에 의해 깨어난 양심은 이제 이성이 추상적 관념들 속에서 길을 잃지 않도록 올바른 길로 인도한다. 하지만 에밀로 하여금 자연종교를 거스르지 않는 현실의 종교를 선택하도록 돕는 것은 이성의 일이다. 자연종교가 이성종교라면 그것은 바로 이러한 의미에서다. 루쏘에 의하면 "신앙이란 이해력으로 확실하게 되고 확고해지는 것이다. (…) 진리의 사자는 나의 이성을 짓밟지 않고 오히려 그것을 밝혀준다"(『에밀 또는 교육론』 2권 187면).

시민종교: 사회의 신성화

양심은 사회관계 속에서 반성적으로 재발견된 자연이라 할 수 있다. 그렇다면 그것은 왜 종교의 이름으로 교육되어야 하는가? 자연주의적 도덕만으로는 불충분한가? 이와 같은 의문이 들 수 있다. 자연을 완벽하게 탈신성화한 디드로와 달리 루쏘에게 자연은 여전히 신성의 구현이다. 그는 『에밀』 4권에서 "모든 사람의 눈앞에 펼쳐진 단 한권의 책이 있으니 그것은 자연이라는 책이다. 바로 이 위대하고 숭고한 책 속에서 나는 그 책을 만든 신성한 저자를 섬기고 숭배하는 법을 배운다"라고 말하고 있으니 자연종교라는 것은 자연과 신이 동격이 된 사고에서 나온다. 이러한 루쏘의 자연종교는 『에밀』과 같은 해에 나온 『사회계약론』 8장에 이르러 시민종교(religion civile)의 이념으로 발전하고 있다. 이 책에서 시민종교는 중요한 주제도 체계화된 개념도 아니며 건전한 사회와 국가를 평가하는 일종의 지평으로 기능할 뿐이다. 시민종교라는 일견 낯설게 보이는 루쏘의 구상은 자연종교가 그러했던 것처럼 기독교와 계몽주의에 동시에 반대하면서 성립한다. 기독교는 국가의 정치적 권위를 해치는 또 하나의 권력으로 기능하기 때문에 유해하다. 한편 로크의 정부론을 계승하는 계몽주의자들은 종교와 정치의 분리에 대해 분명하고 단호한 입장을 보인다. 비록 이신론과 무신론이라는 사상적 차이를 가지고 있다 해도 이 문제에서는 이견이 없다. 그들에 의하면 종교의 역사는 무지와 폭력의 역사이기 때문에 국가는 그것을 배제하고 법과 정치만으로 운영되어야 한다. 또한 국가에 대한 인민의 애국심은 철저하게 이성적인 기준을 넘어서는 안 된다. 루쏘의 시민종교는 기성 종교의 비합리성과 계몽주의의 이러한 지나친 합리주의를 극복하려는 의도로 제시된다.

시민종교는 공화국에 대한 존중과 사랑으로 이루어진다. 루쏘는 제네바 공화국의 시민으로 태어난 것을 일생 자랑거리로 삼았다. 그에게 조국에 대한 애착은 단순히 이성적인 사랑을 뛰어넘는다. 물론 맹목적 관습에 의거한 감성적 애국주의 역시 경계의 대상이다. 이를 위해서는 루쏘의 공화국에 대한 사랑이 무엇을 의미하는지를 알아야 한다. 루쏘는 국가를 단순히 개인들의 권리의 합리적 조정자로 보는 로크의 입장은 이기적인 부르주아들의 난립에 무력하다고 보았다. 자기편애를 중심으로 하는 부르주아의 국가관은 공적인 것에 대한 존중, 결국 일반의지에 대한 존중을 어렵게 한다. 루쏘는 부르주아(bourgeois)를 시민(citoyen)과 구분해서 (맑스 이후에 통용되는) 이기적 자본가라는 의미로 사용한 최초의 인물로 평가된다. 루쏘가 강조하는 애국심은 법과 제도의 존중에 기초한 자발적인 정치공동체의 의미를 갖는 공화주의 국가관에 관련된다. 공화주의는 오랜 역사를 갖고 있는데 18세기 프랑스에서는 몽떼스끼외(C. L. de Secondat Montesquieu, 1689~1755)의 사상이 중요한 영향을 미쳤다. 백과전서파 역시 이 전통에 속해 있지만, 루쏘는 이를 '사회성'(sociabilité)의 감정과 관련시키는 데서 그 고유한 특징을 보여준다. 사회성은 자연종교의 양심과 마찬가지로 '좋은 시민, 충실한 신민이 될 수 있게 하는' 감정이다. 양심은 동류의 인간들에 대한 관계로부터 생겨나기 때문에 이미 사회성을 전제한다고 할 수 있다. 그러므로 자기애와 동정심을 기초로 하는 양심에서 조국애로 나아가는 것은 자연적이다. 여기서 우리는『에밀』의 자연종교에서『사회계약론』의 시민종교에 이르는 자연스런 과정을 볼 수 있다.

시민종교는 다음과 같은 내용을 골자로 한다. "시민종교의 교리는 단순하고 수가 적으며, 설명과 주석이 없이 명확하게 표현할 수 있는 것이어야 한다. 강하고 지적이며 자애롭고 선견지명이 있으며 베풀어주는 신의 존재, 사후의 삶, 올바른 자에게 주어지는 행복, 악인에게 가해지는 형벌, 사회계약 및 법의 신성함 등이 이 종교의 긍정적 교리다"(『사회계약론』 151면). 이 내용은 마지막 것만 제외하고 '싸부아 보좌신부의 신앙고백'에 이미 나오는 내용이다. 자연종교에서와 마찬가지로 그것은 기성의 특정한 종교관을 기초로 하는 것이 아니라 오로지 공화국의 안녕을 위해 도덕적 기초를 제시하는 것으로 이루어진다. 신의 존재나 사후의 삶, 포상과 처벌 등은 루쏘가 제네바의 프로테스탄티즘 전통에 속해 있는 만큼 기독교적 특징으로 해석될 소지가 있지만, 루쏘는 성직자의 종교건 복음의 종교건 간에 기독교는 시민종교와 배리되는 것으로 간주한다. 성직자의 종교는 국가권력에 대항하는 것이기 때문에 그러하고, 복음의 종교는 내세 중심이어서 공화국의 법과 제도에 대한 애착을 감소시킬 수 있다는 이유에서 그러하다. 이것은 또한 루쏘가 시민종교가 유일하게 배척해야 할 부정적 교리로 다른 종교에 대한 불관용을 제시하는 것을 보면 알 수 있다. 배타적 민족종교가 존재하지 않는 상황에서 "사람들은 그 교리가 시민의 의무와 반대되는 것을 한가지도 내포하지 않는 한, 다른 종교에 관용적인 모든 종교에 대해 관용적이어야 한다"(같은 책 151면). 이러한 기본 교리 위에서 시민종교에 가장 고유한 것은 사회계약과 법의 신성성이다. 결국 시민종교는 주권자 인민의 일반의지에 의해 확립된 법과 제도의 신성화를 목표로 한다고 볼 수 있다. 자연종교가 신성을 자연화한 것으로 평가할 수 있다면, 시민종교는 공화국에 대한 애착을 신성화한 것으로 평가할 수 있겠다.

| 황수영 |

15장

흄

회의주의와 자연주의, 철학적 유신론

———

흄(David Hume, 1711~76)은 피론(Pyrrhon)적 회의주의를 결코 반박할 수 없음을 인정하지만, 궁극적으로는 경험을 신뢰하며 인과추론을 따를 수밖에 없다는 입장을 취했다. 경험을 신뢰하고 인과추론을 하는 것은 인간 본성에서 내재적으로 작용하는 기제 때문이다. 흄의 철학적 작업의 중요한 요소 중 한가지는 이 심리적 기제를 자연법칙으로 설명하는 것이며, 이것이 흄의 자연주의의 특징 중 하나라고 할 수 있다. 이와 같은 흄의 회의주의와 자연주의적 특성은 종교 문제에도 그대로 적용된다. 흄은 피론적 회의주의를 인정함으로써 다신교뿐만 아니라 기독교 신 존재의 인식 가능성을 부정하면서 자연주의의 입장에서 종교현상을 불가피한 심리적 기제의 작용으로 설명한다.

흄은 자신의 첫 저서 『인간 본성에 관한 논고』(*A Treatise of Human Nature*, 1739~40, 이하 『논고』)에서 로마 가톨릭교를 명시적이지만 비교적 온건하게 비판하고 '비철학적 개연성'이라는 절의 각주에서 이신론의 정당화 가능성에 대해 회의주의적 입장을 취한다. 『논고』가 간행된 뒤 무신론자로 낙인찍혀 각종 좌절을 겪은 흄은 『인간 오성에 관한 탐구』(*Enquiry Concerning Human Understanding*, 1758, 이하 『탐구』)에서 기독교의 근간인 기적, 예언, 섭리에 대해 신랄하게 비판하며, 유고집인 『자연종교에 관한 대화』(*Dialogues Concerning Natural Religion*, 1779. 이하 『대화』)에서는 비교적 온건하지만 근대 이신론마저 직접적으로 비판한다.

흄의 입장에서, 불확실하나마 우리가 믿고 추론할 수밖에 없는 경험적 근거조차 전혀 없는 신은 공상의 산물이다. 그리고 이 신의 존재를 정당화하려는 허황한 각종 교리에 대한 맹신이나 광신을 근거로 각종 파벌이 형성되므로, 교리에 대한 다양한 해석은 사회적 파벌 간의 갈등이 발생하는 주요 원인으로 지목되기도 한다. 이런 점에서 종교는 심각한 사회적 폐단의 주요 원천일 수 있다. 인간의 심리적 기제 때문에 종교적인 심리현상은 근원적으로 부정할 수도 외면할 수도 없지만, 인간 이성과 도덕의 한계 안에서 신의 존재와 종교를 인정할 수 있다는 것이 흄의 근본 입장이라고 할 수 있다.

1. 근대 유럽의 일반적 종교 문제

19세기 말 이전 우리말에는 '종교'라는 용어가 없었다. 우리 문화의 형이상학적, 종교적 근간을 이루는 불교나 유교에서 신의 존재는 그다지 중요하지 않거나 무관하고, 샤머니즘이나 애니미즘 형태의 토속적인 민간신앙에서만 물신숭배의 대상인 자연물이나 자연현상이 의인화된 신으로 등장한다. 그럼에도 불구하고 흔히 '종교'라는 말에 '신'과 연관된 의미가 포함된 것으로 연상하는 까닭은 19세기 이후 유럽에서 유입된 학문의 영향으로 추정된다. 대부분의 학술용어가 그러하듯이 '종교'라는 말도 중세 이후 유럽 문화의 토대이자 그들 종교의 주류인 기독교가 유입되면서 생긴 번역어이고, 유럽의 religion은 신과 분리될 수 없는 의미이기 때문이다. 따라서 우리가 종교를 거론할 때 신의 존재와 속성을 연상하는 것은 유럽 사회에 기독교가 공인된 이후 그 문화의 주류였던 기독교의 맥락에서라는 점을 염두에 둘 필요가 있을 것이다.

그런데 유럽의 역사에서 신의 존재와 속성이 일관된 의미를 유지한 것은 아니었다. 계시신앙을 기초로 사회가 유지된 중세까지의 신과, 인간 지성으로 자연법칙을 인식함으로써 신의 섭리를 이해할 수 있다고 생각하거나 또는 우리가 인식하는 자연현상은 신과 무관하다고 생각하게 된 근대 이후의 신에 대해서는 그 속성 및 신과 인간의 관계 등을 달리 생각할 수밖에 없었기 때문이다. 샤머니즘의 일반적 구조에서 계시

신앙이 주류를 이룰 때 사람들은 신이 인간세계와는 다른 세계에 거처하는 초월적 존재로서 오직 사제를 매개로 인간과 소통하는 의인적 속성을 가진 것으로 상상했다. 즉 신은 사제를 통해 자기 뜻을 현세의 인간에게 계시하고, 인간은 신의 계시를 사제에게서 전해 듣고 사제를 매개로 신에게 자기 염원을 전하는 구조였다. 이와 달리 계시종교를 부정했던 뉴턴 등 근대 유럽의 자연주의자들 중 일부는 필연적인 자연법칙의 설계자로서 신의 존재를 이해하려고 했고, 이들은 이신론이나 범신론의 성향을 보였다. 이 자연주의자들의 입장에 따르면 신과 인간 사이의 매개적 존재로서 사제는 그 역할을 상실하게 된다.

그러나 다양한 입장의 이신론이 있었고, 이것은 단순히 종교적인 문제만은 아니었다. 전통적 계시종교인 로마 가톨릭이 사제와 봉건귀족의 계급이익을 유지하는 역할을 했다면, 이신론을 제안한 사람들은 다양한 근대 자연종교 중에서 자연법칙을 지배하는 신의 의지나 섭리를 인간 이성으로 직접 인식할 수 있다고 믿고 사제의 전통적 역할을 부정했다. 이들이 신의 속성을 새롭게 규정하고 인간과 신의 관계도 새롭게 설정한 것은 상공업과 무역의 발달로 경제력을 장악한 신흥귀족 및 절대군주 등이 새로운 지배계급으로 등장하면서 자신들의 계급이익을 옹호하고 대변하려는 의도를 담고 있기도 하다.

따라서 근대 유럽의 신흥 기독교, 흔히 우리가 개신교라고 부르는 다양한 프로테스탄티즘에서 각각의 교리 해석은 순수한 종교의 문제를 넘어 다양한 현실적 이해관계와 정치적 권력관계까지 얽혀 있었기 때문에 논쟁이 치열할 수밖에 없었다. 그리고 그 치열한 논쟁 과정에서 신과 세계의 관계 및 신의 본성에 대한 해석이 자신들과 차이를 보이면 가차없이 이단자로 단죄하거나 무신론자로 매도했다. 오직 아브라함의 신만 경배하며, 선별된 아브라함의 후손들 및 자신들에게만 하늘의 왕국을 약속한 자신들만의 신이 세계를 지배한다고 본 전통적 기독교의 입장을 완전히 벗어나지 못한 상태에서의 교리논쟁은 자신들만이 선택받은 아브라함의 후손임을 증명하려는 시도로 볼 수도 있을 것이다. 이런 논쟁은 당사자들의 직접적 이해관계와 얽혀 당시 사회적 혼란의 중대한 원천이기도 했다.

17세기 영국에서 홉스는 이런 문제점 때문에, 교리 해석은 국가의 권한에 속하며 기독교 국가에서는 통치권자의 의지가 신의 의지이고 그렇지 않은 국가에서도 교회는 통치권자에게 절대적으로 복종해야 한다고 주장했다. 일반적인 기독교 교리와 달리 자살마저 정당화했던 홉스의 경우에, 부정할 수 없는 기독교인의 필수 조건은 '예수가 그리스도(구세주)라는 사실'을 믿는 것뿐이며, 국가 또는 통치권자가 임명한 사람만이 성서를 해석할 권한이 있고 나머지는 이 해석을 따라야 한다고 말했다. 한편 로크는 비록 계시의 진리와 이성의 진리를 모두 인정하며 도덕의 원천으로서 종교를 옹호했지만, 인간 이성에 따라 계시의 진리에 대해 판단하도록 한 점에서 계시의 진리도 인간 이성의 영역을 벗어날 수 없다는 입장을 취했다.

흄은 여기서 한걸음 더 나아가 『대화』에서 극단적 회의주의를 일종의 비판 전략으로 활용하여 이와 같은 기독교 내부의 교리논쟁을 무의미한 것이라고 비판했고, 『종교의 자연사』(*The Natural History of Religion*, 1757)에서는 종교현상을 인간의 자연적 심성, 즉 본성의 산물이라고 하며 종교현상의 발생 과정을 심리적 인과관계를 통해 설명했다. 한편 흄은 자연현상의 한결같이 정교한 인과적 규칙성에 감탄하여 이 자연을 설계한 존재 또는 자연이 존재하게 된 궁극적 원인으로서 신의 존재를 인정할 수밖에 없다고 여길 수도 있지만, 그 경험적 증거는 전혀 없다고 보았다. 나아가서 흄은 인간과 같은 감정과 의지를 가지고 기적을 이루는 의인화된 신 즉 인격신의 존재를 상상력의 산물에 지나지 않는다고 했으니, 이와 같은 신의 존재를 옹호하는 입장에서 보면 흄은 명백한 무신론자다.

흄은 신의 속성에 대한 자신의 입장을 직접적으로 명시하지 않고, 대화체 형식으로 집필한 『대화』에 등장하는 인물들의 논쟁을 통해 신의 속성에 대한 다양한 주장을 소개하며 각 주장에 대해 비판적 의견을 제시했다. 그러므로 이 책을 읽는 이들은 신의 속성에 대한 흄의 입장을 짐작만 할 수 있다. 흄은 교리논쟁에 철저히 회의적이었으며, 도덕도 사회구성원들 간의 묵계와 합의의 결과이지 신과 무관하다는 입장을 취함으로써 종교적 문제에 전반적으로 냉소적인 반응을 보였다. 초월적 인격신과 그에 대한 신앙을 교리로 삼는 종교에 대한 흄의 철학적 분석은 사회적으로 종교가 필요없다는 입장에 가까울 뿐만 아니라, 유럽 역사 전반에 걸쳐 미신과 종교적 광기에서 비롯된 사회적 해악을 현실적이고 도덕적인 측면에서 날카롭게 비판하고 있다. 즉 흄은 종교를 인간의 자연적 심성에서 어쩔 수 없이 발생할 수밖에 없는 심리현상의 일종으로 해석하며, 사람들의 합의에 따라 정립된 도덕적 기준에 따라 종교의 가치를 판단한다는 점에서 종교를 도덕의 원천이라고 보는 입장조차 부정했다.

2. 회의주의와 자연주의

흄은 회의주의를 전략으로 기존 종교의 각종 교리를 비판한다. 또한 경험할 수 있는 사실들의 한계 안에서 종교현상을 인과적으로 설명하는데, 이를 흄의 설명적 자연주의(explanatory naturalism)라고 한다. 경험의 영역을 넘어선 형이상학의 영역에서 신과 종교에 대해 논변을 전개했던 사람들의 입장에서 볼 때 흄이 회의주의자로 평가받는 것은 말할 나위도 없다. 흄은 철저한 경험주의자답게 인간 이성이 경험의 한계를 넘어서서 진리를 추구하면 독단과 몽상에 빠지거나 극단적 회의주의에 이를 수밖에 없다는 입장이기 때문이다.

대체로 흄을 회의주의자 또는 자연주의자로 평가한다. 이것은 표현상의 차이일 뿐이라고 할 수도 있겠지만, 그 의미를 제대로 이해하지 못한다면 다소 오해를 유발할 수도 있다. 흄은 회의주의를 '극단적 회의주의'와 '온건한 회의주의'의 두가지로 구분한다. 흄이 이 두가지를 늘 동일한 용어로 표현한 것은 아니다. 극단적 회의주의는 '전체적 회의주의' '단호한 회의주의' 등으로, 온건한 회의주의는 '완화된 회의주의' 등으로 표현하고, 심지어 『대화』에서는 온건한 회의주의자를 '철학적 회의주의자'로 표현하기 때문에 혼란스러울 수도 있는데, 이는 표현의 차이일 뿐이라는 점을 이해하면 혼란의 소지를 줄일 수 있다.

극단적 회의주의는 우리가 경험하는 사실, 즉 자연에 대한 어떤 추론이나 인식도 객관적 확실성을 결코 확보할 수 없으므로 오류를 범하지 않으려면 모든 판단을 중지해야 한다는 입장이다. 흄이 말하는 온건한 회의주의는 극단적 회의주의처럼 객관적 확실성을 확보할 수 없다는 점을 인정하지만 그렇다고 해서 추론과 판단을 중지할 수는 없다는 입장이다. 흄의 말을 직접 인용해보자. "자연은 절대적이고 불가항력적인 필연성으로 우리가 숨쉬고 느끼는 것과 마찬가지로 판단하도록 결정했다. 우리가 깨어 있으면서 생각하지 않으려고 할 수 없고, 밝은 햇빛 속에 있는 주변 대상으로 눈길을 돌리면서 그 대상들을 보지 않을 수 없듯이…"(『논고』 183면). 즉 객관적 확실성을 보장할 수는 없지만 그렇다고 우리는 추론하고 판단하지 않을 수도 없다는 것이다. 여기서 흄은 학문의 방법으로서 온건한 회의주의를 제시한다. 즉 우리가 경험을 통해 어떤 사실을 인식하고 추론하는 경우에, 그 경험이 확실하다는 보장은 없지만 그 경험 내용이 거짓으로 확인될 때까지는 경험한 사실을 참이라고 믿고 추론할 수밖에 없는 것이 인간 이성의 운명이라는 것이다. 이것이 흄이 말하는 온건한 회의주의다.

이 온건한 회의주의가 유럽 근대 자연과학의 철학적 기초인 자연주의다. 즉 우리가 경험하는 모든 대상은, 심지어 인간의 심리현상까지도 시간과 공간이라는 존재 방식을 갖는다. 우리는 이 대상을 경험(또는 실험과 관찰)을 통해 인식하는데, 그 경험이 틀렸을 수도 있고 또한 모든 대상을 경험할 수 없기 때문에 기존 경험과 상반되는 것을 새로 경험할 수도 있다. 그렇다면 우리는 이미 참이라고 믿고 있던 것을 변경하거나 포기할 수밖에 없고, 또한 그 믿음을 기초로 추론한 이론적 틀도 변경하거나 포기할 수밖에 없다. 우리는 과학의 역사에서 과학이론이나 법칙이 끊임없이 형성되고 변형된다는 사실을 확인할 수 있는데, 자연주의는 이러한 변형의 근본 조건이기도 하다.

이 자연주의는 경험을 기초로 한다는 점에서 형이상학과 구별되고, 경험이 객관적 확실성을 보장할 수 없다는 것을 알면서도 경험이 반증되기 전까지는 참이라고 믿는다는 점에서 극단적 회의주의와도 구별된다. 이성이 경험의 한계를 넘어서면 형이상학적 독단에 빠지기 쉽고, 경험의 불확실성에 매달려 모든 인식의 가능성을 부정한다면 회의주의의 늪을 벗어날 수 없다. 이런 점에서 형이상학적 체계로 자연현상을 설명하려는 사람들의 입장에서는 흄을 회의주의자로 평가할 수 있겠는데, 이런 의미에서 회의주의자라고 평가한다면 흄 자신도 아마 영예롭게 받아들였을 것이다. 흄은 회의주의를 통해 형이상학을 학문의 영역에서 철저히 배제하려 한 근대 자연주의자였기 때문이다.

이와 같은 흄의 자연주의는 종교 문제에 관한 한 계시종교를 옹호하는 입장과 원초적 자연종교를 옹호하는 입장에 대해 비판적일 수밖에 없고, 자연법칙에 신의 개입을 인정하는 이신론을 포함한 근대 자연종교에도 회의적 입장을 취할 수밖에 없다. 『종교의 자연사』에서 흄은 우리가 경험할 수 있는 사실의 범위 안에서, 즉 자연현상의 범위 안에서 종교 발생 과정의 기제를 인과적으로 설명했다. 이런 점에서 흄은 설명적 자연주의의 입장을 취하고 있다. 다음 절에서 종교의 기원에 대한 흄의 자연주의적 설명을 살펴보기로 한다.

3. 마음의 자연적 현상인 원시종교

『종교의 자연사』 제1절부터 5절까지에서 흄은 인류 최초의 종교로서 다신교 또는 우상숭배를 설명하며 두가지를 동일시하기도 하는데, 다신론과 우상숭배는 인간 지성이 발달하기 이전 문명에 나타나는 공통적 현상으로 그 기원은 미개한 인간의 마음에 있다고 한다. 다소 길지만 흄의 설명을 직접 살펴보자.

아메리카, 아시아, 아프리카의 미개 종족들은 모두 우상숭배자들이다. 이 규칙에는 단 하나의 예외도 볼 수 없다. (『종교의 자연사』 46면)

인간 사유의 자연적 진보에 따르면 무지한 대중들은 자연의 전체계에 질서를 부여하는 완전한 존재를 생각하기 이전에 우월한 힘에 대해 다소 비굴하고 통속적인 관념을 지니고 있었음에 틀림없다. (같은 책 47면)

다신론을 수용한 모든 민족의 경우에 최초의 종교 관념은 자연의 작용을 관조함으로써 발생한 것이 아니라, 인생사에 대한 관심과 사람의 마음을 움직이는 끊임없는 희망과 공포에서 발생했다. (같은 책 53면)

우리는 모든 사건의 참된 기원과 원인이 완전히 감추어져 있는 흡사 거대한 하나의 극장과 같은 세계에 살고 있다. (⋯) 이 알려지지 않은 원인들이 바로 우리의 희망과 공포의 불변적 대상이 된다. (⋯) 사람들이 가장 신뢰할 만하며 적어도 가장 지성적인 철학으로 자연을 분석할 수 있다면, 이 원인은 자기 신체나 외부의 물체를 구성하고 있는 미립자들의 특정한 조직과 구조일 뿐이며 사람들이 그토록 관심을 기울였던 그 사건들은 변함없이 규칙적인 기계장치에 의해 발생된다는 것을 알게 될 것이다. 하지만 무지한 대중의 이해력으로 이런 철학을 감당할 수 없으므로, 대중들은 알려지지 않은 원인을 일반적이고 혼란스러운 방식으로 생각할 수 있을 뿐이다. (같은 책 56~57면)

인류에게는 모든 존재를 자신과 같이 생각하며 자신에게 거리낌없이 익숙하고 자신이 직접 의식하는 성질들을 어느 사물에나 갖다 붙이는 보편적 성향이 있다. (⋯) 이 자연적 성향이 경험이나 반성을 통해 교정되지 않는다면, 이 성향 때문에 사람들은 우리에게 해롭거나 좋은 것에 일일이 나쁜 의지나 좋은 의지가 있는 것으로 생각하게 된다. (같은 책 57면)

인용문의 내용으로 미루어 흄은, 자연현상에서 알려지지 않은 원인에 대해 탐구할 지적 능력이 없는 상태의 사람들이 각각의 자연물이나 자연현상을 인간과 같은 감정이 있는 것으로 의인화하고, 거기에 공포와 희망을 느끼며, 공포와 희망의 대상에게 각각 나쁜 의지와 좋은 의지가 있는 것으로 생각하는 자연적 성향 때문에 다신교 또는 우상숭배가 발생했다고 보았음을 알 수 있다. 그런 사람들은 자연의 전체계가 한결같은 규칙성에 따라 기계처럼 변화하며 모든 사건은 규칙적인 자연의 인과적 현상일 뿐이라는 것을 제대로 인식하지 못하기 때문에, 또 그와 같은 자연현상의 궁극적 원인으로서 신의 존재를 생각할 수 없었기 때문에, 바위나 숲, 또는 강이나 산, 심지어 사람의 감정까지 의인화하고 신격화하여 마치 신인 것처럼 숭배하는 현상을 보인다. 즉 숲의 신, 바람의 신, 비의 신, 질투의 신, 사랑의 신 등 인간이 지각할 수 있는 모든 자연물과 자연현상 각각을 인간의 정서를 지닌 것처럼 의인화하여 신격화하는데, 이 신들은 그 기능과 능력이 자신들이 생각하는 자연물의 기능으로 국한되며 그 능력 또한 유한하므로, 인간들과 공존하면서 마치 인간들 사이에 벌어지는 모든 사건들을 유발하는 것처럼 보인다. "이런 것이 다신교의 일반적 원리인데, 이 원리는 돌발적이거나 우연한 일과 거의 또는 전혀 무관하고 인간 본성에 기초를 두고 있다"(같은 책 81면).

그런데 성공한 경우에 인간은 대체로 그 성공의 원인을 자신의 능력이라고 생각하기 때문에 신을 찾지 않지만, 재앙을 겪을 경우에는 공포감과 우울증에 빠져 자신의 운명을 좌우한다고 여기는 신을 떠올리며, 공포감을 벗어나 희망과 안도감을 얻기 위해 신에게 갖은 찬사를 보내며 행운을 기원한다(같은 책 61면).

흄에 따르면 유일신 신앙을 가진 사람들에게 다신론자들은 무신론자로 여겨질 수도 있으며, 다신론자의 신들은 경건한 예배의 대상이 될 자격도 없는 것으로 생각되었다. 기도에 대한 응답이 없으면 중국인들은 자신들의 우상을 깨뜨렸고, 각종 신화에서 신들은 자신들에게 적대적인 인간에게 쫓길 때 동물의 모습으로 위장해 자신들을 은폐했으며 이것이 동물숭배 현상으로 이어지기도 했다. 이것은 다신론이나 우상숭배에서의 신은 인간에게 절대적 지배자의 위치를 차지하지 못하고 있음을 나타낸다. 원초적 종교에서 신은 인간과 거의 대등하거나, 탁월한 영웅보다 열등한 존재로서 인간에게 보복을 당하거나, 심지어 인간을 두려워하는 존재로 묘사되기도 한다는 뜻이다(같은 책 66면).

또 원초적 종교의 대표적 사례인 신화에서는 도덕성도 찾아볼 수 없다. 흄에 따르면 그리스 신화에서 "호메로스는 (…) 주피터에게 최고의 경칭을 붙여가며 찬사를 보내고 그 절정에 이르러 신과 인간의 아버지로 그를 지칭한다. 호메로스는 모든 사원과 거리가 한낱 부친 살해자이며 찬탈자에 불과한 주피터의 조상, 아저씨, 형제, 자매들로 채워져 있다는 사실을 잊고 있는 것이다"(같은 책 90면). 그럼에도 불구하고 자신들이 최고신으로 숭배하는 대상에게 최대의 찬사를 보내면 찬사와 아첨에 약한 인간과 다를 바 없이 신도 기뻐하며 자신들에게 행운을 가져다줄 것이라는 희망에 사로잡히는 것이 다신론자들의 종교적 성향이라는 것이다. 물론 이런 희망이 충족되지 않으면 그 신은 사람들에게 원망과 증오의 대상에 지나지 않게 될 것이다.

4. 다양한 유일신 사상의 두 종류와 그 영향

유일신에 대한 신앙은 다양한데 어떻게 두 종류라고 하는 것일까? 흄에 따르면 일반적으로 사람들에게 유일신의 의미는 다신론이나 우상숭배를 일삼는 사람들이 자신들만의 신을 최고의 신이라고 믿는 자연적 성향에 기초를 둔 것과, 지성적인 사람들이 자연의 정교한 체계를 관조하며 그 궁극적 원인으로 신의 존재와 본성을 믿고 설명하는 철학적 지성에 기초를 둔 것으로 구별할 수 있다.

『대화』제2부와『논고』의「부록」633면, 그리고『종교의 자연사』제6절 등 여러 곳에서 흄은 신의 존재를 적극적으로 인정하는 듯하다. 신의 존재에 대한 직접 경험은 있을 수 없지만, 모든 존재는 그 원인이 있다는 점에서 우주의 궁극적 원인으로서 신의 존재를 인정할 수도 있다고 보았다. 하지만 흄은 변덕스러운 인간처럼 마음 내키는 대로 자연법칙에 끼어들어 기적을 일으키는 초자연적 존재로서의 신에 대해서는 철저히 부정적이다. 근대과학의 기계론적 자연관에서 일정한 자연법칙에 신이 임의적으로 관여하는 일은 용인될 수 없기 때문이다. 만일 그와 같은 신의 관여가 용인된다면 완벽한 근대의 기계론적 자연관은 성립할 수 없을 것이다. 그렇다면 신을 자연법칙에 관여하여 기적을 일으키는 초자연적인 인격적 존재라고 생각하는 사람들에게 흄은 무신론자임에 틀림없다.

흄에 따르면 "많은 유일신론자들, 심지어 가장 열정적이며 엄정한 유일신론자들조차 신의 개별적 섭리(particular providence)를 부정했으며, 이 사람들의 주장에 따르면 자연을 지배하는 일반법칙을 확정했던 최고의 정신 또는 제1원리는 이 일반법칙이 거침없이 연속적으로 유지되도록 했고, 사건들의 일정한 질서를 매번 자기 생각대로 교란하지 않는다. 이런 유일신론자들의 말에 따르면 우리는 정해진 규칙들이 훌륭하게 연관되어 있고 엄격하게 지켜진다는 점에서 유일신론을 옹호할 주요 논변을 도출할 수 있으며, 바로 이 원리에서 유일신론에 대한 주요 반박에 대응할 수 있다. 그러나 대부분의 사람은 이런 사실을 거의 이해하지 못하므로, 모든 사건에 신이 일일이 개입하는 것을 부정하고 모든 사건을 자연적 원인 때문이라고 하는 사람을 보면 어떤 경우든 그런 사람을 아주 지독한 무신론자로 여기는 경향이 있다"(같은 책 84~85면). 다시 말해서 대부분의 사람은 자기 이성을 통해 한결같은 자연법칙을 이해하고 그 법칙의 궁극적 원인이자 설계자로서 지성적 신의 존재를 생각할 여력이 없으므로 다신교나 우상숭배, 또는 사람과 같은 성향을 지닌 인격적 존재로서의 유일신 신앙 같은 미신 상태의 종교를 벗어날 수 없고, 신을 체계적인 자연법칙의 설계자라고 생각하는 사람을 오히려 무신론자라고 생각한다.

흄은 『종교의 자연사』 제7절에서 자연적 성향 때문에 유일신을 신봉하는 사람들의 특징을 자신들의 이성으로는 이해할 수 없는 돌발적 자연현상의 원인을 자신들이 신봉하는 최고신의 직접적 의지 때문이라고 믿으며, 그 신을 극도로 찬미하며 자신들의 불행을 모면하고 행운을 기대하는 것이라고 했다. 예를 들어 "평범한 유대인들이 오직 아브라함과 이삭 그리고 야곱만의 신이라고 생각했던 신은 그들의 여호와이자 세계의 창조자로 되었다"(같은 책 88면). 여기서 '여호와'는 '모든 것을 할 수 있는 신'(the Almighty)이고, 자신들과 관련된 모든 일과 기적은 이 신에 의해 결정된다고 믿으며 신의 환심을 사기 위해 극도의 찬미와 아첨을 아끼지 않는다. 이것은 여러 신화에서 공통적으로 볼 수 있는 내용으로 다신교나 우상숭배의 일반 원리와 다를 바 없고, 이런 점에서 윤노빈 교수는 "수적인 의미에서 유일신이란 여러 우상들 가운에 끼어 있는 하나의 우상"(『신생철학』 24면)이라고 하기도 했다.

흄에 따르면, 이 "유일신론을 기본 원리로 하는 대중종교에서는 그 교의가 건전한 이성에 상응할 수 있도록 신학체계에 철학이 동원된다. (…) 그러나 이러한 모습은 모두 기만적임이 드러나며, 철학은 자신의 새로운 동반자에 예속됨을 깨닫게 된다. 신학과 함께 작업하는 데 있어 철학은 모든 원리를 규제하는 대신에 항상 미신의 목적에 이바지하도록 오용된다. 조화와 조정이 필요한 불가피한 모순 말고도 모든 대중신학은, 특히 스콜라신학은 불합리와 모순으로 가득 차 있다고 단언할 수 있다. (…) 신이 주는 상급(賞給)은 반동적 기질을 지닌 이성을 잠재우고 가장 비지성적인 궤변을 믿는 경건한 신자들에게 주어지는 것이다"(『종교의 자연사』 110~11면). 즉 철학을 통해 이성과 부합하는 건전한 교리를 갖춘 종교라고 하더라도 대중종교는 그 건전함을 유지하기 어렵다는 것이다.

최고신을 하나의 신으로 인정하며 신에 대한 미신적 공포감 때문에 굴종하게 되면 금욕과 극기, 자기비하, 순종적 고난 등과 같은 수도원의 덕목 때문에 인류의 활기가 억눌리고 굴종과 예속에 길든다. 반면에, 앞절에서 살펴보았듯이 다신교는 비의 신, 바람의 신, 숲의 신, 바다의 신 등 다양한 신들의 능력과 기능을 유한한 것으로 보기 때문에 여러 신이 공존할 여지를 두고 있다. 그뿐 아니라, 신을 인간보다 조금 우월한 존재로 여기고 신과 친근하게 지내며 경쟁하기도 하기 때문에, 오히려 다신론에서는 활기, 기백, 용기, 도량, 자유애 및 그밖에 인간성을 고양하는 모든 덕목이 촉발된다(같은 책 제5절).

또한 신앙의 단일성을 강조하는 유일신교는 이교도에 적대적이며 반대자를 이단자로 몰아 복수의 대상으로 삼는 경우가 흔할 뿐만 아니라 내전의 직접적 원인이 되기도 한다는 점에서 그 사회적 폐단이 극심해질 수 있다(같은 책 제9절). 실제로 17세기 초에 영국에서 의사당을 폭파하고 제임스 1세와 의원들을 살해하려고 했던 화약음모 사건(가이 포크스 사건)의 주축도 구교도들이었다. 이렇듯 종교적 파벌은 사회적 갈등의 구심점이 될 수도 있는데, 이것은 교리가 다르면 적대적 관계를 형성하는 유일신교의 두드러진 특징이다. 반면에 다신교는 다른 신을 숭배하는 종교에 대해 이와 같이 극심한 적대적 갈등을 유발하는 경우는 거의 없고 오히려 관대한 경우가 흔하다는 점에서 사회적 폐단은 훨씬 덜

하다고 볼 수 있다.

5. 계시종교에 대한 참된 철학자의 비판

『대화』는 참된 종교의 본성을 모색하는 흄의 철학적 여정이다. 『대화』의 등장인물들 중 누가 흄의 입장을 대변하는지에 대한 논란은 지금까지 이어지고 있다. 먼저 등장인물들 간의 관계를 살펴보면, 참된 회의주의자와 참된 기독교인과 참된 철학자를 동일하게 생각하는 흄의 의도를 짐작할 수 있을 것 같다. 즉 이신론을 옹호하는 다양한 논변을 제시하는 클레안테스는 그들의 대화를 듣는 팜필루스라는 학생의 교사역할을 하는 것으로 설정되어 있고, 이 학생은 클레안테스의 친구 아들이기도 하다. 그리고 데미아는 극단적 회의주의를 바탕으로 계시종교를 옹호한다. 필로는 회의주의를 하나의 전략으로 하여 이신론과 계시종교를 조목조목 비판하는 입장을 취하는데, 이신론에 대해서는 결코 적대적이지 않으며 애정 어린 비판을 가한다.

이 관계를 당시 교회의 사제와 신도의 관계, 그리고 사제와 신도 모두에게 정당화될 수 없는 교리에 대한 확신과 맹신을 경고하는 철학자의 입장이라는 구도로 생각해보자. 이런 구도로 파악한다면 자신들의 교리가 결코 정당화될 수 없음에도 불구하고 그에 대한 확신에 찬 사제들이 결코 적대적 관계일 수 없는 친구 아들 같은 신도에게조차 자신의 교리를 강변하는 것에 대해, 사제들의 지나친 확신을 자제하라는 철학자의 경고가 필로의 논박을 통해 제시된다고 볼 수 있다. 한편 철학자는 아버지 친구 같은 친근감을 느끼는 사제들이 확신에 차서 설교하는 교리가 결코 정당화될 수 없음을 신도들에게 일깨워줌으로써, 그와 같은 교리를 맹목적으로 추종하는 것을 경고하는 것으로 생각할 수도 있다.

실제로 흄은 『논고』 제1권 말미에서 미신이 철학보다 훨씬 대담하며 인류의 통속적 의견에서 자연스럽게 발생하여 인간정신을 강하게 사로잡기 때문에, 인간의 삶을 교란할 수 있다고 말한다. 그리고 이때 흄은 미신에 사로잡힌 사람들에게 엄청난 대지의 혼합물을 한몫 전해주고 싶다고 한다(272~73면). 『대화』 말미에서 등장인물들 사이의 대화는 필로의 다음과 같은 말로 끝난다. 신의 속성을 알 수 있는 방법이 전혀 없는 인간 이성의 근본적 한계 때문에 "자연이성의 불완전함에 길들여진 사람은 더할 나위 없이 탐욕스럽게 계시의 진리로 날아갈 것이다. 반면에 단지 철학의 도움만으로 신학의 완전한 체계를 수립할 수 있다고 확신했던 오만한 독단주의자는 그밖의 모든 도움을 무시하고 이 예기치 못한 선생을 외면할 것이다. 학문을 하는 사람의 경우에 철학적 회의주의자가 되는 것은 건전하고 독실한 기독교인이 되기 위한 기초적이고 본질적인 걸음이다. 나는 팜필루스가 이 명제를 명심하기 바란다. 그리고 클레안테스가 자기 제자를 훈육하는 데 내가 지금까지 간섭한 것을 용서해주면 고맙겠다"(『대화』 제12장). 이런 점을 감안하면 특히 흄에게서 '참된 회의주의자'는 '온건한 회의주의자' 즉 '참된 철학자'를 뜻하며, 참된 철학자의 역할 중 하나는 경험의 한계를 초월한 형이상학적 궤변에 대한 비판을 통해 일상인들이 지적 한계 때문에 형이상학적 교리나 몽상과 다를 바 없는 교리를 맹목적으로 신뢰하는 것을 경고하는 것이라고 할 수 있다. 여기서 필로가 클레안테스에게 용서를 구하는 것으로 대화를 마무리한 까닭은 무엇일까?

데미아는 필로와 함께 회의주의자인데, 극단적 회의주의를 근거로 신비주의의 초월적 신관을 옹호한다. 이신론자인 클레안테스는 이성에 대한 무한한 신뢰를 바탕으로 경험적 유비를 통해 신인동형동성설

(anthropomorphism)을 옹호한다. 데미아와 클레안테스의 이런 입장은 각각 18세기의 계시종교와 자연종교를 대변한다. 특히 클레안테스는 근본적으로 추리를 통해 자연으로부터 신에 대한 지식을 획득할 수 있다고 보는데, 이것은 자연과학의 성과에 자신감을 얻은 인간 이성 자체에 대한 무한한 신뢰를 전제로 한다. 그런데 대화 과정에서 데미아는 필요에 따라 필로와 클레안테스의 주장에 동조하지만, 그때마다 클레안테스와 필로의 논박을 받고 대화가 끝나기 전인 『대화』 제11장 말미에 먼저 자리를 떠난다. 이런 점에서 기계론적 자연관이 정착된 18세기 영국에서 계시종교의 설득력은 약하다는 것을 짐작할 수 있다.

이제 신의 존재와 본성에 대한 이들의 주장과 이에 대한 필로의 비판을 살펴보자. 계시종교를 옹호하는 데미아는 회의주의를 통해 신 존재의 초월성과 무한성을 옹호한다. 계시종교는 기적과 예언을 기초로 한다. 자연법칙에 위배되는 기적과 계시에 기초를 둔 예언은 이성으로는 해명될 수 없다. 만일 기적과 예언이 이성으로는 해명될 수 있다면 그것은 기적도 아니고 예언도 아니다. 데미아는 이처럼 이성의 한계를 넘어선 기적과 예언의 근거로 신의 존재를 옹호한다. 따라서 이들 계시종교를 옹호하는 것은 회의주의에 기초를 두고 있다.

필로는 이와 같은 데미아의 입장에 언뜻 동조하는 듯하다. 그러나 필로는 클레안테스와 함께 계시종교에 비판적이다. 필로와 클레안테스에 따르면, 데미아가 옹호하는 계시종교의 입장은 '야비하고 무식한 회의주의'에 기초를 두고 있다. 이와 같은 회의주의는 '넘어지면 다칠 수 있다'는 가능성조차 의심하는 극단적 회의주의다. 이 극단적 회의주의 때문에 일반인들은 쉽게 이해할 수 없는 사실에 대해 편견을 가지며, 정교한 추론이나 증명이 필요한 모든 원리를 거부하게 된다. 또 이런 종류의 회의주의 때문에 사람들은 유일신론이나 자연신학의 진리뿐만 아니라 전통적 미신의 터무니없는 교의에도 동의한다(『대화』제1부).

진리에 대한 정당화에 어떤 기준도 없다는 극단적 회의주의자들의 주장을 이용해 허구적인 것들에 대한 믿음마저 정당화하려고 시도하는 것이 계시종교 옹호론자들이다. 계시종교에서는 예컨대 마녀의 존재를 믿지만 정교한 논증을 통해 추론된 유클리드(Euclid)의 정리는 믿지 않는 인식론적 무정부 상태를 초래한다(같은 책 제1부). 이 인식론적 무정부 상태에서 "미신은 그것 고유의 세계를 열어젖히고, 우리에게 전혀 새로운 풍경과 존재 그리고 대상들을 제시한다"(『논고』271면). 흄의 입장에서 사실과 존재에 대한 신념은 결코 정당화될 수 없겠지만, 적어도 경험적 근거는 있기 때문에 믿지 않을 수 없다. 하지만 기적이나 예언은 풍문만 무성할 뿐 어떤 경험적 사례도 있을 수 없기 때문에 믿음의 근거라고는 전혀 없으므로 순수하게 공상의 산물일 뿐이다.

이런 세계관의 기초는 인식이 아니라, 자연종교이다. 즉 "공포의 상태에 처해 있는 사람은 종교적인 것에서 쾌락을 얻으며, 가장 참담하고 암울한 자연종교를 들뜨게 할 수 있는 사람보다 인기를 누리는 설교자는 없다. 우리가 일상적 대상의 구체적 실재성을 느끼면서 바로 이러한 실재성을 통해 살아가는 일상사에서 두려움과 공포보다 더 불쾌한 것은 있을 수 없다. 두려움과 공포라는 이 자연종교는 오직 희극공연이나 종교적인 설교에서만 항상 쾌감을 제공한다. 후자의 경우에 상상력은 게으르게도 관념 위에 잠들어 있다. 대상에 대한 신념이 결여됨으로써 나약해진 자연종교가 갖는 호의적인 결과는 정신에 생기를 불어넣고, 주의력을 속박하는 것뿐이다"(같은 책 115면).

이와 같은 계시종교는 칭찬과 비난을 대중없이 만들어냄으로써(『대화』12장) 실천적 측면에서 인간을 비굴하고 나약하게 만들어 노예 상태로 전락시킨다. 일반적으로 "용기, 대담, 야망, 영예에 대한 사랑, 도량 및 그밖에 빛나는 이와 같은 종류의 모든 덕은 분명히 그 덕들 사이에 자부심을 강하게 뒤섞고, 그 가치의 대부분을 자부심이라는 기원에서 끌어낸다. (…) 종교계의 많은 변론가들은 이런 덕을 완전히 무종교적이고 미개하다(natural)고 공공연히 힐난하며 기독교의 탁월성을 우리에게 설명하고, 기독교는 소심(humility)을 덕의 반열에 넣고 세상 사람들의 판단을 수정할 뿐만 아니라, 심지어 긍지와 야망의 모든 업적을 아주 일반적으로 찬양하는 철학자들의 판단까지 수정한다. (…) 소심이라는 이 덕이 제대로 이해되었는지 여부는 내가 감히 결정하지 않을 것이다"(『논고』 599~600면). 이 인용문에서 흄은 '소심'의 의미에 대해 유보적인 태도를 보이지만, 『대화』 제12부에서는 완전하고 영원한 지고의 절대적 존재인 신을 연약하고 불완전하며 변덕스러운 인간 존재와 대비시키면서, 미신은 강한 자에 대한 나약한 자의 복종을 의미하며 이런 복종을 종교에서의 덕이라고 한다고 밝히고 있다.

흄에 따르면 이와 같은 종교의 오류는 관심의 일탈과 천박한 가치관을 제시함으로써 정의와 인간성이라는 자연적 동기에 대한 사람들의 애착을 극도로 약화시킨다. 따라서 이런 종교가 지배적일 때 그 결과는 끝없는 논쟁과 싸움 그리고 당쟁과 박해나 시민폭동 같은 결과를 초래할 뿐이다(『대화』 제12부). 흄은 필로의 입을 빌려 참된 종교는 이처럼 유해한 결과를 초래하지 않는다고 말한다.

6. 설계 논증에 대한 비판과 흄의 참된 종교

근대 이신론의 대표적 논증 사례라고 할 수 있는 '신의 존재에 대한 설계 논증'을 흄은 『대화』에서 클레안테스의 입을 빌려 제시하고 필로를 통해 이를 비판한다.『대화』제2부에 제시된 설계 논증은 다음과 같다.

건축자재를 구해 건물을 짓기 위해서는 건물의 구조에 대한 건축가의 설계가 있어야 하며, 건물이 있다는 것은 건물을 설계한 건축가가 있다는 증거다. 그리고 설계는 건축가의 정신에서 나오므로 일정한 체계를 가진 건물의 궁극적 원인은 건축가의 정신이다. 자연계에 존재하는 수많은 사물들은 일정한 질서로 배열되어 규칙적으로 운동하고 변화한다. 자연계의 사물들을 이렇게 설계한 것은 정신이다. 그런데 자연에 질서를 부여한 것은 지고의 존재인 신이므로 신은 정신이다.

이와 같은 설계 논증에 대해 필로는 클레안테스가 제시한 유비적 사례들은 자연의 일부분이며 인간의 의도에 따라 설계된 것들에 불과하다는 점을 들어 이 설계 논증을 논박한다. 즉 인간의 의도에 따라 설계되고 제작된 것은 자연 중 극히 일부에 지나지 않는다. 따라서 우주가 건축물과 닮았다고 주장할 수 있는 유비적 근거는 약하다. 우주 질서의 설계자로서의 정신의 존재를 막연히 추측(presumption)할 수 있을 뿐이라는 점에서 이 설계 논증은 확실성이 거의 없다.『대화』제2부는 필로가 클레안테스에게 설계 논증에 대한 경험적 정당화를 요구하는 것으로 마무리된다.

이에 대해 클레안테스는『대화』제3부에서 인위적으로 제작된 것뿐만 아니라 모든 자연물은 일정한 질서가 있는 구조로 존재한다고 주장한다. 예컨대 특정 동물의 신체는 그 종이 살기에 적합한 구조로 되어 있다. 그리고 그와 같은 구조로 설계한 존재는 정신이라고 할 수밖에 없다고 반박한다. 물질적 세계가 그와 유사한 관념적 세계에 좌우된다면, 즉 물질적 세계의 원인이 관념적 세계라면, 이 관념적 세계의 원인은 무엇인가? 나아가서 이 관념적 세계의 원인이 지고의 존재인 정신이라면 그와 같은 정신의 원인은 무엇인가? 그 원인에 대해서 더이상 물어서

안 되는 이유는 무엇인가? 이런 추론은 무한히 계속될 수밖에 없으므로 정당화될 수 없다.

또 『대화』 제4부에서 필로는 우주의 설계자로서의 신을 인간의 정신과 유사한 정신이라고 하더라도 무신론에 빠질 수밖에 없다고 비판한다. 실제로 이것은 흄의 『논고』 제2권에서 논의된 인간 정신에 대한 분석을 기초로 한다. 즉 경험으로 미루어볼 때 인간의 정신은 두뇌의 생리적 작용이며 그 결과로 파생된 감사·분노·사랑·미움·찬동·부인·연민·질시 등 다양한 정념들로 구성된 복합체이다. 인간의 모든 행동은 이 정념들의 역학관계에 따라 발생한다. 뿐만 아니라 인간 신체가 해체되면 인간 정념들도 소멸하고 해체되므로 인간의 정신도 사멸한다. 따라서 이와 같은 복합체로서의 사멸적인 정신을 이른바 단순하고 불멸적인 정신 또는 최고선으로서의 영원한 정신인 신과 비유하는 것은 필연적으로 불경스러운 무신론에 이르게 된다.

필로의 이런 비판에 대해 클레안테스는 『대화』 제4부에서 어떤 사고작용이나 의지 또는 정념도 없는 순수정신의 존재를 제안한다. 그러나 필로는 이미 정신의 의미가 무엇인가에 대한 분석을 통해 정신이 다양한 지각들의 다발일 뿐이라는 것을 논변하며, 순수하고 불가분적인 단순한 정신에 대한 어떤 예증도 불가능하다는 것을 전제하고 있다. 물론 여기에 대한 클레안테스의 반박은 없다.

흄은 『대화』에서 신의 존재를 옹호하는 논변이 가진 문제점을 일일이 비판했다. 여러 곳에서 자연의 정교한 조화와 질서가 어떤 목적에 따라 설계된 것임을 인정할 수도 있지만 그것의 경험적 근거는 없다고 보았다. 그러므로, 흄을 무신론자로 단정할 수는 없지만 그가 적어도 어떤 형태로든 기독교의 신을 부정하는 것은 분명하다. 『대화』 제1부는 필로의 입을 빌려 다음과 같이 시작한다. "과학과 심오한 탐구에 문외한인 일반인들은 학계의 끝없는 논란을 목격하고는 공통적으로 철학을 철저히 경멸하며, 자신들이 교육받은 유신론에 더욱 집착한다. 학문 연구에 갓 입문한 사람들은 학설들의 증거들이 새롭고 특이하다는 것을 발견하고는 인간 이성에 지나치게 어려울 것은 없다고 생각하면서 모든 장벽을 넘어 사원의 가장 성스러운 곳마저 침해한다." 이 말은 지적 추론 능력을 갖추지 못해 회의적인 사람은 맹목적 신앙을 갖지만, 이성의 한계를 자각하지 못하고 이성을 지나치게 신뢰하는 사람은 독단에 빠져 종교를 부정하거나 사변적 신학체계에 빠져 광신자가 될 수도 있다는 것이다. 흄은 "섣부른 철학은 인간을 무신론자로 만드나 성숙한 철학은 종교로 되돌아오게 한다"(『종교의 자연사』 85면)라는 베이컨의 말을 강조한다.

흄은 인간 이성의 추론능력은 경험의 한계를 넘어서면 독단과 회의에 빠질 수밖에 없다고 보았다. 즉 경험하지 못한 것은 알 수 없고, 경험을 넘어서서 추론을 확장하면 독단적 몽상에 빠질 수밖에 없다. 이 입장은 종교 문제에서도 마찬가지라고 볼 수 있다. 신의 속성에 대한 어떤 논변도 결코 정당화될 수 없음에도 불구하고 특정 교리에 지나치게 매달리게 되면 독단과 광신에 이를 수밖에 없다는 것이다. 그렇다고 인간의 자연적 심성에 뿌리를 두는 종교를 외면하거나 뿌리칠 수도 없다. 흄은 특정 종교를 지목하지 않으면서, 참된 종교는 유해한 결과를 초래하지 않는다고 했다. 또 다신교와 유일신교가 인간에게 미치는 영향을 평가할 때 그 기준으로 종교의 사회적 유해성과 유용성을 들었다. 그는 종교가 사회적 규범에 따라 평가받아야 하며 더이상 종교를 도덕의 원천으로 볼 수 없다고 주장했다.

사실 흄은 로마 가톨릭교의 관점에서도, 흔히 개신교라고 일컫는 프로테스탄티즘의 관점에서도 기독교인이 아니다. 흄은 처녀작 『논고』에서는 로마 가톨릭교를 명시적이지만 비교적 온건하게 비판하며, '비철학적 개연성'이라는 절의 각주에서 이신론의 정당화 가능성에 대해 회의주의적인 입장을 취한다. 하지만 『탐구』에서는 기독교의 근간인 기적·예언·섭리에 대해 신랄하게 비판하며, 유고집인 『대화』에서는 근대 이신론마저 다소 온건하지만 직접적으로 비판하고 있다. 흄이 인정할 수도 있다고 하는 신의 존재도 사제를 비롯한 종교인들이 신봉하는 신은 아니다. 실제로 흄은 "로크와 클라크를 읽은 뒤로 어떤 종교적 신념도 가지지 않았다"라고 말했다(『데이비드 흄의 삶』 597면). 이런 입장은 흄의 『탐구』 제8장과 11장에서 분명하게 드러난다. 그가 인정하는 참된 종교는 인간 지성과 경험의 한계 안에서 인간에게 유해한 결과를 초래하지 않는 종교였고, 그가 인정할 수도 있는 신은 근대 과학자의 신이었다. 즉 인간의 심리적 기제 때문에 종교적 심리현상을 근원적으로 부정할 수도 외면할 수도 없지만, 인간 이성과 도덕의 한계 안에서 신의 존재와 종교를 인정할 수도 있다는 것이 흄의 근본 입장이라고 할 수 있다.

| 이준호 |

16장

칸트
이성종교와 도덕신앙

칸트(Immanuel Kant, 1724~1804)는 종교철학을 하나의 학문으로 정립한 최초의 철학자라 할 수 있다. 칸트가 근대 종교철학을 정초하는 작업은 한편으로는 전통적인 철학적 종교론을 무력화함으로써 당대에까지 이어진 철학적 신학을 해체하는 작업을 통해서, 그리고 다른 한편으로는 도덕신학 또는 도덕적 이성신학이라는 전과는 전혀 다른 새로운 철학적 신학을 구체화하는 것을 통해서 이루어졌다. 이렇게 칸트가 구체화한 도덕종교 또는 이성종교, 그리고 이성신앙 또는 도덕신앙의 철학은 그의 이성비판의 철학자로서의 면모가 가장 집약적으로 발휘된 학문 영역이라 할 수 있다. 칸트는 자신의 철학적 구상에 어울리는 종교철학 혹은 철학적 종교론으로서 그리고 하나의 학문으로서 선험론적 이성신학의 체계 아래 이성신앙을 근간으로 하는 도덕신학이라는 기념비적인 독창적 이론에 도달했다. 칸트 철학을 근본적으로 특징짓는 두 요소인 이성과 도덕의 내밀한 관계가 함의하듯이 칸트의 종교철학은 상호 동일한 의미를 갖는 이성신학/도덕신학 및 이성신앙/도덕신앙의 세계를 그려낸다. 그리고 당연히 염두에 두어야 하듯이 칸트의 이와 같은 종교이해에는 한편으로는 긍정적이든 부정적이든 그의 정신세계에 심대한 영향

을 미친 기독교에 대한 고유한 이해가 작용하고 있으며, 다른 한편으로는 당대에 기독교의 전통 아래 있던 종교 문제에 대해서 신앙 중심의 기독교라는 역사적인 계시종교에 반해 철저하게 이성 중심의 철학적 관점에서 접근하고 해석하려는 목적이 반영되어 있다. 칸트는 이로부터 다시 현실에서 작용하는 기독교 혹은 종교가 걸어가야 할 방향 또한 제시한다. 칸트에게 종교란 언제나 도덕적인 것이어야 했으며, 동시에 도덕을 넘어서는 것이어야 했다. 왜냐하면 도덕적 요구를 만족시키기에는 부족한 그 자신의 무능력을 의식하는 인간 이성이 그 결핍을 보충하기 위해서 자신의 한계를 넘어서 있는 이념들에로 자신을 확장할 때 비로소 종교의 세계에 발을 들여놓게 되기 때문이다.

1. 계몽과 종교

인간에게 신은 무엇이며, 또 신에게 인간은 어떤 존재인가? 신과 인간의 관계에 대한 물음은 종교철학의 근본 문제다. 칸트는 종교철학을 하나의 학문으로 정립한 최초의 철학자라 할 수 있다. 칸트가 근대 종교철학을 정초하는 작업은 한편으로는 전통적인 철학적 종교론을 무력화함으로써 당대에까지 이어진 철학적 신학을 해체하는 작업을 통해서, 그리고 다른 한편으로는 도덕신학 또는 도덕적 이성신학이라는 전과는 전혀 다른 새로운 철학적 신학을 구체화하는 것을 통해서 이루어졌다. 이렇게 칸트가 구체화한 도덕종교 또는 이성종교, 그리고 이성신앙 또는 도덕신앙의 철학은 그의 이성비판의 철학자로서의 면모가 가장 집약적으로 발휘된 학문 영역이라 할 수 있다.

철학과 사상계의 거장으로 부상한 칸트가 계몽의 시대로 특징지었던 유럽의 18세기는 인간이 그 자신에게서 모든 권위의 근거와 원천을 찾은 이성의 시대이며, 또한 이 이성을 통해서 세상의 모든 문제에 대한 궁극적인 해답을 찾으려 한 철학의 세기였다. 그러나 이 시대를 대표하는 철학자 칸트가 스스로 자주 반복해서 규정했듯이, 무엇보다도 이 시기는 이성과 철학이라는 사유의 실험대 위에서 그 어떤 것도 면제될 수 없었던 비판의 시대다. 이 시대는 그 어떤 철학적 문제에 대해서도 이미 정해진 답이 없었으며 어떤 비판으로부터도 자유롭지 못했다는 점에서, 그리고 그것은 그 자신을 어떤 위험에 처하게 할지도 모르는 도전이 기도 했다는 점에서, 철학 자신에는 모험의 시대이기도 했다. 종교와 신학의 영역 또한 이같은 모험과 위험에 가장 극명하게 노출된 세계였으며, 따라서 이성의 비판으로부터 결코 자유로울 수 없었다. 더욱이 르네상스 이래로 자신들의 삶의 뿌리요 모든 것이기까지 했던 종교적 전통에 가해진 저주에 가까운 비난과 투쟁을 고려하면 종교의 세계야말로 단연 계몽기 최대의 혼란과 혼돈이 들끓는 싸움터였다고 할 수 있다. 그러나 모든 모험에 위험만이 따르는 것은 아니다. 새로운 가치를 향한 열정과 도전으로 충만했던 계몽의 시대 역시 다가올 미래를 예비하기 위한 희망의 시대이기도 했던 만큼, 시대의 요구에 어울리는 종교상을 구축하기 위한 노력 역시 종교를 적대시하는 현상에 못지않게 진지하게 탐구되었다.

이러한 시대상황에서 칸트는 그 시대의 누구보다도 '비판'정신에 철저했던 철학자다. 종교 역시 예외가 될 수 없었기에, 이성의 비판과 검증을 견뎌내는 종교만이 참된 의미의 종교일 수 있었다. 당시의 상황을 고려할 때, 칸트가 보기에 종교 문제는 르네상스와 종교개혁 이래 인식과 도덕의 영역에서 합리론과 경험론 사이에 빚어진 갈등 이상으로 혼란과 대립의 양상을 보이며 격렬한 논쟁을 빚고 있었다. 눈앞의 현실 도처에 상존하지만 세상의 관심사에 따라 수면 아래 머물고 있다가 조그만 충격에도 용광로처럼 분출되는 악의 문제가 그 단적인 예이며, 이를 포함해서 한쪽에서는 인간의 자유의지와 독립성을 내세우며 종교와 신앙에 대한 거부와 함께 새로운 사상을 옹호하는가 하면, 다른 쪽에서는 신에 의한 은총과 구원이 인간이 도달할 수 있으며 또 가야 할 유일한 길임을 옹호하는 목소리 또한 여전했다. 나아가 동일한 사고와 사상 경향을 보이는 집단들 안에서도 예를 들면 인간의 본성, 원죄와 타락 및 자유의지의 한계를 놓고서, 혹은 성서의 근본정신과 종교적 제도의 의미와 역할에 대한 해석과 평가를 둘러싸고서 내부 분열과 다툼이 계속되었다.

자신의 시대에까지 이어진 이같은 상황과 대결한 칸트의 비판철학은 자신의 철학적 구상에 어울리는 종교철학 혹은 철학적 종교론으로서 그리고 하나의 학문으로서 '선험론적 이성신학'의 체계 아래 '이성신앙'을 근간으로 하는 '도덕신학'이라는 기념비적인 독창적 이론에 도달했다. 칸트 철학을 근본적으로 특징짓는 두 요소인 이성과 도덕의 내밀한 관계가 함의하듯이, 칸트의 종교철학은 상호 동일한 의미를 갖는 이성신학/도덕신학 및 이성신앙/도덕신앙의 세계를 그려내고 있다. 그리고 당연히 염두에 두어야 하듯이 칸트의 이와 같은 종교 이해에는 긍정적이든 부정적이든 그의 정신세계에 심대한 영향을 미친 기독교에 대한 고유한 이해도 함께 작용하고 있다. 그 시대 대부분의 철학자들처럼 칸트 역시 좋든 싫든 기독교의 세계로부터 결코 자유로울 수 없었기 때문이다.

칸트 종교철학의 전모를 엿볼 수 있는 주요 저서로는 3대 비판서인 『순수이성비판』(*Kritik der reinen Vernunft*, 1781) 『실천이성비판』(1788) 『판단력비판』(*Kritik der Urteilskraft*, 1790), 특히 『판단력비판』 중에서도 마지막 단원에 해당하는 「목적론적 판단력의 방법론」과 『단순한 이성의 한계 안에서의 종교』(*Die Religion innerhalb der Grenzen der bloßen Vernunft*, 1793), 그리고 칸트 사후에 최초로 출간된 강의록 중의 하나인 『철학적 종교론 강의』(*Immanuel Kants Vorlesungen über die philosophische Religionslehre*, 1817) 및 『형이상학 강의』(*Vorlesungen über die Metaphysik*, 1821) 등이 있다. 그밖의 저작으로는 『학부들의 갈등』(1798) 『만물의 종말』(1794) 『철학에서 시도된 모든 변신론의 실패에 대하여』(1791)를 비

롯해 전비판기의 저술에 속하는『보편적 자연사와 천체이론』(1755)『형이상학적 인식의 제일 원칙에 대한 새로운 해명』(1755) 그리고『신 존재 논증의 유일하게 가능한 증명근거』(1763) 등을 들 수 있다.

2. 비판철학과 도덕적 종교론

칸트에게 종교 문제는 지식 및 도덕 문제 모두와 상호 이중적인 표리의 관계를 이루고 있다. 한편으로는 물과 기름처럼 서로 섞일 수 없는 관계를 맺고 있으면서 또다른 한편으로는 서로가 서로를 필요로 하는 공속관계를 이루고 있기도 하다. 칸트는 자신의 철학적 과제를 네가지 물음으로 설정한다. 즉 1. 나는 무엇을 알 수 있는가? 2. 나는 무엇을 해야만 하는가? 3. 나는 무엇을 희망해도 좋은가? 4. 인간이란 무엇인가? 이 네가지 과제에서 종교철학은 세번째 물음에 대응한다. 첫번째 물음에는 형이상학(또는 인식론), 두번째에는 윤리학, 네번째에는 철학적 인간학이 각각 대응한다. 앞의 세가지 물음은 마지막 네번째 인간에 관한 물음으로 귀착하는데, 세번째 물음은 이 인간에 대한 물음들 중 마지막의 특수한 과제로 설정되어 있다. 이는 종교에 관한 물음이 앞의 두 물음을 실마리로 해서야 온전히 제대로 탐구될 수 있는 과제라는 것을 의미하며, 또한 그의 종교론이 처음 두가지 물음을 대표하는 인식이론과 윤리이론의 토대 위에서 구축되어야 한다는 것을 의미한다.

다시 말해서 칸트의 종교철학은 그의 이론철학과 도덕철학을 토대로 성립하는 비판적 종교론의 모습으로 나타나는데, 이같은 그림의 구체적 모습에 대한 실마리를 우리는 인간에 관한 최종적인 철학적 답변의 밑그림과 전모를 그려놓은『순수이성비판』의 한 구절을 통해 예단할 수 있다. 이는 가장 자주 인용되는 구절들 중의 하나인 "나는 신앙에 자리를 마련해주기 위해서 지식을 제한하지 않을 수 없었다"(B XXX면)이다. 이 구절에는, 좀 과장해서 표현한다면 칸트 철학의 모든 것이 담겨 있다고 할 수 있다. 칸트에게 지식과 신앙은 불가분의 관계에 있는데, 이론이성에 의한 지식의 추구는 자연필연성이 지배하는 세계, 즉 칸트의 전문 용어로 말하면 현상계에 제한되어야 한다. 그리고 이론적 지식의 한계를 뛰어넘는 종교적 신앙은 실천적인 도덕적 인식에 근거를 두어야 하며, 또한 도덕은 반드시 종교에 이르지 않을 수 없다. 이 점을 칸트는 다음과 같이 고백한다. "도덕적 규칙들이 동시에 나의 준칙이기 때문에 (이성이 그렇게 하기를 명령하기 때문인 것처럼) 나는 필연적으로 신의 현존과 하나의 내세적 삶을 믿게 된다. 그리고 나에게서 아무런 것도 이 신앙을 흔들리게 할 수 없다는 것을 확신한다. 왜냐하면 만약 이 신앙이 흔들린다면 나 자신이 혐오스럽게 느끼지 않고서는 그에 반대할 수 없는 나의 도덕적 원칙들 자체가 무너지기 때문이다"(『순수이성비판』 B, 856면). 여기에는 칸트 스스로 거부할 수 없었던 도덕적 이성의 사실과 명령에 대한 절실한 심정이 담겨 있다. 그렇다면 이렇게 도덕을 토대로 해서만 진정한 종교에 이를 수 있으며 또한 도덕은 반드시 종교를 필요로 한다는 칸트의 확신은 어떻게 해서 가능하게 되었으며, 또 어떤 근거에서 정당화될 수 있는가?

칸트의 비판철학이 주장하듯이 이론이성은 현실성의 본질을 전혀 인식할 수 없다. 칸트의 용어로 말하자면, 이론이성은 물 자체(das Ding an sich)를 인식할 수 없다. 따라서 이런 차원에서는 우리의 현실을 의지의 자유, 영혼의 불멸성, 신의 존재와 관련해 현실적인 것으로 사고하는 것은 불가능하며, 마찬가지로 인식의 차원에서 신 존재에 대한 신앙을 정당화할 수 있는 길은 차단되어 있다. 그럼에도 불구하고 이같은 가능성에 대한 거짓 믿음에 매달리는 전통적 형이상학 및 당대의 종교적 논쟁들은 잘못된 길을 가고 있는 것이다. 칸트는 이러한 오류를 바로잡고 진정한 종교의 세계로 진입할 수 있는 가능성을 실천이성의 세계, 즉 도덕의 세계에서 찾는다. 칸트가 비판철학을 통해 존재 혹은 물 자체에 대한 지식을 제한할 필연성과 당위성을 선언하고, 그 정당성의 증명을 통해 지금까지 잘못 이해되어온 이론적 지식, 즉 세계, 영혼, 신에 대한 전통 형이상학의 사이비 지식을 제한한 것도 궁극적으로는 진정한 종교의 가능성을 도덕적 기초와 근거에서 보이기 위한 것이었다. 칸트는 이렇게 자신의 비판적 종교론의 기초를 닦은 『순수이성비판』을 통해서 전통적인 사변신학과 역사적 계시종교의 근본적인 한계를 뛰어넘어 선험적 이성종교와 도덕신학을 정립했다.

칸트는 『순수이성비판』에서 인간의 사변적인 이성적 능력으로는 결코 신 존재의 인식에 도달할 수 없다는 것을 분명히 했다. '근원적 존재자'(ens originarium), '최고존재자'(ens summum), '모든 존재자의 존재자'(ens entium), 모든 존재하는 것들의 가능성의 근거로서의 절대자, 즉 신은 비록 인간 이성이 그 본성상 추구하게 되는 무제약자로서 하나의 필연적인 이성의 이념이요 이성의 필연적 사고물이긴 하지만, 그것만으로는 하나의 실존하는 존재라는 것을 증명할 수 없다. 다시 말해서 신이 개념적으로 절대적으로 필연적인 존재라고 해도 그것이 곧 신은 필연적으로 존재한다는 것을 의미하는 것은 아니다. 신은 개념적으로는 최고의 절대적 존재지만, 우리가 지각하는 사물들처럼 인식할 수 있는 현실적인 대상이 아니다. 그것은 이성이 개념적 사고에 빗대어 실체화해놓은 추상적 이념으로서 하나의 이상일 뿐이다. 하나의 사실로서 신이 실재한다는 우리의 믿음은 현실 속에 존재하는 모든 것에 대해서 하나의 절대적 필연성으로부터 하나의 절대적인 확고한 토대를 마련하고자 하는 인간 이성의 요구가 만들어놓은 사고의 산물일 뿐이다. 그럼에도 불구하고 이같은 요구 자체는 인간 이성에 내재하는 본질적인 욕망이기에 인간으로 하여금 끊임없이 신 존재를 증명하도록 유혹해왔던 것이다. 그러나 다른 한편으로 칸트 역시 신의 존재가 하나의 필연적 사실일 수는 없어도 신이 존재하지 않으면 안 된다고 생각했다. 이같은 이율배반적인 사고야말로 칸트 철학의 가장 깊은 아포리아라 할 수 있다. 하지만 칸트는 이런 태도가 불합리한 것이 아니라는 것을 증명하고 싶어했으며, 자신의 전생애를 통해서 이를 증명하는 데 심혈을 기울였다. 그는 신의 존재 및 그에 대한 인간의 믿음이 따라야 할 올바른 길과 올바르지 못한 길을 엄격하게 구분하고 싶어했다. 이를 위해 칸트는 한편으로는 역사적으로 지금까지 시도되어온 신 존재 증명들이 타당한 증명인지 사이비 증명인지, 그리고 어떻게 이 증명들이 순수이성의 필연적인 이상과 연관되어 불필요한 오해들을 낳았는지 검토하지 않을 수 없었으며, 다른 한편으로는 그 최종 결과로서 선험적으로 타당한 이성종교의 길을 제시할 수 있었다.

칸트에 의하면, 사변이성에 입각한 전통적인 신 존재 증명에는 세가지 방식이 있다. 먼저 자연에서 발견되는 아름다움이나 조화 같은 합목적적 현상에서 출발하기 때문에 붙은 명칭인 자연신학적 증명은 감각세계의 질서와 합목적성에 대한 일정한 경험에서 출발해 하나의 최고지성, 즉 하나의 현명한 세계창조자를 추론한다. 다음으로 우주론적 증명은 어떤 현존재와 이 존재의 우연성의 경험으로부터 출발해서 절대적인 필연적 존재자의 실존을 추론한다. 이 증명이 우주론적 증명이라는 명칭을 갖게 된 것은 증명의 대상이 되는 현실세계를 가능한 경험적 대상들의 총체로 이루어진 세계로 보기 때문이다. 끝으로 존재론적 증명은 모든 경험을 추상화하여 순전히 선험적으로 완전한 존재의 개념으로부터 하나의 절대적인 필연적 최고존재자의 현존재, 즉 최고원인의 현존재로서 신의 존재를 추론한다. 그런데 칸트는 이 중에서 자연신학적 증명과 우주론적 증명은 그 증명 근거를 모두 존재론적 증명에 두고 있다는 것을 발견했다. 칸트의 추론은 이렇게 진행된다. 즉 우주론적 증명은 최고의 존재자 자체가 절대적, 필연적으로 실존하는 것으로 입증될 수 있을 때에만 성립할 수 있다. 그리고 자연신학적 증명 또한 모순 없이 지성적인 세계 건설자에는 도달할 수 있으나 절대적으로 필연적인 존재자에는 도달할 수가 없으며, 이 증명은 부차적으로 우주론적 증명을 필요로 한다는 것이 드러난다. 그러므로 결국 어떤 증명이든 하나의 궁극적으로 필연적인 최고의 존재자에 도달하기 위해서는 존재론적 증명을 필요로 한다. 따라서 신 존재에 대한 어떤 물음도 결국 존재론적 증명의 타당성 여부와 결부된다.

그러나 이렇게 신 존재 증명의 성패가 달려 있는 존재론적 증명은 어떠한가? 칸트가 보기에, 지성(사유) 안에서만 존재하는 것이 아니라 실제로 존재하는 것이 우리가 생각할 수 있는 완전한 신이라는 개념 자체에 더 잘 부합하므로 신은 실제로 존재한다고 주장한 중세의 안셀무스, 그리고 칸트가 직접 비판의 화살을 겨눈 데까르뜨의 존재론적 증명, 즉 신 개념으로부터 신 존재를 증명하려는 존재론적 증명은 모두 추론 과정에서 하나의 결정적 오류를 범한다. 그 오류는 바로 실존한다는 의미에서의 존재를 개념내용, 즉 가능한 술어로서의 존재와 혼동하고 있다는 점이다. 말하자면 신 존재 대한 존재론적 증명은 모든 가능한 술어들을 포함하는 실재성 전체, 즉 가장 실재적인 존재자를 제외해서는 안 된다. 실재성의 전체는 가장 완전한 존재자이다. 만일 이 존재자가 존재하지 않는다면 이 존재자는 완전하지 않게 된다. 가장 완전한 존재자에게 존재가 결여된다는 것은 바로 완전성 개념에 어떤 모순이 있다는 것이 된다. 그러므로 가장 실재적인 존재자는 필연적으로 실존해야만 한다.

이 추론을 분석해보면 여기서 실존은 전체의 개념으로 추측되는 하나의 실재적인 술어로서, 마치 이 술어가 하나의 가능한 포괄적인 개념 규정일 수 있는 것처럼 파악되었음을 알 수 있다. 그러나 실존으로서의 존재에 관한 이러한 이해는 개념논리적인 근거에 입각해서는 불가능하다. 왜냐하면 지갑에 들어 있는 10만원이라는 현실적인 돈은 그저 머릿속에서 생각으로만 존재하는 10만원보다 조금도 더 많은 것이 아니기 때문이다. 그런데 증명의 대상이 되는 신은 이미 개념적으로 그런 현실적인 한계마저도 뛰어넘는 존재다. 아무리 현실적으로 존재하는 것들을 나열해도 그것은 이 모든 것을 뛰어넘는 신의 존재를 증명하는 것에 미치지 못한다. 말하자면 현실적인 10만원과 개념으로서의 10만원의 관계가 실존하는 신과 개념으로 존재하는 신의 관계와 동일한 것일 수는 없다. 신의 존재에 대해서 언표되는 술어로서 '존재한다'는 결코 실재적 술어가 될 수 없다. 즉 '신이 존재한다'와 '책상이 존재한다'는 진술에서 '존재한다'는 술어는 동일한 의미를 갖는 술어가 아니다. 그리고 한쪽의 술어논리로 다른 쪽을 대체할 수도 없다. 신의 존재를 만족시키는 그런 술어를 우리는 현실세계에서는 결코 찾을 수가 없기 때문이다. 그러므로 신에 대해서 존재한다는 술어를 덧붙이는 것은 단순히 그저 그것을 표현하는 것, 즉 단순한 개념적 정립일 뿐이지 이를 통해 그 개념의 실재적 본질마저 필연적으로 파악한 것은 아니다.

이같은 칸트의 비판은 일찍이 안셀무스에 대해서 아퀴나스가 한 비판을 연상시키는데, 그는 신의 존재는 현실적으로 존재하는 것들을 통해서는 결코 알려질 수 없다고 주장했다. 왜냐하면 신의 존재는 어떤 경우에도 현실적으로 존재하는 것들처럼 존재한다고 생각할 수 있는 모든 것을 뛰어넘는 존재이기 때문이다. 그러나 여기서 한걸음 더 나아가서 칸트가 보여주려는 것은 그와 같이 모든 것을 뛰어넘는 신 존재에 대한 사고 가능성이 결코 신 존재의 인식 가능성을 증명하는 것은 아니라는 것이다. 이렇게 존재론적 신 존재 증명의 비판을 통해 칸트는 어떤 것의 실존을 주장하는 명제는 단순히 개념 설명을 통해 획득되는 분석적 명제가 아니라, 경험 가능한 현실세계에 적용되는 종합적 명제라는 것을 논증하고 있다. 이것은 단적으로 우리는 경험의 세계, 즉 현실의 세계에 신이 존재한다는 것을 결코 증명할 수는 없다는 것을 의미한다. 존재론적 증명이 신 존재 증명을 위한 가장 강력한 논변들 중의 하나였다는 점을 고려하면, 이같은 칸트의 사고는 전통적 형이상학 및 철학적 신학의 근본 주제들인 자유 및 불멸성과 같은 대상에 대해서 인간 이성의 인식능력이 근본적인 한계를 갖는다는 근본 성찰을 반영한다. 말하자면, 이는 가능한 경험의 한계를 넘어선 대상에 대해서 인간은 다만 사고할 수 있을 뿐이지 인식할 수는 없다는 그의 '선험론 철학'(Transzendentalphilosophie), 즉 선험철학이 전통적 사변신학에 대한 비판적 성찰을 통해 분명히 해두려고 한 존재신학적 귀결이다.

이렇게 해서 전통적인 사변신학이 끊임없이 시도해온 신 존재 증명은 성공할 수 없다는 것이 밝혀졌다. 따라서 최고존재자로서의 신은 증명될 수 없다. 그러나 증명될 수 없다는 것이 신이 존재하지 않는다는 것을 증명한 것도 아니다. 칸트의 이른바 선험론적 신 존재 증명은, 한편으로는 이론이성의 월권을, 지성적 사유가 추구했던 사변신학의 비판을 통해 드러났듯이 신 개념에 대한 정확한 규정을 통해서 이론적 유신론과 이론적 무신론이라는 두가지 측면에서 반박할 수 있다. 그리고 다른 한편으로는 실천이성을 통한 전혀 다른 또 하나의 신학, 즉 이성종교와 함께하는 도덕신학의 가능성을 열어놓게 된다. 칸트는 다음과 같이 적고 있다. "최고의 존재자는 이성의 단순한 사변적 사용에 대해서는 하나의 단순한, 그러나 결함이 없는 이상, 즉 모든 인간적 인식을 매듭짓고 정점을 이루는 개념이며, 이 개념의 객관적 실재성은 이러한 방식으로는 증명될 수도 그렇다고 반박될 수도 없다. 그리고 이러한 결함을 보충할 수 있는 도덕신학이 있어야 한다면, 그럴 경우에 이전에 문제의 여지가 있었던 선험론적 신학은 최고존재자의 개념을 규정함으로써, 그리고 감성에 의해 자주 미혹했던 그 자신의 이념과 언제나 일치하지는 않았던 이성을 부단히 검열함으로써 자신의 불가피성을 입증한다"(같은 책 B, 669면).

그러면 칸트는 어떻게 해서 선험신학을 통해 입증한 신 존재 증명의 불가능성에도 불구하고 인간과 신, 그리고 종교의 필연적 연관성을 말할 수 있었을까? 바로 이 문제야말로 칸트의 종교철학의 필연성과 특수성이 성립하는 지점이다. 칸트에게 인간의 의무와 신 존재, 그리고 종교는 내면적으로 독특한 관계를 맺고 있다. 먼저 사변신학은 인간의 이성능력, 특히 인식능력의 한계로 말미암아 신 존재를 증명할 수 없었다. 그러나 인간의 이성, 특히 실천적인 도덕적 이성 혹은 도덕적 의지는 신 존재를 요청한다. 일종의 수학 공리처럼 실천적 공리로서 신 존재의 필연성이 요구된다. 칸트의 신 존재 요청, 그리고 이로부터 수용하는 신의 명령은 매우 절실한 것이다. 만일 신이 존재하지 않는다면 그토록 인간의 의지를 구속하는 도덕적 의무, 도덕적 명령은 한낱 환상이요 허구에 지나지 않는 것이거나 아무 의미도 가치도 없이 인간을 강제하기만 하는 굴레에 불과한 것이 되고 만다. 그것은 또한 인간 삶의 궁극 목적, 즉 도덕적 의무를 다하는 것과 현실에서 행복해지고자 하는 열망이 다 함께 실현되는 최고선의 이상이 한낱 헛된 미망일 뿐이라는 것을 의미하며, 무엇보다도 이같은 사태는 도덕적 의무를 다해야 할 당위성에 치명적인 상처를 남기고 말 것이다. 결국 도덕성과 행복 혹은 덕과 행복의 일치로 설정되는 최고선은 도덕적 의무를 다하면서도 동시에 행복한 삶도 이루어지기를 욕망하는 목적이며, 따라서 그것이 하나의 가능한 목표로서 특히 도덕적 당위가 하나의 사실적 요구로서 절대적 의미를 가지려면 신은 존재하지 않으면 안 된다. 여기서 방점은 '신은 존재한다'는 것이 아니라 '신은 존재해야 한다'는 데 있다. 이렇게 해서 그 존재가 필연적 당위로서 승인되는 그러한 절대적 존재의 명령은 그의 도덕적 종교론을 근본적으로 특징짓는다.

칸트가 자신의 도덕적 종교론의 토대로 정립한 이성종교는 『순수이성비판』에서의 선험론적 신학을 통해 그 기초가 마련되었는데, 그것이 바로 칸트의 이성신학 또는 더 정확하게 말해서 선험론적 도덕신학이다. 이 이성신학 내지는 도덕신학은 비록 소극적인 모습이기는 하지만 『순수이성비판』과 『실천이성비판』에서 덕과 행복의 일치로서 최고선 문제와 결부되어 선험론적-도덕적 종교철학이라는 그림 아래 본격적으로 그 모습을 드러내고 있다. 하지만 『실천이성비판』조차 아직은 그의 종교철학의 가능한 형식적 체계의 대강을 제시하는 데 그쳤으며, 그 구체적 내용을 담아낸 본격적인 종교철학적 저술로는 1793년에 출간된 『단순한 이성의 한계 안에서의 종교』(이하 『종교』)를 꼽을 수 있다. 이에 대한 칸트의 지속적인 관심은 사후에 출간된 『철학적 종교론 강의』를 통해서도 확인할 수 있다.

『종교』에는 종교철학에 관한 칸트 자신의 견해가 가장 생생하게 묘사되어 있는데, 칸트의 저술들 중에 특별한 사연이 있는 책이기도 하다. 네편의 논문으로 구성되어 있는 이 책은 원래 처음부터 완결된 하나의 저술로 출간된 것이 아니었다. 이 중에서 먼저 '인간의 본성에 있는 근본악에 대하여'라는 제목의 첫편만이 출간이 허용되었으며, 두번째 논문은 베를린의 뵐너 검열당국의 출판 금지로 우여곡절을 겪기도 했다.

칸트로 하여금 이같은 상황에 몰리게 만든 근본 원인은 일차적으로 계몽주의에 반대하는 당국의 도덕과 종교 관련 저술들에 대한 검열정책에 있었던 것은 분명하다. 그런데 더 주목할 만한 것은, 검열당국이 두 번째 논문 '인간을 지배하기 위한 선의 원리와 악의 원리의 투쟁에 대하여'의 출판을 불허한 명분이 칸트의 주장을 성서와 기독교의 근본 교리에 반하는 것으로 보았다는 점에서 엿볼 수 있듯이, 이 저서가 전체적으로 취하고 있는 종교에 대한 칸트의 태도다. 이 저서를 포함해서 칸트는 기독교를 포함한 종교 그리고 더 나아가 인간과 신의 관계에 대해서 철저하게 자유와 도덕의 관점에서 접근해 해석하고 있다. 이는 칸트에게 신과 종교의 세계는 그의 도덕철학의 한 부분으로서 존재해야 한다고 말하는 것처럼 보인다.

칸트의 종교철학이 취하는 근본 입장은 도덕은 종교에 의존하지 않지만, 종교는 도덕에 의존한다는 것이다. 칸트에 의하면 신앙을 포함해서 종교적 확신의 기초나 정당성은 도덕법칙을 통해서만 가질 수 있다. 이처럼 도덕에 대한 그의 견해는 몇몇 전통적 기독교 의례의 실천과 충돌한다. 이를테면 칸트에게 신에 대한 숭배와 종교적 실천은 실제로 도덕성에 대한 존경과 결부되지 않으면 안 된다. 도덕 이외의 것과 결부된 것이면 무엇이든 미신이거나 인간의 내면적 자유를 부정하는 행태로 평가된다. 칸트에게 신을 숭배하는 것은 도덕적으로 행동하는 것이다. 칸트가 보기에 인간이 자신의 삶을 도덕적 방식과 분리해서 신을 기쁘게 하는 행동을 할 수 있다고 믿는 것은 모두 종교적 기만에 지나지 않는다.

3. 이성종교와 도덕신앙

칸트는 당대 기독교의 전통 아래 있던 종교 문제에 있어 신앙 중심의 기독교라는 역사적인 계시종교에 반해서 철저하게 이성 중심의 철학적 관점에서 접근하고 해석한다. 그리고 이때의 이성은 철저히 도덕적 이성이다. 칸트는 이로부터 또한 현실에서 작용하는 기독교 혹은 종교가 걸어가야 할 방향을 제시한다. 이처럼 칸트의 종교론은 철저히 그의 도덕적 이성 내지는 비판적 실천이성의 관점에서 이루어지며, 성서 해석역시 마찬가지다.

칸트는 종교를 "우리의 모든 의무를 신의 명령으로 인식하는 것"이라고 정의한다. 그리고 이렇게 규정한 종교를 다시 최초의 근원 및 내적 가능성을 기준으로 자연종교와 계시종교로 분류하여 전자는 "어떤 것을 신의 명령으로 승인하기 전에 그것이 의무인 것을 내가 미리 알고 있지 않으면 안 되는 종교", 후자는 "어떤 것을 나의 의무로 인정하기 위해 그것이 신의 명령인 것을 내가 미리 알지 않으면 안 되는 종교"로 각각 정의한다(『종교』 822면). 칸트의 이러한 종교에 대한 규정과 분류는 단적으로 이성종교(도덕종교)와 계시종교(역사종교)의 대비를 통해서 이루어진 것이라 할 수 있다. 여기서 칸트는 신과 종교의 가능성을 인간 이성의 인식능력에 대한 비판적 검토를 통해 정립하고 있기 때문에 넓은 의미에서 칸트의 신학은 선험(론적)신학이다. 그러나 다른 관점에서 이 선험신학 역시 내용적으로는 신 존재에 대한 이론적 인식 가능성을 탐구한다는 점에서 사변신학의 한 종류라 할 수 있다. 다만 선험신학은 그의 비판철학의 연장선상에서 이로부터 타당한 것으로 성립하는 신학으로서 도덕신학의 길을 예비하고 있다.

사후에 출간된 『철학적 종교론 강의』에서의 분류에 따르면 신학은 이성신학과 경험신학으로 구분되는데, 신은 감각의 대상일 수 없기 때문에 경험신학은 오로지 신적 계시의 도움을 받아서만 성립할 수 있다. 그런 점에서 경험신학은 계시신학의 범주에 속한다고 할 수 있다. 그리고 전자의 이성신학은 다시 사변신학과 도덕신학으로 구분되는데, 사변신학은 그것이 신이 물리적 경험과 관련해서 사고되는지 아니면 오로지 선험론적 개념과 관련해서 사고되는지에 따라서 구분되기 때문에, 결국 이성신학은 크게 선험신학, 자연물리적 신학, 도덕신학으로 나눌 수 있다. 또한 칸트는 자신의 선험철학을 통해서 사변신학의 불가능성을 정당화했으며, 나아가 유일하게 타당한 신학으로서 도덕성에 기초한 도덕신학을 정립한다. 이렇게 타당한 도덕적 이성신학 내지 이성적 도덕신학은 그의 선험철학적 토대 위에 서 있기 때문에 그의 철학적 신학의 성격을 선험론적-도덕적 이성신학이라 부를 수 있다. 이러한 기준에 따르면 타당한 종교는 이성종교 혹은 도덕종교여야 하며, 자연적 경험이나 계시 자체만으로는 올바른 종교의 길잡이가 될 수 없게 된다. 따라서 종교적 의미에서 계시를 포함하더라도 그것이 어떤 타당한 토대에서 그러한 지위를 갖는지가 고려되어야 하며, 이를 떠나서 맹목적으로 추종되는 계시라면 그것은 종교의 길잡이가 될 수 없다.

칸트에 의하면, 계시는 적어도 그것이 어떤 토대 위에서 수용되느냐에 따라서 이성종교를 그 속에 포괄할 수 있다. 반면에 이성종교는 계시가 지닌 역사적 측면을 포괄할 수 없다. 어떤 것이 나름의 특수한 역사를 갖고 있다는 것 자체가 그것의 정당성의 척도가 될 수는 없기 때문이다. 따라서 참다운 종교란 특정한 시공간적 사건의 발생에 제약되어 있는 역사적 사실에 근거하는 역사종교를 넘어서 이성의 한계 안에서 인간의 도덕적 소질을 기초로 한 순수한 이성적인 도덕종교, 즉 이성종교임을 밝히려는 데 있다. 아울러 더 나아가 역사적 종교들 중에 기독교가 그러한 종교의 내용을 갖추고 있다는 것을 이성종교와의 유비를 통해서 분석함으로써 "지금까지 존재한 모든 종교들 중에서 기독교만이 유일한 도덕종교다"라는 해석을 내린다(같은 책 703면). 이 말은 곧 역사적 종교로서의 기독교가 그 본질에 있어서는 이성종교를 기반으로 세워져 있으며, 따라서 기존의 기독교에 포함되어 있는 그릇된 요소들을 제거해 이성종교로서의 모습을 분명히 해야 함을 비판적으로 해석하고 있는 것으로 볼 수 있다. 바로 이런 점이 그의 저술의 출판을 불허하는 결과를 낳기도 했을 것이다. 이러한 칸트의 태도는 그를 루쏘와 더불어, 계몽의 시대였던 18세기에 자연종교를 추상적으로 재구성하거나 실증(계시)종교를 부정적으로 평가하는 일반적인 흐름 속에서도 당시의 종교사상의 파괴적인 힘을 정지시키고 계시종교와 조화할 수 있는 자연종교의 형태를 분명하게 제시하고자 한 최초의 인물로 평가받게 만든다(『루소와 칸트에서 크레스투스로서의 그리스도』 192면). 다른 한편으로 이것은 오로지 도덕적 기초 위에서 철학과 종교의 상호관계를 그 각각의 고유한 영역을 침해하지 않고서 확립함으로써 양자를 동시에 옹호할 수 있는 길을 제시한다고 볼 수 있다.

이와 같은 종교에 대한 규정과 분류를 통해서 분명히 확인할 수 있는 것은 종교에 대한 칸트의 접근도 결국 언제나 그 기초에 도덕적 요소를 상정하고서 출발한다는 점이다. 도덕적 요구를 만족시키기에는 부족한 자신의 무능력을 의식하는 이성이 그 결핍을 보충하기 위해서 자신의 한계를 넘어서는 이념들에로 자신을 확장할 때 비로소 종교의 세계에 발을 들여놓게 되는 것이다. 이런 까닭에 도덕에 기초한 종교 즉 이성종교 내지는 도덕종교를 계시종교와의 밀접한 연관하에서 비교적으로 고려하는 칸트에게 참다운 종교란 오로지 인간과 도덕법칙의 관계를 기초로 한 도덕종교 내지는 이성종교여야 한다. 칸트는 "계시는 적어도 이성종교를 자신 속에 포괄할 수 있지만 반대로 이성종교는 계시가 지닌 역사적 측면을 포괄할 수는 없으므로, 나는 계시를 좀더 좁은 신앙 영역으로서의 이성종교를 자신 속에 포섭하는 좀더 넓은 신앙 영역으로 (서로의 밖에 위치하는 두개의 원이 아니라 동심원으로) 생각할 수 있을 것이다. 이 좁은 영역 안에서 철학자는 자신을 (순전히 선험적 원리에 입각해서만) 일체의 경험을 배제해야 하는 순수한 이성의 교사로서 간주해야 한다"라고 말한다(『종교』659면). 이는 칸트의 이성종교가 이성의 한계 안에서의 종교이며, 동시에 이러한 종교의 이성체계야말로 도덕적-실천적 의도에서 성립하는 도덕적 종교일 수 있으며, 또한 진정한 의미에서 순수한 이성체계로서 참된 종교"라는 것을 알려준다(같은 곳). 이름하여 칸트 스스로 『종교』에서의 자신의 작업을 '철학적 종교론'이라 부르듯이 이렇게 칸트는 종교를 오로지 철학적으로 혹은 이성의 한계 안에서 조명하고 있다.

칸트의 이성종교와 이성적 도덕신학은 세계와 자연에 대한 우리의 표상을 전체적으로 종결짓고, 자연신학과 선험신학에 이르기까지 이성의 궁극 목적으로서 최고선의 실현을 기획하면서 자연의 합목적적 통일성과 모든 목적들의 체계적 통일이라는 방향을 제시한다. 그리고 그 대미를 장식하는 것이 바로 칸트의 종교철학 및 그것이 구축하고 있는 이성적 도덕신학이다. 그러나 무엇보다 중요한 것은 이 이성적 도덕신학은 어떤 이론적 인식도 아니며, 주관적 확실성을 가지나 어떠한 객관적 지식도 포함할 수 없는 실천적 이성신앙에 도달한다는 것이다. 주지하듯이 이 이성신앙의 근거는 도덕법칙의 확실성이지 신 존재에 대한 이론적 인식이 아니다. 이렇게 해서 『순수이성비판』에서부터 겨냥하고 있는 칸트의 소위 지식과 신앙 사이의 줄타기 여정은 도덕성에 대한 확고한 근거 놓기를 통한 도덕적 이성신앙에 이르러 대단원의 막을 내리게 된다. 그런데 다른 한편으로 칸트의 이성비판은 실상 무제약자인 신과 인간 사이에 무한한 거리가 존재한다는 선언과 다르지 않다. 그리고 이러한 철학적 종교론에 기초한 칸트의 이성종교는 철두철미 '이성의 한계 안에서' 모색되고 있다. 이 한계 밖에는 인간과 (기독교적) 신 사이에 파악 불가능하고 이해 불가능한 많은 역설과 신비 그리고 비밀스러움이 존재할 수밖에 없다. 그렇다고 칸트가 이같은 계시신앙의 근본 요소들을 무조건적으로 배척하기만 하는 것은 아니다. 오히려 칸트는 인간이 신과 만나는 계시신앙적 현상들을 철저히 이성적, 실천적으로 이해하기를 원했다. 이를 통해 칸트가 경계하고 있는 것은 맹신과 광신이다. 그리고 이성적 독단처럼 종교적 독단이 초래할 수 있는 비극적 사태들이다. 무엇보다도 이런 증상들이야말로 칸트가 바라 마지않는 인간의 도덕화에 최대 장애가 되는 것들이다.

4. 인간의 본성과 근본악

칸트가 철학이 답해야 할 근본 물음 중의 하나로 제시한 '나는 무엇을 희망해도 좋은가?'라는 문제는 종교철학의 과제로서 인간이 대면하지 않을 수 없으며 피해갈 수도 없는 현실과 관계한다. 당시에도 그랬듯이 이론적으로 어떤 곤란이 있든, 또 그것이 사유 불가능한 세계일 수밖에 없든 아니든, 시대를 살아가는 사람들에게 종교적 희망은 이미 하나의 엄연한 현실이다. 그런데 희망에 대해서 묻는다는 것은 그 자체가 이미 실현 가능성을 묻는 것이고, 그와 같은 물음은 근원적으로 인간의 유한성과 관계있다. 종교 문제가 최종적으로 인간 존재에 대한 물음에서 불가피하게 제기될 수밖에 없는 이유도 여기에 있을 것이다. 그리고 무엇보다도 이와 같은 문제 설정에는 이미 인간 자체에 대한 선행적 이해가 전제되어 있다는 것도 자명하다.

칸트에게 인간 존재의 본질은 그의 철학 전체를 관통하는 근본 전제로서 자유가 그 중심에 놓여 있다. 한마디로 인간은 자유 존재다. 그리고 인간의 자유는 도덕적 의무의 실천 가능성에서 그 본질을 구성한다. 그러나 반대로 도덕법칙에 따른 행위 가능성의 원천으로서 인간적 자유의 본성은 동시에 비도덕적 행위의 근원적 가능성도 허용한다. 그것은 이론과 실천, 이상과 현실, 선과 악 사이에서 벌어지는 갈등과 대립, 그리고 불일치를 낳는 근본 원인을 형성하는 문제다. 이렇게 해서 칸트의 종교철학에서 자유와 악의 문제를 해명하는 일은 그의 실천철학 전체를 통틀어서 가장 중요한 문제로 정립된다. 실제로 칸트의 종교철학적 견해를 가장 잘 집약해놓은 『종교』의 핵심 주제가 바로 '근본악'(das radikale Böse)이다. 칸트가 말하는 근본악은 한마디로 인간 스스로가 저지를 수밖에 없는 악이다. 다시 말해 근본악은 도덕법칙에 반하는 행위를 자신의 행위 원리로 삼아 이로부터 자신의 행위를 의욕하는 성향이 고착된 결과 저질러지는 인간 본성에 깊이 뿌리박혀 있는 악이다. 따라서 근본악이 갖는 근본 특징은 그것이 도덕법칙을 위반할 수 있는 성향을 가진 의지, 즉 악에의 성향이 있는 선택의지와 도덕법칙 사이에서 발생한다는 점으로, 필경 인간 의지의 자발적인 선택에 의해서 도덕법칙에 반하는 행위로 귀착하게 만든다는 데 있다.

인간의 본성에 근본적으로 내재하는 악 즉 근본악 개념의 등장은 칸트 철학에서뿐만 아니라 당시 칸트를 추종하던 사람들에게도 하나의 충격적인 사건으로 비난과 주목을 함께 받던 문제다. 체계상 근본악을 기독교적 의미의 원죄와 동일시할 수는 없지만, 인간의 본성에는 선의 원리 외에 악의 원리도 내재한다는 칸트의 주장은 다분히 원죄론에 뿌리를 둔 기독교적 전통과 사유에 익숙한 당대 사람들에게 관심의 대상이 될 수밖에 없었음은 자명한 일이다. 그런데 칸트는 이 문제에 대한 고찰을 처음부터 인간 본성 자체가 선하거나 악한 것이 아니라 인간의 본성 안에 깃들어 있는 '선에의 근원적 소질'과 '악에의 성향'에서 그러하다는 파격적인 선언과 함께 시작한다. 인간이 저지를 수밖에 없는 악, 한마디로 도덕적 악으로서의 근본악은 인간의 성향으로부터 유래한다는 것이다. 그러나 그것은 인간의 본성에 하나의 실체로서 자리잡고 있는 것이 아니라, 즉 인간 본성에 선재적으로 갖추어진 하나의 불변적인 것이 아니라 하나의 뿌리 깊은 성향으로서 내재한다는 것이 칸트의 주장이다. 이는 있는 그대로 이해하기가 쉽지 않기에 해명이 필요하다.

근본악을 악에의 성향의 산물로 파악하듯이 칸트가 인간이 저지르는 악을 인간 심성이 갖는 '성향'과 관련해서 해명하는 것은 주목할 만하다. 칸트는 인간에게 있는 '소질'(Anlage)과 '성향'(propensio, Hang)을 구별한다. 소질은 어떤 존재자에게 필요한 구성 요소이자 그 존재자를 존재하게 해주는 요소다. 그런데 이 소질들이 어떤 존재자의 가능성에 필연적으로 속해 있다면 그것들은 근원적 소질이며, 만일 그것이 그 존재자에게 필연적으로 속해 있지 않으면서도 그 존재자 스스로 갖게 되거나 가질 수 있는 요소라면, 그것은 우연적 소질이다. 이에 반해서 성향은 소질처럼 생득적인 것이면서도 소질과 달리 인간에 대해서 우연적인 것으로서, 습관적인 욕망 혹은 경향성(Neigung)의 가능성의 주관적 근거, 또는 단순히 쾌락의 욕구로 향하는 경향(Prädisposition)의 산물이다. 그러므로 이런 의미의 성향은 인간의 본래적 가능성에 필연적으로 결합되어 있는 근원적 소질과는 구별되면서도, 인간 스스로가 획득하거나 초래한 것이라는 의미에서 일종의 우연적 소질이라 부를 수도 있다. 칸트의 이러한 구분에 따르면 인간에게 나타나는 어떤 성향은 원래는 존재하지 않는 것일 수도 있으며, 또 반드시 있어야 할 필연성이 없는데도 존재하는 특성, 즉 우연적 소질이면서도 이미 인간에게는 그것이 하나의 본성처럼 자리잡고 있다는 점에서 그 위상은 근원적 소질에 준한다고 할 수 있다.

칸트가 성향을 이렇게 특징짓는 가장 중요한 이유는 '인간은 이성적 존재다'라고 할 때의 이성은 인간의 근원적 소질이기에 인간이 이성적 존재라는 것은 변할 수 없는 하나의 필연적 사실이지만, 성향은 그것으로는 인간을 근본적으로 특징짓는 필연적 요소가 아니기 때문이다. 오히려 이런저런 특성을 가질 수도 갖지 않을 수도 있는 가능적 요소다. 성향을 이렇게 규정하게 되면, 만일 인간이 어떤 구체적인 성향을 갖는다면 논리적으로 다음과 같은 설명이 가능해진다. 즉 성향이 그 말의 의미처럼 어떤 방향으로 기울어지는 경향성이라면, 그래서 어떤 하나의 구체적인 경향을 (마치 근원적 소질처럼) 갖게 된다면, 이에 영향을 미쳐서 그런 경우를 가능하게 하는 어떤 무엇이 존재했기 때문이라고 말할 수 있다. 다시 말해 성향 자체에는 이미 그것일 수밖에 없는 필연성이 아니라 그것이 아닐 수도 있는 가능성이 결합되어 있으므로, 그 경우가 아닌 다른 경우도 가능했다고 말할 수 있다. 그럼에도 불구하고 칸트는 이런 인간의 본성은 악을 저지르지 않을 수 없는 강한 성향을 갖고 있으며, 심지어는 이런 피할 수 없는 사태를 불가사의한 일이라고까지 표현한다. 만일 칸트의 말대로 이것이 사실이라면 우리는 당연하게도 그러면 인간은 왜 악을 저지르지 않을 수 없는 것인지를 물을 수밖에 없다. 칸트가 인간 본성에 내재하는 악, 즉 근본악을 '성향'이라고 특징짓는 이유도 바로 여기에 있다. 칸트에 의하면, 인간은 악을 저지르지 않을 수도 있었다. 근본악은 인간으로 하여금 악을 저지르지 않을 수 없게끔 만드는 성향이 낳은 결과일 뿐이다. 그렇다면 악을 저지르는 것이 인간의 필연적 본성이 아닌데도 불구하고 왜 악을 저지를 수밖에 없는 것인가? 성향 자체는 악을 저지르는 쪽으로만 기우는 것이 아니라 반대로 향할 수도 있는 것이 아닌가? 그렇다면 인간의 어떤 무엇이 인간의 성향을 악의 방향으로 기울지 않을 수 없도록 만든 것일까? 이것이 바로 인간이 처한 근본 상황이며, 인간이 종교를 필요로 하는 근본 이유가 된다.

소질과 성향의 구분과 그 내적 관련성에 기초할 때, 칸트에게 있어서 인간은 무조건적으로 선한 존재가 아니다. 칸트가 '인간의 본성은 선하다'고 말할 때 그것은 근원적인 소질에 있어서 선하다는 것만을 의미할 뿐 그 이상은 아니다. 마찬가지로 악은 인간의 본성 자체가 악하기 때문이 아니라, 자신의 감성적 욕구의 요구에 굴복하는 악에의 성향이 이미 도덕법칙을 위반할 가능성을 갖고 있는 자유로운 의지의 도덕적 능력에서, 그리고 자유로운 행위자로서의 주관 안에서 발견되는 것이다. 즉 이렇게 의지가 가진 악에의 성향, 의지의 악한 속성은 필연적인 것이 아니며, 자유의지로 받아들인 것이다.

이처럼 인간의 심성에 뿌리를 내리고 있는 근본악은, 도덕법칙 자체를 자기 준칙의 유일한 동기로 삼아야 할 도덕적 소질을 지닌 인간이 자신의 감성적 소질 때문에 도덕법칙으로부터 이탈해 악에의 성향에 굴복하고 도덕법칙에 위배되는 이기적인 감성적 동기를 도덕법칙 준수의 최고 조건으로 채택하는 것, 이른바 도덕법칙과 자기 이익의 주관적 준칙의 관계가 전도되기 때문에 발생한다. 따라서 인간이 도덕적 악을 저지르게 되는 것은 다만 그가 동기를 그의 준칙 안에 채용할 때 동기들의 도덕적 질서를 전도시켰기 때문이다. 그리고 이러한 전도를 야기하는 주범은 바로 인간 자신이다. 칸트는 인간이 이러한 성향을 도덕법칙에 반하는 방식으로 사용할 수밖에 없는 근본 원인을 인간 심성의 세가지 특성에서 찾는다. 인간 심성이 갖는 본성적 허약성 혹은 나약함, 도덕적 동기들에 감성적이며 경험적인 비도덕적 동기들을 끌어들이려 하는 경향의 불순성, 악한 준칙을 채택하려는 사악성이 그것이다. 칸트는 인간에게 이러한 본성적 성향 혹은 전도에의 성향이 존재한다는 사실은 곧 인간 자신의 모든 준칙들에서 최고의 주관적 근거인 우리 인간의 심성이 어떤 식으로든 이미 부패해 있다는 것을 의미하며, 그것이 바로 근본악의 원인이라 진단한다. 이는 또한 인간이 불가피하게 이미 죄를 짓게 되는 상태에 놓여 있다는 것을 뜻한다. 그것이 바로 인간의 근본악이다. 이것은 어쩔 수 없이 빠질 수밖에 없는 인간의 조건이며, 더욱이 감성적 경향성에서 기인하는 행복에의 열망은 인간 자력에 의한 최고선의 실현을 불가능하게 하는 조건이기도 하다.

소질과 구분되는 성향의 근본 의미에 비추어보면, 도덕적 악의 발생 원인으로서 근본악은 기본적으로 인간의 의지가 자유롭게 선택한 결과로 발생하는 악이다. 그렇기 때문에 논리적으로는 그러한 악이 발생하지 않을 수도 있는 것이었다고 할 수 있다. 따라서 이 근본악은 원칙적으로 극복 가능하다. 그러나 과연 그런가? 이에 대한 칸트의 생각은 상당히 역설적이며, 그래서 오히려 칸트가 이 문제에 대해서 얼마나 곤혹스러워하는지도 엿볼 수 있다. 칸트는 다음과 같이 쓰고 있다. "악은 모든 준칙들의 근거를 부패시키는 것이기 때문에 근본적이다. 동시에 자연적 성향이기에 인간의 힘으로는 근절할 수 없다. 왜냐하면 이것은 선한 준칙들을 통해서만 일어날 수 있는데, 모든 준칙들의 최상의 근거가 부패한 것으로 전제된다면 그런 일은 일어날 수 없기 때문이다. 그러나 그럼에도 불구하고 악에의 성향은 자유롭게 행위하는 존재로서의 인간 안에서 발견되는 것이므로 그 극복은 가능하다"(『종교』 686면). 그렇다면 근본악이란 그 발생을 근절할 수 없으면서도 극복할 수는 있다는 것인데, 이 얼마나 역설적인가? 이렇게 악의 근원의 파악 불가능성에도 불구하고 인간 자신에 의해서 가능한 것으로 이해되는 악에의 성향의 극복, 정확히 말해서 그러한 성향에 굴복하지 않는 일은 어떻게 이루어지는가? 전도된 질서를 어떻게 바로잡을 수가 있는가?

칸트는 악의 극복 가능성을 악을 초래한 바로 그 인간이 악에의 성향과 더불어 자신의 본성 안에 갖고 있는 선에의 근원적인 소질을 자기 힘으로 회복하는 데서 찾을 수밖에 없다고 말한다. 이 소질은 이미 인간의 본래적 가능성으로 주어져 있으므로 극복은 곧 회복이며, 그것은 상실된 것을 단순히 회복하는 데 그치는 것이 아니라 이미 있는 것을 다시 세우고 다시 또 그런 일이 일어나지 않도록 굳건히 하는 것이다. 하지만 칸트는 이런 굳건한 회복 내지 복구는 점차적인 개선을 통해서는 일어날 수 없다고 말한다. 왜냐하면 점진적 복구라는 말 자체가 이미 모순을 포함하기 때문이다. 즉 이미 부패해 있는 주관적 상황 자체가 스스로의 의지로 허용한 것으로, 이미 그렇게 될 수밖에 없었던 주체에 다시 그것의 점진적인 극복을 용인한다는 것은 그렇게 될 가능성보다 그렇게 되지 않을 가능성을 더욱 많이 함축하므로 불가능한 일로 보아야 하는 것이다. 악에의 성향이 이러한 점진적 진행에 개입해서 끊임없이 방해함으로써 전도된 상황을 다시 역전시키지는 못한다고 보아야 한다. 이러한 이유 때문에 칸트는 인간에게 남은 유일한 가능성은 일거에 이러한 전도의 고리를 끊어버리는 길밖에 없다고 생각한다. 칸트 자신의 말을 빌리면 오직 "인간 심성의 혁명"(같은 책 698면)을 통해서만 가능하다. 이처럼 새로운 창조에 버금가는 마음의 변화를 통해서만이 도덕적 질서의 전도가 바로 서고, 새로운 선한 인간이 될 수 있다는 것이다.

5. 도덕신앙과 종교적 구원

덕과 행복의 일치로서 최고선의 추구 및 덕(도덕성)의 실행을 좌초시키는 감성적 만족으로서 자기 행복에 굴복하는 악에의 성향은 인간에게 신의 명령으로서 종교의 존재를 요청하지 않을 수 없게 만든다. 칸트에 의하면, 도덕신학의 기초가 도덕성이듯이 "참된 유일의 종교는 실천적 원리들인 (도덕)법칙들 이외에는 아무것도 포함하지 않으며, 이 실천적 원리들의 무제약적 필연성을 의식할 수 있음으로 해서 (경험적으로가 아닌) 순수이성에 의해서 계시된 것으로 인정하는 것이다"(같은 책 838면). 즉 이성 안에 존재하는 도덕법칙에 의해 계시된 의무만을 신의 명령으로 인식하는 종교만이 진정한 종교이며, 이것이 칸트가 승인하는 도덕적 종교다. 칸트에게 도덕신학은 신 존재에 대해서 실패하고 마는 모든 사변적 증명의 당연한 귀결이자 비판철학의 구도에 부합하는 이성신학의 정수이다. 또한 전적으로 이성에 기초하는 순수한 종교신앙만이 도덕적 종교가 허용할 수 있는 유일한 신앙, 즉 이성신앙 내지는 도덕신앙이다. 이 신앙은 모든 인간의 이성에 스스로를 나타내는 것으로서 인간과 신의 도덕적 관계를 표현한다.

칸트 종교철학의 근본 원리는 도덕성에 기초한 도덕적 종교의 도덕적 신앙만이 참다운 신앙의 형태일 수 있다는 신념에 있다. 따라서 칸트에게 있어 신앙이란 본래적 의미에서 종교와 도덕에 동시에 속하면서 도덕적 확신에서 생겨나는 신념이다. 칸트는 『판단력비판』의 한곳에서 다음과 같이 적고 있다. "신앙(행위가 아닌 태도로서)은 이론적 인식이 도달할 수 없는 것을 참된 것으로 받아들이는 이성의 도덕적 사유 방식이다. 그러므로 신앙은 최고의 도덕적 궁극 목적의 가능성에 대한 조건으로서 필연적으로 전제되어야 하는, 그러한 궁극 목적에 대한 책무 때문에 참이라고 승인하는 심성의 확고한 원칙이다. (…) 신앙은 어떤 의도의 성취, 그러한 의도의 촉진에 대한 의무에 대한 신뢰이다"(『판단력비판』 439면). 이러한 언급에서 엿볼 수 있듯이 칸트는 신앙이라는 개념을 단순히 한 개인이 견지하려 하는 자의적인 사적, 주관적 믿음을 의미하는 것으로 사용하지 않는다. 칸트가 말하는 고유한 의미에서의 믿음이란 그 자체가 이론적 지식처럼 공적이고 객관적인 지식의 또다른 종류를 의미한다. 그리고 이러한 믿음에 근거한 신앙이야말로 필연성을 갖는 주관적 실천적 원칙에 기반한 도덕신앙이라고 본다. 이러한 신앙의 성격을 칸트는 『종교』를 구성하는 네편의 논문 각각의 말미에 첨부한 「일반적 주해」에서 '은총의 작용' '기적' '비밀(신비)' '은총의 수단' 등에 대한 유비적 해석을 가함으로써 분명하게 특징짓고 있다. 이러한 유비를 통해서 칸트는 신앙에는 여러 형태가 있으며 또 역사적으로 있어 왔음을 제시하는 한편, 이들 신앙이 이성종교의 참다운 신앙 형태로부터 이탈하여 왜곡된 요소들을 지니고 있음을 보여줌으로써 도덕신앙만이 참다운 신앙 형태임을 입증하고자 한다.

먼저 칸트는 은총을 구하는 종교와의 비교를 통해서, 자신의 노력에 기반하지 않으면서 은총을 구하는 종교는 참된 종교가 아니라고 주장한다. 이런 종교를 따르는 사람들은 한마디로 신이 모든 것을 해결해 줄 수 있다고 신앙한다는 것이다. 이를테면 신이 더욱 선한 인간이 되기를 요구하지 않고도 인간을 행복하게 해줄 수 있다거나 신이 인간을 더욱 선한 인간으로 만들 수 있기 때문에, 인간은 이것을 간청하기만 하면 이루어진다고 생각한다. 그런데 칸트가 강조하듯이 은총의 작용이 무엇에 의해 일어나는지를 이론적으로 이해하는 일은 불가능하다. 독단적 신앙에 불과한 맹목적 은총은 '자신의 한계를 넘어선 이성의 탈선'이며, 이성종교 또는 도덕종교에서는 결코 받아들일 수 없는 것이다. 이성적 도덕종교는 이 은총이 어디서 오는 것인지 알 필요도 없으며, 다만 스스로가 자신의 선에의 근원적 소질을 선한 인간이 되기 위해서 사용할 때만 자기 힘으로 바랄 수 없는 선한 인간이 될 수 있으리라 희망할 수 있을 뿐이다. 칸트에 의하면 이것을 가르치는 것이 바로 기독교이며, 그런 점에서 계시종교로서의 기독교는 그 근본에 있어서 도덕종교라고 해석한다.

두번째로 기적에 대한 신앙과 관련하여, 칸트는 기적을 통해 보증되는 한에 있어서만 이성에 의해 인간의 마음 안에 본래적으로 기록되어 있는 의무의 명령에 그 권위를 인정하려고 한다면, 그것은 엄청난 정도의 도덕적 불신앙을 드러내는 것이라고 강경하게 지적한다. 기독교가 초기에 역사적으로 하나의 종교로 확립되기 위해서 기적을 유용한 수단으로 필요로 했으나, 또 그런 의미에서 기적의 가치를 부인할 수는 없으나, 인간의 입장에서 이 기적의 원인과 작용법칙은 인식될 수 없는 것이다. 오히려 인간이 할 수 있는 전부는 도덕적 개심과 개선이 그 자신의 도덕적 노력에 달려 있는 것처럼 행동하는 것뿐이다. 또 그것이 참다운 종교로서 기독교가 근본적으로 지향하는 가르침이라고 본다.

세번째로 비밀(신비)에 대한 신앙과 관련해, 칸트는 모든 종교적 신앙의 양태는 불가불 신비와 마주치지만 그 근거는 우리의 인식에 주어지는 것이 아니라고 하면서, 인간은 다만 그 자신이 무엇을 하지 않으면 안 되는가를 인식할 뿐이며, 신이 무엇을 행하는지, 신에게 무엇이 귀속되는지 여부는 인간에게는 비밀로 남는다고 말한다.

그리고 네번째로 은총의 수단과 관련해 "은총으로부터 덕으로 나아가는 것이 아니라, 덕으로부터 은총으로 나아가는 것이 올바른 길"(『종교』 879면)임에도 불구하고 종교적 의식을 은총의 수단 그 자체로 이해하는 태도를 신랄하게 비난한다. 수단이란 "어떤 것을 실현하기 위해서 인간이 자신의 힘으로 사용할 수 있는 모든 중간적 원인"을 이르는데, 인간이 신의 도움을 기대하고자 할 때 그가 의지할 수 있는 것이라고는 자신의 도덕성밖에 없다. 왜냐하면 인간은 오직 도덕법칙만을 신의 명령으로 인식하는 것이 의무기 때문에 자신의 도덕성에 의지하지 않고서 신의 도움을 바랄 수 있는 길이란 달리 존재하지 않기 때문이다. 그러므로 "사람이 하늘의 도움을 받을 만하게 되기 위해서는 그의 도덕적 성질을 가능한 한 발전시키고 그에 의해서 그의 힘 안에 있지 않은 신의 마음에 드는 상태의 완성을 선사받는 성실한 노력을 하는 길밖에는 별도리가 없다"(같은 책 867면). 이처럼 도덕성에 대한 신앙만이, 즉 인간과 도덕법칙의 본질적 관계에 놓여 있는 신의 존재에 대한 도덕신앙만이 참다운 종교가 요구하는 태도라는 것이다.

결론적으로 우리가 신 자신과 신의 본질적 성격에 대해서 인식할 수 있는 것은 오직 신과 도덕적 관계 전체에서 이성이 요구하는 한계 안에서만 가능한 일이며, 따라서 "우리에게 중요한 것은 신 그 자체가 어떤 존재인지를(그의 본성이 무엇인지를) 아는 데 있는 것이 아니라, 신이 도덕적 존재인 우리에게 어떤 존재인지를 아는 것"(같은 책 806면)에 있다. 결국 우리는 이성의 한계 안에서만 진정한 의미를 가질 수 있는 도덕적 이성종교를 통해서 근본악이 극복되리라는, 그리고 최고선이 실현되리라는 믿음을 갖게 해주는 신앙을 갖지 않으면 안 된다. "실천이성의 이러한 필요에 따라서 보편적인 참된 종교신앙은 첫째로 전능한 천지창조자로서의 신, 즉 도덕적으로는 신성한 입법자로서의 신에 대한 신앙이다. 둘째로는 인류의 유지자, 인류의 자비로운 통치자이며 도덕적 부양자로서의 신에 대한 신앙이고, 셋째로는 자기 자신의 신성한 법칙의 관리인, 즉 공정한 재판관으로서의 신에 대한 신앙인 것이다"(같은 책 806~7면). 우리가 이와 같은 신에 대한 신앙을 가질 수 있는 것은 오직 인류와 신의 도덕적 관계를 통해서뿐이다. 말하자면 인간의 도덕적 심성과 불가분하게 결합되어 있는 근본악의 극복과 최고선의 실현이 인간의 힘으로는 불가능함에도 불구하고 한편으로는 그것을 요구하고 다른 한편으로는 그것을 향한 노력이 의무임을 자각하는 실천이성은, 그 때문에 동시에 이를 보증해줄 최고존재자의 존재에 대한 신앙의 문제에 도달한다. 그리고 인간은 이러한 믿음을 갖고서 자신이 할 수 있는 한 최선의 노력을 경주해야 한다. 칸트는 그 실천적 방안으로 윤리적 공동체 건설을 제시한다.

6. 윤리적 공동체와 교회

칸트는 인간이 갖는 모든 희망은 행복과 관계한다고 생각한다. 도덕법칙에 따른 행위에 일치하는 행복으로서 최고선의 실현 가능성에 대한 믿음 역시 하나의 희망이다. 하지만 칸트의 말대로 도덕법칙이 인간이 거부할 수 없는 하나의 필연적 사실이라면 행복에의 열망과 그 실현 가능성에 대한 희망 또한 공허한 것이 아니어야 한다. 이렇게 해서 칸트에게는 도덕신앙에 기초한 도덕종교도 결국 필연적인 것이 된다. 칸트의 말에 따르면 인간은 도덕적 의무와 행복에의 열망, 최고선의 실현, 그리고 근본악으로부터 개인의 구원이라는 희망을 갖고서 스스로 도덕적 삶을 추구하지 않으면 안 된다. 칸트는 이러한 노력을 공동체라는 시각에서 접근하는데, 그의 실천적 종교철학의 구상이 가장 강력하게 피력되고 있는 것이 윤리적 공동체 개념이다. 그러나 이 윤리적 공동체는, 칸트가 언젠가 현실에서 실현 가능한 공동체로 그려내고 있긴 하지만 인간 본성의 근본 한계를 고려할 때 어디까지나 이상사회의 모델에 가깝다. 여하튼 칸트는 현실적으로 실현 가능한 최선의 사회인 '도덕법칙 밑에서 형성되는 인간들의 결합체'로서 '윤리적 사회' '윤리적-시민적 사회' 또는 '윤리적 공동체'(ein ethisches gemeines Wesen)라는 모델을 제시한다. 따라서 이 윤리적 공동체는 칸트가 종교적 관점에서 현실적으로 언젠가 그것을 실현할 수 있는 것으로 상정하는 사회, 즉 최고선의 실현을 추구하고 선의 원리가 지배하는 이상사회라는 성격을 갖고 있다.

그러면 윤리적 공동체가 요구되는 이유는 무엇인가? 칸트는 윤리적 공동체 건설은 단순한 착상이나 제안이 아니라 인류가 실현해야 할 하나의 역사적 과제임을 강조한다. 말하자면 이러한 공동체는 근본악에 처해 있는 인간, 행복에의 열망, 그리고 도덕적 의무로부터 필연적으로 요구된다는 것이다. 그러면 왜 한 개인이 아니라 인류라는 공동의 주체가 그러한 과제와 의무를 부여받아야 하는가? 그것은 칸트가 악에의 유혹으로부터 자신을 보호하는 데는 선의 원리 밑에 결합하는 타인들과 공동의 협력이 더 효과적이며, 선의 승리를 위한 현실적 방안이라고 생각하기 때문이다. 즉 인간이 자신의 선한 소질을 최대로 발휘할 수 있는 조건은 한 고립된 개인으로서가 아니라 선한 의지를 소유한 사람들로 형성된 하나의 공동체를 이루고 살아갈 때라는 것이다.

칸트는 선한 인간은 그 의도의 선함에 관여하는 데만 그치는 것이 아니라 그의 선의지 자체가 이 세계에서의 선의 수립에도 적극적으로 관여하는 자라고 본다. 인간을 끊임없이 악의 지배 밑에 두려고 하는 악의 위험과 유혹은 한 개인의 힘만으로는 벗어날 수가 없다. 즉 인간은 선의 원리 밑에 힘을 합쳐 공동체를 형성하고 공동의 선을 위해 노력함으로써만 악과의 투쟁에서 승리할 수 있으며, 최고선의 실현에 근접할 수 있다. 이처럼 도덕적 절망에 굴하지 않는 자가 바로 칸트가 말하는 도덕적 인간이다. 그리고 이러한 노력은, 칸트에 따르면 단순히 '인간에 대한 인간의 의무가 아니라 인류 그 자체에 대한 인류의 의무'다. 말하자면 악의 원리의 유혹에 대항하기 위해 단합된 한층 강력한 힘으로서 하나의 윤리적 공동체를 도덕법칙 밑에 세우려는 각별한 계획이 행해지지 않는 한, 설사 모든 사람이 공동선을 목적으로 하게 된다 하더라도 모든 사람은 서로에게 악의 원리를 사용하려는 유혹을 끊임없이 받게 된다는 것이다.

그런데 칸트는 결정적으로 이 윤리적 공동체를 단순히 현실정치나 개인 도덕의 차원이 아니라 종교적 차원에서 비로소 실현 가능한 것으로 설정한다. 칸트는 "윤리적 공동체는 [지상에 건설될 — 한국어판 옮긴이주] 하느님 나라로서 종교를 통해서만 인간에 의해서 건설될 수 있다"라고 말한다(같은 책 819면). 그리고 종교에 기초한 공동체의 구체적 대안으로 칸트는 교회를 제시한다. 칸트에 의하면 교회는 "신적인 도덕적 입법 밑에 있는 윤리적 공동체"이며 다시 '비가시적 교회'(die unsichtbare Kirche)와 '가시적 교회'(die sichtbare Kirche)로 구분된다(같은 책 760면 이하). 비가시적 교회는 "가능한 경험의 대상, 즉 신의 직접적, 도덕적 세계 통치 밑에 있는 모든 의로운 인간들의 연합체의 단순한 이념으로써, 이것은 인간에 의해 설립되어야 할 것의 원형"의 역할에 해당하며, 가시적 교회는 비가시적 교회의 이념과 합치하는 세계를 지향하는 "인간들의 현실적인 결합체"를 가리킨다. 그러므로 윤리적 공동체로서 지상에 건설될 가시적 교회는 신의 통치 밑에 있는 비가시적 교회를 모델로 하는 것이라고 규정할 수 있다. 이러한 맥락에서 이제 "덕의 법칙 밑에서 형성되는 인간들의 결합체"로서의 윤리적 공동체 규정은, 동일한 의미에서 "윤리적 법칙 밑에 있는 신의 백성"으로, 그리고 신의 백성의 이념은 "(인간의 제도로서의) 교회의 형식 안에서만 실현될 수 있는 것"으로 확장된다. 비가시적인 교회를 모형으로 삼아 인간의 손으로 지상에 이룩할 수 있는 이러한 참된 (가시적인) 교회의 자격과 특징으로 칸트는 다음 네가지를 든다. 근본 원리들 위에 세워져야 하는 보편성, 교회의 성질에 있어서 도덕적 동기 외의 어떤 다른 동기도 가지지 않는 순수성, 자유의 원리하에 있는 교회의 대내외적 관계, 교회 양태에 있어서 근본 구조의 불변성 등이 그것이다. 참된 교회의 자격과 특징으로서 이것들은 한결같이 정언명법과 마찬가지로 윤리적 공동체의 형식성을 대변하는 것들이다. 그러면 왜 칸트는 이처럼 종교를 매개로 해서만 윤리적 공동체 건설이 가능하다고 말하며, 나아가 그 대안으로서 교회를 들고 있는가? 여기에는 윤리적 공동체가 요구되는 이유와 동일한 칸트의 인간에 대한 근본 이해가 작용하고 있으며, 아울러 기독교라는 종교에 대한 칸트의 고유한 태도가 반영되어 있다.

칸트는 인간은 윤리적 공동체의 내적 조건으로서의 윤리적-시민적 상태에 있지 않는 동안에 윤리적 자연 상태 속에 있게 된다고 말한다. 여기서 윤리적-시민적 상태는 "그 안에서 인간이 강제에서, 즉 단순한 덕의 법칙 밑에서 결합하는 상태"를, 그리고 윤리적 자연 상태는 "모든 인간에 내재하는 악에 의해 끊임없이 공격받는 상태"를 각각 가리킨다. 그런데 "윤리적 자연 상태는 덕의 원리들의 공적인(öffentlich) 상호 투쟁의 상태며 내면적인 도덕 상실의 상태이므로, 자연적 인간은 가능한 한 속히 이러한 상태에서 벗어나고자 힘쓰지 않으면 안 된다"(같은 책 753~56면). 그런 점에서 인간은 언제나 이러한 자연 상태가 일소될 때까지, 정도에 따라 다르지만 언제나 윤리적 자연 상태에 있는 것이 된다. 그러면 이러한 윤리적 자연 상태를 벗어나는 것은 악에 대항해 악을 점차적으로 감소시키면서 선을 추구하고 나아가 신 존재의 요청을 통해 종국에는 최고선의 실현이 가능하리라는 도덕적 신앙을 소유한 자들의 결합을 통해서 이루어진다. 이러한 윤리적 공동체는 선을 추구하는 어느 한 사람의 힘만으로는 불가능하며, 동시에 인간의 자연 본성의 한계로 말미암아 윤리적 공동체의 이념은 현실에서는 결코 완전히 실현되기가 어렵다. 도덕적 신앙을 소유한다는 것과 신의 존재가 요청된다는 사실 자체가 이미 그 실현이 인간의 자력으로는 불가능한 이상이라는 것을 내포한다. 그러나 칸트에 의하면 이 윤리적 공동체의 실현은, 인간 자력으로는 도저히 불가능한 것이긴 하지만 그렇다고 해서 포기되어야 하는 것도 아니며, 인간에게는 이를 향한 부단한 노력이 요구되고, 이러한 목표에 점진적으로 도달하기 위해서는 순전히 윤리적 차원에서만 이를 추구해서는 안 된다. 윤리적 공동체는 현실적으로 정치적 공동체라는 성숙된 조건을 필요로 하며 또 이와 병행해서만이 더욱 실현 가능한 이상이 될 수 있다고 칸트는 생각했다. 이로써 칸트의 종교철학은 그의 정치철학과 밀접한 관련을 맺고 있음이 드러난다.

| 맹주만 |

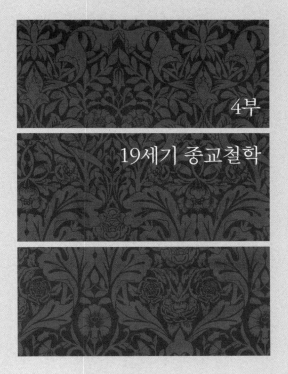

4부

19세기 종교철학

17장

셸링

인간 자유의 근원에 대한 성찰

———

인간 자유의 근원은 무엇인가? 이 질문에 후기 셸링(Friedrich Wilhelm Schelling, 1775~1854)은 종교적인 답을 제시한다. 셸링에 의하면 인간은 신 안에 있음을 통해 비로소 자유의 능력을 갖는다. 그런데 종교의 가르침에 따라 인간이 피조물로서 신에게 의존하는 것은 인간의 창조성이나 자유의 제약이나 상실을 초래하지 않는가? 어떻게 인간은 신에 의존하면서도 자유로울 수 있는가? 셸링의 답은 신이 스피노자처럼 추상적인 기계적 필연성에 지배되는 실체가 아니라 자유의 원리로 창조하는 정신이라면, 자유롭고 자립적인 존재를 창조하는 것이 신의 이념과 모순된 것이 아니라 오히려 진정 신다운 일이라는 것이다. '자유는 신과 인간에게 최고의 것'이기 때문이다. 후기 셸링은 '계시의 철학'(Philosophie der Offenbarung)에서 정통 기독교로부터 그 해결의 열쇠를 찾는다. 키르케고르(S. A. Kierkegaard, 1813~55)가 경건주의에 가까운 답을 제시한다면, 셸링이 모색한 대답은 기독교 교회사에 대한 깊은 이해를 토대로 하며 루터파 정통주의에 좀더 가깝다. 셸링은 '신은 죽은 자의 신이 아니라 산 자의 신'이라는 그리스도의 말을 인용하여 해석한다. 인간의 자유는 외적 필연성과는 모순되지만, 신의 영원한 생명인 신성한 자유와 자기 고유의 내적 필연성과 일치할 때 인간은 최고의 자유를 누릴 수 있다. 이러한 셸링 자유론의 내용은 인간이 던질 수 있는 가장 근본적인 질문의 하나인 인간 자유의 본질과 기원에 대한 종교적, 철학적, 심층심리학적 반성에 오늘날에도 여전히 시사점을 제공한다고 보인다.

이 글은 낭만주의 시대를 대표하는 독일 이상주의 철학자 셸링의 전후기 사유를 통해 엿보이는 인간 자유의 본질과 근원에 대한 종교철학적 성찰을 재조명한다. 초기 베벤하우젠과 튀빙겐 시절부터 루터 종교개혁의 영향 아래 있던 남부 독일 슈바벤의 경건주의(der schwäbische Pietismus)를 바탕으로 싹튼 그의 사상적 지향은 초기 낭만주의의 조화와 화해 사상의 선구자 역할을 수행했다. 그러나 자유론 이후 후기의 셸링은 사랑하던 아내 카롤리네(Caroline)의 죽음을 계기로 인간의 유한성과 악의 심각성에 대한 깊은 고뇌와 실존적 체험을 하게 된다. 셸링은 무한과 유한의 단절과 간극을 유한한 인간의 힘만으로는 극복할 수 없다는 깊은 통찰로부터 모든 합리적인 사유체계를 비판하고 무한자로부터 유한자의 구원과 존재 자체와의 실존적 만남을 동경하는 후기 낭만주의 사조를 열어놓는다. 셸링의 후기 낭만주의의 체계 비판 정신은 그의 말년의 베를린대학 강의를 청강했던 사람 중 하나인 키르케고르의 헤겔 비판에 직접 영향을 주었고, 키르케고르가 현대 실존주의로 나아가는 내면적인 동기를 부여해주었다.

이런 셸링의 사유에서는 전후기를 통틀어 일관되게 자유가 핵심 주제로 등장한다. 그러나 그동안 셸링에 대한 연구는 주로 초기 낭만주의를 선도한 자로서 독일 이상주의의 역사 속에서 피히테(J. G. Fichte, 1762~1814)와 헤겔의 징검다리 역할에 초점이 맞춰져왔다. 셸링의 사유는 전체 연관을 주목받기보다 그의 자연철학이 피히테와 다른 독자적인 사유로 관심을 받았고, 주관-객관-절대적 관념론으로의 전개라는 헤겔의 철학사 해석틀에 맞춰 이해되어왔다. 그러나 이런 일방적인 시각을 벗어나 튀빙겐 신학교 졸업논문인 원죄를 다룬 초기 신학논문에서부터 그리스도 계시를 주제화하여 해석한 말년의 계시철학에 이르기까지의 일관된 문제의식을 조망해본다면 셸링 철학의 고유한 주제는 신의 절대적 자유, 그리고 인간 자유와의 관계 문제임을 볼 수 있다. 따라서 셸링 철학을 정신사적으로 공정하게 접근하는 태도는 종교개혁 이후 독일 경건주의 기독교의 영향으로부터 그의 사상을 재조명하는 작업이라고 하겠다.

이 글은 셸링의 자유론과 기독교 사유 전통과의 연관성을 해명하고, 셸링 자유론과 그 사상적 배경인 종교개혁 시대 루터의 자유론을 비교함으로써 양자의 연관성, 셸링 사유의 뿌리와 정신사적 성격을 재조명하고자 한다. 셸링 자유론의 내용은 인간이 던질 수 있는 가장 근본적 질문의 하나인 인간 자유의 본질과 기원에 대한 철학적, 종교적, 심층심리학적 반성에 오늘날에도 여전히 시사점을 제공한다고 보이기 때문이다.

1. 초기 낭만주의와 셸링

셸링 철학의 전개 과정을 간략히 살펴보자. 초기(1794~97)는 피히테의 영향 아래 '자아'(das Ich)를 철학의 원리로 삼았던 시기다. 『철학일반의 형식의 가능성에 관하여』(*Über die Möglichkeit einer Form der Philosoplie überhaupt*, 1794) 『철학 원리로서의 자아 또는 인간 지식에서의 무제약적인 것에 관하여』(*Von Ich als Prinzip der Philosophie oder über das Unbedingte im menschlichen Wissen*, 1795) 등의 저작이 이

시기에 출간됐다. 이후 『자연철학의 이념』(*Ideen zu einer Philosophie der Natur*, 1797) 『세계영혼에 관하여』(*Von der Weltseele*, 1798) 『자연철학 체계의 최초 시도』(*Einleitung zu dem Entwurfeines Systemsder Naturphilosophie*, 1799) 등 일련의 저작은 피히테의 영향에서 벗어나 그가 소홀히 다뤘던 '자연'(Natur)을 체계의 중심에 놓고자 하는 자연철학의 시기(1797~1800)에 도달하고 있음을 보여준다. 나아가 '자아'와 '자연'을 예술에 의해 통합하고자 하는 『초월적 관념론 체계』(*System des transzendentalen Idealismus*, 1800)를 거쳐 흔히 그의 철학을 대표하는 것으로 알려진 자아와 자연의 근원적 '동일성'(Identität)을 원리로 하는 동일철학(1801~6)의 시기에 도달한다. 『나의 철학체계의 서술』(*Die Darstellung meines Systems der Philosophie*, 1801) 『브루노 또는 사물의 신성과 자연의 원리』(*Bruno, oder über das göttliche und natürliche Prinzip der Dinge*, 1802) 등이 이 시기의 작품이다. 그리고 이 시기까지를 그의 전기 사유로 특징짓는다.

그의 또다른 주저 『자유론』(*Philosophische Untersuchungen über das Wesen der menschlichen Freiheit*, 1809)은 이런 전기 사유 이후 『세계시대』(*Weltalter*, 1811, 1813, 1814~15, 1827~28) 『신화철학』(*Philosophie der Mythologie*, 1841~42, 1845, 1847)과 『계시철학』(*Philosophie der Offenbarung*, 초고 Urfassung 1831, 1841, 1842~43)으로 특징지어지는 후기 사유(1811~54)로 넘어가는 도상에 위치하고 있다. 흔히 셸링은 끊임없이 자신의 입장을 변경했던 점을 들어 성격적인 결함이 있다고까지 간주되기도 한다. 예컨대 시인 하이네(H. Heine)나 맑스 같은 사상가는 특히 기독교 '계시'를 철학화한 후기 셸링의 입장을 '자연철학의 창시자'였던 청년기의 초기 입장에 대한 배반이라고까지 혹평하기도 한다.

그러나 1775년 1월 27일 남부 독일 뷔르템베르크주 레온베르크에서 태어난 셸링은 어린 시절부터 베벤하우젠 수도원 목사였던 아버지의 교육과 튀빙겐 신학교에서의 신학 공부를 통해 종교개혁 이후 남독일의 경건주의 정신에 강한 영향을 받았다. 뵈메(J. Böhme)와 외팅거(F. C. Oetinger)의 기독교 신비주의 영성에 경도된 그의 후기 사상경향 역시 이런 경건주의와의 접촉으로부터 생겨난 것이다. 이런 기독교 신앙의 영향은 후기 셸링이 '적극철학'(positiv Philosophie)을 통해 자유로운 인격적 신의 창조행위를 강조함으로써 스피노자의 기계적 결정론과 범신론적 내재주의의 위험을 비판하고 극복해나가는 데 결정적인 기초를 제공했다고 보인다. 어린 시절부터 셸링의 정신세계를 형성했던 기독교의 영향은 악의 심각성과 그 신비적 근원을 자유의지(liberum arbitrium)의 문제와 연관지어 깊이 고민한 말년의 종교철학까지 그의 철학의 뿌리를 형성하고 있다. 이러한 점은 칸트와 피히테 철학에 감화받은 초기의 자아철학에 앞서 창세기 3장의 원죄에 대한 새로운 해석을 다룬 그의 17세 때의 논문 표제 '인간의 최초 악의 기원에 대한 가장 오래된 철학적 탐구 창세기. III장에 대한 비판적이며 철학적인 설명 시도'(Antiquissimi de prima malorum humanorum origine philosophe matis Genes. III. explicandi tentamen criticum et philosophicum, 1792)가 잘 보여준다.

이런 사실을 고려해보면 하이데거(M. Heidegger)가 지적했듯이 셸링은 "그의 초기부터 자기의 유일한 입장을 위해 격정적으로 투쟁했던 사상가"라고 보는 것이 좀더 진실에 가깝다. 헤겔이 늦게 체계를 확립한 후 말년에 이르기까지 그 완성과 적용을 통해 일관된 체계를 건설했다면, 셸링은 최종적인 완성에 도달하기보다는 "항상 모든 것을 다시 자유롭게 놓아주고 항상 다시 동일한 것을 새로운 근거에로 이끌"었다(『하이데거전집』 42권 10면). 셸링은 "참으로 자유로운 철학의 출발점에 서고자 하는" 자신의 철학함의 태도를 다음과 같이 말한다.

> 한번쯤 모든 것을 버리고 (…) 무한자와 더불어 모든 것을 볼 수 있는
> 자만이 자기 자신의 근거에 이르고 삶의 전체적인 깊이를 인식한다. 이
> 는 플라톤이 죽음과 비교했던 위대한 발걸음이다. (『전집』 IX, 217~18면)

이 발언에는 당시 야코비(F. H. Jacobi)의 스피노자 비판과 관련하여
촉발된 '자유' 문제가 셸링의 철학함을 관통하고 있다고 보인다.

> 이성과 자유는 우리의 표어이며 우리의 통합점은 눈에 보이지 않는 교
> 회다. (『편지』 II, 62면)

셸링에 있어 자유는 단지 그의 체계의 원리일 뿐만 아니라 진정한 철
학함의 태도이기도 하다. 다양한 사유의 전개에서도 셸링의 일관된 문
제의식은 모든 것을 꿰뚫는 동일한 원리인 '절대자'와 '자유'에 대한 추
구였다고 볼 수 있다. 피히테의 영향하에 절대자를 자아에서 찾고자 했
던 초기 사유에서부터 이미 자유는 '철학의 알파이자 오메가'로 간주된
다. 셸링은 그의 사유의 최초의 시기라고 볼 수 있는 1795년 2월 4일 헤
겔에게 보내는 편지에서 다음과 같이 쓰고 있다.

> 나에게 모든 철학의 최고원리는 순수하고 절대적인 자아(das reine,
> absolute Ich), 다시 말해 그것이 대상들에 의해 제약되지 않고 오히려 자
> 유에 의해 정립되는 한에서 한갓된 자아다. 모든 철학의 알파와 오메가
> 는 자유다. (『생애』 I, 76면)

피히테와 달리 절대자를 무의식적인 자연에서 찾고자 했던 자연철학의 시기와 자연과 정신의 동일성을 확립하고자 했던 동일철학으로의 전개 과정을 거친 것 역시, 자유의 원리를 자연의 영역으로까지 확장하고자 한 시도이자 '자유'라는 궁극적인 원리에 의해 자연과 정신을 통일적으로 이해하고자 했던 시도라고 볼 수 있다. 동일철학의 시기에 이르러는 자아만이 절대자요 자유인 것이 아니라 자연과 자아, 양자 모두가 동일하게 절대적인 주체요 자유라고 간주된다. 그런 한에서 자연은 말하자면 아직 깨어나지 못한 정신이요, 정신은 깨어나 스스로를 의식한 자연이다. 셸링의 자연철학에서 말해지는 자연은 기계적 필연성이 지배하는 죽은 자연이 아니라, 자유를 원리로 하는 생동하는 자연, 정신을 잉태한 자연이다. 괴테(J. W. von Goethe)를 비롯한 낭만주의 예술가들이 자연의 유기체적 생명에 관심을 갖는 이유는 살아 있는 총체적 현실로부터 추상한 과학의 일면적인 기계적 자연관에 대한 반발이자 비판이기도 하다. 셸링은 거룩한 분노로 피히테에 맞서, 자연은 인간의 영광의 도구나 수단으로만 존재하는 것이 아니라 '자체로서 신의 영광을 지닌다'고 역설한다. 자연과 자아 양자의 궁극적인 근거는 동일한 절대자요 자유다. 따라서 셸링의 자연철학은 기계적 인과관계의 법칙을 발견하고자 하는 과학이라기보다는 목적을 지닌 생명체인 자연 속에서 절대자인 신의 창조 흔적과 발자취를 찾으려는 영감으로 가득 찬 신 존재 증명이며 자연신학에 가깝다. 때문에 그의 자연철학은 세계 속에서 신의 '일반계시'와 은총을 재발견하게끔 동기를 부여함으로써 계몽주의의 경직되고 무미건조한 과학적 합리성의 지배로부터 벗어날 수 있는 자유로운 숨결을 불어넣고 초기 낭만주의적 정신의 길을 열어놓는다. 인간의 도구가 아닌 자연 자체의 본성과 근원에 대한 초기 관심은 생철학과 오늘날 자연친화적 환경사상에도 연관을 맺는다.

낭만주의자 셸링은 당대 형이상학에서 보이는 실재론과 관념론의 대립, 자연의 기계적 필연성의 체계(스피노자)와 주관적 관념론(피히테)의 분열을 극복하고자 시도한다.

자연은 가시적인 정신이요, 정신은 비가시적인 자연이어야 한다. 우리 안의 정신과 우리 밖의 자연의 절대적인 동일성(die absolute Identität) 안에서 우리 밖의 자연이 어떻게 가능한가 하는 문제가 해소되어야 한다. (『전집』II, 56면)

셸링과 낭만주의의 공통점은 근대적 분열인 관념론과 실재론, 정신과 자연, 주체와 객체의 이원성, 즉 피히테와 스피노자의 대립을 극복하려는 노력에서 출발한다는 것이다. 이런 근본적 대립은 피히테가 정식화한 것이다. 그에 따르면 철학 체계의 종류는 관념론과 실재론 둘뿐이다. 전자는 자아를 절대자로 보고 자연을 그 산물로 보며, 후자는 자연을 절대자로 보고 자아를 그 산물로 본다. 피히테는 절대자의 위치를 주체 안에 두는 전자를 '비판론', 주체 밖에 두는 후자를 '독단론'이라 불렀다. 낭만주의 시인 횔덜린(F. Hölderlin)은 양자의 양립 불가능함을 다음과 같이 표현한다. "우리는 **자아**를 모든 것으로 그리고 세계를 무로 만들면서 동시에 세계를 모든 것으로 그리고 자아를 무로 만들 수는 없다."(이하 강조는 인용자) 셸링은 이 딜레마를 자아와 자연의 공통 근거로서 유한자를 초월하면서도 내재하는 절대자의 자유를 통해 해결하려 했다. "신은 단적으로 하나다, 또는 신은 오직 절대자다"(같은 책 VI, 157면). 정신과 자연의 살아 있는 연관 속에 존재하는 신은 유한한 주체 안의 자유(피히테)나 죽은 기계적 자연의 필연성(스피노자)으로 환원되어 설명될 수 없다.

스피노자주의는 그 견고성에 있어 마치 피그말리온의 입상들처럼 간주될 수 있다. 거기에 뜨거운 입김으로 영혼을 불어넣어야 한다. (…) 관념론의 원리에 의해 활성화된(본질적 관점에서 변형된) 스피노자주의의 근본 개념은 (…) 자연철학이 성장할 생동하는 기반을 포함한다. (『자유론』 294면)

스피노자의 범신론이 생동성과 자유를 결여한 기계적 필연성 때문에 결정론이라고 비판받는다면, 피히테의 이른바 주관적 관념론은 자연을 단지 주관의 자유로운 활동의 부산물로만 간주한 채 "자아만이 모든 것"이라고 주장함으로써 일면적이라고 비판된다.

'활동성과 생과 자유만이 현실적인 것'이라고 주장하는 주관적 관념론(…)만으로는 불충분하다. (…) 요구되는 것은 오히려 그 반대로 '현실적인 것(자연, 사물의 세계)도 활동성과 생과 자유를 근거로 갖는다'는 것을 지적하는 것이다. 또는 피히테의 표현을 빌리면 오직 자아만이 모든 것이 아니라, 반대로 모든 것이 자아라는 것을 지적하는 것이다. 관념론의 개념은 우리 시대의 더 높은 철학, 더 높은 실재론을 위한 참된 영감이다. (같은 책 295면)

근대 이후 생각을 지배하는 두 축은 인간중심주의와 과학적 세계관이며, 이것은 철학에서 관념론과 실재론의 대립으로 나타난다. 그러나 근대적인 분열을 극복하고자 하는 낭만주의자 셸링은 대립을 통일하는 '총체적 현실'의 원리인 절대자는 이념과 실재, 주체와 객체의 대립을 넘어선 무한자여야 한다고 보았다. 셸링은 자아를 출발점으로 삼는 피히테 철학과 생명력을 불어넣은 스피노자의 자연관을 통일함으로써 체계를 보완하고자 시도한다. 셸링에게 최초로 영감을 준 것은 '신의 형상'인 인간 이성의 자의식 구조다. "신은 자기 자신에 의해 긍정되는 자다"(『전집』 VI, 157면). "이성은 신의 자기인식과 동일한 것이다"(같은 책 172면). 우리는 여기서 정신의 활동성과 관련된 서구 형이상학의 오랜 전통과 조우한다. 즉 플라톤에 있어 최고의 인식작용인 '관조'(noein), 아리스토텔레스에서 순수 현실성인 신의 '자기사유'(noesis noeseos), 칸트가 유한한 인간 이성에 허용하지 않았지만 이성적 존재 일반에 그 가능성을 부정하지 않은 '근원적 직관'(intuitio originaria), 피히테가 신의 자기의식에 유비한 인간 '자의식'의 활동성이 그것이다.

신의 동일성은 1) 의식된 자와 2) 의식하는 자의 3) 일치에 반영되어 있고 이 내용을 직접 직관하는 것이 '예지적 직관'이다. 자의식은 내용상 동일한 하나지만 형식은 세 '계기'로 나타난다. 이런 자의식의 형식 내지 포텐츠(Potenz)의 삼위일체 구조가 셸링에 의해 1) 정립 2) 반정립 3) 종합이라는 절대자의 '변증법적' 운동 원리로 체계화된다. 독일어 Potenz는 힘, 능력을 뜻하는데, 셸링 철학에서는 물리적 변화와 운동의 힘만을 말하는 것이 아니라 살아 있는 절대자의 자유로운 사랑의 힘이 자연, 예술, 역사 속 다양한 규정들 안에 정립된 것으로, '통일성' '계기' '형식'이라고도 불린다. 철학의 과제는 포텐츠 전체를 드러내는 것이다. 신의 창조, 즉 변증법적 운동은 전개 과정인 **자연**, 즉 실재세계(1. 물질, 2. 빛, 3. 유기체)와 복귀 과정인 **정신**, 즉 이념세계(1. 인식, 2. 실천, 3. 예술)를 관통한다.

따라서 셸링은 체계의 완성을 1) 실재론도 2) 관념론도 아닌 3) '실재-관념론'(Real-Idealismus), 또는 '더 높은 실재론'이라고 부른다. 그의 전체 철학을 특징짓는 1) 자연과 2) 정신의 3) **무차별성**, 즉 동일철학 역시 대립의 통일을 내용적으로 직접 포착하는 예지적 직관과 형식을 반성하는 변증법적 사고에 기초한 것이다. 절대자는 본성상 1) 긍정하는 자(정신)와 2) 긍정된 자(자연)의 3) 영원한 동일성인 데 반해, 이를 파악하고자 하는 인간에게는 순서가 전도되어 1) 정립된 자(자연)와 2) 정립하는 자(정신) 3) 양자의 무차별성이라는 3형식의 순서로 절대자의 전개와 복귀 과정이 이해된다. 때문에 자연철학이 정신철학보다 우선적 탐구 영역이 된다.

그런데 예지적 직관은 경험적으로 실증될 수 없는 사변적 성격의 것이다. 따라서 셸링은 사변적인 예지적 직관의 객관화, 경험적 실재와의 연관을 추구한다. 이때 이성의 예지적 직관을 객관화, 구체화한 것이 '미적 직관'이다. 피히테나 헤겔이 객관적 실재나 구체적 경험보다 이념적 체계 구성에 치중한 데 반해, 셸링은 선험적 추론은 경험적 실증을 요한다고 보았다. 전기에 자연의 경험이, 후기 종교철학에서 역사적 경험이 중시되는 이유다. 셸링의 동일철학은 경험을 무시한 체계만을 강조하는 사상이 아니라 대립하는 실재와 이념의 살아 있는 연관을 보려는 사상이다. 따라서 모든 대립하는 힘과 요소들의 살아 있는 연관과 조화를 실재적으로 체험하는 '미적 직관'이 중요하게 여겨진다. 미적 직관을 통해 접근하는 예술철학은 초기 자연철학은 물론 신화와 계시를 해석하는 후기 종교철학에 이르기까지 셸링 철학의 모든 영역을 매개하며 활력을 불어넣는다. 독일 낭만주의 최초의 기획이라고 할 수 있는 작자 미상의 「독일 이상주의의 가장 오래된 체계 기획」(Das älteste Systemprogramm des deutschen Idealismus)에서는 정신적 이념을 미적으로 감성화하고 신화를 감성적으로 만드는 예술의 힘에 의해 대중을 미적 공동체로 형성해나가는 새 신화, 새 종교의 도래를 예감하고 있다 (『자료집』 110~12면). 셸링에 있어 예술은 신화와 계시내용을 가장 중요한 소재로 삼는다는 점에서, 이미 초기 낭만주의 체계 기획과 예술철학 속에는 후기 신화와 계시철학의 싹이 잠재되어 있음을 엿볼 수 있다. 피히테가 인간 주체의 자유로부터 객체인 자연까지 연역함으로써 자연을 소외시키고 인간의 일방적 활동만 강조하는 위험을 드러냈다면, 스피노자는 죽은 기계적 자연의 필연성 체계 안에 모든 것을 편입시켜 주체인 정신을 소외시킨 숙명론의 위험을 초래했다. 그런데 초기 낭만주의가 추구하는 세계는 주체의 사변이나 객체인 죽은 기계로부터 추론된 회색빛 체계가 아니라 사랑의 힘으로 정신과 자연의 살아 있는 아름다움을 포착(미적 직관)하는 체계, 관념론과 실재론의 일면성과 대립을 극복하는 살아 있는 조화의 체계다. 이는 추상적 개념들의 체계가 아니라 도식과 알레고리, 상징으로 표현 가능한 예술체계다.

낭만주의의 본질은 무한과 유한의 관계에 대한 새로운 시각이라고 볼 수 있다. 낭만주의는 무한과 유한의 상호 내재를 제1원리로 하며, 이는 근대 정신의 형이상학적 기초를 놓은 르네상스 시대 신학자 쿠자누스(N. Cusanus)의 '반대의 일치'(coincidentia oppositorum), 즉 유한과 무한의 일치 원리와 연속성을 갖는다. 유한한 모든 것 안에 우주 전체의 무한한 창조적 통일의 힘이 현실적으로 존재한다. 쿠자누스는 하늘의 로고스(logos), 즉 신의 언어가 모든 종교에 임재하고 이로써 모든 종교의 평화가 가능하다고 생각했다. 또 무한자인 신밖에는 아무것도 없기에 영원한 정신 안에 유한자는 이미 잠재적으로 내재한다. 쿠자누스는 신적인 것이 모든 것의 '중심'인 동시에 '둘레'라고 비유했다. 신은 모든 것 안에 중심으로 내재하지만 모든 것을 둘러싸며 초월한다. 또한 독일 신비주의 전통과 연관이 있는 루터도 성만찬 때 빵과 포도주 안에는 그리스도가 '함께 현존'한다고 말한다. 깔뱅은 그리스도의 살과 피 대신 성령이 임재한다고 생각했다(이런 개혁신학의 사상은 빵과 포도주가 그리스도의 살과 피로 '**실체적으로 변화**'한다는 가톨릭 교리와는 다르다). 루터에 의하면 어떤 것이나 자기 자신보다도 신이 더 가까이 현존한다. 신은 모든 유한한 것 안에 충만하며 동시에 모든 유한자를 초월한다. 셸링도 신은 '하나이자 모든 것'(hen kai pan)이며 '모든 것 안의 모든 것'(Alles in Allem)이라는 사도 바울의 말을 인용한다(고린도전서 15:28). 셸링이 튀빙겐 신학교 동창생인 헤겔, 횔덜린과 맺은 동맹의 표어도 보이지 않는 교회인 '신의 나라의 도래', 즉 시간 안에 영원의 임재였다. 셸링의 자연철학과 동일철학은 낭만주의 초기 정신을 잘 대변한다. 이런 변증법적 사고는 모순율을 원리로 한 형식논리에 기초하는 그리스철학 이래 경직된 이분법적 세계관, 즉 영원한 신은 하늘에 유한한 피조물은 땅에 분리된 채 존재한다는, 근대 계몽주의에 이르기까지 수천년을 지배해온 경직된 세계관을 극복한다. 비록 낭만주의자들이 고대 그리스문화에 대한 향수를 보이기도 했지만 그들의 관심은 결과적으로는 기독교 영성에 기초하는 그리스사상에 대한 미래지향적 비판과 극복으로 이어졌다.

낭만주의 초기와 후기는 관점의 차이를 보이는데, 초기에는 무한의 유한 안의 내재를 중요시하며 양자를 균형과 조화의 관계에서 보는 데 반해, 후기에는 유한자를 능가하는 무한자의 창조의 자유와 초월에 더욱 주목하고 양자의 차이와 균열, 유한자의 타락과 현실을 지배하는 악의 심각성, 무한자에 의한 유한의 구원과 악의 극복이라는 초월관계가 보다 부각된다. 이는 셸링 철학의 두 시기 구분, 즉 자연철학과 동일철학으로 대변되는 전기의 '소극철학'(negativ Philosophie)과 '자유'의 철학 이후 후기 '적극철학'의 관점과 일치한다. 셸링의 전후기 철학, 즉 자연과 정신의 동일철학 및 자유와 계시철학은 각각 전후기 낭만주의 사유를 선도했다. 낭만주의의 종교철학적 의의는 1) 주관-객관, 정신-자연, 무한과 유한을 분리하는 경직된 근대 이분법을 극복하고 상호 내재 가능성을 보여줌으로써 자연 안에 신의 영광과 은총, 일상 속 빵과 포도주의 신비를 재발견하게 해주며, 2) 기계적 결정론과 범신론적 내재주의의 위험을 극복할 수 있는 자유와 초월의 사유지평을 열어놓았다는 점이다. 여기서 주의할 점은, 초기 낭만주의 정신이 무한의 유한 안의 내재를 부각한 것이 곧 무한이 유한에 의존함을 의미하는 것은 아니라는 점이다. 즉 상호 내재성이 상호 의존성과 동일시될 수는 없다. 후기 낭만주의는 무한과 유한의 비대칭적 의존성에 한층 주목했고 이로써 신의 내재와 초월의 관계가 새롭게 이해되고 해석될 수 있었다. 즉 신은 만물에 내재할 수 있지만 만물에 의존하는 것이 아니라 만물을 초월한다. 오히려 만물이 신에 의존한다는 것이다.

낭만주의는 무한과 유한의 상호 내재성과 함께 비대칭적 의존관계를 주목했다는 점에서 오늘날 21세기의 철학과 신학 및 신앙인들의 세계관에도 중요한 의미를 갖는다.

2. 신과 인간의 자유

선과 악의 능력

셸링의 『자유론』은 그의 나이 34세 때인 1809년에 출판되었다. 『자유론』은 셸링 자신의 시기 구분에 의하면 이른바 '소극철학'이라 불리는 전기 사유부터 '적극철학'이라 불리는 후기 사유로 나아가는 이정표가 되는 저술이라고 볼 수 있다. 당시 그는 그의 동일성 체계가 범신론적이라는 비난에 맞서 기독교적 관점에서 인간의 자유와 악의 문제를 깊이 탐구하며 창조주인 살아 있는 인격적 신을 주제화함으로써 범신론적 체계를 비판, 극복하려 시도한다. 신학자 틸리히는 이를 셸링의 "가장 중요한 작품"으로 평가한다. 왜냐하면 여기서 신의 '자유'의 역동적인 창조적 생명력이 추상적인 동일성의 개념체계 안으로 관통해 들어오기 때문이다(『셸링의 철학 발전에서 신화와 죄의식』194면). 청년기의 동일성 체계가 무한의 유한 안의 내재와 아름다운 조화체계의 정점이라면 노년기의 사유는 기독교의 창조와 타락, 선과 악의 영적 전쟁이라는 긴장과 갈등의 간격과 심연의 사유다. "유한 사물들의 존재 근거는 무한자와의 절대적 단절이다"(『전집』 VI, 41면). 전기의 사유가 체계 지향적인 사유로서 절대자의 본질을 개념적으로 파악해 이론적으로 체계화하고 관조하고자 했던 시기라면, 후기 사유는 개념적인 사고 너머의 존재 자체를 경험하고자 노력한 시기다. 예컨대 신과 인간과 세계의 본질에 대한 탐구는 그리스철학의 주지주의 전통 이래 시간적이고 구체적인 상황 속 실존의 현실과 역사로부터 추상된 보편적 신성, 인간성, 자연성에 초점이 맞춰져왔다. 후기 셸링은 이런 철학의 관점을 소극철학이라고 비판한다. 이에 반해 지금 여기에서 일어나고 있고 또 전개되어온 시간적인 구체적 현실 및 역사와 추상되지 않고 분리되지 않은 신성, 인간성, 자연성에 대한 탐구를 적극철학이라고 부른다. 이 점을 볼 때 실존주의의 관점에서 본질주의에 대해 최초로 비판한 선구자가 후기 셸링이라는 평가가 가능하다. 셸링의 적극철학은 키르케고르, 야스퍼스(K. Jaspers), 하이데거에게 깊은 영향을 미쳤다. 이는 또한 셸링이 단지 헤겔로 이어지는 다리일 뿐 아니라 헤겔의 최대 비판자이자 현대 헤겔 비판의 선구자임을 보여주는 것이다. 미완의 체계로 끝난 『자유론』 이후 셸링은 야코비에 대한 반박서를 제외하고는 1854년 생을 마칠 때까지 45년의 긴 세월 동안 이렇다 할 주저를 내놓지 못한 채, 그의 사색의 결실은 강의 형식의 유고로 남아 있을 뿐이다. 하이데거는 셸링의 이런 침묵이 "사유의 힘의 소진"을 의미하는 것이 아니라 『자유론』에서 비롯되는 "질문의 어려움과 새로움"에 기인하는 것으로 해석한다(『하이데거 전집』 42권, 5면). 즉 이러한 침묵은 "전적으로 다른 것이 다가오는 표지"이며, "새로운 시작"을 예고하는 것이었다. 당시 1807년 헤겔의 첫 주저인 『정신현상학』이 출판되었는데, 이 책 서문에서 헤겔은 셸링에 대한 날카로운 거부를 표명하고 있고, 이런 헤겔의 입장 표명은 죽마고우였던 두 친구를 결정적인 결별로 이끌었다. 헤겔은 『정신현상학』 서문에서 셸링의 철학을 "그 안에서 모든 암소가 검게 보이는 밤"과 같다고 혹평했을 뿐만 아니라, 『철학사 강의』에서도 셸링의 『자유론』에 대해, 비록 "깊고 사변적인 방식의" 논구를 수행했지만 "그 자체 개별적인 것으로 머물러 있으며, 철학 속에서 개별적인 것은 결코 전개될 수 없다"라고 비판한다(『헤겔전집』 12권, 453면). 그러나 하이데거가 지적했듯이 셸링에 있어 자유는 단지 '개별적인 것이 아니라 전체의 본질적인 근거이며, 전체 철학의 새로운 근거로서 사유되고 전개되고 있음'을 헤겔은 간과하고 있다. 따라서 셸링의 『자유론』이 출판된 시기는 셸링이 헤겔과의 사상적 결별을 시도하던 시기였다.

우리는 셸링의 후기 사유를 여는 출발점인 『자유론』에서 인간 자유의 본질에 대한 물음과 더불어 이성의 체계 구성의 한계, 결정론과 범신론적 내재주의의 극복 시도, 의지, 인격성, 불안, 충동, 무의식, 불투명성, 비합리성, 죄악의 문제, 신의 창조와 구원, 사랑 등 현대 실존주의와 정신분석 및 현대 신학의 주제들과 만난다. 이런 문제들은 독일 이상주의의 심장부에 놓인 근본 문제이자 오랜 역사 속에서 전승된 서구 형이상학의 핵심 문제들에 속한다. 하이데거에 따르면 셸링의 『자유론』은 "셸링의 가장 위대한 업적"이며 "독일 이상주의 형이상학의 정점"이자

"독일 이상주의의 모든 본질적인 규정들"이 그 속에서 조정되고 있을 뿐만 아니라 그 속에서 "모든 서구 형이상학의 본질적인 핵심"이 드러나는, 서구 "형이상학의 완결"(Vollendung der Metaphysik)로 간주된다 (『하이데거 전집』 49권, 96면). 셸링의 자유철학 속에서 "모든 서구 형이상학의 본질적인 핵심이 드러날 수 있다"는 것이다(같은 책 49권, 2면).

셸링의 자유의 철학은 서구 사상의 흐름에서 '무로부터는 무밖에 나올 수 없다'(ex nihilo nihil fit)는 그리스 주지주의 전통에 대립한 '무로부터 창조'(creatio ex nihilo)라는 기독교적 사유의 본질적인 문제와 연결된다. 인격적인 사랑의 신은 자유의지로 만물을 창조했고, 신의 형상을 닮게 창조됐음에도 자유의지의 오용으로 타락한 인간을 신은 다시 자신과 결속시키기 위해 스스로 인간(그리스도)이 되어 악을 극복하고 전도된 세계를 구원한다. 서구 사상사에서 주지주의의 일면성에 대한 심원한 비판은 주의주의 전통에서 유래한다. 주의주의의 관점에서 신의 창조는 이성의 이론적 추론으로 증명이 불가능하다. 왜냐하면 신은 개념상 완전자이며, 완전자는 다른 어떤 것도 필요로 하지 않기 때문에 세계를 창조할 필요가 전혀 없기 때문이다. 그러나 그럼에도 세계는 창조되었다. 따라서 창조는 신의 사랑의 표현이며 무근거로부터의 창조라는 자유의지의 작품이다.

기독교로 회심한 아우구스티누스 이래 신의 의지의 자유와 사랑은 인격성의 핵심으로 주목된다. 그에게 현실의 핵심은 신의 의지다. 주의주의 전통은 신비주의에 깊이 영향을 미쳐 6세기경 동방신학자 디오니시우스(Dionysius)의 긍정신학(theologia affirmativa)과 부정신학(theologia negativa)을 거쳐 이론적 태도를 넘어 사랑의 황홀한 힘 속에서 신의 의지와 일치에 이르는 최상의 신학(theologia superlativa)인 '사랑의 신학'으로 표현된다. 이후 중세에 프란체스꼬의 사랑의 신비는 13세기 보나벤뚜라의 영성신학, 내적 경건을 강조한 에크하르트(M. Eckhart, 1260~1327)의 신비신학, 토마스 아켐피스(Thomas a Kempis, 1380~1471)의 그리스도를 본받는 경건운동으로 전개된다. 또 중세 말 아퀴나스와 대립한 둔스 스코투스와 오컴의 주의주의로 연결되면서 르네상스 시대 쿠자누스 이래 독일 신비주의에까지 영향을 미친다. 이런 신비주의의 유산은 그리스도인의 자유와 사랑의 실천을 그리스도(Christus, 영원히 자유로운 본질)와 그리스도인(Christen, 지금 자유로운 본질)의 의지의 결속인 결혼으로 비유한 개혁신학자 루터나, 신의 내적 생명에 대한 신지학적 통찰을 보여준 경건주의 신비주의자 뵈메로 이어진다. 이론이성에 대한 실천이성의 우위를 강조한 칸트나 자아의 창조적 활동성을 강조한 피히테 역시 인격성의 핵이 자유의지라는 점에 주목하고 있다. 이런 흐름에 깊이 영향을 받은 셸링에게도 '근원 존재'(『자유론』294면)는 '의지'(Wollen)며 '철학의 알파와 오메가는 자유'이고, '최고의 것은 사랑'이다(같은 책 350면).

> 철학의 알파와 오메가는 자유(Freiheit)다. 전체 자연은 감각, 지성 그리고 결국 의지에서 자신을 드러내는 것으로 이해된다. 최후의 궁극적 지점에는 의지밖에는 아무것도 없다. 의지가 근원 존재다. 의지에만 무근거성, 영원성, 시간으로부터의 독립성, 자기긍정 등 근원 존재의 모든 술어가 어울린다. (같은 책 294면)

셸링은 피히테의 『학문론』, 헤겔의 『논리학』 같은 이론이성에 의한 이념적인 '체계' 수립의 시도를 소극철학이라고 비판하고, 생동하는 신의 실존, 자유와 사랑을 적극적으로 만나고자 하는 적극철학을 주창한다. 그런데 셸링의 소극/적극철학의 구분을 양자의 완전한 단절 내지 분리로 오해해서는 안 된다. 왜냐하면 실존은 본질을 전제하며, 비록 지금 여기 현실의 왜곡과 타락 상황이 심각하더라도 영원한 근원을 전제하기 때문이다. 본질은 실존의 구조며 잠재적 가능성으로서 있어온 것이다. 실존이 현실적으로 주어진 것이라면, 본질은 가능성으로서 주어져 있는 것이다. 예컨대 나무의 본질 구조가 없다면 한그루 나무도 실존할 수 없을 것이다. 따라서 자유의 철학 이후 후기의 실존적인 역사철학과 종교철학은 초기 자연철학과 초월철학의 동일성 체계의 철저한 폐기라기보다는 그 비판적 극복과 보완으로 이해될 필요가 있다.

셸링이 후기 사유에로 철학적 사색의 전환점을 맞은 계기는 사랑하던 부인 카롤리네의 죽음이다. 이 사건 이래 초기 낭만주의의 아름답고 조화로운 동일성 체계의 중심을 관통해서 인간의 유한성과 죽음, 죄와 악의 문제, 무의식과 불안 같은 먹구름이 밀려오고 천둥번개와 깊은 심연이 드리우며 이로써 실존주의로 연결되는 후기 낭만주의의 지평이 새롭게 열린다. 체계에 관한 셸링의 태도는 낭만주의자들과 마찬가지로 양면성을 드러낸다. 그는 낭만주의자처럼 정신과 자연, 자유와 필연, 이념과 실재, 주체와 객체 등 모든 대립적인 요소들의 분열을 체계적으로 통합하고자 끝없이 노력했지만 다른 한편 체계의 완결에 도달하는 것은 불가능하다고 보고 개성과 다양성, 독창성을 존중하며 이념으로 가둘 수 없는 타자성을 인정하여, 헤겔과 달리 체계의 미완성을 고백해야 했다. 이는 비판철학자 칸트가 이념을 이성의 본성상 '불가피하게 필연적'으로 추구할 수밖에 없으며 모든 탐구를 이끄는 목표점인 '규제적 원리'로서 인정되어야 한다고 보면서도 완결적인 지식 '구성 원리'로 인정하지 않고 '사물 자체'를 인식 불가능한 타자로 남겨둔 것과 일맥상통한다.

종교와 철학의 관계에 대한 셸링의 입장 역시 이중적이다. 양자를 일방적으로 단절의 관점으로 보고 철학은 절대자와 관계할 수 없다고 간주하는 야코비에 셸링은 동의하지 않았다. 오히려 철학도 종교처럼 절대자를 목표로 지향하지만, 또한 그렇다고 해서 헤겔처럼 철학이 절대자를 개념적으로 구성하여 완전히 체계화할 수 있다고는 보지 않았다(「철학과 종교」 173면).

『자유론』에서 셸링은 또한 종래 관념론 체계의 일반적이고 형식적인 자유의 개념을 넘어 인간의 자유를 구체적인 실존적 삶 속에서 생동하는 작용으로, '악과 선으로의 능력'으로서 이해한다. 이로써 셸링은 자유를 어두운 비합리성의 문제 안으로 깊이 끌어들인다. 셸링은 로고스 중심주의로 특징지어지는 서구 형이상학의 관념론적 전통 속에서 악의 문제를 가장 진지하게 문제 삼은 사상가에 속한다. 그는 예컨대 데까르뜨, 스피노자, 라이프니츠가 그랬듯이 악을 전체의 다양성과 완전성에 기여하는 것으로 보거나 그 자체 고유한 현실성을 지니지 않는 결여나 결핍으로 보지 않았다. 오히려 셸링은 악의 근원을 인간 정신 안의 원리들의 전도로서, 인간 정신의 자유 속에서 찾고자 했다. 자유로운 정신 안에서만 원리들의 분열과 전도로서의 악이 가능하며, 원리들의 통일로서의 선도 가능하다. 셸링에 의하면 인간의 자유는 선과 악의 능력이며, 악은 인간의 자기성의 고유의지가 보편적 의지와 분리되어 중심으로부터 벗어나 개별의지로서 주변에 머물고자 함에서 생겨난다. 이렇게 중심에서 벗어난 고유의지는 개별의지로서 머물며, 보편의지와의 통일성에서 벗어나 원리들의 전도가 발생한다. 셸링은 두 원리의 대립을 빛과 어둠의 원리로 비유적으로 표현하기도 한다. 빛과의 일치가 선이라면, 빛으로부터의 분리에서 악이 성립한다. 자유로운 정신 안에서만 원리들의 분열과 전도로서의 악이 가능하며, 원리들의 통일로서의 선도 가능하다. 그러나 주의할 점은 두 원리 가운데 하나인 어두운 원리나 자연성 자체가 악은 아니라는 점이다. 동물에게도 어두운 원리가 있지만 단지 맹목적 충동으로 남아 있으며, 인격적 통일성이 존재하는 자유로운 정신 안에서만 타락 또는 분리가 있을 수 있고, 따라서 고유하게 악이 성립한다. 그러므로 악은 수동적인 것 내지 자유가 결여된 경향성의 지배가 아니라 자유에 의해 성립하는 적극적인 것 내지 정신적인 것이다. 이 점은 경건주의 프로테스탄트 신앙 전통의 영향하에서 칸트가 인간의 '근본악'을 이해하는 관점과 일치한다.

셸링의 후기 자유철학 내지 종교철학에서 중요한 원리는 신의 생명 안에 있는 근거와 실존, 실재와 이념, 자연과 이성이라는 두 원리와 이들의 통일인 정신 내지 인격성이다. 신 이외의 모든 것은 실존의 근거가 자기 밖에 있지만, 오직 신만은 실존의 근거를 자기 안에 지닌다. 정신적 존재 안에 있는 두 원리는 1) 근거, 무의식적 충동, 깊은 심연, 어둠 또는 자연, 2) 실존, 로고스, 빛 또는 이성이며, 이런 양자의 통일이 곧 정신(Geist) 내지 인격성(Persönlichkeit)을 이룬다. 이들 원리는 신의 생명 안에 있고 신에게 모든 원리는 영원히 통일을 이룬다. 그러나 피조물 안에서 원리의 통일은 분열 가능성을 지닌다. 이런 반성은 프로이트(G. Freud)나 융(C. G. Jung)의 심층심리학에도 영향을 미쳤다고 보이며, 무의식(libido)과 초자아(super ego), 죽음의 충동(thanatos)과 삶의 충동(eros)의 구별 등에서 그 흔적이 엿보인다. 셸링에 의하면 근거와 실존, 무의식과 로고스, 어둠과 빛, 자연과 이성이라는 두 원리는 신의 영원한 정신 안에서는 통일되나, 피조된 인간의 시간적 정신 안에서는 분리 가능하다. 여기에 악의 가능성이 놓여 있다. 인간 안의 고유의지가 보편의지와 일치하고 어두운 원리가 빛과 하나가 될 때, 실존하는 신이 인간 안의 두 원리를 결합하는 끈, 사랑의 원리가 된다. 반면에 두 원리가 분열되어 있을 때 전도된 신, 악한 정신이 신의 자리를 대신한다. 그렇다면 셸링은 선과 악으로의 능력으로 간주되는 인간 자유의 원천을, 또한 원리들의 모든 대립과 분열에 앞선 근원 근거를 궁극적으로 어디서 찾고자 하는가?

인간의 참자유: 신의 사랑 안에 머묾

셸링에 의하면 인간은 신 안에 있음을 통해 비로소 자유의 능력을 갖는다. 그러나 인간이 피조물로서 신에게 의존하는 것은 인간의 창조성이나 자유의 제약이나 상실을 초래하지 않는가? 어떻게 인간은 신에 의존하면서도 자유로울 수 있는가? 셸링의 답은 신이 스피노자처럼 추상적인 기계적 필연성에 지배되는 실체가 아니라 자유의 원리로 창조하는 인격이라면, 자유롭고 자립적인 존재를 창조하는 것이 신의 이념과 모순된 것이 아니라 오히려 진정으로 신다운 일이라는 것이다. "신을 사물로 혼동"하거나 "피조물을 창조자와 뒤섞고 모든 존재를 맹목적 몰사유적 필연성에 종속시키는 체계"가 이성에 가능한 유일한 체계일 수는 없다. "자유는 신과 인간에게 최고의 것"이기 때문이다(『계시철학초고』 79면).

> 의존성이 자립성을 지양하거나 더욱이 자유를 지양하는 것은 아니다. (⋯) 모든 살아 있는 개체는 오직 타자에 의해 생겨난 존재며 그런 한에서 생성의 관점에서는 의존적이지만 존재의 관점에서 의존적인 것은 아니다. (『자유론』 290면; 『전집』 VII, 346면)

> 신 안에 존재하는 것과 자유는 서로 모순적이지 않다. 자유로운 존재는 그것이 자유로운 한 신 안에 있고, 자유롭지 못한 존재는 그것이 자유

롭지 못한 한 필연적으로 신 밖에 있다. (『자유론』 291면; 『전집』 VII, 347면)

인간 안에는 어두운 원리의 모든 세력이 존재하며, 동시에 그만큼 빛의 모든 힘이 존재한다. 인간 안에는 가장 깊은 심연과 가장 높은 하늘이, 또는 양 중심들이 존재한다. 인간의 의지는 근거 안에 존재하는 신에 대한 영원한 동경 속에 숨겨진 씨앗이다. 그것은 신이 자연에의 의지를 가지고 바라본, 심연 안에 감추어진 신적 생명의 통찰이다. (『자유론』 307면; 『전집』 VII, 363면)

그런데 셸링은 실존주의적 물음에만 머물지 않는다. 그는 질문에 종교적인 답을 제시하고자 한다. 후기 셸링은 '계시의 철학'에서 기독교로부터 그 해결의 열쇠를 찾는다. 틸리히에 의하면, 키르케고르는 경건주의에 가까운 답을 제시하는 데 반해 셸링이 모색한 대답은 기독교 교회사에 대한 깊은 이해를 토대로 하며 루터파 정통주의에 좀더 가깝다 (『19-20세기 프로테스탄트 사상사』 198면).

셸링은 "신은 죽은 자의 신이 아니라 산 자의 신"이라는 그리스도의 말을 인용해 해석한다(『자유론』 290면; 『전집』 VII, 346면). 인간의 자유는 외적 필연성과는 모순되지만, 신의 영원한 생명인 신성한 자유(그 근저에 놓인 필연성)와 자기 고유한 내적 필연성이 일치할 때 최고의 자유를 누릴 수 있다. 여기서 인간 자유에 관한 셸링의 생각은 루터와도 유사하다. 공통점은 자유를 필연성과 모순된 것으로 분리하지 않고 밀접히 연관지어 이해하고 있다는 점이다. 즉 인간이 영원과 일치하고 "신성한 필연성"(『전집』 VII, 391면)의 법칙에 대립하면 외적 필연성에 구속되며 악의 지배를 받지만, 그것과 조화를 이룬다면 영원한 자연인 신의 나라, 자유의 나라의 시민이 된다. 셸링의 경우 악의 의지는 존재의 중심

밖으로 벗어나려는 외적 필연성의 요구 아래 종속되는 것이므로 부자유하지만, 선의 의지는 중심의 영원한 필연성에 결속하는 것이기 때문에 자유롭다. 중심은 운동들을 통일하는 정신이기 때문에 참되고 영원한 자유며, 이와 결속하는 것이 참자유다. 인간의 참자유는 외적 필연성에의 구속이라는 부자유로 이끄는 자의와 방종이 아니라 신의 자유, 영원한 필연성에 참여함으로써 신의 선물로서 은혜로 주어진 것이며, 인간에게 수여된 자유는 신이 위임한 것일 뿐 절대적 소유가 아니다. 따라서 인간의 자유는 고정불변하게 확정된 것이 아니라 인간의 항상 새로운 참여와 신의 은혜로 더 확실히 보장되는 것이다. 루터는 비록 완전히 도덕적일 수 있는 인간의 자유의지를 부정했지만 악에 끌리는 비도덕적 자유의지는 인정했으며, 신의 의지와 일치할 수 있는 인간의 자유의지를 부정하지는 않았다. 왜냐하면 이것은 이미 신의 선물이요 은총의 결과이기 때문이다. 이런 관점에서 볼 때, 인간의 자유의지에 관한 루터와 에라스무스의 논쟁에서 에라스무스는 자유를, 루터는 필연성이라는 용어를 서로 강조했음에도 양자의 내용상 차이는 해소될 수 있다. 루터와 셸링은 인간의 행위와 인간 구원이 신의 의지에 의존함을 확신하며 인간과 신의 결합의 신비를 말한다. "바로 이 점으로부터 모든 시대 신비가와 종교적 정신은 신과 인간의 통일의 믿음에 도달하는데, 이는 이성과 사변보다는 훨씬 더, 가장 내면적인 느낌에 호소하는 것처럼 보인다"(『자유론』283면; 『전집』VII, 339면). 루터에게 있어 신의 의지와 인간 의지의 일치는 그리스도에 대한 믿음 안에 있다. 루터는 그리스도와 그리스도인의 신비적 통일을 말하면서, 이런 시간적 인격과 영원한 인격의 합일을 결혼에 비유한다(『그리스도인의 자유』25면). 그리스도의 말씀을 통한 은혜로부터 믿음만이 인격을 경건하게 만들며 자유롭게 하고 축복으로 이끈다. "그리스도인은 자기 안에 사는 것이 아니라 그리스도와 이웃 안에 산다. 믿음을 통해 그리스도 안에 살며, 사랑을 통해 이웃 안에 산다. 믿음을 통해 자기를 넘어 신에게로 올라가고, 사랑을 통해 신으로부터 자기에게로 내려와 항상 신과 신의 사랑 안에 머문다"(같은 책 38면).

3. 창조자의 사랑과 그리스도의 인격성

창조와 사랑

셸링이 말하는 신은 종래 형이상학에서 '제1의 실체'로서 단지 개념적 사유에 의해 추상적으로만 파악되는 신이 아니며, 피히테에게서처럼 단지 도덕적 세계질서의 '이념'만도 아니다. 오히려 루터처럼 셸링도 자유로운 창조자를 사유하고자 한다.

> 순수 관념론(피히테)의 신은 순수 실재론(스피노자)의 신과 마찬가지로 비인격적인 것으로 배제된다. (⋯) 신 자체는 체계가 아니라 생명이다. (『자유론』339~43면)

신으로부터 사물이 창조되는 것은 신의 자기계시(Selbstoffenbarung)다. 신은 자기를 (⋯) 자유롭게 자기로부터 행위하는 존재 가운데 계시할 수 있다. 마치 신과 같이 존재하는 것들의 근거는 신밖에 없다. 신이 말하고, 이것들은 존재할 뿐이다. 만일 모든 세계존재들이 오직 신의 마음의 생각들이라면 이들은 그런 이유에서 생동적이어야 할 것이다. 생각은 영혼으로부터 산출된다. 그러나 산출된 생각은 독자적인 힘이며 인간 영혼

속에서 자립적으로 활동한다. (…) 세계존재의 특수화를 가능하게 하는 원인인 신의 상상력은 그 창조물에게 단지 관념적 현실성만을 부여하는 인간의 상상력과는 다르다. 신성을 대변하는 존재들은 오직 자립적 존재일 수 있다. (…) 신은 사물 자체를 직관한다. (…) 오직 영원한 존재만이 자기 자신으로부터 기인하는 존재이며 의지이고 자유다. 파생적인 절대성이나 신성의 개념은 (…) 모순적인 것은 아니다. 이러한 신성이 자연에 해당한다. (『자유론』291면;『전집』VII, 347면)

`

신의 '자유'라는 주제는 창조와 계시라는 주제와 밀접히 연관된다. 왜냐하면 "계시는 신의 자유의 실현"이기 때문이다(『계시철학초고』147면). "계시의 철학은 오직 자유로운 창조의 체계와 일치한다"(같은 책 125면). "창조는 신의 계시다. (…) 최초의 가장 오래된 계시. 왜냐하면 창조를 통해서 우리가 알지 못했던 것과 그것 없이는 알 수 없었던 것을 알게 되기 때문이다"(같은 책 404면). "창조의 개념은 모든 적극철학의 현실적 목표다"(『적극철학정초』117면). "우리는 진정한 무로부터의 창조를 원한다. 즉 어떤 미리 정립된 포텐츠 없는 창조를. 그러나 포텐츠는 신의 의지를 통해 최초로 정립된 것이다"(같은 책 382면). "계시활동은 오직 창조활동을 더 높은 단계로 끌어올리는 반복이다"(『계시철학초고』410면). 왜냐하면 신은 '완전한 자유' 속에 있고 '절대적 자유'이기 때문이다. 계시는 자유로운 신의 결단과 행위이며, 그는 신의 자유를 '사랑'으로 이해한다. 자기를 드러내는 신은 사랑이며, 신은 스스로를 무근거 안에 숨긴다.

신은 모든 것 속의 모든 것이다. 왜냐하면 정신은 아직 최고의 것이 아니기 때문이다. (…) 신은 오직 (…) **사랑의 숨결**이다. 최고의 것은 **사랑**

이다. 사랑은 근거가 있기 전에, 실존하는 것이 [분리된 것으로] 있기 전에 이미 존재했던 것이다. 우리는 여기서 마침내 모든 탐구의 최고정점에 도달했다. 모든 근거에 앞서 그리고 모든 실존에 앞서, 따라서 모든 이원성에 앞서 하나의 존재가 있어야 한다. 우리가 그 존재를 근원근거(Urgrund) 또는 무근거(Ungrund) 이외에 달리 어떻게 말할 수 있겠는가? (『자유론』 350면; 『전집』 VII, 406면)

『자유론』에서 엿보이는 셸링의 '무근거' 개념은 야콥 뵈메의 기독교 신비주의 사유의 전통으로 소급될 수 있는바, 실존(빛)과 근거(어둠)의 구별에 앞선 '근원근거'로서 단적으로 고찰된 절대자이자 양자의 무차별적 동일성이요 존재 자체로서 사유된다. 이런 셸링의 무근거 개념은 후기 하이데거의 무적 심연으로서의 존재 사유와 친근성을 보여준다. 여기서 셸링의 자유의 철학이 하이데거 후기 사유에 미친 흔적을 엿볼 수 있다.

창조의 자유와 무근거

셸링에게뿐만 아니라 하이데거에게도, 인간 자유의 본질에 대한 물음은 철학의 근본 문제다(『하이데거전집』 31권, 300면). 철학의 근본 문제는 존재에 대한 물음이며, 이런 존재에 대한 물음 안에 자유의 본질에 대한 물음이 포함되어 있기 때문이다. 따라서 하이데거는 인간 자유의 본질에 대한 셸링의 물음도 존재 자체에 대한 철학적 물음과의 연관 속에서 보고 있다. 하이데거에게 있어 존재 자체는 개별적인 존재자가 아니다. 그런 의미에서 모든 존재자와 존재론적으로 차별화되는 '존재' 자체는 우리의 일상적인 존재자 경험의 차원에서 볼 때는 무와 마찬가지다. 이와 유비적으로 근원적 근거로서 자유는 하나의 개별적 근거가 아니며, 오히려 모든 근거들을 근거지우는 근원인 점에서 모든 근거들을 초월하는 무근거로서 심연이요 무다. 즉 "자유는 근거의 근거다"(같은 책 174면). 자유는 여러 근거들 가운데 하나의 방식을 의미하는 것이 아니라 여러 근거들을 초월적으로 마련해주는 '근거지우는 통일'로서 이해되야 한다. 따라서 자유는 근원적 근거로서 하나의 개별적인 근거가 아닌 한 무근거, 즉 '심연'(Ab-grund)이라고 말할 수도 있다. 여기서 우리는 셸링의 『자유론』에서 나타나는 '무근거'로서의 존재 개념과 하이데거의 존재 사유 속에 보이는 무적 '심연'으로서의 자유 간의 내면적 친화성을 읽어낼 수 있을 것이다.

하이데거에 의하면 이런 자유란 초월을 의미하며, 모든 태도는 초월에 뿌리박고 있다. 현존재의 초월로부터 근거의 본질이 해명된다(같은 책 31권, 163면). 현존재의 초월이란 곧 자유를 의미하며, 초월로서의 자유가 근거의 원천이다. 자유는 곧 근거에의 자유다(Freiheit ist Freiheit zum Grunde, 같은 책 165면). 초월로서 자유는 모든 태도에 선행하여 일어나는 존재자의 근본틀(Grundverfassung, 같은 책 9권, 137면)이란 점에서 근원적인 근거다. 즉 초월로서의 자유란 근거의 한 종류가 아니라 오히려 근거 일반의 원천이다(같은 책 9권, 165면).

하이데거의 의하면 셸링의 『자유론』에서 발견되는 체계의 문제, 범신론의 극복과 악의 문제, 인간 자유의 문제 등은 독일 관념론의 심장부에 놓인 문제들이자, 더 나아가 "모든 서구 형이상학의 본질적인 핵심"에 해당하는 근본 문제다(같은 책 49권, 2면). 자유의 문제는 철학적 전통 속에서 가장 뿌리 깊은 문제들 가운데 하나며, 인간 자유의 본질에 대한 물음이 셸링과 하이데거로 하여금 관념론적 전통의 한계와 가능성에 대한 반성으로 이끌었다. 1936년 강의에 덧붙여 1941년 세미나의 중요한 메모들을 통해 엿보이는 하이데거의 셸링 독해는 특히 인간의 자유와 악의 문제와 관련하여 셸링의 사유가 하이데거 자신의 생각에 어떤 영향을 미쳤는지를 명확히 드러내 보여준다. 셸링에 의하면 인간은 신 안에 있음을 통해 비로소 자유의 능력을 갖는다. 인간은 신과 자연의 매개자다. "신은 오직 인간을 통해 자연을 받아들이고 자연을 자신과 결합시킨다." 하이데거에게 있어 인간의 자유는 그가 표상적 사유를 통해 여타의 존재자를 지배할 수 있는 이성적인 동물이라는 점에서 찾을 수 있다기보다는, 오히려 그에 앞서 "존재 자체를 사유하는 본질로서 존재에 열려 있고, 존재 앞에 세워져 있고, 존재에 관련되어 있고 따라서 존재에 응답할 수 있다"라는 점에 근거한다. 존재는 인간을 현존케 하고 (west), 말 건넴(Anspruch)을 통해 인간과 관계한다. 그리고 인간은 이런 존재의 부름에 응답할 수 있다.

또한 『자유론』 이후 엿보이는 셸링의 사유에서는 그의 사유의 방향 전환과 연결되는 중요한 모티프를 발견할 수 있다. 후기 하이데거 철학에서 중요한 주제인바 존재자를 개념적으로 파악하고자 하는 대상화적 사유를 넘어서 모든 존재자를 고유하게 존재케 하는 근원적인 '일어남' (Ereignis) 속에서 존재와 사유의 근원적인 공속함의 체험으로 나아가고자 했던 것이다. 셸링은 다음과 같이 말한다.

인간은 나로 하여금 다음과 같은 궁극적인 물음으로 몰아넣는다. 즉 왜 도대체 어떤 것이 존재하는가? 왜 무는 없는가? (『계시철학』 I, 7면)

참된 철학을 하고자 하는 자는 모든 희망, 모든 욕구, 모든 동경에서 자유로워야 한다. 그는 아무것도 원해서는 안 되고, 알아서도 안 되고, 완전히 알몸이고 궁핍함을 자각해야 하며, 모든 것을 얻기 위해 모든 것을 포기해야 한다. 어려운 것은 이 발길이다. 여기서 모든 것을 포기하는 것이 필요하다. 흔히 말하는 것처럼 단순히 아내나 아이들뿐만 아니라 존재하는 모든 것, (전통 형이상학의 개념으로 파악된) 신까지도 포기해야 한다. 왜냐하면 신 역시 이러한 입장에서 볼 때 하나의 존재자이기 때문이다. 또 진정 자유로운 철학의 출발점에 자신을 놓기를 원하는 자는 (스스로에 의해 우상화된) 신마저도 포기해야 한다. 이 말이 뜻하는 것은 다음과 같다. "그것을 얻으려 하는 자는 잃을 것이요, 그것을 버리려 하는 자는 얻으리라." (『철학의 본성』 IX, 217면)

이와 유사하게 하이데거는 존재 자체에 대한 사유로 나아가기 위해서는, 다시 말해 존재자를 고유하게 존재케 하는 근원적인 일어남을 사유하기 위해서는 존재자를 주관에 맞선 대상으로 설정하여 파악하고자하는 '표상적인' 사고를 포기하고 존재와 사유의 공속함의 근원체험에 스스로를 내맡기는 '회상적인 사고'(das andenkende Denken)를 요구한다(『하이데거전집』 7권, 174면). 그리고 이런 존재 사유로부터 비로소 오늘날 망각된 신성함의 의미도, 신이라는 말의 본래적인 의미도 고유하게 이해될 가능성이 열릴 것임을 시사한다.

존재의 진리로부터 비로소 성스러움의 본질이 사유될 수 있다. 그리고 성스러움의 본질로부터 비로소 신성의 본질이 사유될 수 있다. 그리고 신성의 본질의 빛 속에서 비로소 신이라는 말이 의미하는 바가 무엇인지 사유될 수 있고 언표될 수 있다. (같은 책 9권, 351면)

하이데거가 말하고자 하는 바는, 우리 시대의 두드러진 특징이 신이라는 말의 의미가 상실된 시대요, '성스러움'의 차원이 철저히 은폐된 시대요, 계산적 합리성과 기술이 모든 것을 지배하는 시대라고 한다면, 그 근본적인 이유는 인간이 존재의 개방성으로 정향되어 있지 못하고 존재의 빛 속에 가까이 있지 못하기 때문이라는 점이다. 따라서 신의 의미를 우리가 참으로 이해할 수 있으려면 종래 형이상학의 대상화적 사유 속에서 이해된 신 개념, 예컨대 '제일 원인' '존재자 중의 존재자' 같은 개념에 머물러서는 안 되며, 오히려 그동안 존재 망각의 역사속에 묻혀온 근원적인 존재사건으로서 존재 자체의 일어남, 자유로운 생기 속에서 신과 자연과 인간의 고유화(Er-eignis)의 경험으로 우리의 사유가 도약할 것을 요구하고 있다. 하이데거는 이런 존재의 진리, 존재와 사유의 동일성을 사유하기 위해서는 앞서 셸링이 요구한 바와 같이 모든 것을 포기하고 모든 존재자로부터 자유로워지는 일종의 '도약'(Sprung)이 필요하다고 말한다.

이렇듯 존재자를 대상화해 개념적으로 파악하고자 하는 태도에서 벗어나 인간과 존재의 공속함의 근원 체험으로의 나아감은 인간과 존재를 비로소 고유하게 만드는 일어남 속에서 수행된다. 그리고 이런 일어남이야말로 대상화적 사고에 기반한 종래 형이상학의 존재 망각의 역사 속에서 잊혀져왔고, 비로소 사유되어야 할 존재의 진리(a-letheia)다. 대상적 존재자에 집착하는 사유에서 이렇듯 모든 존재자를 존재케하는 존재란 존재자가 아닌 한, 무적 심연(무근거)으로서 은폐되며 망각될 수밖에 없다. 그러나 존재는 존재자를 "존재케 하는 힘"이요, 각 존재자에게 "본질을 선사하는 능력"이며(같은 책 9권, 316면), "존재자를 고유한 본질로 자유롭게 허여함"이다(같은 책 7권, 144면). 따라서 하이데거에 의하면 이런 모든 근거들의 근거로서 더이상의 근원을 갖지 않는 심연인 존재의 능력은 자유요 자기를 넘어서는 '초월'이자 그 본질은 셸링의 표현에 의하면 '사랑'이다(같은 책 9권, 316면). 하이데거는 모든 존재자를 고유하게 존재하게 하는 능력(das mögende Vermögen)인 이런 존재의 힘, 즉 사랑의 힘을 만물을 소생케 하는 '조용한(안온한) 힘'(stille Kraft)이라고도 부른다. 이런 표현은 '존재 망각'(Vergessenheit)이 극에 달해 만물을 대상화하여 계산적으로 지배하고자 하는 오늘날의 기술적인 태도와 단적으로 대비되는 듯이 보인다. 하이데거에 의하면 인간은 '존재의 비춤'(Lichtung des Seins)에 의해 지금 여기 존재하며 존재의 부름에 응답하는 탈존적인 존재(Ek-sistierende)다. 인간의 진정한 존재 방식인 자유와 초월도 이런 존재 자체의 고유화하는 일어남 속에서 비로소 이해될 수 있는 것이다. 하이데거는 이런 존재 자체의 자유로운 생기, 사랑의 방식을 '대지'와 '하늘'(자연), '가사적인 것'(인간)과 '신적인 것'(신)이 원환을 이루며 고유하게 펼쳐지는 유희 속에서 본다(같은 책 7권, 175면). 따라서 하이데거는 인간의 지배하에 두고자 모든 것을 대상화해 파악하고자 하는 대상화적 사유를 포기함으로써, 그동안 존재 망각의 역사 속에 묻혀온 근원적 사건으로서 존재 자체의 일어남, 자유로운 생기 속에서 신과 자연과 인간을 고유화하는 근원 경험으로 우리의 사유가 도약할 것을 요구하고 있다.

그리스도와 삼위일체의 인격성

그런데 셸링이 자유의 철학에서 확인한 사태는 신 안의 자유로운 일어남의 사건으로서 신의 내적 자연이 창조로 불려나온다는 점이다. 그는 『세계시대』에서 이 사태의 전과정을 기술하고 세계창조 이전 이미 무근거 안에서 일어난 사건을 세 단계로 자세히 해명하고자 착수한다. 1. 과거—세계창조 이전의 신의 단계. 2. 현재—현존하는 창조의 상태. 3. 미래—창조가 궁극적인 안식을 발견하는 신의 나라. 그러나 이 3부작의 기획은 여러번의 시도(1811, 1813, 1814/5, 1827/8)에도 불구하고 1부만을 출판한 채 중단된다. 이는 신과 세계의 총체적 현실과 발전 과정에 대한 깊은 통찰에도 불구하고 유한한 인간의 능력으로는 접근 불가능한 사태이기 때문이다.

이후 셸링의 최후의 노력은 신화와 계시의 철학으로 나타난다. 여기서 강하게 부각되는 주제는 그리스도다. 즉 신화와 종교의 전역사는 그리스도 안에 실현되는 모든 대립의 화해와 악의 극복이라는 구원의 깊은 진리 계시를 준비하는 과정으로 해석된다. 따라서 특별계시이자 초자연적 계시인 기독교는 일반계시이자 자연적 계시인 모든 이방 종교를 교정하고 지양하여 화해시키고 통일하여 완성하는 진리며, 유대교는 양자를 매개하는 중간에 위치한다. 원죄로 인한 타락과 세계의 분열이 완전한 깊이로 표현되는 곳에서 그리스도의 속죄(Erlösung)의 드라마가 중심에 등장한다. 인간은 자유의지의 오용으로 원리들을 전도시킴으로써 신과 분리되고 피조세계는 악이 지배하고 신과의 인격적 관계는 단절된다. 이제 신과 분리된 인간을 다시 연결하고 피조세계의 악을 극복하기 위해 신은 인간이 되어 그리스도로 스스로를 계시한다.

인간은 주변적인 여타 자연사물에 비해 중심 존재이며, 신과 자연의 매개자다. "신은 오직 인간을 통해 자연을 받아들이고 자연을 자신과 결합시킨다." 창조와 계시는 역동적인 인격적 관계이며, "인간과 신의 이념적 관계일 뿐 아니라 실재적 관계이기도 하다"(『계시철학초고』 424면). 즉 셸링 후기의 '적극철학'은 신의 창조와 계시, 자유와 사랑 그리고 인격성의 철학이다. 이때 "계시의 현실적 내용은 그리스도의 인격이다. 따라서 계시철학의 과제는 그리스도의 인격을 이해할 수 있도록 전달하는 것이다"(같은 책 391면). "우리는 계시에 의해 오직 그리스도성 이외에 아무것도 이해할 수 없다." 왜냐하면 구약에서 계시는 오직 그리스도의 예표이며 이는 신약의 예언으로서 신약 속에서만 비로소 이해되기 때문이다(같은 곳). 그리스도의 나타남은 창조 이전부터 감춰진 계획이 비로소 계시된 것이며 창조의 계획을 해명하는 열쇠다. 셸링의 자유의 철학과 계시의 철학 그리고 역사철학은 인간 세상을 창조한 신이 타락한 인간 세상을 구원하기 위해 세상 안에 인간으로서 온 예수 그리스도의 인격, 그 구체적 역사적 사건과 우주적 의미를 깊이 해석하는 철학적 그리스도론에서 정점에 도달한다.

> 빛은 인격적, 정신적 악에 대립하기 위해 마찬가지로 인격적이고 인간적인 모습으로 나타나며 창조와 신의 상호관계를 최고 단계에서 재현하기 위하여 매개자로 나타난다. 왜냐하면 인격적 존재만이 인격적 존재를 구원할 수 있기 때문이다. 신은 인간이 다시 신에게 나아오게 하기 위해 인간이 되어야 한다. (『자유론』 324면; 『전집』 VII, 380면)

그런데 루터에게 있어 그리스도의 육화는 하느님을 인간의 모습으로 계시하는 드러냄일 뿐만 아니라 신이 은폐되고 감추어지는 베일이기도 하다는 역설적인 이중성을 띤다. 이는 하이데거 후기 사유에서 존재 자체가 인간의 시간적 삶 속에 '드러나면서 감춤' '비은폐적 은폐'라는 이중성으로 해석되는 것과 유사하다. 하이데거 후기 사유와 기독교의 친근성은 인간의 실존 방식인 신앙의 핵심을 "십자가에 못 박힌 하나님"이라고 말하는 대목에서도 잘 드러난다.

> 우리는 신앙(Glaube)을 기독교적인 것이라 부른다. (…) 신앙은 인간 현존재의 실존 방식으로서, (…) 이 실존 방식은 현존재로부터, 현존재를 통해 자발적으로 시간화하는 것이 아니라 이 실존 방식 안에서, 이 실존

방식과 더불어 계시된 것, 요컨대 믿어진 것(der Geglaubte)으로부터 시간화한다. 신앙에 일차적인 것, 신앙에만 계시하는 것, 그리고 계시로서 신앙을 최초로 시간화하는 존재자는 '기독교적' 신앙에서는 **그리스도**, 즉 **십자가에 못 박힌 하나님**이다. (『현상학과 신학』 18면)

이제 말년의 셸링에게 신을 표현함에 있어 삼위일체 표상이 점점 더 중요해진다. 삼위일체는 신의 본질적 통일성 속에 있는 세 인격성이다. 셸링에 의하면 "기독교가 삼위일체의 이념을 창조한 것이 아니다." 즉 기독교 전파 후 교부들이 논의를 통해 추후적으로 삼위일체 교리를 자의적으로 만든 것이 아니라, 세계창조 이전부터 아버지와 아들의 인격적 사랑의 관계인 삼위일체가 있었고, 이들이 함께 세계를 창조했으며, 타락한 세상을 그리스도의 육화와 대속의 죽음으로 구원하고 부활했으며, 재림을 통한 최후심판을 약속함으로써 기독교는 시작되었다. 따라서 오히려 "삼위일체의 이념이 기독교를 창조한 것이다"(『신화철학』 2권. 79면). 왜냐하면 삼위일체의 이념은 모든 종교보다 더 오래된 것이며, 창조된 "세계보다 더 오래된 것"이기 때문이다(『계시철학』 III. 313면). 이런 측면에서 셸링의 사유는 신지학적 사변과 신비주의의 깊은 영향에도 불구하고 교회 전통과의 강한 유대를 이룬다. 그는 역사 이전부터 그리고 세계와 인류, 신화와 종교, 철학의 전역사를 통해 아버지와 아들의 인격적 사랑의 관계인 삼위일체의 신비가 스스로 진리임을 계시하며 역사를 관통하고 완성(종말)을 향해 섭리한다고 보기 때문이다.

4. 결론

셸링은 다른 철학자들에 비해 그 중요성이 상대적으로 간과되어왔다. 더욱이 기독교 계시를 주제화한 그의 후기 사유와 종교철학은 거의 주목받지 못했다. 대체로 셸링은 칸트와 피히테, 헤겔로 이어지는 독일 이상주의 사유의 형성과 전개에서 다리 역할을 수행하는 것으로만 간주되어왔다. 그러나 우리가 셸링의 전후기 사상과 사상사적 위상을 좀 더 면밀히 고찰해보면 셸링의 사상은 단순히 독일 이상주의 내부의 다리 역할에 그치지 않는다는 점이 드러난다. 초기 자연철학부터 그는 당시 낭만주의를 선도하는 독창적 사상을 전개했다. 예술철학과 동일철학으로 이어지는 전기의 소극철학 시기는 물론, 후기 사상의 시발점이자 가장 중요한 저술인 『자유론』 이후의 적극철학 역시 후기 낭만주의를 선도하며 현대 실존주의, 정신분석과 공유되는 관심의 지평을 열어놓음으로써 이후의 사상사의 전개에 미친 영향은 자못 심대한 것으로 드러나기 때문이다. 잘 알려져 있지 않지만 프로이트와 융에 앞서 '무의식' 문제를, 쇼펜하우어(A. Schopenhauer)와 니체(F. Nietzsche)에 앞서 '의지' 문제를 중요한 성찰의 주제로 삼았던 것도 후기 셸링이다. 베르그송(H. Bergson)에 이르는 프랑스 주의주의 사상이나 영국의 화이트헤드(A. N. Whitehead)의 철학 역시 셸링의 후기 사상과 밀접한 연관을 보여준다. 또 키르케고르가 직접 베를린대학에서 셸링의 강의를 청강했으며 그의 헤겔 사변철학 비판의 모티프가 셸링의 헤겔 비판에서 영감을 받았다는 것 역시 중요한 역사적 사실이다. 셸링의 자연철학적 통찰은 맑스와 엥겔스의 변증법에도 영향을 미쳤고, 맑스주의자 블로흐(E. Bloch)에게도 강한 영향을 미쳤다. 현대의 독창적 신학자 틸리히가 셸링의 사유 속 긴장을 주목하고 박사논문을 쓴 것 역시 간과할 수 없다. 셸링에 대한 단독 저술을 쓴 야스퍼스는 물론 포스트모던 현대철학의 수원지 역할을 하는 하이데거 역시, 현존재의 실존주의적 분석론으로 특징지어지는 초기 사유를 넘어서 존재 자체의 사유로 나아가는 도상에서 자유에 대한 물음을 실마리로 후기 셸링의 사유와 만난다. 하이데거의 후기 사유 속에서 진리, 근거, 자유, 초월 같은 주제들은 그 자체 하나의 존재자일 뿐인 인간 현존재의 관점에서 사유된다기보다는 이를 넘어 각 존재자를 고유하게 존재케 하는 존재 자체의 열어 보임(Erschloßenheit des Seins selbst) 내지 빛을 비추는 일어남으로 이해된다. 이는『자유론』이후 셸링이 절대자를 인간 주관 안에서 파악하고자 하는 피히테의 입장이나 절대자의 변증법적 전개 과정을 이성적 사유에 의해 파악하고자 하는 헤겔의 입장을 넘어 합리적 개념화에 앞서는 무근거 내지 근원근거로서의 존재 자체의 경험 속에서 구하고 있는 것과 내적 친화성을 보여준다.

끝으로 셸링 종교철학의 사상사적 의의를 살펴보자. 셸링의 철학이 정초한 낭만주의의 본질은 무한과 유한의 관계에 대한 새로운 시각에 있다. 낭만주의는 무한과 유한의 상호 내재를 제1원리로 하며, 르네상스 시대 철학자 쿠자누스의 '반대의 일치' 원리와 연속성을 갖는다. 유한한 모든 것 안에 우주 전체의 무한한 창조적 통일의 힘이 현실적으로 존재한다는 것이다. 독일 신비주의 전통과 연관이 있는 루터도 성만찬 때 빵과 포도주 안에는 그리스도가 함께 현존한다고 말한다. 신은 모든 유한한 것 안에 충만하면서 모든 유한자를 초월한다. 앞에서 말했듯 셸링도 신은 '하나이자 모든 것'이며 '모든 것 안의 모든 것'이라는 사도 바울의 말을 인용한다. 셸링의 자연철학과 동일철학은 낭만주의 초기 정신을 잘 대변한다. 이런 변증법적 사고는 모순율을 원리로 한 형식논리에 기초한 그리스철학 이래 경직된 이분법적 세계관, 즉 영원한 신은 하늘에, 유한한 피조물은 땅에 분리된 채 존재한다는, 근대 계몽주의에 이르기까지 수천년 동안 유럽을 지배해온 경직된 세계관을 극복한다. 비록 낭만주의자들이 초기에는 고대 그리스문화에 대한 향수를 보이기도 했지만 후기 낭만주의자들의 관심은 결과적으로는 기독교 영성에 기초해 그리스사상에 대한 미래지향적 비판과 극복으로 이어졌다. 낭만주의 초기와 후기는 관점의 차이를 보이는데, 1) 초기에는 무한의 유한 안에 내재를 중요시하며 양자를 균형과 조화, 통일의 관계로 보는 데 반해, 2) 후기 낭만주의에서는 유한자를 능가하는 무한자의 창조의 자유와 초월을 한층 주목하고 양자의 간격, 유한자의 타락과 현실을 지배하는 악의 문제를 주목하며, 무한자에 의한 유한자의 구원과 악의 극복에의 동경과 희망이 보다 부각된다. 이는 셸링 철학의 두 시기 구분, 즉 자연철학과 동일철학으로 대변되는 전기의 '소극철학'과 '자유'의 철학 이후 후기 '적극철학'의 관점과 일치한다. 셸링의 전후기 사상, 즉 자연과 정신의 동일체계 및 자유와 계시의 역사철학은 각각 전후기 낭만주의의 사유를 선도했다. 특히 셸링의 자유의 철학 이후 종교철학의 뿌리는 기독교 영향 아래 있던 서양의 오랜 주의주의 전통에서 찾을 수 있다.

셸링의 자유의지의 철학은 '무로부터는 무밖에 나올 수 없다'는 그리스 주지주의 전통에 대립한 무로부터의 창조라는 기독교적 사유의 핵심과 연결된다. 인격적인 사랑의 신은 자유의지로 만물을 창조했다. 그러나 신의 형상을 닮게 창조됐음에도 자유의지의 오용으로 타락한 인간을 신은 다시 신에게 나아오게 하기 위해 스스로 인간이 되어 창조자와 피조물의 결속을 회복하고 그리스도를 매개로 인간을 구원한다. 서구 사상사에서 주지주의의 일면성에 대한 심원한 비판은 주의주의 전통에서 유래한다. 기독교로 회심한 아우구스티누스 이래 신의 의지의 자유와 사랑은 인격성의 핵심으로 부각된다. 그에게 현실의 핵심은 신의 의지다. 주의주의 전통은 신비주의에 깊이 영향을 미쳐 중세에 프란체스꼬의 사랑의 영성과 청빈 실천은 내적 경건을 강조한 에크하르트의 신비신학, 토마스 아켐피스의 그리스도를 본받는 경건운동으로 전개된다. 또 중세 말 아퀴나스와 대립한 둔스 스코투스와 오컴의 주의주의로 연결되면서 근대 독일 신비주의에까지 영향을 미친다. 이런 잠재된 신비주의의 유산은 그리스도인의 자유와 사랑의 실천을 그리스도와 그리스도인의 의지의 결속인 결혼으로 비유한 개혁신학자 루터나, 신의 내적 생명에 대한 신지학적 통찰을 보여준 경건주의 신비주의자 뵈메로 이어진다. 또 실천이성의 우위를 강조한 칸트나 자아의 창조적 활동성을 강조한 피히테 역시 인격성의 핵이 자유의지라는 점에 주목하고 있다고 보인다. 이런 흐름에 깊이 영향을 받은 셸링에게도 "근원 존재"(『자유론』 294면)는 "의지"이며 "철학의 알파와 오메가는 자유"이고, "최고의 것은 사랑이다"(같은 책 350면).

이런 셸링의 사유가 오늘날 우리에게 인간관과 세계관인 철학의 관점에서 중요한 이유는 무엇인가? 한마디로 그의 사유의 여정이 오늘날 우리에게도 여전히 중요한 신의 초월성과 내재성, 삼위일체적 통일성 안의 신의 인격성, 인간의 참자유의 가능성으로서 신의 자유와의 관계, 신과 인간과 세계의 분열, 인간의 소외, 자연환경의 파괴 등 핵심 문제들에 다가가 해결을 모색할 수 있는 가능한 사유의 길을 제시하고 있다는 점이다.

① 셸링의 자연철학은 근대과학과 기술의 발전에 편승해 인간의 정복과 소유의 수단으로만 간주하는 일면적인 기계적 세계관의 지배와 자연환경의 파괴를 반성케 하고 창조자의 작품인 살아 있는 역동적 세계관으로 교정함으로써 인류에게 망각된 **선한 청지기의 사명**을 일깨운

다. 또한 ② 그의 동일철학은 데까르뜨 이래 주관-객관, 정신-자연, 무한과 유한, 하늘나라와 이 땅을 분리하는 경직된 이분법을 극복하고 상호 내재 가능성을 보여줌으로써, 자연 안에 신의 영광과 은총, 일상 속 빵과 포도주의 신비를 재발견하게 해준다. 나아가 ③ 그의 후기 자유와 계시의 철학은 포스트모던 시대에 대두한 뉴에이지 영성, 동양적 범신론이나 내재주의의 범람이 초래한 숙명론과 허무주의의 위험을 극복할 수 있는 관점, 즉 창조주의 자유와 **초월**의 사유지평을 열어놓고 있다. 따라서 신의 내재와 초월이라는 정통 교리는 낭만주의의 원리인 무한과 유한의 상호 내재와 비대칭적 의존관계로 재해석된다. 또 셸링은 신의 자유로부터 선물로 주어진 인간의 자유의 근원과 참자유의 가능성을 신의 의지와의 결속 안에서 찾고, 원리들을 전도시킴으로써 신과 분리된 현실 속 뿌리 깊은 악의 심각성을 드러내주며 깊은 성찰을 촉구한다. 나아가 악의 극복 문제, 즉 신의 형상을 닮았지만 스스로 회복과 치유가 불가능한 상태로 전락한 왜곡된 인간 인격의 회복과 치유를 절대 타자인 창조주의 자유와 우리 안에 내재한 그리스도의 구원과의 유대 속에서 찾는다. 이런 셸링의 사유의 여정은 혼돈 속에 있는 21세기의 신학자과 철학자 및 일반인들의 세계관에도 중요한 자극을 던지며 다시 성찰할 만한 의의를 갖는다.

| 박진 |

18장

피히테

무신론 논쟁을 중심으로

―――

    피히테(Johann Gottlieb Fichte, 1762~1814)의 종교철학은 그의 전체 이론에 있어서 중심적인 위치를 차지한다. 피히테가 완결하지 못한 철학적 체계 내에서 그나마 분명한 방향성을 보여주는 부분이 바로 종교에 대한 견해라고 여겨지기 때문이다. 피히테는 기본적으로 칸트의 도덕신학적 입장을 충실히 따르면서도, 단순히 그러한 입장만으로는 환원될 수 없는 독창성을 간직하고 있다. 무신론 논쟁에서 잘 드러나듯이 피히테가 말하는 신은 전통적이고 기독교적인 신이 아니라 우리 인간의 도덕적 노력 속에 항상 전제되어 있는 도덕적 세계질서(최고선의 실현 가능성 혹은 최고선의 화신)이다. 그러한 도덕적 세계질서를 믿음으로써만 우리는 도덕적 존재로서 행위해갈 수 있는 것이다. 그러므로 인간이 본질적으로 도덕적 존재인 한에서 그러한 신에 대한 믿음은 우리의 의식 내에서 직접적으로 명징하게 드러나는 사실이라고 할 수 있다. 그래서 피히테가 도덕적 의무로부터 도덕적 행위의 목적이 실현될 가능성으로 추론하는 듯이 보이는 절차는 오히려 종교적 믿음을 일으키는 우리 이성의 행위들을 설명하기 위해 철학적 모델을 구성하는 과정이라고도 할 수 있다.

그런데 피히테는 무신론자인가? 이에 대한 답은 두가지가 가능하다. 전통적인 유신론적 입장에서 보면 피히테는 초월적이고 인격적인 독립적 실체로서 신을 인정한다고 보기 어렵기 때문에 무신론자라는 평가이다. 그러나 한편으로, 피히테가 염두에 두고 있는 신은 전통적인 신과는 다른 모습과 특징을 지닌 신이기는 해도 여전히 그러한 신을 적극적으로 인정하고 있다는 의미에서 결코 무신론자라고는 할 수 없다. 그럼에도 굳이 피히테가 구상하는 신을 기존의 개념을 통해서 설명해보자면 아마도 이 세계를 창조한 뒤에는 전혀 세계의 진행 과정에 개입하지 않는 신의 개념을 주장하는 이신론과 그나마 가깝지 않을까 싶다. 하지만 이신론에서도 여전히 이 세계와 독립된 실체로서 신을 받아들이기 때문에 피히테의 신을 전적으로 그렇게 규정하기도 쉽지 않아 보인다. 다른 한가지 대안은 범신론이다. 피히테의 신을 범신론적 신으로 볼 수 있는 중요한 근거는 『인간의 사명』(*Die Bestimmung des Menschen*, 1800) 3부다. 거기서 피히테는 우리가 살고 있는 우주와 자연의 도도한 흐름 자체를 신성시하고 있는 것처럼 보인다.

1. 생애와 저술

피히테는 1762년 5월 19일 작센 주 라메나우에서 리본 만드는 직공의 아들로 태어났다. 그런 아이는 통상 교육을 받기 어려웠으나, 피히테는 아홉살이 되던 해 우연찮게 부유한 귀족의 눈에 띄어 성직자가 되기 위한 고등교육의 기회를 얻게 되었다. 그는 니체도 다녔던 포르타의 기숙학교에 갔으며, 나중에 신학을 공부하기 위해 예나대학과 라이프치히대학에 진학했다. 그러나 성직자가 되는 과정이 계속 미루어지는 와중에 후원자가 사망하여 더이상 후원을 받지 못하게 된 피히테는 가정교사를 하기 위해 대학을 떠나 작센과 취리히로 갔다. 취리히에서 피히테는 당시 영향력이 컸던 인물인 라바터(J. K. Lavater)를 만났다. 그의 도움으로 피히테는 라이프치히에서 가정교사 자리를 얻었으며, 라이프치히로 가는 도중에 라바터의 소개 편지 덕분에 괴테와 실러(J. C. F. von Schiller)를 알게 되었다. 또 그는 라이프치히에서 학생들을 가르치면서 칸트 철학과 접하게 되었다. 그러나 라이프치히의 일자리를 고용주와의 불화로 잃어버리고 전전하던 피히테는 쾨니히스베르크로 가서 칸트와 만났고, 『모든 계시에 대한 비판의 시도』(*Versuch einer Kritik aller Offenbarung*, 1792)를 써서 칸트에게 주었다. 이 당시까지 심각한 재정적 위기에 처해 있던 피히테는 작센으로 돌아갈 여비를 구하기 위해 칸트를 찾아간다. 칸트는 여비를 주는 대신 그의 원고를 출판업자에게 팔 것을 제안했다. 또한 단치히(그단스크) 근처 크라카우(크라쿠프)에 피히테를 위해 가정교사 자리를 마련해주었고, 피히테는 1793년까지 거기 머물렀다. 그동안 피히테는 급진적인 정치 논문 두편 「유럽 군주들에게 사상의 자유 반환을 청구함」(Zurückforderung der Denkfreiheit von den Fürsten Europas) 및 「프랑스혁명에 대한 대중의 판단 교정을 위한 기고」(Beiträge zur Bericthung der Urteile des Publikums über die französische Revolution)를 썼다.

칸트에게 증정한 피히테의 첫번째 저작은 프리드리히 빌헬름 2세가 시행한 종교 저작물 검열 제도로 인해 교정을 요구받으면서 출판이 지연되었다. 1792년 당국은 피히테가 내용을 변경하지 않으면 출판을 불허하겠다고 선언했다. 물론 피히테는 거부했다. 그래서 출판업자는 피히테의 저작을 저자 서문 없이 익명으로 출판하기로 계획을 세웠고 결국 이 책은 1792년 이같은 형태로 출간되었다. 그런데 칸트의 확인으로 이 책의 저자가 피히테라는 것이 알려짐으로써 피히테는 일약 유망한 철학자로 인정받게 되었으며, 결국 1794년 칸트의 지지자였던 라인홀트(K. L. Reinhold)가 떠나면서 공석이 된 예나대학 철학과에 부임한다. 피히테는 예나 시절에 가장 생산적인 활동을 전개했으며, 이 비교적 짧은 시기의 철학은 향후 2백년간 서양 철학에 결정적인 영향을 미친 칸트 이후의 독일 관념론을 탄생시켰다. 이 무렵 피히테의 영향을 받은 사람들 가운데는 셸링, 헤겔, 횔덜린, 노발리스(Novalis), 슐레겔(F. von Schlegel) 등이 있다. 그러나 피히테는 대학 내의 다른 사람들과 지속적인 갈등을 빚었고, 주변 사회와도 마찬가지였다. 예나대학의 부임 요청에 피히테는 자신의 철학적 체계를 완성하기 위해 1년을 연기해달라고 요청했으나 받아들여지지 않았다. 그래서 자신의 체계를 분명히 하려던 피히테의 첫번째 시도인 『전체 지식론의 기초』(*Grundlage der gesammten Wissenschaftslehre*, 1794)는 매주 틈틈이 작성되었으며, 결과적으로 모호하고 난해한 저술이 되었다. 비슷한 시기에 행해진 학자의 사명에 관한 일련의 강의는 성공적이었다. 그러나 프랑스혁명을 옹호한 1793년의 에세이로 인해 피히테는 정치적으로 자꼬뱅주의자(급진적 공화주의자)라는 평판을 얻으며 의심의 눈초리를 받았다. 또 부유한 학생들로 이루어진 학생조합에 대한 지지를 거부함으로써 피히테는 학생들과도 갈등을 빚었다. 이러한 문제들은 피히테 자신의 독선적이고 비타협적인 성격이 큰 원인이 되어 생겨난 것이기도 했다. 칸트와 피히테는 모두 가난한 집안에서 태어나 학문적 명성을 얻었는데, 칸트가 상류층에 비교적 호의적이었던 반면 피히테는 상류층에 봉사하는 아카데미 세계에서 자기 주변의 거의 모든 이를 적대적으로 대했다. 학자의 사명에 관한 강의에서 피히테는 인류의 미래 발전이 자신의 강의를 수강하는 사람들의 열정에 달려 있음을 인정하면서도 청중을 구성하는 사회 계급들에 대해서는 여전히 깊은 불신을 보였다.

1798년 피히테는 오직 도덕적 세계질서만이 신이라고 주장하는 동료의 에세이를 비평함으로써 무신론 논쟁을 일으켰다. 무신론 논쟁은 피히테에 대한 야코비의 유명한 공격을 불러왔으며, 피히테를 공개적으로 비난하는 칸트의 서한까지 등장했다. (무신론 논쟁과 관련하여 통상적 견해와는 달리 둘 사이의 차이보다는 인간 지식의 한계에 대한 적극적 인정이라는 측면에서 유사성을 주장하는 글로는 「야코비의 철학적 소설로부터 피히테의 관념론까지」가 있다.) 이 모든 비난에 대한 피히테의 반응은 독선적이고 자기파괴적이었다. 그는 교수직에서 해임되었고, 1799년 예나를 떠났다. 그후 그는 베를린으로 갔으며, 거기서 종교적 비관용의 희생자로 여겨졌다. 그는 다시 나중에 에를랑겐과 코펜하겐으로 가서 짧은 교수 생활을 했다. 피히테는 지식학으로 불린 자신의 철학적 체계를 여러번 고쳐썼으나 결코 완성하지는 못했다. 피히테의 후기 철학은 형이상학과 종교적인 색채가 짙어졌다. 이는 마치 그가 아직도 무신론이라는 혐의를 반박하고자 하는 것 같은 인상을 주었다. 나폴레옹 전쟁 시기 프랑스가 프러시아를 점령하고 있을 무렵 피히테는 독일 민족주의의 열광적인 지지자가 되었으며,『독일 국민에게 고함』(*Reden an die deutschen Nation*, 1808)을 썼다. 1810년 베를린에 훔볼트대학이 설립되자 그는 초대 총장으로 임명되었으나, 1808년에 걸린 병에서 회복하지 못한 채 짧은 베를린 생활을 마치고 1814년 영면했다.

2. 철학적 기획에서 종교로

피히테는 철학이 하나이자 전체여야 한다는 요구가 칸트 철학의 가장 중요한 유산 중 하나라고 간주한다. 이를 성취하기 위해서는 철학이 근본적 원리에 근거해야 한다. 그는 칸트를 이어받아 그런 원리를 나(Ich)에게서 찾고자 했다. 그런데 피히테는 이같은 나의 존재론을 완성하기 위해서는 칸트가 남겨두었던 물자체의 개념을 제거하는 것이 필수적이라고 생각했다. 그래서 피히테 식의 주체는 절대적 주체가 되어야만 했다. 다시 말해 피히테는 나를 한계가 없는 절대적 주체로 상정한다. 그에 의하면 나를 절대적 주체로 파악하기 위해 나는 활동으로 규정되어야 한다. 즉 자기의식의 주체로서 나는 오직 내가 생각하는 활동을 하는 한에서만 존재하며, 오직 그런 활동 속에 있고, 활동으로서만 존재한다. 나는 자기 자신을 생각하는 행위이며, 순수한 반성행위이다. 달리 표현하면, 자기의식의 활동을 통해 활동의 주체가 정립되는 것이다. 이는 활동과 존재가 주체 속에서 완전히 일치함을 의미하며, 그러한 주체가 바로 나이다. "자기 자신에 의한 나의 정립은 나의 순수한 활동이다. 나는 자기 자신을 정립하고, 나는 이러한 자기 자신에 의한 단순한 정립에 의해 존재한다. 그리고 역으로 나는 존재하며, 자신의 단순한 존재에 의해 자신의 존재를 정립한다. 즉 나는 행위를 하는 자인 동시에 행위의 산물이다. 활동적인 것과 활동적인 것에 의해 산출된 것, 다시 말해 행위(Handlung)와 사실(Tat)은 하나이자 동일한 것이다. 따라서 나는 그러한 실행(Tathandlung)의 표현이다"(『피히테 총서』 I, 96면). 요컨대 피히테가 말하는 나란 생각하는 행위를 하는 자인 동시에 그러한 행위를 통해 생겨난 행위의 산물이며, 활동인 동시에 활동의 산물이다. 그리고 이처럼 자신을 정립하는 나의 행위를 표현하기 위한 개념이 바로 저 인용문에서 언급된 실행이다. 자기의식 속에서 생각하는 행위는 바로 생각하는 나란 존재 자체의 정립이다. 이같은 나의 경우 자기의식을 통해 수행되는 나라는 표현이 곧 나의 실현이다.

피히테는 『전체 지식론의 기초』 첫머리에서 이러한 절대적 주체로서의 나를 모든 학문의 기초로 삼을 수 있는 이유에 대해 다음과 같이 설명하고 있다. A=A라는 명제가 단순히 추상적인 동일성을 나타내는 것이 아니라, 모든 존재자는 다른 존재자와의 모든 관계에 앞서 우선적으로 동일하게 자기로서 머물러 있는 과정을 수행해야 한다는 사실을 표현하는 것이다. 모든 존재자는 단적으로 그냥 존재하는 것이 아니라 항상 불가피하게 자기와 거리를 두면서도 다시 자기로 복귀하는 그러한 머무름의 과정을 통해서만 비로소 자기로서 존재한다는 것이다. 이처럼 모든 존재자는 거리두기와 자기 복귀라는 근원적 자기 매개 활동을 통해서 정립된다. 그런데 피히테에 의하면, 객관적 존재자 자체는 스스로 이같은 사태의 근거가 될 수는 없다. 따라서 모든 존재자를 스스로와 동일한 것으로 유지하게 만들어줄 더 근본적인 원리가 필요해진다. 여기서 그러한 근본적인 원리로 등장하는 것이 바로 앞에서 언급된 자기의식의 실행이다. 객관적 사물들의 자기동일성은 오직 '나는 있다'라는 자기의식의 활동을 통해서만 가능해진다. 다시 말해 A가 A로 남는 까닭은 A를 정립한 내가 A가 그 속에 정립되어 있는 나와 같기 때문이다. A가 A로 남는 이유는 그것이 나의 활동 속에서 정립되고 보존되기 때문이다.

결국 피히테가 자신의 철학적 기획에서 목표로 하는 지점은 자신 속에서 세계 전체를 가능하게 만드는 나의 활동이 지닌 본질적 계기들의 체계적 현시라고 할 수 있다. 이런 측면에서 피히테는 소위 절대자에 대한 사유가 독단적인 초월적 형이상학에 빠지는 것을 막기 위해 그런 존재의 표현과 실현을 철저하게 주관성으로서 내 속에서 발견하고자 시도하고 있다고 볼 수 있다. 전통적인 의미의 절대자가 우리의 생각과 활동 밖에 자립적으로 존재하는 실체라면, 그러한 절대자는 우리 생각의 진리에 부합할 수 없을 것이다. 절대자가 우리 생각의 활동이나 진리로서 나타나려면 그것은 반드시 나의 자기의식 속에서 발생해야 한다. 요컨대 그러한 절대자는 바로 나 자신으로 정립되어야 할 것이다. 그래서 피히테는 소위 절대자의 자기실현과 자기전개를 나의 자기의식을 통해 일관적으로 설명하고자 한다. 하지만 단순화해 말하자면, 피히테의 이러한 노력에도 불구하고 자기의식의 차원과 절대자의 차원은 결코 이론적으로 메울 수 없는 간극을 드러낼 수밖에 없다. 이러한 한계 상황에 마주해서 피히테는 도덕적이고 종교적인 차원에서 해결책을 모색할 수밖에 없었던 것처럼 보인다. 요컨대 피히테의 주장은 다음과 같다. 유한한 이성적 존재로서 우리 인간이 절대적 존재와 합치할 수 있는 길은 오직 도덕적 실천을 하는 가운데 그 실천을 가능하게 만들어주는 도덕적 세계질서로서의 신을 믿는 방법뿐이다.

3. 초기 종교철학: 칸트와 함께 그리고 달리

피히테는 평생 종교적인 문제에 관심을 가졌으며, 이러한 점은 그의 최초 저술과 최후 저술 모두가 종교에 관한 것이었다는 사실에서도 확인할 수 있다. 피히테는 첫번째 책인 『모든 계시에 대한 비판의 시도』에서 우선적으로 칸트의 입장을 충실히 따른다. 이 책이 처음 익명으로 출판되었을 때 사람들은 그것이 칸트가 종교에 관해 쓰기로 예정했던 저서라고 오해했을 정도다.

피히테가 수용한 칸트 철학의 핵심은 우리가 도덕법칙을 따르는 것은 믿음을 전제한다는 점이다. "피히테의 『모든 계시에 대한 비판의 시도』란 저술의 출발점은 칸트의 도덕적 신 증명이다"(『칸트와 피히테: 종교가 이성적일 수 있는가?』 8면). 다시 말해 신은 도덕적 정의를 가능하게 해주는 보증인 역할을 한다. 칸트는 종교의 명제들을 이론적인 가설로 여기지 않고 우리의 도덕적 전망을 구성하는 실천적 요소로서 바라보았다. "칸트는 종교를 우리의 모든 의무를 신의 명령으로 인식하는 것으로 정의한다. 우리는 이러한 정의를 피히테의 신학 개념에서도 발견한다. 신학은 도덕법칙에 의해 규정된 신의 의지가 우리 이성에 의해 우리에게 주어진 법칙과 완전히 일치한다는 인식이다"(같은 책 11면). 이러한 인식이 우리 의지를 규정하는 데 영향을 미치게 되면, 신학은 종교(실천이성의 요청에 대한 주관적 인식이자 믿음)가 된다. 다시 말해 종교적 인간은 실천이성의 법칙에 따른 행위를 하는데 그것은 그러한 법칙이 신의 법칙이기 때문이다. 그래서 피히테와 칸트가 공유하는 비판철학의 관점에서 보면, 참된 종교의 신은 우리가 도덕법칙을 준수할 경우에만 존경받는 셈이다. 이같은 신은 순수한 이성종교 내에서 도덕적 입법자로서 고지된다. 피히테는 이러한 순수한 이성종교가 발생하는 메커니즘을 다음과 같이 설명한다. 우리 유한한 인간은 단순한 실천이성의 이념 이상의 것을 요구한다. 우리 인간은 그러한 신의 이념을 구체화하기를 원하며, 이로써 우리 내부에 있는 도덕법칙의 입법자를 우리 외부의 입법자로 외화한다. 바로 이러한 외화가 종교의 본래적 원리가 된다. "우리는 이제 신을 우리에게 현존하는 것으로 생각하고자 하며, (…) 신을 우리 미래의 운명과 자유로운 결단의 예견자로서 생각하고자 한다"(『피히테 총서』 I, 1, 90~91면). 이같은 공통점을 전제로 피히테는 종교를 둘로 구분한다. 우선 우리 인간 내부에 있는 초감성적인 것을 원리로 삼는 종교, 즉 도덕 원리를 기반으로 하는 종교가 있으며, 이를 순수한 이성종교 내지 자연종교라고 한다. 두번째로는 우리 인간 외부에 있는 초감성적인 것을 원리로 삼는 종교, 즉 신의 은총이나 명령을 기반으로 하는 종교가 있으며, 이를 계시종교라고 한다(『모든 계시에 대한 비판의 시도』 62~63면).

더 나아가 피히테는 칸트의 종교철학적 입장을 계시종교의 정당화, 용도, 한계 등을 고려하는 데 직접 적용한다. 피히테는 칸트가 말하지 않고 놓아둔 부분, 칸트의 종교철학이 순수한 이성종교(자연종교)와 구분되는 계시종교에 대해 가질 수 있는 함축과 결과들을 철저하게 사유하고 있다. 간단히 말하자면, 모든 계시종교는 도덕법칙에 비추어 검증되어야 한다는 것이다. 계시종교가 정당화될 수 있는 것은 오직 우리가 그것을 믿음으로써 올바른 행위를 하고, 도덕적인 목적을 성취할 수 있는 경우뿐이다. 진정한 계시는 도덕과 일치해야 한다. 이런 몇가지 측면에서 본다면 오히려 칸트가 역으로 피히테 종교철학의 영향 아래 있다는 관점도 충분히 가능하다. 이는 칸트의 『단순한 이성의 한계 안에서의 종교』라는 저작이 피히테의 저서보다 1년이 늦은 1793년에 출간되었다는 역사적 사실로부터도 추론할 수 있는 점이다.

피히테는 1794년 예나대학에 부임하면서 본격적으로 종교 비판에 몰두한다. 이러한 면모는 그가 예나대학 첫 학기에 했던 대중강연에서 드러나기 시작했다. 이 강연은 나중에 『학자의 사명에 관한 몇차례의 강연』(*Einige Vorlesungen über die Bestimmungen des Gelehrten*, 1794)으로 묶여 출판된다. 피히테는 다분히 의도적인 도발의 차원에서 자기 강연을 통상적 예배시간과 겹치는 일요일 오전 시간에 기획했다. 이 강연은 다른 사람들과는 달리 비판정신을 거리낌 없이 극단적으로 발휘한다는 피히테의 평판으로 인해 아주 인기가 있었다. 이 시기 피히테는 칸트주의에 대한 슐체(G. E. Schulze, 1786~1869)의 비판을 논평하는 가운데 인간 노력의 목표를 통일성으로, 즉 스스로를 결정하는 가운데 내가 아닌 모든 것을 통합적으로 결정하는 자아로 규정한다. 그리고 피히테에 의하면 "그 노력의 목표가 자신 밖에 있는 지적인 자아에 의해 표상될 때, 이러한 노력은 믿음, 즉 신에 대한 믿음이다"(『아이네시데모스 비판』 I, 23면). 여기서 피히테는 칸트와 결정적으로 갈라진다. 다시 말해 칸트가 도덕적 삶을 살기 위한 조건으로서 우리가 신을 믿어야 한다고 주장했다면, 피히테는 그러한 믿음이 도덕적 삶의 맥락 안에서 의미를 가진다는 점에 대해서는 칸트에게 동의하지만, 신에 대한 믿음 자체를 도덕적 노력이라고 간주한다는 점에서는 칸트와 구분된다고 할 수 있다. 요컨대 피히테에 의하면, 신에 대한 믿음은 도덕적 삶을 살려는 노력과 동일하다.

그렇다면 피히테가 이처럼 칸트의 영향하에 있으면서도 칸트와 차이나는 지점은 어디인지 좀더 구체적으로 살펴보자(이하의 논의는 「서론」 16~19면 참조). 칸트는 잘 알려져 있듯이, 행복과 도덕의 조화를 최고선으로 설정했다. 물론 이것은 현실적으로 도달 불가능하기 때문에 우리에게는 하나의 이념으로만 남아 있을 뿐이다. 이에 비해 피히테는 역으로 최고선 자체의 가능 조건을 묻는다. 일단 우리는 이성적 존재로서 이성의 입법이 그 실현을 요구하는 최고선을 필연적으로 의지해야 한다. 그러나 우리는 이러한 최고선의 가능성이나 불가능성을 이론적으로는 알수 없다. "단적으로 경험과 독립적으로(a priori) 그리고 어떠한 목적과도 무관하게 이성의 입법을 통해 궁극적 목적이 부과되어 있다. 그것은 이른바 최고선, 즉 최고의 행복과 일치하는 최고의 도덕적 완전성이다. 우리는 이러한 궁극적 목적을 의지하라는 명령에 의해 필연적으로 규정되어 있다. 그러나 우리는 우리의 모든 인식을 지배하는 이론적 법칙에 따라서는 그러한 목적의 가능성도 인식할 수 없으며, 그 불가능성도 인식할 수 없다"(『피히테 총서』 I-1, 18~19면). 그럼에도 우리는 우리 자신과 모순에 빠지지 않기 위해 최고선의 가능성을 믿어야 한다.

피히테는 여기서 중요한 한걸음을 더 내디딘다. 최고선은 최고의 도덕이 가능한 경우에만 비로소 가능하다는 것이다. 그리고 최고의 도덕을 통해 가능한 최고선은 오직 전적으로 도덕법칙을 통해서만 실천적 능력을 발휘하는 존재에게서 가능하다. 도덕법칙은 이러한 존재 자체에게 본질적이기 때문이다. 그리고 이성의 궁극적 목적으로서 최고선은 이러한 존재가 최고의 행복도 소유하는 경우에만 도달될 것이다. 피히테에 의하면, 결국 최고선의 가능성은 최고의 도덕이 최고의 행복과 일치하는 그런 존재의 현존과 동일하다. 그리고 그 존재가 바로 신이다. 피히테가 말하는 최고선을 구현한 존재로서 신은 이처럼 외적 자연의 영향을 받는 감각적 본성에 의해 행복이 결정되는 유한한 이성적 인간이 그러한 상태를 넘어서 도덕과 일치하는 참된 행복으로 가기 위해서는 반드시 믿고 의지할 수밖에 없는 존재이다. 신은 자신의 본성이 철저하게 도덕법칙에 의해서만 규정되기 때문에, 자신의 감각적 본성이 자연에 의해 규정된 유한한 인간에게 도덕과 행복의 올바른 균형을 산출할 수 있게 하는 역할을 한다는 것이다. "도덕법칙의 보편타당함과, 모든 이성적 존재가 가진 도덕성의 정도에 완전히 일치하는 행복은 동일한 개념이다"(같은 책 I, 1, 27면). 더 나아가 피히테는 영혼이 불멸해야 한다는, 칸트가 말하는 실천이성의 두번째 요청을 도덕법칙이 요구하는 도덕과 행복의 일치 자체를 유한한 이성적 존재가 산출할 수 없다는 사실로부터 도출해낸다. 여기서도 피히테는 칸트와의 차이를 보여준다. 칸트가 신 존재에 대한 요청과 무관하게 유한한 이성적 존재가 자기의 지와 도덕법칙의 완전한 일치를 실현할 수 없다는 점에서 영혼의 불멸성에 대한 요청을 이끌어냈던 반면, 피히테는 신의 속성에서부터 불멸성의 요청을 연역하고 있다고 할 수 있다.

다음으로 피히테는 행복과 도덕의 관계를 의지 혹은 실천적 자기 활동이란 개념을 통해 이끌어낸다. 물론 이런 의지는 인간의 자유나 자발성과 불가분의 관계에 놓여 있다. 피히테는 의지작용을 "자기의 고유한 활동에 대한 의식을 갖고 하나의 표상을 산출하기로 스스로 결정하는 것"(같은 책 V, 16면)이라고 정의하며, 여기서 표상이란 의지가 산출하려고 노력하는 외부 세계의 가능한 사태를 대상으로 한 표상이다. 이런 의미에서 의지하는 행위자에게 목표를 실현하려는 욕구나 노력은 수동적으로 주어지는 것이 아니라 자신의 활동이라고 할 수 있다. 피히테는 인간이 순수한 자발성을 발휘할 수 있는 능력이 있음을 보이기 위해 이같은 의지활동에 포함된 표상을 분석한다. 표상은 칸트 식으로 볼 때 항상 형식과 질료로 구성된다. 여기서 형식은 순수한 자발성을 통해 산출된 것이며, 질료는 감각에서 주어진 것이다. 그런데 피히테는 질료의 측면을 다시 분석한다. 질료는 한편으로는 자발성에 의해 결정될 수 있는 동시에 다른 한편으로는 우리가 수동적으로 관계하는 의지의 표상에 의해 결정될 수 있는 중간적 매체를 제공한다. 이 매체를 피히테는 충동이라고 부른다.

중요한 점은 충동에 의해 경험적으로 동기가 부여되는 경우에도 우리는 여전히 자발성을 갖고 있다는 사실이다. 그러한 자발성은 외적 사태에 대한 표상이 유쾌하거나 즐겁다는 판단(자발적 행위)으로 나타난다. 그리고 이런 판단은 자신의 현재 행복에 대한 개념을 낳으며, 여기서 다시 이성을 통해 우리 자신의 고유한 총체적 행복에 대한 개념에 도달하게 된다. 그런데 주목해야 할 점은 이러한 판단을 내리기 위해서는 충동에 의한 의지의 결정이 지연되어야 한다는 사실이다. 다시 말해 비록 우리가 경험적 충동에 의해 어떤 식으로든 행동하도록 결정될 때조차, 그러한 결정이 이루어지기 전에 이미 우리는 그러한 충동이 제공하는 내용이 유쾌한지 여부를 판단한다. 이런 의미에서 경험적인 동기를 가진 의지 역시 이미 절대적 자발성, 즉 순수한 형태의 의지만을 동기로 삼을 수 있는 능력을 전제하고 있는 셈이다. 바로 이러한 형태의 의지가 이성이나 도덕법칙을 동기로 갖는 의지이다. 피히테는 이러한 순수한 형태의 의지를 "단적으로 올바른 것의 이념"(같은 책 V, 24면)과 동일시한다. 결국 피히테는 우리 유한한 인간이 순수한 의지를 발휘할 수 있는 여지가 충분함을 보임으로써 최고의 완전한 도덕 속에서 진정한 행복을 얻는 이념적 목표를 향해 노력할 수 있다는 사실을 강조한다.

4. 무신론 논쟁

18세기는 흔히 줄기차게 회의주의와 무신론적 경향을 보여왔던 서양철학의 정점이었다고 평가된다. 가령 프랑스 계몽주의에서는 백과전서파 가운데 급진적인 사상가들이 등장했으며, 싸드(D. A. F. de Sade,

1740~1814)의 작품도 그 연장선에서 이해될 수 있다. 독일에서는 무신론을 지칭하는 스피노자주의에 대한 열광적 관심이 일어났다. 하지만 철학적 내용상으로 가장 풍성했던 논의 중 하나는 바로 피히테의 종교적 견해와 관련해서 발생한 무신론 논쟁이었다고 할 수 있다.

피히테는 당대의 중요한 저널이었던 『철학 저널』(*Philosophisches Journal*)의 편집인이 되었고, 1798년에 동료이자 제자였던 포어베르크(F. K. Forberg)의 신적 세계 통치(gottliche Weltregierung)라는 테마를 다룬 에세이 「종교 개념의 발전」(Entwicklung des Begriffs der Religion)에 편집자 코멘트를 함으로써 무신론 논쟁의 불을 지폈다. 종교적인 보수주의자들은 피히테의 노골적인 이단에 대해 당국에 불만을 토로했으며, 결국 문제가 된 잡지의 모든 판이 드레스덴 지역에서 폐기처분되기에 이르렀다. 유사한 조치들이 독일의 다른 지역에서도 잇따랐다. 이어진 다음 몇달 동안 소위 피히테의 무신론에 대한 격렬한 반응들이 있었는데, 그 가운데는 대학의 공식적인 입장 표명부터 학생들의 청원이나 사적인 편지까지 포함되어 있었다. 당시 거의 모든 사람이 새로운 비판철학, 즉 피히테의 철학은 과연 비밀스러운 무신론인가라는 논쟁적 질문에 대해 입장을 표명해야 한다는 압력을 받고 있었다고 해도 과언이 아니다.

먼저 문제가 된 포어베르크의 주장을 간단히 알아보자. 그는 도덕적 세계질서가 있으며, 세계를 도덕법칙에 맞추어 통치하는 신성이 있다는 점을 믿는 것이 종교를 갖는 핵심이라고 주장하고, 이러한 종교를 가능하게 하는 원천을 세가지로 제시한다. 우선 경험이 있다. 하지만 경험은 악의 문제에서 잘 나타나듯이 이 세계에 도덕적 질서가 존재한다는 사실과 정반대되는 증거만을 한껏 제공해줄 뿐이다. 다음으로 사변이 있다. 여기에 해당하는 것이 전통적인 이론적 신 존재 증명이다. 그러나 이같은 증명 역시 칸트에 의해 이미 논박되었다. 남은 것은 이제 양심뿐이다. 즉 종교는 도덕적으로 선한 사람의 마음(양심) 속에서만 생겨날 수 있다. 포어베르크는 선이 궁극적으로 악에 승리할 것이라는 기대를 우리가 할 수 있게 해주는 도덕적 세계질서에 대한 실천적 믿음이 종교라고 말한다. "종교는 세계의 선이 세계의 악을 이길 수 있다는 선한 마음의 바람으로부터만 생겨난다"(『종교 개념의 발전』39면). 즉 선한 마음을 가진 사람은 이 세계에서 선을 실현하기를 바라고 그것을 위해 끊임없이 노력하며, 성공이 확실하지는 않더라도 그의 시도가 헛되지 않을 것이라고 믿는다. 종교는 이 믿음과 다르지 않다. 인간은 자신의 도움으로 선이 악을 이길 수 있는 것처럼 행위한다는 것이다. 물론 포어베르크는 유덕한 무신론자도 있을 수 있음을 인정한다. 선이 악을 이길 것이라는 사실에 대한 궁극적인 믿음에 일치하게 행위하는 것이 의무이긴 하지만, 그렇게 행위하는 것이 신과 도덕적 세계질서의 현실적 존재를 믿지 않는 것과 상충하지는 않기 때문이다.

선한 사람은 선이 세계를 지배할 수 있기를 바라며, 그는 양심에 의해 이러한 목적을 위해 할 수 있는 모든 것을 해야 한다고 느낀다. 물론 그는 이러한 목적이 실현 가능한지를 확실히 알 수는 없다. 그는 그점을 증명할 수 없다. 하지만 그는 그 불가능성 또한 입증할 수 없다. 그래서 그는 선의 궁극적 지배라는 목표가 가능하다고 믿으며, "진리와 올바름의 왕국"(같은 책 43면)인 신의 왕국이 지상에 세워질 수 있다고 믿는다. 왜냐하면 그가 이것을 원하고 의지하기 때문이다. 포어베르크는 이런 의미에서 종교는 선택의 문제가 아니라 의무라고 간주한다. 즉 도덕적 세계 통치 혹은 신을 믿는 것은 의무이며, 이는 이론적인 의무가 아니라 실천적인 의무이고, 실제 행위의 준칙이 된다. 달리 말해 "도덕적 세계 통치 혹은 도덕적 세계의 주권자로서 신이 존재한다고 믿는 것이 의무가 아니라 우리가 그것을 믿는 것처럼 행위하는 것이 오직 의무일 뿐이다"(같은 책 44면). 이처럼 실천적 측면을 강조하는 것은 피히테가 이론이성에 대한 실천이성의 우위를 일관되게 밀고 나간 점과도 일맥상통한다고 볼 수 있다. 어쨌든 이같은 점들을 통해 볼 때 포어베르크는 신에 대한 전통적인 이론적 증명의 가능성을 부정했으며, 정통 기독교 교리를 공격하는 것으로 간주되기에 충분했다.

『신적 세계 통치에 대한 우리 믿음의 근거에 관하여』(*Über den Grund unseres Glaubens an eine göttliche Weltregierung*, 1798)에서 피히테는 기본적인 입장에 대해서는 포어베르크에 동의한다. 하지만 자신의 목표에 도달하기에는 여전히 포어베르크의 입장에 미흡한 부분들이 있다고 보았다. 따라서 피히테 자신이 글을 쓰는 목표는 그러한 부분들을 분명히 밝히는 것이었다. 포어베르크와 피히테의 차이는 우리 행위의 기반이 되는 믿음이 갖는 성격이 가설적인 것이냐 아니면 필연적인 것이냐의 구분이다. 포어베르크보다 더 철저하게 피히테는 도덕적 세계 통치에 대한 믿음이 철학적 증명의 대상이라고 생각하지 않는다. 그러한 믿음이란 오히려 이미 우리 인간의 의식에서 발견되는 사실이다.[1] 그러한 믿음으로서의 종교는 필연성의 느낌을 수반하는 표상이다.[2] 철학은 이

---

1 여기서 사실이란 칸트가 도덕법칙을 이성의 사실이라고 말할 때와 동일한 의미다. 즉 어떤 다른 것에서 도출되지 않고 직접적이며, 확실하고, 의식을 구성한다는 특성을 지닌다고 할 수 있다. 피히테가 종교적 믿음을 의식의 사실로 간주한다는 것은 이외에도 실천적으로 그것을 부인할 수 없다는 점 역시 포함한다. 우리가 자연에서 행위를 할 때 이론적으로 파악할 수 없어도 인과성을 반드시 가정해야 하듯이 우리가 도덕적 존재로서 행위를 할 때 우리는 반드시 종교적 믿음을 전제할 수밖에 없다는 것이다. 그래서 종교란 물리적 세계에서 작동하는 인과성과 똑같은 방식으로 지적 세계에서 작동하는 규범에 대한 승인을 표현하는 것일 뿐이다.
2 이런 의미에서 피히테는 놀랍게도 인간이 본질적이고 필연적으로 종교적이며, 종교란 외적 세계에 대한 믿음이나 다른 마음에 대한 믿음 그리고 도덕적 의무에 대한 믿

러한 표상이자 사실을 산출하거나 증명할 수는 없고, 오직 설명할 수 있을 뿐이다. 철학은 인간이 그러한 믿음을 어떻게 갖게 되는지를 설명해야 한다는 것이다. 즉 철학은 인간이 가진 이성의 구조에서 그러한 믿음을 연역해야 하는 임무를 갖는다고 할 수 있다. 피히테는 자연과학적 설명 방식이나 선험적 설명 방식을 통해서는 도덕적 세계질서에 대한 믿음을 해명하기가 어렵다고 보았다. 그에 따르면, 오직 "우리가 갖고 있는 초(超)감성적 세계의 개념"(『피히테 총서』 I, 5, 351면)에 의해서만 그러한 믿음을 적절하게 제대로 설명할 수 있다. 우리 안에서 발견할 수 있는 초감성적 세계란 도덕적 존재로서 우리 자신이 바로 감성적 세계의 영향에서 벗어나서 자유롭게 자신의 목표를 설정하고 그것을 위해 노력할 수 있다는 점에서 성립한다.

이처럼 우리 인간이 도덕적 행위의 노력을 할 수 있는 것은 도덕적 세계질서 혹은 통치에 대한 믿음을 반드시 요구한다. 그러한 믿음이 없다면 도덕적 의무를 다하려는 우리의 노력 자체가 무의미해질 수밖에 없기 때문이다. 결국 도덕적 세계 통치에 대한 믿음이 도덕적 행위의 조건이므로 자신의 행위를 통해 세계에서 선을 실현하는 것이 가능하다는 가정은 단순한 바람 이상이며, 그러한 가정은 우리 인간이 도덕적 행위를 하기 위한 필수 조건인 셈이다. 그리고 바로 이러한 믿음이 피히테가 말하는 신에 대한 믿음이다. "생생하고 활동적인 도덕적 세계질서 자체가 신이다"(같은 책 I, 5, 354면). 그래서 피히테에 의하면, 우리는 그 이외의 다른 어떤 신도 필요로 하지 않으며, 어떤 다른 신도 파악할 수 없다. 더 나아가 피히테는 신을 도덕적 세계질서와 달리 이해하려는 시도가

음만큼 인간의 인지구조에 필수적이라고 주장하고 있는 셈이다. 이에 대해서는 『피히테의 종교이론에서 사실과 허구』 599면.

실패할 수밖에 없는 이유를 다음과 같이 설명한다. 가령, 신을 의식이나 인격을 가진 존재로 바라보려는 입장은 당연히 의식이나 인격과 같은 개념을 사용해야 한다. 그런데 그러한 개념들은 철저하게 우리 유한한 인간에게 속하는 것이므로 한계나 유한성이 배제된 채 생각될 수 없다. 그래서 그러한 개념들을 신에게 적용하는 것은 신 자신을 유한한 존재로 만드는 불합리한 결과를 가져올 수밖에 없다(같은 책 I, 5, 355면). 이같은 주장은 흡사 스피노자의 인간중심주의 비판을 연상시킨다. 스피노자는 『에티카』 1부 부록에서 신을 인간의 입장에서 판단하고 재단하려는 어리석음을 명확하게 지적하고 있다. 요컨대 피히테에게 도덕적 의미의 신이 존재하는지 의심스럽다고 말하는 것은 불합리하다. 왜냐하면 그것만큼 확실한 것은 없으며, "그러한 사실은 모든 다른 확실성의 근거이자 절대적이고 객관적으로 타당한 유일한 사실"(같은 책 I, 5, 356면)이기 때문이다.

포어베르크와 피히테의 에세이가 출판된 후 익명으로 그들의 견해를 위험한 무신론으로 비판하는 「피히테와 포어베르크의 무신론에 대해 자신의 학생 아들에게 쓴 한 아버지의 편지」(Schreiben eines Vaters an seinen studierenden Sohn über den Fichtischen und Forbergischen Atheismus, 1798)라는 글이 발표된다. 이 글의 작가는 피히테와 포어베르크가 신을 믿지 않으며, 통상적 의미의 믿음이 무의미하다고 간주한다고 비판한다. 여기서 통상적 의미의 믿음이란 인격적이며 세계와 독립해서 존재하는 실체이자 전통적인 유신론에서 말하는 신에 대한 믿음을 지칭한다. 포어베르크에 대한 그의 비판은 상당 부분 피히테에 대한 비판과 겹치기 때문에 여기서는 피히테에 대한 비판에 초점을 맞추어보겠다.

이 글의 작가는 우선 피히테가 신을 도덕적 세계질서 자체라고 주장하는 부분을 문제 삼는다. 그는 피히테가 질서를 창조한 자 없이 질서를 가정하고 있다고 지적한다. 다시 말해 피히테는 법칙을 부여한 사람이 존재한다고 가정하지 않은 채 인간에게 도덕법칙이 존재한다고 생각하는 셈이다(『피히테 총서』I, 6, 126면). 물론 이 글의 작가는 기독교적인 인격신의 존재를 암묵적으로 전제하고 있다. 둘째, 작가는 피히테가 인격이나 의식을 신에게 부여할 수 없다고 주장한 데 대해 비판한다. 그에 의하면, 신의 속성들이 인간에게 접근 불가능하다는 견해는 새로운 것이 아니며, 이미 몇몇 회의주의자들에 의해 주장된 견해이다. 하지만 우리가 신과 신의 속성을 이해할 수 없다고 해서 신이 존재하지 않는다는 결론이 도출되지는 않는다. 더 나아가 작가에 의하면 의식, 의지, 정의 등 우리가 신에게 귀속시키는 속성들은 단순히 우리의 상상에 의한 것이라고 단정할 수는 없다. 물론 왜 그런지에 대한 설명은 없다. 그나마 작가가 들고 있는 근거란 지혜는 그 정도가 크든 적든 지혜이며, 선도 그것이 작은 것에 해당하든 큰 것에 해당하든 선이라는 점이다. 그래서 신이 그 자체로 무엇인지 몰라도 그가 우리에게 무엇이고, 우리가 그에게 무엇을 기대하는지를 아는 것만으로도 충분하다는 것이다(같은 책 I, 6, 128면). 셋째, 작가는 피히테가 도덕적 세계질서 안에서 모든 이성적인 개인의 위치가 할당된다고 주장하는 동시에 독립적 실체로서 신의 개념이 불가능하다고 말하는 것이 모순이라고 주장한다. 도덕적 세계질서 안에 개인의 위치를 정해주는 주체가 방금 언급된 독립적 실체로서 신이 아니라면 과연 누구냐 하는 것이 작가의 문제제기다. 그는 이를 다음과 같은 질문으로 표현하고 있다. "누가 혹은 무엇이 그[인간 개인]의 위치를 할당하는가? 이러한 질서 자체인가? 혹은 우연인가 아니면 맹목적 필연성인가? 혹은 인류의 관리인으로 행동하기를 자처하는 피히테인가?"(같은 책 I, 6, 129면).

이 익명의 팸플릿은 철학적 관점에서는 조잡했지만, 사람들이 피히테와 포어베르크의 글에서 무신론을 들추어내려는 경향을 부추기고 피히테가 예나대학에서 물러나게 하는 일련의 사건들을 일으켰다는 측면에서 충분한 결실을 맺었다고 할 수 있다.

피히테는 『대중에의 호소』(*Appelation an das Publicum*, 1799)를 써서이 최초의 비난에 답했다. 그는 여기서 비방자들의 주장에 비타협적으로 대응한다. 피히테는 자신을 새로운 것을 말하는 사람들을 박해해온오랜 전통의 희생자로 여긴다. 이런 식으로 그는 양심의 자유를 위해 싸우는 사람이 된 셈이다. 그는 자신의 철학적 체계가 회의적인 것이 아니라는 점을 강조한다. 왜냐하면 자신은 절대적으로 참되고 선한 어떤 것, 즉 모든 경험과 독립적이고 우리의 도덕적 사명에 대한 직접적 의식을통해서 계시되는 초감성적 세계가 확실히 존재한다고 보기 때문이다. 여기서도 마찬가지로 신 혹은 도덕적 세계질서에 대한 우리의 믿음은오직 의무를 위해서만 행위하라는 요구를 우리가 분명하게 의식하는데 근거하고 있다고 말할 수 있다. 피히테는 이제 무신론이라는 혐의를그를 비난하는 세력들에게 되돌려준다. 피히테가 보기에는 그러한 세력들이 무신론자들이다. 왜냐하면 그들은 피히테 자신이 하듯이 무조건적인 도덕적 의무에 대한 우리의 직접적 의식을 통해서 계시되는 초감성적 세계의 측면에서 추론하는 것이 아니라, 감각적 세계로부터 하는 추론을 갖고 신을 설명하려고 하기 때문이다. "나는 감각적 세계로부터 도출될 수 있는 실체적 신을 부정한다. 내가 이것을 부정하기 때문에 나는 그들이 보기에 전적으로 무신론자가 된다. 그럼에도 나는 초감성적 신이자 믿음의 도덕적 근거와 같은 다른 것은 긍정한다"(『피히테 총서』 I, 5, 435면). 피히테가 보기에 이처럼 감각적 세계를 통해 신을 이해하려는 시도는 그러한 반대자들이 윤리적으로 타락했음을 보여준다. 왜냐하면 그러한 시도는 그들이 감각적 세계에 사로잡혀 있는 방식을 여실히 보여주기 때문이다. 그리고 이는 신을 포함해서 그들 자신의 행복을 모든 행위의 목표로 삼는 행복주의에서 분명하게 나타난다.

이어서 피히테는 『법적인 변호』(Gerichtliche Verantwortung, 1799)에서 무신론이라는 혐의에 대해 그의 반대자들과는 다른 신의 정의를 제시하면서 신의 어떤 속성들과 몇몇 신 존재 증명들의 타당성을 부정하기는 했으나 신의 존재 자체를 부정하지는 않았다는 점을 주장한다. 이와 더불어 피히테는 자신에 대한 공격이 자꼬뱅주의자이자 민주주의자라는 자신의 평판으로 인해 정치적으로 일어났음을 분명히 밝히고 있다. "그들에게 나는 민주주의자이자 자꼬뱅주의자이다"(『피히테 총서』 I, 6, 72면). 한편으로 피히테를 지지하는 몇몇 학생들은 그의 해임에 정중하게 항의하는 두개의 탄원서를 당국에 제출했으며, 칸트주의 철학자인 라인홀트는 「피히테에게 보내는 편지」를 썼다. 이 편지에서 라인홀트는 야코비의 경건주의적 관점과, 철학과 믿음의 관계에 대한 피히테의 관점을 매개하고자 했다. 이 논쟁은 피히테가 예나대학 해임 직후에 쓴 「사적 편지」(Aus einem Privatschreiben, 1800)에서 계속 이어진다.

여기서 피히테는 도덕적 세계질서로서 신에 대한 믿음을 씨를 뿌리는 농부의 믿음과 비교해 설명한다. 배고픈 농부가 씨앗을 바로 먹을 수 있음에도 불구하고 먹지 않고 뿌리는 것은 자연적인 세계질서에 대한 믿음 때문이다. 자연이 자신의 수고와 노력을 헛되이 하지 않을 것이라는 믿음으로 인해 농부는 씨앗을 뿌려 미래를 계획한다. 이와 마찬가지로 도덕적인 개인은 그의 행위가 도덕의 요구를 충족시키기 위해 협소한 자기 이익에 반해서 이루어질 때마다 매번 도덕적 세계질서에 대한 믿음에 기초해서 행위하고 있는 셈이며, 그러한 믿음을 표현하고 있는 것이 된다. 인간의 도덕적 노력은 세계가 궁극적으로 도덕적으로 질서

잡힌 곳이며, 도덕적 행위가 농부의 노력과 같이 헛되지 않을 것이라는 확신을 반영한다. 피히테에 의하면 요컨대 그런 식으로 행위하는 것은 도덕적 세계 통치에 관한 자신의 믿음을 보여주는 것이 된다. 그러한 확신을 갖고 도덕법칙에 따라 행위하는 것이 신에 대한 믿음의 핵심이다. "도덕적 질서는 오직 도덕법칙에 의해서만 충분히 보증된다"(같은 책 I, 6, 381면).

5. 피히테의 후기 종교철학

피히테의 『축복받은 삶을 위한 지침 혹은 또한 종교론』(*Die Anweisung zum seligen Leben, oder auch die Religionslehre*, 1806)이라는 저술은 피상적으로 보면 도덕을 절대적으로 중시했던 종교에 대한 초기 입장을 포기하고 기독교적인 절대자를 다시 지지하는 것처럼 여겨질 수 있다. 하지만 좀더 상세히 살펴본다면 이같은 판단은 성급한 것임을 알 수 있다. 여기서 드러나는 종교와 신에 대한 견해의 변화는 초기 예나 시절의 견해를 반박한다기보다는 그것을 강화해준다고 해야 할 것이다. 피히테는 삶이란 분열되고 유한한 의식을 영원한 존재 혹은 신과 통일시키려는 자기의식적 자아의 본래적인 이원성에서 성립한다고 본다. 이러한 충동이 인간의 근본적인 관심 혹은 사랑이다. 사랑은 자기만족과 축복에서 존재하고 "삶, 사랑, 축복은 단적으로 하나이며, 같은 것이다"(『축복받은 삶을 위한 지침』 402면). 각 개인의 삶은 그가 가진 사랑 혹은 관심으로 인해 독특한 성격을 얻게 된다. "우리는 사는 만큼 사랑하는 것이다. 바로 이러한 사랑만이 오직 우리 삶이며, 우리 삶의 뿌리이자 바탕이고, 중심이다"(같은 책 403면).

그러나 우리 유한한 인간이 진정한 삶에 도달하기는 어렵다. 가령, 감각적인 세계에서 행복을 추구하는 사람은 좌절할 수밖에 없다. 왜냐하면 감각적인 만족은 일시적이고, 그것을 추구하면 할수록 더 큰 고통을 가져오기 때문이다. 이러한 상태에서 벗어나는 방법은 스토아주의 식으로 모든 감각적 쾌락을 포기하고 스스로 만족하기 위해 윤리적 법칙의 명령에 복종하는 것이다. 하지만 여기서 결과하는 자유는 부정적이고 소극적이다. 왜냐하면 그러한 자유는 감각적 쾌락을 포기하고 법칙을 따르는 능력 속에서만 성립하기 때문이다. 스토아적 개인은 오직 자기비난을 피하기 위해서만 행위하며, 그러한 활동은 어떠한 긍정적 만족도 제공하지 못한다. 스토아적 인간이 법칙을 외적 강제로 보고 따르는 반면, 이보다 좀더 높은 수준에 있는 도덕적 인간은 자신의 개별성을 스스로 채택하고 사랑하는 외적 의지의 자연스러운 표현으로 간주한다. 여기서 외적 의지와 개별적 의지는 분열되지 않는다. 하지만 도덕적 인간은 여전히 그러한 의지가 감각적 세계 안에서 효과를 가져오기를 원한다. 그리고 그렇지 않으면 그는 그 상황을 좌절이나 실패로 간주한다. 이에 비해 도덕적인 동시에 종교적인 인간은 감각적 세계와 자신의 인격을 믿음의 삶을 살기 위한 행위의 수단으로 바라본다. 그래서 그는 굳이 세계를 변화시키기를 바라지 않고 세계 안에서 노력한다. 왜냐하면 믿음은 감각적 세계 안에서 새로운 지적인 세계를 드러내주기 때문이다. 따라서 이같은 인간은 좌절하지 않는다. 도덕적이고 종교적인 인간은 감각적 세계 안에서 행위하지만, 지적인 세계 혹은 자유를 사랑한다. 그리고 바로 이 사랑이 신의 개념을 만들어낸다. 인간 주체는 이러한 사랑 안에서 사는 한 신이다. 사랑이 없으면 인간은 도덕적으로 행위할 수 없다. 그리고 도덕적 행위가 없이는 어떤 신도 존재하지 않는다. 도덕적이고 종교적인 인간은 자신의 소명에 대한 직접적인 확신을 가지며, 그래서 미래를 두려워하지 않는다(같은 책 465~75면).

이렇게 볼 때 피히테는 이 저술로 흔히 평가되듯이 독단적 신학을 제시하고 있는 것이 아니다. 오히려 신에 관한 이론을 인간의 구체적이고 개별적인 의식과 직접 연관지어 보여주고 있다고 해야 할 것이다. 도덕법칙에 대한 직접적 의식은 자유와 신에 대한 믿음을 함축하며, 그러한 신은 도덕적 세계질서를 닮아 있고, 인격적이고 초월적인 기독교적 신성보다는 순수한 의지와 훨씬 더 흡사하다고 할 수 있다. "피히테의『종교론』은 이원성의 어떠한 화해도 보여주고 있지 않으며, 오히려 이원성의 제거할 수 없음을 주장하고 있다. 무한한 노력 혹은 인간의 유한성이라는 개념들을 훼손하는 대신『종교론』은 도덕적, 사회적 및 종교적 의식의 상호 의존성을 강조하고 있다. 도덕, 종교, 그리고 철학을 모호하게 만들기보다는『종교론』은 이들이 오직 행위하고 믿고 인식하는 경험적 개인 안에서만 각각 연결될 수 있는 별개의 활동임을 보여준다"(『피히테의 종교론』110면). 결국 피히테는『종교론』에서 초기 사상에서 강조했던 도덕적 세계질서로서의 신에 대한 믿음을 구체적이고 실천적으로 적용하려 시도하고 있으며, 그런 측면에서 이 저술은 "응용 형이상학"(『피히테 전체』304~06면)이라는 평가를 받을 만하다.

6. 피히테의 영향 및 평가

피히테의 영향은 그 이후 유럽 철학의 전통 속에서 확인할 수 있다. 그 계보를 간략하게 훑어보면 다음과 같다. 우선『모든 계시에 대한 비판의 시도』에서 도덕법칙과 물리법칙의 모순을 칸트 식으로 신에 대한 요청이라는 종합을 통해 해소하는 데서 알 수 있듯이, 피히테가 보여주는 종합의 방법은 헤겔적인 변증법을 앞서 보여주고 있다. 다음으로 피히테가 종교의 성립 과정을 우리 안의 도덕법칙에 대한 믿음을 우리 밖으로 외화한 행위에서 찾고 있다는 점에서, 그는 종교의 원리를 우리 자신의 것의 소외이며 외화이자 주관적인 어떤 것을 우리 밖의 것으로 옮겨놓는 것이라고 본 포이어바흐(L. A. Feuerbach)의 입장을 선취하고 있다. 또 피히테의 자기 활동적인 의지 혹은 나의 개념은 쇼펜하우어와 니체가 말하는 삶에의 의지 혹은 힘에의 의지와 아주 큰 유사성을 보여준다. 이 두 사상가 역시 의지활동이 외부 세계에 대해 힘을 무조건적으로 행사하려는 지칠 줄 모르는 과정이라고 파악하고 있기 때문이다. 더나아가 피히테가 말하는 나란 근본적으로 실천적이며 그 자신의 기획에 의해 결정된다는 점에서, 실존적 관심에 의해 구성되는 하이데거 식의 세계 내 존재의 모습과도 유사하다. 그리고 나의 자유로운 의지활동을 통해 이루어지는 과정 자체에 어떤 정해진 목표나 한계를 설정하지 않았다는 점에서 피히테는 자유의 형벌이 인간의 본질이라고 역설적으로 표현하고 있는 싸르트르의 선구이기도 하다. 끝으로 피히테가 말하는 나는 데까르뜨 식의 고립된 자아가 아니라 상호 주관성을 전제로 한 나이다. 피히테에 의하면 이성은 인간의 의사소통, 즉 이성적 존재들이 원리와 목적을 공유하기를 목표로 하는 끊임없는 과정에 의해 구성되기 때문이다. 다시 말해 이성을 기반으로 하는 도덕은 의사소통 과정에서만 생겨난다고 할 수 있다. 따라서 피히테는 지배에서 자유로운 의사소통이라는 하버마스 식의 이념을 이미 보여주고 있다는 해석도 충분히 가능할 것이다.

피히테의 종교철학은 그의 전체 이론에 있어서 중심적인 위치를 차지한다고 할 수 있다. 피히테가 완결하지 못했던 철학적 체계 내에서 그나마 분명한 방향성을 보여주는 부분이 바로 종교에 대한 견해이기 때문이다. 피히테는 기본적으로 칸트의 도덕신학적 입장을 충실히 따르면서도 단순히 그러한 입장만으로 환원될 수 없는 독창성을 간직하고 있다. 무신론 논쟁에서 잘 드러나듯이, 피히테가 말하는 신은 전통적이고 기독교적인 유신론의 신이 아니라 우리 인간의 도덕적 노력 속에 이미 항상 전제되어 있는 도덕적 세계질서(최고선의 실현 가능성 혹은 최고선의 화신)이다. 그러한 도덕적 세계질서를 믿음으로써만 우리는 도덕적 존재로서 행위해갈 수 있는 것이다. 그러므로 인간이 본질적으로 도덕적 존재인 한에서, 그러한 신에 대한 믿음은 우리 의식 내에서 직접적으로 명징하게 드러나는 사실이라고 할 수 있다. 그래서 피히테가 도덕적 의무에서부터 도덕적 행위의 목적이 실현될 수 있는 가능성으로 추론하는 듯이 보이는 절차는 오히려 종교적 믿음을 일으키는 우리 이성의 행위들을 설명하기 위해 철학적 모델을 구성하는 과정이라고도 할 수 있다. 결국 "예나 시대 피히테의 기획 자체는 전적으로 인위적인 사유 방식의 산물인 정신의 행위(모델) 속에서 그러한 사실들을 설명하고 근거짓는 선험적 이론을 구성하는 것이다"(『피히테의 종교이론에서 사실과 허구』617면).

그렇다면 피히테는 무신론자인가? 이에 대한 답은 두가지가 가능하다. 전통적인 유신론적 입장에서 보면 피히테가 초월적이고 인격적인 독립적 실체로서 신을 인정한다고 보기 어렵기 때문에 무신론자라는 평가가 가능하다. 그러나 한편으로 피히테가 염두에 두고 있는 신은 전통적인 신과는 다른 모습과 특징을 지닌 신이기는 해도 여전히 그러한 신을 적극적으로 인정하고 있다는 의미에서 결코 무신론자라고는 할 수 없다. 굳이 피히테가 구상하는 신을 기존 개념을 통해서 설명해보자면, 그것은 아마도 이 세계를 창조한 뒤에는 전혀 이 세계의 진행 과정에 개입하지 않는 신의 개념을 주장하는 이신론과 그나마 가깝지 않을까 싶다. 하지만 이신론도 여전히 이 세계와 독립된 실체로서의 신을 인정한다는 점에서 보면 피히테의 신을 전적으로 그렇게 규정하기도 쉽지 않아 보인다. 다른 한가지는 범신론적인 신 개념이다. 피히테의 신을 범신론적 신으로 볼 수 있는 중요한 근거는 『인간의 사명』 3부이다. 거기서 피히테는 우리가 살고 있는 우주와 자연의 도도한 흐름 자체를 신성시하고 있는 것처럼 보인다. "우리가 빛과 그 빛 안에서 우리에게 나타나는 모든 것을 바라보는 것은 바로 이 영원한 의지의 빛에 의해서다. (…) 그것은 지속적으로 우리의 한 상태로부터 다른 상태를 발생하게 함으로써 우리의 심성 안에서 세계를 유지하며, 또 그렇게 함으로써 우리에게 유일하게 가능한 우리의 유한한 실존을 유지시켜준다. (…) 우리의 모든 삶은 그의 삶이다. 우리는 그의 손 안에 있으며, 그 안에 머무르고, 어느 누구도 우리를 그로부터 끌어내지 못한다. 우리는 그가 영원하기 때문에 영원하다"(186면). 물론 이같은 가설이 성립하기 위해서는 스피노자 식 범신론에서는 특별히 부각되지 않는 인간의 도덕적 노력과 특성을 어떻게 범신론적 피히테 안에 담아낼 것인가라는 쉽지 않은 물음에 답할 필요가 분명히 있을 것이다.

| 임건태 |

19장

슐라이어마허
종교는 체험이다

———

　슐라이어마허(Friedrich Daniel Ernst Schleiermacher, 1768~1834)의 종교 이론은 교리보다 체험을 중시한다. 종교의 본질은 직관과 감정이다. 직관과 감정을 통해 체험되는 무한자는 이론과 실천의 대상이 아니다. 무한자에 대한 이론적 파악이 형이상학이며 그 실천적 접근이 도덕이라면 종교는 무한자를 직접적으로 느끼며 맛보는 것이다. 무한자에 대한 체험은 체험하는 개인에게만 알려지는 고유한 것이고 늘 새로운 것이다. 무한자에 대한 체험은 경전과 교리에 선행한다. 오히려 체험으로부터 경전이 나오며 교리도 만들어진다. 예언자들의 체험이 없었다면 그들의 가르침에서 유래하는 실정종교(Positive Religion)도 없었을 것이다. 체험 없는 가르침과 배움은 공허하다. 체험이 수반되지 않는 교리 암기와 훈련은 종교인에게서 자유를 박탈한다. 그렇지만 진정한 종교는 믿는 사람을 자유롭게 하며 생동하게 만든다. 생명력이 결여된 종교는 종교가 아니다. 감동을 줄 수 없는 전달은 종교적 전달이 아니다. 종교적 전달은 개인의 생생한 체험을 전달하는 것이며 이로부터 새로운 체험을 하게 하는 정신적 사건이다. 종교적 체험은 종교현상으로 나타난다. 종교현상은 실정종교로 구체화된다. 개인의 체험은 공동체의 체험으로 나아가며, 이는 역사 속의 실정종교로 확정된다. 실정종교는 종교에 대한 이론적 파악인 자연종교와 구별되어야 한다. 종교의 진정한 모습은 무한자에 대한 현재적 체험과 이로부터 나오는 생동하는 삶에 있다. 삶의 변화를 수반하지 않는 종교는 죽은 문자에 지나지 않는다.

슐라이어마허는 19세기 초반을 대표하는 철학자이자 신학자이고 현실에 깊이 관여한 문화운동가이자 설교자였다. 경건주의 분위기에서 성장한 그는 할레대학에서 개신교 신학과 철학을 공부했으며 1800년 전후를 풍미한 초기 낭만주의운동의 주요 멤버였다. 할레대학의 교수로 활동했으며 나뽈레옹의 침공으로 이 대학이 폐쇄된 후에는 베를린에서 교수와 설교자로 많은 영향을 끼쳤다. 베를린 왕립학술원 회원으로서 훔볼트(K. W. von Humboldt, 1767~1835)와 함께 베를린대학의 설립을 주도했다. 슐라이어마허는 철학에서 변증법과 해석학을 근대적인 맥락에서 새롭게 정초했으며, 탁월한 신학사상을 펼침으로써 '19세기의 교부' '근대 신학의 아버지'라는 영예로운 호칭을 얻었다. 이러한 사상의 대장정은 그가 고유하게 내세운 종교이론에서 출발한다.

1. 종교를 멸시하는 교양인과 진정한 종교

슐라이어마허는 베를린의 샤리테병원 원목으로 일하던 1799년 『종교론』(*Über die Religion*)을 익명으로 출판한다. 이 책은 '종교를 멸시하는 교양인을 위한 강연'이라는 부제를 갖고 있다. 여기서 교양인은 당시 유럽 사상계를 지배하고 있던 계몽주의의 영향을 받은 사람들을 가리킨다. 슐라이어마허는 계몽주의를 추종하면서 종교를 비판하는 교양인으로부터 종교를 변호하려고 했다. 비평가들의 말처럼 이것은 단순한 종교 변호가 아니라 '성스러운 혁명'이었다. 그는 종교에서 프랑스혁명과 같은 변혁을 의도한 것이다. 슐라이어마허의 판단에 따르면 현대 교양인의 삶은 종교와 유사한 정도에 지나지 않는 것과도 멀리 떨어져 있다. 교양인은 스스로 모든 존재를 파악할 수 있다고 생각한다. 교양인은 이론적으로 사물의 법칙을 파악할 수 있으며 실천적으로 최종 목적에 도달할 수 있다고 생각한다. 그렇지만 교양인은 기껏해야 인간성과 조국에 관심을 가질 뿐이며 예술과 학문을 추구하는 것으로 만족한다. 그러므로 '세계 저편에 있는 영원하고 거룩한 존재'는 이들에게 아예 존재하지 않는다.

칸트는 '계몽'을 '미성년의 상태에서 빠져나오는 인간의 출구'라고 정의한다. '미성년의 상태는 다른 사람의 지도 없이는 자신의 오성을 사용할 수 없는 무능력'을 가리킨다. 그래서 계몽의 슬로건은 '오성을 사용할 용기를 가지라!'라는 것이다. 계몽의 긍정성은 자립적 사고에 있다. 그러나 이 자립성을 극대화하여 모든 대상을 지배할 수 있다고 생각할 때 계몽은 잘못에 빠진다. 교양인에 대한 슐라이어마허의 비판은 이러한 계몽의 잘못에 근거한다. 특히 '종교를 멸시하는 교양인'은 생각을 통해 초월적 세계까지 마음대로 재단할 수 있다는 착각에 빠져 있다. 그러므로 교양인에게는 초월적 세계가 아예 존재하지 않거나 이미 극복된 과거지사에 지나지 않는다.

슐라이어마허가 교양인을 비판한다고 해서 그가 반계몽주의자인 것은 아니다. 그의 사상은 반계몽주의나 반지성주의 또는 단순한 비합리론으로 규정될 수 없다. 그는 높은 차원의 계몽을 추구한다. 이것은 계몽주의 이후에 등장한 초기 낭만주의가 '새로운 형태의 계몽주의' 또는 '더욱 철저한 계몽주의'로 규정되는 사실과 일맥상통한다. 슐라이어마허의 교양인 비판은 계몽의 연장선상에서 파악되어야 한다. 그는 계몽주의에 의해 사멸되고 축소된 무한한 영역을 구체적으로 지시해주며 그곳에 이를 수 있는 주관성의 능력을 새로운 방식으로 보여주기 때문이다. 높은 범주의 계몽은 18세기 말의 계몽주의를 넘어서서 그것이 폐기처분하거나 드러내지 못했던 영역을 드러낸다.

계몽주의에 맞서는 슐라이어마허의 출발점은 종교적 의식과 결합되어 있는 정신문화의 지평이다. 종교적 내면성과 결합된 정신은 무한성과 접촉한다. 무한한 정신세계는 유용성을 따지는 영국인들의 경험론적 생각과 다르며 혁명까지도 가볍게 대하는 프랑스인들의 경박한 태도와도 다르다. 종교는 법과 질서를 유지하는 데 도움을 주는 현실적 유용성으로 끝나지 않는다. 종교는 볼떼르와 레싱(G. E. Lessing, 1729~81)이 주장한 것 같은 이성적인 세계 설명으로 종결되지도 않는다. 오히려 종교는 이론적 삶과 실천적 삶의 분열을 통일하는 힘이다. 슐라이어마허는 계몽주의가 나눈 형이상학과 도덕을 종교를 통해 통일하려고 한다. 이 통일은 이론과 실천을 가능하게 하는 제3의 지평이다.

교양인 스스로 지배하고 있다고 생각하지만 실상 놓치고 있는 영역은 무한한 정신세계이다. 무한한 정신세계는 그것에 관계하는 인간의 능력에 따라 확인되고 드러난다. 슐라이어마허에 의하면 이 세계는 '노력'과 '동경'이라는 인간의 두가지 충동에 의해 확인된다. 노력은 '영혼을 둘러싸고 있는 모든 것을 자신으로 끌어당기고 자신의 고유한 삶에 편입시키며 가능한 한 자신의 가장 내적인 본질로 완전히 흡수하려고' 하는 활동이다. 이에 반해 동경은 '영혼의 고유한 내적 자기를 내면으로부터 항상 바깥으로 확장하고 이로써 모든 것에 침투하며 이를 전달하면서 스스로 결코 쇠진하지 않는' 활동이다. 노력이 '자기지향적 견인'의 활동이라면, 동경은 '자기확장'의 활동이다. 이것은 원심력 및 구심력과 같이 작용하며, 그 활동성의 정도는 그때마다 정신세계의 폭과 넓이를 결정한다. 이 가운데서도 종교의 영역과 직결되는 충동은 노력보다 동경이다. 노력은 대상에 대한 지배와 향유로 이어지는 반면, 동경은 주체가 관철할 수 없는 모든 힘들을 넘어 무한자로 나아가려고 하기 때문이다.

슐라이어마허는 노력과 동경이라는 양극의 힘이 결합될 수 있는 전체 가능성을 '인간성'에서 찾는다. 특정 개인에게서는 이 힘의 결합이 아예 일어나지 않거나 부분적으로만 일어나는 반면, 개인의 이상인 인간성에서는 두 힘이 온갖 방식으로 결합될 수 있다. 노력과 동경의 긴장 관계를 통해 정신세계는 늘 새로운 모습으로 무한히 펼쳐진다. 이 정신 세계는 인간성으로 드러나는 세계이지만 그때마다 체험적으로만 확인할 수 있는 부분적인 세계이기 때문이다. 그러므로 정신세계에 대해 단순히 만족한다거나 아무런 내용도 포착하지 못하면서 열광하기만 하는 것은 인간성에 이르지 못한다. 슐라이어마허에게 종교적 지평은 이와 같은 인간성의 지평이다.

교양인은 일반적으로 속된 관점에 빠져 있다. 간혹 속된 관점을 넘어서 성스러운 존재에 관심을 갖는다 하더라도 교양인은 이를 체계적으로 설명하려고 한다. 성스러운 존재에 대한 체계적 설명은 개념을 동원한 설명이다. 슐라이어마허는 종교에 대한 이러한 설명을 거부하며 이를 수행하는 교양인들을 비판한다. 종교는 결코 개념과 체계 속에 머물지 않기 때문이다. 성스러운 존재는 세련된 유신론이나 이성적인 기독교로 규정될 수 없다. 교양인들은 '신학의 체계, 세계의 시원과 종말에 관한 이론, 도대체 파악할 수 없는 존재의 속성에 관한 분석'에 매달리지만, 이것은 '잘못 봉합된 형이상학과 도덕의 조각'에 지나지 않는다. 종교에 대한 이러한 접근은 성스러운 존재를 드러낼 수 없으며, 성스러운 존재와 관계함으로써 성취되는 인간성을 설명할 수 없다.

성스러운 존재와 접촉할 수 있는 인간의 능력은 계몽주의의 테두리에 머무는 이성이 아니다. 그것은 그때마다 비밀스럽게 스쳐가는 '우주'에 사로잡히는 깊은 내면성이며 그 가운데서 성스러운 불꽃을 발견하고 간직하는 심정이다. 성스러운 존재와 내면성의 만남은 인간이 주도하여 이 존재의 법칙을 발견하고 획득하는 과정이 아니다. 성스러운 존재를 개념적으로 파악함으로써 그 외적 필연성을 드러내는 과정이 아닌 것이다. 성스러운 불꽃에 사로잡히는 체험은 성스러운 존재와의 내적인 만남이며 결코 피할 수 없는 필연적 만남이다. 슐라이어마허는 이 만남을 '내적 필연성'으로 부른다. 외적 필연성이 인간에 의해 파악되는 존재의 법칙을 지칭한다면, 내적 필연성은 성스러운 존재와 만날 때 일어날 수밖에 없는 내면의 변화와 형성을 가리킨다. 외적 필연성과 달리 내적 필연성은 기계적으로 반복될 수 있는 것이 아니며 늘 동일하게 재현할 수 있는 것도 아니다. 그러므로 성스러운 존재와의 만남은 그때마다 내면성의 변화를 수반한다.

2. 형이상학 및 도덕과 구별되는 종교의 독자성

이러한 관점은 종교의 본질을 직관과 감정으로 설명하는 슐라이어마허 사상의 토대를 이룬다. '종교의 본질은 사유나 행위가 아니라 직관과 감정이다.' 이 명제는 슐라이어마허의 종교이론을 대변하며 그가 주장하는 종교의 본질을 핵심적으로 드러내준다. 종교, 형이상학, 도덕은 서로 명백하게 구별되며, 각 부문은 각자의 독자성을 지니고 있다. 이들을 구별하지 않고 뒤섞으면 각 부문은 그만의 독자적인 빛깔을 잃는다.

종교, 형이상학, 도덕, 이 셋은 우주를 동일한 대상으로 갖지만 우주와 관계하는 인간의 능력과 방식에서 근본적으로 차이가 난다. 대상의 동일성 때문에 이 셋은 혼란을 낳기도 했다. 그래서 슐라이어마허는 종교, 형이상학, 도덕을 확실히 구별하고 각각의 독자성을 찾아주는 데서 출발한다. 종교는 무엇보다 삶의 문제이며 그중에서도 마음과 내면의 문제이다. 종교는 '인간의 마음에 와 닿을 수 있는 고유한 것이어야' 한다. 종교는 이론적인 앎과 실천적 행위에서 나오는 것이 아니라 마음의 감동에서 나온다. 마음의 감동에서 '근원적인 것'이 발생하는데, 이것은 마음속에서 '근원적인 것이 창출될 때 가능하다.' 근원적인 것은 이미 존재하는 사실에 대한 기술(記述)이 아니며 그 자체가 마음 가운데서 처음으로 발생하는 것이다. 종교가 마음에서 일어나는 근원적인 것이라면 그것은 새로움과 생동성으로 규정될 수 있다.

종교와 구별되는 형이상학은 무한자에 대한 개념적 규정이다. 형이상학은 인간의 유한한 본성에서 출발하여 무한자를 의식적으로 규정한다. 칸트가 펼쳐놓은 선험철학은 이러한 방향의 모범이다. 형이상학이나 선험철학은 우주를 분류하고 이것을 그 본질로 나누어서, 존재하는 것의 근거를 추적하고 현실적 존재의 필연성을 연역해낸다. 이에 반해 종교는 존재의 본질을 정립한다거나 존재의 본성을 규정하는 경향을 가져서는 안 된다. 왜냐하면 종교는 이미 자연 가운데서 살며 '일자(一者)와 전체의 무한한 본성 가운데' 머물기 때문이다. 유한한 본성에서 출발하여 이 본성과 무한자의 관계를 밝히려는 형이상학은 끊임없는 논리적 작업에 매달릴 수밖에 없다. 이에 반해 종교는 자연의 무한한 본성 속에 거하면서 이 무한한 자연을 고요한 애착과 탐닉으로 개인 가운데서 직관하고 예감하려고 한다.

도덕은 인간의 본성으로부터 '의무의 체계를 발전시키고 무제약적인 힘으로 행위를 명하며 또 이것을 금하기도 한다.' 또한 '도덕은 자유의 의식으로부터 출발하며 그 왕국을 무한자에 이르기까지 확대하고 모든 것을 자유의 발아래 두려고 한다.' 그러나 종교는 특정 행위를 명하거나 금할 수 없다. 왜냐하면 종교는 자유가 다시금 자연이 된 곳에서 활동하기 때문이다. 자유가 다시금 자연이 된 곳은 인위적이고 의도적인 의지의 지평을 넘어선 지점이다. 무엇을 달성하려고 애쓰거나 특정 행위를 금하는 것은 자유의지에서 나오는 인위적인 노력이다. 그러나 종교는 이 모든 애씀의 저편에 있다. 이것은 형이상학과 대비되는 종교가 자연의 무한한 본성 속에 거한다는 사실과 일맥상통한다.

종교, 형이상학, 도덕의 독자성을 주장하는 슐라이어마허의 고유한 명제는 이제 다음과 같이 표현된다. '실천은 예술이요 사변은 학문이며 종교는 무한자에 대한 느낌과 취향이다.' 실천은 인간의 자유로운 활동에서 출발한다. 자유로운 활동은 주체가 대상과 적극적으로 관계하는 모습을 가리킨다. 여기서 전통적인 의미의 기예(技藝)가 등장한다. 슐라이어마허는 실천, 즉 자유로운 활동성을 통해 도덕과 예술을 함께 설명한다. 사변은 사고의 중첩된 활동성으로서 학문을 창출한다. 특히 사변은 경험을 넘어서는 영역에 대한 적극적 활동성으로서 형이상학의 능력이다. 이에 반해 종교는 무한자를 자기만의 방식으로 느끼고 맛보는 것이다. 인간의 사고와 의지의 활동은 그 자체가 능동적이며 그로부터 형이상학과 도덕을 산출하지만, 느낌은 수동적 활동성으로서 주체 가운데 각인된 무한자의 편린을 종교적인 내용으로 수용한다. 이때 주체는 무한자를 자기만의 방식으로 체험하게 된다. 형이상학과 도덕이 이론적, 실천적 개념을 산출하는 보편적 활동성에서 비롯된다면, 종교는 무한자의 활동을 개성적으로 수용한 결과이다.

형이상학과 도덕을 능동적 활동성의 결과로 보고 종교를 수동적 수용의 결과로 간주하는 입장은, 종교를 신화 및 미신과 비교하는 데서 재확인된다. 개인에게 미치는 무한자의 영향을 수용하는 데 그치지 않고 이를 이론적으로 기술하면, 여기서는 종교 대신 신화가 등장한다. 무한자를 체험하는 데서 한걸음 더 나아가 이를 실천으로 옮기거나 다른 사람에게 체험을 강요하게 되면, 여기서는 종교 대신 미신이 등장한다. 신화와 미신은 주체의 적극적 개입에서 출현한다. 슐라이어마허는 종교의 독자성을 이와 같이 인간의 수동성과 수용성에 둔다.

　형이상학은 사변을 통해 무한자를 개념적으로 규정하려고 하며, 도덕은 무한자를 준거로 삼아 인간의 자유를 무한대로 확장하려고 한다. 그러나 종교는 양자와 달리 인간으로부터 출발하는 활동성이 아니다. 그것은 오히려 무한자가 인간에게 미치는 영향이며 인간을 향한 우주의 행위이다. 그런데 슐라이어마허는 이러한 수동적 활동성에서 이론(형이상학)과 실천(도덕)을 통합할 수 있는 힘을 발견한다. 그에게 종교는 '최고의 철학에 가까이 있는 것'으로서 '이론적인 것과 실천적인 것 사이의 아주 훌륭한 평행과 균형'이다. 종교는 '사변과 실천에 더해서 필연적이고 필수불가결한 제3의 것'이다. 사변과 실천은 공히 종교를 토대로 삼아야 한다. 그러므로 종교가 없는 실천은 '모험적이고 습관적인 형식의 속된 영역을 넘어설' 수 없으며, 종교가 없는 사변은 '마비되고 수척한 해골보다 더 나은 것이 될 수' 없다. 형이상학과 도덕에서는 생명력이 결여된 단조로움이 드러나는 반면 종교에서는 생명의 창조가 확인된다.

3. 종교의 본질은 직관과 감정

형이상학 및 도덕과 구별되는 종교의 독자성이 인간의 수동적 활동성에 있다면, 이 활동성은 곧 직관과 감정이다. 칸트 이후 독일 관념론 전통에서는 직관이 모두 지적 직관으로 규정되는 데 반해 슐라이어마허는 직관을 감성적 직관으로 특징짓는다. 칸트의 직관도 감성적 직관이지만 슐라이어마허의 직관은 시간과 공간의 형식을 넘어선다. 직관은 현상계를 수용하는 데 그치는 것이 아니라 무한한 우주와 접촉하는 데까지 나아간다. 그런데 이 '직관은 직관되는 존재가 직관하는 존재에 끼치는 영향으로부터 출발'한다. 이것은 '직관되는 존재의 근원적이고 독립적인 행위'이다. 직관하는 인간은 자신의 노력으로 무한자에 도달하는 것이 아니라 오로지 무한자의 영향을 받아들이면서 그를 체험할 뿐이다. 행위의 주체는 인간이 아니라 무한자이며, 인간은 무한자로부터 영향을 받는 자에 지나지 않는다. 이 영향에서 개별자는 무한자의 부분이 되며, 이 부분 존재는 이전과는 달리 변화된 존재로 드러난다. 직관의 결과는 직관하는 자의 변화로 나타난다.

직관의 특징은 직접적이며 개별적이다. 직관할 때마다 무한자는 늘 직접적으로 체험되며 그렇기 때문에 늘 새롭게 확인된다. 기존의 믿음이나 생각이 직관에 개입할 여지는 없다. 직관은 이들에 의해 매개되는 것이 아니라 이러한 매개 이전에 초월적으로 주어지기 때문이다. 직관은 직접적이기 때문에 늘 개별적으로 체험된다. 동일한 개인에게서도 직관은 그때마다 다르게 나타난다. 따라서 직관은 항상 개별적이며 그렇기 때문에 직관하는 순간마다 구별된다. 직관의 직접성, 개별성, 차별성은 그 고유성으로 나타난다. 직관은 그때마다 독자적인 성질을 지니며 다른 성질과 구별되는 고유성을 지닌다. 이 섬세하고 비밀스런 세계가 종교적 직관의 영역이다. 여기서 개인 가운데 늘 새로운 우주가 현상하고 개인을 변화시키며 그 고유한 모습을 창조한다.

더 나아가 직관은 무한하다. 직관하는 인간이 무한한 것이 아니라 직관의 활동이 무한하다. 직관의 영역은 무한히 펼쳐질 수 있으며, 여기서 개인은 무한자를 다함없이 체험할 수 있다. 직관의 영역은 앞서 결정되어 있지 않으며 그 한계점도 주어져 있지 않다. 보는 활동이 있는 한 보이는 세계는 그때마다 다르게 펼쳐질 수 있다. 그래서 직관은 '무한한 혼돈'으로 나타난다. 직관은 체계적인 활동이 아니며 오히려 그 반대이다. 직관은 질서에 따르는 활동이 아니라 오히려 질서를 비껴가는 활동이다. 무한자가 이미 결정되어 있는 체계 속에서만 파악된다면 그의 새로운 모습은 확인되지 않을 것이다. 종교가 체계 속에 머문다면 그것은 개인에게 아무런 생명력을 줄 수 없을 것이다. 직관은 기존의 체계와 질서를 넘어서는 새로운 세계의 출발점이다.

'보는 자는 모두 새로운 사제이며 새로운 중보자이고 새로운 기관(Organ)이다.' 슐라이어마허의 이 언명은 종교의 본질이 직관임을 가장 잘 드러내는 말에 속한다. 개인은 직관을 통해 새로운 세계에 도달할 수 있으며 새로운 존재로 변모한다. 이 새로운 존재는 모든 사람을 지도할 수 있는 새로운 성직자이며 이들을 천상의 세계로 인도할 수 있는 매개자이고 그 자체가 이전에 존재하지 않던 새로운 기관이다. 슐라이어마허는 이러한 주장을 통해 프로테스탄티즘의 초석을 새롭게 다진다. 개신교 신학의 근대적 출발점은 비판철학의 맥을 잇는 새로운 주관성이다. 직관과 감정의 능력이 프로테스탄트의 자유를 보증하는 것이다.

종교적 자유는 억압으로부터의 자유를 넘어선다. 외적 억압이 있다 하더라도 결코 사라지지 않는 자유가 진정한 자유이다. 종교적 자유는 외적 조건에 얽매이지 않는 내면성에 바탕을 둔다. 외적 억압은, 무한자를 직관하면서 이로부터 늘 새로운 생명력을 얻는 개인에게서 자유를 빼앗을 수 없다. 이 자유는 내면성의 새로운 체험에 원천을 두고 있다. 개인을 향한 무한자의 활동은 새로운 내면성을 형성하고, 이 내면성은 새로운 자유의 주체로 나타난다. 기존 질서에 아무런 구애를 받지 않으면서 초월적 질서에 새롭게 편입되는 개인은 무한한 자유인이다.

직관과 감정은 사실상 명확하게 구별되지 않는다. 이 둘은 설명을 위해 구별될 뿐이다. 직관이 무한자와의 외적 접촉이라면 감정은 직관의 결과를 받아들이는 내적 작용이다. 양자는 함께 성스러움과 경건과 관계한다. 그래서 슐라이어마허는 '감정의 강도가 경건의 등급을 규정한다'고 말한다. 무한자로부터 강한 영향을 받고 이를 받아들이는 예리함의 정도에 따라 경건의 정도가 달라진다는 것이다. 우리말 '감정'이라는 표현은 여기서 많은 오해를 불러일으킨다. 감정은 즉흥적이며 지극히 주관적이고 변화무쌍한 것이기 때문에 종교의 본질을 설명하는 데 적합하지 않다는 것이다. 그래서 슐라이어마허도 외부 세계의 영향에 따라 일어나는 '힘과 격렬한 감정'이 있으며 무한자에 의해 사로잡히는 내면의 깊은 감정이 있다고 말한다. 이러한 종교적 감정은 일반 감정과 달리 그 자체가 보편적이다. 왜냐하면 종교적 감정의 대상이 보편자이기 때문이며 종교적 감정은 다른 활동이 도달할 수 없는 최고의 노련함과 거장다움을 지니고 있기 때문이다.

심정의 한쪽을 우주가 차지하고 다른 한쪽을 고유한 자아가 차지하게 되면 경건의 감정은 쉽게 확인된다. 사람들은 이를 종교적 감정으로 불러왔다. 여기에는 경외, 겸손, 사랑, 감사, 연민, 통회의 감정이 있으며, 이 모두는 외부 상황에 따라 급변하는 보통의 감정과 구별되는 종교적 감정이다.

4. 종교공동체와 상호 전달

슐라이어마허에게 종교공동체는 종교적 체험에 근거한다. 종교공동체는 교회법적 설립 기준에서 나온 것이 아니며 단순히 전통과 관습의 산물도 아니다. 종교의 본질을 직관과 감정으로 간주하는 입장은 종교공동체도 이러한 본질에서 나온 것으로 간주한다. 이것은 종교이론의 중요한 일관성이다. 직관과 감정을 통해 무한자를 체험한 개인은 자신의 체험을 다른 사람에게 전달하려고 한다. 이러한 전달은 자신의 생생한 체험을 다른 사람에게서도 확인하려고 하는 인간의 본성적 활동이다. 이러한 확인 욕구는 대상을 개념적으로 파악하는 경우에서는 나타나지 않는다. 개념적 파악은 그 자체만으로 이미 개인적 차원을 넘어서서 보편성에 도달해 있기 때문이다.

종교적 전달이 일방적으로 일어나면 이 전달은 실패한 전달로 끝난다. 체험의 동참자를 확보하지 못하는 전달은 전달의 목적을 달성하지 못한 것이다. 그러므로 체험의 전달에서는 전달받는 상대자가 전달자 못지않게 중요하다. '전달'은 '수용'이 수반될 때 완성된다. 종교적 전달은 엄밀한 의미에서 수용을 전제로 한 전달이며, 이러한 의미에서 '상호 전달'이다. 종교적 체험의 전달이 다른 개인에게 수용된다는 것은 후자의 전달을 전자가 수용한다는 사실을 전제한다. 그렇지 않을 경우 전달은 일회성으로 끝나거나 아무런 반향이 없는 전달로 그칠 것이다. 상호 전달은 전달의 특성이 일방적인 것이 아니라 쌍방적인 것임을 잘 보여준다. 상호 전달은 '교제'를 낳는다. 교제는 개인들 간의 친밀한 관계를 나타내는 말로서 '소규모 공동체'의 의미도 포함한다. 그러므로 진정한 상호 전달은 대형 공동체보다 소규모 공동체에서 더 잘 이루어질 수 있다.

슐라이어마허의 공동체 이론은 이러한 실재적 토대 위에 서 있다. 종교공동체는 생생한 체험이 있고 이를 실질적으로 나누는 대화가 있을 때 비로소 성립한다. 체험이 없고 대화가 없는 공동체는 아예 종교공동체가 아니다. 이런 점에서 '상호 전달'이라는 종교공동체의 원리는 이론의 산물이나 추상이 아니다. 예컨대 인간을 인위적으로 자연 상태와 사회 상태로 구별하면서 사회를 계약의 결과로 설명하는 이론과는 다른 차원에 있다. 인간의 본성을 도외시하는 시도는 그 이론적 구성이 아무리 정교해도 본성의 실제적 전개 과정에 입각한 설명을 능가할 수 없다. 슐라이어마허의 종교공동체 이론은 종교를 갖는 개인의 실질적 체험과 전달의 본성에 바탕을 두었다는 점에서 종교적 실상에 가장 근접한 이론으로 평가할 수 있다.

슐라이어마허는 종교적 교제를 다루면서 성직에 대해 언급한다. 여기서 특징적인 것은 성직자와 평신도에 대한 규정이다. 자신의 종교적 체험을 전달함으로써 다른 사람을 끌어올 수 있는 사람은 성직자이다. 반면에 전달할 만한 체험을 갖고 있지 않기 때문에 이를 다른 사람으로부터 듣기를 원하는 사람은 평신도이다. 따라서 성직자와 평신도는 '인격'에서가 아니라 '상황과 직무'에서 구별된다. 이 기준에 따르면 일정한 교리 교육을 수료했다고 해서 진정한 성직자가 되는 것은 아니며, 공적인 교육을 받지 않았다고 해서 늘 평신도에 머무는 것도 아니다. 진정한 성직자는 스스로 종교적 체험을 하고 이를 전달할 수 있으며 다른 사람을 자신의 말에 귀 기울이게 할 수 있는 사람이다.

종교적 교제의 특유성은 스승과 제자의 관계에서도 나타난다. 스승은 배우는 사람을 모두 제자로 강제할 수 없다. 설교와 강의라는 틀이 스승과 제자의 관계를 만들어주지는 않는다. 스승은 제자가 그를 스승으로 받아들일 때에만 진정으로 그 제자의 스승이 된다. 제자는 그에게 무엇인가를 확실하게 전달하고 각인하는 스승에게만 제자로 남는다. 진정한 사제관계는 제자의 내적 변화를 전제하며, 이 변화는 진정한 교제관계를 만들어낸다. 진정한 사제관계에서 스승과 제자가 하나되는 것은 자명하다.

전달은 누구에게서나 일어날 수 있다. 그리고 그 관계는 쌍방적이다. 여기서 진정한 종교공동체는 평등의 공화국이 된다. 이에 반해서 한 사람만 말하고 다른 모두는 그로부터 들으려고만 하는 공동체는 진정한 공동체가 아니다. 상호 전달의 공동체에서는 '종교적 귀족정치'가 아예 존재하지 않는다. 종교의 역사에서 쉽게 확인되는 전제적 귀족정치는 어떤 시대에나 비판의 대상이 되는 반면, 진정한 교제는 모든 공동체의 이상이다. 슐라이어마허는 이러한 공동체를 '성직자적인 민족' '완전한 공화국' '숭고한 공동체' '성직자들의 대학'으로 표현한다. 이러한 규정 가운데는 이미 전달하는 사람과 수용하는 사람 사이의 완전한 통합이 들어 있다. 여기에는 '각자가 모든 사람과 진정으로 하나가 된 통일성의 감정과 완전한 동등성의 감정'이 있다. 만인은 지도자인 동시에 국민이다. 내가 기꺼이 복종하는 내적인 힘은 다른 사람도 그것에 복종시키므로 나는 다른 사람의 지배자가 된다. 다른 사람이 스스로 복종하는 힘에 나도 복종하므로 그는 나의 지배자가 된다. 여기서 공동체의 이상인 나와 우리의 통합이 달성된다. 이러한 통합은 그 자체가 종교적인 한에서 성스러운 차원에서 일어난다. 성스러운 교제는 결국 최고의 대상을 다루는 숭고한 학문공동체에서 최고점에 도달한다.

종교공동체가 종교의 본질인 직관과 감정에 근거한다면, 종교를 소유한 사람, 즉 직관과 감정을 통해 무한자를 체험한 사람과 종교를 소유하지 못한 사람은 각각 다른 종교공동체를 형성한다. 종교를 소유한 사람은 상호 전달을 통해 진정한 공동체를 이루는 반면, 종교를 소유하지 못한 사람은 종교를 소유한 사람으로부터 그의 체험을 전달받는 것으로 그친다. 진정한 공동체에서는 상호 전달이라는 올바른 교제가 있는 반면, 종교를 찾는 사람의 공동체에서는 교제 대신 일방적인 전달과 복종만 있다. 이 전달의 중심에는 대체로 교리가 자리잡고 있으므로 종교를 찾는 사람들의 공동체는 교의(教義)적 공동체로 불린다. 또한 이 공동체는 내적으로 종교를 소유하지 못한 사람들의 모임이므로 외적 공동체라고 규정되기도 한다. 내적으로 친밀한 소규모 공동체에서는 교제가 잘 성취되는 반면, 교의적 공동체나 외적 공동체에서는 교제가 잘 이루어지지 않는다. 왜냐하면 종교를 찾는 사람들의 공동체에는 일방적인 전달이 주를 이루는 대형 공동체가 많기 때문이다. 대형 공동체에서는 진정한 상호 전달이 일어나기 어려우며 '정신과 영의 동요'가 거의 발생하지 않는다.

슐라이어마허에게 종교공동체는 종교적 의사소통에 근거한다. 이 의사소통은 일반적인 의식에서가 아니라 종교적 의식에서 나온다. 종교적 의식의 진원은 바로 직관과 감정이다. 종교적 의사소통은 특별한 언어와 전달의 기술을 요구한다. 이 언어는 개념과 인식의 차원에 있지 않으며 책 속에서 발견되지도 않는다. 그것은 내적 감동에서 형성되는 전혀 새로운 것으로서 그 자체가 생동적이고 직접적인 언어이다. 경전과 교리의 언어는 비록 심오한 내용을 담고 있다고 하더라도 내적인 감동으로 연결되지 않는다면 '죽은 문자'로 남는다. 죽은 문자와 생동적인 언어는 그 영향과 작용에서 많은 차이가 있다. 종교적 전달은 높은 수준의 심적 상호작용에 근거한다. 그래서 전달은 고유한 기술을 요구하는 것이다. 설교학과 담화론 같은 고도의 언어적 기술은 아주 친밀한 상호작용을 가능하게 하며, 여기서 사람들은 깊은 내면의 교통(交通)을 체험한다. 얼굴과 얼굴을 맞대고 일어나는 종교적 대화의 직접성에서 상호작용은 신비스럽게 일어나며, 여기서 공동체는 늘 새로운 공동체로 거듭난다. 그러므로 종교공동체에서 언어는 항상 문자에 앞선다. 이것은 실질적인 교제관계가 교회법에 선행한다는 사실을 함축한다.

5. 종교현상과 실정종교

직관과 감정을 종교의 본질로 간주하는 이론은 역사 속에 등장한 종교를 특유의 방식으로 설명한다. 요컨대 이 이론은 역사 속에 등장한 실정종교를 옹호하며 자연종교를 통렬히 비판한다.

실정종교는 종교현상에 근거하며, 종교현상은 종교적 체험에 기인한다. 종교적 체험은 내면에서 고유하게 이루어지는 직관과 감정이다. 따라서 종교현상은 철저하게 개별적이며, 이 개별성은 자기만의 고유성을 띤다. 종교적 생명력은 바로 이 고유하고 개별적인 현상 가운데 자리잡고 있다. 그러므로 슐라이어마허에게 진정한 종교는 시간 속에서, 그리고 개인의 특별한 상황 속에서 섬광처럼 스쳐가면서 그 삶을 바꾸어놓는 변화의 생명력 자체이다. 이러한 생명의 체험은 실제적인 삶 속에 등장하며 그때마다 특정한 삶의 변화로 나타난다. 따라서 그때그때의 종교현상은 규정적인 것이 아닐 수 없다. 그러므로 규정종교와 실정종교는 같은 의미를 지닌다. 규정적인 것과 실정적(positiv, 實定的)인 것은 동일한 사실에 대한 다른 표현이다.

종교가 실정종교로 이해된다면 종교는 다양성을 지닐 수밖에 없다. 이른바 '종교의 다수성'은 문제적인 것이 아니라 체험의 사실에 부합하는 것이다. 종교적 체험은 우선 개인의 내면 가운데 고유하게 일어나며,

다른 개인의 체험과 구별될 뿐 아니라 특정한 상황과 시간에 따라 한 개인에게서도 구별된다. 무한한 힘의 작용은 그때마다 다르게 나타나며 이것에 근거하는 종교현상도 상이하게 나타난다. 종교의 다수성은 종교현상의 다양성과 차별성에 기인하는 것이다.

바로 이러한 연관에서 실정종교는 자연종교를 비판한다. 자연종교는 '도덕적이고 철학적인 방법'을 사용하며 그 결과 '의례의 법전과 추상적 개념과 이론의 체계'로 나타난다. 이른바 범신론, 다신론, 이신론, 인격주의 같은 개념은 종교현상의 고유성을 무시하고 모든 현상을 추상화하고 개념화한다. 체험의 다양성을 중시하는 실정종교와 달리 자연종교는 다양한 체험을 일반화하는 데만 집중한다. 이러한 일반화의 대표적인 사례는 신 존재 증명이다. 증명된 신은 강의와 교육에서 다루어지며, 그 개념은 기억을 강요한다. 여기서는 실정종교의 생명력이 결코 발견되지 않는다. 따라서 '자연종교는 가련한 일반성과 공허한 냉정함을 취미로 가지던 시대의 품위있는 산물'에 불과해진다.

실정종교에 대한 자연종교의 논박은 삶에 대한 논박과 같다. 삶은 생동적이다. 삶은 그때마다 새로운 것을 전개시킴으로써 이전의 삶과 구별된다. 특히 종교적 삶은 무한자로부터 전혀 새로운 생명력을 얻는 순간으로부터 시작된다. 이른바 정신적 생일이나 영(靈)적 생일은 전혀 새롭게 시작하는 정신적 삶을 일컫는다. 이 새로운 삶에는 그때마다 새로움의 의미가 깃들며 삶의 고유한 이유가 포함된다. 새로운 삶은 늘 동일한 시간의 반복이 아니라 무한하게 펼쳐지는 정신적 도야의 마당이다. 인간에게 이것이 새로운 종교적 체험이라면, 무한자에게는 이것이 그의 영광이다. 여기에는 이런 방식으로 드러나지 않는다면 전혀 확인되지 않을 무한자의 현상이 들어 있기 때문이다. 실정종교에는 생명이 탄생하는 순간이 중요하며, 그 순간을 채우고 있는 실정성과 임의성이 관건이다. 자연종교가 몰두하는 것처럼 이러한 순간들을 묶어 일반화하는 일은 그 자체가 무익할 뿐 아니라 사람들에게 아무런 생명력을 가져다줄 수 없다.

슐라이어마허의 실정종교에 대한 논의는 오늘날의 종교다원주의 논쟁과 일맥상통한다. 그를 종교다원주의자로 규정할 수는 없다. 종교다원주의라는 규정 자체가 어울리지 않는다. 그러나 실정종교에 대한 입장에서 우리는 연관성을 발견할 수 있다. 그에 의하면 종교현상은 종교 그 자체와 구별된다. '인간은 유한하고 종교는 무한하기 때문에 누구도 종교를 전적으로 소유할 수 없다.' 직관과 감정을 통해 확인되는 종교현상은 무한자의 편린에 불과하며, 무한자 그 자체를 드러내는 종교는 불가능하다. 그렇지만 슐라이어마허는 '여러 종교들' 가운데서 '종교 자체'를 드러내라고 요구하고 있다. '육화된 신'으로 나타난 종교들은 비록 여러 형태로 있지만 그 가운데서 신 자신을 나타내는 하나의 종교를 발견하라는 것이다. 여러 종교들에서 종교 그 자체로 나아가기! 이것은 '땅에 매인 존재'의 종교적 한계인 동시에 그에게 부과된 과제이다.

슐라이어마허에게 실정종교는 역사 속에 등장한 종교로서 그 자체가 불완전한 것이다. 그것은 '무한자를 향해 진행하는 세계정신의 작품'으로서 종교 그 자체를 향한 도정에 있다. 이것은 실정종교를 폄하하는 것이 아니라 유한한 직관에 의거하는 실정종교의 실상을 보여준다. 그렇지만 슐라이어마허는 실정종교의 다양성 가운데 종교의 생명력이 있음을 인정한다. 중요한 것은 종교 그 자체를 향해 상승하는 운동과 과정이다. 이 운동은 단순한 반복을 넘어서 궁극에는 무한자에 도달해야 한다. 그러나 현실적으로 무한자에 도달하지 못하는 종교는 끊임없이 그에게 접근하는 길로 나아가야 한다. '무한한 접근'은 유한한 인간이 무한자로 나아갈 수 있는 유일한 방법이다.

무한한 접근을 위해서라면 유한한 종교들 간의 대화도 허용되어야 할 것이다. 무한하게 펼쳐지는 종교의 마당에서는 수많은 실정종교들이 등장하며 이들 간에 이루어지는 대화는 무한자에게 접근하는 통로가 될 수 있다. 이러한 시도는 금지되어야 할 것이 아니라 권장되어야 한다. 왜냐하면 그 어떤 실정종교도 자신의 옳음을 전적으로 주장할 수 없으며 자체 안에 사멸의 가능성을 지니고 있기 때문이다. 이것은 교리에 대한 설명이 아니라 실제로 현실 가운데서 나타날 수 있는 종교현상에 대한 설명이다. 현상으로서의 종교들 간의 대화는 궁극적으로 현상 배후에 있는 무한자로 나아가는 통로가 될 수 있다.

슐라이어마허는 종교의 역사 가운데 우주를 가장 아름답게 본 종교로 기독교를 꼽는다. 기독교가 '종교 중의 종교'라는 의미이다. 그러나 동시에 그는 기독교의 사멸 가능성을 언급한다. 죽은 문자의 껍질을 벗어나지 못할 경우 사멸할 수도 있다는 것이다. 그래서 기독교는 그 안팎에서 종교의 다양한 현상이 등장하는 것을 기다린다. 종교의 다양한 현상은 종교의 새로운 모습이라는 점에서 기독교의 소생과 갱신에 기여할 수 있다. 결국 전제주의적으로 군림하는 것이 기독교가 아님을 말하고 있는 것이다. 그의 주장의 핵심은 종교의 생동성과 그 다양한 현상에 있다.

| 최신한 |

20장
헤겔
종교철학과 종교변증법

헤겔(G. W. F. Hegel, 1770~1831)은 청년기에 뷔르템베르크공국의 장학금으로 튀빙겐 신학교에서 수학한다. 칸트 철학에 관한 강의를 들으면서 종교에서 이성의 역할에 대해 강한 인상을 받게 된다. 칸트는 신학을 계시적 신학과 철학적 신학으로 구분하고, 이성에 의해 도출되는 후자에 주목한다. 헤겔은 칸트처럼 이성종교의 가능성을 타진하면서 『예수의 생애』(*Das Leben Jesus*, 1795) 같은 청년기 저작에서 실천이성의 자유와 내면의 양심에 기초하여 예수를 기독교와 다르게 해석한다.

칸트는 도덕신학에 기초하여 신 인식의 불가능성 내지 한계를 설정하고, 이성과 자유에 대한 논의도 개인주의와 주관적 보편성을 통해 펼쳐나간다. 헤겔은 칸트의 영향을 받았지만, 그럼에도 칸트가 인륜성을 반영하지 못한다고 비판한다. 그래서 이성과 자유의 능력을 무한자 인식으로까지 확장하고 인륜성을 담지하는 철학을 기획한다.

헤겔은 예수 같은 민중교사가 되려고 튀빙겐 신학교에서 교육받기 시작했지만, 종교와 국가의 관계에서 독일처럼 종교가 우위에 있는 법적 체계를 지닌다면 프랑스혁명에서 부르짖은 인권과 자유를 실현하기는 어렵다고 판단한다. 그래서 법과 정치를 독립적으로 정립하는 법학도가 되기로 결심했고, 그 선행 단계로 민중교사를 포기하고 철학교사가 되기로 한다.

철학자로 궤도를 전환하는 것은 종교의 개념화 내지 철학화로서 종교철학을 정립하는 작업과 분리할 수 없다. 그래서 헤겔은 종교의 개념과 그 필연성을 논증하는데, 이를 위해 그는 역사에 나타나는 현실종교들을 순차로 분석하면서 종교변증법을 전개하고 종교에 대한 사변적 이해를 정립한다.

헤겔은 말년에 베를린대학에서 종교철학 강의를 반복하면서 철학은 신에 대한 연구라고 천명하는데, 철학교사로 궤도를 전환했음에도 불구하고 종교철학 연구를 지속하면서 튀빙겐 시절에 시작된 신학 연구를 『종교철학』 (*Vorlesungen über die Philosoplie der Religion*, 1832)에서 일괄한다. '종교가 곧 학이고 철학'임을 논증하면서 종교변증법을 체계적으로 전개해나간 그는 역사에 등장하는 현실종교들을 종교변증법의 계기로 활용하면서 참다운 종교이면서 동시에 철학적 종교인 종교철학을 구축한다.

1. 꿈 많은 신학도 청년 헤겔, 칸트를 만나다

서양 역사에서 넓은 의미의 기독교는 종교 영역을 넘어 광범위하게 삶을 좌우하는 기반이었다. 그래서 근대에 뒤늦게 태어난 헤겔이 종교철학의 분류 내지 설명과 관련하여 특별히 덧붙일 만한 것이 남아 있을까라는 의구심이 들 정도다. 그러나 종교의 오랜 역사에도 불구하고, 종교철학의 역사는 그리 길지 않다. 이미 중세 시대에 종교를 계시종교와 자연종교(또는 이성종교)로 대별하기 시작했지만, 종교철학이 개별 학문으로 정착한 것은 근대이기 때문이다.

근대 경험론자인 흄은 자연에 대한 두려움, 타인에 대한 질투 같은 '인간 본성' 때문에 인간이 사는 곳이면 어느 시기이든 형성되는 종교의 '자연사'를 탐구한다. 그리고 '종교의 자연사'와 구분하여, 우주 질서의 원인자 내지 설계자를 신으로 설정하는 '이성적 종교'를 구축한다. 철저한 회의론자인 흄이 오히려 종교철학을 '개별 학문'으로 정립한 것이다. 그 뒤를 이어 '계시적 신학'과 '철학적 신학' 같은 칸트 식 구분이 나타난다. 보편적 이성에 기초하는 '도덕신학'을 전개하는 칸트의 주장은 청년 헤겔에게 많은 영향을 미친다.

칸트는 『단순한 이성의 한계 안에서의 종교』에서 다시 '성서적 신학'과 '철학적 신학'이라는 개념틀을 제시하는데, 『순수이성비판』에서 이미 그는 신학을 '계시적 신학'과 '이성적 신학'으로 대별하고, 이성적 신학은 다시 '초월적 신학'과 '소질적 신학'으로, 소질적 신학은 다시 '자연신학'과 '도덕신학'으로 구분해나간다. 칸트가 인정하는 신학은 도덕신학이다. 도덕신학은 이성에 기초한다는 점에서 계시신학과 다르다. 그리고 '마음의 본성에서 얻어진 개념들'에 기초한다는 점에서 초월적 신학과도 다르다. 또한 자연적 질서가 아닌 '도덕적 질서'를 염두에 두며 '자유라는 원인'에 기초하기 때문에, '자연이라는 원인'에 기초하는 자연신학과도 다르다.

이 구분이 헤겔에게도 의미가 있었을까? 헤겔은 어떤 신학을 주장했을까? 헤겔은 말년에 베를린대학에서 몇학기에 걸쳐 '종교철학' 강좌를 개설하고, 그 내용을 기술하는 『종교철학』에서 다음처럼 자신의 입장을 천명한다. "신은 철학의 유일무이한 대상이다. 철학은 신에 대한 연구에 몰두하며 신 안에서 만유를 인식하고, 모든 특수자를 그로부터 끌어내는 것처럼 만유를 그에게로 귀속시킨다"(12면).

여기서는 무엇보다도 신학과 철학의 관계가 먼저 눈에 띈다. 헤겔은 자신이 중시하는 종교철학의 의미와 외연을 이렇게 설명한다. "종교철학은 일반적으로 그리고 전체적으로 자연신학(theologia naturalis)이라고 불려온 종래 형이상학의 목적과 동일한 목적을 지니고 있다"(같은 책 11면). 그는 이렇게 자연신학을 언급하면서 논의를 시작하지만 뒤이어서 자연신학을 비판하기도 하기 때문에 헤겔의 종교철학을 자연신학으로 환원할 수는 없다. 그에게 중요한 것은, 종교와 철학은 '신에 대한 연구'이며 '진리 탐구'라는 것이다. 그렇다면 진리 탐구라는 공통점에도 불구하고 양자의 차이는 어떻게 설명할 수 있을가?

헤겔은 10대 시절에 예수처럼 민중교사가 되기를 꿈꾸었고, 튀빙겐 신학교를 다니면서(1788~92) 목사직을 위한 능력을 차곡차곡 쌓아나간다. 그러나 철학교수 플라트(J. F. Flatt)가 초자연주의 신학 옹호를 위해 개설한 '칸트 철학' 강의를 들으면서 칸트적 이성종교의 영향을 받게 된다. 그로 인해 그는 신학에서 철학으로 진로를 바꾸지만, 종교 관련 글들을 청년기에 많이 산출한다. 헤겔은 청년기 종교 저작들을 유작으로만 남겼기 때문에 후학들이 헤겔 사후에 집대성하여 출판하게 된다. 그러다보니 표현이 거칠고 후기 체계와 불일치하는 내용도 나타난다.

청년기 종교 저작은 주로 베른(1793~96)과 프랑크푸르트(1797~1800) 시기에 산출된 것이다. 계몽주의와 낭만주의로 이어지는 당대의 사상사 속에서 헤겔은 칸트의 영향으로 인생 궤도를 바꾸지만, 칸트와 달리 종교를 '민중종교와 이성종교'로 구별한다. 게다가 '참다운 종교성'을 담지 못하는 현실종교들을 '실정종교'라고 규정하면서 구별한다. 말년의 베를린 시절에 이르면, 헤겔은 종교철학 강의를 반복하면서 '종교를 개념적으로, 역사적으로 재구성'하는 '종교변증법'을 기획한다. 사변철학의 변증법처럼 '종교의 개념과 그 필연성'을 종교변증법으로 정립한 것이다. 종교변증법은 역사에 등장하는 현실종교들을 분류하고 비판하지만, 그러한 비판 가운데서 현실종교들을—'참된 종교로서 완전종교'에 이르는—변증법의 계기들로 재구성한다.

헤겔에게 종교변증법이 가능했던 것은 '종교와 철학의 관계'에 대한 천착이 청년기부터 지속적으로 있어왔기 때문이다. 물론 청년 헤겔이 종교가 갖춰야 할 근본 조건으로 제시한 내용에도 '종교의 사변'과 연결되는 지점이 있다. 청년 헤겔은 '실정성'에 대해 유난히 비판의 날을 세우면서 실정종교를 부정적으로 거론하지만, 말년 헤겔에게 실정종교는 현실종교이기도 하므로 현실종교 비판은 종교변증법의 계기를 드러내는 작업이었던 셈이다.

2. 종교가 갖춰야 할 두가지 조건: 믿음과 이성

청년기 헤겔은 종교가 갖춰야 할 조건으로 '믿음'과 '이성'을 제시한다. 이때 전자를 강조하느냐 후자를 강조하느냐에 따라 종교적 본질이 달라지지만, 모두 종교철학의 출발점이다.

헤겔은 사변철학의 체계를 정립하면서 절대정신의 세 계기를 예술, 종교, 철학으로 규정한다. 비록 파악의 기제는 다르지만 절대자가 자기를 전개하면서 진리를 드러내는 것이라서 종교의 내용은 사변철학과 중첩된다. 그러나 '믿음'을 견지한다는 점에서 종교는 철학과 다르다.

물론 이때 믿음은 '맹목적 믿음'이 아니라 '마음에서 진심으로 우러나온 믿음'이어야 한다. 진심어린 마음의 출발점은 '개인의 내면'이기 때문에, 종교는 '내면의 주관적 감정'을 중시한다. 개인의 주관적 감정은 개인적인 것이라서 태생적으로 보편성이나 필연성을 내세울 수 없다. 그러나 순수한 마음에서 진실하게 나오는 것일 때, 주관적 감정 가운데서 자연스럽게 모아지는 보편성을 찾게 된다.

누구나 마음이 진실하면 그것을 표현하고 싶어하며, 뒤이어 자연스럽게 '자발적 예배'와 '자발적 경배' 행위를 하게 된다. 경배 행위는 종교적 제의를 낳는다. 이렇게 형성된 제의는 '진실한 마음'을 표현하는 것이다. 그러므로 예배 형태나 제의 형식이 어떠한가는 헤겔에게 그다지 중요하지 않다. 서로 다른 종교가 다른 제의 형태를 만드는 것, 같은 종교 안에서 기도 형식이 달라지는 것이 논쟁 대상이 될 이유는 없다. 마음에서 우러나온 예배 행위라면 형식을 문제 삼아 싸우는 것은 부질없다. 제의 때문에 심각한 충돌과 혼란에 이르는 당대의 현실종교를 헤겔은 '마음에서 진심으로 우러나온 믿음'에 기초하여 비판한다. 권위와 외적 형식에 집착하는 유대교, 형식주의에 빠져든 당대의 가톨릭은 내면의 진실성보다는 다른 것에 초점을 맞추기 때문에 문제라고 본다.

헤겔은 마음의 진실성을 잘 드러내는 종교를——베른 시기에는——민중종교(또는 민족종교)라고 일컫는다. 물론 칸트의 실천이성을 탐독하면서 '철학적 신학'에 심취했기 때문에 민중종교와 이성종교의 관계를 규명할 때 혼선을 야기하기도 한다. 그러나 인륜성에 기초하는 민중종교는 『민중종교와 기독교에 대한 단편들』(*Fragmente über Volksreligion und Christentum*, 1793~94)에서, 이성종교는 『예수의 생애』(*Das Leben Jesu*, 1795)에서 착상이 분명하게 드러난다. 헤겔은 공동체의 관습과 유대 속에서 자연스럽게 형성되는——자발적이면서도 인륜적인——민중종교의 모델을 '희랍종교'로 간주한다. 이성종교는 칸트의 실천이성을 예수의 삶에 비추어 전개하는 데서 잘 드러난다.

그런데 이성종교를 염두에 두고 평가해보면, 진실한 마음에서 우러나온 예배와 제의 형식을 헤겔이 무작위로 허용하는 것만은 아니다. 진실성은 '내면의 드러남'이며, '내면의 진실한 드러남'은 종교의 또다른 차원을 끌어오기 때문이다. 내면의 진실함이라는 근거 내지 척도는 무엇인가? 바로 '내면의 양심'이다. 내면의 드러남은 양심의 드러남이며, '도덕성과 실천이성'의 작용을 의미한다. 진실한 마음에서 시작되는 종교의 두 조건은 '믿음'과 '이성'이며, 결국 믿음도 양심에서 우러나온다. 믿음과 이성은 다르지만 이렇게 서로 분리되지 않는 측면을 지닌다.

믿음을 맹목적 믿음이나 주관적 감정으로 처리하지 않고 양심 내지 도덕성과 연결되는 지점을 찾는다면 계시종교보다는 이성종교를 부각시킬 수 있다. 그러나 개인적 주관에 초점을 맞추는 '이성종교'는 '공동체적 요소'를 견지하는 '민중종교'와 갈등을 겪게 된다. 칸트의 '실천이성'에 기초하는 '도덕신학'과 '신에 대한 요청'은 이성종교와 민중종교의 갈등을 해소하는 데는 한계가 있다. 헤겔은 '이성종교가 사회성 내지 상호 주관성을 들여올 여지를 지니는가?'와 같은 질문을 던진다. 칸트 영향을 깊이 받았음에도 불구하고, 헤겔은 사회성과 공동체성을 담아내는 인륜성에 관심을 가졌기 때문에 청년기에 민중종교를 중시한다. 칸트의 양심과 실천이성은 설령 개인의 자발성과 자유에 기초한다 해도 개인주의적이기 때문에, 인륜성과 충돌할 수밖에 없고 민중종교와 화해하기가 어려워진다.

이와 동시에 청년 헤겔은 '이성이 신을 파악할 수 있는가?' '신과 인간의 관계는 어떠한가?'라는 질문을 던진다. 그래서 청년기부터 이미 '인식의 확장과 그것의 필연성'을 탐구하는 형이상학적, 존재론적 기반을 다져나간다. 이로 인해 '유한자와 무한자의 관계'가 그의 중심에 놓이게 되며, 종교와 철학을 아우르는 철학적 문제로 발전한다. 청년기에 헤겔은 '자기의식'에 천착하는데, 이것은 '신 인식이 가능한가?' 여부와 맞물리며, 가능성에 대한 설명이 이성의 역할과 의미를 확장시킨다. 유한한 이성이 무한한 정신과 상호작용하면서 정신으로 고양되는 과정이 들어온다.

이러한 확장은 후기 논의로 이어진다. 헤겔은 베를린대학에서 종교철학 강의뿐만 아니라 역사철학 강의도 개설하는데, 1830~31년 헤겔 노트에 기초해 출간한 『역사철학강의』(Vorlesungen über die Philosophie der Weltgeschichte)도 종교적 관점을 단호하게 보여준다. 헤겔은 '신과 인간의 관계'를 설정하면서 '신을 인식할 수 있는 가능성'을 활짝 열어놓는다.

"성서는 최고의 의무로서 신을 사랑할 뿐만 아니라 신을 인식하라고까지 명하는데, 오늘날에는 정반대되는 생각이 유행한다. 달리 말하면 성서에서 일컫는 것은, 진리로 인도하는 것은 정신이며 정신은 모든 사물을 인식하고 신성의 깊이로까지 뚫고 들어간다는 사실을 부인하고 있다는 것이다. 이성이 세계를 지배하며 계속 지배해왔다는 명제는 신의 인식 가능성 문제와 관련이 있다. 근대는 각종 신학이론에 비해 오히려 철학이 종교적 내용을 떠맡아서 돌봐줘야 할 지경에 이르렀다. 신은 기독교에 계시되어 있다. 신이 무엇인가에 대한 인식을 신은 인간에게 주었다. 따라서 신은 이미 은폐된 것, 비밀스러운 것이 아니다. 우리에게는 신을 인식할 가능성과 더불어 신을 인식할 의무가 주어져 있다. 신적 본질의 계시에서 출발하는 사유하는 정신은 감정적, 표상적 정신에 위임된 것도 사상으로 파악하는 데까지 발전해야 한다. 창조적 이성의 풍부한 생산인 세계사도 개념적으로 이해하는 시대가 된다"(『역사철학강의』발췌 수정).

여기에서 헤겔은 '신을 인식할 의무'와 더불어 '신을 개념적으로 이해하는 시대'라는 점도 거론한다. 역사철학적으로는 세계사를 개념적으로 이해하고, 종교철학적으로는 종교적 현상과 행위들을 개념적으로 이해하는 시대임을 천명한 것이다. 이것은 철학의 시대가 도래했음을 우회적으로 밝힌 것이지만, 종교가 설령 믿음, 느낌, 감정에서 출발한다고 해도 종교의 철학화로서 종교철학이 완성되고 종교변증법이 체계화되는 시대라는 주장이기도 하다.

그러나 종교는 믿음과 이성을 동시에 요구하므로 전자에 치중하는 면을 보여줘야 한다. 그래서 마음에서 진실하게 우러나온 믿음의 예배가 '신을 기쁘게' 한다는 것을 칸트와 헤겔은 모두 인정한다. 물론 그들이 기쁘게 하는 신을 '인식할 가능성'은 극명하게 차이가 있고 접근법도 다르다. 칸트의 '도덕신학'과 달리, 헤겔은 '자연신학'에 기초해 '시대가 요구하는 개념적 이해와 그 필연성'을 종교에 적용하여 종교의 사변을 구축한다.

3. 종교의 개념: 자연신학에서 종교의 사변으로

헤겔이 앞의 인용문에서 '신을 인식할 가능성'과 '신을 인식할 의무'를 천명한 것은 '초월적 존재자'나 '인격신'을 거부하는 것과 일맥상통한다. 헤겔은 무한자 문제를 논리적으로 전개하기 때문에, 인식 불가능한 초월성을 적용할 수 없다.

신을 이해할 수 있는 근거는 무엇보다도 신이 계시를 통해 자신을 드러내기 때문이다. 왜 헤겔에게 신 인식과 계시가 중요한가? 신 존재 증명 때문이 아니라, 종교의 개념화 내지 종교철학 논의로 넘어갈 수 있기 때문이다. 칸트의 도덕신학과 비교하여 헤겔이 자연신학을 옹호하는 것도 자연신학 자체를 위해서가 아니다. 자연신학은 철학적 전통에서는 형이상학적 자연신학을 따르는 '특수 형이상학'이다. 이것은 존재 원인에 초점을 맞추기 때문에 존재 원리를 설명하는 '보편 형이상학'에 대해서는 '특수 형이상학'이 되며, 철학사의 전개 과정에서 결국 '인격신'으로 변질된다. 그래서 헤겔은 칸트가 『순수이성비판』의 '순수이성의 변증적 추리'에서 기존의 신 존재 증명들을 한꺼번에 비판하는 것을 활용하여 자신의 입장을 우회적으로 천명하면서, 자연신학도 비판한다.

칸트는 신을 '순수이성의 이상'에 해당하는 선험적 개념으로서 자연현상들의 통일적 원리로 규정한다. 신은 통일적 원리이기는 하지만 인식 가능한 존재는 아니다. 인식이 가능하려면 경험 가능성이 있어야 하는데, 신은 감각적으로 경험되는 존재(자)가 아니다. 경험되지 않으면 칸트에게는 인식될 수 없다. 이런 신은 '사유'될 수는 있지만 '인식'될 수는 없다. 인식될 수 없는 신의 존재는 이성을 사용해 증명해낸다고 해도 사유된 것에 지나지 않는다. 이성에 의해 도출된 신은 자연현상들의 통일적 원리이긴 하지만, 인식이 불가능한 '형이상학적 허구'이다.

칸트는 신이 인식되지 않는 형이상학적 허구라고 비판하는 데 그치지 않고 심지어 신 존재 증명들이 '내적 오류'를 지닌다고 주장한다. 그는 먼저 '존재론적 신 존재 증명'이 어떻게 해서 내적 오류를 지니는지를 증명한다. 그리고 나서 그밖의 증명 방법들은 존재론적 증명으로 환원된다고 한다. 존재론적 증명이 내적 오류를 지닌다면, 존재론적 증명으로 환원되는 증명 방법들도 모두 내적 오류를 지니게 된다. 신 존재 증명 방법들은 결과적으로 존재 입증이 불가능한 것이 된다. '존재론적 증명' 구조로 환원되는 '우주론적 증명'과 '목적론적 증명'이 그러하다. 이성이 경험 불가능한, 그래서 인식 불가능한 신 존재를 이성적 추리를 통해 증명하려고 해도, 내적 오류를 지니는 곳에서는 증명이 완수될 수 없다. 신 존재는 오성적으로는 인식이 불가능하고 이성적 사유로는 내적 오류를 지니기 때문에, 칸트에게 신은 이성에 의해 만들어진 허구일 뿐이다.

존재론적 신 존재 증명은 일반적으로 신에게 적용하는 '술어'를 문제로 삼는다. 주어 자리에 놓이는 신을 '서술'하고, 신에 대한 '판단'을 술어 개념으로 이해한다. 가령 '신은 절대적이다' '신은 전지하다' '신은 전능하다' '신은 완전한 존재다' '신은 필연적 존재다' '신은 존재한다' 같은 명제에서 술어 자리에 놓이는 것에 초점을 맞춘다. 술어는 신의 본질과 실존 내지 존재를 규정한다.

그런데 칸트가 보기에 문제는 신의 본질을 규정하는 술어들이 신의 '실존'과 등치되는 것은 아니라는 점이다. '신의 실존'과 '신에 대한 술어'는 다른 차원에 해당한다. 달리 말하면, 술어 자리에 '전능'이 놓인다고 해도 '전능'이 '존재'의 근거가 될 수는 없다. 그래서 "만약 여러분이 '신은 있지 않다'고 말한다면 전능함도, 그것의 술어들의 어떤 다른 것도 주어져 있지 않다"(『순수이성비판』 B 623면)라고 해야 한다. '있다' 또는 '이다'는 '실재적 술어'가 아니기 때문이다. 이와 달리 술어들은 '있다'를 전제한다. 전능 이전에 존재가 전제되어야 한다. 칸트에게 신의 존재는 전능이나 완전성 개념에서 도출되는 것이 아니며, 어떤 본질적 속성도 존재 내지 실존을 보장해주지 못한다.

칸트는 '있다 또는 이다'가 사물의 개념 내지 술어와 다르다는—사물의 본질적 속성과 다르다는—것을 설명하기 위해 비유를 든다. 내 주머니에 100탈러가 있다고 아무리 '생각'해도, 100탈러가 '실제로' 주머니에 '생기는 것'은 아니다. 그러므로 술어는 '조건적 필연성'을 지닌 것이지 '절대적 필연성'을 지닌 것은 아니다. 그럼에도 신에 대한 규정(술어)을 이용하여 신을 '절대적으로 필연적인 존재'이며 '현존하는 존재'라고 하는 것은 오류가 된다.

그러면 칸트는 신학 자체를 완전히 거부하는가? 신은 순수이성에서는 형이상학적 허구이다. 그러나 모든 도덕질서의 근간으로서 '자유라는 원인'에 해당하는 도덕신학은 가능하다. 양심과 도덕에 기초하는 실천이성에서는 신이 '요청'된다. 반면 헤겔은 '자연이라는 원인'에 기초하는 자연신학을 상정한다. 물론 헤겔은 신을 인격적 존재로 간주하는 특수 형이상학 내지 형이상학적 자연신학을 비판한다. 그러므로 헤겔의 신학적 주장을, '인격신'은 '신의 외연과 의미'를 축소한다고 비판하면서 범신론 내지 범재신론을 펼치는 스피노자와 견주어 이해할 필요가 있다.

헤겔은 역사에 현존했던 현실종교들을 분석하고 체계화하는 종교변증법을 전개하면서 종교의 개념과 필연성을 논증하고 종교의 철학화를 단행하기 때문에, 신과 종교를 무조건 수용하거나 무조건 거부하지는 않는다. 신의 활동과 그것의 객관성을 '이성적 인식 및 주관성'과의 관계를 통해 파악하고자 하며, 그래서 형이상학적 자연신학이 '종교에 이르는 유일한 길을 제공'한다고 해도(『종교철학』 19면), 객관과 주관이 일체화되는 '사유' 차원을 도입하려고 한다. 헤겔에게는 무한한 정신으로서의 신의 활동과 유한한 정신으로서의 인간의 인식이 통일을 이루는 차원, 즉 종교의 사변을 구축하는 일이 관심사이다.

이러한 신은 '무한한 정신'이다. 무한한 정신은 스스로 사유하는 자유로운 존재다. 정신의 활동은 곧 사유운동을 의미하며, 사유운동에 의해 사유 '이전'과 '이후' 간의 차이가 생긴다. 정신은 사유하며, 사유는 규정을 만들고, 규정은 자기와의 차이가 된다. 차이는 정신의 자기부정성에 기인하지만, 차이를 부정하는 '부정의 부정'을 통해 정신은 차이를 '자기 내 차이'로 정립한다.

정신은 사유를 통해 자기 차이를 만들며, 차이는 '정신이 자기를 드러내는 계기'이다. 차이에 의한 정신의 자기전개와 자기부정성은 달리 말하면 신이 자기를 드러내는 '계시'다.

유한자에게 신의 자기계시는 '자연으로의 계시'와 '유한자로의 계시'로 나타난다. 무엇보다도 계시는 자연 창조와 유한자 창조를 통해 접근할 수 있다. 자연으로의 계시는 인간이 신을 이해하는 중요한 방법이다. 그러나 신이 정신으로 계시될 때, 계시를 파악할 수 있는 자는 신처럼 '정신을 지닌 존재'이다. 성경 말씀에 비추어 봐도 신의 영(靈)을 이해할 수 있는 자는 '영'이다. 비록 신과는 다른 영이지만 신처럼 영을 지닌 '인간'이어야 한다. 인간은 유한하기는 하지만 정신적 존재라서 신적 정신, 무한한 정신적 존재를 파악할 수 있다. 신 파악의 근원은 '정신성'이다. 유한한 인간은 정신성을 지니기 때문에, 종교변증법과 종교의 사변적 이해가 가능하며 무한자에 대한 학이 만들어진다.

4. 종교의 사변적 이해: 사유와 느낌의 관계

헤겔은 '신에 대한 정신적 파악'을 토대로 종교의 사변을 설명한다. 물론 헤겔의 학적 체계에 따르면 사변철학은 '신에 대한 파악'이 아니라 '절대자 자체의 자기전개'를 정립한다. 그래서 사변철학은 종교의 사변과는 다르다. 그러나 유한자와 무한자의 정신성을 동시에 논하면서 양자의 통일을 요구한다는 점에서는 공통적이다.

헤겔은 학적 체계를 전개하는 과정에서 예술, 종교, 철학을 절대정신의 세 계기로, 달리 말하면 '진리' 내지 절대자를 드러내는 최종 지평으로 간주한다. 철학이나 종교나 모두 '진리'와 '참된 존재'를 내용으로 삼는 정신의 전개이다. 철학은 사유에 의한 개념적 파악, 사유된 것으로서 개념의 전개이기 때문에 절대정신의 세 계기 중에서 최고위계를 지닌다. 그러나 종교철학에서 헤겔은 "신과 종교는 사유 속에 있고 사유를 통해 존재한다"라고 하면서(같은 책 60면) '종교와 개념의 연관'으로 접근해 들어간다.

예술, 종교와 철학은 모두 진리를 이념으로 삼는 절대정신의 세 계기이다. 단지 진리가 현현되는 수단 내지 형식이 다를 뿐이다. 예술은 진리를 '감각적으로' 구체화하고, 종교는 '표상'으로 현시하며, 철학은 '개념'으로 파악한다. 진리를 드러내고 파악하는 수단이 다르기 때문에, 형식과 내용의 관계가 수단에 의해 달라진다. 감각이나 표상에 의해 진리 이념이 현시된다고 해도, 진리 파악이 개념적으로 이루어지는 것은 철학의 사유를 통해서이다. 개념적 사유의 언어로 파악되는 철학의 "이념은 사유나 사상 속에 있는 진리이지 직관이나 표상 가운데 있는 진리가 아니다"(같은 책 57면). 그에 반해 종교는 직관과 표상 가운데 있는 진리라는 점에서 철학과 차이가 있다.

더 나아가 헤겔에게 진리는 객관적인 것일 뿐 아니라 주관과의 관계 및 주객 통일을 이루어야 한다. 진리의 이념과 필연성은 객관과 주관의 관계를 통해 드러난다. 그렇듯이 종교도 객관적 필연성과 주관성의 관계를 정립해야 한다. 종교의 주관성은 철학과 달리 감정과 관련하여 시작하며, 종교적 감정과 계시는 '주관과 객관의 상호작용'을 야기하는 출발점이다.

그렇다면 종교적 사유의 최고지점으로서 '주관과 객관의 상호작용'은 무엇인가? 헤겔은 '명상(Andenken)과 기도'라고 본다. 종교에서 "사유는 토대이며 실체적 관계이다. 이것은 바로 명상이나 기도가 뜻하는 것이며, 형식적 사유에 그치는 것이 아니다"(같은 책 60면). 이렇듯 사유와 관련되는 명상과 기도를 언급함에도 불구하고, 종교의 출발점은 느낌과 감정이다. 그래서 관건은 '느낌과 사유의 관계' '감정과 사유의 관계'를 어떻게 설명하는가이다.

청년기에 헤겔은 종교에 천착하면서도 동시에 철학적 출발점을 찾아 나가는데, 그 과정에서 유한자와 무한자의 관계, 유한자와 무한자의 통일을 철학 주제로 발전시킨다. 철학은 이것을 자기의식으로 전개하지만, 종교는 '느낌 내지 감정과 사유의 관계'를 통해 접근한다. 유한한 의식이 무한자를 파악하고 통일된 관계로 나아가는 변증법에서 그 해법은 느낌일 수도 표상일 수도 사유일 수도 있다. 그러나 종교는 느낌에서 출발한다.

물론 느낌과 감정에서 출발해도, 느낌에 머무르면 안 된다. 종교철학은 느낌에서 사유로 진행하는 연결고리를 찾는다. 느낌은 주관적 감정이지만, 설령 주관적이라고 해도 느낌이 일어나려면 '직관 내지 표상'이 동반되어야 한다. '표상이 없는 느낌' '표상이 아닌 느낌'은 없다. 인간은 '정신적 존재'라서 '의식활동'과 '표상활동'을 하며, "종교적 느낌이 그 자체로 곧 의식과 표상으로 진행한다는 사실"(같은 책 68면)을 사유 속에서 파악한다.

그러나 여기서 사유로의 진행이 문제가 될 수 있다. 달리 말하면 느낌에 동반되는 표상을 어떻게 사유 단계로 끌어올릴 수 있는가가 문제이다. 느낌은 내 안에서 일어나며, 그래서 '나의 것'이다. 그러나 느낌에 동반되는 표상을 말하는 순간, 내 안에서 '다른 나'를 경험하게 된다. '표상을 지닌 나'를 '동반하는 나'처럼, '나'는 '다른 나'와 '맞서는 어떤 것'을 경험한다. 나는 '종교적 느낌' 가운데서 나 자신에게 맞서 있는 나로 되며 나를 '외화'한다. "느낌은 내가 느낌 속에서 나 자신과 직접적으로 관계하는 관계이며 그 자체 나의 직접적 관계이다"(같은 책 64면). 이렇게 자기의식적 반성이 진행되면서 사유로의 이행이 조명된다.

이 상황이 처음에는 나의 밖에 있는 무언가를 상정하지 않는 '전적으로 주관적인 느낌'일 수 있다. 그러나 전적인 느낌을 토로하는 그 순간에도, 느낌에는 직관과 표상이 개입되어 있다. 마치 데까르뜨가 모든 것을 의심하는 순간에도 '의심되는 관념'이 들러붙어 있다고 시인했던 것처럼, 어떤 관념도 없는 사유는 불가능하다. 어떤 관념이나 표상도 설정할 수 없는 느낌은 불가능하다.

느낌과 결부되어 있는 직관 또는 표상을 사유하는 것은 느낌 가운데서 나의 밖에 있는 무언가로 이행하게 한다. 이렇게 진행되는 종교적 사유는 '나-유한자'가 나에게 대립과 모순과 필연성을 야기하는 '다른 것'으로서 '다른-무한자'와의 관계로 발전한다. 느낌과 표상 속에서 '나에게 대립하는 것'은 출발점으로 돌아가보면 '나의 다른 의식'이기도 하다. 이렇듯 '나의 다른 의식' 속에서, '나 속의 다른 나' 속에서, "나는 사유하면서 나를 절대자로 고양하고 모든 유한자를 넘어선다"(같은

책 63면). 이 과정에서 나는 '유한한 의식'이지만 동시에 '무한한 의식'이
된다. 달리 말하면 "무한한 의식과 유한한 자기의식, 이 양자는 나에 대
해 있으며 나에 대한 관계이다. 이 관계는 나의 무한한 지식과 유한성의
본질적 통일성이다"라는 데로 나아간다(같은 곳).

종교에서 나의 대립 의식과 통일 의식은 '느낌'에서 시작한다. 느낌
을 고양시킨 통일 의식은 '명상'이나 '기도'로 나아간다. 통일 의식은
느낌에서 표상으로, 결국에는 '제의'로 진행되며, 제의는 '종교적 가르
침'과 맞물려 있다.

그러나 사람들이 느낌과 연루되는 감정 내지 외부 표상에 대해 통일
의식이 아니라―느낌을 반전시켜서―'분리 의식'을 갖게 되면 심각
한 문제가 야기되기도 한다. 유한자가 느끼는 분리감은 허무감을 낳으
며, 이로 인해 고통이 발생한다. 고통은 외부 대상에 대한 공포로 변질
될 수 있다. 공포 경험이 지속되면, 신은 두려운 존재가 된다. 물론 이와
반대로 외부 표상에 대해 감사와 사랑을 느낄 수도 있다. 애초부터 느끼
는 감사와 사랑의 감정일 수도 있지만, 공포감을 반전시키는 감사와 사
랑일 수도 있다. 감사와 사랑이 신에 대한 동일성 관점을 낳으면, 축복
감을 느낀다.

유한자의 개인적 느낌이 반성 과정을 통해 무한자와 연결되면서 종
교적 의식과 자기의식적 사유가 작용한다. 이것은 '종교에 대한 규정적
관점' 내지 '개념'에 이르게 된다. 헤겔은 이 상황을 다음처럼 표현한다.
"이러한 사변적 직관과 자기의식을 느끼고 느껴왔고 표상하는 것이 종
교이다. 그다음은 이러한 관점의 필연성에 대한 인식과 증명인데, 이것
은 종교적 관점이 진리이고 실제로 진리에 부합한 것이라는 그 진리에
대한 인식이다"(같은 책 71면).

종교는 느낌과 감정을 배제할 수 없기 때문에, 사변적 직관과 자기의

식을 '느낀다'라는 말로 규정한다. 그러나 느낌의 내용이면서 느낌 가운데 드러나는 것은 진리이다. 종교적 진리는 느낌에서 출발하지만, 주관적 느낌인 것만도, 주관 밖에 객관적으로 존재하는 것만도 아니다. 종교도 주관의 진리 인식 과정을 거쳐야 하며, 그런 면에서 종교적 객관성은 의식된 진리, 자기의식적 진리이다. 이에 따르면 진리의 이념은 "주관적인 것, 즉 주체 일반이 갖는 본질의 총체성과 세계 및 자연의 총체성"(같은 책 73면)이며, 두 총체성의 통일이다. 객관적 측면과 주관적 측면이 통일될 때 진리 파악이 가능해진다.

유한자와 무한자의 관계를 설정하고 파악의 정도를 높여가는 것이 진리 파악 과정이며, 이것은 인간 이성의 가능성을 확장하는 과정이다. 유한자와 무한자의 통일은 주관적 자유가 없으면 불가능하다. '개별적 주체'를 '보편적 정신'으로 끌어올리는 '주관성'은 헤겔에게 '필연성과 자유의 관계' '보편과 개별의 관계'를 기반으로 갖는다.

이것을 강조하기 위해 다른 존재자와 비교해보자. 식물과 동물은 자연 필연성에 따라 존재한다. 필연성을 실현하는 것은 동식물이든 인간이든 마찬가지로 요구된다. 그러나 인간이 필연성을 실현하는 것은 본능이나 당위가 아니라 자유의지를 행사함으로써다. 종교에서도 개별 주체가 행사하는 자유는 신적 정신을 파악하고 실현하기 위해 요구되며, 동물과 달리 주관성과 자기의식을 작동시킨다. 종교에서 "표상의 구체적 형태를 띠는 모든 것 ── 신과 교회, 그리고 제의 ──은 절대적 객관성인 동시에 절대적 주관성이다"(같은 책 59면). 그러므로 종교는 '의식 상태로 있는 사변'이며, 종교의 개념은 '절대적 보편성으로서의 순수 사유'와 '절대적 개별성으로서의 느낌'을 두 계기로 삼는다. 여기에서 '사유의 계기, 느낌의 계기, 표상의 계기'들이 총체성을 이룬다.

5. 당대의 현실종교 비판: 실정성과 실정종교

세계사나 철학사가 세계정신의 논리적 형태를 시대정신으로 전개하듯이 헤겔은 종교의 사변도 시대종교의 전개와 같은 종교변증법을 통해 드러낸다. 그래서 종교철학도 역사에 등장하는 '현실종교'들을 개념적으로 재구성하면서 '완전종교'로 나아가는 변증법을 보여준다. 청년기부터 지녔던 '유한자와 무한자의 화해' '유한한 의식과 무한한 의식의 통일'이 완전종교에서 실현되는데, 이를 위해 갖춰야 할 종교적 요소는 '계시'이다.

완전종교는 현실종교로는 인격신을 지니는 기독교에 해당한다. 완전종교는 절대정신의 본질적 계기를 지니는데, 다른 종교와 달리 완전종교가 지니는 계기는 '계시'다. 신은 본성상 자연과 유한자로 스스로를 외화하며, 외화를 통해 계시된다. 계시는 정신으로서의 신이 자기를 현시하는 과정이며, 그 현시는 유한자를 통해 파악된다. 유한자의 자기의식적 사유는 무한한 정신을 파악하는 종교변증법으로 진행된다. 인간이 비록 유한하긴 해도 정신적 존재이므로 신적 정신을 파악하여 진리에 이르게 된다. 그런데 이때 계시가 없다면 파악 가능성 자체가 차단될 것이다.

현실종교가 지닌 계시의 한계 내지 은폐성을 벗겨낸다면, 인간의 사유는 인식 가능성을 확장할 수 있다. 이에 비추어 헤겔은『역사철학강의』에서 신이 인간에게 '신을 인식할 가능성'뿐만 아니라 '신을 인식할 의무'도 요구한다고 주장했던 것이다. 신 인식 가능성과 신 인식 의무는 인간에게 본래적이다. 그래서 만약 진리를 '현실을 초월하는 피안'에 상정하면, 달리 말해 '인간이 파악할 수 없는 피안의 진리'를 상정하면, 헤겔에게 그런 태도는 '인간을 비하하는 것'이다. 종교의 초월성, 초월성과 연루되는 인격성은 인간을 비하하는 것이다. 초월적 신과 신의 인격성에 매달리는 것은 '인간 비하의 마지막 단계'라고 할 만큼 심각한 것이다. 그래서 헤겔은 현실종교 중에서 기독교를 완전종교로 설정하면서도 이와 동시에 기독교의 인격성을 넘어서야 한다고 주장한다.

칸트와 헤겔은 각기 도덕신학과 자연신학을 중시해도, 세계창조자를 염두에 두기 때문에 이신론보다는 유신론에 가깝다. 인간 정신이 절대정신으로 고양된다고 해도, 인간에게 존재는 주어지는 것이며, 세계창조는 이미 던져져 있는 것이기 때문이다. 그래서 종교가 철학처럼 진리를 추구해도, 종교는 철학과 달리 믿음과 심정에 기초하여 신을 기쁘게 하고 신의 마음에 드는 것을 중시한다. 헤겔에게 믿음과 마음은 필연성을 확증하는 것도 아니고 종교의 본질이 신 존재 증명으로 환원되는 것도 아니지만, 마음에서 우러나온 믿음은 신을 기쁘게 하며 그래서 진실한 믿음은 정신의 본래성과 만날 수 있다. 이렇게 해서 그저 종교인 것이 아니라 이성에 의한 '종교철학'으로서 종교는 종교 그 자체의 필연성을 전개하고 또 표상하면서 정신의 진리를 인도한다.

이런 배경을 가지고서 헤겔은 종교를 구분한다. 일반적으로 종교는 계시종교와 이성종교(자연종교)로 구분되지만 헤겔의 구분은 그렇게 간단하지 않다. 청년기 헤겔은 이성뿐만 아니라 인륜성도 중시하기 때문에 종교를 '민중종교와 이성종교'로 구분한다. 이 모두에 요구되는 것은 이성과 자유다. 그래서 헤겔은 이성과 주관적 자유가 상실되는 것을 '실정성'이라고 비판한다. 말년에 헤겔은 실정종교를 '완전종교'와 대비되는 '현실종교'로 일컫기도 하므로 실정성의 의미가 달라지기는 한다. 예배 내지 제의를 비판하는 태도도 다소 달라지긴 하지만, 실정성 자체에 대한 비판은 일관되게 나타난다.

청년 헤겔의 종교 저작은 튀빙겐 신학생으로서 다양하게 접했던 종교와 신학을 정리하고 비판하는 내용들이며, 기독교 — 때로는 개신교, 『종교철학』은 기독교로 번역 — 는 다른 현실종교를 비판하는 기준이 된다. 청년 헤겔은 기독교와 대비되는 희랍종교, 유대교, 가톨릭을 모두 비판한다. 처음에는 유대교 비판에 초점을 맞추지만, 점차 가톨릭에 대한 비판 강도를 높여간다. 가톨릭은 종교의 본질에서 성사에 이르기까지 주관 내지 주체의 자기의식을 도외시하기 때문에, 헤겔의 비판을 피해갈 수 없다. "가톨릭교도들은 성체를 향유하지 못한다 하더라도 이 성체 자체를 숭배한다. (…) 따라서 교회의 가르침은 이렇게 경직된 모습으로 독자적으로 존재한다. (…) 평신도는 이 가르침에 대한 교육과 참견은 물론이고 그에 대한 자기 지식으로부터 배제되어 있다"(같은 책 345면). 게다가 제의 형식이나 기도 형식에 대한 그들의 논쟁은 '마음에서 우러나온 믿음'보다는 외적 형식에 좌우되는 것처럼 보인다.

그에 반해 루터 이후 프로테스탄트교에서 '성체는 오직 믿음과 향유 안에' 있으며, 헤겔은 그런 점에서 개신교를 옹호한다. 개신교에서 성체는 특별한 어떤 것이기 이전에 빵 반죽이며, 성직자는 이와 관련하여 특별한 어떤 일을 행하지 않는다. '종교개혁적 표상'에서는 사물이나 한 명의 성직자보다는 '개개인의 명상'이 더 중요하다. 명상에 기초하는 교회공동체는 게다가 '사변적 요소'를 견지하는 사유로, 종교의 사변으로 나아간다.

그러나 헤겔은 종교개혁에도 불구하고, 종교적 명상은 '심리적 관계'이며 종교적 사변으로의 이행이 미흡하다고 생각한다. "개혁된 교회는, 신적 존재와 진리가 계몽과 단순한 오성의 무미건조함으로 전락하며 주관적 특수성의 과정으로 떨어지는 점"에서 문제가 있다(같은 책 346면). 결국 개신교도 비판 대상이 될 수밖에 없다. 그러므로 헤겔이 완전종교로 제시하는 기독교는 개신교 자체라기보다는 '진리와 철학으로 재구축된 계시종교' 내지 '철학적 종교'라고 해야 한다.

왜 재구축된 계시종교로 간주하는가? 헤겔에게 교회의 가르침은 교회 안에서 창조되지도, '성서와 전통'으로 환원되지도 않기 때문이다. "그리스도 교회의 가르침 가운데 중심 문제는 진리의 가르침과 표상과 객관성으로부터 출발하는 감정을 일깨우는 일이다"(같은 책 341면). 그러므로 '진리를 담고 있는가?' '진리는 어디에서 기원하는가?'와 같은 질문을 던지는 상황에서는 종교나 신보다는 진리가 우선시된다. 헤겔은 그리스도의 가르침인가를 묻기 전에, 진리인가 아닌가를 먼저 묻는 종교를 탐구한다. 그러므로 헤겔의 종교는 성서와 성서적 전통에 절대우위를 부여하는 것이 아니다. 그리고 진리 추구를 우선시하기 때문에 종교와 철학의 차이가 희석되는 것이다.

그렇다면 종교적 특징들을 다시 정리해보자. 종교적 제의는 가르침이며 심정의 각성이고 지속적으로 영혼의 구원을 위해 매진하는 것이다(같은 책 343면). 이때 마음에서 진심으로 우러나온 심정은 예배 행위로 나타나며, 예배는 '성스러운 제의'를 낳는다. 그러므로 제의는 진실한 마음으로서 이성의 현현이다. 기독교는 '주체가 신을 향유하는' 성사를 중시하며, 향유는 '교회의 가르침'과 '신에 대한 자기의식'으로 나아가는 것이 맞물려 있다. 헤겔의 종교철학에서는 절대자에 대한 자기의식적 파악이 중요하다.

자기의식을 강조한다면 헤겔이 청년기부터 지적한 종교의 실정성 문제가 곧바로 뒤따라 나온다. 종교가 신을 향유하는 주체 내지 자기의식을 결여한다면, 달리 말해서 주관적 측면과 내적 성찰을 결여한다면, '실정성'에 빠져 있거나 빠지게 된다. 청년기에 헤겔은 이것을 인륜성과 연결한다.

자기의식적 '자유와 인륜성'을 상실하는 것과 '그것들의 관계'를 상실하는 것은 결국 '실정성'을 낳게 되며, 종교를 '실정종교'로 전락시킨다. 헤겔은 실정성의 심각성을 강력하게 부각시키기 위해 소크라테스와 예수를 비교하고, 예수의 행동 변화에 주목한다. 예수도 처음에는 소크라테스 같은 자유로운 정신을 지녔지만, 복음이 구체화되면서 점차 실정화된다고 생각하기 때문이다.

　헤겔의 청년기 저작에서 예수는 처음에는 내면의 자유로운 정신을 중시하고, 양심이 야기하는 도덕성뿐만 아니라 '개인적 이성과 신적 이성의 긴밀한 관계'를 보여준다. 예수는 신의 아들이지만, 그의 이성과 내면은 인간 개개인과 일치한다. 예수의 자유로운 정신과 거기에서 나오는 도덕성은 유한한 인간의 자유로운 정신과 도덕성에 버금간다. 그러나 점차 시간이 흐르면서 예수는 자신의 말을 따르고 전달하는 데 초점을 맞춘다. 그래서 '~하라'라는 명령조 말투가 강화된다. 예수의 말씀은 유한한 인간의 내면과 연결되기보다는 각 개인의 내면 이외의 '외적 권위'로 나아가며, 절대적 권위로 변질된다.

　헤겔은 「기독교 실정성」(Die Positivität der Christlichen Religion, 1795/6)에서 처음에는 실정성이 복음을 제대로 이해하지 못하는 12제자에게서 생겨났으나 부활 이후로 가면 예수 자신이 실정적 말씀을 만들어냈다고 주장한다. 그리고 마태복음의 예수와 달리 마가복음의 예수, 특히 16장을 예로 들면 '예수의 이름으로 귀신을 쫓는 것' '그의 이름으로 예언하는 것' 같은 외적 권위가 예수에게서 나온 것임을 보여준다 (『청년 헤겔의 신학론집』 266면).

　종교가 이렇듯 '외적 권위'를 만들면, 자유로운 정신은 사라지고 경직된 측면이 양산된다. 내면의 도덕성에, 주관의 자유에 기초하지 않는 종교가 만들어진다. 도덕성과 자유에 기초하지 않는 종교는 실정종교로 전락한다. 유대교나 가톨릭처럼 외적 권위에 의존하여 주관성과 자기의식을 배제하는 것도, 내면의 도덕성이 결핍된 것도 실정종교에 해당한다.

청년 헤겔은 실정종교의 문제점을 극대화하면서 다음처럼 설명한다. 실정종교는 "권위에 근거하고 있어서 인간의 가치를 전혀 담보해내지 못하는 종교, 또는 적어도 도덕성에 기반하지 않는 종교"이다(같은 책 248면). 달리 말하면, 개인의 내면에서 자발적으로 우러나오지 않는 종교, 자발성과 자기의식을 상실한 종교이다. 그래서 이제 많은 현실종교는 우회적으로 나쁜 의미에서 실정종교가 된다. 헤겔이 다양한 현실종교를 종교변증법의 한 계기로 체계화할 때 역사에 등장하는 종교들을 실정종교라고 부른다. 그것은 현실종교이면서 어떤 면에서는 주관성과 자유가 결여된 종교이기도 하다. 참된 종교의 이전 단계에 해당하는 현실종교들은 객관성과 주관성의 통일, 자기의식적 주체성을 제대로 실현하지 못한 것이다.

물론 실정종교를 현실종교라고 부르는 것과 관련하여 실정성을 달리 해석할 만한 측면도 있다. 객관성과 주관성의 관계를 살펴보면, '실정성'은 현존재성 내지 객관성을 의미하기도 한다. 헤겔은 『종교철학』에서 "객관적 존재는 절대적 피안의 존재가 아니며 자기의식에 대한 존재이다. 이런 추상적 확실성은 객관성과 진리로 고양되어야 하는 것이다. 추상적 확실성의 진리는 내가 존재 가운데서 실정성을 소유함으로써 비로소 획득된다"라고 말한다(166면).

청년기 저작에서는 실정화되지 않으려면 주관, 자유, 내면, 도덕성을 지녀야 한다고 하지만, 이 인용문에 비추어 보면 전적으로 주관적인 것은 진리라고 할 수 없으며 객관성을 구현해야 한다. 이에 따라서 실정성은 객관성을 의미하고, 진리에 이르는 통로이며, 실정종교는 완전종교를 실현하는 계기이다. 그러나 객관성만 지니는 것 또한 비판받아야 할 실정적 요소가 된다.

신과 대립하는 '자기의식'이 신에 대한 규정성을 '현존재'로 지니는 것이 실정성이다. 어쨌든 이것은 나의 규정이다. 신에 대한 규정은 '보편자'와 동일한 규정 내지 '무한자'로 올라가는 과정이며 이것에 의해 객관성을 확보하게 된다. 그러므로 실정성은 도덕성을 상실했다는 '부정적 측면'을 가지는 한편 '자기의식을 실현하는 계기'이며 현존재성이기도 하다. 청년 헤겔에게 실정성은 극복해야 하는 것이지만, 말년 종교철학에서는 주관과 통일되는 각 단계들의 현존재성이기도 하다.

6. 비굴한 복종을 낳는 실정종교의 극복: 종교변증법

실정종교를 다루다보면 왜 헤겔은 실정성을 논하면서 다소 헷갈리게 할까라는 의문이 든다. 종교를 민중종교와 이성종교로, 민중종교와 기독교로 구분할 때도 이런 헷갈림이 나타난다. 그러나 헤겔이 청년기부터 사로잡혀 있던 중요한 개념은 '인륜성'이고, 칸트의 영향을 받았으면서도 칸트에게서 멀어진 이유도 인륜성 내지 공동체적 사회성이 칸트에게는 결핍되었다는 점이었음을 상기하면, 이 헷갈림을 이해할 수 있다.

헤겔은 이성뿐만 아니라 자유의 의미와 외연도 확장하기 때문에 자유 실현이 동반되지 않는 것은 계속 비판한다. 이성과 자유의 실현은 헤겔이 자연신학을 언급하면서 기독교의 계시 내지 현시를 부각시킨 것과 관련이 있다. 자연신학은 "단순한 이성이 신에 대해 알 수 있는 영역으로 파악되어온 것"인데, "이성 외의 다른 것으로부터 알 수 있는 종교인 실정종교 및 계시종교와 구별"된다(같은 책 11면). 그러나 헤겔에게 참된 종교는 이성과 계시를 총괄하는 기독교이기 때문에, 계시는 신의 자기전개 과정이며 신을 파악하기 위해 요구되는 본질적 조건이다.

이런 논의에도 불구하고 청년기에 헤겔이 실정종교를 도덕성을 상실한 종교, 외적 권위에 기초하는 종교라고 규정하는데, 왜냐하면 외적 권위는 사태를 경직시키고 자유를 상실하게 만들기 때문이다. 자유 상실은 도덕성 상실을 야기하므로 실정종교는 종교변증법의 한 계기라고 해도 극복되고 지양되어야 하는 계기이다.

종교가 실정화되면 위협과 공포가 더불어 나타나기도 한다. 공포를 느끼게 하는 것은 복종을 요구하며, 복종은 자유 상실을 동반한다. 헤겔은 「기독교 실정성」에서 기독교도 결국 실정화하여 공포를 야기한다고 비판한다. 후기 『종교철학』에서 실정종교를 신의 '현존재성'이며 정신으로서 신이 실현되는 '객관화'라고 할 때도, 이는 객관화가 경직된 외적 권위에 머문다면 두려움에 떨면서 복종하게 하며 그래서 자유와 도덕성을 상실하게 한다는 청년기 착상과 연결될 수 있다.

그런데 반대로 생각할 수도 있다. 가령 인간은 권위있는 사람에게 고개를 숙인다. 저절로 고개가 숙여지는 경우도 있다. 인간끼리도 그러한데 탁월한 신에게 고개를 숙이는 것이 왜 문제가 될까? 고개를 숙이게 하는 실정종교를 경원시할 필요가 있는가?

청년기 발상으로 다시 돌아가보자. 헤겔에게 실정종교는 '이성'과 '주관성'을 상실하게 한다. 「기독교의 실정성에 대한 보충」에 따르면 이성과 주관성을 상실하는 것은 종교적으로 '신에 의해 반드시 실행되는 일종의 강압적 권리'를 요구한다. 강압적 권리를 무반성적으로 수용하는 인간은 진실한 내면, 내면의 자발적 감정, 자유의지를 상실할 수밖에 없다. 강압적 권리로 변질된 신의 권위가 인간에게 '복종 의무'를 요구한다면, 자유의지는 사라진다. 정신의 본질을 자유의 실현으로 간주하면서 종교의 억압과 굴종을 용납할 수는 없는 노릇이다.

종교에서 복종 의무는 일반적으로 신앙과 불신앙을 가르는 출발점이다. 종교는 신에 대한 복종을 신앙으로 간주한다. 그러나 자유의지를 지닌 인간은 강제와 복종을 받아들일 수 없다. '신의 강압적 권리'는 '자유와 자립성'뿐만 아니라 '낯선 권력에 맞서는 능력' 자체를 상실하게 만들기 때문에, 헤겔에게 강제와 복종은 실정종교를 가늠하는 척도다. 실정종교와 실정화된 기독교는 자유와 권리를 상실하게 하는 데 그치지 않고 신을 무서워하며 두려움에 떨도록 한다. '진실한 내면에서 우러나오는 순수한 마음 상태'는 망각되며 '자발적 경배' 대신 두려움에 기인하는 강제적 복종이 만연하게 된다.

그런데도 인간은 왜 신에게 복종하는가? 왜 복종할 의무가 있다고 생각하는가? 헤겔은 '의무 근거'를 두가지로 제시한다. 첫째, 인간은 무지한 데 반해 신은 진리의 원천이다. 진리의 원천인 신은 인간에게 은총을 베푼다. 은총을 입은 사람은 신에 대한 의무를 생각할 수밖에 없고, '도덕적 심성'을 발휘할 수밖에 없지 않은가? 둘째, 인간은 사악한데 신은 자비를 베푼다. 자비를 받은 인간이 신에게 감사하는 것은 당연하지 않은가? 감사의 마음이 신을 기쁘게 하고 신의 마음에 들려는 태도를 계속 견지하게 한다.

그러나 이런 의무 근거들이 —애초 의도는 그렇지 않았어도— 결국 신에 의해 실행되는 강압적 권리를 발생시킨다. 인간은 그런 강권 속에서 자의 반 타의 반으로 이성의 자유와 자립성을 상실한다. 헤겔은 기독교와 예수의 복음에도 실정적 요소가 들어 있다는 점을 일찍이 베른 시기부터 다루면서 "기독교가 신에 의해 부여된 실정종교에 다름 아니라는 증거는 역사적으로 완전히 유도될 수 있다"라고 주장한다(『청년 혜겔의 신학론집』349면). 예수가 처음에는 소크라테스처럼 제자들과 구김살 없이 대화하고 기존 권위에 맞서지만 점차 복음에 대한 권위를 강화하기 때문이다. 기독교적 계시의 의미도 그러한데, 계시는 신과 만나는 특별한 과정이지만 점차 신 이해의 한계로 변형된다.

그러면 실정성을 극복하기 위해 어떻게 해야 하나? 참다운 종교가 무엇인지를 파악해 그에 걸맞은 인식과 행위로 나아가야 한다. 이때 무엇보다도 종교에 대한 일상적 의식과 감정에서 벗어나 종교철학의 의미를 실현해야 한다. 종교는 '신에 대한 연구'로, 신 연구는 '신학이면서 곧 철학'으로, 종교적 감정을 넘어서서 개념적 이해로 나아가야 한다.

이러다보면 종교와 철학의 차이가 희미해질 수 있다. 그렇다면 양자는 어떻게 구별해야 할까? 헤겔은 "종교 자체의 대상은 최고존재이며, 그 자체가 절대적으로 진실하고 진리 그 자체인 절대자이고, 세계의 모든 비밀과 사고의 모든 모순, 그리고 감정의 모든 고통이 용해되어 있는 영역이다"라고 말한다(『종교철학』11면). 종교는 '영원한 존재와 하나되는 삶'을 추구하며, '무한한 삶에 대한 느낌과 감정'을 동반한다. 그 느낌이 '지복'이다.

그런데 여기에서 기존 신학과 헤겔의 종교철학을 다르게 설명할 만한 특별한 점이 있는가? 이를 의식해서인지 헤겔은『종교철학』서론에서 일상적 의식과 감정을 넘어서는 전략으로 라이프니츠 비판을 도입한다. 변신론을 완성한 라이프니츠는 인격신 개념에 기초하여 개별성을 설정하고 세상을 신의 관점에서 설명한다. 헤겔은 인격신 개념을 따르는 사람들은 '모든 존재는 신의 작품'이라고 생각하면서 신과 인간의 최초의 관계를 '경건'으로 규정할 가능성이 높다고 비판한다. 라이프니츠도 인간의 자유와 자기의식을 약화할 여지를 지닌다. 게다가 라이프니츠는 예정조화설까지 도입하기 때문에, 자유의 여지는 더 약화되며,

인식 또한 동일한 내용의 반복처럼 되어버린다.

라이프니츠가 보기에 이 세상은 힘 또는 에너지라는 근본 단위, 즉 모나드(단자)로 구성되어 있다. 다양한 모나드들이 이합집산하면서 존재자를 만들었다가 해체했다가 한다. 모나드의 종류는 다양하며, 질적으로 차이가 있다. 그러나 모나드는 서로 소통할 수 있는 창이 없다. 모나드들 사이에서는 상호작용이나 인과관계가 형성되지 않는다. 그런데 모나드들은 서로 소통하지 않지만 많은 모나드가 모여서 '하나의 통일적인 존재자'를 만들고 통일체의 구성 부분이 되기 때문에, 다음과 같은 의문이 생긴다. '서로 소통할 수 있는 창이 없다면, 부분을 이루는 모나드들의 통일이 과연 가능한가? 통일은 불가능한 것이 아닌가?' '하나의 존재자를 구성하는 부분들로서 모나드는 각자 따로따로 노는 것이 아닌가?' 그럼에도 하나의 통일된 존재자의 모나드들이 어떻게 조화를 이룰 수 있는가? 라이프니츠에게 모나드는 상호작용을 하지는 않지만 모나드 하나하나가 자신의 측면에서 '전체를 반영'하기 때문이다. 모나드 하나하나는 전체를 반영하는 '부분'이면서 각자가 일종의 '전체'인 것이다.

부분이면서 그러나 각기 전체를 반영하는 모나드가 헤겔에게는 '동일한 내용의 반복'처럼 보인다. 각 모나드는 개별자이다. 개별자로서 '한 존재자의 부분'을 이룬다. 각기 전체를 자신의 입장에서 반영한다. 이는 결국 동일한 내용의 반복이 된다. 왜냐하면 "경건한 느낌과 신앙 일반이 개별성에 머물러 있기 때문이며, 이러한 개별성의 내용이 이전의 것과 이후의 것에 대한 반성 없이 모든 계기마다 곧 전체를 이루기 때문이다"(같은 책 25면). 부분들이 반성을 통해 서로 얽혀야 하는데, 모나드는 얽힐 수가 없다. 같이 어울려 있어도, 군중 속에서 고독을 느끼는 자처럼 홀로 있다. 모나드는 동일한 내용의 반복이기 때문에 지루하며,

무수히 많은 모나드와 더불어 있어도 고독하다.

헤겔에게 인식은 개별자 내지 다양한 계기들이 '홀로' 전체를 대변하는 데 있지 않다. 부분들이 끊임없는 상호작용을 통해, 규정과 부정을 통해 매개되면서 이루는 총체성 가운데 있다. 매개는 각 계기들의 상호작용이며, 주관과 객관의 매개이다. '계기들의 통일과 동일성에 대한 의식'이 동반되어야 하며, 그래서 공동체적 '인륜성'을 헤겔이 강조하는 것이다. 개별성에 머무는 라이프니츠 철학은 계기들의 통일로 나아갈 수 없고 인과관계도, 상호작용도 의미가 없다.

동일한 내용의 반복이면서 매개 없는 단자들이 연출하는 이런 지루하고 고독한 상황을 어떻게 벗어날 수 있을까? 헤겔은 모든 것을 신의 예정조화로 처리하는 라이프니츠를 비판하면서, 신도 '인간의 작품'이며 '인간 자신이 생산한 작품'이라는 발상을 도입한다. 신과 존재에 대한 인식은 한꺼번에 이루어지는 것이 아니라 인간 주체의 '지속적인 반성 과정을 거쳐 산출되는 매개'의 결과이다. 정신으로서의 신은 사유하는 존재며, 사유는 곧 부정성을 야기하는 활동이다. 자기부정성은 계시로 드러나며, 신은 계시를 통해 인간의 의식과 매개된다. 인간과 매개됨으로써 신은 인간의 작품이 된다. '신의 활동'과 '인식하는 인간 정신의 활동'이 서로 관계하면서 신의 개념과 필연성이 정립되는 '종교변증법'이 전개된다. 이것이 기존 신학 내지 종교와의 차이이다.

7. 현실종교의 분류: 계시종교를 위한 종교변증법

이렇게 해서 헤겔은 현실종교를 역사적-논리적으로 재구성하는 종교변증법으로 나아간다. 그는 『종교철학』에서 역사에 등장했던 현실종교들을 구분하고 재구성하면서 종교의 참된 개념과 필연성을 정립한다. 이로 인해 정신의 자기운동이 도달하는 마지막 단계는 '참된 종교'이면서 '완전종교'에 해당하는 '계시종교'이다. 계시종교는 완전종교에 대비되는 유한종교라 불리는 '규정종교들'을 두루 거친 뒤에 등장한다. 참된 종교 이전에 등장하는 규정종교는 '유한자와 무한자가 무의식적 일치'를 이룬다. 그에 반해 계시종교는 무의식적-무규정적 일치가 아니라, 유한자와 무한자가 서로 구별을 지니면서 구별을 지양하는 가운데 등장한다.

무한자로서의 신은 현실종교로 등장하는 많은 종교 형태 속에서 자기를 유한자 인간에게 드러내지만, 이것이 가시화되는 것은 기독교에서다. 신의 드러냄은 신 인식을 위해 필히 요구되며, 드러냄이 곧 계시다. 신이 자신을 드러냄으로써 유한자는 무한자를 파악하고, 무한자와의 간극을 지양해나간다. 참된 종교는 신이 자신을 드러내고 현현하는 '계시'를 동반한다. 계시하는 신이면서 그 자체로 정신인 신, 그래서 운동과 부정성이 본질인 신, 그 운동과 부정성이 계시인 신, 비근하게 그런 신을 지닌 종교가 기독교이다.

참된 종교이면서 완전종교인 기독교는 계시를 통해 유한한 인간 존재와 관계하며, 인간이 그를 의식하는 주객 통일 속에서 종교의 개념과 필연성을 실현하게 된다. 그런데 헤겔은 역사적으로 등장하는 현실종교들도, 완전종교처럼은 아니지만 부분적이나마 종교의 개념을 드러낸다고 본다. 현실종교들이 단계적으로 전개되는 가운데 종교의 개념과 필연성이 실현되며, 현실종교는 종교변증법의 계기가 된다.

그러면 종교변증법을 실현하는 현실종교에는 어떤 것들이 있는가? 헤겔은 『종교철학』에서 종교를 규정종교와 완전종교로 대별한다. 규정종교는 유한종교이고, 완전종교는 참된 종교로서 계시종교이다. 완전종교는 참된 종교이면서 절대종교이다.

1. 규정종교(유한종교)는 종교에 대한 표상을 아는 단계이다. 직접종교, 경건함 종교, 반성종교로 일컬어지기도 한다. 물론 여기에서 반성은 엄밀한 의미의 반성이 아니라 반성적 행위를 의미한다.

2. 완전종교(혹은 계시종교)는 종교 개념의 필연성을 드러내는 기독교이다. 헤겔은 절대종교인 기독교의 근간이 되는 성경을 분석한다. 이 때 그는 신의 계시와 선악과 사건을 특이하게 접근한다. 창세기를 특이하게 설명하는 것을 보면 헤겔은 기독교를 완전종교로 분류하면서도 사실은 기독교와는 다른 종교를 개진하는 것처럼 보인다. 달리 말하면 종교철학을 구상하고 있는 것이다.

헤겔이 1의 규정종교를 반성종교라 할 때, 헤겔이 다른 책에서 사용하는 의미에 따르면 직접성과 매개성, 직접성과 반성은 서로 대립한다. 직접성을 부정하면서 반성이 일어나는데, 헤겔이 왜 『종교철학』에서는 직접종교를 반성종교라고 일컫는가? 헤겔은 각주에서 반성 형식을 다음처럼 설명한다.

① 유한자는 무한자를 전제한다. 그런데 유한자가 존재한다. 그러므로 무한자 역시 존재한다. 이 둘은 일자존재이다. 이러한 통일성(매개자)은 유한자를 통해 무한자를 전제하는 것이다. 일자의 존재는 타자의 존재이다. 이것이 대전제이다. 모든 것은 이 연관에 달려 있다. ② 유한자의 존재는 자신의 존재가 아니고 그의 타자의 존재이다. 유한자, 제약자, 즉 부정은 무한자이다. 이것은 또다시 유한자가 아니고 항상 무한자이다. ③ 이 둘의 통일 또는 분열. 통일은 고대의 것이며, 분열은 근대의 것이다(같은 책 108면).

이에 따르면 헤겔은 직접적 유한자가 이미 무한자를 전제하는 구조, 이미 매개되어 있는 구조를 보여주면서 직접성과 반성을 연결한다. 그는 이런 착상을 규정종교에서 완전종교로 넘어가는 데서도 활용하며, 신 존재를 위해 자기의식을 들여오는 기반으로 삼기도 한다.

헤겔은 종교를 규정종교와 완전종교로 구별한 다음 규정종교에 해당하는 현실종교를 구체적으로 분석한다. 규정종교는 a) 숭고함의 종교, b) 아름다움의 종교, c) 합목적성의 종교로 세분된다. 헤겔은 합목적성의 종교를 다시 1) 이기적 종교, 2) 오성종교, 은총의 종교(라이프니츠의 의식의 생동성 결여)로 나누어서 설명한다.

그런데 헤겔은 규정종교를 설명하는 과정에서 숭고함, 아름다움과 합목적성이라는 개념을 사용하면서도 다시 그것들을 구별하는 내적 근거로 직접 규정성, 본질 규정성, 개념 규정성이라는 용어를 도입한다.

왜 이런 용어를 도입할까? 잘 살펴보면 그는 『대논리학』(*Wissenschaft der Logik*, 1812~31)의 존재론, 본질론, 개념론이라는 분류 방식을 따르고 있다. 존재론, 본질론, 개념론으로 전개되는 논리학의 범주 내지 개념이 『종교철학』에서는 직접 규정성, 본질 규정성, 개념 규정성으로 대치된 것이다. 그러나 이렇게 유사한 범주 사용에도 불구하고, 헤겔은 『종교철학』과 『대논리학』의 범주들이 서로 동일한 차원은 아니라는 점을 미리 밝히고서 논의를 시작한다.

직접 규정성을 지니는 직접종교는 범신론, 스피노자주의를 포괄하는 자연종교이다. 본질 규정성을 지니는 종교는 숭고함 종교에 속하는 유대 민족신, 이슬람교, 스토아주의, 회의주의, 아름다움 종교에 속하는 희랍 신, 직관된 민족신, 판테온 등이다. 이런 본질 규정적 종교의 핵심 내용은 신의 지배, 신에 대한 복종, 노예의식, 필연성이다. 그리고 개념 규정성을 지니는 종교는 앞의 종교들을 '목적성' 개념으로 다시 분류한다.

지금까지 설명한 내용을 분명하게 하기 위해 규정종교를 도표로 정리해보자.

	직접 규정성을 지니는 직접종교	본질 규정성을 지니는 종교	개념 규정성을 지니는 종교
특징	① 직접적 의식을 지닌다. ② 현실 가운데서 아직 사유와 반성으로 진행되지 않은 종교이다(존재 규정성). ③ 직접적 의식은 직접적인 자연직관을 지닌다. ④ 무한자(존재)는 유한자에게 타자이다. ⑤ 신은 모든 현존재에 들어 있는 내재적 존재여도 무한하고 공허한 존재이다. ⑥ 모든 유한적인 것을 부정하면 숭고하게 된다.	① 내적 자립성을 지니지 못한 직접적 존재가 지양되어 본질과 보편적 사유로 이행한다. ② 본질은 대상적 존재와 동일한 자기의식이다. 본질이 대상적 존재에겐 가상이다. ③ 자기의식은 보편자를 절대적 힘으로 직관한다. ④ 본질은 힘-힘은 스스로 구별되는 절대적 부정성 ⑤ 힘을 필연성으로 정립 ⑥ 절대자는 필연성 표상-운명 표상-부자유-숭고	① 필연성 종교는 개념을 형성하여 이념의 실재와 더불어 아름다움 종교가 된다. ② 필연성에서 스스로를 포기하여 어떤 목적도 지니지 않으면 비극, 운명-부자유 ③ 필연성보다 높은 규정은 무한한 주관성이다. ④ 개념이지만, 아직은 유한한 개념이다. ⑤ 개념을 규정적 힘이 되게 하는 목적이 아직은 유한한 목적이다.
현실종교	자연종교-몰척도 형식-힘이 없는 존재 ① 동양-분열되지 않은 직관이다. ② 신 직관은 만물에 존재한다(범신론). ③ 스피노자적 동일성-구체적 표상은 자연직관	숭고-가상, 가상의 본질-미 ① 숭고함 종교-유대 민족신, 이슬람교, 스토아주의, 회의주의 ② 아름다움 종교(예술 종교)-희랍 신, 직관된 민족신, 판테온-필연적 연관만 있다.	합목적성 종교 ① 이기적 종교-직접종교, 숭고함 종교, 아름다움 종교 ② 오성종교-일자종교에서 관찰됨-유대교(완고하고 가장 생기 없는 종교), 칸트의 신학

도표에서 보듯이 직접 규정성에서 본질 규정성으로 이행할 때 이행의 고리는 '자기의식'이다. 본질은 자기의식이 등장하는 곳이다. 그리

고 본질의 가상, 본질의 현상, 그것을 야기하는 힘, 힘의 본질은 필연성인가 자유인가와 같은 주제들을 거론하여 '종교의 필연성과 자유'의 관계를 가늠할 수 있게 한다. 종교는 그저 객관적 진리인 것만이 아니라 자기의식적 진리이기도 하다.

자기의식을 통해 '근원과 드러남 간의 분열'이 형성된다. 숭고함 종교는 이것을 보여주기 시작한다. 숭고함 종교는 신과 유한자가 '직접적 통일'을 이루는 것이 아니라 분열 속에서 전개되는 자기의식의 단계다. 그럼에도 숭고함 종교는 '자기의식의 내면'은 아니다. 그래서 신과 자기의식이 여전히 '비본질적 분리' 내지 '비본질적 통합' 상태이다. 그래서 비본질성을 지양하면서 가상과 필연성의 분열을 야기한다. 이 분열을 다시 지양하는 것은 '목적' 개념이다. '목적' 개념을 통해서 완전종교에 이른다.

8. 참된 종교로서 계시종교: 기독교

앞에서 규정종교에 대해 설명했으니, 이제 완전종교이면서 참된 종교인 계시종교로 넘어가보자. 헤겔이 계시종교를 중시하는 이유는—직접 규정성을 지니는 종교처럼 유한자와 무한자가 무의식적, 무규정적 일치를 이루는 것이 아니라—유한자와 무한자의 구별 내지 간극이 존재하기 때문이다. 더불어 간극을 지양하고 인식을 가능케 하는 계시, 무한자의 계시도 있기 때문이다.

그런데 왜 계시종교가 참된 종교가 되는가? 헤겔은 신을 초월적 존재, 인격적 존재로 간주하는 것을 거부하기 때문이다. 초월적 존재는 인식 불가능하다. 인식 불가능성은 철학적 자기의식과 대립하며, 종교에 대한 사변적 이해를 가로막는다. 그에 반해 기독교는 신 인식이 가능하며, 인간의 인식과 자기의식을 통해 실현되는 지점을 가지고 있다. 헤겔이 『종교철학』과 『역사철학강의』에서 보여주듯이, 우리에게는 '신을 인식할 가능성'과 '신을 인식할 의무'가 동시에 주어져 있다. 성경의 '너는 신을 알라'라는 명령은 헤겔의 착상과 긴밀하게 연결된다. 유한자에게 자신에 대한 앎을 요구하는 신이 '자신을 알게 하는 능력'을 유한자에게 부여하지 않는다면, 그 자체로 모순이 아니겠는가?

그러면 '신을 알라'라는 명령을 실현 가능하게 하는 요소는 무엇인가? 이성이다. 여기에서 인간 이성이 신을 알 수 있는 것은 신이 자기를 '계시'하기 때문이다. 계시는 유한자가 신을 아는 근간이면서 신의 본질이기도 하다. 계시하는 신은 정신적 존재로서 지속적으로 사유활동을 한다. 사유활동은 신이 자기를 규정하는 부정성이다. 신은 '부정적 자기관계'를 실현하며, 이로 인해 계시된다. 계시되는 신에 대한 인간의 자기의식적 관계는 정신의 자기관계 내지 자기전개를 실현하는 종교변증법으로 진행된다.

> 신은 세계를 창조하고 스스로를 계시한다. 계시는 행해진 것으로서의 시원이 아니며, 유일한 행위로 끝나고 다시는 행해지지 않는 영원한 신의 의지가 아니다. 이럴 경우 이것은 신의 의지라기보다는 신의 자의이다. 이와 달리 계시는 오히려 신의 영원한 본성이다. (『종교철학』 245면)

신은 자신을 계시하지 않을 수 없으며, 계시는 신의 본성이다. 그런데 계시가 지속적으로 일어나는 이유는 무엇인가? 정신의 본성 자체가 '사유'이기 때문이다. 정신은 스스로 사유하며, 사유활동은 '활동 이전'과 '활동 이후'를 야기한다. 활동 이전과 이후 사이에서 규정과 구별이 등장하며, 그 규정은 정신의 자기규정이다. 정신은 자기를 규정하고 구별을 산출한다. 활동 자체는 자기를 규정하는 과정이며, 자기규정은 '자기와의 분열'을 의미한다. 정신은 분열로 인해 자기와의 대립을 야기하지만, '하나의 정신'이기 때문에 대립을 지양하여 자기와 '하나로 통일'된다.

이렇게 자기를 구별하고 다시 구별을 지양하는 절대적 부정성이 신의 활동으로서의 자기계시이다. "정신의 본성은 자신을 나타내고 대상화하는 것이다"(같은 책 245면). 신은 본성상 자기를 규정하고 부정하며, 그 과정이 곧 자기의 드러남이다. 이러한 '신의 계시와 현현'이 현실종교를 거치면서 종교의 개념화를 야기하며, 현실종교들을 역사적으로, 개념적으로 재구성하면서 종교의 개념과 필연성이 정립된다.

그런데 누가 계시를 파악하는가? 신은 정신적 존재이기 때문에 정신성을 파악하는 것도 신과 동일하게 정신을 지닌 존재이어야 한다. 성경에서 신은 '영'으로서 '영에 대해 존재하는 것'이라고 말했기에, 그는 바로 영을 지닌, 유한한 의식을 지닌 인간이다. 신은 '무한한 정신'이고 인간은 '유한적 정신'이며, 양자는 정신이기에 상호작용한다. 무한한 영으로서 신은 '유한한 영으로서의 인간'에게 자기를 계시한다. "정신은 자신과 동일한 정신에만 계시되며 종교적인 것 가운데 들어 있는 대상이고 정신 아닌 다른 존재가 아니다"(같은 책 246면).

그러므로 계시는 유한하지만 정신적 존재인 인간에게 의식되고 파악되며, 이로 인해 무한성의 규정이 전개된다. 유한한 의식의 자기의식적 반성 속에서 종교변증법이 전개되며, 그래서 신의 계시와 그 완성도 인간 없이는 불가능하다. 종교의 역사에서 계시하는 신은 기독교에서 분명하게 정립된다.

그러나 헤겔이 상정하는 신적 정신은 실제 기독교와는 달리 유한한 의식에 여변(餘邊) 지대를 남기는 초월신이나 인격신을 의미하지는 않는다. 헤겔의 유한자는 '계시되지만 파악되지 않는 여변 지대를 남기는 기독교 본래의 한계'를 넘어선다. 정신으로서의 신은 유한한 정신적 존재를 통해, 유한한 정신의 자기의식적 사유를 통해 정립되고 완성된다.

여변 지대를 넘어가는 인간과 신의 상호작용은 종교의 사변과 맞물려 있다. 신은 '스스로 존재하는 정신'이면서 동시에 '유한한 의식에 대해 존재하는 의식'이다. 달리 말하면 신은 '대(對)의식 존재'(대자존재)이다. 헤겔은 대의식 존재라는 것을 통해 계시성과 창조를 연결한다.

"기독교는 계시종교다. (⋯) 이 종교의 규정과 내용은 계시와 현현이다. 다시 말해서 계시와 현현은 의식에 대한 존재이며, 이 대의식 존재는 신 자신이 정신으로서 정신에 대해 존재하며 영으로서 영에 대해 존재하는 것이다. 신은 의식이면서 동시에 대의식 존재이다"(같은 책 245면). 인간과 신의 종교변증법이 가능한 것은 신의 계시가 정신의 외화로 드러나기 때문이다. 이때 외화는 창조로 설명된다. 그래서 신은 "먼저 유한성의 방식으로 계시된다"라고 헤겔은 주장한다(같은 곳).

신은 계시된다. 그래서 신은 '의식적 존재'이면서 동시에 '대의식 존재'이다. 신이 대의식적 존재인 이유는 유한성의 방식으로 자신을 계시하는 것과 맞물려 있다. 신을 대의식 존재로 만드는 계시는 자연 창조와 인간 창조로 접근 가능하다. 그러나 "자연은 계시되고 나타나지만 계시 자체는 아니다"(같은 책 245면). 그럼에도 자연은 신의 정신이 드러나고, 유한자가 신을 인식하는 기반이 된다.

자연으로의 계시가 그러하니, 인간으로의 계시는 신에 더 근접해 있다고 할 수 있다. 물론 인간으로의 계시를 설명하는 헤겔의 최종 단계는 인간 창조보다는 삼위일체에서 제대로 가늠할 수 있다. 성부와 성자와 성령의 관계에서 성부는 자신을 성자로 외화한다. 성자는 신의 아들로서 예수이지만 예수는 '인간'이기도 하다. 인간 예수는 세속적 삶을 통해 인간과 신을 매개하는 역할을 하며, 매개의 완성이 성령이다. 성령은 예수가 세속적 삶을 통해 형성하는 교회공동체와 그 속에서 드러나는 제의에서 논의된다. 그러므로 설령 예수가 죽는다고 해도, 성부와 성자의 매개는 교회공동체로서 성령을 통해 지속되고 실현된다.

게다가 각 개인은 '성자 예수이면서 인간 예수'라고 할 수 있는 내면과 정신성과 자유를 지닌다. 예수가 실현하고자 하는 성령은 각 개인을 통해서 배태된다. 그러므로 신을 인식하지 못한다거나, 인식 불가능한 신 내지 초월신을 상정하는 것은 삼위일체 정신에 위배된다. 초월신을 상정하는 것은 '인간 비하의 마지막 단계'이다. 헤겔은 기독교의 삼위일체를 통해 신과 인간을 매개하고, 무한한 정신과 유한한 정신이 통일되는 단계를 설명한다. 그러한 매개와 통일이 종교의 개념화, 종교의 철학화를 가능케 한다.

9. 종교의 철학화: 종교의 완성과 해체

헤겔이 청년기에 신학에서 철학으로 진로를 바꾸고 유한자와 무한자의 관계 내지 양자의 통일을 철학적 문제의 초석으로 삼을 때, 그에게 중요한 것은 '진리 찾기'이다. 그 진리는 절대자, 절대정신으로 완성된다.

진리는 종교와 철학에서 서로 중첩적으로 전개된다. 그래서 헤겔 철학의 진수를 '종교철학'이라고 해석하는 사람들도 있다. 게다가 헤겔이 종교철학 서두에서 "철학은 곧 신학이며 신학에 대한 몰두이다. 신학에 몰두하는 철학은 그 자체가 곧 예배다"라고 천명하기 때문에(같은 책 12면), 헤겔 철학을 종교철학으로 해석하는 것도 무리는 아니다.

헤겔은 진리를 파악하고 그것의 필연성을 정립할 때, 신을 파악하는 인간의 자기의식도 근본 동력으로 삼는다. 자기의식을 강조하는 것은 종교에서도 인간 이성과 자유가 극대화되고, 주관과 객관이 상호작용함으로써 종교의 개념과 필연성이 실현됨을 의미한다. 헤겔이 기독교를 참된 종교로 설정하는 것은 그 속에서 종교와 철학이 '진리 실현'으로서 동근원성을 지닌다는 점을 보여주기 때문이다. 헤겔에게 종교는 개념화되고 철학화된다. 이때 인간 이성과 자유의 극대화는 종교변증법을 가능케 하는 한 축이다. 즉 종교의 개념과 그것의 필연성을 정립하고 실현하는 축이다.

이런 방식으로 나아가면 종교의 완성과 종교의 해체를 거론할 수 있다. 종교의 개념화, 종교의 철학화를 시도하는 헤겔의 종교변증법이 완성되면, 거기에서 궁극적으로 종교적 표상은 해체된다. 종교변증법의 실현은 종교의 완성이면서 해체다.

| 이정은 |

| 참고문헌 |

1부

1장

게이 피터 (1998)『계몽주의의 기원』, 주명철 옮김, 민음사.

맥그라스, 앨리스터 (2006)『종교개혁사상』, 최재건 옮김, 기독교문서선교회.

스미스, 윌프레드 캔트웰 (1991)『종교의 의미와 목적』, 길희성 옮김, 분도출판사.

암스트롱, 카렌 (1999)『신의 역사』, 배국원·유지황 옮김, 동연.

_____ (2010)『신을 위한 변론』, 정준형 옮김, 웅진지식하우스.

이태하 (1999)『경험론의 이해: 자연과학에서 문예비평으로』, 프레스 21.

카시러, 에른스트 (1995)『계몽주의 철학』, 박완규 옮김, 민음사.

2장

김성환 (2008)『17세기 자연 철학: 운동학 기계론에서 동력학 기계론으로』, 그린비.

김영식 (2001)『과학 혁명: 전통적 관점과 새로운 관점』, 아르케.

송성수·손영란 외 (1994)『과학 이야기주머니: 인물로 보는 서양 과학사 1』, 녹두.

웨스트폴, 리처드 (2001)『프린키피아의 천재: 뉴턴의 일생』, 최상돈 옮김, 사이

언스북스.

Descartes, R. (1985) *Meditations on First Philosophy*. in J. Cottingham, R. Stoothoff, and D. Murdoch. tr. *The Philosophical Writings of Descartes*. Cambridge: Cambridge University Press. 2 vols. vol. 2. (『성찰』)

Galilei, G. (1970) *Dialogue Concerning the Two Chief World Systems*. tr. S. Drake. Berkeley: University of California Press. (『두 주요 우주체계에 관한 대화』)

Hooykaas, R. (1972) *Religion and the Rise of Modern Science*. Michigan: Eerdmans. (『종교와 근대과학의 성장』)

Merton, R. (1970) *Science, Technology and Society in Seventeenth Century England*. New York: Harper & Row Publishers. (『17세기 영국의 과학, 기술, 사회』)

Newton, I. (1960) *Mathematical Principles of Natural Philosophy*. tr. Andrew Motte (1729) and rev. F. Cajori. Berkeley: University of California Press. (『자연철학의 수학적 원리』)

Westfall, R. (1983) *Never at Rest: A Biography of Isaac Newton*. Cambridge: Cambridge University Press. (『결코 쉬지 않는』)

3장

Wendel, F. (1992) *Calvin: The Origins and Development of his Religious Thought*. New York and London: Garland. (『칼뱅』)

2부

4장

데까르뜨 (1997) 『방법서설 외』, 이현복 옮김, 문예출판사.

_____ (1997) 『성찰 외』, 이현복 옮김, 문예출판사.

_____ (2002) 『철학의 원리』, 원석영 옮김, 아카넷.

_____ (2012) 『성찰』, 원석영 옮김, 나남.

서양근대철학회 (2010) 『서양근대윤리학』, 창비.

_____ 『서양근대철학의 열가지 쟁점』, 창비.

Anselmus (1077~78) *Proslogion*. (『프로슬로기온: 이해를 추구하는 신앙』)

Aquinas, Thomas (1267~74) *Summa theologicae*. (『신학대전』)

Augustinus, A. (428) *De Trinitate contra Arianos libri quindecim*. (『삼위일체론』)

Descartes, Rene (1637) *Discours de la méhode*. (『방법서설』)

_____ (1974) *Œuvres de Descartes*. publiées par Adam Charles & Tannery Paul. Paris: J. Vrin. (AT)

_____ (1985) *The Philosophical Writings of Descartes*. vol. 1, 2. tr. J. Cottingham, R. Stoothoff, and D. Murdoch. Cambridge: Cambridge University Press. (CSM)

_____ (1997) *The Correspondence: The Philosophical Writings of Descartes*. vol. 3. tr. Kenny Anthony, et al. Cambridge: Cambridge University Press. (CSMK)

Kant, I. (1781) *Kritik der reinen Vernunft*. hg. von Raymund Schumidt. Hamburg: Meiner Verlag 1990. (『순수이성비판』A, B판 대비 편집)

5장

김용환 (1999)『홉스의 사회·정치철학』, 철학과 현실사.

홉스 (2013)『시민론』, 이준호 옮김, 서광사.

데카르트 (2012)『〈성찰〉에 대한 학자들의 반론과 데카르트의 답변』, 원석영 옮김, 나남.

Aubrey, John (1898) *Brief Lives*. Andrew Clark, ed. Oxford: Clarendon Press.

Hobbes, Thomas (1969) *The Elements of Law*. M. M. Goldsmith, ed. London: Frank Cass.

_____ (1972) *Man and Citizen (De Homine)*. Bernard Gert, ed. Open Humanities Press.

_____ (1980) *Leviathan*. C. B. Macpherson, ed. London: Penguin Books.

_____ (1990) *Behemoth*. F. Tonnis, ed. Chicago: The University of Chicago Press.

_____ (1992) *The English Works of Thomas Hobbes*. W. Molesworth, ed. Oxford: Routledge.

_____ (1992) "Considerations upon the Reputation, Loyalty, Manners, and Religion of Thomas Hobbes." *The English Works of Thomas Hobbes*. vol. IV.

_____ (1992) "Historical Narration concerning Heresy, and the Punishment thereof." *The English Works of Thomas Hobbes*. vol. IV.

_____ (1992) "Severn Philosophical Problems." *The English Works of Thomas*

Hobbes. vol. VII.

Lucretius (1981) *On the Nature of the Universe.* London: Penguin Books.

Martinich, A. P (1999) *Hobbes A Biography.* Cambridge: Cambridge University Press.

6장

Descartes, René (1982~89) *Meditatio* III, V. in *Œuvres Complètes.* ed. Ch. Adam et Paul Tannery. Paris: J. Vrin. (『성찰』)

Evans, C. Stephen (1982) *Philosophy of Religion: Thinking about Faith.* Westmont, Illinois: InterVarsity Press. (『종교철학』)

Genet, C. (1973) *Pensées, Pascal.* Paris: Editions Hatier. (『빵세, 빠스깔』)

Gilson, Etienne (1987) *Introduction à l'étude de Saint Augustin.* Paris: J. Vrin. (『아우구스티누스 연구』)

Gouhier, Henri (1986) *Pascal: Conversion et Apologétique.* Paris: J. Vrin. (『빠스깔: 회심과 변증』)

Mesnard, Jean (1965) *Pascal.* Paris: Desclée de Brouwer. (『빠스깔』)

Pascal, Blaise (1962) *Pensées.* texte établi par Louis Lafuma. Paris: Seuil. (『빵세』. 단장번호는 이 판본을 따름.)

_____ (1963) "De l'art de persuader." in *Œuvres Complètes.* préface d'Henri Gouhier. présentation et notes de Louis Lafuma. Paris: Seuil. (「설득의 기술에 관하여」『전집』)

Périer, Gilberte (1963) "La Vie de M. Pascal." in *Œuvres Complètes.* préface d' Henri Gouhier. présentation et notes de Louis Lafuma. Paris: Seuil. (「빠스깔의 생애」,『전집』)

7장

아퀴나스, 토마스 (1997) 『신학대전』 3권, 정의채 옮김, 바오로딸.

아우구스티누스 (1998) 『자유의지론』, 성염 옮김, 분도출판사.

_____ (2004) 『신국론 11~18권』, 성염 옮김, 분도출판사.

Arnauld, Antoine (1775) *Reflexions philosophiques et theologiques sur le nouveau systeme de la nature et de la grace.* in *Œuvres de Messire Antoine Arnauld.* vol. 38.

Paris: Sigismond D'Arnay. (『자연과 은총의 새로운 체계에 대한 철학적·신학적 성찰』)

Larmore, Charles (1993) *Modernité et morale*. Paris: Presses universitaires de France. (『근대성과 도덕』)

Leibniz, G. W. (1969) *Essais de Théodicée*. ed. Jacques Brunschwig. Paris: Flammarion. (『변신론』, 이근세 옮김, 아카넷 2014)

Malebranche, Nicholas. (1976) *Œuvres Complètes de Nicolas Malebranche*. ed. Andre Robinet. Paris: J. Vrin. (『전집』)

_____ (1976) *Réponse au livre I des Réflexions philosophiques et théologiques*. (『아르노의 철학적·신학적 고찰에 대한 반론』, 『전집』 8권)

_____ (1976) *Méditations chrétiennes et métaphysiques*. (『기독교적·형이상학적 성찰』, 『전집』 10권)

_____ (1976) *Entretiens sur la métaphysique et sur la religion*. (『형이상학과 종교에 관한 대화』, 『전집』 12권)

_____ (1992) *Treatise on Nature and Grace*. tr. Patrick Riley. New York: Oxford University Press. (『자연과 은총에 관한 논고』)

Moreau, Denis (1999) *Deux cartésiens: la polémique entre Antoine Arnauld et Nicholas Malebranche*. Paris: J. Vrin.

Nadler, Steven. ed. (2000) *The Cambridge Companion to Malebranche*. Cambridge / New York: Cambridge University Press.

_____ (2010) *The Best of All Possible Worlds*. Princeton, NJ: Princeton University Press.

8장

내들러, 스티븐 (2013) 『에티카를 읽는다』, 이혁주 옮김, 그린비.

Curley, Edwin (1988) *Behind the Geometrical Method*. Princeton, NJ: Princeton University Press. (『기하학적 방법의 배후』)

Gueroult, Martial (1974) *Spinoza*. Paris: Aubier 1968~74. 2 vols. (vol. 1 Dieu: Ethique 1, 1968; vol. 2 L'Ame Ethique 2) (『스피노자』)

LAGREE, Jacqueline (1988) "Sens et verite: Philosophie et theologie chez L. Meyer et Spinoza." *Studia Spinozana*. vol. 4. Wurzburg: Konigshausen & Neumann.

_____ (1994) "Irrationality with or without Reason." in *The Books of Nature and Scripture*. ed. James Force and Richard Popkin. Dordrecht / Boston / London: Kluwer Academic Publishers.

Matheron, Alexandre (1968) *Individu et communaute chez Spinoza*. Paris: Edition de Minuit.

_____ (1997) "The Theoretical Function of Democracy in Spinoza and Hobbes." ed. W. Montag & T. Stolze. *The New Spinoza*. Minneapolis: University of Minnesota Press. (『스피노자 철학에서 개인과 공동체』)

Misrahi, Robert (1977) "Spinoza and Christian thought." *Speculum Spinozanum 1677-1977*. ed. Siegfried Hessing. London: Henley and Boston: Routledge & Kegan Paul. (「스피노자와 그리스도교 사상」)

Rousset, Bernard (1968) *La perspective finale de L'Éthique et le probleme de la coherence du spinozism*. Paris: J. Vrin. (『〈에티카〉의 최종 관점과 스피노자주의의 일관성 문제』, 『〈에티카〉의 최종 관점』으로 약칭)

Spinoza, Baruch De (1904) *Œuvres de Spinoza*. Traductions et notes par Charles Appuhn. Paris: Garnier; reedition GF-Flammarion 1964~66. 4 vols.

_____ (1925) *Spinoza Opera*. Im Auftrag der Heidelberger Akademie der Wissenschaften herausgegeben von Carl Gebhardt. Heidelberg: Carl Winters Universitatsbuchhandlung. (『신, 인간, 인간의 행복에 관한 소론』 수록, KV로 약칭)

_____ (1979) *Traité de la réforme de l'entendement*. Texte traduction et notes par Alexandre Koyre. Paris: J. Vrin (『지성개선론』, TdIE로 약칭)

_____ (1985) *The Collected Works of Spinoza*. tr. and intro. E. Curley. Princeton, NJ: Princeton University Press.

_____ (1988) *Éthique. Texte original et traduction par Bernard Pautrat*. Paris: Editions du Seuil. (『에티카』)

_____ (2001) *Theological-Political Treatise*. tr. Samuel Shirley. second edition. Indianapolis: Hackett Publishing. (TTP로 약칭)

_____ (1995) *The Letters*. tr. Samuel Shirley. Indianapolis: Hackett Publishing. (「올덴부르크에게 보내는 서한」, 「서한」으로 약칭)

Yovel, Y. (1991) "The Infinite Mode and Natural Laws in Spinoza." ed. Y. Yovel. *God and Nature. Spinoza's Metaphysics*. Papers Presented at The First Jerusalem

Conference (Ethica I) Leiden: E. J. Brill.

Yovel, Y., ed. (1991) "God and Nature. Spinoza's Metaphysics." Papers Presented at The First Jerusalem Conference (Ethica I). Leiden: E. J. Brill.

Zac, Sylvain (1965) *Spinoza et l'interprétation de l'Écriture*. Paris: Presses universitaires de France. (『스피노자와 성서의 해석』)

_____ (1985) *Essais Spinozistes*. Paris: J. Vrin. (『스피노자론』)

3부

9장

로크, 존 (2008) 『관용에 관한 편지』, 공진성 옮김, 책세상.

_____ (2009) 『관용에 관한 편지』, 최유신 옮김, 철학과현실사.

마타오, 노다 (1998) 『로크의 삶과 철학』, 정달현 옮김, 이문출판사.

코플스톤, F. (1991) 『영국경험론』, 이재영 옮김, 서광사.

흄, 데이비드 (2008) 『자연종교에 관한 대화』, 이태하 옮김, 나남.

Biddle, J. C. (1976) "Locke's Criticism of Innate Principles and Toland's Deism." *Journal of the History of Ideas*. vol. 37. no. 3. July-September.

Jolley, N. (1990) "Leibniz on Locke and Socinianism." *Philosophy, Religion and Science in the 17th and 18th Centuries*. ed. J. W. Yolton. Rochester. NY: University of Rochester Press.

_____ (2007) "Locke on Faith and Reason." *The Cambridge Companion to Locke's "Essay concerning Human Understanding"*. ed. L. Newman. Cambridge: Cambridge University Press.

Kessler, S. (1985) "John Locke's Legacy of Religious Freedom." *Polity*. vol. 17. no. 3. Spring.

Locke, J. (1954) *Essays On the Law of Nature*. ed. W. von Leyden. The Latin Text with a translation, introduction and notes, together with transcripts of Locke's shorthand in his journal for 1676. Oxford: Clarendon Press. (『자연법론』)

_____ (1963) *A Letter concerning Toleration*. in *The Works of John Locke* 6. (New Edition) Corrected in 10 vols. reprinted. Amsterdam: Scientia Verlag Aalen. (『관용에 관한 편지』)

_____ (1963) *Discourse of Miracles.* in *The Works of John Locke* 9. (New Edition) Corrected in 10 vols. reprinted. Amsterdam: Scientia Verlag Aalen. (『기적론』)

_____ (1963) *Paraphrases and Notes on the Epistles of St. Paul to the Galatians, Corinthians, Romans, and Ephesians, to which is Prefixed, An Essay for the Understanding of St. Paul's Epistles, by Consulting St. Paul Himself.* in *The Works of John Locke* 8. (New Edition) Corrected in 10 vols. reprinted by Scientia Verlag Aalen. (『바울 서신 주석』)

_____ (1963) *Some thoughts concerning Education.* in *The Works of John Locke* 9. (New Edition) Corrected in 10 vols. reprinted. Amsterdam: Scientia Verlag Aalen. (『교육론』)

_____ (1967) *Two Tracts on Government.* ed. Philip Abrams. Cambridge: Cambridge University Press. (『통치론 소고』)

_____ (1967) *Two Treatises of Government.* ed. P. Laslett. Cambridge: Cambridge University Press. (『통치론』)

_____ (1975) *An Essay concerning Human Understanding.* ed. P. H. Nidditch. Oxford: Clarendon Press. (『인간지성론』)

_____ (1999) *The Reasonableness of Christianity as delivered in the Scriptures.* ed. J. C. Higgins-Biddle. Oxford: Clarendon Press. (『기독교의 합당성』)

Moore, J. T. (1978) "Locke on Assent and Toleration." *Journal of Religion.* vol. 58. no. 1. January.

Nuovo, V. (2002) *John Locke: Writings on Religion.* Oxford: Clarendon Press.

_____ (2011) "Christianity, Antiquity and Enlightenment: Interpretation of Locke." *International Archives of the History of Ideas.* vol. 203. Spring.

Pearson, Jr., S. C. (1978) "The Religion of John Locke and the Character of his Thought." *Journal of Religion.* vol. 58. no. 3. July.

Savonius-Wroth, S.-J. ed. (2010) *The Continuum Companion to Locke.* London / New York: Continuum.

Spellman, W. M. (1987) "The Christian Estimate of Man in Locke's Essay." *Journal of Religion.* vol. 67. no. 4. October.

Wallace, Jr., D. D. (1984) "Socinianism, Justification by Faith, and the Sources of John Locke's The Reasonableness of Christianity." *Journal of the History of Ideas.* vol. 45. no. 1. January-March.

Wolterstorff, N. (1994) "Locke's Philosophy of Religion." *The Cambridge Companion to Locke*. ed. V. Chappell. Cambridge: Cambridge University Press.

Yolton, J. W. (1993) *A Locke Dictionary*. Oxford: Blackwell Publishers.

10장

박제철 (2013) 『라이프니츠의 형이상학』, 서울: 서강대학교 출판부.

Antognazza, M. R. (2007) *Leibniz on the Trinity and the Incarnation: reason and revelation in the seventeenth century*. New Haven: Yale University Press.

Jolley, N. (2005) *Leibniz*. New York: Routledge.

Lee, S. M. (2008) *Die Metaphysik des Körpers bei G. W. Leibniz*. Berlin: WVB.

Leibniz, G. W. (1923ff) *Sämtliche Schriften und Briefe*. hrsg. von der Preusischen (after Deutschen) Akademie der Wissenschaften zu Berlin; now Berlin-Brandenburgische Akademie der Wissenschaften, Reihe I-VII. Darmstadt, after Leipzig, now Berlin.

_____ (1978) *Die Philosophischen Schriften von Gottfried Wilhelm Leibniz*. hrsg. von C. I. Gerhardt, 7 Bde. Berlin 1875-1890. Nachdruck Hildesheim und New York.

Look, B. (2011) *The Continuum companion to Leibniz*. London: Continuum.

Mates, B. (1986) *The philosophy of Leibniz: Metaphysics and Language*. New York: Oxford University Press.

Adams, R. M. (1994) *Leibniz: Determinist, Theist, Idealist*. New York: Oxford University Press.

Russell, B. (1900) *The Philosophy of Leibniz*. Cambridge: Cambridge University Press.

11장

Clarke, Samuel (1998) *A Demonstration of the being and attributes of God and other writings*. ed. Vailati, Ezio. New York: Cambridge University Press. (『속성과 존재의 입증』)

Locke, John (1963) *The Reasonableness of Christianity* in *The Works of John Locke* vol. I, VII. (New Edition) Corrected in 10 vols. reprinted. Amsterdam:

Scientia Verlag Aalen. (『기독교의 합당성』)

Orr, John (1934) *English Deism: Its Roots and Its Fruits*. Grand Rapids, MI: Eerdmans. (『영국 이신론: 그 뿌리와 열매』)

Shaftesbury (1711) *Characteristics of Men, Manners, Opinions, Times*. vol. 2. Gloucester, Mass.: Peter Smith. (『인간의 성격과 태도, 의견, 그리고 시대』)

Smith, Wilfred Cantwell (1991) *The Meaning and End of Religion*. Minneapolis: Fortress Press. (『종교의 의미와 목적』)

Stephen, Leslie (1902) *History of English Thought in the Eighteenth Century*. vol. 1. New York: G. P. Putnam's Sons. (『18세기 영국사상사』)

12장

이석재 (2014) 「이성의 열쇠로 풀어본 세계」, 『성찰』, 『인문학 명강, 서양고전』, 21세기북스.

_____ (2012) 「버클리 정신과 관념의 이원론」, 『마음과 철학: 서양편 상 — 플라톤에서 마르크스까지』, 서울대학교 철학사상연구소 엮음, 서울대학교출판문화원.

Adams, Robert (1973) "Berkeley's Notion of Spirit." *Archiv für Geschichte der Philosophie* 55 (1) pp. 47-69.

Berkeley, George (1948~57) *The Works of George Berkeley, Bishop of Cloyne*. eds. A. A. Luce and T. E. Jessop. London: Thomas Nelson and Sons. (『전집』)

_____ "Philosophical Commentaries." 『전집』 1권 9~104면 (『철학적 논평』)

_____ *Of the Principles of Human Knowledge: Part 1*. 『전집』 2권 41~113면 (『원리론』)

_____ *Alciphron or The Minute Philosopher*. 『전집』 3권 21~337면 (『알키프론』)

_____ *Three Dialogues between Hylas and Philonous*. 『전집』 2권 163~263면 (『세대화』)

Clark, Stephen R. L. (2005) "Berkeley on religion." *Cambridge Companion to Berkeley*. ed. Kenneth P. Winkler. Cambridge: Cambridge University Press.

Freddoso, A. (1994) "God's General Concurrence with Secondary Causes: Pitfalls and Prospects." *American Catholic Philosophical Quarterly*. vol. LXVII. no. 2.

Lee, Sukjae (2012) "Berkeley on the Activity of Spirits", *British Journal for the*

History of Philosophy 20: 3 pp. 539-76.

McDonough, Jeffrey (2008) "Berkeley, Human Agency, and Divine Concurrence." *Journal of the History of Philosophy* 46: 4 pp. 567-90. (「버클리, 인간의 활동성, 그리고 공동작용론」)

Pearce, Kenneth (forthcoming) "Berkeley's Philosophy of Religion." in *The Continuum Companion to Berkeley*. eds. Richard Brook and Bertil Belfrage. Bloomsbury Academic. (「버클리의 종교철학」)

Winkler, Kenneth (2005) *Cambridge Companion to Berkeley*. Cambridge: Cambridge University Press.

13장

이성덕 (2008) 「독일 경건주의와 초기 계몽주의: 할레 대학의 '볼프 사건'과 관련하여」, 『역사신학논총』 16권.

Byrne, James M. (1997) *Religion and the Enlightenment*. Louisville, Kentucky: Westminster John Knox Press.

Corr, Charles A. (1973) "The Existence of God, Natural Theology and Christian Wolff." *International Journal for Philosophy of Religion*. vol. 4.

Irwin, Terence (2008) *The Development of Ethics*. vol. II. London: Oxford University Press.

Schneewind, J. B. (1988) *The Invention of Autonomy*. Cambridge: Cambridge University Press.

Wolff, Christian (1736~37) *Theologia naturalis methodo scientifica pertractata*. Reprinted by Nabu Press 2011. (『과학적 방법으로 검토한 자연신학』)

14장

김용민 (2004) 『루소의 정치철학』, 인간사랑.

디드로, D. (2006) 『달랑베르의 꿈』, 김계영 옮김, 한길사.

_____ (2010) 『맹인에 관한 서한』, 이은주 옮김, 지만지.

루소, 장 자크 (1988) 『사회계약론』, 정성환 옮김, 홍신문화사.

_____ (2003) 『인간 불평등 기원론』, 주경복, 고봉만 옮김, 책세상.

_____ (2007) 『에밀 또는 교육론』, 1, 2권, 이용철, 문경자 옮김, 한길사.

린드버그, D., 넘버스, R. (1998) 『신과 자연, 기독교와 과학 그 만남의 역사』, 이

정배, 박우석 옮김, 이화여자대학교 출판부.

볼테르 (2001) 『관용론』, 송기형, 임미경 옮김, 한길사.

세, 앙리 (2000) 『18세기 프랑스 정치사상』, 나정원 옮김, 대우 아카넷.

안인희 외 (1992) 『루소의 자연교육사상』, 이화여자대학교 출판부.

이은주 (1997) 『디드로, 사상과 문학』, 건국대학교 출판부.

카시러, E. (1995) 『계몽주의 철학』, 박완규 옮김, 민음사.

Diderot, D. (1746) *Pensées philosophiques*. (『빵세』, 『전집』 수록)

_____ (2010) *Œuvres philosophiques, Bibliotheque de la pleiade*. Paris: NRF. (『전집』)

_____. ed. (1751~65) *Encyclopédie*. (『백과전서』, 『전집』 수록)

Goldschmidt, V. (1974) *Anthropologie et politique, Les principes du systeme de Rousseau*. Paris: J. Vrin.

Gouhier, H. (1983) *Rousseau et Voltaire, Portraits dans deux miroirs*. Paris: J. Vrin.

Lefebvre, H. (1949) *Diderot ou les affirmations fondamentales du materialisme*. Paris: Hier et Aujourd'hui .

Lepape, P. (1997) *Voltaire le conquerant: naissance des intellectuels au siecle des Lumieres*. Paris: Seuil.

Le Ru, V. (2005) *Voltaire newtonien, Le combat d'un philosophe pour la science*. Paris: Vuibert / ADAPT.

Martin-Haag, E. (2002) *Voltaire: Du cartesianisme aux Lumieres*. Paris: J. Vrin.

Masson, P.-M. (1916) *La Religion de Jean-Jacques Rousseau*. Paris: Hachette.

Metayer, G. (2011) *Nietzsche et Voltaire: De la liberte de l'esprit de la civilisation*. Paris: Flammarion.

Newton, I. (1934) *Mathematical Principles of Natural Philosophy*. tr. Andrew Motte. ed. Florian Cajori. Berkeley: University of Califonia. (『자연철학의 수학적 원리』)

Oestreicher, J. (1936) *La pensée politique et économique de Diderot*. Vincennes: Imprimerie Rosay.

Pomeau, R. (1956) *La religion de Voltaire*. Paris: Colin.

_____ (1963) *Politique de Voltaire*. Paris: Colin.

Quintili, P. (2001) *La pensée critique de Diderot: matérialisme, science et poésie à l'âge de l'Encyclopedie* 1742-1782. Paris: Honoré Champion.

Rousseau, J.-J. (1964) *Œuvres Complètes*. I, III, IV. Bibliotheque de la pleiade. Paris: NRF. (『전집』I, III, IV)

Starobinski, J. (1976) *Jean-Jacques Rousseau: la transparence et l'obstacle*. Paris: Gallimard.

Trousson, R. (2005) *Denis Diderot ou le vrai Prométhée*. Paris: Tallandier.

Voltaire. (1962) *Essai sur les mœurs et l'esprit des nations*. Paris: Editions Sociales. (『풍속론과 민족의 정신』)

_____ (1975) *Lettres philosophiques*. Paris: Flammarion. (『철학서신』)

_____ (1993) *Traite sur la tolerance*. Paris: Flammarion. (『관용론』)

Waterlot, G. (1996) *Voltaire: le procureur des Lumieres*. Paris: Michalon.

_____ (2004) *Rousseau, Religion et politique*. Paris: Presses universitaires de France.

15장

윤노빈 (2003) 『신생철학』, 학민사.

흄, 데이비드 (2004) 『종교의 자연사』, 이태하 옮김, 아카넷.

_____ (2008) 『자연종교에 관한 대화』, 이태하 옮김, 나남.

Hume, D. (2006) *An Enquiry concerning Human Understanding*. ed. Tom L. Beauchamp. Oxford: Clarendon Press. (『인간 오성에 관한 탐구』)

_____ (1980) *A Treatise of Human Nature*. ed. L. A. Selby-Bigge. Oxford: Oxford University Press. (『인간 본성에 관한 논고』)

Mossner, E. (1980) *The Life of David Hume*. (2nd edn) Oxford: Oxford University Press. (『데이비드 흄의 삶』)

16장

김진 (2011) 『칸트와 역사신학의 문제』, UUP.

임혁재 (2006) 『칸트의 철학』, 철학과현실사.

카시러, E. (1995) 『계몽주의 철학』, 박완규 옮김, 민음사.

칸트, 임마누엘 (1974) 『판단력비판』, 이석윤 옮김, 박영사.

_____ (1984) 『이성의 한계 안에서의 종교』, 신옥희 옮김, 이화여자대학교 출판부.

_____ (1999) 『칸트의 형이상학 강의』, 이남원 옮김, UUP.

I. Kant (1817) *Vorlesungen über die philosophische Religionslehre.* ed. Karl Heinrich. Ludwig Politz, Kessinger Publishing, LLC, 2009.

_____ (1821) *Vorlesungen über die Metaphysik.* ed. Karl Heinrich Ludwig Politz. Kessinger Publishing, LLC, 2009.

_____ (1968) *Kritik der Urteilskraft. Immanuel Kant Werkausgabe* Band X. in 12 Bänden. Herausgegeben von Wilhelm Weischedel. Frankfurt a. M: Suhrkamp.

_____ (1982) *Lectures on philosophical theology.* tr. A. W. Wood and G. M. Clark. Ithaca, NY: Cornell University Press.

Baumgartner, H. M. (1988) *Kants "Kritik der reinen Vernunft.": Anleitung zur Lektüre.* 2. durches. Aufl. Freiburg / München: Verlag Karl Alber.

McCarthy, V. A. (1982) "Christus as Chrestus in Rousseau and Kant." *Kant-Studien* 73. (『루소와 칸트에서 크레스투스로서의 그리스도』)

Picht, G. (1985) *Kants Religionsphilosophie.* Stuttgart: Klett-Cotta.

Reardon, B. M. G. (1988) *Kant as Philosophical Theologian.* London: Macmillan Press.

Ricken, F., Marty, F. hrsg. (1992) *Kant über Religion.* Stuttgart / Berlin / Köln: Köhlhammer.

Schultz, W. (1960) *Kant als Philosoph des Protestantismus.* Hamburg-Bergstedt: H. Reich.

Wood, A. W. (1970) *Kant's Moral Religion.* Ithaca, NY: Cornell University Press.

Yovel, Y. (1980) *Kant and the Philosophy of History.* Princeton, NJ: Princeton University Press.

4부

17장

강영계 (1993)『기독교 신비주의 철학』, 철학과현실사.

셸링, 프리드리히 W. J. (2000)「철학과 종교」,『인간적 자유의 본질 외』, 최신한 옮김, 한길사.

_____ (2009)『신화철학』1, 2, 김윤상 외 옮김, 나남.

틸리히, 폴 (2004)『19-20세기 프로테스탄트 사상사』, 송기득 옮김, 대한기독교

서회.

Danz, Christian (1996) *Die philosophische Christologie F. W. J. Schellings*. Stuttgart: frommann-holzboog.

Frank, Manfred und Kurz, Gerhard., hg. (1975) *Materialien zu Schellings philosophischen Anfangen*. Frankfurt am Mein: Suhrkamp. (『자료집』)

Hegel, G. W. F. (1986) *Vorlesungen über die Geschichte der Philosophie III. Werke in 20 Bänden*, Bd. 12. Frankfurt am Mein: Suhrkamp. (『헤겔전집』 12)

Heidegger, M. (1970) *Phänomenologie und Theologie* (1928). Frankfurt am Mein: Suhrkamp. (『현상학과 신학』)

_____ (1975) *Die Metaphysik des deutschen Idealismus*, Bd. 49. Frankfurt am Mein: Suhrkamp. (『하이데거전집』 49)

_____ (1975) *Schelling: Vom Wesen der menschlichen Freiheit* (1809) Bd. 42. Frankfurt am Mein: Suhrkamp. (『하이데거전집』 42)

_____ (1975) *Wegmarken*, Bd. 9. Frankfurt am Mein: Suhrkamp. (『하이데거전집』 9)

_____ (1975) *Vom Wesen der menschlichen Freiheit*, Bd. 31. Frankfurt am Mein: Suhrkamp. (『하이데거전집』 31)

_____ (1975) *Vorträge und Aufsätze*, Bd. 7. Frankfurt am Mein: Suhrkamp. (『하이데거전집』 7)

Lee, Y. J.(이용주) (2010) *Unterwegs zum Trinitarischen Schöpfer: Die Frühphilosophie Schellings und ihre Bedeutung für die gegenwärtige Schöpfungstheologie*. Berlin: De Gruyter.

Luther, M. (1520) *Von der Freiheit eines Christenmenschen. Weimarer Ausgabe*, Bd. VII. (『그리스도인의 자유』)

Schelling, F. W. J. (1856~61) *Sämtliche Werke*, 14 Bde. hg. von K. F. A. Schelling. Stuttgart / Augsburg. [SW]. (『전집』)

_____ *Ideen zu einer Philosophie der Natur als Einleitung in das Stadium dieser Wissenschaft* (1797) in SW II. (『자연철학의 이념』 II)

_____ *Über die Natur der Philosophie als Wissenschaft, lieber den Wert und Bedeutung der Bibelgesellschaften* (1821) in SW. IX. (『철학의 본성』 IX)

_____ *Philosophie der Offenbarung*. in SW. XIII, XIV (『계시철학』 III, IV)

_____ *Aus Schellings Leben: In Briefen* (1869). 3 Bande. hg. von G. L. Plitt.

Leipzig: Hirzel. (『생애』 I, II, III)

_____ (1962) *Briefe und Dokumente*, Bd. I: 1775~1809. hg. von Horst Fuhrmans. Bonn: Bouvier. (『편지』 I)

_____ (1967) *Perspectives on 19th and 20th Century Protestant Theology*. New York: Harper & Row.

_____ (1972) *Grundlegung der positiven Philosophie: Münchener Vorlesung WS 1832/33 und SS 1833*. hg. Horst Fuhrmans. Torino: Bottega d'Erasmo. (『적극 철학정초』)

_____ (1973) *Briefe und Dokumente*, Bd. II. hg. von Horst Fuhrmans. Bonn: Bouvier. (『편지』 II)

_____ (1980) *Philosophie der Kunst* (1802). Darmstadt: Wissenschaftliche Buchgesellschaft. (『예술철학』)

_____ (1980) *Philosophische Untersuchungen über das Wesen der menschlichen Freiheit und die damit zusammenhangenden Gegenstande* (1809) in *Ausgewählte Werke*, Bd. 9. Darmstadt: Wissenschaftliche Buchgesellschaft. (『자유론』)

_____ (1992) *Urfassung der Philosophie der Offenbarung*. hg. W. E. Ehrhardt. 2 vol. Hamburg: Felix Meiner. (『계시철학초고』)

_____ (1992) *System des transzendentalen Idealismus* (1800) Hamburg: Felix Meiner. (『초월적 관념론 체계』)

Tillich, P. (1912) *Mystik und Schuldbewußtsein in Schellings philosophischer Entwicklung*. Gutersloh: Bertelsmann. (『셸링의 철학 발전에서 신화와 죄의 식』)

18장

피히테, J. G. (2006) 『인간의 사명』, 한자경 옮김, 서광사.

Crowe, Benjamin (2009) "Fact and Fiction in Fichte's Theory of Religion." *Journal of the History of Philosophy*. vol. 47. no. 4. (『피히테의 종교이론에서 사 실과 허구』)

Denker, Alfred (1995) "Kant und Fichte: Kann die Religion vernunftig sein." *Fichte Studien* 8. (『칸트와 피히테: 종교가 이성적일 수 있는가』)

Estes, Yolanda (2008) "After Jena: Fichte's Religionslehre." *After Jena: New Essays on Fichte's Later Philosophy*. eds. Daniel Breazeale and Tom Rockmore.

Evanston, Illinois: Northwestern University Press. (『피히테의 종교론』)

Fichte, J. G. (1964ff) *Gesamtausgabe der Bayerischhen Akademie der Wissenschaftslehre*. hg. Reinhard Lauth, Hans Jacobs, Hans Cliwitzky, and Erich Fuchs. Stuttgart-Bad Canstatt: Frommann-Holzboog. (『피히테 총서』)

_____ (1971) "Die Anweisung zum seligen Leben." *Fichtes Werke* V. hg. von Immanuel Hermann Fichte. Berlin: Walter De Gruyter. (『축복받은 삶을 위한 지침』)

_____ (1971) "Recension des Aenesidemus." *Fichtes Werke* I. hg. von Immanuel Hermann Fichte. Berlin: Walter De Gruyter. (『아이네시데모스 비판』)

_____ (1971) "Versuch einer Kritik aller Offenbarung." *Fichtes Werke* V. hg. von Immanuel Hermann Fichte. Berlin: Walter De Gruyter. (『모든 계시에 대한 비판의 시도』)

Forberg, F. K. (2010) "Development of the Concept of Religion." *J. G. Fichte and the Atheism Dispute (1798-1900)*. ed. Yoland Estes and Curtis Bowmen. Farnham: Ashgate. (『종교 개념의 발전』)

George, Di Giovanni (1989) "From Jacobi's Philosophical Novel to Fichte's Idealism: Some Comments on the 1798-1799 'Atheism Dispute'." *Journal of the History of Philosophy*. vol. 27. no. 1. (「야코비의 철학적 소설로부터 피히테의 관념론까지」)

Oesterreich, Peter L. und Traub, Hartmut (2006) *Der ganze Fichte*. Berlin: W. Köhlhammer. (『피히테 전체』)

Wood, Allen W. (2010) "Introduction." *F. G. Fichte, Attempt at a Critique of All Revelation*. ed. Allen W. Wood. tr. Garrett Green. Cambridge: Cambridge University Press. (「서론」)

19장

Schleiermacher, F. D. E. (1799) *Über die Religion. Reden an die Gebildeten unter ihren Verächtern*. Berlin: Unger Verlag. (『종교론』, 최신한 옮김, 기독교서회 2002)

20장

이정은 (2002) 「청년기 헤겔의 환상종교」, 『철학연구』 제81집, 대한철학회.

_____ (2003) 「민중종교와 이성종교의 갈림길: 헤겔의 『예수의 생애』는 민중
종교의 연속인가 단절인가」, 『헤겔연구』 제14호, 한국헤겔학회.

_____ (2009) 「헤겔의 문화-역사 발전과 악의 관계」, 『헤겔연구』 제26호, 한국
헤겔학회.

_____ (2012) 「헤겔의 종교 철학에서 그리스도교의 악 이해」, 『기독교철학』
제15권.

최신한 (1997) 『헤겔철학과 종교적 이념』, 한들.

풀다, 한스 프리드리히 (2010) 『게오르그 빌헬름 프리드리히 헤겔』, 남기호 옮
김, 용의숲.

칸트, 임마누엘 (1986) 『순수이성비판』, 최재희 옮김, 박영사.

헤겔, 게오르크 빌헬름 프리드리히 (1986) 『대논리학』, 임석진 옮김, 지학사.

_____ (1987) 『역사에 있어서의 이성』, 임석진 옮김, 지학사.

_____ (1993) 『역사철학강의』, 김종호 옮김, 삼성출판사.

_____ (1999) 『종교철학』, 최신한 옮김, 지식산업사.

_____ (2005) 『청년 헤겔의 신학론집』, 정대성 옮김, 인간사랑.

Hegel, G. W. F. (1986) "Differenz des Fichteschen und Schellingschen Systems
der Philosophie (1801)." *Jenaer Schriften 1801-1807.* im *G. W. F. Hegel Werke.*
Bd. 2. in 20 Bänden. Frankfurt am Mein: Suhrkamp. (『피히테와 셸링 철학체
계의 차이』, 임석진 옮김, 지식산업사 1989)

| 글쓴이 소개 |

김성호金聖昊 고려대 강사

김성환金性煥 대진대 역사·문화콘텐츠학부 교수

김용환金龍環 한남대 철학과 교수

맹주만孟柱滿 중앙대 철학과 교수

박진朴璡 동의대 철학상담·심리학과 교수

박제철朴濟哲 서울시립대 객원교수

윤선구尹善九 서울대 기초교육원 강의교수

이경희李敬姬 연세대학교 산학협력단 책임연구원

이상명李尙明 한양대 강사

이석재李碩宰 서울대 철학과 교수

이재영李在榮 조선대 철학과 교수

이정은李程殷 연세대 외래교수

이준호李俊浩 전 동아대 철학과 초빙교수

이태하李泰夏 세종대 교양학부 교수

임건태林建兌 고려대 철학과 강사

장성민張聖敏 총신대 신학과 교수

조현진趙顯晋 서울시립대 연구원

진태원陳泰元 고려대 민족문화연구원 HK연구교수

최신한崔信瀚 한남대 철학과 교수

황수영黃洙瑩 세종대 교양학부 초빙교수